The Center for Portuguese Studies at the University of California, Santa Barbara was founded with an endowment from the Calouste Gulbenkian Foundation in 1980 for the purpose of promoting and developing Portuguese studies in California and in the United States of America.

The Center provides support for teaching and degree programs and promotes the study of the literatures, language and cultures of the Portuguese-speaking world. Services and activities include awarding student scholarships and stipends; sponsoring the Summer Institute in Portuguese; hosting colloquia; maintaining the Center library; and sponsoring publications.

The Department of Spanish and Portuguese at UCSB offers a Bachelor of Arts degree in Portuguese, a Masters degree in Portuguese, a Masters degree in Portuguese and Spanish, and a Ph.D. with a specialization in Portuguese and Brazilian Studies.

The Center, its students and its activities have been sponsored by financial support from the Calouste Gulbenkian Foundation, the Instituto Camões, the Fundação Luso-Americana para o Desenvolvimento, the Junta Nacional de Investigação Científica e Tecnológica, the Comissão Nacional para a Comemoração dos Descobrimentos, the Fundação Oriente, the União Portuguesa do Estado da Califórnia, and the Luso-American Education Foundation.

If you wish to receive more information about the Summer Course and the Portuguese Programs at UCSB, please call (805) 893-4405 or 893-2615 or 893-3161. Address your correspondence to the Director of the Center for Portuguese Studies, University of California, Santa Barbara, Santa Barbara, CA 93106-4150.

O AMOR DAS LETRAS E DAS GENTES

In honor of
Maria de Lourdes Belchior Pontes

*Edited by João Camilo dos Santos
and Frederick G. Williams*

Center for Portuguese Studies
University of California at Santa Barbara
1995

O AMOR DAS LETRAS E DAS GENTES. Copyright © 1995 by the Center for Portuguese Studies

All rights reserved. Address MSS or queries to the Center for Portuguese Studies, University of California at Santa Barbara, Santa Barbara CA 93106-4150.
Cover art: "Red Rose" by Stéphane.

Publications of the Center for Portuguese Studies

1. *The Poetry of Jorge de Sena*, ed. Frederick G. Williams, 1980, ISBN 0-930012-18-6, 316 pp., out of print.
2. *Studies on Jorge de Sena by His Colleagues and Friends*, eds. Harvey L. Sharrer and Frederick G. Williams, 1981, ISBN 0-942208-20-X, 275 pp., $18.00.
3. *Camoniana Californiana*, eds. Maria de Lourdes Belchior Pontes and Enrique Martínez-Lopez, 1985, ISBN 0-942208-21-8, 266 pp., $18.00.
4. *Carlos Drummond de Andrade and His Generation*, eds. Frederick G. Williams and Sérgio Pachá, 1986, ISBN 0-942208-22-6, 241 pp., $18.00.
5. *In the Beginning There Was Jorge de Sena's Genesis: The Birth of a Writer*, Francisco Cota Fagundes, 1991, ISBN 0-942208-24-2, 217 pp., $18.00.
6. Jorge de Sena, *The Evidences*, a bilingual edition, translated from the Portuguese by Phyllis Sterling Smith, with a foreword by George Monteiro, 1994, ISBN 0-942208-27-7, 60 pp., $10.00.
7. *Santa Barbara Portuguese Studies*, ed. João Camilo dos Santos, Vol. 1 (1994), ISSN 1077-5943, annual, $35 libraries, $18 individuals.
8. *Camilo Castelo Branco, No Centenário da Morte*, proceedings of the international Colloquium of April 1991 at the University of California, Santa Barbara, ed. João Camilo dos Santos, 1995, ISBN 0-942208-25-0, 304 pp., $20.00.
9. *O Amor das Letras e das Gentes*, volume in honor of Maria de Lourdes Belchior Pontes, eds. João Camilo dos Santos and Frederick G. Williams, ISBN 0-942208-28-5, 506 pp., $25.00.

Forthcoming: *The Portuguese and the Pacific I*, proceedings of the international colloquium of October 1993 at the University of California, Santa Barbara, edited by Francis A. Dutra and João Camilo dos Santos,

and, *The Portuguese and the Pacific II*, a special issue of *Santa Barbara Portuguese Studies*, guest editors Kenneth McPherson, Director of the Indian Ocean Centre for Peace Studies in Australia, and Sanjay Subrahmanyam

Text set in Trump by Words Worth of Santa Barbara

LC 95-074795
ISBN 0-942208-28-5

Contents

João Camilo dos Santos & Frederick G. Williams, *Nota Prévia*	3
Paul Teyssier, *Le paradoxe du cardinal Saraiva: "A língua portuguesa não é filha da latina"*	9
Eduardo Lourenço, *Cultura portuguesa e expressionismo*	17
Luciana Stegagno Picchio, *Mitologias Portuguesas*	26
Jorge Fernandes da Silveira, *Escrever em poesia—Pátria, palavra, prazer*	33
Arthur L-F. Askins, *The MS "Flos Sanctorum" of the Universidade de Brasília: an early reflex in Portuguese of the hagiographic compilation of Valerio del Bierzo*	39
Helder Godinho, *A calçadura do Rei Rodrigo, Notas para o estudo do valor do pé e da perna na literatura medieval e nos contos tradicionais*	51
António Cirurgião, *António Ferreira diz não à morte e sim à vida*	63
José Miguel Martínez Torrejón, *"Ao vento estou palavras espalhando": La Égloga dos Faunos de Camões*	84
Helder Macedo, *O poeta Simónides e o capitão Temístocles*	100
Françoise Massa, *La Peregrinação ou l'épopée d'un peuple*	105
Francis A. Dutra, *The restoration of 1640, the Ausentes em Castela, and the Portuguese Military Orders: Santiago, a case study*	117
Manuel G. Simões, *Subsídios para o estudo da poesia de Violante do Céu: a poesia profana*	127
Maria Leonor Machado de Sousa, *Dois apontamentos românticos*	137
Maria de Fátima Marinho, *A atracção do abismo—Reflexões sobre o incesto em dois romances de Camilo Castelo Branco*	145
Jorge Dias, *Notas sobre o centenário de Andrade Corvo*	156
Cleonice Berardinelli, *Eros e Antero*	175
Isabel Pires de Lima, *As "verdades de almanaque" de Eça de Queirós*	187
Marie-Hélène Piwnik, *No Moinho ou un destin broyé*	195
Gary M. Vessels, *O estiolamento de uma geração: Eça de Queiroz, a educação e o progresso social*	204
Urbano Tavares Rodrigues, *A personagem da "loreta"—escalas da emoção e da ironia em António Patrício*	212
George Monteiro, *Henry James and the Lusitanians*	216
Jean-Michel Massa, *Une amitié tonique: Teixeira de Pascoais et Philéas Lebesgue*	222
François Castex, *Mário de Sá-Carneiro: Du Symbolisme au Modernisme*	249
Michelle Giudicelli, *Super flumina babylonis ou la projection dans le miroir*	255

Theodore Robert Young, *A fabricação de um sonho: a recriação do processo sonhador em* Sinais de Fogo *de Jorge de Sena* . . . 264

Francisco Cota Fagundes, *"Os Amantes" as Jorge de Sena's oration on the dignity of man* . . . 275

Fernando J.B. Martinho, *A poesia de Maria de Lourdes Belchior* . . . 288

Frederick G. Williams, *As Ilhas de Santa Barbara em poesia: Sena, Belchior e Picchio* . . . 298

Isabel Allegro de Magalhães, *A distorsão do olhar: denúncia e anúncio n'A* Casa Eterna, *de Hélia Correia* . . . 303

Maria da Conceição Vilhena, *Memória da Terra, de José Martins Garcia: um romance de bruma e mistério* . . . 310

Anne-Marie Quint, *Les voix féminines dans la poésie de Gonçalves Dias* . . . 318

Enrique Martínez-Lopez, *Tablero de ajedrez: imágenes del negro heroico en la comedia española y en la literatura e iconografía sacra del Brasil esclavista* . . . 331

Fábio Lucas, *A crise da literatura brasileira contemporânea* . . . 357

Joanna Courteau, O Galo de Ouro: *Deconstruction of the male hero* . . . 363

João Camilo dos Santos, *Algumas reflexões sobre a poesia de Affonso Romano de Sant'Anna—uma poesia saída da "sombra da música popular"?* . . . 370

Arturo Giráldez, *From the devotional image to the anagogic sign: García Jiménez de Cisneros'* Book of Exercises for the Spiritual Life *and Ignatius of Loyola's* Spiritual Exercises . . . 392

Carlos García Barrón, *Revista española de Ambos Mundos* . . . 404

Víctor Fuentes, *História y ficción en dos novelas de Eduardo Mendoza* . . . 410

Maria Laura Bettencourt Pires, *Europe and America—Myths and confrontations* . . . 418

Eduardo Mayone Dias, *Flandres e África: a visão de uma guerra distante* . . . 425

Maria Helena de Araújo Carreira, *Contribuição para o estudo das "formas de tratamento" em Português: uma abordagem da expressão linguística da área nocional de "proximidade"* . . . 447

Eduardo Paiva Raposo, *Próclise, Ênclise, e a Posição do Verbo em Português Europeu* . . . 455

Eugénio Lisboa, *Poems* . . . 482

Gerald M. Moser, *Eram bons tempos os que passei outrora, na sua companhia* . . . 484

Bibliografia de Maria de Lourdes Belchior, compiled by Ernesto Rodrigues and Serafina Martins . . . 487

Tabula Gratulatoria . . . 499

O AMOR DAS LETRAS
E DAS GENTES

NOTA PRÉVIA
Maria de Lourdes Belchior Pontes

João Camilo dos Santos e
Frederick G. Williams
University of California, Santa Barbara

1. Perfil de Uma Mulher de Letras

Maria de Lourdes Belchior Pontes licenciou-se em Filologia Românica pela Faculdade de Letras da Universidade de Lisboa, com a média final de 18 valores, em 1946. Em 1947 foi contratada como Assistente da mesma Faculdade, vindo a doutorar-se, também com 18 valores, em 1953. Em 1959 prestou provas públicas para o lugar de Professora Extraordinária da Faculdade de Letras da Universidade de Lisboa, tendo apresentado como dissertação de concurso o ensaio "Itinerário Poético de Rodrigues Lobo", que alcançou recensões no âmbito europeu de especialistas em estudos da Literatura Portuguesa, como já acontecera com a sua dissertação de doutoramento—"Frei António das Chagas—um homem e um estilo do século XVII". Em 1969 foi aprovada, por concurso de provas públicas, Professora Catedrática da Universidade do Porto, sendo transferida para a Universidade de Lisboa em 1970. Na secção de Filologia Românica da Faculdade de Letras de Lisboa regeu os seguintes curso: *Literatura Espanhola* (desde 1948 até 1974), *Literatura Portuguesa* (IIa. Parte) e, durante dois anos lectivos, *História da Cultura Portuguesa* (1959/60 e 61/62).

Foi bolseira do Instituto de Alta Cultura e do Governo Francês. Foi Leitora do Institut Catholique em Paris (1950/51). Deslocou-se aos Estados Unidos em 1963 com o colega Luís Filipe Lindley Cintra, a convite do Department of State, visitando algumas universidades e centros de estudos. De 1963 a 1966 desempenhou o cargo de Conselheira Cultural da Embaixada de Portugal no Rio de Janeiro, com o que inicia uma extensa actividade no estabelecimento de relações culturais entre Portugal e o estrangeiro, tendo feito parte das Comissões que estabeleceram acordos ou relações culturais com a Bélgica, França, República Federal da Alemanha, Roménia, Espanha e Brasil.

Desempenhou sucessivamente os cargos de Vice-Presidente e Presidente do Conselho Superior do Instituto de Alta Cultura (1970/72). Participou também nos trabalhos referentes à reforma do ensino, tendo sido membro da Comissão para a reforma do Ensino Superior, membro da Comissão para a recolha de elementos para a reforma das Faculdades de Letras, e tendo desempenhado o cargo de vogal da Comissão Instaladora da Universidade Nova de Lisboa (1970/75).

Entre outros, desempenhou ainda sucessivamente os seguintes cargos: Membro do Conselho Geral da Junta Nacional de Investigação Científica e Tecnológica, Vogal da Comissão Executiva da referida Junta, membro da Comissão para a definição de directrizes para uma política da Cultura. Foi Secretária de Estado da Cultura e Investigação Científica (de Maio a Dezembro de 1974).

Tem desenvolvido desde sempre uma intensa actividade de conferencista sobre temas portugueses, tanto em Portugal como no estrangeiro.

Foi membro da Cooperativa Pragma e Sócia da Sociedade Portuguesa de Escritores.

Foi Professora Associada da Sorbonne (hoje Paris III) nos anos lectivos de 1976–77 e 1977–78.

Foi Professora Catedrática de Português na Universidade da Califórnia (Santa Bárbara), onde substituiu Jorge de Sena, de 1979 a 1989. Durante os anos de 1982 a 1989 leccionou simultaneamente na Universidade da Califórnia, onde foi Directora do Centro de Estudos Portuguese Jorge de Sena, e na Universidade de Lisboa.

Foi nomeada Directora do Centre Culturel Portugais da Fundação Calouste Gulbenkian em Paris em 1989, cargo que ocupa actualmente.

Hispanista e especialista do barroco literário peninsular, publicou importantes estudos sobre autores e temas da época barroca (Tomé Pinheiro da Veiga, frei Luís de Sousa, frei António das Chagas, Francisco Rodrigues Lobo, etc.). Publicou igualmente ensaios sobre a poesia portuguesa contemporânea (a geração de 50, os neo-realistas, Fernando Pessoa, Vitorino Nemésio, etc.).

Da sua vasta produção (ver bibliografia no fim deste volume) destacam-se, entre muitas outras, as seguintes obras:

Frei António das Chagas—um homem e um estilo do séc. XVII, 1953, Lisboa, C.E.E., xx + 501 págs.
Itinerário Poético de Rodrigues Lobo, 1959, Publicações da Faculdade de Letras, Lisboa, xi + 355 págs.
Os Homens e os Livros, séc. XVI–XVII, 1971, ed. Verbo, Lisboa, 240 págs.
Os Homens e os Livros, séc. XIX–XX, 1980, ed. Verbo, Lisboa, 252 págs.
Da Poesia de Manuel da Fonseca ou a Demanda do Paraíso, 1980, ed. Comunicação, Lisboa, 38 págs.
Ciência e Poesia, 1985, ed. Universidade Nova, Lisboa, 40 págs.

* * *

Dos textos e estudos que constituem este volume de homenagem a Maria de Lourdes Belchior Pontes são autores antigos alunos, colegas, admiradores e amigos seus. Como se poderá constatar, tais estudos tratam na quase totalidade dos casos de aspectos da Literatura, Cultura e Língua de Portugal, do Brasil e de Espanha—e abrangem vários séculos. Uma das contribuições, porém, compara a Europa e as Américas, outra são poemas oferecidos à homenageada, uma terceira evoca encontros que se haviam de repetir ao longo do tempo.

Pondo em evidência as qualidades humanas de Maria de Lourdes Belchior—a amizade calorosa, a generosidade, o cuidado atento, a fidelidade, nomeadamente—a correspondência que recebemos juntamente com os estudos que nos foram enviados ou pedindo o registo do nome na *Tabula Gratulatoria* confirmou a justeza do título escolhido: a existência de Maria de Lourdes Belchior impôs-se àqueles que tiveram o privilégio de a conhecer e de trabalhar com ela como um exemplo notável e raro não só de amor às Letras, mas também, e inseparavelmente, de amor às pessoas.

João Camilo dos Santos

2. Maria de Lourdes Belchior na UCSB

Quase uma década antes de fazer parte do corpo docente do Departamento de Espanhol e Português da Universidade de Califórnia, Santa Bárbara, Maria de Lourdes Belchior já tinha tido importante papel em contacto directo com a universidade quando Presidente do Instituto de Alta Cultura (hoje Instituto Camões). A pedido de Jorge de Sena, Belchior autorizou e fez possível o estabelecimento do primeiro Leitorado Português nos Estados Unidos na UCSB, protocolo que se concretizou com a vinda do primeiro Leitor em 1973, e posteriormente ocupado por mais 7 Leitores nos 23 anos que se seguiram, figurando entre eles Manuel Lourenço, Fernando Martinho, Arnaldo Saraiva, Maria José Boniface, Isabel Allegro, António Silva-Carvalho, Florbela Rebelo Gomes e José Salgado.

A Professora Belchior veio ao programa Luso-Brasileiro do Departamento de Espanhol e Português da UCSB para substituir a Jorge de Sena, falecido em Junho de 1978; primeiramente como Professora Visitante, em Janeiro de 1979, e depois, em 1984, como Professora Catedrática. Reconhecendo a grande falta que faria lá se se desassociasse da Universidade de Lisboa, ela manteve, durante oito anos [até a sua aposentadoria da UCSB em Dezembro de 1987], uma pesada e regorosa rotina. Sendo membro efectivo e muito activo do corpo docente de duas universidades —com as inúmeras responsabilidades e tensões a que a vida académica obriga—dividiria seu tempo entre dois continentes, ensinando cursos, dirigindo teses de doutoramento, formando parte de bancas examinadoras, e apresentando conferências. Embora as constantes viagens de ida e volta (mais de dez) lhe tenha exigido muito financeira e fisicamente falando, Belchior nunca deixou transparecer qualquer transtorno na sua constituição ou maneira de ser. Pelo contrário, como lhe é característico, sempre manteve uma dedicação dinâmica ao trabalho, um zeloso entusiasmo pela vida, e um forte senso de humor.

O ano lectivo da Universidade de Califórnia divide-se em três trimestres. Belchior ensinou 15 trimestres durante sua estadia nos Estados Unidos. Quando estava ausente, vinha uma Professora ou Professor Visitante. Entre os seus substitutos vieram Luciana Stegagno Picchio (duas vezes), António Cirurgião (duas vezes), Cleonice Berardinelli, Francisco Fagundes, e após a sua aposentadoria vieram Maria Alzira Seixo, João Camilo dos Santos e Jorge da Silveira, ficando João Camilo dos Santos permanentemente como catedrático a partir de 1989.

Entre os cursos que a Professora Belchior ensinou tanto para graduados como para estudantes de pós-graduação, destacaremos:

    Literatura Medieval Portuguesa (105A)
    Literatura Contemporânea Portuguesa (105C)
    Literatura Colonial Brasileira (106A)
    Luís Vaz de Camões (132AB)
    Fernando Pessoa (183)

Cursos de pós-graduação:

    Luís Vaz de Camões (232AB)
    Barroco e Maneirismo (240)
    Eça de Queiroz (250)
    Fernando Pessoa (265)
    Romancistas Contemporâneos Portugueses (283)
    Cecília Meireles e Jorge de Lima (294AB)

Como se vê, a Professora Belchior ensinou toda a literatura portuguesa desde as suas origens até o presente; e da brasileira, ensinou a época colonial e deu especial atenção a duas figuras modernas. Frequentavam as suas aulas não só os doutorandos em Português, senão os de Espanhol também. Sua facilidade com a língua castelhana, e sobretudo, o seu vasto conhecimento do Siglo de Oro Espanhol, atraía os melhores estudantes do departamento e do Programa de Literatura Comparada. Foi directora de duas teses de doutoramento em Português (de Ana Terlinden-Villepin sobre Fernando Pessoa, e de Isabel Allegro sobre a escrita feminina contemporânea portuguesa), e fez parte também de comitês de dissertações de doutorandos em Espanhol.

Além do ensino, a Prof. Belchior participou assiduamentede nas várias actividades do Departamento, como membro de vários comitês administrativos, Directora do Centro de Estudos Portugueses Jorge de Sena (a partir de 1984), e como organizadora e participante de conferências na UCSB, como o Colóquio em Memória de Jorge de Sena (1979), Colóquio Comemorando o Quarto Centenário da Morte de Luís Vaz de Camões (1980) e Colóquio Sobre o Romance Contemporâneo de

Expressão Portuguesa (1985). Em 24 e 25 de Outubro de 1984 organizou o Primeiro Encontro dos Leitores Portugueses nos Estados Unidos.

A Professora Belchior viajou também a outras universidades, nomeadamente a de UC Berkeley, onde proferiu uma conferência na Associação Filológica da Costa do Pacífico entitulada "Os Açores na Poesia de Vitorino Nemésio" (9 Novembro 1980). Além das intervenções que fez nas conferências acima citadas, apresentou mais duas na UCSB: "Problemática religiosa na poesia de Jorge de Sena" (28 Outubro 1982) e "Apresentação da poesia portuguesa contemporânea" (16 Maio 1984). Também gravou um vídeo nos estúdios da UCSB sobre este tema, lendo selecções dos poemas em Português, com traduções em Inglês feitas e lidas pelo Prof. Frederick G. Williams (29 Maio 1984).

A Professora Doutora Maria de Lourdes Belchior já era bem conhecida antes de vir para Santa Bárbara. Por sua larga experiência académica, cultural e política, assim como pela sua graça e amabilidade genuína, ela foi imediatamente acolhida pelos estudantes e colegas que grandemente admiravam o seu conhecimento e respeitavam a sua imensa capacidade intelectual. Entre os seus colegas do sector Português figuraram os Professores Isabel Allegro, Enrique Martínez-López, Eduardo Paiva Raposo, Arnaldo Saraiva, Harvey L. Sharrer, António Silva-Carvalho, Frederick G. Williams, e como integrante permanente do Centro que trazia o nome do seu marido, Mécia de Sena, sua especial amiga e companheira.

Igual admiração e respeito tinham os colegas do sector Espanhol, entre os quais figuravam os Professores Carlos Albarracín-Sarmiento, Graciela Ascarrunz-Gilman, Juan Bautista Avalle-Arce, Carlos García Barrón, Jorge Checa, Victor F. Fuentes, Marta Gallo, Mireya Jaimes-Freyre, Suzanne Jill Levine, Francisco A. Lomelí, Nélida López, Enrique Martínez-López, Giorgio Perissinotto, Sara Poot-Herrera e Robert E. Wilson.

Pouco antes da sua partida para assumir a directoria da Fundação Calouste Gulbenkian em Paris, a Professora Belchior convidou a todos os professores e a alguns dos doutorandos mais achegados a participarem num brindis de despedida oferecida por ela no restaurante Beachside, que fica ao lado da Universidade e à beira do Pacífico. Nesse local altamente favorecido pela natureza, ela gentilmente nos brindou e compungidamente se despediu. Agora é a nossa vez de saudá-la a ela ao oferecermos *O Amor das Letras e das Gentes* como nosso tributo a este grande vulto da cultura portuguesa que nos honrou pela sua presença quando a tivemos como colega em Santa Bárbara, Califórnia.

Frederick G. Williams

Le paradoxe du cardinal Saraiva:
"A língua portuguesa não é filha da latina"

Paul Teyssier
Université de Paris-Sorbonne

Frei Francisco de São Luís (1766-1845), qui devint à la fin de sa vie (1840) le cardinal Saraiva, patriarche de Lisbonne, est à bien des égards une personnalité originale, un non conformiste ou, comme on dirait aujourd'hui, un "cas atypique". Ce bénédictin fut un de ces moines érudits comme le Portugal en a produit beaucoup. On lui doit de nombreux écrits historiques et linguistiques. Mais il était d'esprit libéral, et a joué un rôle important lors de la révolution de 1820. Cela lui a valu des ennuis sérieux quand s'est produite la réaction de 1823-1824. Le triomphe du libéralisme le ramène aux affaires: conservateur en chef (*guarda mor*) de la Torre do Tombo, conseiller d'Etat, président des Cortes, ministre, pair du royaume, il doit de nouveau s'éloigner en 1836. Il revient ensuite, mais sa nomination comme patriarche de Lisbonne, en 1840, n'est confirmée par le Saint-Siège que deux ans plus tard. Ses *Obras Completas*, organisées par A. Correia Caldeira et préfacées par le marquis de Resende, ont été publiées en dix volumes, de 1872 à 1883.

Le volume IX, daté de 1880, appartient à une série ainsi présentée: "Trabalhos filológicos. Estudos para a história da língua portuguesa"[1]. On y trouve, p. 163-208, un mémoire intitulé: "Memória em que se pretende mostrar que a língua portuguesa não é filha da latina, nem esta foi em tempo algum a língua vulgar dos Lusitanos". Le lecteur, en lisant ces mots, se frotte les yeux en se demandant s'il n'est pas victime d'une illusion. Est-il possible qu'en plein XIXe siècle un érudit ayant l'envergure du cardinal Saraiva soutienne une thèse aussi contraire à l'évidence? Comment peut-on prétendre que le portugais n'est pas sorti du latin?

Cette thèse est évidemment paradoxale, voire scandaleuse, pour tous les esprits formés à la linguistique scientifique moderne, une discipline qui a été introduite au Portugal, comme on sait, par Adolfo Coelho (1847-1919). Pour la linguistique historique, l'arbre généalogique des langues indo-européennes comprend un rameau latin, dont le portugais est un des surgeons incontestables. Le cardinal Saraiva est mort avant la naissance d'Adolfo Coelho. Mais son information aurait pu aller aux sources. Or il n'en est rien. Il ignore apparemment tout de Franz Bopp (1791-1867), qui a fondé la grammaire comparée indo-européenne par un mémoire fameux publié en 1816. Par toute sa culture notre cardinal, bon connaisseur de la littérature portugaise des siècles antérieurs, se rattache avant tout au XVIIIe siècle français. Or ni les Français ni les Portugais n'ont jamais mis en doute l'origine latine de la langue portugaise, même s'ils ont pu accorder plus ou moins d'importance aux emprunts qu'elle a faits à d'autres langues. Bien plus, tous les grammairiens, et en général tous les écrivains du Portugal, ont toujours été fiers de cette ascendance, qui rattache leur langue à un passé prestigieux. Tout le monde connaît la stance des *Lusiades* où Vénus, mère d'Enée et protectrice des Portugais, tient tête à Bacchus:

> Sustentava contra ele Vénus bela,
> Afeiçoada à gente Lusitana,
> Por quantas qualidades via nela
> Da antiga tão amada sua Romana,
> Nos fortes corações, na grande estrela
> Que mostraram na terra Tigitana,
> E na língua, na qual, quando imagina,
> Com pouca corrupção crê que é a Latina. (I, st. 33)

Le cardinal Saraiva n'ignore donc pas que sa thèse a contre elle la quasi totalité des bons esprits. Il ne peut d'ailleurs invoquer en sa faveur que deux auteurs seulement: "Dos escritores portugueses que temos lido, dous somente encontrámos que ousassem enunciar com franqueza a opinião contrária. O primeiro é o Sr. António Ribeiro dos Santos, hoje falecido [. . .]. O segundo é o Sr. João Pedro Ribeiro, nas suas *Dissertações cronológicas e críticas* [. . .]" (p. 166, n. 2). Effectivement, le polygraphe António Ribeiro dos Santos (1745–1818) a soutenu que le portugais provient de la langue des Celtes. João Pedro Ribeiro (1758–1839), l'un des fondateurs de la science diplomatique au Portugal, est du même avis. Deux voix seulement pour s'opposer à une tradition séculaire, c'est peu.

Il n'est évidemment pas question ici de rouvrir un débat qui est clos depuis longtemps. Le portugais est une langue romane, c'est indiscutable. Mais il vaut la peine de se demander comment un esprit aussi averti que le cardinal Saraiva a pu soutenir qu'il n'en était rien. Essayons donc de suivre sa pensée.

L'idée centrale de son exposé, c'est que la conquête romaine n'a pas fait disparaître les langues des peuples qui occupaient jusque-là la péninsule. Les Lusitaniens, en particulier, souvent présentés comme des Celtes, ont conservé leur idiome propre. Celui-ci a été seulement "modifié et altéré" par le latin importé par les légions romaines, comme il le sera plus tard par les langues d'autres envahisseurs (Germains, Arabes etc.). On pourrait en somme, en employant un vocabulaire moderne, dire que selon cette théorie le portugais n'est pas autre chose que l'ancien lusitanien modifié par un "superstrat" latin (suivi d'autres "superstrats",— germains, arabe etc.).

La démonstration comporte trois parties principales[2]:

Première partie:

L'auteur soutient qu'un peuple bien vivant ne peut pas changer de langue. Il peut être dominé, colonisé, soumis à un conquérant qui lui impose sa propre langue. Dans ce cas il est conduit à pratiquer le bilinguisme. La langue du peuple dominé continue à vivre en même temps que celle de son dominateur, à laquelle elle peut emprunter certains éléments. Mais elle ne disparaît pas. A la première occasion, elle reprend le dessus. Si elle meurt, c'est que le peuple qui la parle meurt aussi.

Le cardinal Saraiva présente une série d'exemples historiques pour illustrer cette thèse. L'Egypte a été hellénisée pendant trois siècles, romanisés pendant six, arabisée, conquise par les Turcs. Mais le copte, sa vieille langue nationale, est resté là. Le peuple juif a lui aussi été hellénisé et soumis à divers conquérants, mais il a conservé "sua língua natural, que era então a hebraica, com alguma mistura da siríaca ou caldaica" (p. 172). L'Afrique du Nord a été profondément romanisée, mais son vieux parler "punique" (comprenons: berbère) est resté vivant dans les campagnes (p. 172–73). En Espagne même les Phéniciens et les Carthaginois n'ont pu imposer leur langue; les peuples asturiens et cantabriques (comprenons: les Basques) sont restés imperméables au latin; les Arabes ont laissé quelques mots, mais rien de plus; enfin dans l'Espagne moderne le castillan n'a pu s'imposer comme langue parlée ni au pays basque, ni en Catalogne, ni à Valence, ni en Andalousie, ni en Galice (p. 173–80).

La conclusion de cette première partie, c'est qu'on ne peut changer la langue d'un peuple. En effet, de même que le langage impose sa forme à la pensée (on reconnaît ici les idées de Locke et de Condillac), de même il structure la personnalité d'un peuple. Pour changer de langue, un peuple devrait, en somme, mourir et renaître sous une autre forme.

Deuxième partie:

L'auteur va maintenant montrer que le "génie" du portugais est très différent de celui du latin. Ce *génio* de chaque langue, qu'il appelle aussi son *índole* ou son *carácter*, no doit pas être recherché dans les seuls mots du vocabulaire, "sem a forma, ordem, ligação e emprego que os faz servir à pintura e expressão do pensamento" (p. 183). L'idée est précisée un peu plus loin en des termes très modernes: il faut juger le "génie" des langues "pela sua estrutura e construção; pela ordem e ligação com que elas dispõem os seus vocábulos, afim de fazerem mais clara e mais enérgica a imagem do pensamento; pelas diferentes formas gramaticais com que modificam os mesmos vocábulos, e pelo emprego e lugar que lhes dão no discurso" (p. 184).

Donc c'est la structure morphologique et syntaxique d'une langue qui fait son "génie", c'est-à-dire sa personnalité originale. Les mots du vocabulaire appartiennent à une couche superficielle du langage, et ils peuvent aller et venir sans que la structure des langues en soit modifiée: "A fortuna que gozam as palavras novas, e a facilidade com que de uma língua passam a outra, maiormente quando os povos se misturam, são cousas que a cada passo nos enganam sobre este objecto, ao mesmo tempo que o génio, sendo independente dos órgãos e por isso mesmo menos susceptível de alterações e mudanças, se mantém no meio da inconstância dos vocábulos, e conserva ao idioma o verdadeiro e mais autêntico título da sua origem" (p. 184-85).

Vient ensuite une analyse des principales différences structurales qui séparent le portugais du latin: l'absence de déclinaison et de voix passive, l'emploi des auxiliaires, l'existence du verbe *estar*, celle des infinitifs conjugués, des adverbes en *-mente*, des comparatifs et superlatifs analytiques (et ici on trouve un jugement très juste sur le caractère savant et artificiel des superlatifs latinisants en *-íssimo*, introduits dans la langue depuis le XVe et le XVIe siècles), enfin l'existence d'un article défini (p. 182-89).

La conclusion de cette deuxième partie est donc que le "génie" du portugais est très différent de celui du latin. Comment pourrait-il, dans ces conditions, y avoir une filiation entre les deux?

Troisième partie:

Il reste le vocabulaire, qui est comme on l'a vu l'élément le moins important pour définir le "génie" d'une langue. Les comparaisons faites entre le vocabulaire du portugais et celui du latin appellent, selon le cardinal Saraiva, de nombreuses critiques. Les mots portugais que l'on identifie le plus souvent comme identiques à des mots latins ne doivent pas tous entrer en ligne de compte. Beaucoup d'entre eux doivent être éliminés des listes, car ils appartiennent à des catégories où une ressemblance formelle ne prouve aucun rapport génétique, aucune filiation. C'est le cas des interjections, des onomatopées, des dérivés fabriqués à l'intérieur même du portugais; c'est le cas enfin de tous les mots empruntés à d'autres langues, telles que le grec, la "própria língua Lusitana, ou Espanhola", le "gaulois" etc. (p. 190-95).

Il y a d'autre part les innombrables latinismes savants, que les Portugais ont fabriqués depuis quelques siècles (surtout depuis le XVe et le XVIe) pour "enriquecer e polir o idioma pátrio" (p. 196). Ces mots, qui d'ailleurs appartiennent à certains champs sémantiques comme la jurisprudence, ne prouvent évidemment pas qu'il ait existé une filiation entre le latin et le portugais (p. 195-98).

Enfin les étymologies avancées pour rattacher un grand nombre de mots portugais au latin doivent selon le cardinal être en grande partie révisées. On s'aperçoit, en y regardant de plus près, que beaucoup de ces mots viennent d'autres langues que le latin, en particulier du grec. Il faut donc entreprendre une analyse complète et minutieuse de toutes les étymologies. Ce travail, que l'auteur a lui-même commencé, sera très long. Quand il sera bien avancé, on s'apercevra sans doute que le nombre des mots provenant indubitablement du latin est moins élevé qu'on le croyait (p. 198-200).

On arrive ainsi à la conclusion de ces trois parties: "De tudo pois o que até agora temos ligeiramente tocado em prova da nossa opinião, parece seguir-se: que a língua portuguesa tem diferente génio da latina; que os vocábulos que nela há, derivados imediatamente do latim, são muito menos em número do que vulgarmente se supõe; e que outros muitos, que efectivamente têm essa derivação, não provam a filiação pretendida, mas somente algumas analogias (que não negamos) entre os dous idiomas" (p. 200).

On a l'impression que le mémoire du cardinal Saraiva s'arrêtait ici dans sa rédaction primitive, et que la quatrième partie qu'il y a ajoutée constitue une addition postérieure. Résumons-la:

Quatrième partie:

On trouve d'abord un développement sur certains textes fabriqués à dessein pour montrer la grande ressemblance du latin et du portugais. Ce sont des vers qui peuvent se lire dans les deux langues. Ainsi:

O quam divinos acquires, terra, triumphos,
Tam fortes animos alta de sorte creando etc. . . . (p. 202, n. 28)

João de Barros a reproduit ces pseudo-hexamètres dans son *Diálogo em louvor da nossa linguagem*[3]. Mais notre cardinal n'a pas de mal à montrer qu'il s'agit là d'un jeu artificiel, d'une sorte de plaisanterie de philologue, qui ne prouve rien (p. 200-02).

Enfin il cite toute une série de témoignages d'auteurs anciens, depuis Cicéron jusqu'à "S. Paciano, espanhol, e bispo de Barcelona" (IVe siècle) qui établissent, selon lui, l'existence en Espagne d'autres langues que le latin (p. 207-08).

La thèse du cardinal Saraiva a été énergiquement combattue par Alexandre Herculano dans l'Introduction de son *História de Portugal*. Identifiant les "Lusitanos" avec les Celtes, le grand historien écrit: "A opinião de que o céltico se tem conservado no essencial das línguas da Espanha, através de todos os sucessos políticos e sociais durante muito mais de vinte séculos, começou a correr entre nós há anos com algum aplauso". Sans jamais mentionner le nom du cardinal, il résume sa pensée avec tant de précision que c'est évidemment de lui qu'il parle. "O monstruoso deste raciocínio, dit-il, aparece logo que se reduz à sua simplicidade; mas, involvido num grande número de considerações e revestido da autoridade de alguns factos que concordam com uma ou com outra das suas premissas, fácil foi escapar a muitos que a conclusão não se continha nelas" [. . .] "A hipótese de que o português procede do céltico tem a ruína na base"[4].

La thèse que nous venons de résumer est complétée par les autres textes publiés dans le même volume des *Obras Completas*. Il y a là, en particulier, une "nota sobre as línguas vulgares da Espanha", qui montre "que estas línguas não nasceram da corrupção do latim, nem da sua mistura com os idiomas dos povos bárbaros que no século V invadiram as Espanhas" (p. 209 sq.). Il y a aussi des études étymologiques, comportant des listes de mots portugais supposés venir du grec (p. 1 sq.), d'autres dont l'origine serait simultanément grecque et latine (p. 95 sq.), d'autres enfin qui s'expliqueraient par des idiomes divers tels que le celtique, le gaulois, le breton, le basque, le germanique, etc. (p. 109 sq.). Un article inspiré par la quatrième édition du Dictionnaire de Morais (publiée en 1831) complète ces études en critiquant certaines des étymologies présentées dans cet ouvrage. Il est clair que les problèmes étymologiques ont toujours préoccupé le cardinal Saraiva, et qu'il cherche à prouver la thèse selon laquelle d'autres langues que le latin, —en particulier le grec—, expliquent une grande partie du vocabulaire portugais.

Toutes ces analyses étymologiques sont sans doute la partie de l'oeuvre la plus facile à critiquer. On y relève certes des choses exactes. Ainsi l'origine grecque qu'il propose pour les mots *agonia, anão, bastar, bodega, calma, golfo, mania, tio* est aujourd'hui considérée comme certaine (mais il faut préciser toutefois que c'est par l'intermédiaire du latin que ces termes ont en général transité du grec au portugais). A côté de cela, que d'erreurs! Ni *aqui*, ni *coar*, ni *fogo*, ni *fada*, ni *para* ne viennent du grec. Ne va-t-il pas jusqu'à voir dans l'article défini *o* le même mot que le grec *ho*? Même quand il ne remonte pas au grec, son refus de certaines étymologies est déconcertant. Ainsi de la terminaison adverbiale *-mente*, "que por erro etimológico se tem pretendido derivar do ablativo latino de *mens*" (p. 188). Bref c'est à juste titre que Manuel de Paiva Boléo émet un verdict sans appel: "A maior parte das etimologias apresentadas são simplesmente fantasistas e podem constituir, para alunos de Filologia mais adiantados, um exemplo elucidativo de como *se não deve* praticar a investigação etimológica"[5].

Il serait facile de montrer les faiblesses de beaucoup des autres afirmations de notre cardinal. Qu'est-ce que cette mystérieuse langue "lusitanienne" qui est à la base du portugais? Comment les colonies grecques de la Péninsule Ibérique auraient-elles pu imposer leurs parlers d'une façon aussi radicale? Est-il bien exact que les peuples ne peuvent changer de langues qu'en disparaissant et en renaissant sous une autre forme? Ne poursuivons pas ces critiques, et montrons plutôt tout ce qu'il y a de juste et de positif dans la pensée du cardinal Saraiva.

C'est là, en effet, ce qui fait l'intérêt du texte qui nous occupe. On y trouve, à côté d'évidentes contre-vérités, des intuitions étonnantes de modernisme. Ainsi quand il affirme que le vocabulaire appartient aux niveaux superficiels des langues, et que l'essentiel de leur personnalité est constitué par ce qu'il appelle leur "génie". Il suffit de dire "structure" au lieu de "génie", et l'on voit apparaître un des principes des modernes analyses de *typologie*. Tout le développement sur les oppositions morpho-syntaxiques du portugais et du latin devient ainsi, transposé en langage contemporain, une "typologie contrastive" des deux langues.

L'idée selon laquelle le vocabulaire appartient aux niveaux superficiels est d'une grande pertinence. Contrairement à la vision ancienne selon laquelle le vocabulaire est l'essentiel, le cardinal Saraiva aperçoit avec une extrême netteté qu'il n'en est rien, et que les mots peuvent changer sans que la structure profonde d'une langue soit modifiée. C'est ce que l'on appelle aujourd'hui la *relexification*. Des langues entières se "relexifient" ainsi dans le cours de l'histoire. L'anglais, par exemple, reste une langue germanique tout en ayant été largement "relexifié" par l'adoption de nombreux vocables français. Bien plus, la théorie selon laquelle le mythique "lusitanien" est devenu le portugais en s'incorporant de nombreux mots latins (donc en se "relexifiant" en latin), si elle est évidemment fausse historiquement, n'est pas absurde, loin de là. Quand par exemple des linguistes d'aujourd'hui considèrent que les créoles à base lexicale européenne, comme les créoles dits portugais, français ou anglais, sont dans le fond, par leur structure, et malgré leur lexique, des langues africaines, ils disent la même chose. Ces créoles sont en quelque sorte des langues africaines "relexifiées" avec des mots européens. Ces parlers ont pu d'ailleurs, comme le veut l'hypothèse de la monogénèse (selon laquelle tous les créoles à base lexicale européenne ont pour origine un pidgin ou proto-créole portugais élaboré dès le XVe siècle), avoir été "relexifiés" plusieurs fois, au gré des événements historiques.

On pourrait continuer ces réflexions, en montrant par exemple la part de vérité contenue dans la théorie selon laquelle les peuples, dans le fond, ne changent pas de langue. N'est-ce pas sur une pareille hypothèse que sont fondées en linguistique historique les explications par le *substrat*? Mais arrêtons-nous ici. Le paradoxe selon lequel "la langue portugaise n'est pas fille de la latine", si scandaleux à première vue, est défendu par des arguments dont plusieurs sont justes, et même profonds. Le cardinal Saraiva se trompe souvent, mais il se trompe intelligemment. Ces constatations sont de nature à nous inspirer beaucoup de modestie, et elles nous suggèrent de porter sur certains livres anciens, dépassés par l'évolution des sciences, un regard où la vigilance critique n'empêche pas la sympathie.

Notes

1. *Obras Completas do Cardeal Saraiva (D. Francisco de S. Luiz), Patriarcha de Lisboa*, precedidas de uma introducção pelo Marquez de Rezende, publicadas por Antonio Correia Caldeira, Tomo IX, Lisboa, Imprensa Nacional, 1880. Dans le texte du présent article, nous avons systématiquement modernisé les graphies.
2. Cette division par parties n'est pas dans le texte. C'est nous qui l'introduisons pour faciliter la lecture.
3. On trouvera ces vers dans l'édition du *Diálogo em louvor da nossa linguagem* par Luciana Stegagno Picchio, Istituto di Filologia Romanza dell'Università di Roma, Collezione di Testi e Manuali, 1959, p. 77.
4. Nous citons d'après l'*História de Portugal*, 8e éd., dirigée par David Lopes, s.d., tome I, p. 74–75. La 1ère éd. est de 1846.
5. Voir Manuel de Paiva Boléo, *Introdução ao estudo da Filologia Portuguesa*, Rev. de Portugal, Lisboa, 1946, p. 28.

Cultura portuguesa e expressionismo

Eduardo Lourenço

> Não pinto o que vejo mas o que vi; a câmara fotográfica não poderá rivalisar com a pintura enquanto não for possível servirmo-nos dela no céu e no inferno.
>
> *Edward Munch*

As palavras angústia, terror, violência, vertigem, brutalidade, grotesco, espanto, convêm, globalmente, àquilo em que nós pensamos quando nos referimos à "cultura portuguesa"? Suporta a praia íntima do lirismo que se espraia do Minho ao Guadiana, essa inscrição blasfematória no museu gesticulante do que costuma designar-se por "expressionismo"? O seu parentesco com os territórios interditos da loucura é-lhe tão familiar como a outras? Como a resposta parece ser "não", podia encerrar antes de a abrir esta abordagem em torno da "expressão", ou melhor, de uma histerização espontânea ou voluntária dela que é já em si leitura do mundo ou seu desgrenhado reflexo. Mais precisamente, uma certa relação pré-reflexiva com o mundo, o mundo intra-humano, da ordem do mal estar ontológico, da angústia, da desesperação, do *grito* — que, sendo em si sem nome, acabou por entrar no catálogo das "performances" artísticas como uma aberração, agora catalogada, quer dizer, clássica.

"Expresso", o que parecia por natureza rejeitar forma e baptismo, recebeu, precisamente, o nome de "expressionismo". Foi para uma certa manifestação de uma pintura essencialmente pulsional, alheia ou hostil à poética sublimante do simbolismo ou euforizante do impressionismo que surgiu mais um "ismo" que, em seguida, serviria para designar toda uma concepção e sensibilidade criadora-destruidora. No seu livro sobre *A Nova Arte Demente*, F. Lahel consagra equivocamente a nova categoria estética escrevendo, na linha de Max Nordau, a propósito de Nolde, de Kokoschka, de Rouault, curiosamente, também de Matisse, tão luminoso, que entre esses artistas e os alienados há apenas a espessura de um cabelo. O livro pertence ao, por muitos motivos, ano miraculoso de 1913. Que realidade irrompe e se estrutura, apesar da sua ingénita vocação para o informe e, sobretudo, para o disforme, nessa nova sensibilidade, que a torna tão pouco afim — ou até incompatível — com aquela que, por geral consenso, consideramos disposição característica da nossa cultura?

Não deixa de ter o seu interesse sabê-lo, que mais não seja para que *a contrario* nós nos apercebamos melhor dos motivos pelos quais o "expressionismo", em todos os seus matizes, tal como floriu na primeira década deste século na Europa e fora dela, teria de ser, em Portugal, qualquer coisa de mais estranho ainda do que já é na sua original manifestação. Uma questão análoga se me pusera quando, não há muito, foi abordada, entre nós, a temática do fantástico, admirando-me já então que acerca dela e numa perspectiva significante para a história e processo da cultura portuguesa, houvesse maneira de a tomar a sério e em primeiro grau. Não aludo ao caso por mera analogia exterior. Parece-me que as razões últimas pelas quais o "fantástico", no sentido anglo-saxónico do termo, nos é pouco natural ou até estranho, são do mesmo tipo e enraizam no mesmo "húmus" cultural que explica a ausência significativa de obras que, entre nós, reflictam o tenebroso subsolo onde proliferam "os esgares e os assomos" que no carnaval da alma do Expressionismo encontram o seu palco visível. Sem chegar a ser "expressionista" no sentido norte-europeu, uma única geração literária—e em particular o seu mais notável expoente—teorizou a *expressão* como essência da criação artística. Num ensaio datado de 1940, sem dúvida um dos pontos mais altos da nossa reflexão crítica neste século, José Régio, à sua maneira sinuosa, descrimina, quase como um fenomenólogo, as diversas espécies de *expressão*. O sue objectivo confesso é o de apreender aquela que merece o nome de "artística". Não é minha intenção retomar a argumentação do autor de *Em Torno da Expressão Artística*. Para o meu propósito bastará lembrar que José Régio distingue "três" formas de expressão capitais: aquela que, mera manifestação do pulsional, do instintivo ou do espontâneo, está aquém da arte; aquela que por sublimação e transcensão dessa esfera pulsional está para lá da arte, como a expressão mística; e, enfim, aquela que oscila entre as duas, forma mediada, senão mediadora, da expressão, a que merece o nome de artística. O poeta simbolista-expressionista de *Os Poemas de Deus e do Diabo*, o dramaturgo obcecado por bobos-anjos e anjos-bobos de expressionístico recorte, como projecção da sua interioridade dramática que em última análise são, enquanto ensaísta parece ter sempre desejado conciliar em si a lição pré-freudiana de Dostoievski e a lição racionalista de António Sérgio. A sua notável discriminação das três formas de expressão é, paradoxalmente, embora não fosse esse o seu propósito, a teorização mesma do anti-expressionismo. É nisso que ela me parece não só interessante, mas paradigmática de um comportamento estético—a palavra é inadequada por fraca—característico da nossa sensibilidade criadora, tanto como da longa tradição clássica que durante séculos a alimentou e que não é outra que a aristotélica, corrigida pela poética do romantismo.

Se escolhi o exemplo de José Régio é porque, ninguém, que eu saiba, quer no plano da criação, quer no da crítica literária, está mais próximo da experiência, da vivência ou *Stimmung* do expressionismo, quer dizer, de uma criação tão vinculada ao inexpresso da subjectividade como fonte de emoção artística. A essência—ideal e histórica—do chamado "expressionismo" é de configuração *vitalista*—, mas de um vitalismo paradoxal, pois é a da Vida concebida na sua tensão intrinsecamente dolorosa com aquilo que se lhe opõe e assim a constitui por essa mesma oposição, quer dizer, a Morte. Embora pertencendo à mesma estrutura cultural que gerou o Simbolismo, e sendo de algum modo o seu prolongamento, o Expressionismo é, também, a sua espectacular inversão transgressiva. Um e outro se inscrevem no círculo obsessivo da Morte, mas de maneira oposta. A realidade simbolista é a *não-vida*, a de um espaço em que a Morte mesma parece ausente, dissolvida na mera sombra, universo de "espectros", como o seu grande dramaturgo, Ibsen, os evocou. A realidade "expressionista" é a de um excesso de vida, da pura vida, na sua opacidade e energia cegas, à Schopenhauer, sem outra inscrição que a da Morte, ao fim e ao cabo a *única realidade*, aquela que des-realiza todo o universo, sobretudo o nosso, interior, convertendo a existência numa permanente mascarada, à maneira de Ensor. Mas, anterior à Máscara, expressão consciente dela mesma, existe o *grito*— o silencioso e infinito eco de uma Vida-Morte, tal como Edward Munch o representará, resumindo nele, por antecipação, todo o expressionismo e a sua própria poética.

Ora José Régio não só não ignorava, mas admirava certos artistas representativos do "expressionismo" ou aparentados ao seu espírito, como o próprio Ibsen, que tanto influenciou o seu teatro, ou Grosz de quem cita a *Fealdade Alemã*, sem falar de Goya e dos seus *Caprichos*, exemplos de expressionismo intemporal. De onde provém a sua, sem dúvida inconsciente, assimilação da *expressão artística* àquela forma em que é detectável o que ele designa de "imitação da vida", antes de lhe chamar "expressão transfiguradora da mera expressão vital"? A resposta importa-nos menos do que o facto de através dessa ideia da "imitação da vida", ou mesmo, de "expressão transfiguradora da mera expressão vital", a realidade específica da "arte expressionista" não ser susceptível de leitura, ou então, apenas de uma leitura que devolve para o código que essa arte precisamente transgride. Paradoxalmente, se o "expressionismo" tem um sentido, é em função da subversão do código regiano— aliás clássico—não só da arte como *mimesis* ou como *representação*, mas da ideia mesma da arte como *expressão*.

Na poética consubstancial ao "expressionismo", ou melhor, no expressionismo como poética, não é a arte que é expressão de qualquer realidade interior (como o pânico, a angústia, o desespero, a exultação vital) que exija passagem ao acto, mas *a expressão* que é arte na sua raiz. É à realidade humana não-expressa, e mesmo não exprimível, a não ser naquelas formas em que a arte dita "expressionista" as manifesta, que a *expressão* deve a sua existência. É a existência como expressão e não a expressão da existência que o "expressionismo" incarna, o expressionismo histórico e o expressionismo em geral, naturalmente coessencial à própria manifestação da realidade humana. Há qualquer coisa ao mesmo tempo de pleonástico e de contraditório no "pathos" que se incarna no que se chama "expressionismo" (na medida em que releva ainda da "arte") a menos que seja, como de facto é, a primeira grande tentativa de desterritorialização desse domínio, na verdade sem "locus" próprio, que continuamos a designar como "arte". Que jogo fora de estação e, acaso, fora de todas as estações, o imaginário se oferece, em desespero de causa e de cultura, sob o excesso sem máscara do "expressionismo"? O de um fim que nunca teve começo ou o de um começo que nunca terá fim?

O que chamávamos "arte" era a tentativa de conter nos limites do apropriável, do familiar até, aquilo que na fugaz realidade do que somos, sonhamos e fazemos é do domínio do informe e do inexprimível. Cada forma de arte contém em sí a sua própria morte. A do "expressionismo" é apenas mais incompreensível, pois vive já do que, expresso, a esvazia da sua justificação. Manifestação sensível de uma angústia historicamente enraizada, ou exorcismo de algo mais fundo e intemporal, o fenómeno expressionista, como todas as outras proposições criadoras significativas de uma época, reestrutura todo o passado artístico ao mesmo tempo que des-estrutura o próprio conceito de *arte*. O seu carácter pulsional, a sua violência psíquica ingénita, o mal-estar que provocou (que acaso ainda provoca, apesar da sua banalização ulterior), não são sequer da ordem dos escândalos que periodicamente assinalam a dialéctica da ruptura imanente à Modernidade.

A exposição de Munch em Berlim, no ano de 1892, não foi um escândalo dessa ordem, como o não fora, ao contrário da lenda, o da pintura de Van Gogh, póstumo como a sua glória. A *expressão* como arte é uma abertura ou uma vista para o abismo cujo único conteúdo inexpresso — o expresso já era insuportável — é percebido como *incontrolável*, como exterior ao círculo onde a existência dos homens se contemplava como uma *imagem* de Deus. Devia apavorar se tivesse sido apercebida para além da banda desenhada dos nossos pavores ou dos nossos delírios sem nomeação. A categoria, no fundo securizante, da aberração ou da loucura, subtraiu-a ao seu estado realmente subversivo. Quer dizer, ao da primeira manifestação de *uma arte sem imagem,* não no sentido futuro da abstracção pura — e a esse título, inócua — mas da sua perda numa *desfiguração* sem limites. A "incompreensão" de Régio nada tem que ver com a sua informação e agudeza pessoais, que eram pouco comuns em Portugal. Se o escolhi, foi justamente por ver nele um exemplo privilegiado do contencioso (mesmo apenas passivo) e da natural incompatibilidade da pulsão que o Expressionismo traduziu e aquela que parece adequar-se à nossa muito particular sensibilidade e cultura. Dedicado unicamente à sua expressão pictural — aquela que, pleonasticamente, lhe assegurou a sua visibilidade e ressonância, embora a perspectiva se possa e deva estender a outros campos, aos da música, da poesia, do teatro, da dança, do cinema ou da ficção—o conhecido livro de Michel Ragon consagrado ao Expressionismo não refere um único artista português. A sua quase totalidade é *nórdica* (norueguesa, sueca, germânica, belga-flamenga, excepcionalmente francesa ou suíça). A latinidade pareceria excluída do fenómeno se Michel Ragon não incluísse no seu breve dicionário expressionista gente de raiz hispânica, de Gaudi a Picasso, de Orozco a Siqueiros.

Registemos esta aproximação, sob a rubrica "expressionismo", entre duas culturas que, à primeira vista, nada levaria a aproximar. Registemos, sobretudo, como dizendo respeito ao nosso assunto, esta nossa ausência desse panorama. Desta vez não creio que se trate da consabida ignorância acerca das "nossas coisas". É a presença espanhola que merece reflexão, não a nossa rasura. O que poderá justificar que artistas de cultura espanhola possam legitimamente emparceirar (mesmo só por analogia) com os grandes representantes do Expressionismo nórdico e que seja, ou pareça, em última análise, natural e altamente significativo que o mesmo não aconteça connosco?

Na realidade, e dado o contexto da produção artística do século XX, com o seu cosmopolitismo potencial ou obrigatório, nada haveria de estranho que artistas nossos figurassem no dicionário do Expressionismo europeu ou mundial. Na verdade, embora expressão tardia e não muito significativa dela, uma boa parte da nossa pintura dos anos 20 e 30 pode inscrever-se na linhagem expressionista: Alvarez, Eloy, entre outros, pertencem a essa constelação póstuma. Mas aqui não nos interessa o Expressionismo como uma moda entre outras, reconhecível nas suas marcas exteriores, mas o espírito, a essência mesma dessa manifestação, tal como tentei apercebê-la em rápida síntese: *expressão* como arte, des-construção do seu sentido, aventura global do imaginário europeu, ou de uma parte dele, em territórios sulfurosos, interditos, que vão de Strindberg a Van Gogh, Nolde e Munch, de Freud a Kafka, a Gottfried Benn e Brecht. É claro que a associação de Picasso a este elenco é problemática, como problemática é a de outros hispânicos. É por demais claro que o Expressionismo foi a forma mais exacerbada da crise da *imagem do homem*—e não só da sua imagem exterior—característica da cidade moderna, quer dizer, essencialmente, protestante. Na constelação expressionista só figuram artistas de uma cultura sem *imagem*, no sentido católico do termo: protestantes e judeus. Talvez isso ajude um pouco a compreender a "nossa" ausência tão pronunciada do universo expressionista.

Sem imagem, quer dizer, antes de tudo, sem imaginário que se reporte à "figura" de Deus, à sua imagem, arquétipo da nossa, mas mais decisivamente que uma coisa que seja consequência da outra. A ausência de imaginário e de imagem do homem reporta-se à sua culpabilidade intrínseca compensada, se assim se pode dizer, pela "certeza" da sua incerta justificação. Com a crise do protestantismo liberal do século XX, a antiga angústia fundadora de Lutero e o seu remédio da justificação gratuita perderam a sua coerência e a sua potência persuasivas. Os heróis de Ibsen ou de Strindberg oscilam como, mais perto de nós, os de Bergman, entre um positivismo agressivo e a angústia pura. Começa o longo reino do que, mais tarde, o herdeiro contemporâneo do expressionismo nórdico chamará, ilustrando-o num filme sublime, o *Silêncio*. Em suma, o reverso do *Grito* original sem escuta possível. Silêncio de Deus, silêncio humano, é a mesma coisa. Foi de dentro desta cultura confrontada com o Silêncio incomunicante que surgiram os quadros de Munch ou o teatro de Strindberg, seu amigo. Os gestos suscitados por esse silêncio ou para ele remetendo, violentos, lívidos, patéticos, mais tarde "clownescos" como no Ensor das "Máscaras e da Morte" (1897), da "Entrada de Cristo em Bruxelas" ou no Rouault de "Dura lex sed lex" compõem a tapeçaria mórbida e fascinante do Expressionismo.

Porque razão, senão de mero mimetismo cultural sem autêntico fundamento, gente de país solar, sem interioridade, no sentido protestante, educada dentro de uma Cultura em que a Transcendência faz parte da família, herdeira de um tradição lírica e sentimental, mediada por uma natureza humanizada, benevolente, se devia atrelar a esse mundo de espectros, a essa constelação de fantasmas? No passado, a nível simbólico, que é o seu nível real, a cultura portuguesa é de uma organicidade, de um aproblematismo raro, uma cultura vocacionada para a felicidade. Se o que contruímos de mais original são as nossas igrejas barrocas, é difícil conceber uma intimidade mais completa com a visão sensível do paraíso do que a que se podia gozar nos seus muros forrados de ouro e iluminados por cúmplices sorrisos angélicos. A sátira queiroziana da nossa antiga devoção barroca é só a versão, às avessas, da mesma doçura, a mesma vivência, com boa dose de nostalgia, de uma Cultura a quem repugna, organicamente, a visão trágica do mundo e da vida, expressão do basco-castelhano Unamuno, não nossa. Claro, há excepções, mas só na época realmente moderna—a partir de Camilo e de Antero—é que podemos imaginar um tipo de sensibilidade e um expressão artísticas que, ao menos na aparência, se possa prender ao mundo dilacerado, de quase palpável incomunicabilidade, de culturas que inventaram para se falar, com silenciosa afinidade, os quadros de Munch e as fábulas de Kafka.

Deixo para o fim o mistério espanhol. O "expressionismo" da cultura espanhola não tem a mesma estrutura do único que merece esse nome, mas há, entre ambos, uma certa analogia exterior que os pode aproximar e distinguir de nós. A Espanha, na aparência, tão encerrada como Portugal no castelo interior do seu barroquismo, teve sempre uma vida cultural não só mais intensa, como mais irredentemente conflitual. Na sua discussão polémica secular com a Europa que a discute, os espanhóis a si mesmos se discutiram. À parte o milagre camoniano—ainda assim, relativo—nós não fomos interpelados pela nossa realidade histórica como

Cervantes, Quevedo ou Grácian o foram pela de Espanha. Ficámos à margem dessa violência espanhola—violência de conquistadores, por conta própria, da terra e do céu—violência que se exteriorizou, o que não aconteceu no mundo protestante, sem jamais deixar de pedir e exigir para si mesmo o seu tributo de sangue. Há na cultura espanhola uma componente de provocação que não existe na nossa. Os Grecos, os Quevedos, os Goya são-nos desconhecidos. Uns e outros são parentes de Gaudi, de Picasso, de Buñuel, de Dali, de Arrabal, do expressionismo bruto e brutal de Tapiés. Não é a cultura espanhola uma cultura *sem imagem* como a que insufla ao imaginário nórdico a sua dimensão fantástica. Mas é uma cultura que hipertrofia a imagem, a idolatra, a desloca, virando a estrutural violência que a habita contra si mesma.

O nosso "expressionismo", na fraca medida em que existiu—e só a partir de Fialho podemos detectar a sua presença—é um "expressionismo" mais de ressentimento que de afirmação, todo penetrado da poética da Dor com maiúscula, ou do protesto humilde à Raul Brandão, autor, por antonomásia, dos *Pobres*. No fundo, talvez o grande segredo do sucesso e do fascínio de Fernando Pessoa—que só foi "expressionista" em segundo grau; portanto, o contrário de um expressionista—tenha consistido em converter o *expressionismo dolorista*, magoado, de Raul Brandão, numa espécie de jogo, quase numa festa semântica em que a Tristeza mesma é enigmática máscara da ironia. Para desespero de alguns—às vezes, dele—e para consolação de nós todos, expressionistas inocentes, sem expressão.

Apenas escrita, esta denegação das nossas afinidades com a sensibilidade "expressionista", característica da cultura nacional, impõe um ligeiro correctivo para que caibam nela gente como Fialho, o mesmo Raul Brandão, Manuel Laranjeira, o próprio Régio, todos para-expressionistas. É sobretudo a lembrança da obra espectral de Raul Brandão que se insurge contra essa oposição tão radical entre a sensibilidade nórdica e a nossa. Sem a negar, o seu caso—como o de Régio, de Branquinho da Fonseca, de Rodrigues Miguéis e, mais próximo de nós, os de Vergílio Ferreira e de Carlos de Oliveira, seus leitores e grandes admiradores—obriga a modelar esse contraste ou, pelo menos, a tentar recuperá-lo noutra perspectiva. Com efeito, o singular "expressionismo" da obra de Raul Brandão releva, ao mesmo tempo—via Dostoievski—da glosa nórdica da angústia, do pesadelo e da morte, e da sua transfiguração *crística*, anti-nietzschiana, com a sua piedade quase horrível por tudo quanto existe circunscrito pela morte e gritando mais alto do que a própria morte pela loucura suprema de a abolir. Já o expressionismo, na sua versão mais irredutível, o de Munch, de Nolde ou Strindberg é, em si, um ingente combate para exigir à noite uma resposta—mais do que mera complacência por ela quando ela começava a ser o espaço equívoco de todos os fascínios. Acontece apenas que, em Raul Brandão—como em eco a

Antero — coexistem duas visões, numa amálgama irredutível, num único movimento de escrita que do interior continuamente as suspende, pois não visa mais do que glosar a *presença substancial da morte,* mar que nos banha e onde tudo banha, sonhando-a, mastigando-a, *cansando-a,* até que a sua sombra, de uma maneira incompreensível, se dilua e nos conceda a ilusão de sermos *imortais* nela e por causa dela.

> Passou um minuto ou um século? Sobre o granito salitroso assenta outra camada denegrida, e as horas caem sobre a vida como gotas de água de uma clepsidra. De tanto ver as pedras já não reparo nas pedras. A morte roda na ponta dos pés. Todos os dias os leva, todos os dias toca a finados. O nada à espera e a D. Procópia a abrir a boca com sono como se não tivesse diante dela a eternidade para dormir. Tudo isto se passa como se não tivesse importância nenhuma, tudo isto se passa como se tudo isto não fosse um drama e todos os dramas, um minuto e todos os minutos...

Sem as reticências, poderíamos imaginar que estávamos lendo alguma passagem do *Livro do Desassossego. Húmus,* na verdade, visto de hoje, tem visos de "Livro do Desassossego" do pobre. A menos que seja o "Livro do Desassossego" que seja o *Húmus* do rico... Ou que ambos — com Unamuno de permeio — façam parte da mesma constelação da alma mas não da *escrita,* o que é capital para o nosso caso, pois o "Livro do Desassossego", nessa perspectiva, nada tem de expressionista, embora o seu fundo desolado o coloque nas paragens do desespero nu do expressionismo nórdico. Na verdade, ao contrário de Pessoa, Raul Brandão não se exprime a partir de qualquer visão do mundo mais ou menos lógica, ou de uma pluralidade incompatível delas. Raul Brandão fala apenas da interior-exterior imersão num acabrunhante *tempo nulo,* matriz de uma espécie de ausência *física* que não permite aos momentos somarem-se a outros momentos para constituir o que chamamos uma vida. Todavia, mau grado essa imersão, e por mais profunda que seja a sua vivência desse tempo nulo, qualquer coisa nele se insurge contra uma tão devastadora *insignificância* de tudo e todos. Chegado aqui, o autor de *Húmus,* filho também de um tempo europeu do "Deus morto", exige aquela *felicidade ontológica* da antiga alma portuguesa, da velha alma dos bons tempos barrocos, dos sermões inflamados sobre a beatitude eterna, sensível, transfigurando assim o antigo *silêncio* de uma cultura certa da sua salvação, arqui-repleta de Sentido, *em silêncio* que grita. Grita, sem gritar, naturalmente, "à portuguesa". Longe da violência desesperada da alma solitária de Munch e Strindberg, grito mais próximo da doçura do louco, com uma quixotesca e dostoievskiana sede de imortalidade, capaz de reabsorver nela a sua sensação, o seu sentimento, a sua obsessão mórbida da vida como puro absurdo.

> Debalde lhe aconselha calma, o Gabiru... Entrevejo na morte um sofrimento atroz. O inferno é uma palavra vã. É um desespero sem consciência nem gritos. A vida não é senão uma trégua, um ah — e logo um mergulho nesse inferno de dor. Na dor extrema. Eis o que é a morte: a dor extrema, a dor emudecida.

Atentemos nesta frase que em si mesma se enrola: é a tradução ideal da essência do *expressionismo* como impossibilidade pura da própria *expressão*. A "contradição" formal deixa o campo livre para o combate, mesmo perdido, contra a contradição inclusa na vivência do insuportável absurdo coessencial à vida. É a partir desta vivência sentida do "não ser" que a carne, na sua silenciosa linguagem, diz o que a língua cala:

> O terror instintivo da morte é uma advertência. Não quero morrer e vou ressuscitá-los! Viver sempre! Amar sempre! Sonhar sempre! Que esplêndido sonho! A vida é quase nada. Tudo que custou tanto desespero, tudo sumido num buraco para sempre. Ouves? Para todo o sempre. De que serviram o gritos, as lágrimas, subir, trepar, chegar ao topo do calvário? Para todo o sempre! Bem sei: aquilo a que me apego é impalpável: é a mulher que passou assomando-lhe ao focinho uma expressão de ternura, e que nunca mais tornarás a encontrar; é aquela manhã de chuva em que nos molhámos juntos (e ainda me sinto molhado) e se não repete; é o minuto que nos escorre das mãos como fio de água mas dourou-o o sol, e é esse mesmo minuto translúcido que quero tornar a viver sem a sombra da morte a meu lado. É a essa ninharia que é a vida que deito as mãos com desespero. A vida é nada — é esta cor, esta tinta, esta desgraça. É saudade e ternura. É tudo. É os meus mortos e os meus vivos. Levo pena de tudo, até da fealdade. Agarro-me a tudo, tudo me prende, o sonho que não existe, as horas inteiras, o possível, o impossível.

Expressionismo à portuguesa, não se resume na opacidade do "silêncio". Fala dentro e acima da morte, saudosamente.

Mitologias Portuguesas

Luciana Stegagno Picchio
Università di Roma

> Je l'ai dit, il n'y a aucune fixité dans les concepts mythyques: ils peuvent se faire, s'altérer, se défaire, disparaître complètement. Et c'est précisément parce qu'ils sont historiques que l'histoire peut très facilement les supprimer.
>
> Roland Barthes, Mythologies, 1957

As duas fichas que aqui se publicam para homenagear uma estudiosa com a qual se percorreu um grande traço da vida, visitando os mesmos lugares, livros, pessoas, países, inserem-se numa tentativa de levantamento de materiais para a elaboração de uma mitografia portuguesa. Mitos *dos* portugueses e mitos *sobre os* portugueses, em duas séries paralelas. Pequenas histórias exemplares, sentenças, ditados que fazem parte do imaginário colectivo e nos quais os portugueses se reconhecem e identificam; e pequenas histórias, contos, provérbios, que pertencem ao imaginário dos "outros" a respeito dos portugueses e com que aqueles procuram decifrar o universo português, descrevê-lo tipologicamente, reconhecê-lo. O alvo final é o de encontrar as relações morfológicas existentes entre estas histórias todas, na sua intertextualidade específica e na sua intertextualidade universal com outros mitos de diferentes latitudes. Não só: por fidelidade a um método filológico que sempre esteve na base das pesquisas de quem escreve, a intenção é também a de estudar tais estilizações míticas, de todos os tempos e de todas as proveniências, na sua génese histórica, procurando sempre aquele texto inicial, aquele *Urtext* de que derivam as sucessivas encarnações[1].

Para quem, estrangeiro, palmilhou o mundo e a vida atrás da isotopia portuguesa e visitou países e épocas através do prisma português (língua e história, civilização e *Weltanschauung*), foi inevitável, a uma certa altura, reunir as informações colhidas e as sensações recebidas num conjunto rotulado provisoriamente na sua memória como "materiais mitológicos portugueses": naturalmente, no sentido de mitologia acima apontado e que provisoriamente, e com todas as diferenças já indicadas, poderíamos identificar com a acepção semiológica e lúdica do termo adoptada por Roland Barthes nas suas divertidas *Mitologias* contemporâneas[2]. Se, platonicamente, cada visão é uma re-visão, ou se, como a experiência nos ensina, no nosso eterno viajar entre as coisas e as idades, nós só vemos o que conhecemos e o que já se encontrava no nosso horizonte de espera, iremos aqui à procura da imagem do português ou, melhor, das várias imagens que esta mitologia antropológica[3] nos proporcionou, para que as confirmássemos ou as modificássemos, antes de iniciarmos a nossa viagem neste específico universo cultural: antes de que o comércio continuado com a sua realidade nos tornasse incapazes de a ver com olhos de estranho, com o alheamento de quem sabe observar as coisas em regime de *Lettres Persanes* (ou, se quisermos de *Brazundungas*): isto é, desde "fora". E quem sabe se esta operação não nos vai fornecer também algumas chaves interpretativas para entender o outro conjunto, o dos auto-mitos, dos mitos que os portugueses, mais do que outros povos, construíram em volta de si mesmos e que transparecem nas contínuas tentativas de autodefinição presentes na sua meditação. E baste pensar no exemplo excelente oferecido pelo *Labirinto da saudade* de um ensaísta filósofo como Eduardo Lourenço[4].

Entre as diferentes acepções de *mito* que filósofos, antropólogos e linguistas têm escolhido para uso da sua disciplina, previlegiaremos aqui, como dissemos, a acepção semiológica de mito-palavra, de mito-mensagem, de mito-sistema de comunicação. Desde a antiguidade clássica, no léxico de historiadores como Heródoto e dos próprios poetas os quais, como Píndaro, tiravam do mito a sua inspiração, o termo *mÿthos* teve sempre uma conotação negativa de "discurso dos *outros*, ilusório, inacreditável, banal"[5]. Desta formulação se apropriaria o positivismo, e, ainda no último terço do século XIX, encontramos no *Dictionnaire* de Littré (1863–72) uma definição dos mitos como de "contos que não são verdadeiros". Mas os mitos são também aventura de palavras, metáfora, reflexo no plano da imaginação da aventura humana dos povos. E é desta forma que aqui eles serão apresentados.

Os dois mitos que vamos considerar pertencem à segunda série da nossa mitografia. Inserem-se entre os mitos que os "outros" criaram ou adoptaram a respeito dos portugueses: *tópoi*, se quisermos, construídos nos séculos e de que às vezes é imediatamente intuível a génese histórica. Vamos dar, de cada um, em abertura, o *título*, em forma de um *trasunto* (belo termo camoniano) tópico, de sentença definitória que, no plano semiológico, pode revelar também o *sentido* inicial da fábula mítica. Colocamos depois um exemplo de *actuação* histórica da mesma fábula. E procuramos encontrar as circunstâncias poéticas, mas também históricas e intertextuais de tal actuação. O que não quer dizer que, noutra *mise-en mots*, noutro "estatuto de palavras", a mesma fábula não possa vir a assumir um sentido diferente e às vezes oposto. Só no fim da colheita, será porém possível tentar atribuir um valência positiva ou negativa a cada actuação dos vários mitos presentes no conjunto.

I

O português é um profissional do mar. O mar é o seu elemento e no mar ele realiza as suas qualidades, criando até um modelo ético para os outros.

O texto escolhido é o dos *Gulliver's Travels* de Jonathan Swift, quarta parte, "Viagem na terra dos Houyhnhnm", cap. XI.

No mês de fevereiro do ano de 1714–1715[6], o capitão Lemuel Gulliver, banido da feliz sociedade dos *Houyhnhnms* encontra-se novamente embarcado numa frágil piroga nos mares da Nova Holanda. Alquebrado por ter tido que abandonar o convívio dos cavalos filósofos, ele sente vivíssima a repulsa pelo regresso à pátria: tanto mais quando esta pátria é a Inglaterra governada até ontem por um rei-fêmea de nome Queen Anne (1702–1714). Depois de ter vivido durante quasi três anos como espectador de uma utópica sociedade de sábios e cheio de ódio contra a raça dos yahoo a quem ele próprio pertence, procura inutilmente uma ilha deserta para acabar os seus dias, disposto até a viver entre selvagens, isto é, entre *yahoos* nus, em vez de voltar ao convívio dos seus conacionais hipócritas e mentidores. E é neste momento que vão ao encontro do homem estranho que ele é, os marujos portugueses desembarcados, para se abastecerem de água, na costa sul-oriental da Nova Holanda onde ele se esconde. Perante a recusa de Gulliver de voltar com eles à civilização, os portugueses carregam-no à força na sua embarcação e levam-no para o navio, cujo comandante o acolhe com extrema cortesia, respeita o seu desejo de solidão e o leva até Lisboa abastecendo-o de tudo o que lhe pode servir para um normal regresso à pátria.

Embora o narrador seja sempre Gulliver e tudo seja apresentado na sua óptica, a primeira cena do encontro com os portugueses aparece-nos como contada por ambas as partes: porque o inglês, embora hoje se encontre do outro lado da barricada, sabe ainda reconhecer as convenções empregues na descrição do Outro pelos conquistadores europeus (ingleses ou portugueses aqui não importa). Acostumado pela sua cultura ao topos oximórico do "bom selvagem", e convencido pela sua experiência recente de que todos os homens *yahoo* são os "maus civilizados", vai inesperadamente encontrar nos portugueses ("the honest Portuguese"), que o tratam com amizade e com respeito, os seus "bons civilizados". Quanto aos portugueses, eles também estão acostumados a classificar o Outro na base das aparências e dos parâmetros que levam consigo da Europa. Depois de ter encontrado a piroga abandonada na praia, eles executam antes de tudo o ritual de prudência ao qual séculos de conquista de terras desconhecidas os tinha habituado. Procuram por todo o litoral encontrar o proprietário da embarcação, e, quando afinal o descobrem, imediatamente o classificam. Embora ele vista um estranhíssimo traje de peles, tudo indica não se tratar de um selvagem pois ele é um branco, um europeu, e está vestido. Opera aqui imediata a oposição de rito *nu/vestido* que, na viagem para o incógnito, servia aos navegadores europeus como elemento de separação entre os selvagens e os civilizados: basta para isso lembrar, relativamente ao regime de espera dos portugueses, a oposição entre índios do Brasil *nus*, isto é *selvagens*, e indianos da Índia, *vestidos* e portanto *civilizados*. Mas há um outro elemento para que se decida não ser o estrangeiro um selvagem: ao invés dos indígenas encontrados nas terras de conquista que, por não entender a língua do conquistador, são considerados mudos[7] e portanto assimiláveis aos animais, o inglês fala e fala português, embora com sotaque cavalino:

> The seamen at their landing observed my canoe, and rummaging it all over, easily conjectured that the owner could not be far off. Four of them well armed searched every cranny and lurking-hole, till at last they found me flat on my face behind the stone. They gazed awhile in admiration at my strange uncouth dress, my coat made of skins, my wooden-soled shoes and my furred stuckings; from whence, however, they concluded I was not a native of the place, who all go naked. One of the seamen in Portuguese bid me rise, and asked who I was. I undestood that language very well... They admired to hear me answer them in their own tongue, and saw by my complexion I must be an European but were at a loss to know what I meant by Yahoos and Houyhnhnms, and at the same time fell a laughing at my strange tone in speaking, which resembled the neighing of a horse.

Também o encontro com o capitão Pedro de Mendez[8] ("a very courteous and generous person", "a wise man"), os gestos dele, com a oferta da comida e a promessa de que o estrangeiro seria tratado como ele próprio, revelam uma opinião da marinha portuguesa diferente da que Lemuel Gulliver tinha dos marinheiros seus patrícios ("I wondered to find such civilities from a Yahoo"). Era uma opinião que vinha de longe: desde aquela *Utopia* de Thomas More cujo protagonista Raphael Hythlodaeus era um marujo português, companheiro de Vespucci durante a sua quarta viagem às costas do Brasil. Mas entre o velho marinheiro Hythlodaeus e o capitão Mendes que acolhe Gulliver com cortesia "profissional", com aquele "à vontade no mar" que revela uma grande prática de navegação, tinham passado dois séculos. O marujo tinha-se tornado capitão, a aventura de descobrimento e de conquista era agora a rotina de quem no mar tinha o seu habitat natural, de quem viajava entre o Oriente e o Ocidente como entre duas pátrias e cuja língua era conhecida por todos os navegadores da época. Estamos nos anos da aliança entre Portugal e a Inglaterra. Portugal, que acaba de assinar o tratado de Methuen (1703), está na moda em Inglaterra: e nos navios portugueses bebe-se o licoroso vinho do Porto que os ingleses naqueles mesmos anos têm apreendido a apreciar. O ouro do Brasil que confere revérberos de Idade do Ouro ao reinado de D. João V, viaja nos navios da Coroa e os nobilita. Herdeiro de Hythlodaeus, o Capitão Mendes, que acolhe liberalmente o inglês Gulliver numa nau do cristianíssimo rei de Portugal, é ele próprio o progenitor de toda uma série de capitães portugueses discretos, elegantes, civilizados, que vamos encontrar na ficção europeia dos séculos XIX e XX: até quando Emilio Salgari fará do seu sábio Yanez (um corsário que é um *gentleman* como o era o capitão Dom Pedro Mendes) o deuteragonista português do explosivo e heróico Sandokan[9].

II

Os portugueses costumam não pagar o bilhete de entrada para os teatros e os espectáculos desportivos. E é por isso que os que entram, ou procuram entrar, de borla naqueles locais são denominados genericamente "portugueses".

O texto "actualizador" escolhido não será aqui um trecho literário em que figure a personagem do português português, mas sim uma notícia de crónica aparecida recentemente nos jornais italianos.

> VICENZA. Non chiamateli "portoghesi". È "razzismo strisciante", infatti, secondo il console del Portogallo associare il nome dei suoi connazionali a chi non paga il biglietto dell'autobus. Alle aziende municipalizzate di Vicenza sta per arrivare una lettera di José Sarmento, console portoghese a Milano, nella quale il diplomatico condanna il "cattivo gusto" dell'accostamento.
> Sotto accusa l'ultimo numero di Aimnotizie, bollettino della municipalizzata. In un articolo dedicato agli abusivi in tram è scritto tra l'altro: "Le Aim hanno dichiarato guerra ai portoghesi". Attenzione, non sono arrivati altri stranieri. Ma gli abitanti del Portogallo hanno la nomea di non pagare nei luoghi dove sarebbe indispensabile farlo, quindi anche sugli autobus. Da qui il risentimento del console.

Até aqui o texto da notícia publicada pelos jornais italianos[10] e que reproduz uma situação já muitas vezes assinalada na história recente das relações entre Portugal e Itália. Não se trata absolutamente de racismo contra os portugueses, cidadãos de Portugal. O uso de chamar *portugueses* às pessoas que entram de borla nos lugares públicos vem de longe e, afinal, depõe mais contra os italianos, ou melhor, contra os romanos, de que contra os próprios portugueses. Protestar seria como lamentar o uso de "macedónia" para a salada de frutas (talvez hoje o nome readquirisse uma nova semantização perante os últimos acontecimentos). Já noutra ocasião eu procurei indagar a origem da expressão "fare il portoghese" que é sem dúvida italiana, embora com muitas propostas de explicação. A bem das relações ítalo-portuguesas, procurarei resumir aqui o resultado daquela minha pesquisa[11]. Nascida, como se disse, provavelmente na Itália, a acepção *portoghese* "nel gergo teatrale, chi entra a teatro a sbafo, senza pagare il biglietto"[12], encontra-se lexicalizada não só na Itália, mas na Grécia e em diferentes países da América do Sul. Houve várias anedotas invocadas para explicar a origem da expressão, mas muitas delas aparecem como explicações "a posteriori", mitos do mito. Vamos contudo referi-las todas: porque aqui são os mitos que contam.

A mais conhecida destas anedotas é a que coloca a origem da expressão no ano de 1514. Em Março daquele ano, o Papa Leão X tinha recebido no Vaticano a famosa embaixada do elefante enviada por Dom Manuel I e chefiada por Tristão da Cunha. A riqueza dos dons levados pelos portugueses entre os quais o elefante branco Annone que o pintor Júlio Romano vai pintar na fachada da Torre Vaticana, teria induzido o Papa a compensar a cortesia com a concessão do ingresso livre aos espectáculos da Cidade para todos os membros da embaixada. E é aqui que entraria em jogo a inclinação à trapaça dos quirites. Daquela facilidade se teriam com efeito aproveitado, declarando-se "portugueses", muitos habitantes da Cidade. Eis a razão por que a conotação negativa que os portugueses individuam hoje na expressão, seria afinal positiva para eles e negativa para nós.

Segundo outra anedota, a origem da fórmula "fare il portoghese" seria mais recente, e colocar-se-ia no século XVIII. Durante o magnífico reinado de D. João V (1707–50), a Embaixada de Portugal em Roma teria promovido no recém inaugurado Teatro Argentina um espectáculo a que os portugueses residentes podiam ter acesso gratuitamente.

A terceira anedota é a que coloca a origem de "fare il portoghese" na metade do século XIX quando o Teatro Manzoni de Milão era dirigido pelo mestre Lombardi. Querendo encher o teatro para um espectáculo de ópera, ele teria convencido os actores a convidarem os seus amigos. Desta ocasião se teria aproveitado o tenor de nacionalidade portuguesa que, em vez de convidar os dois ou três conacionais anunciados, teria dado bilhetes de borla com a sua assinatura a centenas de pessoas: de forma que na noite do espectáculo o empresário podia declarar estar o teatro "cheio de portugueses".

A quarta anedota, enfim, em duas versões, fala-nos da famosa estreia em 1870, na Scala de Milão e com a participação de Giuseppe Verdi, do *Guarany* de Carlos Gomes: durante as provas, os comparsas representando os conquistadores portugueses teriam tido livre acesso ao teatro só com declarar serem eles os portugueses. Do que, como de costume, se teriam aproveitado, para entrar gratuitamente, os estudantes milaneses. A última versão, enfim, coloca a origem da locução na Argentina, quando o presidente brasileiro Campos Sales foi convidado para ir a Buenos Aires voltando o *Guarany* a aí ser representado, pela ocasião. Segundo esta explicação a locução ainda muito usada na Argentina e no Uruguai teria sido depois levada para Itália pelos jogadores de futebol argentinos.

Os linguistas até agora parecem ter negado qualquer credibilidade a estas "etimologias populares" e, como a locução figura documentada só a partir do século XIX, propuseram outros tipos de derivação, por exemplo de porta, referida a quem passou por uma porta de serviço ou lateral.

O problema portanto ficaria aberto. Mas, neste jogo histórico-semiológico que é a interpretação de um mito, quem escreve inclina-se vivamente à aceitação da primeira etimologia: referida a uma época em que aos portugueses descobridores do caminho marítimo para a Índia e esplêndidos visitadores da Roma de Leão X, tudo parecia ser concedido. É com efeito interessante notar como, já em 1452, o português Lopo de Almeida descreve, numa sua carta de Roma ao rei Dom Afonso V, as grandes liberalidades que os "napoletanos" faziam aos seus patrícios.

Com efeito, por ocasião do casamento de D. Leonor de Portugal com o Imperador Frederico III, aos portugueses vindos de Portugal no séquito da esposa, tinha sido concedida no reino de Nápoles comida e alojamento de graça de forma que eles não devessem pagar "neppure le ferrature dei cavalli", nem os ferros dos cavalos. Seria fácil inferir que os portugueses de Portugal possuem em Itália uma antiga tradição de "fazer os portugueses": pelo menos no sentido de gozar dos privilégios devidos ao seu grande prestígio.

Notas

1. Para a definição do método, permito-me remeter ao meu: Luciana Stegagno Picchio, *La Méthode Philologique*, Paris: Fundation Calouste Gulbenkian, 2 vols. 1982.
2. Roland Barthes, *Mythologies*, Paris: Seuil, 1957.
3. Para a qual não queremos naturalmente recorrer, vista a humildade dos nossos materiais, ao severo modelo proposto por Claude Lévi-Strauss nas suas *Anthropologie structurale*.
4. Eduardo Lourenço, *O labirinto da saudade*, Lisboa, 1978.
5. Para uma discussão sobre a matéria, cfr. por exemplo: M[arcel] D[etienne], "Mito/rito", in *Enciclopedia*, Torino, Einaudi, IX, 1980, pp. 348-363 [356]. Existe tradução portuguesa.
6. Até 1752 o ano teve início legal na Inglaterra em 25 de março: costuma-se portanto indicar a dupla datação para os períodos de 1 de janeiro até 24 de março. Gulliver começou com efeito o seu "desperate voyage" desde a terra dos *Houyhnhnms* em 15 de fevereiro de 1715.
7. Sobre o assunto, vide o meu: Luciana Stegagno Picchio, "The Portuguese, Montaigne and the Cannibals of Brazil", in *Portuguese Studies*, London, vol. 6, 1990, pp. 71-84.
8. O nome devia ser naturalmente Pedro Mendes. Swift não tinha evidentemente um aprofundado conhecimento da onomástica portuguesa enquanto Gulliver teria conhecido perfeitamente o português.
9. Nas traduções portuguesas dos romances de Emilio Salgari, Yanez de Gomera muda o seu nome no de Gastão de Sequeira: talvez porque Yanez de Gomera era um nome espanhol e, sendo ele português, para os portugueses não podia ter nome espanhol. Ao invés de Gulliver, que tinha viajado as sete partidas do mundo, o capitão Emilio Salgari nunca tinha visto os mares do Sul: e, ao invés de Gulliver, não falava português. Sobre o assunto cfr. o meu *"Nomina sunt res*: Yanez de Gomera e Gastão de Sequeira. Considerazioni su castigliano/portoghese nei romanzi di Emilio Salgari", in *Dialogo. Studi in onore di Lore Terracini*, Roma, Bulzoni, 1990, II, pp. 739-751.
10. Citado aqui de *La Repubblica*, Roma, 10 de março de 1992.
11. Vide L.S.P. em *Enciclopedia dello Spettacolo*, s.v. 'Portoghesi', vol. VIII, Roma: Le Maschere, 1961. Vide também: Lopo d'Almeida, *Cartas de Itália-Carta III*, nell'ed. a cura di M. Rodrigues Lapa, Lisbona, 1935, pp. 21-22; Xavier Fernandes, *Uma curiosidade semântica. Português em acepção desconhecida em Portugal*, in *Revista de Portugal*, série A, XIV (1949), fasc. 75, pp. 185-89.
12. Fernando Palazzi, *Novissimo Dizionario della lingua italiana*, Milano, Ceschina, 1952 e reimpr. sucessivas, s.v.

Escrever em Poesia
Pátria, Palavra, Prazer

Jorge Fernandes da Silveira
Universidade Federal do Rio de Janeiro

> Portugal: questão que eu tenho comigo mesmo,
> golpe até ao osso, fome sem entretém,
> perdigueiro marrado e sem narizes, sem perdizes,
> rocim engraxado,
> feira cabisbaixa,
> meu remorso,
> meu remorso de todos nós ...
>
> Alexandre O'Neill

> Eu sou eu mesmo a minha pátria. A pátria
> de que escrevo é a língua em que por acaso de gerações
> nasci.
>
> Jorge de Sena

Se a matéria deste texto fosse o romance português contemporâneo, começaria, porventura, naquele verso camoniano "Nũa mão sempre a espada noutra a pena" e viria trazendo — arbitrária e propositalmente — *espada* e *pena* até a palavra inscrita num dia "levantado e principal" de um certo José Saramago e de uma certa personagem sua de nome M. Adelaide Espada. Gosto de estar assim meio sem presente entre o passado e o futuro. Mas a matéria que anima o texto, em homenagem à Prof.ª Maria de Lourdes Belchior, é a poesia portuguesa contemporânea.

Em termos objetivos, divido a interpretação dessa poesia em três núcleos básicos de leitura:

1. Escrever a Pátria
2. Escrever a Palavra
3. Escrever o Prazer

É a leitura dos 3 *Ps* (pátria, palavra, prazer), que não anula, apenas intencionalmente desloca, a questão da cronologia: Modernismo (*Orpheu, Presença,* Neo-realismo) e Contemporaneidade (Surrealismo, Vanguardas) para o tempo da interlocução tematizada na escrita. Esclareço que os três temas pertencem a um projeto de pesquisa de propósitos mais abrangentes do que os que interessa desenvolver agora. Projeto cujo enunciado básico, parafraseando uma definição de Eduardo Prado Coelho sobre o cinema português, explicito:

De certo modo, a literatura portuguesa é o modo inteligente como alguns escritores souberam contornar a impossibilidade de se fazer uma literatura normal, depois do aparecimento d'*Os Lusíadas*.

Quanto a mim, nenhuma cultura tem um livro de expansão tão ritualística quanto a portuguesa. Um livro, que por ser uma síntese formidável entre o mítico, o histórico e o literário, faz com que esses três discursos da cultura estejam em permanente processo de mobilização de leituras. Implícita ou explicitamente andarei falando d'*Os Lusíadas*. Do seu fantasma, da sua força avassaladora no imaginário português ou, como diz Maria Velho da Costa, no imaginário daqueles que são *em* português. Isto é: daqueles que são sujeitos de fala na língua portuguesa. Ou estarei no fundo falando das minhas perdições em imagens apocalípticas?

Escrever a pátria, ESCREVER PORTUGAL, portanto.

Na poesia contemporânea, há uma poema clássico:"Pátria", de Sophia de Mello Breyner:

>Por um país de pedra e vento duro
>Por um país de luz perfeita e clara...
>Me dói a lua me soluça o mar
>E o exílio se inscreve em pleno tempo.

Pátria, por meio da bem assentada distribuição dos versos nas estrofes, vê-se enunciada na tensão entre um mundo construído por palavras e um mundo de palavras prontas para re/construir o mundo. Referencialidade, auto-referencialidade e alteridade são marcas da eficácia do poema.

Rigor de construção, contenção, também definem a "Gândara" do Carlos de Oliveira:

>Gândara sem uma ruga de vento.
>Sol e marasmo.
>Silêncio feito de troncos
>e de pasmo.

A visão sucinta, o recorte rigoroso procuram a justa medida entre a referencialidade (as terras baixas no nível dos olhos) e a ficcionalidade (as altas torres das metáforas) do poema. Procuram sobretudo a justeza entre escrita e existência. Temas e motivos tais dizem alguns ser a causa Neo-realista. Dentro desta perspectiva citaria um Torga, um Gomes Ferreira, um Egito Gonçalves, um Sena, um O'Neill, até um António Franco Alexandre:

>("Português quando chega compra garrafa,
>compra e vende garrafa, logo abre um
>barzinho no Rio.
>
>Português quando chega,
>já sabe de comércio
>e de navio")

Detenho-me no Ruy Belo de "Morte ao meio-dia":

> No meu país não acontece nada
> o corpo curva ao peso de uma alma que não sente
> Todos temos janela para o mar voltada
> o fisco vela e a palavra era para toda a gente
>
> E juntam-se na casa portuguesa
> a saudade e o transístor sob o céu azul
> A indústria prospera e fazem-se ao abrigo
> da velha lei mental pastilhas de mentol
> . . .
> O meu país é o que o mar não quer
> . . .
> A minha terra é uma grande estrada
> que põe a pedra entre o homem e a mulher
> O homem vende a vida e verga sob a enxada
> O meu país é o que o mar não quer

    Detenho-me neste poema pelo aspecto discursivo, pela sua oralidade, pela sensível interpretação do cotidiano, pela discussão que favorece entre Neo-Realismo e Vanguarda, pela aguda concepção de um nacionalismo arruinado tanto pela indústria *de* passado (a saudade, o mar) quanto pela indústria *de* presente (transístor, pastilha de mentol). E já que no poema se entrecruzam velhas questões do imaginário português, me pergunto se, mesmo de forma incipiente, não haveria na "casa portuguesa" o jogo entre SABER/SABOR como prova de conhecimento: uma identidade de colonizador que se percebia num gosto de pimenta, cravo e canela; uma identidade, em oposição, de colonizado—num certo sabor a pepper-mint/mentol—que nos faz súditos de um novo deus Americano . . . Administrador do nosso imaginário contemporâneo. Em suma: um sabor a hortelã-pimenta a insistir numa certa literatura portuguesa de hoje.

Escrever a Palavra

Este tema excede o anterior na medida em que projeta a poesia na própria aventura da palavra escrita. O poema é um objeto para ser visto, para ser lido.
    Num espaço com mais tempo, falarei das possíveis implicações dum verso de Carlos de Oliveira:

> Vão-me doendo os olhos já de serem tristes

com aqueles do *Cancioneiro Geral:*

> Senhora partem tam tristes
> meus olhos por vós, meu bem,

Falarei também daquele poema do Herberto Helder que começa assim:

"Transforma-se o amador na coisa amada" com seu
feroz sorriso, os dentes.
. . .

Conduzirei as minhas reflexões de maneira dialógica: o verso de Eugénio de Andrade:

Com palavras amo

sobre o verso de Ramos Rosa:

Com sílabas se fazem versos

Quero dizer: a partir desses versos, procurarei discorrer, de surrealistas a poetas da poesia experimental, acerca da grande temática dos anos 50/60: a função da palavra no poema. Os registros da memória, suas imagens regressivas e progressivas. Por ora, escolho um poema onde os motivos da criação, da citação, da intertextualidade, em suma, da gênese da composição literária, assinalam com medida a nossa contemporaneidade.

O nome lírico
Fiama Hasse Pais Brandão

Esta manhã
hoje
é um nome

Nem mesmo amanheceu
nem o sol
a evoca

Uma palavra
palavra só
a ergue

Com um nome amanhece
clareia

Não do sol
mas de quem
a nomeia.

Se o camoniano *a/levantar* é o VERBO-NAÇÃO por excelência de uso e de costume, *erguer* é verbo de semântica e sentimento semelhante pelo emprego que Pessoa faz dele na *Mensagem*. Por isso, talvez, quem sabe, não seja absurdo exacerbar no texto de Fiama o tema da FUNDAÇÃO.

Tal como Pessoa na "Última nau" (há marcas lingüísticas que

sugerem a comparação) o poeta aqui diz: Eu sou o criador! O reino da palavra é o meu mundo.

Escrever o Prazer/o Corpo

Gostaria de poder interpretar os *Dezanove recantos* de Luiza Neto Jorge. Este livro, a meu ver, é a mais arrojada proposta de interlocução que a poesia contemporânea já fez a *Os Lusíadas*. Proposta a mais arrojada, porque no poema se inter-relacionam, com uma nova capacidade ímpar de síntese, a pátria, a palavra e o prazer, por meio de uma linguagem em que a paródia do fero e puro amor se estende às dimensões do mítico, do histórico e do literário. Em língua portuguesa, a própria língua assiste ao espetáculo de sua transformação.

O corpo do país, metáfora dum imaginário trágico-amoroso, é interpretado pelo erotismo do corpo-sujeito em deflagração.

Ouçamos Luiza Neto Jorge em 1964:

> Esclarecendo que o poema
> é um duelo agudíssimo
> quero eu dizer um dedo
> agudíssimo claro
> apontado ao coração do homem
>
> falo
> com uma agulha de sangue
> a coser-me todo o corpo
> à garganta
>
> e a esta terra imóvel
> onde já a minha sombra
> é um traço de alarme

Nos anos 70 e ainda a atravessar os 80, para além de uma literatura de intenções feministas, para além de uma literatura que genericamente se chamaria erótica, há a preocupação de nomear as zonas do corpo, os espaços de uma sexualidade contida, porque desconhecida. A meu ver, por interesse de leitura motivado, é como se assistíssemos à segunda exumação do cadáver amante suplicante de Inês, ao tratamento das feridas de um corpo colonial retalhado. Os poemas de Luiza Neto Jorge, assim como os de João Miguel Fernandes Jorge, Joaquim Manuel Magalhães, Al Berto são alguns bons exemplos.

Diz Maria Gabriela Llansol:

> Hoje comecei um trabalho de sincretismo com *Os Lusíadas*; há um escolho—tantos anos de lugar-comum de admiração coletiva, falei com o Augusto e, como eternamente, ele tenta ajudar-me a alcançar a parte serena da crise, e sugere-me um programa de recolha das minhas intuições a partir dos *Lusíadas*.

Pergunta Melo e Castro:

> Camões, mas que Camões?
> . . .
> Camões, mas que Camões é este
> que nos marca.

    Responder: explicar quem poderia? Talvez a nossa homenageada tenha uma resposta. No primeiro poema—"O Corpo"—, do seu primeiro livro de poemas—*Gramática do Mundo*—, há uma companhia de contornos camonianos, se ainda nos é permitido ler num corpo crivado de desejo, trespassado de sonho, posto em des/assossego, o hábito "da mísera e mesquinha que...":

> Violenta companhia o corpo adolescente
> crivado de desejos, trespassado de sonho
> Companhia sossegada, alguma vez sossegada?
> o corpo feito de hábitos, desgastes e rotina
> sofrida a do meio da vida   Companhia serena
> se-lo-á? o corpo cansado, envelhecido, poído
> acaso chagado, dorido. Com o corpo andamos,
> falamos, amamos—só o corpo? Sem ele
> paramos? Não há dúvida: o corpo continua
> por explicar

The MS "Flos Sanctorum" of the Universidade de Brasília: an early reflex in Portuguese of the hagiographic compilation of Valerio del Bierzo.

Arthur L-F. Askins
University of California, Berkeley

At some moment shortly before 1925, José Joaquim Nunes and Pedro de Azevedo had access in Lisbon's Biblioteca Nacional to two manuscript codexes of Portuguese texts written in the late 14th or early 15th century, loaned by Dr. Jorge de Faria, who had acquired the pieces in Vila do Conde, apparently in the early 1920s. The smaller of the two MSS, consisting of eight much damaged leaves, contained a fragment of a "Livro das Aves," an interpretive version of the *De bestiis et aliis rebus*. The larger held two unrelated works, linked by being in the hand of the same scribe: an extensive "Flos Sanctorum" and the four Books of the *Diálogos* of St. Gregory The Great.

Both Nunes and Azevedo immediately published notice of the codexes in the same volume of the *Revista Lusitana*. Azevedo (1925) transcribed the surviving portions of the "Livro das Aves," which Mário Martins (1951) later identified specifically and on which he made pertinent comments. Nunes (1925) offered sample transcriptions from the two parts of the second MS, while exerting gentle pressure, via a stated hope, that both codexes be donated to the national collection. Nunes also took advantage of the moment to have a copy of the second MS made, from which he took notes on a number of its notable lexical forms and published the results (1929) as a commented glossary.

Nunes' hope, however, proved to be in vain and the two MSS eventually passed to the noted Brazilian philologist and scholar Serafim da Silva Neto. They were not to lie idle in his hands. For convenience, the second codex was separated into its two component parts as independent volumes and study of the pieces began. In 1949 he participated in a productive decade of international concern for the writings of Valerio del Bierzo by publishing a brief description of the "Flos" Ms, summarily outlining its relation to the Valerius compilations and to other surviving derivatives from them, while promising an edition. In 1950 he released the first (and unfortunately only) volume of a planned edition of the *Diálogos*—a comparative study based on comparison of all known

MSS of Book I. Then in 1956, as part of his major review of surviving medieval Portuguese texts, he described the now three MSS again (pp. 104–106), transcribed two brief passages, and supplied several facsimiles (a partial transcription from the "Livro das Aves," pp. 40–45, with complete facsimile, plates 3–17, and a selection from the *Diálogos*, pp. 45–47, with facsimiles of two pages, plates 18–19), while reiterating his promise for an edition of the "Flos." Following Silva Neto's untimely death in 1960, the volumes passed, in 1964, to the "Seção de Obras Raras" of the Biblioteca Central of the Universidade de Brasília.

Our purpose here is to provide a closer look at the partially explored "Flos" MS, expanding and clarifying Silva Neto's 1949 description, to facilitate future use of the texts.

In its present state, the MS consists of 82 leaves, foliated in the modern period, measuring 300 x 220 mm, with text by a single gothic hand in double columns (generally of 36 lines) and with illuminated capitals in red and blue. A considerable number of leaves were missing when it was acquired by Jorge de Faria: the MS is both acephalous and truncated, while other losses interrupt the texts internally. Two anomalies also characterize the volume in its present state: the present leaves 13–18 are jumbled and misplaced, creating textual interruption, and the present leaf 78 (item 28) is extraneous.

At the outset, the codex clearly presents a body of texts all of which can be traced in one or another of the known Latin collections of Valerius' works, both his own writings and those he adapted from others. While the collection includes only a selection of items from among all the pieces available in those source, it is, however, unique with regard to the particular materials gathered. No single source or "tradition" of Valerian codexes known at present supplies all the items presented here.

As it stands, the MS begins with a translation of the *Historia Monachorum*, continues with the *Vita Fructuosi* and an eclectic selection of pieces prepared or reworked by Valerius, to end with a unified version of his autobiography, developed from both the *Ordo querimoniae* and the *Replicatio sermonum* (our texts ns. 1–17; [f. 1] – f. 27r). A fundamental internal divison of the materials appears at this point (f. 27v), announced by the rubric "Aqui sse começa o terceyro livro deste volume . . .," as a Preface to the translation of the *Vitas Sanctorum Patrum Emeretensium* (our text n. 18, ff. 27v–40v, said to be done on the basis of Pelagius' and John's Latin translations from the Greek). That large corpus is then followed by a scatter of exemplary tales drawn from the *Apophthegmata Patrum*, by the *Vita Johannis*, by two Valerian pieces (including one already given in the first portion, if here in a different version), by the *Vita Emiliani* and the *Passio Septem Dormientium*, by a further and again different version of the vision of the Duke Anthioco, and concludes with yet another distinctive development of part of the "*Replicatio sermonum*" (our texts ns. 19–30, with the exception of the extraneous n. 28, ff. 40v–82v).

Although no notice appears in the surviving folios 1–27 of the implied Book I or II, such markers may simply have been carried away in the now missing leaves of this first part of the MS. However, a substantial portion of what would have been the second Book, if not both it and the first, remains: with the *Historia Monachorum* (in view of its length and nature) perhaps being called Book I and the remainder of the section forming Book II. As such, the texts and their order reflect closely the transmissional tradition of the "first family" of Valerian MSS postulated by Bruyne (1920). The following section, the specifically named "terceyro livro" (ff. 27v–82v), is related in its structure and in its texts to the tradition seen in the codex once held by the library at Alcobaça and now in the Biblioteca Nacional, Lisboa (Alc. 454. See *Inventário*, V., pp. 424–426 and, more recently, Amos, III, pp. 253–255): the distinctive compilation of Valerius' works which Bruyne, remarkably, set as his "third family" and found to be unique among the Latin codexes of Valerian materials in the texts it conserved and in their arrangement.

We are reticent for the moment to make much of the situation, though productive use may eventually be found for the unified structure seen here in comparison with Bruyne's view of the various transmissions of the Valerian collections in further considerations of the evolution of the corpus during the 13th and 14th centures. Lack of any but circumstantial evidence on the nature and range of the source that lies behind the present translations compromises firm evaluation of the role of translator in the formation of the collection. Even a brief comparison of the corpus with the surviving Valerian codexes is sufficient, however, to convince that it is not simply a Portuguese setting of some version of those collections *per se*. Rather, in long approved tradition through selection, it is a "Flos," a self-standing "Vidas dos Padres," focused on gathering tales of exemplary lives, miracles, and visions: whether prepared selectively from a single massive Valerian collection already divided into three "Books" (being a transmissional tradition perhaps distinctive to Portugal, no full witness of which has survived into the modern period), whether prepared selectively from at least two separate such compilations and structured in "Books" at that point, or whether simply translated from a preexistent and already reoriented Latin reflex of the Valerian materials.

In any event, the resulting corpus, while openly acknowledging its Valerian roots and preferences at a conscious distance, has a unity one step removed from its sources in narrative form (Valerius' autobiography, for example, is here introduced in third person narration about him) and has become, in effect and on its own, a practical source-book of edifying stories that marshals a series of instructive demonstrations of faith, obedience, perseverance, and the glories of paradise as set against the traps of the world and the wiles of the "enemy." As such, the voice of the original Valerian sources is maintained where it coincided with the new intentions; it is altered and recast where it did not. Further, though the occasional elegance or rhetorical convention of the Valerian originals passed to the translations, much of the flourish was let go, as were, in many cases, the learned framing commentaries and interpretations (be those changes the editorial work of the translator or his faithful rendering of an already altered intermediate Latin source). As presented, therefore, the material has been renovated for contemporaries, by emulating the storyteller/teacher, who, narrating directly to his audience, tells of worthy lives and offers lessons of profit for their own use or which, independently, can be recounted by them to others. If, not unexpectedly, the prose is still characterized by the parataxis and repetitions common to the period, it is often freshened and enlivened by the context-driven ellipses and rapid flow allowed by the conversational style.

In the following relation of contents, we have repositioned the misordered leaves at the beginning according to our understanding of the original structure of the MS (though we record the folio indications as they appear at present). Our arrangement is established both on the basis of internal evidence and in light of the transmission traditions seen in other pertinent Valerian codexes, as described by Bruyne (1920), Fernández Pousa (1942) and Diaz y Diaz (1951, both "Sobre . . ." and "Un nuevo"). For the appended transcription of the "Vida de Tais," specific line disposition is marked by " | ," with folio and column changes supplied in the body of the text. Spellings are retained as they appear, though we have capitalized the first letter of proper names should they happen to appear in lower case and we have given word division in modern form. Abbreviations are opened in several manners, in light of the scribes own variations, and must be taken as tentative for facility. Post-verbal clitics are set apart in the modern hyphenated manner and contractions, causing the loss of a vowel, are identified by use of an apostrophe. The "sinais tironianos" are uniformly transcribed as "e." While we have retained the punctuation as it appears, we have suppressed for the moment the frequent "plica" and other occasional early superscripts.

Contents

1. ff. 13r–v, 18r–v, 15r–v. [Históriai dos Santos Padres do Egito]
   Loss of folios has left the translation of the *Historia Monachorum* both acephalous and truncated. When reconstituted as indicated, the surviving text takes up in the final portion of the story of Paphnutius and continues (uninterrupted) through most of that of the two Macarii, as told in the reworked and reordered version attributed to Rufino de Aquileia.

2. ff. 16r–17v. [Vida de São Frutuoso]
   Additional loss of folios has left the translation of the *Vita Fructuosi* acephalous: beginning mid-way through chapter 12 (see Fernández

Pousa, 1942; Nock, 1946; and especially Diaz y Diaz, 1974, with the analytical tables by Nascimento, 1977).

3. ff. 17v, 14r–v, 1r–3r. "Vida de Santa Paaya."
When reconstituted as indicated, the translated text of the *Vita Pelagiae* is complete and begins "Grandes graças deuemos dar a nostro senhor . . . ." Nunes (1907) and Duarte (1982–83) edit the version found in MS da Liv. 2274, Torre do Tombo.

4. ff. 3r–5v. "Vida de São Symhon monge."
The *Vita Simeonis* begins here with "Boa cousa e santa he de nos acordamos da uida e da morte do bem auenturado san Symhon . . . ." The text is set as a "life" followed by a brief recounting of five miracles in life and then two in death, on the supposed authority of "São Jerónimo."

5. ff. 5v–6r. [Do Recobramento de Êrro]
The first of the three Valerius' sections of the *De Monacorum penitentia et recuperatione post ruinam*. Presented under the simple rubric "O rrecobrimento do erro que os monges per peendença recobraron." Begins "Aveo assi que huum frade que sse pagaua do mundo e das molheres . . . ." Fernández Pousa (1942) prints the Latin texts, pp. 91–92.

6. ff. 6r–7r. [Do Recobramento de Êrro]
The second section, normally with the rubric "De Alio" of the *De Monacorum penitentia et recuperatione post ruinam*. No special rubric. Begins "Era huum boom monge que auia muyto que entrara en ordem . . . ." Fernández Pousa (1942) prints the Latin texts, pp. 93–96.

7. f. 7r–7v. "Miragre." [Da Exultação do Diabo]
Valerius' *De exultatione diaboli in ruyna monachorum, uel perseuerantia et labore perfectorum* is called here simply a "miragre." Begins "Dezia huum velho homem que moraua en Thebayda disse que era filho duum sacerdote dos Idolos. . . ." Fernández Pousa (1942) prints the Latin text, pp. 99–100.

8. ff. 7v–8v. [Visão de Máximo]
The *Dicta Valerii ad Donadeum* under the rubric "O que disse san valerio a san Donadeu," Begins "Senhor Donadeu disse san valerio ora ti quero eu dizer huum Eyxemplo . . . ." See also n. 24 below. Fernández Pousa (1942), pp. 110–114, and Diaz y Diaz (1985), pp. 45–51, print the Latin text.

9. ff. 8v–9r. [Visão de Baldário]
Valerius' *De celeste revelatione* under the rubric "Do que uio Valdari nos çeos." Begins "Achamos nas vidas dos padres sanctos que leemos

que san ffruytoso . . . ." Fernández Pousa (1942), pp. 119–121, and Diaz y Diaz (1985), pp. 59–61, print the Latin text.

10. f. 9r. [Do Recobramento de Êrro]
The third and final section of the *De Monacorum penitentia et recuperatione post ruinam*. Rubric, as in n. 5, repeated. Begins "Dous monges forom mouuidos pelo enmijgo de sse sayrem da ordem. . . ." Fernández Pousa (1942) prints the Latin text, pp. 97–98.

11. ff. 9r–12v. [Doze Mandamentos do Bispo Atanásio]
We have offered a preliminary transcription of the present translation of the *Doctrina Athanasii*: see Askins (1990). Without individualizing rubric. Begins "Huum Duc que auia nome Antioco . . ." Another early version in Portuguese, now lost, had appeared in the initial leaves of MS da Liv. 771, Torre do Tombo: see the comments of Martins (1960), p. 53.

12. ff. 12v, 19r–20v. [Vida do Duque Antioco].
The text of the *Vita Antiochi* is uninterrupted when reconstituted as indicated. Without special rubric. Begins "Quando est ouuyo Antioco escreueu todo muy bem en seu coraçom e foysse para o moesteyro. . . ." Nunes (1916) published the version seen in MS da Liv. 771, Torre do Tombo, on which Martins (1960) comments. See also n. 29, below.

13. ff. 20v–22r. [Dos Anacoretas]
Valerius' *De Thebeorum Diuversas ordines monachorum. Hinc de anacoritas*. Without special rubric. Begins "Qvando eu san Iheronimo say d'Aleixandria. . . ." Fernández Pousa (1942, pp. 130–34) prints the Latin text from MS 10,007 of the Biblioteca Nacional, Madrid, and Vázquez de Parga (1942) traces the piece to the first of the *Diálogos* of Sulpitius Severus.

14. f. 22r–v. [Dos Eremitas]
Valerius' *De Heremitis*. Without special rubric. Begins "Dous homens morauan no hermo sen celas e sen choças. . . ." Fernández Pousa (1942, pp. 134–37) prints the Latin text from MS 10,007 of the Biblioteca Nacional, Madrid, and Vázquez de Parga (1942) traces the piece to the first of the *Diálogos* of Sulpitius Severus.

15. ff. 22v–23r. [Da Perfeita Obediência dos Frades]
Valerius' *De Fratrum Perfecta Obedientia*. Without special rubric. Begins "Eu me torney do monte de Synay. . . ." Fernández Pousa (1942, pp. 142–44) prints the Latin text from MS 10,007 of the Biblioteca Nacional, Madrid, and Vázquez de Parga (1942) traces the piece to the first of the *Diálogos* of Sulpitius Severus.

16. ff. 23r–25r. [Autobiografia de São Valério]
A compacted version of the so-called first part of Valerius' autobiography, the *Ordo querimoniae* (Fernández Pousa, 1942, and Aherne, 1949). Without special rubric. Begins "Eu disse valerio a sancto Ordoono era muy pecador. . . ." As written, the text leads naturally and without interruption into the following item. See Torres (1931), Arenillas (1934) and Fernández (1949).

17. ff. 25r–27r. [Autobiografia de São Valério]
An equally compacted version of the so-called second part of Valerius' autobiography, the *Replicatio sermonum a prima conversione* (Fernández Pousa, 1942, and Aherne, 1949). Without special rubric. Begins "Ora uos her contarey como uiuj primeiramente." See Torres (1931), Arenillas (1934) and Fernández (1949), as well as n. 25 below.

18. ff. 27v–40v. [Vidas dos Padres Emeritenses]
The translation covers the entire range of individuals described in the Latin text of the *Vitas Sanctorum Patrum Emeretensium* (Garvin, 1946). With a major preface to a so-called Book III and a special rubric. Begins "Primeyramente falaremos da morte duum meninho que deziam Augusto . . ." Nunes (1925) published a portion of the present translation, prepared while the MS was loaned briefly by Jorge de Faria to the Biblioteca Nacional.

19. ff. 40v–55v. [Ditos e Exemplos dos Padres do Deserto]
An eclectic and reordered selection of 37 stories from the *Apophthegmata Patrum* (apparently via the so-called *Verba Seniorum*) of both attributed and unattributed pieces, each with special rubric explaining what lesson is to be learned. The first begins "O Abade Macario aquele sancto padre que morava no Egipto . . ."—the tale of Macarius the Egyptian's visit to the Abba Pambo, as an example of the fact that "poucos son os monges como quer que tragam as Congulas." See ns. 21–23 below for additional selections drawn ultimately from the same source.

10. ff. 55v–62v. "Vida do bem auenturado são johane esmolner e Patriarcha d'alexandria."
Announced by a short rubric, the *Vita Johannis* begins here "Disse o bem Auenturado san Johane de si meesmo. . . ." A selection of 15 stories concerning the Saint, from among those appearing in the so-called "supplement" biography attributed to Leontius, recast by heavy editing though generally in the same order.

21. ff. 62v–63v. [Ditos e Exemplos dos Padres do Deserto]
A selection of 4 stories from the *Apophthegmata Patrum*, each with a brief individual rubric. Begins "Contauam os padres sanctos que eram no Egipto."

22. ff. 63v–64v. [Vida de Santa Tarsis]
Set by the rubric simply as a further "exemplo" linked to the series drawn from the *Apophthegmata Patrum*. Begins "Huma molher foy en terra do Egipto publica pecador que auia nome Tassis . . ." Nunes (1908) and Martins (1982–83) edit the version from MS da Liv. 2274, Torre do Tombo and we transcribe the present text, below, for comparison.

23. ff. 64v–71r. [Ditos e Exemplos dos Padres do Deserto]
A further selection of 12 stories from the *Apophthegmata Patrum*, each with brief individual rubric. Begins "Huum antigo padre foy en Thebayda . . ." and ends with Cassian's tale of the "velho" who proposes justifications for breaking fasts.

24. ff. 71r–72r. [Visão de Máximo]
Yet another translation of the *Dicta Valerii ad Donadeum*, different from that seen in n. 8 above. The rubric states the piece to be composed of ". . . humas poucas de palauras que ouuyo dizer san Valerio a san Donadeu . . ." Begins "Este san Valerio contou per huma sa carta que enuiou a san Donadeu . . ."

25. f. 72r–72v. [Visão de Bonelo]
The rubric supplied here for Valerius' "De Bonello Monacho calls the work "outra vison tal come esta que ia de suso he dita que enuyou dizer per sa carta san valerio a san donadeu duum monge que auia nome Bonelho." Begins "Uiuendo eu en huma Cela muyto estreyta . . ." Fernández Pousa (1942), pp. 115–18, and Diaz y Diaz (1985), pp. 53–57, print the Latin text.

26. ff. 72v–76r. "Vida de Sancto Emiliam"
The *Vita Sancti Emiliani* is announced by a short rubric. The text begins "Hvm sancto Bispo que auia nome Braulio que da vida deste sancto Emiliam falou e escreueu a humm abade sancto seu irmão que auia nome ffrumimã . . ." and closes with a series of miracles worked by the Saint in life and in death. Vázquez de Parga (1943) studies and carefully annotates the Latin text.

27 ff. 76r–77v, 79r–80r. "Paixon ou os desmostramentos dos vij sanctos dormientes"
With special rubric. Begins "Qvando Decio Emperador perseguia aqueles que por iħu Xp̄o crijam . . ." A leaf is missing from the body of the text (which undoubtedly bore the mention of the Sadducees, the wealthy Dalius, and the initial confusions upon the reawakening), having been mistakenly replaced with the leaf we describe as n. 28.

28. f. 78r–v. [Diálogos de São Gregório]
A single leaf from the Faria/Silva Neto MS of the *Diálogos*,

misbound into the present volume: from Book IV, having on 78v the start of the story of the monk Justus. Nunes (1925, pp. 242-50) published an excerpt from Book I (prepared, again, while the volume was on loan to the Biblioteca Nacional — the story of Boniface, Bishop of Ferentino) and then (1929) commented selected lexical items of interest from the entire MS. Silva Neto (1950) began an edition, which saw finished, however, only Book I. We have been unable to verify if the missing leaf of the "Paixon," which the present item replaced, survives unrecognized somewhere in Books II–IV of the *Diálogos* MS.

29. ff. 80r–81r. [Visão do Duque Antioco]
A telling of the vision of the Duke (also in n. 12 above) developed as an independent and more focused story, with a special, if generalized rubric referring simply to "huma vison." Begins "Hvm sancto monge a que deziam Anthioco comprido e acabado no Amor de deus . . ." Martins (1960, pp. 59-60) comments on the differing version that appears in the full *Vita*, as seen in the Torre do Tombo MS da Liv. 771.

30. ff. 81r–82v. [Vida e Milagres de Ergidio/Autobiografia de São Valério]
The text presented here is considered an independent "exemplo," set in the "life and miracles" style, and begins "Contou san Valerio a nosso padre Donadeu que ia suso falamos que foy huum pecador natural das Estuyras e auia nome Ergidio . . ." It is, however, yet another and differing presentation, reordered, of material (the tale of the Lady Theodora, the punishment for public display of charity, the power of the sign of the cross, and of the deceptive vision of a youth) that appears above (n. 17) as part of Valerius' own biography, in the *Replicatio sermonum a prima conversione* (Fernández Pousa, 1942, and Aherne, 1949). The text is truncated shortly following the beginning of the fourth story by loss of any further leaves of the MS.

Works Cited

Aherne, Sister Consuleo Maria. 1949. *Valerio of Bierzo. An ascetic of the late visigothic period*. Washington, D.C.: The Catholic University of America Press.

Amos, Thomas L. 1988–1990. *The "Fundo Alcobaça" of the Biblioteca Nacional, Lisbon*. 3 vols. Collegeville, Minnesota: Hill Monastic Manuscript Library.

Arenillas, Ignacio. 1934. "La autobiografía de San Valerio." *Anuario de Historia del Derecho Español*. 11: 468–78.

Askins, Arthur L-F. 1990. "Os Doze Mandamentos. An Early Portuguese Translation of the *Doctrina mandatorum duodecim Athanasii*." *Revista da Faculdade de Letras* Lisboa: 5ª série, n. 13/14: 67–75.

Azevedo, Pedro de. 1925. "Uma versão portuguesa da historia natural das aves do sec. XIV." *Revista Lusitana*, 25: 128–47.

Bermejo Garcia, Eduardo. 1940. *San Valerio. Un asceta español del siglo VII*. Madrid: Talleres Gráficos "Marsiega."

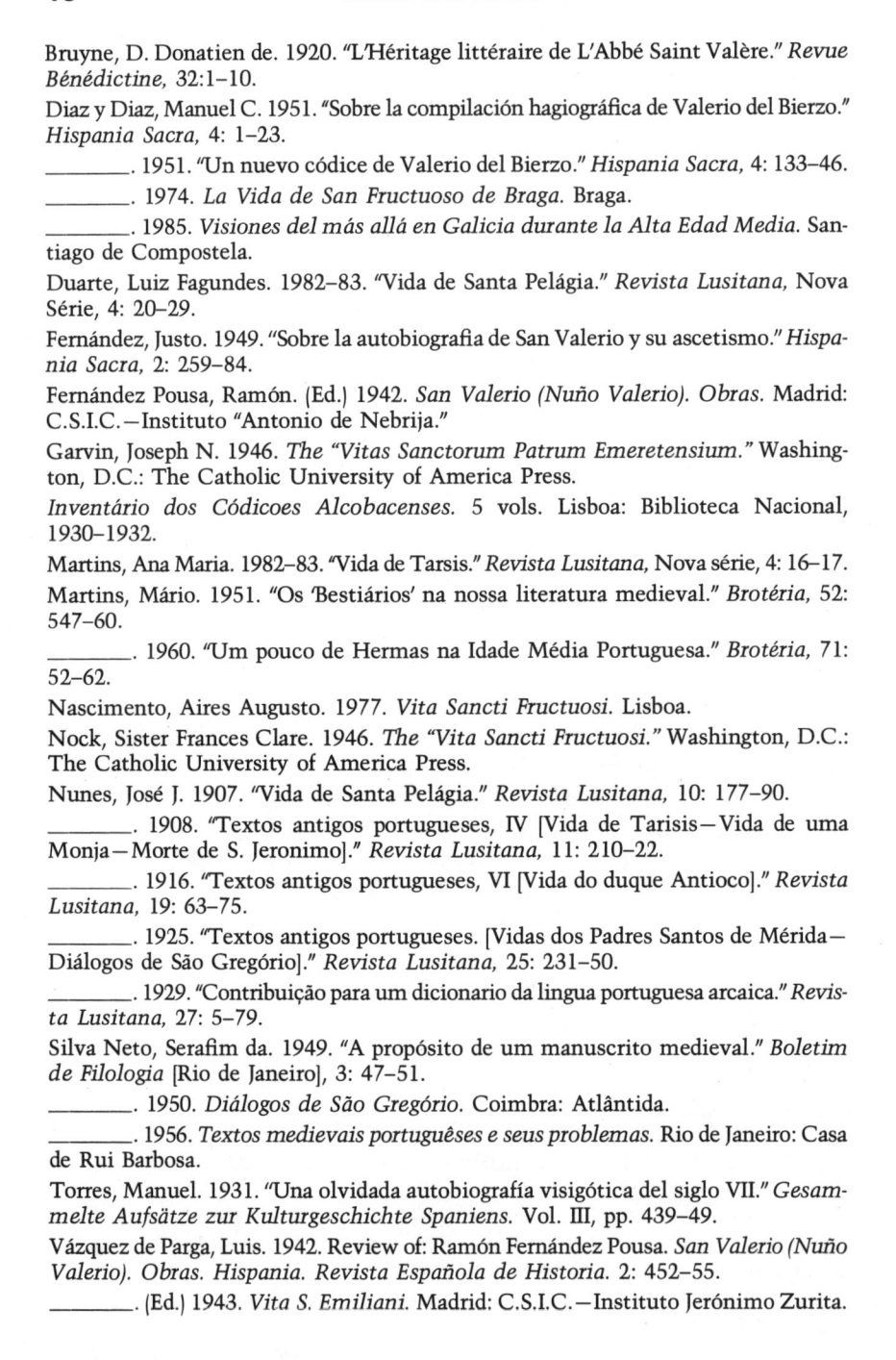

Bruyne, D. Donatien de. 1920. "L'Héritage littéraire de L'Abbé Saint Valère." *Revue Bénédictine*, 32:1–10.

Diaz y Diaz, Manuel C. 1951. "Sobre la compilación hagiográfica de Valerio del Bierzo." *Hispania Sacra*, 4: 1–23.

⸺. 1951. "Un nuevo códice de Valerio del Bierzo." *Hispania Sacra*, 4: 133–46.

⸺. 1974. *La Vida de San Fructuoso de Braga*. Braga.

⸺. 1985. *Visiones del más allá en Galicia durante la Alta Edad Media*. Santiago de Compostela.

Duarte, Luiz Fagundes. 1982–83. "Vida de Santa Pelágia." *Revista Lusitana*, Nova Série, 4: 20–29.

Fernández, Justo. 1949. "Sobre la autobiografia de San Valerio y su ascetismo." *Hispania Sacra*, 2: 259–84.

Fernández Pousa, Ramón. (Ed.) 1942. *San Valerio (Nuño Valerio). Obras*. Madrid: C.S.I.C.—Instituto "Antonio de Nebrija."

Garvin, Joseph N. 1946. *The "Vitas Sanctorum Patrum Emeretensium."* Washington, D.C.: The Catholic University of America Press.

Inventário dos Códicoes Alcobacenses. 5 vols. Lisboa: Biblioteca Nacional, 1930–1932.

Martins, Ana Maria. 1982–83. "Vida de Tarsis." *Revista Lusitana*, Nova série, 4: 16–17.

Martins, Mário. 1951. "Os 'Bestiários' na nossa literatura medieval." *Broteria*, 52: 547–60.

⸺. 1960. "Um pouco de Hermas na Idade Média Portuguesa." *Broteria*, 71: 52–62.

Nascimento, Aires Augusto. 1977. *Vita Sancti Fructuosi*. Lisboa.

Nock, Sister Frances Clare. 1946. *The "Vita Sancti Fructuosi."* Washington, D.C.: The Catholic University of America Press.

Nunes, José J. 1907. "Vida de Santa Pelágia." *Revista Lusitana*, 10: 177–90.

⸺. 1908. "Textos antigos portugueses, IV [Vida de Tarisis—Vida de uma Monja—Morte de S. Jeronimo]." *Revista Lusitana*, 11: 210–22.

⸺. 1916. "Textos antigos portugueses, VI [Vida do duque Antioco]." *Revista Lusitana*, 19: 63–75.

⸺. 1925. "Textos antigos portugueses. [Vidas dos Padres Santos de Mérida—Diálogos de São Gregório]." *Revista Lusitana*, 25: 231–50.

⸺. 1929. "Contribuição para um dicionario da lingua portuguesa arcaica." *Revista Lusitana*, 27: 5–79.

Silva Neto, Serafim da. 1949. "A propósito de um manuscrito medieval." *Boletim de Filologia* [Rio de Janeiro], 3: 47–51.

⸺. 1950. *Diálogos de São Gregório*. Coimbra: Atlântida.

⸺. 1956. *Textos medievais portugêses e seus problemas*. Rio de Janeiro: Casa de Rui Barbosa.

Torres, Manuel. 1931. "Una olvidada autobiografía visigótica del siglo VII." *Gesammelte Aufsätze zur Kulturgeschichte Spaniens*. Vol. III, pp. 439–49.

Vázquez de Parga, Luis. 1942. Review of: Ramón Fernández Pousa. *San Valerio (Nuño Valerio). Obras. Hispania. Revista Española de Historia*. 2: 452–55.

⸺. (Ed.) 1943. *Vita S. Emiliani*. Madrid: C.S.I.C.—Instituto Jerónimo Zurita.

Vida de Tais

[Text beginning fol. 63v, col. 2, line 18]

Aqui sse segue outro exem | plo per que se da a entender que se os pecado | res quando pecado fazem entendessem | que deus que os ueem assi come verdade dey | xariam de pecar e fariam peendença. |

    Huma molher foy en terra do Egipto | publica pecador que auia nome | Tassis. e era tam fremosa que os homens uen | diam o que auiam pera a poder auer. e muytos | se matauam por ela. en guysa que os porta | es da sa casa. iaziam todos cheos de san | guy dos homens que se hi matauam por | ela. Pois que o Abade Pannuçio ouuyo | a maa fama daquesta molher tomou ves | tidura de Segral. e huum soldo consigo | e foy-sse pera aquela Cidade hu era aquela | molher pecador. e el entrando en sa casa. | deu-lhi aquel soldo come se quisesse pecar | com ela. ca a tanto lhi daua cada huum dos | [fol. 64r, col. 1] | outros. Ela tomo-o pela mão e conuido-o que | se uesse com ela en huum leyto estrado de ue | stiduras preciosas. E ele lhi disse. a hy ou | tro logar mais ascondudo. pera el nos ua | amos. Ela lhi disse. ou tu as uergonha | dos homens. ou de deus. se o fazes polos | homens. eu ti digo que en aqueste logar | en que nos seemos. non entra homem do mun | do que seia. se non quem eu hy trago. Se de | deus as uergonha. eu ti digo que non ha | logar tam ascondudo en que deus presente non | seia e en que non ueia todalas cousas que se | hi fazem. E pois o abade Pannucio esto ou | uyo. disse-lhi E ssabes tu que a hy deus. | E ela disse. sey que a hy deus. e sey que no seu | Reyno an de Reynar todolos boos con | el. e no Inferno an de seer atormentados. | todos aqueles que em pecado mortal morre | ren. pera todo senpre ia mais. E o abade | Pannucio disse. e se tu esto sabes. por | que leixas perder tantas almas per ti. ca non | solamente es tehuda a dar razon da tua. | mais daquelas que se perdem per ti. E pois Tas | sis esto ouuyo. deytou-se aos pees do | abade e rogo-o com muytas lagrimas que | lhi desse peendença de seus pecados. ca con | fio eu tanto de nostro senhor que se lhi tu ro | gares por mjm. que mi perdoe as maldades que | lh'eu fiz. E depois que esto disse. tomou | todalas cousas que gaanhara en pecado e | fez fazer huma fogueyra en meya a Cidade | muy grande. e disse a grandes braados. to | dos aqueles que comigo pecastes. uijnde | ueer como eu queymo todalas cousas | que mj destes. E todas aquelas cousas que | queria queymar poderia ualer quinhentas | [fol. 64r, col. 2] | libras d'ouro. E depois que queymou todalas | cousas que gaanhara en pecado. ueo-sse | com o abade Pannucio a huum logar hu lh'el | mandou. e el meteu-a en huum monasteiro. de | uirgeens. e ensarro a en huma Cela pequena | que hy auia. e seelou a porta da Cela | de chumbo. E leixou hi huma feestra pe | quena per que lhi dessem huum pouco de pam e | pouca d'agua. E assi o faziam aqueles que hi | eram per mandado do abade que lhi lo roga- | ra. | E pois que se o abade quis dela partir pergun | to-o Tassis. hu mandas padre que uerta | minha agua. E o abade respondeu en ta | Cela assi como tu mereces. E pergunto-o | outro uegada Tassis. ensina-me como | deuo a orar deus. E el disse-lhi. porque | a ta boca he chea de maldade. non deues | nomear o sancto nome de deus. nem estender | tas mãos ao ceo. porque as tas mãos | son cheas de muyto lixo. mais asseen | ta-te en ta Cela. e uolui teu rostro | contra o uriente. e di muytas uegadas | esta parauoa. Senhor que me fezisti amercea | te de mjm. E depois que esta Tassis esteue | en esta peendença per tres anos. o abade | Pannucio que a ali ensarrara. ouue de | la muy gram doo pola peendença grande | que fazia. E ueo logo ao abade Antonio | pera lhi perguntar. se lhi perdoara ia deus. | todos seus pecados. se non. E pois que lhj | contou todo seu feyto daquela que iazia en | sarrada. o abade Antonio mandou cha | mar todos seus discipulos. e disse-lhis | que aquela noyte vigiassem todos. e roga | ssem nostro senhor que lhes mostrasse a rrazon | porque o abade Pannucio ueera a seu | [fol. 64v, col. 1] | Monasteiro. E estando cada huum deles en sa ora | çom e rogando a deus por aquelo que lhis man | dara seu abade Antonio. O abade Pau | lo o mayor discipulo de sancto Antonio uyo | no ceo huum leyto de muy preciosas uesti | duras e aguardauan-o tres uirgeens muy | fremosas. E porque el disse tam gram bem como | este. nom he doutro se non do meu padre | Antonio. disserom-lhi logo. Aqueste leyto | tam precioso que tu uees non he de teu padre | Antonio. mais he de Tassis publica | pecador. E pois en outro dia de manhaa | o abade Paulo contou esta vison que uira | ao abade Antonio e a todolos seus disci | pulos. O abade Pannucio que uerra ao Mo | esteiro pera saber o estado en que era Tassis. | pois conheceu e entendeu a uoontade de | deus e que recebera ia a peendença daquela pu | blica pecador que el ensarrara na Cela. | foy-sse logo pera aquel Monasteiro en que ela iazia | ensarrada. e abrio a porta da Cela que | era seelada de chumbo que ele hi posera. E | ela o rogaua que a leixasse aynda hi iazer. | ensarrada. E depois que a porta foy aberta | disse-lhi o abade. sabi que deus ti perdoou ia | os teus pecados. E ela lhi respondeu. | deus trago por testemoia que depois que | aqui entrey iuntey todolos meus pecados | e fizi deles come carrega. e pugi-os an | t'os meus olhos. e assi como homem non | pode estar huma ora que non espire e que | non bafege. assi os meus pecados nunca s | se partiron dos meus olhos. E ueendo-os | eu assi sempre chorauá-os com grande amar | gura do meu coraçom. e dezia senhor que me | fezisti amercea-te de mjm. E o abade Pan | [fol. 64v., col. 2] | nucio lhi disse. non pola tua peendença | ti perdoou deus os teus pecados. mais por | este cuydado que sempre ouuisti en teu | coraçom pera ti perdoar. E depois que a o abade | tirou da Cela uiueo .xv. dias e foy | sse pera a gloria do parayso. |

A Calçadura do Rei Rodrigo: notas para o estudo do Pé e da Perna na Literatura Medieval e nos Contos Tradicionais

Helder Godinho
Universidade Nova de Lisboa

> E buscarom per todo o campo el rei dom Rodrigo e nunca o poderom achar. Mas conta Omar, filho de Jufez, que, quando ia no encalço empós os cristãos, que, em se tornando, que vira jazer ũa calçadura que bem esmava que era sua, pola nobreza que em ela vio; ca, por o que ele houve daquela calçadura, foi rico e avondado em toda sua vida e foi senhor de vilas e castelos.[1]

1. O momento negativo do ciclo

A Lenda do Rei Rodrigo mostra-nos um homem que percorreu todas as etapas da Roda da Fortuna. Não estando previsto que herdasse o trono, conseguiu progressivamente aproximar-se deste. Na sequência das lutas das facções que se seguiram à morte de Vitiza, foi nomeado Regedor do reino com o compromisso de educar os filhos de Vitiza e de lhes entregar o trono no momento devido. Em vez disso, eliminou todos os que se lhe opunham ou poderiam opor e acabou por tomar o trono para si. Mas a coragem e grandeza de alma (tratou sempre os filhos de Vitiza como se fossem seus filhos) que lhe tinham valido o trono vão ser-lhe fatais. Com efeito, em vez de pôr o cadeado na Casa de Hércules, como tinha sido tradição até aí, resolve entrar nela para conhecer o seu segredo, segredo que era o anúncio da queda do rei que cometesse a impiedade de a abrir. A profecia realiza-se através da vingança do Conde Julião, cuja filha Rodrigo profanara, tal como fizera com a Casa de Hércules.

A Fortuna, através da antiga profecia de Hércules, fê-lo, assim, percorrer todos os momentos da sua roda, do seu ciclo, e dele apenas deixou no campo de batalha, como metonímia da sua presença, agora em fuga, um sapato. Mas, trata-se aqui de uma ocorrência isolada na literatura medieval, sem qualquer significado, ou, pelo contrário, o sapato (um único sapato) que Rodrigo deixa no campo de batalha, onde foi derrotado, tem a ver com imagens que, na literatura medieval, andem habitualmente ligadas ao momento negativo do ciclo da Fortuna, e que a ele, sapato, se liguem por metonímia com o pé ou a perna?

Para compreendermos o contexto que nos fez reparar no interesse de Rodrigo deixar no campo de batalha uma *calçadura*, recordemos alguns heróis medievais particularmente importantes na literatura.

Tristão, por exemplo. Na versão de Béroul, Tristão é ferido por um javali na véspera do dia em que lhe será armada a cilada que levará os dois amantes ao refúgio na floresta do Morois. Foi essa ferida na perna que deixou nos lençóis e na farinha o sangue que os comprometeu.[2] Ferida na perna que será duplicada pelas muletas dos leprosos a cuja fúria sexual o rei entregou Isolda, para lhe dar um castigo pior do que a morte:

> Des autres meseaus li conplot
> (N'i a celui n'ait son *puiot*)
> Tot droit vont vers l'enbuschement
> Ou ert Tristran, qui les atent. (vv. 1231-1234)[3]

Alguns versos adiante, as armas dos leprosos, comandados por Yvain, a quem Tristão disputa Isolda, serão as muletas (*puioz*):

> "Yvain, asez l'avez menee.
> Laisiez la tost, qu'a cest'espee
> Ne vos face le chief voler"
> Ivain s'aqeut a desfubler,
> En haut s'escrie: "Or as puioz!
> Or i parra qui ert des noz." (vv. 1247-1253)

Ou seja, os leprosos, seres banidos socialmente, caracterizam-se pelas muletas (*Or i parra qui ert des noz*), e a condenação de Tristão não teria acontecido não fora a ferida da perna. E tudo isto liga a ferida da perna à desgraça social e à luta por uma mulher, por causa da qual terá de se afastar do reino que seria a sua herança.

Neste contexto, convirá ainda notar que o eremita Ogrin lhes aparece apoiado numa muleta:

> Li hermite Tristran connut,
> Sor sa potence apoié fu. (vv. 1367-1368)

E que, no Mal Pas, Tristão, disfarçado de leproso, deverá apoiar-se numa muleta, segundo as indicações de Isolda (v. 3303). Ora, a cerimónia do Mal Pas tem por função justificar Isolda diante do rei, por uma ordália, representando isso, para Tristão, a perda dela, que reassume a sua posição de rainha.

Mas o *Tristão* não é a única obra medieval a associar a doença da perna e a perda da mulher e/ou da terra. Os exemplos são vários. Tomemos, de novo, uma obra muito conhecida, os *Lais* de Marie de France.[4]

O *lai* de "Guigemar" conta-nos a história de um jovem e valorosíssimo cavaleiro que tinha o defeito de não querer amar. Um dia, na caça, atinge uma corça com hastes de veado, que estava junto a uma cria:

> En l'espeise d'un grant buissun
> Vit une bise od un foün;
> Tute fu blaunche cele beste,
> Perches de cerf out en la teste. (vv. 89-93)

Mas, a seta fez ricochete e veio ferir Guigemar na coxa, profundamente, até ao cavalo. A corça explica-lhe, então, que só o amor de uma mulher o poderá curar daquela ferida:

> La bise, ki nafree esteit,
> Anguissuse ert, si se plaineit.
> Aprés parla en itel guise:
> "Oï! Lase! Jo sui ocise!
> E tu, vassal, ki m'as nafree,
> Tel seit la tue destinee:
> Jamais n'aies tu medecine,
> Ne par herbe, ne par racine!
> Ne par mire, ne par poisun
> N'avras tu jamés garisun
> De la plaie k'as en la quisse,
> De si ke cele te guarisse
> Ki suffera pur tue amur
> Issi grant peine e tel dolur
> K'unkes femme taunt ne suffri,
> E tu referas taunt pur li;
> Dunt tuit cil s'esmerveillerunt
> Ki aiment e amé avrunt
> U ki pois amerunt aprés.
> Va t'en de ci, lais m'aveir pés!" (vv. 103-22)

Ou seja: a corça com hastes de veado, sugestão do hermafroditismo psicológico de Guigemar, reenvia-lhe a seta para que ele descubra o amor, que então lhe curará a ferida na perna. A seguir, Guigemar encontrará um barco aparelhado mas sem ninguém, que, numa navegação maravilhosa, o levará a um castelo onde uma jovem, aprisionada nos seus aposentos por um marido velho e ciumento, se apaixonará por ele e ele por ela e que lhe tratará da ferida na perna.

Neste *lai*, aparecem claramente ligados alguns elementos nucleares das situações de ferida na perna: o amor, a mulher dividida por dois homens que correspondem a dois mundos ligados por fronteiras maravilhosas, indicadas pela navegação sem piloto ou por provas que igualmente indiciam o carácter *outro* desse outro mundo.

É o caso do *Lancelot* de Chrétien de Troyes[5] em que a rainha Guenièvre passou das mãos de Artur para as de Méléagant, senhor de um mundo outro que mantém prisioneiros vários súbditos de Artur e para aceder ao qual Lancelot, que irá procurar a rainha para a voltar a trazer para o reino de Logres, desdobrando, assim, a personagem de Artur, terá que subir para uma *charrette*, habitualmente usada para transportar condenados, e, depois de passar várias provas que balizam de dificuldades o caminho para o reino de Méléagant, terá que atravessar uma ponte afiada, a Ponte da Espada, na qual ferirá os pés:

> Et cil de trespasser le gort
> au mialz que il set s'aparoille,
> et fet molt estrange mervoille,
> que ses piez desarme, et ses mains:
> n'iert mie toz antiers ne sains,
> quant de l'autre part iert venus;
> Bien s'iert sor l'espee tenuz,
> qui plus estoit tranchanz que fauz,
> as mains nues et si deschauz
> que il ne s'est lessiez an pié
> souler, ne chauce, n'avanpié.
> De ce gueres ne s'esmaioit,
> s'es mains et es piez se plaioit;
> mialz se voloit il mahaignier
> que cheoir el pont et baignier
> an l'eve don ja mes n'issist.
> A la grant dolor c'on li fist
> s'an passe outre et a grant destrece;
> mains et genolz et piez se blece,
> mes tot le rasoage et sainne
> Amors qui le conduist et mainne,
> se li estoit a sofrir dolz. (vv. 3094-3115)

Mais adiante, e já depois de se ter curado, Lancelot será feito prisioneiro numa emboscada sendo-lhe os pés atados sob a barriga do cavalo:

> Tot pris le ramainnent arriere,
> les piez lïez soz son cheval. (vv. 4132-4133)

Assim, as dificuldades para a conquista ou recuperação de uma mulher são, também aqui, ligadas à ferida dos pés e das pernas ou a uma situação equivalente *(les piex lïez soz son cheval)*. Na luta da alternância de uma mulher entre dois homens e/ou entre dois mundos, o homem que a não tem, tem os pés ou as pernas feridos ou, de algum modo, traumatizados. A posse da mulher traz a cura da perna (Guigemar).

No *Perceval* de Chrétien de Troyes,[6] que iniciará um dos mais importantes ciclos da literatura medieval, a personagem fulcral do Rei Pescador não pode fazer uso das pernas. E porquê? Porque uma ferida de natureza sexual (castração) lhe tolheu o uso das pernas:

> Qu'il fu ferus d'un gavelot
> Parmi les quisses ambesdeus (vv. 3512-3513)

Em consequência da doença do rei (castração e paralisia), o seu reino, de tipo maravilhoso que só aparece a quem o deve ver, perdeu a fertilidade, como explica a Laide Demoiselle que censura Perceval por não ter feito a pergunta que teria salvado o Pescador:

> A mal eür tu [te] teüsses,
> Que se tu demandé l'eüsses,
> Li riches rois, qui or s'esmaie,
> Fust ja toz garis de sa plaie

> Et si tenist sa terre en pais,
> Dont il ne tendra point jamais.
> Et ses tu qu'il en avendra
> Del roi qui terre ne tendra
> Ne n'iert de ses plaies garis?
> Dames en perdront lor maris,
> Terres en seront escillies
> Et puceles desconseillies,
> Qui orfenines remandront,
> Et maint chevalier en morront (vv. 4669-4682)

Ou seja, a castração/imobilidade traz a infertilidade do rei e da terra (as mulheres perderão os maridos, as terras serão devastadas, as donzelas ficarão órfãs e sem apoio). Perceval, herói predestinado que deveria ter salvo o rei com a pergunta sobre os objectos maravilhosos, tinha-se mantido silencioso e tinha ido, em seguida, para a corte do rei Artur, onde agora está. Ora, segundo a mãe de Perceval, as desgraças da sua família, a quem o rei Pescador pertence, tinham começado com a chegada de Artur ao trono. Além disso, a lança que sangra deverá destruir o reino de Logres, o reino de Artur (vv. 6169-6171). De novo, encontramos a oposição entre dois mundos, um dos quais, aqui também, é claramente um mundo maravilhoso, ligada à não-posse da mulher (a infertilidade) e a um problema do aparelho locomotor.

Mas o Conto do Graal vai-nos dar mais um exemplo dessa ligação, agora de uma forma menos directa. Quando Gauvain vai a perseguir uma corça, não consegue caçá-la porque o seu cavalo perde uma ferradura e passa a coxear:

> Et chaça tant que a bien pres
> Le retenist et arestast,
> Se ses chevax ne desferrast
> D'un des piez devant tot a net. (vv. 5682-5685)

A esta situação, segue-se a estadia na corte do rei de Escavalon onde Gauvain, em jogos amorosos com a irmã do rei, é desta separado pelos vilãos que o reconhecem. Para salvar a vida, terá que se comprometer a ir ao castelo do Graal buscar a lança que sangra e que destruirá o reino de Logres. Ou seja, Gauvain, à beira de consumar o amor, é separado da donzela como tinha sido "separado" da corça, quando estava prestes a caçá-la, pelo cavalo coxo. A primeira situação prepara a segunda e a "derrota" de Gauvain é emblematizada e transposta para um problema do pé, desta vez o do seu cavalo.[7]

Curiosamente, um dos continuadores medievais do conto do Graal entendeu-o e retomou o mesmo simbolismo numa situação idêntica com Perceval e Blanchefleur. Uma donzela vem dizer a Perceval que acorra a toda a pressa se quer salvar Blanchefleur, porque Aridès d'Escavalon está a assaltar e a incendiar Beaurepaire, até que Blanchefleur se lhe entregue. Perceval parte mas o seu cavalo começa a coxear porque um espinho se lhe espetou na pata e é necessário passar por um ferreiro para tratar da pata do cavalo.[8] Algum tempo antes, o diabo tinha-lhe aparecido na figura de Blanchefleur e tinha-lhe contado a mesma história. Vemos assim que a luta por uma mulher se liga de novo a um problema do pé, metonimizado na pata do cavalo, problema que aqui vem retardar o reencontro e salvação de Blanchefleur devido ao carácter demoníaco que a visão anterior sobre ela tinha lançado.

O Conto do Graal e uma das suas Continuações ligam, assim, com clareza, o amor/sexo, o problema do aparelho locomotor e a sua metonimização no cavalo. Um *lai* anónimo do séc. XIII vai fazê-lo ainda mais explicitamente. Trata-se do "Lai du Trot",[9] que conta a seguinte história.

Um cavaleiro da corte de Artur, Lorois, decide, numa manhã de Abril, ir escutar o rouxinol e, para isso, dirige-se à floresta, donde vê sair um grupo de oitenta raparigas, primaverilmente vestidas e montadas em cavalos brancos ricamente equipados, *que as transportavam rápida mas tão suavemente que pareciam parados*. Todas elas iam acompanhadas dos seus amigos, que com elas trocavam gestos de amor.

A seguir a elas, Lorois vê aparecer um outro grupo com as mesmas características.

Mas, a seguir a este, apareceu um terceiro, de cerca de cem raparigas, sozinhas e muito tristes, que, com grande barulho e lamentações, eram *brutalmente sacudidas pelo trote dos seus cavalos negros*, sem estribos e indo elas com os pés e as pernas nuas. Depois apareceu um grupo equivalente de cavaleiros sozinhos e também brutalmente sacudidos pelo trote dos cavalos.

Isolada deste grupos, saiu depois da floresta uma dama a cavalo, também sacudida de tal modo pelo trote que os dentes batiam uns nos outros, e também sem cavaleiro a acompanhá-la. Lorois dirigiu-se para ela e perguntou-lhe o que significava aquele espectáculo. Ao que ela respondeu que as primeiras, que eram suavemente levadas pelos cavalos e acompanhadas pelos amigos, tinham sido, durante a vida, fiéis servidoras do Amor; as que, pelo contrário, eram sacudidas pelos cavalos e viajavam sozinhas não tinham amado durante a vida terrena.

Vemos aqui uma ligação clara e consciente entre o amor e o andar e a sua transposição metonímica para o cavalo. A ausência de amor — equivalente da perda da coisa amada pelo amador — implica um andar sacudido equivalente do coxear.

Numa nota aos *Mabinogion*, os contos celtas galeses, o seu tradutor Joseph Lot refere uma história passada com o rei Artur. Artur e o duque Hueil estavam apaixonados pela mesma mulher. Num duelo entre ambos por causa dela, Artur foi ferido numa perna pelo duque. Algum tempo depois, num baile, o duque, vendo o rei a dançar com outra dama que estava a namorar, zombou dele, dizendo-lhe que este dançaria muito bem não fora o problema da perna (coxa). O rei desta vez não suportou a zombaria e mandou matar o duque.[10]

Mas não só na literatura medieval do ocidente abundam os exemplos que relacionam os problemas da locomoção com o momento negativo do ciclo da Fortuna em que o objecto amado é perdido a favor de outrem (ou simplesmente desprezado, como no Lai do Trote). Há um conto das *Mil e Uma Noites*[11] que nos conta a história de um sultão cuja mulher tinha um amante a quem o sultão feriu de morte. Como a sultana era feiticeira conseguiu impedir que o amante morresse, embora sem o poder retirar de uma letargia profunda; mas, para se vingar do marido, petrificou-o *da cintura para baixo*, deixando-o numa situação idêntica à do rei Pescador do Graal, em que a impotência sexual e a paralisia se ligam, e em que a perda da força social aparece como corolário desta situação.[12]

2. A não-integração do corpo

O *Romance de Berta dos Pés Grandes*[13] conta-nos a história da substituição de Berta, filha dos reis da Hungria, Floire e Blanchefleur, e futura mãe de Carlos Magno, pela sua serva Aliste, no leito de Pepino o Breve. Berta e Aliste eram absolutamente semelhantes e só os grandes pés de Berta a distinguiam de Aliste. Ora, a história de Berta é, fundamentalmente, a história de Psique, porque Berta acredita no que a ama lhe diz acerca do perigo de dormir com Pepino e acaba por passar nove anos na floresta, em consequência de se ter deixado enganar por medo de morrer na noite de núpcias. Também Psique acreditará nas irmãs que lhe dizem que o marido é um monstro e, em consequência disso, ver-se-á afastada dele por um longo período.[14]

Ou seja, a imaturidade para o amor fê-la recolher a um sono simbólico na floresta. Esse caminhar pela vida para continuar a maturação psicológica tem, provavelmente, a ver com os pés de Berta, anormalmente grandes, tanto mais que vários contos medievais ligam os pés, como marca de um outro mundo, e o amor. Melusina, por exemplo, a quem a quebra do interdito, por parte do marido, de não a ver ao sábado, faz descobrir que era meia-mulher meia-serpente. Ou a nossa Dama-pé-de-cabra.

O que está em causa, na relação destas fadas (Melusina, Dama Pé-de-Cabra e muitas outras) com os humanos, é que a pertença a um outro mundo mostra-se pelos pés ou pelos membros inferiores. É por eles que se descobre a sua condição não-humana ou mesmo demoníaca, descoberta essa que traz, como consequência, a separação, desrespeitado o interdito que mantinha os dois mundos em contacto. O caso de Berta parece conter reminiscências deste fundo tradicional, tanto mais que a lenda de Berta, de que a obra de Adenet le Roi é apenas um dos textos, contém elementos que a fizeram relacionar com contos tradicionais, nomeadamente do folclore do Anjou:

> Le thème des pieds anormaux lié à un tabou nuptial se retrouve donc à plusieurs reprises dans le folklore local.[15]

Ou mesmo com a Reine Pédauque (por algumas versões a apresentarem com os dedos ligados por membranas) e com personagens da mitologia germânica e escandinava.[16]

O que importa reter deste segundo grupo de textos é que os membros inferiores são objecto de um tabu nupcial por serem a marca da pertença a um outro mundo e que a quebra desse tabu traz a separação. O facto de o texto de Adenet le Roi lhe conceder apenas uns pés anormalmente grandes parece não poder deixar de ser lido como uma reminiscência deste tabu de natureza nupcial, o que nos obrigaria a relacionar os pés de Berta com o abandono do leito nupcial e com o consequente percurso de maturação pela floresta, reactualizando o percurso de Psique antes de estar preparada para voltar a encontrar Eros. A monstruosidade suposta de Eros é perfeitamente equivalente da suposta crueldade mortífera de Pepino. O que nos faz considerar, também, que este grupo de textos se referem à não-integração do corpo no processo afectivo da maturação incompleta das jovens heroínas,[17] como a célebre análise do mito de Psique por Bettelheim bem o mostrou.[18]

3. A maturação adquirida e a exaltação do andar

Vimos, até agora, que a doença da perna ou do pé significava aquilo a que chamei o momento negativo do ciclo da Fortuna, visto que se relacionava com uma oposição/perda em torno de uma mulher pretendida por dois homens que se podiam prolongar por dois mundos (o caso de *Lancelot*) ou, como no caso do rei Pescador e do mundo do Graal, essa oposição entre dois mundos (o mundo de Artur e o do Graal) subsume a infertilidade do Pescador transpondo-a dele para a terra.

No caso do segundo grupo de textos, em torno da "estranheza" dos membros inferiores se concentrava a marca de um outro mundo e a separação como consequência de uma maturação incompleta, incapaz de lidar com a dimensão do corpo, matizada de monstruosidade.[19]

O conto da Gata Borralheira e o do Polegarzinho de Perrault vão ajudar-nos a fazer a passagem para a exultação do andar ligada à aquisição da maturação.

Com efeito, a Gata Borralheira vive um momento negativo, perdida entre meias-irmãs e uma madrasta que querem impedir o seu desenvolvimento pessoal e social, confinando-a às tarefas mais mesquinhas. Graças à Fada, ela vai conseguir relacionar-se com o Príncipe através do sapato que simboliza a sua feminidade. Por causa dele, sapato, ela será descoberta e valorizada, sendo-lhe abertas as portas da sociedade e, sobretudo, do amor. Ou seja, a maturação social e afectiva é conseguida em torno do sapato e do pé, aqui já não doentes, disformes ou animalizados mas simplesmente valorizados.

No caso do Polegarzinho, encontramos um grupo de sete irmãos que, ao serem abandonados pelos pais, não conhecem a geometria do espaço e, consequentemente, não poderiam voltar para casa, não fora a astúcia do Polegarzinho que, da primeira vez, espalhou pedras para marcar o caminho e, da segunda, bocados de pão. Só que, tendo os pássaros comido o pão, o caminho de regresso tornou-se inencontrável e foram dar à casa do Ogre, figura do monstro que qualquer herói tem que defrontar, seja qual for a forma que o monstro assuma, porque ele simboliza o aprisionamento que impede o espaço para a instalação de uma nova identidade (a do ser em maturação) e porque a sua negatividade fornece ao herói a justificação ética para a sua afirmação/maturação.

Mas, o que nos importa aqui notar é que, depois de vencido o Ogre pela astúcia do Polegarzinho, o caminho para casa dos pais tornou-se conhecido, e o Polegarzinho conseguiu mesmo apoderar-se das botas das sete léguas, o que hipervaloriza o andar. Assim, depois da prova do Ogre, houve uma evolução na maturação e, de par com o súbito conhecimento da geometria do espaço que levava à casa paterna, dá-se uma *exultação do andar* com as botas das sete léguas. Maturação e andar são, assim, interligados.

Nos romances medievais, esta valorização do andar é fundamental. É o herói que tem que sair da casa paterna e *andar*, mesmo que não saiba para onde e vá simplesmente à aventura. Ou então, tem que andar para ir descobrir ou encontrar a mulher que, mesmo sem conhecer pessoalmente, já ama por causa da Fama. É o caso, por exemplo, do romance do séc. XIII, *Durmart le Galois*,[20] em que o ancião que anuncia a Durmart que há uma mulher ainda mais bela do que ele e que será, por natureza, a sua companheira, lhe diz que não o levará até ela mas que será ele a ter que a procurar e a passar todas as provas que balizarão o caminho:

—"Prodom, fait Durmars, quar m'i mainne."
—"Sire, fait cil, por nule paine
Que je seüsse deviser
Ne vos i savroie mener,
Que mout i a felons passages
Et desvoians et trop savages.
Mais se vos quere le volés,
Si chevachiés trestos armés,
Quar trop troverés aventures
Perillozes et fors et dures (vv. 1177–1186)

Mas seria inútil multiplicar os textos. Gostaria apenas de referir, ainda, o caso de *Érec et Énide* de Chrétien de Troyes.[21] Neste romance, Érec, depois de se casar com Énide, foi para casa do pai, o rei Lac, e quase não saía do quarto. Os cavaleiros murmuravam que ele tinha esquecido as lides da cavalaria e se tinha tornado *récréant*. Esta situação desgosta Énide que um dia se lamenta disso, julgando que Érec dormia. Como consequência, Érec vai sair, armado, com Énide, à procura de aventuras que perfaçam o seu percurso heróico. E o que é curioso para o nosso propósito é que, durante essa viagem, na qual Érec esteve várias vezes à beira da morte, Énide se transforma numa espécie de guardiã dos cavalos que Érec vai conquistando. A situação é reforçada e assumida simbolicamente pelo texto, quando, perto do fim, lhe é oferecido, a Énide, um palafrém em cujo arção está gravada a história da viagem de Eneias, nomeadamente a sua história de amor com Dido. Ou seja, a Énide, que provocou a viagem graças à qual Érec acabaria o seu percurso heróico de maturação, estão associados os cavalos, redobrados pela história de uma viagem, que não se ficou pela prisão paradisíaca de Dido mas que continuou até lançar os alicerces de um grande povo.

Ao contrário do que vimos no primeiro grupo de textos, agora o cavalo, como veículo, é associado positivamente à mulher que provocou a viagem. É, ainda, a ligação da maturação adquirida e da exultação do andar.

4. Conclusões

Os textos que acabámos de ver ligam a maturação à exultação do andar e este ao amor, aparecendo a doença ou anormalidade dos membros inferiores relacionadas com a perda do objecto amado e com a infertilidade natural e social. São textos que formam um bloco muito coerente, distanciando-se de outros em que a doença da perna aparece, ao lado de outras disformidades, como signo de uma castração iniciática (Jacob, depois de lutar com o anjo; ou os deuses-ferreiros, como Hefesto, Varuna, Tyr, Odin, Alfödr). O caso de Aquiles parece ser ainda diferente, sendo a interpretação de Paul Diel, que pretende que o pé vulnerável revela uma fraqueza da alma, a que melhor se lhe adapta.[22]

De qualquer modo, sobretudo no primeiro grupo de textos, o valor fálico do pé, como Freud pretendia, é absolutamente evidente. Dentro desta linha de ideias poderíamos recordar que o pai de Édipo lhe fez furar os tornozelos para o expor e evitar que o filho o viesse a matar, cumprindo o oráculo, pretendendo deste modo evitar um parricídio e um crime sexual. A doença dos membros inferiores vale assim para deixar o herói numa fase de afastamento dos objectos do crime, tal como os heróis medievais na fase negativa da infertilidade, em que perdem a mulher e a fertilidade social, aparecem, frequentemente, com problemas nos membros inferiores.

Ainda dentro da mitologia grega, poderíamos recordar Jasão, que viajava com um pé descalço, tendo Pélias, segundo uma das versões, ao ver que ele apenas trazia um dos pés calçados, compreendido que o perigo anunciado pelo oráculo estava próximo. Ora, Jasão tinha sido espoliado da sua herança por Pélias, estava, portanto, na situação negativa de infertilidade social (da qual queria sair e tomar a sua herança).

E é essa a situação do rei Rodrigo ao deixar o sapato no campo de batalha. No momento em que perde o combate, torna-se simbolicamente um coxo, ao deixar um só sapato no campo de batalha.

Mas a história de Rodrigo apresenta outros elementos ligados ao contexto que temos vindo a apresentar. Com efeito, o mundo cristão do reino visigótico da Espanha vai ser superado pelo mundo muçulmano do norte de África, a quem o conde Julião se aliou. Esta luta entre dois mundos, frequente no contexto medieval, como vimos, em que um dos mundos se conota frequentemente do Outro Mundo demoníaco (as Fadas, Méléagant,[23] por exemplo) vai, na lenda de Rodrigo, ser associada a uma história de amor. Porque violou a filha do conde Julião de Ceuta, roubando-a ao noivo *futuro*, que ele próprio, Rodrigo, prometera dar-lhe,[24] a luta de Julião e de Rodrigo joga-se simultaneamente em torno de uma terra e de uma mulher.[25] Privado de ambas, Rodrigo vai ficar na situação dos heróis que, ao perderem a sua fertilidade natural e social, são marcados com um problema nos membros inferiores.

A simples referência à calçadura que Rodrigo deixou no campo de batalha pode parecer insuficiente para ligarmos o seu caso ao grupo de textos que analisámos. Mas, a grande consistência da ligação do problema nos membros inferiores à perda da mulher e da terra, que é ecoada por textos que ligam a disformidade dos membros inferiores à não--integração do corpo no processo amoroso, faz-nos pensar que é pertinente recordá-los, mostrar a sua coerência e supôr que a calçadura que Rodrigo deixa no campo de batalha torna lícita a sua integração neste grupo de textos. Tanto mais que a serpente que o comerá na cova de Viseu, começará, em todas as versões da lenda, pelo sexo, aproximando-o do Rei Pescador, ferido *parmi les quisses ambesdeus*.[26]

Notas

1. Luís Filipe Lindley Cintra, *"Crónica Geral de Espanha de 1344"—A lenda do Rei Rodrigo*, Lisboa, Verbo, 1965, in Helder Godinho, *Prosa Medieval Portuguesa*, Lisboa, Ed. Comunicação, 1986, p. 159.
2. Béroul, *Le Roman de Tristan*, ed. Ernest Muret rev. por L.M. Defourques, Paris, Champion, 1982, vv. 716-749.
3. Itálico meu.
4. *Les Lais de Marie de France*, ed. Jean Rychner, Paris, Champion, 1983.
5. Chrétien de Troyes, *Le Chevalier de la Charrete*, ed. Mario Roques, Paris, Champion, 1983.
6. Chrétien de Troyes, *Le Roman de Perceval ou le Conte du Graal*, ed. William Roach, Genève/Paris, Droz/Minard, 1959.
7. Também ao dirigir-se ao reino de Galvoie, reino das mães mortas, levado pela Orgueilleuse de Logres, mulher negativa que o quer aniquilar, Gauvain vai num "roncin", uma vez que o seu cavalo lhe foi roubado, e várias vezes é posta a tónica nas dificuldades que isso lhe traz, nomeadamente para lutar, o que contribui para pôr a sua vida em perigo.
8. Cf. Chrétien de Troyes, *Perceval ou le Roman du Graal*, Paris, Folio, pp. 285-86.
9. In Prudence Mary O'Hara Tobin, *Les Lais Anonymes des XIIe et XIIIe siècles*, Genève, Droz, 1976, pp. 355-46.

10. Cf. *Les Mabinogion*, trad. Joseph Lot, Genève, Slatkine, 1983, p. 267.
11. Trata-se da "História do Jovem encantado e dos Peixes", encaixada na "História do Pescador e do Génio".
12. Na mitologia grega, Teseu e Pirítoo, quando descem aos infernos para raptar Prosérpina, mulher de Hades, ficam, como castigo, colados às cadeiras.
13. Referir-me-ei, sobretudo, ao romance de Adenet le Roi, *Berte as grans piés*, ed. Albert Henri, Genève, Droz, 1982.
14. Acerca das relações do mito de Psique com o romance de Berta, e das relações deste com temas folclóricos que referiremos, cf. Régine Colliot, *Adenet le Roi: "Berte aus Grans Piés"*, 2 vols., Paris, Picard, 1970.
15. Cf. Régine Colliot, *o.c.*, pp. 60–61.
16. Cf. *ibidem*, caps. "Berte, personnage mythique?", pp. 66–76; "Berte aus grans piés, synthèse de thèmes romanesques", pp. 77–159.
17. Também no lai de Guigemar a ferida na perna tinha a ver com a imaturidade afectiva do herói, mas era, como vimos, uma imaturidade que ultrapassava a não-integração do corpo, a não integração do elemento corporal do amor. Tratava-se, no caso de Guigemar, da própria incapacidade de amar, que se vai resolver na oposição com outro homem, o velho marido da dama por quem acaba por se apaixonar, entrando, assim, no primeiro grupo de textos.
18. Cf. Bruno Bettelheim, *Psychanalyse des Contes de Fées*, Paris, Laffont, 1976, pp. 357–62.
19. Como Bettelheim mostrou, não só para Psique como também para todos os contos de fadas do "ciclo do noivo animal", *ibidem*, pp. 341–79.
20. *Durmart le Galois*, ed. Joseph Gildea, O.S.A., Villanova, Pennsylvania, The Villanova Press, 1965.
21. Chrétien de Troyes, *Érec et Énide*, ed. Mario Roques, Paris, Champion, 1981.
22. Cf. Jean Chevalier et Alain Gheerbrant, *Dictionaire des Symboles*, Paris, Seghers, 1974, art. "Pied" e "Boîteux".
23. Veja-se, a propósito, a interpretação de J. Ribard do *Lancelot* de Chrétien de Troyes: Jacques Ribard, *Chrétien de Troyes. "Le Chevalier de la Charrette". Essai d'interprétation symbolique*, Paris, Nizet, 1972.
24. Cf. Helder Godinho, "O Rei Rodrigo, D. João e o Outro", *Vértice*, 43, pp. 61–64.
25. E, curiosamente, o que o levou ao amor por Alataba foi ter-lhe visto "o travadoiro da perna". Em si, nada de particularmente significante. Mas, no contexto, parece "preparar" a calçadura que deixa como despojo no campo de batalha.
26. Para o estudo das várias versões da lenda, cf. Ramón Menéndez Pidal, *Floresta de leyendas heroicas españolas. Rodrigo, el último Godo*, 3 tomos, Madrid, Clássicos Castellanos, 62, 71, 84.

António Ferreira diz não à morte e sim à vida

António Cirurgião
University of Connecticut

> Os sonetos da sua dor são primorosos, são as joias de toda a sua obra, as únicas pouco maculadas de rapsodia de latinos.
>
> Camilo Castelo Branco, *Narcóticos, Notas bibliográphicas, críticas e humorísticas* (Porto: Livraria de Clavel e Cª Editores) Vol. II, p. 43.

Neste estudo, vamos focar essencialmente dois problemas. O primeiro relaciona-se com a organização interna dos poemas que constituem o que, na tradição de Petrarca, se poderia chamar o cancioneiro de António Ferreira, organização vista metonimicamente à luz da ordem numérica dos primeiros treze sonetos do Livro II; e o segundo relaciona-se com o sentido fundamental desses poemas.

A ideia de nos debruçarmos sobre a primeira questão resulta do que nos parece ser uma sequência pouco lógica desses treze sonetos, na primeira edição de *Poemas Lusitanos*; e a ideia de nos debruçarmos sobre a segunda resulta do alto valor literário que os críticos têm atribuído a essa sequência de treze sonetos. Ou, para sermos mais exactos, do excepcional valor literário que Camilo lhes atribuiu, uma vez que os críticos que se lhe seguiram nada mais fizeram senão subscrever, sem qualquer questionamento, o juízo crítico de Camilo. Assim procederam, por exemplo, Teófilo Braga[1], Marques Braga[2], e Adrien Roig[3], não se lembrando que um dos princípios fundamentais a que o crítico literário deverá obedecer para julgar, com um mínimo de objectividade, do mérito de uma obra de arte reside, não só na sua natureza estética, mas também no princípio expresso no conhecido brocardo: *distingue tempora et concordabis jura*. Por outras palavras: Camilo, como romântico que era — e que romântico! — teria que privilegiar, ao avaliar o mérito da obra de um escritor clássico, os poemas desprovidos de referentes eruditos, mormente os mitológicos, e que mais profundamente falassem ao sentimento. O que quer dizer que os outros críticos deveriam ter em conta esse fenómeno, antes de fazerem seus os juizos de Camilo.

Passando agora a falar da sequência dos sonetos, comecemos por dar a palavra a Teófilo Braga:

Em 1557 achava-se Ferreira em Lisboa, donde remete uma carta ao Dr. António de Castilho, datada de 3 de Julho, e começa a coligir e coordenar os seus versos com o título de *Poemas lusitanos*. Pela dedicatória deste livro em 1598 se lê: "Esteve este livro por espaço de *quarenta anos, assi em vida de meu pai, como depois do seu falecimento*, oferecido por vezes a se imprimir " Vê-se que desde 1558 tinha Ferreira a sua obra pronta para se imprimir, tirando-se daí a prova de que a Tragédia *Castro* estava já escrita e terminada à época em que fora lida por Diogo Bernardes.[4]

Para que bem se compreenda que era convicção de Teófilo Braga que tinha de facto sido António Ferreira, e não seu filho, Miguel Leite Ferreira, a compilar toda a obra poética e a determinar a ordem das peças que a constituem, leiam-se ainda estas palavras suas: "A colecionação dos *Poemas lusitanos* foi um refúgio moral para o poeta na sua inesperada viuvez inconsolável."[5]

Mas terá sido mesmo assim? A história da literatura está cheia de casos em que o depoimento dos filhos a favor dos pais nem sempre é totalmente fidedigno. Sirva de exemplo, para a literatura portuguesa, o caso do filho de Gil Vicente, Luís Vicente, documentado na introdução à inapropriamente chamada *Copilaçam de todalas obras* de Gil Vicente, saída a lume em 1562. Como vários críticos têm mostrado, nem a compilação contém todas as obras de Gil Vicente nem as obras nela contidas estão dispostas pela ordem que o autor certamente lhes daria, como muito bem notou, por exemplo, a autora da introdução a uma reedição recente dessa obra: "A ordem das peças é a da *Copilaçam*, ainda que, como sabemos, ela obedeça a uma divisão discutível e discutida."[6]

Tudo isto para dizer que, tendo em conta a ordem por que os treze sonetos estão distribuídos, não cremos que tenha sido António Ferreira o último responsável pela organização da colectânea poética, chamada *Poemas lusitanos*, mas sim seu filho, Miguel Leite Ferreira.

Como se verá oportunamente, através da análise sistemática de cada um dos treze sonetos, não parece haver dúvidas de que a ordem mais lógica é a que vamos propor e não a que consta da edição organizada pelo filho em 1598, vinte e nove anos após a morte do autor.

Mas será lícito extrapolar para o conjunto da obra, pôr em questão a ordem do todos os poemas, tomando apenas como exemplo esta breve sequência? Queremos crer que sim.

Passamos agora a pôr lado a lado a ordem desses treze sonetos na edição de 1598 e a proposta por nós, ficando a primeira à esquerda e a segunda à direita. Mas, antes de prosseguir, esclarecemos que, se a nova ordem é óbvia quanto à maior parte dos sonetos, como, por exemplo, o N° XI, que tem que ser o primeiro, logo a seguir ao soneto invocatório, o mesmo já não poderá ser dito quanto a outros, como, por exemplo, o II e o VIII, os quais poderiam aparecer em ordem inversa.

Ordem, segundo a edição de 1598	Ordem proposta por nós
I	I
II	V
III	X
IV	III
V	VII
VI	IX
VII	VIII
VIII	VI
IX	II
X	XI
XI	IV
XII	XII
XIII	XIII

Entre mais algumas observações preliminares, queremos que fique bem vincado um facto estranho: e é que esta série de sonetos é motivada pela morte da esposa de António Ferreira, D. Maria Pimentel, o que não passou despercebido a um leitor culto e atento como Camilo Castelo Branco. É que, ao lermos a obra poética dos autores peninsulares do século XVI, de uma coisa nos apercebemos imediatamente: de que raros são os casos em que se celebra a esposa, nominatim. Entre esses casos raros, avulta o de Juan Boscán. Tal como acontecera com os autores da poesia cortês da Idade Média, também os autores da poesia lírica do Renascimento celebram na sua poesia, não a esposa, mas sim a amada.

Mas será mesmo assim? Faz-se a pergunta por se saber que ainda está por descobrir a mulher real que se esconde por trás dos mil e um anagramas e criptónimos que se encontram disseminados pela obra poética de quase todos os poetas renascentistas, pois, obedecendo à tal convenção adoptada pela poesia cortês, também eles ocultavam o nome real da personagem cantada, louvada ou chorada nos seus versos.

Seja porém como for, a verdade é que, no estado em que se encontram actualmente os estudos críticos da maioria dos poetas renascentistas, tanto de Portugal como de Espanha, não nos é permitido ir para além de uma simples conjectura, ao afirmarmos que é natural que por trás dos referidos anagramas e criptónimos se escondam, por vezes, não só as amadas mas também as esposas.

Entretanto, uma coisa é certa: e é que este é mais um exemplo da independência de António Ferreira como poeta. Quem se recusou a escrever um único poema em medida velha ou peninsular; quem se recusou a escrever um único verso em castelhano, ao contrário do que fizeram quase todos os seus contemporâneos, para já não se falar dos seus predecessores e sucessores; quem ousou escrever, em meados do século XVI, uma tragédia, em moldes greco-romanos, sobre um tema histórico nacional, teve também coragem para celebrar expressamente a esposa morta.

Numa sequência de treze sonetos—doze da autoria de Ferreira e um da do seu amigo Simão da Silveira, o leitor pode acompanhar o poeta na sua jornada entre o lamento pela morte da esposa, Maria Pimentel, e o aparecimento de um novo amor.[7]

Estes doze sonetos, motivados pela morte da esposa, como se disse, estão estruturados dicotomicamente entre imanência e transcendência, entre a matéria e o espírito, o corpo e a alma, as trevas e a luz, a noite e o dia, a lua e o sol, o tempo e a eternidade, a morte e a vida, a terra e o céu.

Em ponto e contraponto, vão dialogando o tempo histórico, existencial, profano e sagrado, assim como duas ordens de valores: os deste mundo e os do outro; os do homem e os de Deus.

A ideologia que preside à elaboração destes doze sonetos é de inequívoco sinal cristão. O poeta, na sua qualidade de *homo christianus*, professa claramente a sua crença na mortalidade do corpo, na imortalidade da alma, na existência do céu e do inferno, numa sanção ultra-terrena para as acções praticadas durante a vida e na comunhão dos santos.

Várias são as razões que levam o poeta a chorar amargamente a partida da esposa: conspícua entre elas é a solidão em que se vê mergulhado com a sua ausência. Ciente da natureza labiríntica do mundo, sabe que, sozinho, jamais será capaz de encontrar aquele caminho de que falou Jesus aos seus apóstolos, quando lhes disse: "Ego sum via, et veritas et vita" (Eu sou o caminho e a verdade e a vida—*Jo* 14,6). Não nos esqueçamos que a imagem do homem como peregrino neste mundo, a caminho da eternidade, está explícita no texto. Longe da esposa, deseja encontrar o caminho que o leve das trevas para a luz, da casa do homem para a casa de Deus, daquele *Deus absconditus* de que falam os ascetas e os místicos.

Graças à dialéctica entre o tempo dos homens e o tempo de Deus, a esposa é vista pelo poeta em duas fases da vida. Se a esposa viva tinha sido para ele o que Beatriz tinha sido para Dante—o guia seguro no caminho que conduz à bem-aventurança eterna—, a esposa morta é a intercessora do poeta junto de Deus, para que ele não se perca entre as densas trevas que o envolvem neste mundo. O que quer dizer que na sequência dos doze sonetos a vida é vista como viagem, verdadeiro *topos* da literatura universal, introduzido logo no soneto-proémio. E o que quer dizer também que o poeta, impossibilitado de comunicar com a esposa face a face, por entre eles se erguer um muro intransponível, comunica com ela por meio da fé. É o caso de dizer também que, enquanto aplica a si a liturgia da Quarta-Feira de Cinzas, o poeta aplica à esposa a liturgia do Domingo da Ressurreição.

Em ponto e contraponto, vão de mãos dadas nesta série de sonetos sentimentos eufóricos e sentimentos disfóricos. Eufóricos os referentes ao passado vivido em perfeita harmonia conjugal entre o poeta e Maria, e recuperados pela memória, para fruição do leitor, e disfóricos os referentes ao presente, na ausência da amada. Eufóricos os que está vivendo a alma bem-aventurada da esposa e disfóricos os que estão sendo vividos pelo esposo abandonado no deserto deste mundo, desamparado da mulher que foi a sua luz, o seu guia, a sua salvadora.

Vejamos agora, *pari passu*, pela ordem por nós proposta, o significado fundamental de cada um dos treze sonetos.

I (I)

Ninfas do claro Almonda, em cujo seo
Nasceu e se criou a alma divina,
Qu'um tempo andou dos Céus cá peregrina,
Já lá tornou mais rica do que veo.

Maria, da virtude firme esteo,
Alma santa, Real, de império dina,
A baixeza deixou, de que era indina:
Ficou sem ela o mundo escuro e feo.

Ninfas, que tão pouco há qu'os bons amores
Nossos cantastes cheas de alegria,
Chorai a vossa perda e minha mágoa.

Não se cante entre vós já, nem se ria,
Nem dê o monte erva, nem o prado flores,
Nem dessa fonte mais corra clara ágoa.[8]

No Soneto I (I), o poeta implora às Ninfas do "claro Almonda" — sinédoque para a terra natal da esposa, Torres Novas — que não voltem a cantar, "cheas de alegria", "os bons amores" que uniam os corações do poeta e da esposa, mas que, pelo contrário, chorem a "perda" delas, Ninfas, e a mágoa dele, poeta.

Numa visão dualista da vida, o poeta reconhece que Maria, a esposa, após alguns anos de peregrinação pelo mundo, tinha regressado ao Céu, sua pátria natural; e que esse mundo, privado de um tal ornamento, ficou "escuro e feio."

E ao mesmo tempo que pede que os cantos de alegria cedam o lugar aos cantos de tristeza, faz votos também por que a natureza se lhe associe, traduzindo, em sintonia perfeita, os sentimentos que vão na alma do poeta, o que acontecerá se os montes não derem erva, o prado, flores, e as fontes, "clara ágoa."[9]

A natureza espiritual e religiosa da série de sonetos dedicados à esposa morta, Maria Pimentel, é claramente manifesta logo neste soneto-prólogo, que poderá ser considerado, ao mesmo tempo, a proposição e a invocação da série. O leitor é abruptamente transportado para uma visão cristã do mundo, sendo convidado a crer, com o poeta, que morrer, para os que no mundo caminham pelas veredas estreitas da virtude, é recuperar o mundo perdido, na sua beleza pristina, é adormecer no Senhor, como reza a liturgia cristã.

Sendo da natureza do prólogo, entendido no contexto da retórica que enforma a poesia de Ferreira, conter em si, de forma condensada e sucinta, os diversos temas que vão ser tratados na narração, nada é de estranhar que neste soneto de abertura se enunciem os principais temas dispersos pela série.

Assim, embora, como se disse, o rio Almonda seja uma sinédoque para indicar o lugar de nascimento da esposa do poeta, esse rio pode ser visto também, numa leitura arquétipa, como o ventre materno que deu à luz a mulher superior que foi Maria Pimentel. A esta leitura convida-nos o adjectivo "claro" que qualifica o rio Almonda e o substantivo "seo." Ao mesmo tempo que significa ilustre, célebre, que é o seu sentido principal em latim, o termo "claro" significa também puro, límpido, que é o sentido com que o poeta qualifica a "ágoa" do último verso do soneto.

Ao dizer que, durante o tempo que trilhou as veredas deste mundo, Maria viveu como peregrina a caminho dos Céus em que nascera e para onde voltara, com a morte, o poeta faz seu um dos princípios básicos da teologia cristã, a qual nos ensina que este mundo é um simples lugar de passagem a caminho da eternidade. Para essa interpretação concorre também o adjectivo com que o poeta qualifica a alma da esposa: "divina." Note-se, porém, que "divina" tanto pode significar que a alma humana partilha da natureza de Deus, conceito que está no centro da teologia plotiniana, de natureza quase panteísta, como pode significar que a alma humana é pertença de Deus, como pertença de Deus são todas as suas criaturas.

E ao dizer que a alma "tornou mais rica" aos Céus, o poeta faz profissão de fé no pecado original e reconhece que o homem pode servir-se da passagem pela "baixeza" que é este mundo para se purgar de algumas das imperfeições com que nasceu.

Sabendo que o autor renascentista tinha pela palavra muito mais respeito do que o autor contemporâneo típico, o leitor tem o direito de perguntar qual o verdadeiro sentido do adjectivo "real" para qualificar a alma, ou seja, Maria [Pimentel]. Não quererá com isto dizer o poeta que Maria Pimentel tinha sangue real nas veias? Foi para tentar deslindar esse mistério que recorremos às páginas da *História Genealógica da Casa Real Portuguesa* de D. António Caetano de Sousa e a outros textos pertinentes. Eis as palavras dele: "É a Casa Pimentel uma das mais antigas de Espanha, que deduz o seu princípio de Fernando Afonso de Novaes, que passou a Portugal com o Conde D. Henrique" (Vo. X, p. 48).

Sobre a genealogia dos Pimentéis debruçaram-se também Andrade Leitão em *Pedatura Lusitana* (Vol. XVI, pp. 917–18) e Armando de Matos em *Brasonário de Portugal* (t. III, Vol. II, p. 243).[10]

Temos que reconhecer, porém, que os elementos colhidos nesses autores não nos permitem confirmar essa suposição. O que de forma alguma implica que o assunto não possa ser resolvido mediante consulta de outras obras genealógicas.

O Soneto I (I) é constituído apenas por dois períodos: o primeiro compreende os quartetos e o primeiro terceto e o segundo compreende o segundo terceto. Na verdade, o predicado da oração principal dos quartetos e do primeiro terceto encontra-se no último verso do primeiro terceto: "chorai."

IX (II)

Co alma nos céus pronta, o sprito inteiro,
Leve o sembrante, a vista graciosa,
Aquela, antes da morte, já gloriosa,
Esperava o combate derradeiro.

De sancta fé armada, e verdadeiro
Amor divino, venceu a espantosa
Morte, que nela pareceu fermosa,
E nova estrela a fez no céu terceiro.

E tomando-me a mão leda e risonha,
Meu doce amigo (diz) vinda é minh'hora:
Quem nos assi cá atou soltou o nó.

Quem mais cuida que vive, esse mais sonha,
Lá onde se não geme nem se chora,
T'amará mais est'alma, o corpo é pó.

Após a proposição e a invocação, o poeta passa a descrever no soneto IX (II) os últimos momentos de vida da esposa. A morte dos justos que "dormem no Senhor", descrita pelos hagiógrafos, não é mais serena nem mais exemplar. "Co a alma nos Céus pronta, o sprito inteiro, / Leve o sembrante, a vista graciosa", a esposa do poeta em tudo se parece aos bem-aventurados que morrem em estado de graça.[11] Pronto o espírito e pronta a carne, a esposa, já mais do céu que da terra, como o adjectivo "gloriosa" tão bem indica, aceita a morte com a mesma equanimidade com que antes aceitara a vida, professando o princípio universalmente pregado: que quem deu a vida também tem direito a tirá-la: "Quem nos assi cá atou soltou o nó."[12]

Recorrendo à imagem da vida como luta, consagrada na Sagrada Escritura e nos escritos dos Santos Padres e dos Doutores da Igreja (vide, por exemplo, as palavras de São Paulo: "Bonum certamen certavi, cursum consummavi, fidem servavi"—"Combati o bom combate, acabei a carreira, guardei a fé" *II Tm*, 4, 7), a esposa, armada da primeira e terceira virtudes teologais (a fé e a caridade—"sancta fé" e "amor divino", respectivamente), combateu "o combate derradeiro" e triunfou da Morte ("venceu a espantosa / Morte").

A referência ao "céu terceiro" tanto pode ser lida num contexto cristão, o que é perfeitamente consentâneo com todo o texto, de acordo com o arrebatamento de Paulo ao Terceiro Céu (*Co*, 12, 2), como num contexto pagão cristianizado, leitura autorizada pelo facto de o terceiro planeta ser a casa de Vénus, deusa do Amor.[13]

Plenamente conformada com a vontade de Deus, Maria tem suficiente serenidade de espírito para dizer ao "doce amigo" que "Lá onde se não geme nem se chora"—perífrase para designar o paraíso—o amará mais que quando estava com ele neste mundo.

Não podemos deixar de chamar a atenção para a definição da vida como sonho, à maneira de Calderón de la Barca: "Quem mais cuida que vive, esse mais sonha"; assim como para a afirmação de que o corpo é pó (*Gn*, 3, 19).

Outro ponto importante, neste soneto, é a passagem do espaço profano para o espaço sagrado, sendo o primeiro representado pelo leito de morte da esposa e o segundo pelo "céu terceiro" em que ela passou a morar.

No aspecto estilístico, é de notar o efeito dos dois encavalgamentos do segundo quarteto: de mãos dadas com as palavras, esses encavalgamentos mostram a sofreguidão com que a amada do poeta aguarda a partida para a outra vida, para a casa do Senhor.

IV (III)

Com que mágoa (ó Amor), com que tristeza,
Viste cerrar aqueles tão fermosos
Olhos, onde vivias, poderosos
D'abrandar com sua vista a mor dureza!

Roubada nos é já nossa riqueza,
Nossos cantos serão versos chorosos,
E suspiros tristíssimos, queixosos
Da morte, que nos pôs em tal pobreza.

Eu perdi o meu bem; tu, Amor, tua glória.[14]
Eu o meu Sol; e tu teu doce fogo
Honesto e sancto ao mundo, raro exemplo.

Mas viva será sempre a alta memória
Daquela que nos Céus viva contemplo,
A quem humilde peço ouça meu rogo.

Morta a esposa, o poeta passa a considerar a dimensão da sua perda. Assim, no Soneto IV (III), toma o Amor por confidente e diz-lhe da "mágoa" e da "tristeza" que ele experimentou ao ver cerrarem-se os olhos em que ele, Amor, habitava, olhos dotados de um poder taumatúrgico.

Tanto o Amor como o poeta, privados da presença de uma mulher tão perfeita, não terão outro lenitivo, contra a morte que tal furto perpetrou, senão "versos chorosos" e "suspiros tristíssimos, queixosos."

Perdeu o poeta o seu "bem", perdeu o Amor a sua "glória"; perdeu o poeta o seu "Sol", perdeu o Amor o seu "doce fogo", mas um fogo "honesto e sancto ao Mundo, raro exemplo."[15]

Mas tanto o Amor como o poeta têm uma consolação: sabem que jamais será esquecida "a alta memória" da mulher que ele (poeta) contempla "nos Céus viva" e "a quem humilde" implora que ouça seu "rogo". O que quer dizer que a esposa do poeta, transformada em santa, já é digna de ser invocada, e já é capaz de conceder as graças que lhe são pedidas.[16]

A chamada do Amor, feito pessoa, para o palco em que o poeta chora doloridamente a morte da esposa reveste-se de uma expressividade de grande efeito poético, ao mesmo tempo que concorre para tornar mais crível e mais humano o drama liturgicamente encenado e representado pelo poeta. O diálogo entre o "eu" do poeta e o "tu" do Amor atinge o seu ponto culminante no primeiro terceto, devido à dupla repetição de cada um desses pronomes pessoais.

XI (IV)

Estas cinzas aqui chorando encerra
(Amor) dũa chāma que cá ardeu mais pura
Num peito humano, a que foi tão dura
A Morte, qu'ante tempo lhe fez guerra.

Cega e cruel! que contra si mesma erra.
Quando apagar cuidou a fermosura
Do mundo, então a parte mais segura
A subiu, donde mais aclara a terra.

Quem vir estes despojos saudosos
Do triste Alcipo, pera sempre triste,
Lágrimas e suspiros daqui leve.

E sejam, diga, a Alcipo os céus piadosos.
Seja ao fermoso corpo a terra leve.
Tu dá do sprito ao mundo a fé que viste.

Chorada a morte da esposa, em companhia do Amor, o poeta dirige-se, em piedosa romagem, à sua sepultura para aí continuar a desabafar as suas mágoas e lhe render o seu preito de homenagem. Dá-se isso no soneto XI (IV), o qual é ao mesmo tempo um epitáfio e um valedictório feito pelo poeta junto da sepultura que guarda os restos mortais da amada. Ao descrever esses restos por meio da imagem das "cinzas [. . .] dũa chāma", cinzas que o Amor encerra no túmulo, chorando, o poeta está novamente a privilegiar a relação amorosa que o une e uniu à mulher chorada e celebrada e exaltada nesta série de sonetos, na medida em que a "chāma" está associada ao amor.

Depois de acusar a Morte de "cega e cruel" (epíteto que também lhe dá no Soneto VIII (VI)), por ter levado consigo uma alma "ante tempo", o poeta, escondido sob o nome arcádico ou criptónimo de Alcipo ("Do triste Alcipo, para sempre triste"), roga ao viandante que reze para que os Céus sejam piadosos para com ele e a terra seja leve "ao fermoso corpo" da amada, ao mesmo tempo que lhe pede que seja no mundo testemunho da imortalidade vista.

Consciente de que o home, de acordo com a Bíblia, "não é senão pó e cinza" (*Gen* 18, 27), o poeta entra dentro de si mesmo, toma consciência do seu nada, faz um acto de humildade e, voltado para Deus, encomenda-lhe a salvação da sua alma.

II(V)

O' alma pura, em quanto cá vivias,
Alma lá onde vives já mais pura,
Porque me desprezaste? quem tão dura
Te tornou ao amor que me devias?

Isto era o que mil vezes me prometias,
Em que minh'alma estava tão segura,
Que ambos juntos ũa hora desta escura
Noute nos sobiria aos claros dias?

Como em tão triste cárcer me deixaste?
Como pude eu sem mim deixar partir-te?
Como vive este corpo sem sua alma?

Ah! que o caminho tu bem mostraste.
Porque correste à gloriosa palma?
Triste de quem não mereceu seguir-te!

No Soneto II(V) — que é aquele em que o amado mais violentamente exterioriza a sua dor — o poeta dirige-se directamente à esposa morta, começando por dizer que, se pura viveu neste mundo, "mais pura" se encontra agora no paraíso. Em seguida, increpa a esposa morta por tê-lo desprezado, e por não ter cumprido o que lhe prometera: que juntos voariam um dia da "escura noute" deste mundo para os "claros dias" do paraíso, a fim de aí gozarem das delícias inenarráveis de uma verdadeira hierogamia.

Na tríplice anáfora do primeiro terceto, o poeta faz três perguntas: pergunta primeiro por que a esposa o deixou em "tão triste cárcer"; pergunta depois por que ele deixou que ela partisse sem ele; e pergunta por último como é que o corpo dele pode viver separado da alma, uma vez que, já de acordo com a teoria platónica do amor, já de acordo com a essência do casamento cristão, amado e amada, esposo e esposa eram dois corpos numa só alma.

No último terceto deste soneto, o poeta, para além de reconhecer, implicitamente, o dogma da comunhão dos santos, faz três afirmações consentâneas com a doutrina cristã: que as pessoas mais perfeitas podem ser guias das pessoas menos perfeitas, no caminho da eternidade; que a alma da esposa, morta em estado de graça, já está a gozar da felicidade eterna no paraíso, simbolizada pela conquista da "gloriosa palma"[17]; que ele, não devidamente purificado, ainda não é digno de acompanhar a esposa para o paraíso.

A amada do poeta, ao privilegiar a vida contemplativa, faz-nos lembrar aquela Maria do Evangelho, a que escolheu "a melhor parte", nas palavras de Jesus. Ao contrário de sua irmã Marta, a toda a hora preocupada com as coisas deste mundo, Maria vivia em perpétua adoração dos bens celestiais (*Lc* 10, 38–42).

Estruturado sobre o princípio da dicotomia terra e céu, emblematizados pelos deícticos "cá" e "lá", como o Soneto I, e pela metáfora "noute" e "dias", reforçados, respectivamente, pelos epítetos "escura" e "claros", este soneto tem ainda como característica a presença de uma série de perguntas de retórica—nada menos que sete. Diga-se, porém, que, por descuido dos editores, o soneto tem um ponto de interrogação a mais e um a menos. A mais está o do final do quarto verso do segundo quarteto, o qual deverá ser substituído por ponto final (.); e a menos está o que falta no final do segundo verso do segundo terceto, o que quer dizer que o ponto de exclamação deverá ser substituído pelo ponto de interrogação.

VIII (VI)

Quem pode ver um coração tão triste?
Quem ũa vida que há inveja à morte,
Que se não doa, por mais duro e forte,
Do que tu (morte) em mim fizeste e viste?

Se nunca o Amor t'ofende, nem resiste,
Antes desejam sempre ũa igual sorte
Os que bem se amam e que um golpe os corte,
Porque um tão doce amor, cruel, partiste?

Mas tu não poderás, por mais que possas,
Partir as almas e os pensamentos,
Qu'onde querem se vêem, s'amam, s'entendem.

Triunfa agora destas cinzas nossas,
Qu'inda juntas ao sprito altos assentos
Terão, onde tuas forças não s'estendem.[18]

O soneto VIII (VI) abre com uma apóstrofe à Morte, e com uma expressão de auto-piedade, fazendo lembrar o pranto e o grito lancinante que a liturgia da Semana Santa atribui à Santíssima Virgem, quando, no meio da maior desolação e do maior abandono, pergunta retoricamente, perante a morte do Filho: "O' vós todos que passais pelo caminho, parai e vede se há dor semelhante à minha" ("O vos omnes que transitis per viam, attendite et videte si est dolor similis sicut dolor meus"). A dor do poeta é tão intensa que o leva a invejar a sorte dos que morrem.

No segundo quarteto o poeta pergunta à Morte, mais uma vez personificada, por que permitiu a separação de "um tão doce amor." Amor bom, puro, inocente, um amor que nunca ofendeu nem resistiu à morte.

No meio dessa dor indizível, consola o poeta o saber que a Morte, capaz de separar os que se amam neste mundo, não poderá impedir que venham um dia a unir-se em felicidade imperecível, quando, espíritos, se encontrarem no paraíso, em companhia um do outro, numa espécie de casamento místico. Espíritos e corpos juntamente, como se depreende do último terceto, em que o poeta declara que as "cinzas nossas" (repare-se na universalização do discurso) "inda juntas (e não justas como reza o texto da edição Sá da Costa) ao sprito altos assentos / Terão, onde tuas forças não s'estendem." O que nos permite afirmar que, com esta passagem, o poeta professa a sua fé na ressurreição dos mortos e no encontro dos amados na outra vida, já de posse de um corpo glorioso, exornado dos dotes de que fala a Teologia: impassibilidade, claridade, agilidade e subtilidade.

É mais uma vez uma clara referência à vitória do homem sobre a morte, de que a ressurreição de Cristo se tornou o paradigma e Ele, Cristo, o protótipo, tendo Paulo feito dessa verdade a charneira da doutrina cristã. É o poeta a desafiar também, com o Apóstolo das Gentes, a Morte, perguntando-lhe onde está o seu poder.

É o caso de dizer que estamos claramente perante um caso em que a morte é vista como a suprema iniciação, como o início de uma nova existência espiritual.

V (VII)

Aquele claro Sol, que me mostrava
O caminho do céu mais chão, mais certo,
E com seu novo raio ao longe e ao perto
Toda a sombra mortal m'afugentava,

Deixou a prisão triste, em que cá estava.
Eu fiquei cego e só, com passo incerto,
Perdido peregrino no deserto,
A que faltou a guia que o levava.

Assi co sprito triste, o juizo escuro,
Suas sanctas pisadas vou buscando,
Por vales e por campos e por montes.

Em toda parte a vejo e a figuro.
Ela me toma a mão e vai guiando,[19]
E meus olhos a seguem, feitos fontes.

O Soneto V (VII) é o que mais explicitamente trata do tema da vida do homem como viagem a caminho da eternidade, e, por concomitância, da necessidade que todos têm de um guia seguro.

Verdadeira Beatriz do poeta, a esposa era o "Sol" que irradiava cada dia mais luz, que afugentava as trevas e que lhe mostrava, benigna e solícita, o caminho "mais chão, mais certo" que conduzia ao paraíso.[20] Mas, desprendida do corpo mortal ou "prisão triste" em que vivia encarcerada neste mundo, a amada santa deixou o poeta cego e só, sem um guia que o encaminhasse pelo deserto em que se vê obrigado a peregrinar.

Porém o poeta não desanima, não desespera: triste e confuso, "co sprito triste, o juizo escuro", busca-lhe, com a maior ansiedade (tão bem expressa por meio do polissíndeto do terceiro verso do primeiro terceto), as "pisadas" "por vales e por campos e por montes." E, uma vez encontrada, ela, "claro Sol" omnipresente, lhe dá a mão e o "vai guiando", enquanto os olhos dele se lhe desfazem hiperbolicamente em "fontes", o que é uma maneira eloquente de nos dizer do espírito de arrependimento e de penitência de que está imbuído.

VII (VIII)

Um tempo chorei ledo co a esperança
Doce qu'o brando Amor de si me dava.
E quanto mais gemia e suspirava,
Mor era a minha bemaventuraça.

Agora nesta triste e cruel mudança,
Com que a morte de longe m'ameaçava,
O meu prazer perdi que bem logravа,
Suspiro em vão pelo que não s'alcança.

Lágrimas bem choradas, bem devidas
Ao desejo do bem, qu'inda que tarde
Sustenta o sprito com seu doc'engano.

Mas tristíssimas lágrimas perdidas
Trás um bem que fugiu e trás um dano
Que remédio não deixa ou cedo ou tarde!

O soneto VII (VIII) é outro exercício dialéctico destinado a pôr frente a frente o bem passado e o mal presente.

Ao chorar "ledo" e ao gemer e suspirar do primeiro quarteto, emblemas da "bemaventurança" experimentada durante a vida da esposa, contrapõem-se o sofrimento causado pela "triste e cruel mudança" do segundo quarteto e as "lágrimas bem choradas" e "tristíssimas" dos dois tercetos. Tudo porque a morte, que de longe o ameaçava, como que invejosa da sua inefável felicidade, lhe arrebatou a esposa adorada. Estamos perante o que emblematicamente se chamava a passagem da fortuna favorável para a fortuna adversa.

Mas o que torna o viver mais doloroso para o poeta é o saber que até já perdeu a ilusão, o "doc'engano", em que vivia embalado, que não há remédio para o seu sofrimento, "ou cedo ou tarde", o que nos autoriza a afirmar que, de entre os sonetos da série, este é o mais acentuadamente pessimista, na medida em que não se vislumbra nele o aparecimento da luz, depois de uma longa noite de trevas: a *noche oscura del alma*. É o poeta em face da prova suprema, a braços com a tentação do desespero, na penosa e longa travessia da deserto.

VI (IX)

Aquela nunca vista fermosura,
Aquela viva graça e doce riso,
Humilde gravidade, alto aviso,
Mais divina qu'humana real brandura;

Aquela alma inocente e sábia e pura,
Qu'entre nós cá fazia um paraiso,
Ante os olhos a trago e lá diviso
No céu triunfar da morte e sepultura.

Pois por quem choro, triste? por quem chamo
Sobre esta pedra dura a meus gemidos,
Que nem me pode ouvir nem me responde?

Meus suspiros nos céus sejam ouvidos;
E em quanto a clara vista se m'esconde,
Seu despojo amarei, amei e amo.

O Soneto VI (IX) é mais uma pia e saudosa romagem do poeta à sepultura da esposa.

Começando por acentuar que este é o mais descritivo dos sonetos, na medida em que nele se traça, em pormenor, o retrato físico e o retrato moral da esposa, em termos que fazem lembrar a divina Laura de Petrarca e que aproximam a mulher amada mais das "madonas" da época do poeta que das mulheres reais, apressamo-nos a acrescentar que neste soneto, estruturado em conceitos antitéticos, ou, talvez melhor dito, dualistas, como acontece também com outros sonetos da série, o poeta, depois de exaltar, nos termos mais superlativos, e por meio de uma tríplice anáfora, a incomparável formosura física e espiritual da esposa, dá-se conta de que a "pedra dura" que encerra os restos mortais dela não poderá escutar nem os seus lamentos nem as suas súplicas. E para tornar mais viva esta certeza, expressa-a por meio de duas perguntas de retórica. Mas, ciente de que "aquela nunca vista fermosura" já se encontra no paraíso, é para lá que ele dirige os seus rogos, na esperança de que lhe sejam ouvidos por aquela cujos restos mortais, ou "despojo", sempre amará, amou e ama.

Note-se que o poeta atribui à esposa os mesmos atributos que os hagiógrafos atribuem aos santos, seguro de que, de acordo com a doutrina paulina, todos os membros da igreja triunfante, ou seja, os que se encontram a gozar da glória eterna de Deus, no paraíso, são verdadeiros santos.

O poeta, perante a manifestação do sagrado ou da hierofania, termina unindo-se à amada no túmulo que encerra as suas cinzas, enquanto espera pelo dia em que possa unir-se a ela no céu, consciente de que a verdadeira pátria do cristão se encontra na eternidade.

Neste soneto temos também, como no Soneto VIII (VI), uma alusão clara ao dogma da ressurreição dos mortos, em consonância com a ressurreição de Cristo, ao terceiro dia, quando, no segundo quarteto, o poeta diz que a esposa triunfou "da morte e sepultura."

A fim de melhor traduzir a mágoa e as saudades que lhe vão na alma, o poeta lança mão de uma série de termos semanticamente associados com essa mágoa e com essas saudades: "choro", "gemidos" e "suspiros."

Versando mais uma vez o tema da morte e da ressurreição, o poeta aplica a si mesmo a liturgia da Quarta-Feira de Cinzas e aplica à esposa a liturgia do Domingo da Ressurreição.

Acrescente-se ainda que, além de se reduplicar aqui o tema da ressurreição dos mortos, se reduplica também o tema do sangue real que corria nas veias da esposa de Ferreira, por meio do sintagma "humana real brandura" do primeiro quarteto.

III (X)

Despojo triste, corpo mal nascido,
Escura prisão minha e peso grave,
Quando, rota a cadea e volta a chave,
Me verei de ti solto e bem remido?

Quando, co sprito pronto, aos céus erguido,
(Despois que est'alma em lágrimas me lave)
Batendo as asas, como ligeira ave,
Irei aos céus buscar meu bem perdido?

Triste sombra mortal e vã figura
Do que já fui uns dias, só sustida
Daquele sprito, por quem cá vivia,

Quem te detém nesta prisão tão dura?
Não viste a clara luz, a sancta guia
Que te lá chama à verdadeira vida?

No Soneto III (X), o poeta, voltando novamente ao tema teológico do dualismo paulino, fala primeiro com o seu corpo e fala depois com o seu espírito. Como se fosse duas entidades, o poeta, revestido do manto de asceta cristão, increpa o próprio corpo, vendo nele um "despojo triste", uma "escura prisão", um "peso grave": despojo da amada que partiu para a eternidade; prisão da sua alma; peso que lhe impede o voo para as alturas do paraíso.

Por meio da imagem da "cadea" que prende a alma ao corpo, como o prisioneiro ao tronco, e da imagem da "chave" que fecha o homem no cárcere que é este mundo, o poeta pergunta-se quanto tempo terá ainda que esperar até ver soltas as algemas e abertas as portas da prisão, isto é, ver a alma livre do corpo e purificada dos pecados que a haviam manchado. É a reiteração da ideia da necessidade de purificação, conseguida por meio da penitência, no soneto simbolizada pelas lágrimas, que deverão lavar a alma das impurezas que o pecado nela deixara depositadas, da mesma maneira que as águas lustrais do Baptismo haviam purificado a alma da mancha do pecado original.

No segundo quarteto, o poeta, comparando-se àquele Cristo que, no Horto das Oliveiras, declara aos seus discípulos que "o espírito está pronto, mas a carne é fraca" (*Mt* 26, 41), transporta-nos para toda uma mitologia cristã, por meio da associação da alma com as aves, mediante a metáfora das asas e o símile. A subida da alma do poeta ao céu em busca da alma da esposa, ou "bem perdido", aponta, antiteticamente, para o mito de Orfeu, na medida em que este desceu aos infernos em busca da sua Eurídice e aquele quer subir aos Céus em busca da esposa morta.

A referência às asas que o poeta um dia baterá para voar aos céus e aí se unir com a esposa que o precedera na viagem faz-nos lembrar a representação da alma separada do corpo, nestes sonetos chamado "cárcer" e "prisão" da alma, como uma ave, ou como anjo, iconograficamente representado com asas, como todos sabemos.

Abandonado da mulher que tanto amara, o poeta, fiel aos princípios da doutrina cristã, considera-se um "despojo triste", uma "triste sombra mortal", uma "vã figura" do que fora, quando estava unido em espírito com a esposa, quando com ela formava um só ser.

Finalmente, no último terceto, ao contemplar o nada a que está reduzido, pergunta quem o detém numa "prisão tão dura", depois de ter visto a esposa transformada em "clara luz" e em "sancta guia", chamando-o para a "verdadeira vida."

Neste soneto, de sinal escatológico, o poeta sente a necessidade de abandonar temporariamente o tempo profano para mergulhar no tempo sagrado, que é o *eterno presente,* ao mesmo tempo que o leitor é posto perante a plenitude do ser. Em face da esposa divinizada, o poeta, obedecendo a um desejo inato ao homem—que é emular os deuses e os heróis—, tudo fará para poder um dia vir a ter o mesmo fim glorioso da esposa.

Convém notar que este soneto, relacionado com a desejada morte do poeta, está léxica e semanticamente relacionado com o Soneto IX (II), que é aquele em que se descreve em pormenor a morte da esposa. O que quer dizer que o poeta imagina para si um fim idêntico ao que teve a esposa, como se disse atrás.

Tal como no Soneto II (V), também neste o poeta expressa tão vivamente a sua grande emoção e o seu vivo desejo de se unir à esposa no paraíso, que termina os três períodos que formam o soneto com três pontos de interrogação.

X (XI)

Qual bom Planeta, qual boa estrela, ou sino
Invocarei? qual sprito piadoso,
Que incurte este desterro saudoso,
Que me faz ser no mundo peregrino?

Onde eu os olhos claros e o divino
Rosto via? onde ouvia o deleitoso
Som da voz branda qu'em tão amoroso
Fogo m'inflamava, de qu'eu só fui dino?

Ali é minha vida e a minha terra.
Ali se satisfaz alma e desejo.
Ali todo meu bem se m'oferece.

Em toda outra parte acho ódio e guerra.
Em toda a parte o Sol se m'escurece.
E fogo e morte vejo em quanto vejo.

Mas se o desejo da morte está vivamente expresso no Soneto III (X), mais intenso se torna ainda no Soneto X (XI), no qual o poeta suspira pelo momento em que possa desferir voo a caminho da sua pátria verdadeira. E sabendo que a graça só se pode alcançar por meio da intervenção do sobrenautral, o poeta abre o soneto perguntando retoricamente se deverá invocar os planetas, as estrelas, os signos do Zodíaco ou um "sprito piadoso", para que lhe apressem a partida do mundo onde se encontra como desterrado e vive como "peregrino."

E, fazendo lembrar o arrebatamento de S. Paulo ao Terceiro Céu (Co, 12, 2), o poeta descreve no segundo quarteto e no primeiro terceto essa espécie de visão beatífica naqueles Céus onde colocara a esposa no Soneto IX (II). Para melhor acentuar o gozo espiritual que já começa a prelibar neste mundo, recorre o poeta ao deítico "ali", apresentado numa série de três anáforas.

E para que todos possam compreender a ânsia com que espera essa partida, o poeta resume no segundo terceto os males que o afligem neste mundo (ódio, guerra e trevas), em contraste com os bens inefáveis que o esperam no outro, tão bem expressos no segundo quarteto.

XII (XII)

Sepultado em tristeza, em dor, em pranto,
Esquecido das Musas e de ti,
Te vejo sem alegria estar assi
Como aquele a que deu pasmo e espanto.

Vejo a casa, em que estás, de cada canto
Tremor; vejo-a chorar; vejo daqui
Esse rio, esse monte, o céu por ti
Cuberto estar de negro e escuro manto.

Não reine, António, em ti tal desatino.
Deixa as lágrimas vãs, põe fim às dores,
Asserena o sembrante triste e escuro.

Enche teu peito suave e peregrino
D'outro desejo mais são, d'outros amores,
Com que em ti, sem temer, vivas seguro.

O Soneto XII (XII), da autoria de D. Simão da Silveira, de acordo com a rubrica que o precede, na primeira edição—"De D. Simão da Sylveira"—, é uma exortação e um convite a António Ferreira, "Sepultado em tristeza, em dor, em pranto", para que ponha fim "às lágrimas vãs", "às dores", ao estado de "desatino" em que se encontra mergulhado, e para que encha o "peito suave e peregrino / D'outro desejo mais alto, d'outros amores", com que possa, "sem temer", viver seguro.

É de notar neste soneto as quatro prosopopeias e as quatro hipérboles usadas por Simão da Silveira, no segundo quarteto, para melhor retratar o estado deplorável em que vive o amigo: treme e chora a casa em que vive, e o rio, o monte e o céu estão cobertos de luto, com dó do poeta. É mais uma vez a natureza associada ao sofrimento indizível de um ser humano.

Estilisticamente, chama-se a atenção para a abundância da vogal lúgubre u—está presente em sete palavras—e para os quatro ditongos nasais de quatro palavras da rima, elementos que tão bem expressam a dor e a solidão em que o poeta vive.

XIII (XIII)

> Desfeito o sprito em vento, o corpo em pranto,
> Tão poderosamente fui de ti
> Chamado, que tornei, Simão, assi
> Como da morte à vida, em novo espanto.
>
> Ergueste, doce Orfeu, co teu bom canto,
> Um sprito morto, a cujo som daqui
> S'alçou todo ar escuro, e só por ti
> Rompi d'alta tristeza o grosso manto.
>
> Foi remédio a meu mal meu desatino:
> Fugiu o juizo, deu lugar às dores,
> Que já me tinham junto ao reino escuro.
>
> Andou o sprito um tempo peregrino
> Buscando entre vãs sombras seus amores:
> Tu mo tornaste agora em bom seguro.[21]

No Soneto XIII (XIII), Ferreira, usando dos mesmos "consoantes" ou palavras da rima e atribuindo ao amigo as virtudes de Orfeu, diz do milagre operado nele pelas suas palavras mágicas.

Note-se, porém, que o recurso ao amante de Eurídice não é meramente para fins retóricos e decorativos: reconhece Ferreira que, assim como Orfeu desceu aos infernos para aí ir buscar a sua Eurídice, assim ele andou também em busca da amada: "Andou o sprito um tempo peregrino / Buscando entre vãs sombras seus amores."

Mas se ele, Ferreira, não pôde encontrar "entre vãs sombras seus amores", D. Simão da Silveira pôde, com seu "bom canto", arrancar da beira do sepulcro, de "junto ao reino escuro", "um sprito morto." O que quer dizer que o canto do novo Orfeu pôde operar o milagre da ressurreição, fazendo renascer Ferreira para uma nova vida.

Num dos estudos mais completos e mais profundos sobre a omnipresença da mitologia através dos tempos, Joseph Campbell demonstra, com inúmeros exemplos, a fecundidade do mito nas mãos de artistas dotados de espírito verdadeiramente criativo. Ora, ao nos debruçarmos sobre a estrutura dos sonetos que António Ferreira dedicou à morte da sua primeira esposa—Maria Pimentel—, notamos que ele se serve do mito de Orfeu para veicular uma realidade diferente da documentada nos poemas greco-romanos. Na verdade, enquanto o Orfeu desses mitos desceu aos infernos para libertar a sua Eurídice da posse dos espíritos infernais, Ferreira, respondendo ao soneto do amigo, pelos mesmos consoantes, diz-nos que Orfeu—neste caso D. Simão da Silveira—, em vez de descer aos infernos para daí arrancar uma mulher, aí desce para arrancar um homem: o seu amigo e confrade António Ferreira. É o poeta a aplicar os princípios tratados por Joseph Campbell em *Creative Mythology*. É o poeta a usar da sua liberdade criativa para transformar um mito noutro, para adaptar os fundamentos universais inerentes ao mito a um caso da sua vida particular.

Convém esclarecer que os lugares escuros por onde Orfeu andou buscando desesperadamente a sua Eurídice morta não deverão associar-se necessariamente ao inferno cristão, mas antes aos "Montes Elísios" onde Eneias desceu para aí se encontrar com seu pai e com os entes queridos que o tinham precedido na morte.

Para concluir, diremos que Ferreira, sinceramente movido pelo profundo amor que o unira, em vida, à sua primeira esposa, Maria Pimentel, resolve celebrar a sua memória, cantando as suas excelsas virtudes, chorando a sua morte prematura e dizendo da ansiedade com que aguarda o momento de se unir a ela no paraíso. E, numa sequência de treze sonetos—doze seus e um do amigo D. Simão da Silveira—, invoca as ninfas do rio que banha a terra natal da esposa (Soneto I—I), recorda os últimos momentos de vida dela (Soneto IX—II), confidencia ao Amor as mágoas e as saudades da esposa morta (Soneto IV—III), faz um epitáfio e um valedictório em honra dela (Soneto XI—IV), queixa-se do abandono em que a esposa o lançou (Soneto II—V), vitupera a Morte por lhe ter arrebatado o amor que o sustentava na vida (Soneto VIII—VI), fala da sua vida de peregrino a caminho do Céu (Soneto V—VII), fala das alegrias do passado e das tristezas do presente (Soneto VII—VIII), jura amor eterno à amada no paraíso (Soneto VI—IX), suspira pela partida para junto dela (Soneto III—X), lamenta não ter quem o ajude a sair da prisão que o separa dela (Soneto X—XI). E é nesse momento de desânimo e quase desespero que o poeta é exortado por um amigo a abandonar a tristeza e o luto e a entregar-se aos encantos de um novo amor (Soneto XII—XII).

E perante esse convite, o poeta decide responder afirmativamente, dizendo não à morte e sim à vida (Soneto XIII—XIII).

Notas

1. *História da literatura portuguesa—II Renascença* (Porto: Livraria Chardron..., 1914), p. 336.
2. António Ferreira, *Poemas lusitanos*. Com prefácio e notas do Prof. Marques Braga. Vol. I (Lisboa: Livraria Sá da Costa, 1957), p. 63.
3. António Ferreira, *Études sur sa vie et son oeuvre (1528–1569)* (Paris: Fundação Calouste Gulbenkian—Centro Cultural Porguguês, 1970), p. 121.
4. Teófilo Braga, *Ib.*, pp. 336–37.
    O texto da dedicatória ao "Principe D. Philippe nosso senhor" continua assim: "e sem se entender a causa, que o impedisse, não houve efeito. Agora que com a idade foi crescendo a razão, conheço qual era e quanto devo à boa estrela que o detinha vir a luz, esperando chegasse a de V.A. com seu amparo e favor." Apud *Poemas Lusitanos* do Doutor António Ferreira. Dedicados por seu filho Miguel Leite Ferreira ao Principe D. Philippe nosso senhor. Em Lisboa. Impresso Por Pedro Crasbeeck. M.D.VCVIII. Com privilegio. A custa de Estevão Lopez Livreiro.
5. Id., Ib., p. 337.
6. *Copilaçam de todalas obras de Gil Vicente*. Vols. I e II. Introdução e normalização do texto de Maria Leonor Carvalhão Buescu. (Lisboa: Imprensa Nacional–Casa da Moeda, 1983), p. xvii.
7. É com estes sonetos que abre o "Livro II" dos Sonetos, segundo a divisão adoptada na edição de 1598.
    Como é sabido, o responsável por essa edição distribuiu a obra de Ferreira por livros, de acordo com os vários géneros poéticos cultivados por ele.
    Perante o número relativamente elevado de sonetos, Miguel Ferreira dividiu-os em dois livros, contendo o primeiro 58 sonetos e o segundo 44.
    Não vem agora ao caso repetir o que Adrien Roig escreveu sobre o cânone da lírica do autor da *Castro* na obra citada (pp. 17–55).
8. Os sonetos são transcritos da primeira edição, que é de 1598. Encontram-se entre os fls. 16r e 18r. O exemplar consultado foi o da Biblioteca Nacional de Lisboa.
    Actualiza-se a ortografia e a pontuação, sem de forma alguma ferir a prosódia original.
    O primeiro número romano indica a numeração do original e o segundo indica a numeração proposta por nós.
9. A título de exemplo do que poderia ser dito quanto a outras passagens da série de sonetos, como a referência ao rio Almonda para indicar a terra natal da esposa, esclarece-se que estamos perante um lugar comum ou *topos*, adoptado, em circunstâncias idênticas, por todos os poetas clássicos, desde Teócrito a Sannazaro ou Bernardes, desde Virgílio a Garcilaso ou Camões.
10. Apud Adrien Roig, *António Ferreira—Études sur sa vie et son oeuvre (1528–1569)* (Paris: Fundação Calouste Gulbenkian–Centro Cultural Português, 1970), p. 110.
    Para mais dados sobre a família Pimentel, poderá consultar-se também Sarmento Pimentel, *Memórias do Capitão* (Porto: Editorial Inova, 1974), pp. 51–57.
11. Não seria de estranhar que o termo "pronta" do primeiro verso fosse o resultado de uma gralha tipográfica. É que o termo "posta" talvez fosse mais apropriado.
12. Repare-se que a imagem da prisão, veiculada pelos verbos atar e soltar, vai reaparecer no Soneto III, por meio do termo "cadeia."

Faz-se esta observação para dizer da natureza reiterativa, reduplicativa, do discurso poético.

13. Não nos esqueçamos que não é preciso fazer uma leitura deste soneto *a lo divino*, como se tornou de moda por fins do século XVI, por causa da Inquisição e da Contra-Reforam, para sugerir esta interpretação. Basta saber que, de acordo com Leão Hebreu, ao lado da Vénus terrestre, símbolo do amor profano, temos também a Vénus celeste, símbolo do amor divino.

14. O original tem *mal* em vez de *meu*. Gralha tipográfica, naturalmente.

15. Este *caveat* do poeta encontra a sua explicação na associação do fogo, por vezes, com o amor erótico.

Mas não podemos deixar de notar o carácter de exemplaridade deste amor "honesto e santo", em virtude da sua raridade, segundo o poeta.

16. Não nos esqueçamos que, de acordo com o dogma da comunhão dos santos, que se professa no Credo, qualquer alma que se encontre no paraíso pode merecer de Deus graça e favores sobrenaturais em benefício daqueles que lhe são caros neste mundo.

17. Esta é mais um referência indirecta à vida como luta, de que já se falou anteriormente.

18. O original tem *estendam* em vez de *estendem*.

19. A primeira edição tem *ma* em vez de *me*.

20. A esposa como "Sol" já fora introduzida no Soneto IV.

21. O original tem de facto *bom*. Tendo, porém, em conta a existência de outras gralhas tipográficas, inclusive na sequência dos treze sonetos que estamos a comentar, talvez se possa tomar a liberdade de substituir o *bom* por *bem*, uma vez que parece mais lógico.

"Ao vento estou palavras espalhando":
La *Égloga dos Faunos* de Camões

José Miguel Martínez Torrejón
Columbia University

La égloga VII, o *Égloga dos Faunos*, ha sido considerada como la mejor de las ocho que con certeza escribió Camões, a pesar de lo cual ha recibido muy escasa atención por parte de lectores y críticos.[1] Ello no sorprende en el marco de la lírica renacentista europea, donde modernamente la poesía bucólica pasa con frecuencia desapercibida o es considerada como secundaria en el conjunto de la obra de su autor: con la excepción clara de Garcilaso, raramente una égloga ha logrado la consideración de obra clásica. La crítica se ha hecho cargo del problema y en ocasiones lo ha abordado como propio del género y no de quien lo cultiva. Al enfrentarnos a las églogas de un poeta de la talla de Camões, nos interesa forzosamente este punto de vista, que es el que lleva a S. Heninger y Darío Fernández-Morera a creer que el fracaso del género viene dado por la situación transitoria en que se encuentra el poeta renacentista, quien se da cuenta de su anquilosamiento y se pone a renovarlo de varios modos. Las églogas de ambiente piscatorio de Sannazaro, o las de Pontano que cantan el amor matrimonial y feliz son otros tantos intentos de renovación por la vía temática.[2] Aún sin aceptar *a priori* este presupuesto, quizá la bucólica de Camões, dada su variedad temática y estructural sea capaz de ponerlo a prueba, contribuyendo así a diagnosticar los males del género.

El presente trabajo no puede marcarse un objetivo tan ambicioso, pero el estudio de la égloga VII puede ser un óptimo comienzo. En ella se narra cómo en el monte Parnaso el baño de ocho ninfas es sorprendido por dos sátiros previamente enamorados de dos de ellas. Todas huyen inmediatamente, mientras los semidioses les dirigen sendos discursos, exhortándolas a no rehuir su amor. Este sencillo argumento procede del poema *Salices* de Jacobo Sannazaro, si bien con notables diferencias, siendo la principal que en el poema latino las ninfas se detienen y bailan ante los sátiros, quienes aprovechan para intentar violarlas. Ellas piden ayuda y son entonces transformadas en sauces.[3] Al imitar a Sannazaro, Camões está participando de la renovación de la pastoral a un nivel bastante atrevido, no ya por la presencia de sátiros en vez de pastores, o por las necesarias diferencias estructurales entre un poema mitológico y una égloga, sino por el argumento mismo de *Salices*, que con su intriga, violencia y solución sobrenatural, es intrínsecamente contrario a lo bucólico.[4] Camões lo adapta, suprimiendo el baile, la ofensa y la metamorfosis final como inapropiados excesos de actividad, pero mantiene el descubrimiento, el acecho, la fuga y los discursos exhortatorios, que sustituyen a la simple queja. Todas estas acciones apartan la *Égloga dos Faunos* del universo bucólico más convencional, donde, suspendidos el tiempo y el espacio, "el acontecer 'biográfico' aparece siempre distanciado, evocado en el canto, pero nunca directamente vivido."[5]

Se nos plantea así una situación que puede considerarse como típica del poeta renacentista empeñado en renovar la pastoral: su habilidad retórica se va a poner a prueba al tener que distribuir materiales nuevos (la actividad, la invitación a la actividad), en el viejo esquema formal de la égloga, que no había sido diseñado para tales contenidos: el canto (en este caso amebeo) consagrado por Virgilio. Este esquema es lo más visiblemente bucólico, pero también lo más superficial, y puede hacer que se olvide el estatismo, la inactividad, el vivir ocioso y contemplativo que permite la introspección lírica. Camões saldrá airoso de la dificultad, que puede verse como un problema a la vez de *inventio* y de *dispositio*. Con estas disciplinas como guía lo leeremos en busca de unidad temática y estructural.[6]

La égloga se estructura de forma binaria, en torno a los dos discursos independientes de los sátiros. Esta disposición es la más simplificada de las posibilidades del canto amebeo propio de la pastoral: los interlocutores cantan alternativamente sus quejas amorosas de forma más yuxtapuesta que auténticamente dialogada. Al usar de este esquema introduce Camões una importante modificación con respecto de su modelo, pues los sátiros de *Salices*, hablando con una sola voz, emiten apenas dos peticiones brevísimas (39-56). Camões hace de estos parlamentos la parte principal de la égloga, sirviendo el resto de soporte o marco.[7] Por otra parte, y como ya advertimos, sus sátiros no se limitan a cantar penas de amor, sino que contienen una exhortación al mismo. Ello tiene una importancia también retórica, pues hará que en sus palabras se pueda reconocer la disposición del discurso clásico de tipo suasorio o deliberativo.[8]

Prólogo-dedicatoria

El exordio al conjunto (1-36) está construido a partir de una tópica extremadamente cuidada[9], y se divide en dos partes. En los vv. 1-6 el poeta adelanta brevemente el contenido y llama la atención sobre lo extraordinario de la materia y propósito de su égloga (*rerum magnitudo*, Lausberg #270), consistente en reproducir el canto de dos sátiros enamorados para probar que, pues también los dioses sufren de amor, con mayor razón sufrirán los humanos. Con ello apela además al interés del público lector, a quien quiere ver identificado con los protagonistas (*tua res agitur*, Lausberg #271). Tópicos del exordio pastoril son la ambientación rústica, la declaración de que se reproducen unas "doces cantinelas" (a pesar de que estos sátiros gritan y no cantan) y, por encima de todos, el sufrimiento de los protagonistas, tema que sirve como elemento unificador de ésta y tantas églogas. Sigue un prólogo-dedicatoria (7-36) dirigido a un "Dom António", cuyo primer lugar común es la atribución al destinatario de las gracias de Marte y Apolo (7-9), es decir, la excelencia en las armas y en las letras. También es tópica la consideración de que lo ilustre del destinatario eleva la calidad de la poesía y la proteje, así como al autor, de todo ataque. Finalmente, la loa de la estirpe del mecenas, levemente escondida, como es frecuente en las dedicatorias, bajo una *praeteritio*: para alabar la estirpe de D. António de Noronha, Camões se limita a declararse imposibilitado para la tarea, pues el tema es tan alto que el mismo Apolo *"me tira / de louvar vossa estirpe"* (19-20), y sólo al dios, en efecto, corresponde esta tarea, que cumplirá siempre.[10]

Como expresión de ese tiempo permanente que durará el canto de Apolo, el poeta recurre a tres imágenes: mientras Progne (la golondrina) chille junto a Filomela (el ruiseñor), mientras Galatea, arquetípica pastora, sea bella, y Títiro, arquetípico pastor, le cante, y mientras los campos florezcan, el joven D. António será famoso en todo el mundo, gracias al valor de la poesía.[11] La manipulación que Camões hace del material heredado se empieza a manifestar en estas tres circunstancias, que aunque signifiquen "lo que sucederá siempre", no pertenecen a la tópica de la fama, sino al mundo mitológico y pastoril, y funcionan por ello como preludio a la inmediata inmersión en una naturaleza mítica.

Marco descriptivo y narrativo

Prosigue la égloga con una descripción del monte Parnaso (37-66), presentado como reducto de la Naturaleza agreste e intacta, sin fieras ni pastores. La *inventio* recurre abundantemente a la tópica correspondiente, sin olvidar la suspensión del tiempo y el espacio, expresada en la circunstancia de que el escenario elegido no es accesible a los mortales ni es afectado por las estaciones. Característica de esta égloga es el dinamismo con que la Naturaleza es descrita: se escucha el movimiento del agua, el ruido que produce en las rocas, el del viento en los árboles y el canto de los pájaros, así como se buscan analogías entre ciertas plantas y dioses o mortales:

> o roxo lírio a par da branca rosa,
> a cecém branca e a flor que dos amantes
> a cor tem magoada e saüdosa;

> ali se vêm os mirtos circunstantes
> que a cristalina Vénus encobriram
> da companha dos Faunos petulantes. (55-60)

Esta particularidad tiene una razón de ser estructural, pues liga el marco al discurso del segundo sátiro, donde todos los elementos que integran el paisaje se revelarán como hombres y mujeres metamorfoseados. Se les atribuye ahora algo de su vitalidad originaria. Seguidamente, en la parte narrativa del marco (67-141), asistimos a la irrupción sucesiva de las ninfas, que van a bañarse en la fuente, y los sátiros, que se esconden para contemplarlas. El descubrimiento, la rápida fuga de aquéllas, la difícil persecución y el abandono de la misma en pro de la palabra (142-66), son todos elementos argumentales procedentes de Sannazaro entretejidos con conocidísimos tópicos pastoriles. Entre estos nos interesa que los ríos reciben las lágrimas de los sátiros (132) y detienen su curso para oír sus quejas, mientras que los montes se hacen eco de sus lamentos:

> não lhe ficava monte, vale ou prado,
> nem árvore, por onde quer que andavam,
> que não soubesse deles seu cuidado.
> Quantas vezes os rios que passavam
> detiveram seu curso, ouvindo os danos
> que até os duros montes magoavam! (115-20)

Las ninfas se limitan a admirar la hermosura de la naturaleza, pero los sátiros, desde este primer momento y ya hasta el mismo final de la égloga, la hacen participar de su dolor.

Primer sátiro

El discurso del primer sátiro (167-270) se abre con un breve exordio que no sólo contiene un adelanto de la materia, sino que se encuentra mezclado con exclamaciones e imprecaciones que desde un punto de vista retórico cumplen la función de suscitar el *pathos* (Lausberg, #257). Se anuncian en esta primera estancia los temas que se desarrollarán seguidamente: el carácter antinatural de las ninfas y el peligro que las acecha si siguen huyendo. El recuerdo de dos congéneres que murieron en una huida semejante (Eurídice y Eperie) se corona con una advertencia y posible amenaza: "*Olhai que toda a Ninfa na erva verde / que a condição não perde perde a vida*" (178-79). Esta advertencia es bisémica y bifuncional: perder la condición puede referirse a la metamorfosis que numerosos seres mitológicos (como Mirra, Eco, Adonis, Cipariso) sufrieron como alternativa a la muerte que les amenazaba; las ninfas están en peligro de perder su naturaleza de tales para adquirir la de planta o fuente. Ahora bien, perder la condición puede significar abandonar su actitud arisca, entregarse a los sátiros, en cuyo caso la alternativa de perder la vida puede ser sinónimo de la metamorfosis que sufrieron tantas doncellas en situación análoga a la de nuestras ninfas fugitivas (Dafne, Siringa, etc.). A cualquiera de estos significados corresponde la función estructural de conectar los discursos de ambos sátiros, pues el del segundo nos va a dar abundantes ejemplos de ambos tipos de metamorfosis. La primera lectura es apoyada por la cercanía de Eurídice y Eperie, mientras que la segunda lo es por la coherencia suasoria del discurso: la posibilidad de una transformación mortal es muy convincente como alternativa a no seguir las demandas del orador. Esta lectura, que otorga una funcionalidad adicional a la advertencia, será apoyada por el discurso del segundo sátiro.[12]

La argumentación (XVIII–XXIII, 180–230)[13] se divide en dos partes, de tres estancias cada una, que se pueden leer independientemente. En la primera lamenta el sátiro la oposición que hay entre la belleza externa de las ninfas y su fiereza interna. Se trata de un desarrollo más del tema tópico universl de la oposición entre lo aparente y lo real. Camões lo soluciona en la tercera de estas estancias, haciendo que las dos posibilidades sean reales:

> E vós, ó gentes feras, cujo aspeito
> o mundo tem sujeito,
> tendes de natureza juntamente
> a vista e voz de gente, e fero o peito. (215–18)

Las ninfas, concluye el sátiro, son de natural contradictorio consigo mismas.[14] Este giro final a tan trillado lugar común es de clara raigambre petrarquesca, pero tiene también motivación retórica, pues funciona como nexo entre las dos partes del discurso de este primer sátiro: la contradicción interna que viven las ninfas implicará su falta de conformidad con cuanto las rodea (la Naturaleza), tema desarrollado en la segunda mitad del discurso.[15]

En las siguientes tres estancias (XXI–XXIII, 219–57), el sátiro, en efecto, desvía la atención de las ninfas y su naturaleza para centrarla en la del amor que ellas rehuyen. Encontramos una nueva división tripartita: en la primera estancia (XXI, 219–31) se reitera a las ninfas la necesidad de sujetarse a las leyes del amor, pues son impuestas por la naturaleza (exordio):

> Como não vos correis
> que haja em vós tão duras condições
> que possam mais que a próvida Natura? (222–24)

En la segunda (XXII, 231–44) se expone, sin defenderlo y sin aludir al comportamiento de las ninfas, el concepto platónico del amor como fuerza que genera, conserva y regula el mundo (narratio),[16] y en la tercera (XXIII, 245–57), se defiende este concepto con exempla extraídos de la observación de las plantas, animales y dioses olímpicos: todo está o ha estado sujeto al amor (probatio):

>   Entre as ervas dos prados
>   não há machos e fêmeas conhecidas, etc. (245-46)

Una última estancia (XXIV, 258-70) sirve de *peroratio* general a ambas partes del primer discurso: se recapitula el tema del amor universal y el del comportamiento antinatural y fiero de las ninfas:

>   Ah, peitos de diamante fabricados,
>   e das leis absolutas naturais!
>   Aquele amor suave,
>   aquele poder alto que, forçados,
>   os deuses obedecem, desprezais? (259-63)

Termina el sátiro con un mal augurio: mientras que en el exordio declaraba ambiguamente que si las ninfas no perdían la condición perderían la vida, ahora recurre al lugar común tan extendido en lo pastoril de desearles que un día sufran por amor las penas que hoy provocan, que se enamoren y lloren *"por quem tenha outro amor no pensamento"* (270).[17]

Volvemos entonces durante una estancia (XXV, 271-83) al marco narrativo, donde se justifica la falta de *peroratio* y se establece un eslabón con el segundo discurso: el sátiro fue interrumpido por su compañero, que dijo todo *"aquilo que a rudeza / e a ciência agreste lhe ensinara"* (277-78). La interrupción es también propia de la poética no escrita de la égloga, así como el apóstrofe del poeta a elementos del paisaje para que le ayuden a consignar lo cantado seguidamente:

>   O mais que ali foi dito,
>   vós, montes, o diréis; o vós, penedos;
>   que em vossos arvoredos anda escrito. (281-83)

Sobre insistir en la identificación sentimental de sátiros y naturaleza, la alusión al eco (penedos) y a los escritos de los árboles conecta esta estrofa puente con la descripción inicial y con el epílogo.

Segundo sátiro

El discurso del segundo sátiro (284-531), mucho más largo que el del primero (más del doble), presenta con éste más concomitancias de las obvias. El exordio, constituido por la primera octava (XXVI, 284-91), insiste en la apariencia engañosa de las ninfas, pues su rostro humano y bello oculta su condición ferina; falta aquí, sin embargo, la posibilidad de la doble naturaleza. En la brevísima *narratio* que sigue (292-99), se toma la segunda idea del primer discurso: la de que el amor domina el mundo. Ausente ahora el desarrollo teórico-filosófico, la *probatio* de esta idea es paralela a la del primer sátiro en el sentido de que también se apela al ejemplo de la naturaleza, pero esta vez la historia natural se ve a través del prisma mitológico: todos los elementos del paisaje que les rodea han amado alguna vez, pues en algún momento fueron personas enamoradas que perdieron su condición. Las ninfas deben seguir su ejemplo:

> Se vós fostes criadas na espessura,
> onde não houve cousa que se achasse,
> animal, erva verde, ou pedra dura,
> que em seu tempo passado não amasse,
> nem a quem a afeição suave e pura
> nessa presente forma não mudasse;
> porque não deixareis também memória
> de vós, em namorada e longa história? (292-99)

La afirmación central de esta *narratio* (*não houve cousa que* [. . .] *não amasse*) se va a probar mediante uno de los argumentos intrínsecos más comunes desde la *Retórica* de Aristóteles: la enumeración de las partes de ese todo, aquí representadas por una larguísima lista de treinta *exempla* de tipo poético, todos procedentes directamente de las *Metamorfosis* de Ovidio, en que seres humanos o semidioses sufrieron una transformación por causas relacionadas con el amor. Con ello se logra un exceso de erudición tal que llega a ser la nota distintiva de estas veinticinco octavas,[18] y que desde luego, contribuye a ahogar la tensión acumulada en las dos anteriores. Por otra parte, si atendemos al contenido de esta casuística, se observa inmediatamente que no todos los ejemplos lo son de seres que amaron cuando fueron personas. Esto causa sorpresa e insatisfacción, pero dependerá de cómo leamos el conjunto que lo entendamos como incoherencia o como muestra del designio camoniano de presentar una estructura más significativa que la simple *enumeratio*. Se pueden hacer, en efecto, otras dos lecturas. Si bien el caso de Anaxárete (324-25), transformada en mármol como castigo a su desamor, y no por su amor, es contradictorio desde la perspectiva de la *amplificatio*, es en cambio válido si atendemos sólo al mensaje suasorio del sátiro, por su clara ejemplaridad negativa. Conecta además con el discurso del primer sátiro en lo que tiene de amenaza.

En un segundo grupo, el más numeroso, la transformación se ejerce sobre alguien que amó de la muerte, y generalmente le confiere cierta inmortalidad, si bien no siempre como premio a su abnegación amorosa: Acis, Egeria, Biblis, Eco, Píramo y Tisbe, Mirra, Filis, Jacinto, Adonis, Clície, Nictimene, Cila, Esaco, Ceis y Alcínoe, Io, Calisto y Cipariso. Estos casos son válidos desde ambas lecturas, pues además de constituir el corazón de la casuística de amantes metamorfoseados, mantienen la coherencia suasoria: junto con los castigos recibidos por quien no sigue los consejos del orador (Anaxárete), se recuerda el premio recibido por quienes sí lo hacen.

Un tercer grupo, en contrapartida, incluye aquellos para quienes la transformación fue un castigo sufrido por haber amado en exceso, o a quien no debían, o en mal momento: Letea y Oleno, Atalanta e

Hipomenes, Dafnis, Atis, Pico y Acteón. Son los ejemplos en que con más claridad la transformación se debió al amor, aunque a todas luces rompen o hacen peligrar la coherencia suasoria: cuando se quiere convencer a las ninfas de que se entreguen no es el momento de recordarles que el amor puede ser causa de su perdición.

Un cuarto y último grupo presenta mucho más interés. Se trata de mujeres o ninfas cuya transformación se debe precisamente a su falta de amor, las libera de brazos no deseados que las persiguen, y por ello se considera generalmente como un favor de los dioses. Así escapan Aretusa, Dafne, Loto, Siringa, Coronis y Filomela, que no pueden contarse entre los seres que en otro tiempo amaron. Ahora bien, las ninfas de esta égloga, sometidas a la persecución de los faunos, se encuentran en una situación en todo similar, por lo que es contraproducente en un discurso con el designio de éste recordarles que existe la posibilidad de una metamorfosis liberadora. El despropósito puede dejar de serlo a la luz de la fuente directa de Camões, el *Salices*, donde ya vimos cómo las ninfas son transformadas en sauces. Sannazaro, distinguiéndose en esto de relatos semejantes de las *Metamorfosis* de Ovidio, culmina su poema poniendo un inusitado énfasis en la muerte de las ninfas, insistiendo en la frialdad y dureza de los sauces:

> Et jam vitalis nusquam calor: ipsaque cedunt
> Viscera paullatim venienti frigida ligno.
> Sed quamvis totos duratae corporis artus,
> Caudicibusque latus, virgultisque undique septae,
> Ac penitus Salices; sensus tamen unicus illis,
> Silvicolas vitare deos; et margine ripae
> Haerentes, medio procumbere fluminis alveo. (107–13)

Las ninfas de Sannazaro pierden efectivamente la vida, la transformación no les otorga la inmortalidad. El leve movimiento que conservan en sus ramas es para recordar siempre su conducta arisca, antinatural, hacia los dioses de los montes. Su metamorfosis es así tanto como salvación, castigo.[19] La influencia de Sannazaro, más intensa que el mero argumento, se ejerce incluso desde los pasajes que Camões no ha adoptado, y nos hace ver la coherencia suasoria del segundo sátiro: las Dafnes y Siringas pueden ser vistas como castigadas por su falta de conformidad con la naturaleza.[20]

Aún hay una tercera lectura de este discurso, que no excluye las dos anteriores: si en éstas era fundamental el significado de cada mito evocado para determinar el grado de cohesión entre ellos, mientras que no tenía ninguna relevancia el orden en que se sucedían, podemos ahora ver el conjunto como estructurado principalmente en torno a la secuencia de la casuística. En efecto, al margen de las causas que determinaron las metamorfosis y de su lección final, ya Faria e Sousa advirtió que en primer lugar se incluyen los seres transformados en agua (Aretusa, Acis, Egeria, Biblis), siguen los que lo fueron en rocas (Letea y Oleno, Anaxarete, Eco, Dafnis), plantas (Píramo y Tisbe, Mirra, Dafne, Cipariso, Atis, Loto, Siringa, Filis), flores (Jacinto, Adonis, Clicie), pájaros (Filomela, Progne y Tereo, Coronis, Cila, Pico, Ceix y Alcinoe) y, por último, animales terrestres (Atalanta e Hipomenes, Io, Calisto, Acteón). Desde un punto de vista retórico, la secuencia se justifica por la práctica típicamente medieval de hacer coincidir cualquier catálogo o enumeración con una taxonomía preestablecida. En este caso, se trata de la tradicional metáfora de la cadena del ser: unos cuantos ejemplos de cada reino de la naturaleza se muestran como encadenados mediante una serie de analogías y acaban por constituirse en imagen de toda la creación. Ese significado, no lo olvidemos, depende estrechamente del orden dado a la serie de casos: el rigor de la *dispositio* se impone a la *inventio* y oculta o minimiza su inconsistencia. Si vistas sus partes separadamente la casuística es insatisfactoria, el conjunto supera esa dificultad al significar el universo todo, la naturaleza cuyo ejemplo amoroso desatienden las ninfas.[21]

Para evitar el efecto negativo que tanta erudición pueda tener sobre el objeto del discurso, que puede quedar diluido u olvidado, éste viene salpicado de alocuciones a las ninfas (*"Olhai..., vede..., virai os olhos..., tomai exemplo"*) que pueden hacer referencia a la construcción de la cadena del ser (*"Já vos disse... / as cousas insensíveis... Vede as sensíveis..."*) y al carácter suasorio y no meramente narrativo de estos *exempla*:

> Vede, Napeias, este caso horrendo,
> que vos está de longe ameaçando. (384-85)

En cierto momento se interrumpe durante toda una octava (XLII) y, en un adelanto de la *peroratio*, el sátiro recapitula las ideas que ha expuesto y recuerda su propósito:

> Trago-vos estas cousas à lembrança,
> por que se estranhe mais vossa crueza
> com ver que a criação e longa usança
> vos não perverte e muda a natureza.
> Dou estas lágrimas minhas em fiança
> que em tudo quanto está na redondeza
> cousa há de Amor isenta, se atentais,
> enquanto a vós não virdes, não vejais. (412-19)

El último mito recogido es el de Acteón, al que se dedica la inusitada cantidad de 36 versos (4870-99).[22] La analogía de situaciones prepara la vuelta al olvidado caso de los sátiros: Acteón contempló accidentalmente el baño de Diana y sus ninfas, y fue por ello convertido en ciervo. Irreconocible, fue devorado por sus propios perros mientras sus compañeros lo llamaban a gritos animándolo a su propia caza. Camões carga las tintas sobre el patetismo de la escena, que será así apropiada transición hacia el dolor expresado por el sátiro en su próxima *peroratio*, y añade un colofón al relato de Ovidio: los gritos de los compañeros

(*"Acteon, aonde estás? Acude asinha! / Que tardar tanto é este!"*) tienen como respuesta la verdad que ignoran y que nadie atiende, gritada por el eco: *"É este, é este"*. Estas palabras finales, sobre alinearse con las otras tres apariciones del eco en el marco narrativo de la égloga, enlazan, por cuanto resuenan en el vacío, con las primeras de la auténtica *peroratio* del segundo sátiro (LIII–LVI, 500–31), quien recapitula lo más superficial de sus argumentos, y sobre todo abandona su objetivo al reconocer la inutilidad de los mismos ante la dureza de las ninfas:

> Quantas cousas em vão estou falando,
> ó esquivas Napeias, sem que veja
> o peito de diamante um pouco brando
> de quem meu dano tanto só deseja! (500–03)

Se reconoce sin destinatario y a partir de entonces su discurso suasorio se diluye explícitamente en la más acostumbrada queja bucólica. El sátiro, poeta lírico y ya no orador, grita ante el vacío:

> Mas com quem falo, ou que estou gritando,
> pois não há nos penedos sentimento?
> Ao vento estou palavras espalhando;
> a quem as digo, corre mais que o vento. (524–27)

Abandonadas ambas persecuciones (la de los pies y la de la retórica), perdida toda esperanza de interacción, sólo queda la más desesperada inactividad pastoril; el dolor sólo halla consuelo en el canto, y remedio en la muerte:

> A voz e a vida a dor me estão tirando,
> e não me tira o tempo o pensamento.
> Direi, enfim, as duras esquivanças,
> que só na morte tenho as esperanças. (528–31)

Epílogo

Restablecido de este modo el tono pastoral más genuino, el poeta recupera la voz para cerrar con otra octava el marco narrativo y el poema entero. Varios tópicos bucólicos muy trillados le sirven para construir un broche que engarza todas las otras partes: el sátiro termina de hablar *"com saluços que a alma lhe arrancavam"* (533); el eco de su voz se atribuye a la conmoción que sufren los montes:

> E os montes insensíveis, que abalou,
> nas últimas respostas o ajudavam (534–35),

en correspondencia con las otras apariciones del eco en el marco (vv. 120 y 282). En los tres casos representa la soledad del amante, la esterilidad de su palabra y su comunidad con la Naturaleza.

Por último, la convención exige que se haga de noche: se pone el sol, sale la luna. Camões utiliza las muy comunes representaciones mitológicas de estos astros como Febo y Diana. Lo hace no sólo por dar color pagano a su égloga, sino también porque en ambos casos se les puede atribuir el pastoreo. Así, Febo se pone *"cos animais que o mundo alumiavam"*, es decir, los caballos del carro del sol,[23] y Diana es simplemente aludida como *"a celeste pastora"*, a partir de una metaforización de las estrellas en ganado. Sabor pagano, color pastoril. Pero esta aparición tópica del sol y la luna adquiere nuevo significado para cumplir una importante misión estructural: Febo o Apolo es conocido también por sus amoríos fracasados, entre los cuales destaca la persecución fallida de Dafne, paralela en todo a la que los sátiros acaban de abandonar. Diana, por su parte, como diosa de la castidad, es patrona de las doncellas huidizas, y su cohorte habitual se compone precisamente de ninfas napeas como las que huyen ante nuestros sátiros. De nuevo hay que recordar el parecido argumental de *Salices* y la *Égloga dos Faunos* con el mito de Acteón. La virginidad triunfante de Diana se impone así en el epílogo al fracasado perseguidor que es Febo: en el cielo se refleja cómo, pese a toda su retórica y sus augurios, los sátiros son derrotados por las ninfas. Y los montes, al repetir el inútil por no atendido lamento, recuerdan que también ha sido derrotada la Naturaleza.

* * *

En esta *peroratio* del segundo sátiro y en el epílogo, Camões se deshace de las complejidades de la retórica suasoria y del experimento renovador en pro de la "artística simplicidad" de la bucólica. Recupera de este modo lo mejor de su voz lírica y escribe los versos más memorables de la égloga. Sin embargo, tras entrever apenas algunas de las sutilezas que escapan a una lectura moderna y superficial, nos encontramos con que todo el poema constituye una muy cuidada fábrica cuya armonía de líneas se basa ante todo en una estricta uniformidad temática: el carácter cósmico del amor, lo perverso de la castidad, la tristeza de que ésta derrote a aquél, la impotencia de la palabra. Estos temas y las imágenes que los expresan, al reiterarse en detalle en cada parte de la égloga (exordio, marco, ambos discursos y epílogo), establecen entre ellos una densa red de nexos: el intenso juego de autorreferencias que define la mejor poesía lírica.

Nada sorprendente en este gran poeta, pero hay que destacar que esta égloga es un experimento abocado, por atrevido, al fracaso. Cultivar un género tan saturado de lugares comunes es ya una prueba difícil de la que Camões sale airoso haciendo un uso original de los tópicos más manidos. Con ellos recrea el universo ensimismado de la bucólica de Virgilio y Garcilaso, para insertar en él la actividad tumultuosa ofrecida por Sannazaro. La transición entre ambos mundos se suaviza mediante un cuidado sistema de nexos que hacen siempre referencia a los temas más propiamente bucólicos. De este modo, el argumento de *Salices* se convierte en accesorio: la difícil persecución física y la angustiosa demanda verbal funcionan al mismo nivel, acumulando *pathos* sobre las cinco octavas finales.

Vistas así las cosas, parece que estamos apenas ante un problema de método crítico y de recepción. La *Égloga dos Faunos* (y nos atrevemos a pensar que toda la bucólica de Camões) merece más atención de la que ha recibido. Pero las ninfas ni siquiera se detuvieron.

Bibliografía citada

Avalle-Arce, Juan Bautista. *La novela pastoril española*, Madrid: Taurus, 1974.

Azar, Inés. *Discurso retórico y mundo pastoral en la "Egloga segunda" de Garcilaso*. Amsterdam: John Benjamins, 1981.

Camões, Luís de. *Lírica completa*, ed. Ma. de Lurdes Saraiva. Lisboa: Imprensa Nacional–Casa da Moeda, 1980, 3 vols.

Cidade, Hernani. *Luís de Camões. O lírico*. Lisboa: Presença, 1952. Reimp., 1984.

Curtius, Robert E. *Literatura europea y Edad Media latina*, trad. Margit Frenk y A. Alatorre (México: Fondo de Cultura Económica, 1944; 1a. ed. en alemán, 1948).

Egido, Aurora. "Sin poética hay poetas. Sobre la teoría de la égloga en el Siglo de Oro", *Criticón*, 30 (1985), 43–77.

Faria e Sousa, Manuel de, ed. *Rimas várias de Luis de Camoens* [sic], *príncipe de los poetas heroycos y lyricos de España, Comentadas por . . .* 5 vols. (Lisboa: Theotonio Damaso de Mello, 1685–89), ed. fac., Lisboa: Imprensa Nacional–Casa da Moeda, 1972.

Fernández-Morera, Darío. *The Lyre and the Oaten Flute: Garcilaso and the Pastoral*. London: Tamesis Books, 1982.

Glaser, Edward. "La crítica de las églogas de Garcilaso hecha por Manuel de Faria e Sousa, a la luz de su teoría de la pastoral." en *Estudios hispano-portugueses*, Valencia: Castalia, 1957, pp. 3–57.

Graves, Robert. *The Greek Myths* (London: Penguin, 1980).

Hacthoun, Augusto. "Análisis retórico y clasificación del exordio en las églogas de Camoens", 93–106 en *Camoniana Californiana*, eds. Ma. de Lourdes Belchior e E. Martínez-López (Santa Barbara: Jorge de Sena Center for Portuguese Studies, 1985).

Hart, Thomas. "The Literary Criticism of Manuel de Faria e Sousa," *Kentucky Romance Quarterly*, XXI (1974), 31–41.

_____. "Camões *Égloga dos Faunos*", *Bulletin of Hispanic Studies*, VIII (1976), 225–231.

Heninger, S.K. "The Renaissance Perversion of Pastoral", *Journal of the History of Ideas*, XXII (1961), 254–61.

Kennedy, William J. *Jacopo Sannazaro and the Uses of Pastoral*. Hanover and London: University Press of New England, 1983.

Lausberg, Heinrich. *Elementos de retórica literaria*, trad. Mariano Marín Casero. Madrid: Gredos, 1975; (1ª ed. en alemán, 1966).

López Estrada, Francisco. *Los libros de pastores en la literatura española. La órbita previa*. Madrid: Gredos, 1974.

Ovidius Naso, Publius. *Metamorphoseon/Metamorphoses*. Trans. Frank J. Miller. London/New York: William Heinemann/Putnam, 1916. Loeb Classical Library.

Poggioli, Renato. "The Oaten Flute" (*Harvard Library Bulletin*, XI, 1957), in *The Oaten Flute. Essays on the Pastoral and the Pastoral Ideal*. Cambridge, MA: Harvard University Press, 1975.

Porqueras Mayo, Alberto. *El prólogo como género literario*. Madrid: CSIC, 1957.

Ramalho, Américo da Costa. "O mito de Atéon em Camões" em *Estudos Camonianos*. Coimbra: Universidade de Coimbra, 1975, 55–82.

Sannazaro, Jacopo. *Poemata*. Patavii, Josephus Cominus, 1731.

Notas

1. Hernani Cidade es quien con más frecuencia se refiere a ella, en su estudio de temas y fuentes (cs. III, IV y V). Pero se puede decir que la erudición con que el entusiasta Faria e Sousa guarnece su edición comentada de las *Rimas varias* de Camões (1685–89) sigue siendo, en lo que a las églogas se refiere, el comentario más ambicioso y valioso que se haya emprendido, aunque peca de excesivamente personal y entusiasmado, lo que hace difícil el compartir algunas de sus interpretaciones. Los críticos modernos, cada vez con más excepciones, tienden a no tomarlo en serio. Edward Glaser, se fija justamente en la teoría de la égloga expresada en el prólogo a la *Fuente de Aganipe o rimas varias* (Madrid, 1643) del mismo Faria e Sousa, a la cual nos referiremos más adelante. Maria de Lurdes Saraiva también le defiende como comentarista en su edición de la *Lírica completa* de Camões. Thomas Hart dedicó un artículo muy favorable a la crítica literaria de Faria e Sousa (1974) y es autor del único que conozco sobre la *Égloga dos Faunos*. Muy fino e informado, es un estudio temático en el contexto de la lírica camoniana y con abundantes referencias a la crítica pertinente. Augusto Hacthoun, en su análisis retórico de los exordios a todas las églogas de Camões, se refiere también a la que hoy nos ocupa. Citaré a Camões por la edición de Maria de Lurdes Saraiva. Las cifras romanas que aparecen ocasionalmente corresponden a la numeración por estrofas en la de Faria e Sousa.

2. La renovación temática es para Heninger el principal motivo de lo que llama "perversión de la pastoral". Por su parte, Fernández-Morera, que no se refiere a Camões, señala a Garcilaso como poeta excepcional en el desinterés sufrido por la pastoral renacentista, y añade que "most pastoral lyrics of the Renaissance suffer from thematic and stylistic monotony, and 'innovations' such as the piscatory eclogue, or the other more or less ingenious types, only show to what desperate extremes writers went in order to give them some variety." (17) Manuel de Faria e Sousa, en el prólogo a su *Fuente de Aganipe* habla del hastío que produce el convencionalismo y recomienda flexibilidad temática, refiriéndose justamente a Sannazaro y Camões como modelos de esta revitalización. Asimismo le parece oportuno substituir el estatismo por un "carácter dramático": "Tengo [. . .] por frialdad el introducir los interlocutores solamente a hablar o contar, sin otro acontecimiento que socave el poema" (24, *apud* Glaser, p.1 28).

3. Faria e Sousa señala detalladamente las diferencias y concluye: "En esto se apartó dél mi Maestro, pintando aquí unos Sátiros, que en nada ofendieron a sus Ninfas: porque el trabajo, que ellas tomaron, procedió del temor propio de ellas. En el baño las pudieran asaltar si, no las guardaran decoro: dábanse por contentos con el gusto de estarlas mirando desde parte oculta" (311). El comentarista atiende sólo a los aspectos morales del argumento, ignorando la importancia que pueda tener el cambio de género.

4. W. Kennedy señala el carácter cuasi épico de este poema (p. 90).

5. En palabras de Inés Azar, p. 1. Pese a la brevedad de la síntesis introductoria de este libro, son lúcidas y estimulantes sus observaciones sobre los conceptos de género

y estructura. Por otra parte, un estudio como el nuestro no puede detenerse en los entresijos de la rica bibliografía general sobre la pastoral, sino que forzosamente tiene que recurrir a abundantes generalizaciones e *idées reçues*. Me baso principalmente en Poggioli, Avalle-Arce, López Estrada y Aurora Egido.

6. La elocución funciona ciertamente como elemento unificador, y es prácticamente el único aspecto señalado por los tratadistas contemporáneos de la bucólica, pero que da fuera del alcance de este estudio.

7. Los modelos estructurales son dos de las más notables églogas que se hayan escrito: la VIII de Virgilio y la I de Garcilaso.

8. Discrepo del presupuesto de Augusto Hacthoun, quien considera que la estructura de toda la égloga corresponde a la del "discurso clásico": exordio, narración, argumentación—o diálogo—y peroración—o conclusión—. La afirmación está hecha muy de pasada, pues el objeto de su estudio es sólo el exordio. Creo que hay una confusión terminológica: en retórica clásica no es *narratio* todo lo que se relata (aquí, el relato-marco del encuentro entre ninfas y sátiros), sino sólo la parte del discurso en que se exponen tanto los hechos que se han de defender o atacar como las opiniones de las cuales se va a intentar persuadir al público o destinatario. Por su parte, el diálogo, *sermocinatio* o *ethopoeia*, es una figura retórica muy usada en la *argumentatio* o *probatio*, pero no por ello es argumentación todo lo que esté en diálogo. *Cf.* Lausberg, #432, 433, 820–25. Además, como veremos más adelante, los discursos de estos sátiros ni siquiera constituyen un diálogo, sino que son independientes desde un punto de vista retórico.

9. *Cf.* Lausberg #263–88 y, para los tópicos del prólogo mencionados más adelante, Porqueras, cap. V.

10. Todo ello son *adiuncta* de tipo personal (Lausberg, #279). Pese al carácter tópico de la preterición, Camões justifica su uso, aprovechando para plantear, como poeta lírico y épico que era, un problema contemporáneo de teoría literaria: el decoro que hay que mantener entre distintos géneros poéticos le impide incluir en su égloga *"o que a sonora cítara merece"* (v. 24), y recuerda que es Apolo (que aquí equivale a la mejor poesía o norma literaria), quien lo prohíbe (19–24). A continuación, y puesto que, de acuerdo con la *rota Vergilii*, el poeta ha reconocido mayor categoría a la épica, su *praeteritio* queda perfectamente justificada con otro tópico: no canta las grandezas de D. António porque tan excelso canto le corresponde sólo al mismo Apolo (25–33).

11. *Vid.* parecida paráfrasis en Faria e Sousa, quien, sin embargo, se pierde seguidamente, a través de la primera égloga de Virgilio, intentando identificar a esta Galatea, arquetipo de pastora, con una supuesta amada de D. António. Asimismo, considera que el poeta se compromete a cantar la fama de aquél, lo cual es contradictorio, pues, como el propio Faria e Sousa reconoce, Apolo está haciéndolo ya y para siempre. El entusiasta comentarista fuerza la interpretación de este pasaje para apoyar su opinión de que los dos sátiros representan alegóricamente a Camões y Don António de Noronha, en su calidad de poetas, mientras que las ninfas perseguidas son las Musas, que por eso viven en el Parnaso.

12. V. nota 20.

13. No hay, pues, *narratio* (exposición sucinta y breve del contenido), que en los discursos de tipo deliberativo, como éste, es innecesaria (Lausberg, #337); en este caso, además, se puede considerar subsumida en el exordio.

14. Esta idea se apoya en la *dispositio* mediante la oposición estructural entre las estancias XVIII y XX (118–92, 206–18) por una parte, y la XIX (193–205), que introduce, en el centro del razonamiento, una pausa donde el sátiro se contradice, declara que miente y justifica su comportamiento *"posto que me desculpa a mágoa pura. / Ninfas, digo que minto; / que não pode haver nunca quem pretenda / de desfazer*

em vossa fermosura." (195-98). La *elocutio*, por su parte, puebla el pasaje de figuras por contraste: antítesis (*"por tanto mal tão pouco bem merece"*, v. 200), paradoja (*"Dum brando coração / que, preso dessa vista rigorosa, / de si para vós foge, andais fugindo!"*, 183-85), oximorón (*"gentes feras"*, 215).

15. La conexión entre ambas partes de este discurso, independientes por construcción y contenido, no es explícita, pero está justificada en el mundo de la paradoja petrarquista. Camões utiliza una semejante en el famoso soneto que empieza *Amor é um fogo que arde sem se ver*, donde la lista de definiciones del amor por medio de contrarios, de ascendencia petrarquesca y cancioneril, tiene como objeto señalar que no puede ser origen de unión lo que lleva la desunión en sí mismo: "*Mas como causar pode seu favor / nos corações humanos amizade, / se tão contrário a si é o mesmo Amor!*" Quevedo imitó a Camões en el soneto que empieza "Es hielo abrasador, es fuego helado", cuya paradoja final está más cercana a la que veo implícita en la *Égloga dos Faunos*: "¡Mirad cuál amistad tendrá con nada / el que en todo es contrario de sí mismo!" (ed. J.M. Blecua, *Obras completas, vol. I: Poesía original*. Barcelona: Planeta, 1971[3], p. 390.

16. *Cf.* Cidade, p. 181, y Hart (1976), p. 226, quien cuestiona los quilates del neoplatonismo de esta estancia y de todo el poema.

17. *Cf.* Hart (1976, p. 226), quien se refiere a la *Diana* de Montemayor y a sus glosas al "Amor loco, amor loco, / yo por vos y vos por otro". Recordemos además que el enamoramiento es precisamente el castigo que recibe Diana en la continuación de Gil Polo.

18. Sobre este discurso comenta Faria e Sousa: "No se mostró el segundo sátiro tan político y tierno como el primero, [. . .] Pero aun se muestra más erudito que su compañero" (318). Por otra parte, dependerá de la lectura del v. 444 que los *exempla* sean 29 o 30. En la edición de 1595, seguida por la mayoría de los editores modernos, incluida Ma. de Lurdes Saraiva, se lee: "*A ele lhe ficaram ainda as cores*", mientras que 1598 trae: "*E Pico, a quem ficaram ainda as cores*", versión preferida por Faria e Sousa. Como indica Ma. de Lurdes Saraiva (III, p. 323), esta segunda versión, aunque siempre rechazada por motivos ecdóticos, es preferible por la mayor fidelidad a los mitos referidos.

19. Concuerdo en esta lectura con la opinión de W.J. Kennedy (90-94), quien caracteriza el poema de Sannazaro como "an approach to Ovidian narrative purged of the moralizing allegorizing commentary accorded to it in Medieval renditions" (90).

20. Recordemos ahora la maldición ambivalente del primer sátiro de Camões: "*Olhai que toda ninfa na erva verde / que a condição não perde perde a vida*" (178-79). La búsqueda de cohesión entre ambos discursos y de coherencia interna en el del segundo nos lleva a entender que "perder la condición" significa perder el carácter arisco, y perder la vida incluye la posible metamorfosis.

21. En relación con esto hay que observar que Faria e Sousa da una versión muy diferente de tres versos de la *narratio* y la *peroratio* de este discurso: "*Animal, erva verde ou pedra dura*" (294) se convierte en "*Agua, pedra, arbor, flor, ave, alma dura*", y "*Das aves, pedras, aguas, vos contei, / sem me ficar bonina, fera, ou ave*" (510-11) resulta en "*De aguas, de pedras, de arvores contei, / de flores, de almas feras, de uma outra ave*". Sobre estas variantes comenta: "Sólo por este verso [el 294] y otro dela estrofa 54 [los 510-11] precio yo mucho el haber hallado un manuscrito en que está esta Égloga [. . .] Con buen acuerdo lo mudó el Poeta, porque de las cosas nombradas en ese verso por esa orden va tratando en las estancias [. . .] Porque de todo aquello de que constan los valles, prados, y selvas las trujo exemplos de gloriosas penas de Amor [. . .]; de las aguas, cuatro; otros cuatro de las piedras; ocho de los árboles; tres de las flores; siete de las aves; y cuatro de las fieras: que todos hacen 30, número que parece usado cuidadosamente [. . .] [Sobre 510-11]: Está

mucho mejor de esotra manera [es decir, en la forma enmendada], porque hizo dos versos de las palabras de que había hecho uno en las estrofa 26, que es *agua, pedra, arbor, flor, ave, alma dura*. Con este verso propuso, y con estos dos muestra, que satisfizo a la propuesta, repetiendo en ellos por orden lo dicho en esotro, con que esto queda armonioso." (320, 332) Es difícil saber cuán genuinas sean estas alteraciones. Thomas Hart (1974, p. 35) las considera apócrifas, pero alaba el acierto de Faria e Sousa al conseguir una perfecta correlación con la que pretende subrayar la pertenencia de Camões al más puro petrarquismo.

22. Contando, por supuesto, las dos octavas que nunca se llegaron a imprimir por motivos morales y señaladas por todos los editores. Su contenido (el retrato de Diana y sus ninfas desnudas) se puede suplir a partir del canto IX de *Os Lusíadas* ("Ilha dos amores"). *Cf.* A. da Costa Ramalho (pp. 62-69), quien también señala la semejanza entre la situación de los sátiros y la de Acteón.

23. Apolo o Febo, en cuanto se identifica con Helios o el Sol, conduce el carro de cuatro caballos a que se refiere esta octava, además de poseer numerosos ganados. Con todo, la caracterización más común de Febo como pastor se halla en el episodio de su servidumbre bajo el rey Admeto, recordado frecuentemente en la literatura bucólica y también en esta égloga (v. 89).

O poeta Simónides e o capitão Temístocles

Helder Macedo
King's College, London

Há uma profunda unidade temática, uma continuidade sem rotura, entre a poesia lírica e a poesia épica de Camões, entre a viagem psicológica individual registada nas redondilhas, sonetos, canções, elegias, e a não menos psicológica viagem colectiva representada n'*Os Lusíadas*. O poeta que escreve, num soneto, "não canse o cego amor de me guiar a parte donde não saiba tornar-me" é bem o mesmo que sobrepôs à rota dos navegantes, n'*Os Lusíadas*, uma viagem simbólica que leva à iluminação simultaneamente erótica, espiritual e cívica significada na ilha mágica em que a própria Vénus—o Amor—se havia transformado para os sagrar "divinos, sendo humanos". Os navegantes regressaram da Índia à "pátria cara"; mas da Ilha do Amor, mesmo quando regressados, não há possível retorno, pois regressam outros, na "companhia desejada das Ninfas, que hão-de ter eternamente, por mais tempo que o Sol o Mundo esquente".

O amor é para Camões causa primeira, processo existencial e propósito último de toda a humana demanda, personificada na tríplice Vénus que reconcilia em si as três vias capazes de transformar a "lassa humanidade" dos corpóreos navegantes na espiritual sageza dos "heróis esclarecidos" que aprenderam na complementaridade da coragem, da sabedoria e do prazer—*vita activa, vita contemplativa* e *vita voluptuosa*—como redimensionar o apetite em razão e a razão em conhecimento através do amor. É esse o heroísmo celebrado n'*Os Lusíadas*. E é precisamente porque *Os Lusíadas* é a celebração de uma viagem ascencional pela escala do amor que também é uma crítica veemente a todos aqueles que, opostamente, estão em "erros grandes", "amando cousas que nos foram dadas não para ser amadas, mas usadas", a condenação da ganância, da brutalidade, da corrupção, da prepotência, do "torpe e escuro vício da tirania, infame e urgente". Como diz a "belíssima Oritia" ao "fero Bóreas" perante a cega violência dos Ventos que o baixo amor de Baco fez desencadear contra os superiores desígnios de Vénus, a brandura é a expressão correcta do amor "e não convém furor a firme amante":

> Se já não pões a tanta insânea freio,
> Não esperes de mim, daqui em diante,
> Que possa mais amar-te, mas temer-te;
> Que amor, contigo, em medo se converte.

Aprendida a lição, transformada a sua estéril violência bélica na regeneradora virilidade do amor, Bóreas e os outros Ventos "logo à linda Vénus se entregavam, amansadas as iras e os furores". Este episódio, que pré-ecoa na perene simbologia do encontro fálico dos ventos com a vital fertilidade feminina das águas os casamentos dos guerreiros com as ninfas na Ilha do Amor, contém em essência a lição moral codificada n'*Os Lusíadas*.

O amor camoniano inclui a percepção da diferença, o reconhecimento positivo do outro. Nenhum poeta antes de Camões, e muito poucos depois de Camões, atribuíram tanta dignidade ao desejo sexual da mulher; só Mendes Pinto, de par com Camões entre os quinhentistas portugueses, soube ver noutras raças e noutras civilizações exemplos positivos para avaliar criticamente a sua raça, a sua civilização. Embora escrito sob a nefária sombra da Inquisição, não há uma única referência negativa ao judaísmo n'*Os Lusíadas*. E o Islão, que veementemente condena, é antes de mais o inimigo político e militar, não apenas o poder imperial rival dos portugueses no Oriente, mas também — até à vitória naval de Lepanto, em 1571, quando o poema já estava em vias de ser publicado — uma ameaça objectiva à sobrevivência da própria Europa cristã. Quanto aos demais *outros* na poesia de Camões, são eles a "pretidão de amor" da bela cativa que o tem cativo, complementar da angélica anti--Circe com "um mover de olhos brando e piadoso"; os Negros, que aponta como exemplo de paz social, "sem portas, confiados em seus ninhos na justiça [. . .] e na fidelidade dos vizinhos"; e "os próprios", os habitantes naturais do Oriente, que o fizeram entender "quanta vaidade em nós se encerra" porque neles "quão pouca". A crítica camoniana aos desmandos do império — ao desamor instituído como Poder — exprime-se n'*Os Lusíadas* através da metáfora pastoril. Mas, como já indiquei noutros estudos, a poesia épica e a poesia pastoril representam percepções filosóficas opostas. Da perspectiva pastoril, associada ao mito comunitário da Idade de Oiro, a própria matéria da celebração épica (viagens e demandas, guerras e conquistas) é sintomática da degeneração e da decadência que caracterizam a Idade de Ferro. A matéria que a poesia épica celebra é sempre aquela que a poesia pastoril critica. O mais radical arrojo conceptual d'*Os Lusíadas*, no entanto, é que Camões projecta a Idade de Oiro para o futuro, transformando-a de retrospecção mítica em propósito expresso, logo nas primeiras estrofes, de basear a sua epopeia na história e não no mito. Para isso — também já procurei demonstrar — Camões ter-se-ia inspirado no modelo virgiliano da Écloga IV, a chamada "Écloga Profética".[1] Mas a restauração da Idade de Oiro, em Virgílio, obedece ainda a uma concepção de tempo cíclico, é ainda a História retrocedendo sobre si mesma. Em Camões, a substituição da miragem pastoril da Ilha de Vénus pela Índia factualmente encontrada e a caracterização desse *locus amoenus* da imaginação como o propósito verdadeiro da demanda dos heróis celebrados no poema, constitui uma radicalmente nova concepção de um propósito moral alcançável no tempo linear, é a representação poética de um programa político ou, como

João de Barros caracterizou a *Utopia* de Thomas More, "uma fábula moderna". Na justa formulação de Maria de Lourdes Belchior, mestre do bucolismo português, "na Idade de Oiro, a harmonia entre a razão e as outras faculdades do homem era perfeita".[2] Camões procura uma equivalente harmonia na convergência entre a razão e as outras faculdades humanas num mundo em conflito consigo próprio.

As forças em conflito representadas n'*Os Lusíadas* — amor e ódio, paz e guerra, merecimento e injustiça, ordem e caos, Idade de Oiro e Idade de Ferro, Vénus e Baco — são também as que Camões equaciona e desenvolve em glosas sucessivas ao longo da sua poesia lírica. Mas talvez que em nenhum outro poema lírico seja a linguagem usada por Camões tão evidentemente afim da que depois veio a refinar e amplificar n'*Os Lusíadas* como na elegia autobiográfica em que conta a sua viagem para a Índia e a sua primeira experiência de guerra nessa "desejada e longa terra, de todo o pobre honrado sepultura". A elegia põe em confronto "o poeta Simónides" e " o capitão Temístocles," o inventor da arte da memória e o guerreiro que antes preferiria o esquecimento — ou seja, o propósito das Letras e a consequência das Armas — numa formulação que, expressa e reiteradamente, personaliza em si o mais amplo conflito entre os valores naturais do pastoril e os valores cavaleirescos associados à épica.

Camões, tal como o retrato que de si projecta n'*Os Lusíadas*, é na Elegia ao mesmo tempo Simónides e Temístocles, poeta e guerreiro. Correspondentemente — e dar por isso é também entender um pouco melhor a épica camoniana — quase toda a matéria temática da Elegia veio a ser incorporada n'*Os Lusíadas*. Com uma diferença fundamental: enquanto que n'*Os Lusíadas* os valores pastoris redimensionam o propósito colectivo da épica na grande reconciliação universal de todos os opostos, na Elegia o conflito não transcende a vivida amargura pessoal das factualidades irredimidas. A Elegia prenuncia assim, também, o desespero final da lírica camoniana perante um munto em desconcerto onde a vida não parece ser mais do que parece.

Como representação poética transposta, no entanto, alguns dos episódios mais significativos d'*Os Lusíadas* têm na Elegia o seu registo autobiográfico anterior. Assim, por exemplo, a tempestade marítima que Camões põe Vasco da Gama a enfrentar é a que de facto Camões enfrentou e descreve na Elegia, e não Gama na sua viagem. Gama, enquanto personagem d'*Os Lusíadas*, invoca a "divina guarda, angélica, celeste" para o proteger dessa transposta tempestade, e quem lhe acode é Vénus, o amor; na Elegia, Camões invocara a memória do amor para poder entrar sem medo na morte que parecia iminente enquanto "os marinheros, já desesperados, com gritos para o Céu o ar coalhavam". E há mais exemplos, desde os ventos enamorados pelas ninfas, até à descrição da atmosfera que n'*Os Lusíadas* leva à alucinação poeticamente amplificada na metamorfose de Adamastor quando "ũa nuvem, que os ares escurece, sobre as nossas cabeças aparece", ou, na Elegia, "a noite com nuvens escurece, do ar supitamente foge o dia" e "em serras todo o mar se convertia".

Camões não se limitou a incorporar a matéria biográfica da Elegia n'*Os Lusíadas* ou a amplificar o debate entre a épica e o pastoril nela formulado: num sentido mais profundo e, por isso, menos óbvio, a epopeia camoniana é também o seu mais longo poema de expressão autobiográfica. As intervenções pessoais que o poeta vai fazendo ao longo d'*Os Lusíadas* vão-se tornando cada vez mais desesperadas, acabando por constituir um sub-discurso de insidiosa dúvida que o levam à beira de rejeitar o próprio canto que vê tornado inútil pela "gente surda e endurecida" a quem o dirige. Através dessas intervenções, Camões afastou-se das convenções da épica clássica, adaptando os precedentes das épicas cavaleirescas de Boiardo e Ariosto para o propósito sem precedentes de transferir o ênfase da temática do poema para o próprio poema e do poema para o próprio autor. N'*Os Lusíadas* não é Camões que é um instrumento de Gama: "o nosso Gama" é que tem de agradecer "às musas o muito amor da pátria" que obrigou o poeta a imortalizá-lo; a "ilha angélica" de Vénus é "pintada"; os deuses só servem "para fazer versos deleitosos". Todos eles — os humanos que "esforço e arte" tornaram divinos, os deuses humanizados pelas paixões — são explicitamente remetidos à escrita do poema que Camões transformou numa viagem paralela à própria viagem que nele celebra ao caracterizá-lo como o seu "fraco batel" que tanto teme que "se alague cedo", em "alto mar" e com "vento tão contrário". É o mesmo Camões da Elegia que acaba por se insinuar no centro do poema, o mesmo que se incluiu a si próprio entre os "heróis assinalados" por Tétis na Ilha do Amor, o mesmo que salvou do naufrágio o poema com que regressou da aventura colectiva que em si personifica para vir despertar a nação do "sono do ócio ignavo, que o ânimo, de livre, faz escravo".

O sentido profundo da mensagem camoniana, a lição de humanidade que trouxe da sua viagem conduzida por Vénus, é de reconciliação e não de divisão, de amor e não de desamor, de paz e não de guerra. É, em suma, pastoril e não épica, mesmo quando, n'*Os Lusíadas*, o dúbio conceito da guerra justa entra no poema em disfarce pastoril, pela voz do Velho do Restelo à partida das naus; ou quando exemplos de uma não menos dúbia fúria bélica são celebratoriamente integrados no pacífico idílio da Ilha do Amor; e mesmo quando faz a sua nefasta exortação final a Dom Sebastião para uma nova cruzada contra os infiéis no Norte de África. A ambiguidade é evidente, as contradições morais inescapáveis. Mas é a ambiguidade em que a História se processa, as contradições de quem preferiu a História ao mito, a perigosa procura das verdades relativas à tirania das certezas absolutas, a Idade de Oiro como programa para o futuro e não apenas como ideal retrospectivo. Por isso Camões acaba por ser um poeta mais da dúvida do que da certeza, da rotura mais do que da harmonia, da imanência mais do que da transcendência e, no fim da sua demanda, de um caos encontrado no lugar de um absoluto ainda desejado, mas sem retorno.

Na elegia autobiográfica é ainda o desejo da totalidade que prevalece, tornada embora em amarga compaixão pelo outro e em sarcástica condenação dos actos de um falso heroísmo cavaleiresco que se manifesta na destruição do mais fraco pelo mais forte, na violação da dignidade de outros povos, de outras civilizações. A Elegia termina numa nota pastoril, redolente de uma mítica Idade de Oiro em que os "lavradores bem aventurados" têm da "justa terra o mantimento", "não vêem o mar irado, a noite escura, por ir buscar a pedra do Oriente, não temem o furor da guerra dura". Mas a passagem crucial do poema é porventura aquela que distingue entre os "próprios" da terra e os "nós" que a vieram conquistar aos que já a tinham conquistado, num ciclo agravado de guerras feitas em nome de valores cavaleirescos que finalmente se revelam como nada mais do que ganância, destruição, pilhagem, morte:

> Destarte me chegou minha Ventura
> a esta desejada e longa terra,
> de todo o pobre honrado sepultura.
> Vi quanta vaidade em nós se encerra,
> e dos próprios quão pouca. Contra quem
> foi logo necessário termos guerra:
> que uma ilha que o rei de Porcá tem,
> e que o rei da Pimenta lhe tomara,
> fomos tomar-lha, e sucedeu-nos bem.
> Com uma grossa armada, que ajuntara
> o Vizo-Rei de Goa, nos partimos
> com toda a gente de armas que se achara,
> e com pouco trabalho destruimos
> a gente ao curvo arco exercitada.
> Com mortes, com incêndios, os punimos.
> Era a ilha com águas alagada,
> de modo que se andava em almadias.
> Enfim, outra Veneza trasladada.
> Nela nos detivemos só dois dias,
> que foram para alguns os derradeiros,
> que passaram de Estige as águas frias.
> Que estes são os remédios verdadeiros
> que para a vida estão aparelhados
> aos que a querem ter por cavaleiros.

É sempre um salutar correctivo recordar estes versos quando se lêem as passagens mais sanguinolentamente celebratórias d'*Os Lusíadas*.

Notas

1. Helder Macedo, *The Purpose of Praise: Past and Future in The Lusiads by Luis de Camões*, Londres 1983. Cf. também "*The Lusiads*: Epic Celebration and Pastoral Regret", *Portuguese Studies*, Vol. 6, Londres 1990; e "*Os Lusíadas*: celebração épica como crítica pastoril", *Actas* da V Reunião Internacional de Camonistas (1987), no prelo.

2. Maria de Lourdes Belchior Pontes, *Itinerário Poético de Rodrigues Lobo*, Lisboa 1959.

La *Peregrinação* ou l'épopée d'un peuple

Françoise Massa
Université de Rennes

En ces années anniversaires de ce que l'on a longtemps appelé les découvertes et que l'on préfère aujourd'hui envisager comme une rencontre de civilisations, de nouvelles approches voient le jour, de nouvelles analyses, de ce choc des mondes inconnus ou mal connus et de l'Europe. On relit les témoignages laissés par les voyageurs, aventuriers, philosophes ou botanistes pour éclairer à la lumière d'aujourd'hui ce que furent les impressions des Européens face aux peuples rencontrés, à leurs croyances, à leurs modes de vie, on s'interroge sur les conditions dans lesquelles ils ont entrepris ces voyages, et se sont installés dans ces contrées lointaines. Car le choc, l'étonnement existe de part et d'autre, chez les découvreurs et chez les découverts. Cette rencontre avec l'autre a conduit également à une réflexion sur soi-même. Les mentalités, les religions, ou l'organisation politique des mondes rencontrés servant d'élément de comparaison, on repense ce qui se fait en Europe. Dans le cas qui nous occupe, dans la *Peregrinação*[1], une analyse dans ce sens a été menée jusqu'à son extrême limite par Rebecca Catz[2], qui relève ce qui chez les peuples rencontrés pouvait servir de repoussoir et de critique tacite par Fernão Mendes Pinto des pratiques portugaises.

Notre intention est autre. Il ne s'agit plus de lire la *Peregrinação* en s'attachant aux descriptions faites par notre écrivain-marin-marchand des pays qu'il dit avoir connus — elles ont déjà fait l'objet de nombreuses études[2] — mais de découvrir dans le texte de ce *peregrino* particulier que fut Fernão Mendes Pinto, ce qu'étaient la vie, les activités, les expériences, les souffrances, des Portugais vivant dans cet Orient fabuleux vu du Portugal mais dont les réalités du quotidien étaient assez différentes si l'on prête foi à ce que relate le compagnon d'António Faria et de François Xavier, le futur saint du même nom.

En effet, en lisant la *Peregrinação*, le lecteur d'aujourd'hui ne peut qu'être étonné et admiratif s'il s'attache à lire l'oeuvre en fonction, non plus de ce qu'elle révèle de l'autre mais des Portugais eux mêmes, de ces hommes qui ont quitté leur terre natale, poussés par la misère, l'appât du gain ou la foi, attirés par le mirage éclatant que représentait l'Orient, comme l'a fait Fernão Mendes Pinto lui-même.

Au fil de ces pages c'est un monde qui surgit, peuplé de Portugais. Ils sont marins, pirates, guerriers, mercenaires, esclaves, marchands, prêtres, missionnaires. On peut connaître par bribes, leur vie, leurs difficultés, leurs espoirs et leurs angoisses, leurs croyances et leur étonnement devant les rites et les croyances de l'autre. C'est ce monde grouillant, violent, divers que nous souhaitons aborder.

* * *

Quand en 1537, Fernão Mendes Pinto quitte le Portugal pour les Indes, "parce que les gages que l'on avait alors coutume de donner dans les maisons des princes ne suffisaient pas à [le] nourrir", les Portugais sont déjà installés depuis une quarantaine d'années dans ces terres d'Orient. Vasco de Gama a abordé à Calicut en 1498. Afonso de Albuquerque a déjà organisé avec fermeté la vice-royauté des Indes et établi à Goa le siège du pouvoir portugais; plusieurs gouverneurs se sont déjà succédés dans cette capitale orientale[3]. On voit d'ailleurs défiler aux long des chapitres de la *Peregrinação* quelques unes des figures qui ont marqué l'histoire du Portugal; Vasco de Gama est évoqué à travers son fils, Pedro da Silva, capitaine d'une des nefs sur lesquelles s'embarqua Fernão Mendes Pinto. Francisco de Almeida, Nuno da Cunha, Heitor da Silveira[4], pour n'en citer que quelques-uns, apparaissent aux détours des pages, situant dans le temps les épisodes narrés. Ils sont des jalons, des repères chronologiques. Très peu de commentaires accompagnent leur nom. Afonso de Albuquerque cependant n'apparaît pas ici comme le héros chanté par Camöens, comme la figure épique, emblématique qu'il est resté dans le panthéon portugais. Son nom figure en effet dans l'épitaphe de Nassim Mudeliar, parent du roi détroné de Malacca; il y est qualifié de "Lion du brigandage en mer"[5]. C'est un des signes à la fois de l'hostilité que certains peuples, certains souverains, manifestaient à la présence portugaise, mais il faut remarquer également que pour ces Portugais, au milieu du XVIe siècle, ce n'est plus l'émoi, l'émerveillement qu'ont suscité les premiers voyages, ce n'est plus l'héroïsme des premiers marins dont Camöens a chanté l'épopée—malgré les réserves du Velho do Restelo—c'est, in situ, l'occupation difficile des points stratégiques, la concurrence violente avec les marchands musulmans, les difficultés d'une organisation et d'une gestion aggravées par l'éloignement du pouvoir central, les tensions, conflits d'autorité amplifiés trop souvent par la cupidité. Si l'Inde pour certains continue d'être um mirage qui attire, et pour d'autres une source de richesse, pour ceux, très nombreux, déjà sur place confrontés aux difficultés inhérentes à ces lointaines contrées, l'épopée est dans la survie avant même de parler de faire fortune.

* * *

L'histoire que raconte Fernão Mendes Pinto n'est pas seulement la sienne, elle est aussi celle de milliers d'anonymes qui côtoient le narrateur et partagent son sort à un moment ou à un autre de cette aventure qui durera vingt et un ans, puisque Fernão Mendes Pinto ne rentrera au Portugal qu'en 1558. Ils pourraient n'apparaître que comme des figurants dans cette grande fresque, tous ces compatriotes de Fernão Mendes Pinto qui, de l'Océan Indien aux mers de Chine, ont connu aussi leur pérégrination. Pourtant ils laissent dans l'esprit du lecteur une impression de véracité, de vécu, quelle que soit par ailleurs la part d'affabulation, d'imagination que l'on peut mettre au compte de l'auteur.

Il se dégage également de ce récit une sensation de profusion. Ce sont des milliers de Portugais que l'on rencontre depuis le détroit d'Ormuz jusqu'à celui de Malacca, sur les rivages de l'Inde ou de la Cochinchine, en Tartarie, au Japon, à Pékin ou à Patane. Leur nombre, leur dispersion est déjà un étonnement quand on pense à l'éloignement de la mère-patrie et au million ou million et demi d'habitants que comptait le Portugal au XVIe siècle. On a parlé de saignée; dès le début de ces voyages au long cours on s'inquiète[6]. Fernão Mendes Pinto en administre ici la preuve.

Nous parlerons plus loin des nombreux Portugais rencontrés au cours de ces différents périples mais nous voudrions déjà faire un sort à trois d'entre eux à cause des conditions exceptionnelles qui les ont amenés à s'enraciner en quelque sorte dans des territoires étrangers, totalement isolés des leurs. Alors que Fernão Mendes Pinto et quelques Portugais condamnés comme lui pour brigandage, traversent une partie de la Chine pour être jugés à Pékin, ils rencontrent, à la frontière Nord de la Province de Kiangsou, une chrétienne charitable qui leur vient en aide. Inès de Leiria, puisque tel est le nom de cette descendante de Portugais, est la fille de Tomé Pires[7], cet ambassadeur envoyé en Chine par le roi du Portugal D. João III en 1517. L'ambassade ayant mal tourné, Tomé Pires est pris pour un espion, torturé, exilé dans cette lointaine province; il y mourra en ne laissant à sa fille que quelques prières. Inès ne sait plus dire en Portugais que le début du Notre Père, mais elle a gardé la foi de ses parents et continue de prier, à sa manière, avec les quelques trois-cents gentils qui vivent avec elle dans cette ville et que son père avait convertis[7]. Continuant son périple Fernão Mendes Pinto rencontre un compagnon de Tomé Pires, Vasco Calvo, frère de Diogo Calvo, "qui fut capitaine de la nef de D. Nuno Manuel, naturel d'Alcochete et fait captif dans ce pays." Lui-même, sa femme et ses quatre enfants sont chrétiens, ils récitent des prières en portugais "fort bien dit(e)s et prononcé(e)s, ce qui nous fit verser à tous force larmes, pour voir ces enfants innocents, dans un pays lointain et privé de la connaissance de Dieu, confesser leur foi par de si saintes paroles". Plus tard dans le Calaminhã, le royaume de Luang Brabang, c'est une veuve portugaise qui se trouve sur le chemin des prisonniers, "ce qui nous étonna bien plus que tout ce que nous avons pu voir dans ce lieu" — confie le narrateur qui pourtant vient d'assister aux cérémonies sanglantes de Tinagogo où les pèlerins s'arrachent des morceaux de chair pour plaire à Dieu jusqu'à ce que mort s'en suive. Cette Portugaise avait épousé un *jogue*, un pèlerin pénitent, qui participait à ce pélerinage, et en avait été "la femme durant vingt trois ans". Fernão Mendes Pinto et ses compagnons lui proposent de venir avec eux à Pegu. Mais elle ne sera pas au rendez-vous: "plus jamais nous ne la vîmes ni n'eûmes d'elle la moindre nouvelle". On comprend l'émotion du Portugais et de ses compagnons lors de ces rencontres inattendus, au bout du monde.

Bien d'autres noms jalonnent cette histoire et lui donnent ce caractère particulier de témoignage. De nombreux capitaines sont ici mentionnés, qu'ils soient capitaine général d'une flotte, capitaine d'une nef ou d'une jonque. Fernão Mendes Pinto est peu bavard sur leur compte; une indication les situe socialement, géographiquement, moralement parfois. Ainsi Fernando de Lima, fils de Diogo Lopes de Lima, premier magistrat de Guimarães, capitaine de la São Roque qui faisait partie de la flotte qui a conduit Fernão Mendes Pinto jusqu'à Diu[8]. Pour Lopo Vaz de Gado, le narrateur précise qu'il était simple capitaine sur la nef *Flor de la mar*[9]. Quant à João de Sousa, on sait que son père était prieur à Rates[10]. Martin de Freitas était originaire de Madère comme João Fernandes de Abreu qui avec Lourenço de Gois et Vasco Sarmento, tous deux de Bragance[11], vont participer à l'expédition des quatre-vingt Portugais contre les marchands du royaume de Pao. Certains ont laissé un nom dans l'histoire, d'autres sont passés à côté de la gloire, mais le narrateur rappelle parfois leurs hauts faits, évoque leurs activités ou l'endroit où ils ont trouvé la mort: Tristão de Gá, propriétaire d'une nef avait été précepteur de D. Lourenço[12]. Diogo Vaz, fils du capitaine général Gonçalo Vaz Coutinho, est mort en combattant les Turcs[13], Álvaro de Noronha, fils du vice-roi, se perd en mer lors d'une tempête...[14].

Nous sommes ainsi plongés dans le temps vécu par Fernão Mendes Pinto. Des noms qui se croisent donnent vie à ce peuple qui s'active dans les mers orientales. Certains d'entre eux ont retenu l'attention pour leur bravoure comme ce Fernão Gil Porcalho qui a perdu un oeil dans un combat contre les Achems et dont le bateau ensuite fait naufrage[15]. Il se retrouve accroché à des planches, avec plusieurs Portugais, au milieu de l'océan, obligé de manger un cafre pour survivre, mais il se refusera à manger la chair de ses compagnons chrétiens qui n'ont pas résisté à la rudesse des flots. Luís de Paiva est tué par traîtrise sur le fleuve Liampo de même que Rui Lobo assassiné par un maure—pourtant son grand ami—pendant qu'il dormait[16]. Bastião Anrique, dont Fernão Mendes Pinto dit qu'il était homme "très honorable et fort riche", mourra, lui, enlisé dans la vase, après que le bateau qui l'emportait, lui et ses biens, eut été attaqué par des Maures, pillé et envoyé par le fond[17]. Les hommes qui côtoient Fernão Mendes Pinto, sont, à l'image de ceux que nous avons évoqués, le plus souvent victimes de naufrage, de combats en mer, d'arraisonnement. On est frappé par le nombre de ces anonymes morts de façon violente—ici ce sont dix-huit Portugais qui meurent avec leur bateau, ailleurs vingt-six tués dans un combat les opposant aux infidèles, ailleurs soixante-dix tombent sous les coups d'un maure ou d'un turc souhaitant se venger des Portugais ou tuer des chrétiens. D'autres fois ils succombent sous les mauvais traitements, comme lorsque Fernão Mendes Pinto et deux de ses compagnons sont recueillis dans une barcasse, après le naufrage de leur navire, parce que les marins sont persuadés qu'ils ont de l'argent. Ils seront fouettés au sang puis on les oblige à boire un breuvage fait d'urine et de chaux pour les faire vomir espérant qu'ainsi ils rendraient ce qu'ils avaient pu avaler[18]. Ailleurs encore ce sont des femmes et des enfants, tout jeunes, que l'on trouve dans les cales des bateaux d'infidèles. Lorsque le bateau est pris, et avant que de se rendre, le corsaire les fait décapiter: "il avait suffi qu'ils fûssent fils de Portugais"[19].

Il convient de remarquer que la violence est partout dans la *Peregrinação*, aussi bien du côté des Portugais que chez les peuples rencontrés — on tue, on étripe, on torture, on emprisone, on réduit en esclavage. Entre Maures et Chrétiens la haine est acharnée mais elle l'est tout autant entre peuples rivaux qui se disputent un trône ou un territoire. Qu'on se rappelle la femme dont le mari, les fils, les frères, le gendre ont été déchirés par les trompes des éléphants du roi de Siam, et dont les filles, la mère, le père et trente deux parents ont été "jetés dans des fours embrasés, en poussant de tels cris qu'ils déchiraient le ciel"[20]. Mais il faut évoquer aussi la poursuite du corsaire Coja Acem par António de Faria. Après avoir tué le maure, Faria fera mettre le feu au temple où étaient soignés les blessés et empêchera qu'aucun d'eux ne puisse fuir du brasier[21].

Quand il ne s'agit pas de la violence des hommes, les Portugais subissent la violence des éléments ou la sauvagerie de la nature. Nombre de bateaux, nefs, jonques ou barcasses sont drossés par la tempête, rejetés à la côte, ouverts en deux par les vagues. Quand les hommes réchappent au naufrage, ils se retrouvent le plus souvent dans une nature hostile ou peuplée d'animaux dangereux. Plusieurs compagnons de Fernão Mendes Pinto seront la proie de ce que le narrateur désigne comme des lézards, qui les coupent 'en quatre morceaux' teignant les flots de leur sang (22). (On voit là une des difficultés auxquelles étaient confrontés ceux qui devaient nommer ou décrire des espèces inconnues: le lézard, le serpent doté de pattes ont souvent servis à donner l'image du crocodile). D'autres seront capturés et emmenés en esclavage.

Quand les Portugais ne sont pas marins, ou du moins embarqués sur une nef, un lantea, une lanchara, ils sont souvent mercenaires, de leur plein gré, ou, et c'est un cas très fréquent dans la *Peregrinação*, contraints et forcés par les circonstances. Leur aide est souvent recherchée, réclamée, par les potentats, rois ou roitelets engagés dans des combats contre leurs voisins. Leur science du combat, de la stratégie et de la tactique est reconnue. On en a plusieurs exemples. Ils ne sont pourtant pas tous des héros, ils peuvent avoir peur, être lâches, changer de camp au cours de la bataille, se laisser acheter ou fuir. On peut remarquer cependant qu'une sorte de solidarité unit ces Portugais du bout du monde. Ils sont capables de risquer la mort pour délivrer les leurs ou leur porter secours. Certains s'illustrèrent d'ailleurs durant ces combats, tel ce Jorge Mendes qui met son sens de la ruse et du combat au service du Tartare pour prendre le château de Nixianco avant de marcher sur Pékin. En échange il obtient la promesse que lui et les Portugais qui l'accompagnent seront "conduits sains et saufs dans les eaux de la mer de Hainan, d'où nous pourrons librement regagner notre pays"[23]. De nombreux chapitres font état de ces troupes venues prêter main forte à l'un ou l'autre de ces souverains ou de ces chefs de guerre. Ils peuvent n'être qu'une poignée d'hommes ou au contraire plusieurs centaines. Lorsque Domingos de Seixas commande une partie des forces du roi de Siam, composées de cinq cent mille hommes, quatre mille éléphants et deux-cents chariots d'artillerie de campagne, cent-vingt de ses compatriotes sont chargés de la garde de la personne du roi "qui y tenait fort sachant qu'ils y étaient plus propres que quiconque". En récompense de leur loyauté "il leur sera donné une demi-année du tribut de la reine de Guibem et la liberté devant mes douanes pour un temps de trois ans sans que rien ne puisse être saisi de leurs marchandises. Et leurs prêtres pourront divulguer en public, dans les villes et dans les bourgs de mon royaume, la foi qu'ils professent du dieu fait homme pour le salut des mortels comme ils me l'ont quelquefois affirmé"[24]. Ce sont là deux aspects de l'activité portugaise, le commerce et la propagation de la foi, sur lesquels il nous faut revenir.

Ce dernier point est souvent évoqué dans la *Peregrinação*. C'est une des clauses des contrats passés avec les souverains, une façon de remercier les Portugais des services rendus. On a vu d'ailleurs l'attachement de ces hommes à leur foi. Exception faite de quelques rénégats à l'égard desquels ils sont impitoyables, les Portugais proclament leur credo même si dans leurs actes ils ne respectent pas toujours les préceptes chrétiens, comme le leur font parfois remarquer ceux qui les observent. Le jeune garçon enlevé par António Faria ou le vieux moine de l'Ile de Calempluy[25] sont très sévères quand ils commentent la conduite de ces hommes qui volent, pillent, profanent les tombeaux sans avoir de remords de conscience, sans demander pardon à ce dieu qu'ils vénèrent pour toutes leurs iniquités. Cependant ils luttent et meurent, le nom de Marie et de Jésus sur les lèvres. Par contre les représentants de l'église, hormis François Xavier dont nous ne parlerons pas[26], ne sont pas toujours à la hauteur de ce qu'on pourrait attendre d'eux. Ignorants bien souvent, ils ont le même type de vie et d'activités que leurs ouailles, ainsi le curé de Liampo, en pleine messe solennelle, se félicite de l'argent qu'il vient de gagner dans un négoce de tissus[26].

A aucun moment Fernão Mendes Pinto ne fait de ses compatriotes des héros, des surhommes, au dessus des contingences matérielles. Ils ont leurs faiblesses, leurs défauts, font des erreurs ou des actes répréhensibles. C'est toute la complexité de l'âme humaine qui se révèle ici, avec ces contradictions qu'explique, si elle ne les justifie pas, la situation à laquelle il faut faire face. Sensibles, accessibles à la pitié, au repentir—ils pleurent force larmes dans les deux cas—généreux et très solidaires des leurs, les Portugais peuvent tout aussi vite se montrer cruels avec l'ennemi, se conduire comme des brigands. Fernão Mendes Pinto écoute, transcrit, informe sans commenter ni apprécier.

Le commerce, le négoce, est sans aucun doute l'activité qui revient le plus souvent sous la plume de Fernão Mendes Pinto. L'auteur de la *Peregrinação* se plait à détailler les produits achetés ou vendus, les marchandises perdues en mer ou prises sur des bateaux ennemis. On peut dresser un catalogue de ce qui circulait sur mer, tissus, soieries, épices, teinture, pierres précieuses ... et en savoir la valeur, car l'auteur-commerçant aime à parler prix, qualité, quantité, à évoquer le mouvement des ports et la circulation des marchandises. On embarque des produits fabriqués en grande quantité, et donc bon marché dans la région de départ, que l'on va vendre bon prix dans d'autres ports où il y a de la demande; avec les bénéfices dégagés on achète d'autres marchandises locales que l'on négociera à nouveau un bon prix ailleurs, et le cycle peut se reproduire ainsi aussi longtemps que la chance, la mer et ses aléas le permettent. Il est bien souvent question de marchandises que l'on vend pour le compte d'autres qui les confient ou les prêtent à celui qui s'embarque et qui pourra grâce au profit qu'il en retire acheter, pour son compte, et vendre à son tour, et s'enrichir si les conditions sont favorables. Tous en effet, sur une plus ou moins grande échelle, trafiquent et commercent. Examinons le cas d'António de Faria qui apportait à Patane dix à douze mille *cruzados* de vêtements des Indes qu'on lui avait prêtés à Malacca "lesquels étaient dans ce pays si difficiles à écouler qu'il n'y avait personne qui promît rien pour eux"[27]. Le capitaine-négociant devra donc ou hiverner sur place ou ralier un autre port, "riche et de grande échelle, où se rendaient de nombreuses jonques [ ] lesquelles en échange de pierreries et d'or avaient coutume de bien acheter ces marchandises"[28]. La concurrence est telle parfois que le commerce est impossible, au Japon par exemple. "Nous y demeurâmes deux mois et demi—écrit Fernão Mendes Pinto—sans parvenir à rien vendre car le pays entier était si plein de produits de Chine que l'on y perdait plus des deux-tiers de son avoir"[29].

Rien n'est vraiment facile dans ces contrées où la concurrence, avec le commerce musulman surtout, est rude, où les autorités locales profitent de leur pouvoir pour s'assurer des bénéfices. On assiste dans la *Peregrinação* aux palabres, au versement de pots de vin à tel ou tel responsable pour obtenir l'autorisation de débarquer les marchandises, de les vendre. Il y a des taxes à acquitter qu'il faut négocier. Ces relations entre vendeurs et acheteurs sont souvent difficiles car il faut tenir compte de la méfiance que suscite l'arrivée des étrangers si différents des gens du lieu. Les tromperies sur la marchandise sont fréquentes. Mais c'est surtout l'insécurité qui fait l'objet des récits. Les mers de Chine sont pleines de bateaux coulés et de marchandises perdues. Tantôt c'est la tempête qui oblige à jeter par dessus bord, pour alléger l'embarcation, les produits que l'on vient d'acquérir ou d'échanger à grand peine, à moins que le bateau ne coule, corps et biens. Fernão Mendes Pinto a réchappé lui-même miraculeusement à maints naufrages, vrais ou imaginés mais qui donnent cependant la dimension du réel, aident aussi à comprendre certains traits de l'époque, certaines réactions: l'acharnement, la rudesse nécessaires pour faire face à l'adversité. On n'a aucune assurance, dans tous les sens du terme.

D'autres fois, ce sont des Turcs, des pirates, des voleurs qui vous dérobent votre bien, et ceci dans les deux camps, que l'on soit Portugais ou indigène. António Faria s'empare par surprise de la lantea d'un vieux chinois "privé en moins d'une heure de ce qu'il avait gagné en plus de trente ans"[30]. Mais ce même António de Faria s'était vu dérober par le pirate Coja Acem des marchandises qui lui avaient été confiées par des Portugais. Ce vol l'entraînera, d'ailleurs, avec Fernão Mendes Pinto, dans une course poursuite sanglante car n'osant pas se présenter devant ses créanciers les mains vides, il voudra à tous prix avoir raison du pirate. La fortune est instable, éphémère, imprévisible, entre les mains de la Providence comme la vie. Nombre de marchands subiront le même sort que leur marchandise et couleront avec elle. Le nom de certains de ces malheureux compagnons de F. M. Pinto nous parvient aujourd'hui, comme Cristovão Borralho "homme bien au fait du négoce" qui partit avec seize colporteurs et soldats avec leurs propres marchandises. "Ils excomptaient — explique le narrateur — multiplier par six ou sept leur avoir, autant sur ce qu'ils emportaient que sur ce qu'ils rapportaient"[31]. Las, la rencontre avec une jonque pirate met fin à leurs espoirs en même temps qu'à leur vie. Maures et Turcs se jettent sur l'embarcation, tuent les hommes qui s'y trouvent et après avoir transporté sur la jonque "les marchandises trouvées dans l'embarcation ils y ouvrent une voie d'eau et l'envoient par le fond". Parfois, à l'inverse, la mer, dans son courroux, fait le bonheur de certains. Ainsi, sur les côtes du Japon, un certain jour de décembre 'survint une tempête si violente de pluie et de vent qu'il n'y eut de toutes ces embarcations (F.M. Pinto avance le chiffre de quarante jonques et parfois de cent dans les ports) pas une seule qui ne donnât à la côte. De ce naufrage si copieux et si lamentable ne se sauvèrent que dix ou douze embarcations, dont l'une fut celle qui me portait, lesquelles vendirent alors leur cargaison au prix qu'elles trouvèrent bon d'en demander. [. . .] nous avions réalisé de tels profits que nous partions tous riches."[32].

La manifestation la plus marquante de cette capacité des Portugais à commercer, mais aussi de la fragilité de leur implantation est sans doute la ville de Liampo dont le nom revient souvent dans la *Peregrinação* à côté de Chincheo et Lampacau. Située à deux cents lieues au nord de Macao et cent lieues au dessus de Chincheo, selon Fernão Mendes Pinto, cette ville a connu une étonnante prospérité avant d'être détruite en 1542 "alors que gouvernait l'état de l'Inde Martim Afonso de Sousa et qu'était capitaine de Malacca Rui Vaz Pereira Marramaque"[33]. L'agglomération comptait trois mille âmes, dont douze-cents portugais, les autres étant chrétiens de diverses nations. Et aux dires de personnes qui le savaient bien, les affaires de Portugais y dépassaient trois millions en or [. . .]. Dans cette agglomération il y avait un capitaine à demeure, en plus des capitaines particuliers aux nefs de carrière qui allaient et venaient, il y avait un *ouvidor*, des juges, des conseillers municipaux, un grand provéditeur des défunts et des orphelins, des officiers des poids et mesures, un greffier de la chambre municipale, des hommes du guet et tous les autres offices de l'administration publique, ainsi que quatre tabellions des particuliers et six du judiciaire [. . .] il y avait deux hôpitaux et maison de Miséricorde" [. . .][34]. Dans ce port de Liampo qui comptait plus de mille maisons et six ou sept églises venaient hiverner nombre de Portugais, venus de Malacca, de la Sonde, du Siam, de Patane, "qui dans le pays faisaient leurs affaires pacifiquement" et y vivaient "comme si elle avait été située entre Santarém et Lisbonne"[35]. Des Portugais, Mateus de Brito, Lançarote Pereira, Jerónimo do Rego, Tristão de Gá, en assuraient le gouvernement dans les années 1540.

Malheureusement la cupidité, la violence injuste faite à l'encontre de paysans par Lançarote Pereira va entraîner des représailles de la part des Chinois qui mettent le feu à la ville. Huits cents Portugais—si l'on en croit le narrateur—moururent "brûlés vifs sur trente-cinq nefs et quarante-deux jonques"[36].

Le port de Chincheo où les Portugais vinrent s'installer ensuite connu le même sort. Ce qui entraîne le commentaire désabusé de F. Mendes Pinto parlant du port de Macao, que les mandarins de Canton donnèrent aux Portugais en 1557: "il semble que les affaires que nous faisons aujourd'hui en Chine, la tranquillité et la confiance dans lesquelles nous traitons avec elle en considérant que la paix qu'elle nous garde est ferme et sûre ne dureront qu'autant que nos péchés n'ordonneront pas qu'il y ait quelque motif, comme ceux du passé, pour qu'elle se soulève contre nous"[37]. On voit la précarité du sort de ces hommes, isolés, laissés à eux mêmes, tentant de s'organiser mais qui peuvent être victimes de la folie de quelques uns.

* * *

On a souvent mis en doute le récit de Fernão Mendes Pinto. Avait-il effectivement fait ou vu tout ce qu'il racontait? On pourrait sans doute se demander de même si tous ces personnages qui gravitent autour de lui ont eu une existence réelle, si les chiffres avancés sont exacts et les noms le fruit de ces souvenirs. Le résultat pourtant est convaincant et ce qu'on a pu savoir par ailleurs confirme globalement le tableau dressé par l'auteur de la *Peregrinação*. D'ailleurs pourquoi douter? On a longtemps refusé que ce personnage étonnant et contradictoire qu'est António de Faria ait pu être un homme de chair et de sang. Certains y ont vu un double de Fernão Mendes Pinto, un masque, une construction destinée à faire la critique de l'action portugaise. Et puis on a trouvé son testament[35]. Cette découverte oblige à une relecture des chapitres où le corsaire intervient, à une nouvelle interprétation. Ce Faria, membre d'une famille dont les interventions dans la vie de Fernão Mendes Pinto ont été nombreuses et grâce à laquelle l'oeuvre a pu être éditée, était-il aussi noir dans l'opinion de l'homme de Montemor et de ses contemporains que le lecteur d'aujourd'hui à tendance à le juger, imprégné qu'il est de la défense des droits de l'homme? Fernão Mendes Pinto n'a rien imposé, n'a pas défini une position même s'il n'est pas rare que par un mouvement de pitié ou de charité naturel, il qualifie un châtiment de *cruel*, un homme de *malheureux* ou si, découvrant une terre nouvelle, il estime que celle-ci serait plus propice à l'installation des Portugais. L'humanité complexe qui se meut dans la Pérégrination est évoquée sans complaisance, sans parti pris explicité non plus. De là la multiplicité des lectures qui ont été faites de l'oeuvre. Chaque lecteur en infléchit le sens en fonction de sa sensibilité, de ses préoccupations du moment, de ce qui dans l'oeuvre le ramène à sa propre époque. Trois cent soixante dix neuf ans après que la *Peregrinação* ait vu le jour, cette épopée d'une humanité, d'un peuple, pris dans les remous et l'inhumanité des temps et des cieux nous invite encore à la réflexion.

Notes

1. Fernão Mendes Pinto, *Peregrinação*, éd. Afrodite, Lisbonne 1989. Nous utiliserons pour nos citations la belle traduction de Robert Viate, *Pérégrination*, éd. de la Différence, Paris 1991.
2. Rebecca Catz, *A Sátira social de Fernão Mendes Pinto: análise crítica da Peregrinação*, Lisbonne, 1978. Sur les différentes interprétations et les éléments qui ont retenu l'attention de la critique on pourra lire notamment: G. Le Gentil, *les Portugais en Extrême-Orient: Fernão Mendes Pinto un précurseur de l'exotisme au XVIème siècle*, Paris, 1947. Aquilino Ribeiro, "Fernão Mendes Pinto e a sua máscara de pirata", in *Portugueses das Sete Partidas*, Lisbonne 1969, p. 223–248 — A.J. Saraiva, *Fernão Mendes Pinto*, Lisbonne 1958 — "Fernão Mendes Pinto ou a sátira picaresca da ideologia senhorial" in *História da Cultura em Portugal*, vol. III, Lisbonne 1962, p. 343–396.
3. Fernão Mendes Pinto, *Peregrinação*, ch. 1; citation: *Pérégrination*, p. 35.

LA *PEREGRINAÇÃO* OU L'ÉPOPÉE D'UN PEUPLE 115

4. Voir *Peregrinação* ch 2, ch 3 — Francisco de Almeida fut le premier vice-roi des Indes de 1505 à 1509. Nuno da Cunha,10ème vice-roi, ch. 12. Quant à Heitor da Silveira (ch 37) il a laissé un nom dans l'histoire pour ses exploits dans l'Océan Indien. Il est mort dans la prise de l'île de Beth en 1531.
   On trouve bien d'autres noms. Paulo da Gama, fils de Estevão de Gama (frère de Vasco) lui-même évoqué lors de son différent avec Pero de Faria (ch. 21), Garcia de Sá gouverneur de 1548 à 1549, João Marcarenhas qui participa au siège de Diu en 1546, Gonçalo Vaz Coutinho et bien d'autres.

5. *Peregrinação*, ch. 90, citation: p. 277.

6. On peut penser à Gil Vicente, ou aux vers d'António Ferreira mais également aujourd'hui au poème de Manuel Alegre, "Peregrinação": *Era um povo a perder-se por seu amo / que perdia o seu povo de ilha em ilha*.

7. Sur Inès de Leiria et Tomé Pires voir *Peregrinação*, ch. 91; sur Vasco Calvo, ch. 91 et 116. citation p. 364. Tomé Pires et sa femme, qui selon F.M.P. avaient toujours vécu fort catholiquement, auraient converti nombre de païens ou gentils. C'est ainsi qu'on les appelait depuis la Bible.

8. *Peregrinação*, ch. 162; citation p. 548.

9. *Op. cit.*, ch. 2.

10. *Op. cit.*, ch. 12.

11. *Op. cit.*, ch. 35 — le père de João Fernandes de Abreu, António de Abreu explora les îles Moluques en 1511, et occupa des charges importantes à Malacca.

12. *Op. cit.*, ch. 20.

13. *Op. cit.*, ch. 8.

14. *Op. cit.*, ch. 12.

15. *Op. cit.*, ch. 33.

16. *Op. cit.*, ch. 51.

17. *Op. cit.*, ch. 37.

18. *Op. cit.*, ch. 24.

19. *Op. cit.*, ch. 51.

20. *Op. cit.*, ch. 37; citation p. 125.

21. *Op. cit.*, ch. 60.

22. *Op. cit.*, ch. 28. voir aussi ch. 53 et 79.

23. *Op. cit.*, ch. 118 et 119; citation p. 369.

24. *Op. cit.*, ch. 181; citations p. 614 et 617.

25. *Op. cit.*, ch. 55. ch. 76–77.

26. *Op. cit.*, ch. 69. Saint François Xavier sort du cadre de notre étude compte tenu de sa personnalité et du caractère exceptionnel de son action missionnaire.

27. *Pérégrination*, p. 121.

28. *Op. cit.*, p. 121.

29. *Op. cit.*, p. 682–683.

30. *Op. cit.*, p. 175.

31. *Peregrinação*, ch. 36; citations p. 121.

32. *Op. cit.*, ch. 202.

33. Sur Liampo lire les chapitres 44, 51, 57, 64, 66, 67, 221; citations p. 756–757.

34. *Pérégrination*, p. 757.

35. *Pérégrination*, p. 182.

36. *Op. cit.*, p. 220.
37. *Op. cit.*, p. 760.
38. Testament reproduit dans l'édition Afrodite, p. 1021.
39. On peut lire à ce propos les articles de Fernando António Almeida, "Farias: uma sombra protectora para Fernão Mendes Pinto. I, presença ao longo de século e meio", *História*, ano IX, n° 102, nov., 1987, p. 48 et suiv. "Farias: uma sombra protectora para Fernão Mendes Pinto II, os lugares portugueses", *História*, ano IX, n° 103, déc. 1987, p. 51-57 – "Uma biografia portuguesa de Fernão Mendes Pinto", *História*, ano X, n° 105, fév. 1988, p. 30-37. Rappelons la présence dans *Peregrinação* de Francisco de Faria, gentilhomme du Maître de l'Ordre de Saint Jacques que F.M.P. servit quatre ans et qui le donna comme valet au Maître de l'Ordre lui-même. Pero de Faria s'intéressa à plusieurs reprises au sort du Portugais, lui confia des ambassades, l'aida à faire fortune en l'envoyant commercer. C'est Belchior Faria qui fera imprimer la *Peregrinação* à ses frais.

The Restoration of 1640, the *Ausentes em Castela,* and the Portuguese Military Orders: Santiago, a Case Study

Francis A. Dutra
University of California, Santa Barbara

On 1 December 1640, Dom João, 8th Duke of Bragança, was acclaimed João IV of Portugal. On 7 December word of the coup d'etat arrived in Madrid. As the Venetian ambassador expressed it: "The majority of the nobles have risen; the Princess Margaret [Duchess of Mantua, Vicereine of Portugal] has been put in a convent, and they have tumultuously turned to the Duke of Bragança, offering him possession of the kingdom."[1] At the time of these events, a significant number of important Portuguese nobles were stationed either in Madrid or in diplomatic and military posts throughout Europe.[2]

The early months after the coup were a period of flux as some who were in Portugal fled or attempted to flee to Spain, while a number of those in Madrid or in Spanish service throughout Europe sought to return to Portugal.[3] In the 1630s, a number of important Portuguese nobles had been forced by Count-Duke Olivares to leave Portugal and serve in Spain or in other parts of Europe. Though unhappy at being outside Portugal while Portuguese independence was being proclaimed, most felt that the risk of returning to Portugal was too great. Still others, either out of loyalty to Philip IV, self-interest, or dislike of the Braganças, chose to remain in Spain. Though all the evidence is not in, informal arrangements seem to have been made by a few families who were caught in the middle between João IV and Philip IV. By having some members proclaim loyalty to Philip and others to João, families could be assured of keeping their titles, honors and properties regardless of the outcome of the conflict. Though many younger sons of important nobles sided with the Duke of Bragança while the heirs to the family titles were in Madrid, the reverse was also true and facile generalizations should be eschewed.

One interesting but unstudied aspect of this problem of divided loyalties involves the Portuguese military orders of Christ, Santiago and Avis. By the papal bull, "Praeclara charissimi," dated 4 January 1551, the kings of Portugal had been named perpetual masters, governors and administrators of these orders. When Philip II became Philip I of Portugal, he became master and governor of the three Portuguese military orders in addition to heading the Spanish military orders of Santiago, Calatrava, Alcántara and Montesa. The same was true for his son and grandson. In the aftermath of the events of 1 December 1640, both João IV and Philip IV claimed the masterships of these Portuguese orders. Right up to his dying days in 1665, Philip IV continued to award knighthoods in the Portuguese military orders. His young son Carlos II did the same until as late as March 1668. These knighthoods were never recognized in Portugal.[4]

The records of the three Portuguese military orders are incomplete for the 1580–1640 period. Furthermore, all the Portuguese nobles and higher clergy who sided with Spain have not yet been identified. However, it is clear that by the last week of December 1640, at least fifteen knights in the Order of Santiago (not holding commanderies) stayed loyal to Philip IV. Of the commanders or administrators of the more than eighty commanderies of the order—all of whom can be identified for this time period—eleven (eight with knighthoods in Santiago and three with knighthoods in Christ) stayed loyal to Philip IV.[5] But these eleven held more than one-fourth of the commanderies of the Order of Santiago. In addition, the order's *prior-mor*, Dom Diogo Lobo, who was head of the order's headquarters and monastery at Palmela, was also in Madrid in December 1640.

Of those fifteen knights of Santiago loyal to Philip IV who did not hold commanderies in the order, thirteen were New Christians who had received papal dispensations to become knights of Santiago.[6] All but one of these thirteen New Christians were *assientistas* and merchants.[7] The one exception was Dom Bernardo de Meneses, whose paternal grandfather was the brother of Dom Diogo de Meneses, 1st Count of Ericeira but whose maternal grandparents and mother were New Christians.[8] All thirteen had become knights of Santiago during the years 1635–1640 under Spanish pressure. Their admittance into the order had been strongly opposed by the deputies of the Portuguese Mesa da Consciência e Ordens.[9]

The two Old Christians were Gregório de Carvalho de Brito and Luis da Silva. The former had been a retainer (*criado*) of Dom Afonso de Lencastre, the order's *comendador-mor*, and had been authorized to become a knight of Santiago in 1628.[10] In March of 1647, the Lisbon-born Gregório, who now held the post of General of Artillery and Governor of Lérida, received permission to switch to the Spanish branch of Santiago.[11] The other Old Christian, Luis da Silva, who had been promised but had not received a commandery in Santiago, will be discussed later.

The list of eight knight-commanders of Santiago staying loyal to Philip IV was headed by Dom Afonso de Lencastre, 1st Marquis of Porto Seguro (and lord-proprietor of that Brazilian captaincy) and *comendador-*

mor of the Order of Santiago, and his younger brother, Dom Luis de Lencastre, sons of Dom Álvaro de Lencastre, 3rd Duke of Aveiro. Dom Afonso had received authorization for his knighthood and habit in 1620 and the following year was named *comendador-mor*. By 1640, he was commander of Mouguelas (and its annexes), Benagazil and Santa Maria de Tavira. For his loyalty, Philip IV later made him 1st Duke of Abrantes. Dom Afonso passed this title and the post of *comendador-mor* of Santiago down to his son, Dom Agostinho de Lencastre, but title and post were not recognized in Portugal.[12] Dom Afonso's younger brother, Dom Luis, had received authorization for a knighthood in Santiago in 1630 and was commander of the Moios de Bras Palhas.

Another prominent knight-commander was the Madrid-born Dom Gaspar de Teive (or as he was known in Castile, D. Gaspar de Tebe), Marquis de la Fuente del Torno (a Milanese title), who held three commanderies in Santiago. Maliciously rumored to be an illegitimate son of Count-Duke Olivares, Dom Gaspar was actually the son of Melchior (Belchior) de Teive, a native of Madeira and later Councilor to Philip III, and the grandson of Gaspar de Teive, *estribeiro-mor* of Princess Joana, mother of King Sebastian.[13]

A fourth knight-commander of Santiago who remained loyal to Philip IV was Paulo Afonso Nogueira. He held six smaller commanderies (four in Alcácer do Sal and two ovens in Setúbal), several of which his father, Licenciado Francisco Nogueira, a member of the Desembargo do Paço and of the Council of Portugal based in Madrid, had been allowed to will to him.

A fifth knight of Santiago who remained in Madrid was Dom Fernando de Aragão, 3rd Count of Ficalho (a Portuguese title) and 8th Duke of Villahermosa, son of D. Carlos de Borja y Aragón, 7th Duke of Villahermosa, president of the Council of Portugal and friend of Olivares.[14] Because Dom Fernando was still a minor, he only had the administration of his commanderies. He had received authorization for a knighthood and habit in Santiago in 1627 with the appropriate dispensation for being underaged.[15]

Two of the remaining three knight-commanders loyal to Philip IV were older men who generally held smaller commanderies. Lisbon-born Dom Pedro Fernandes de Figueiroa, commander of Lagoa Alva, had received authorization for a knighthood in Santiago in 1609 on the eve of his departure to the war in Flanders. Of humble background, he needed a dispensation for his lack of nobility.[16] Diogo Manso de Andrade had also been rewarded for his military services on armadas, in Ceuta, North Africa, and on the 1588 English armada and held two commanderies: the retithes from the *alfandega* in Setúbal and the Pençoes de Tabeliões. He too received authorization for his habit and knighthood in 1609.[17] The third, New Christian Diogo Ximenes de Vargas, was commander of the oven in Setúbal called Judiaria. Born in Madrid, son of António

Ximenes, a knight in the Order of Christ and *pagador das guardas e artilharia* for the kingdom of Castile, Diogo was only about ten years old in 1612 when he was issued authorization for a knighthood and habit in Santiago.[18] He received the *carta da comenda* for his oven in 1623.[19]

As mentioned earlier, three of those who held commanderies in Santiago and stayed loyal to the Habsburgs were knights in the Order of Christ. One, Gabriel de Almeida de Vasconcelos, has been named secretary of Mercês, Ordens e Padroado for Portugal when the secretariat of the Council of Portugal was reformed in 1631. He held an oven-commandery called Sapalinho in Setúbal and may also have held commanderies in the Order of Christ. The second was Dom Lourenço Pires de Castro, 3rd Count of Basto, son of the 2nd Count, Dom Diogo de Castro, who had served as Viceroy of Portugal. In 1639 Dom Lourenço became commander of the valuable commanderies of Garvão and Almodôvar. He died fighting in Catalonia in 1642. The third of these knights in Christ holding Santiago commanderies was Diogo Lopes de Sousa, 2nd Count of Miranda do Corvo. He was administrator of the commandery of Alvalade for his young son, Henrique de Sousa Tavares, who had been born in Porto in 1626.[20] The 2nd Count of Miranda and his family were in Madrid when the Duke of Bragança was acclaimed king of Portugal. The Count died later that month in the Spanish capital.

What happened to these knights and commanders who were *ausentes em Castela*? There was little João IV and his successors could do to the knights of Santiago who remained loyal to Philip IV unless they were receiving monies from the order's properties in Portugal. None of the twelve New Christian *assientistas*/merchants had been awarded pensions with their knighthoods in Santiago. As pointed out earlier, the Old Christian, Gregório de Carvalho, later switched to the Spanish branch of the order perhaps in order to receive a pension from it.

Some knights who sided with Philip IV had their earlier promises of commanderies in Santiago voided. Such was the case of Luis da Silva, the second of the known Old Christian members of the order remaining in Madrid. Luis was the son of the blind Lourenço da Silva 9th Senhor of Vagos. Lourenço, a knight in Santiago and commander and *alcaide-mor* of Messejana, had been promised another lifetime in the commandery for his son or grandson in honor of his marriage with the oldest daughter of the future 1st Count of Miranda do Corvo.[21] This son, Luis, had received authorization to receive his knighthood in Madrid in 1633 but had returned to Portugal before 1 December 1640.[22] Soon after, however, he fled to Castile.[23] Braamcamp Freire asserts that Lourenço was suspected of aiding his son's escape and was temporarily imprisoned.[24] When Lourenço died about 1645, the commandery of Messejana, which had been in his family for 170 years, was granted not to his son Luis, but to Tomé de Sousa, son of the *vedor* of the 7th Duke of Bragança.[25] The following year, Luis da Silva died fighting the French and Catalans at Lérida.[26]

The commanderies in Santiago of the eleven *ausentes em Castela* could be, and frequently were, sequestered. Because young Fernando, 8th Duke of Villahermosa, was only the administrator of São Pedro de Faro, João IV was able to immediately give it to another. The Portuguese monarch pointed out that Dom Fernando was "not a native of Portugal" and that he was out of the kingdom "in my disservice." On 12 March 1642, João IV issued the *carta da comenda* to João Rodrigues de Sá e Meneses, his *camareiro-mor* and 3rd Count of Penaguião.[27]

As for the other commanders *ausente em Castela*, as long as they were alive, only administrators could be named for their commanderies although these administrators received the commanderies' annual receipts. Only after the commanders died or renounced their commanderies could new *cartas da comenda* be issued. The smaller commanderies were frequently used to reward professional military men for their efforts in the Wars of Restoration or to provide pensions for those who served overseas and their relatives.[28] For example, one of Paulo Afonso Nogueira's oven commanderies (that of Porta do Sol) was granted to Captain Luis Pinhana Velho. A man with long years of military experience, he had been serving in Flanders when João was acclaimed king and had worked his way back to Portugal and fought against the Spaniards at Mourão, Olivença and Valverde.[29] Administration of the oven commandery of the bureaucrat Gabriel de Almeida de Vasconcelos went to Feliciano Dourado, secretary of the Portuguese Embassy to the Netherlands and later a member of the Overseas Council, until a larger one in the Order of Christ became vacant.[30]

Others of the *ausentes'* commanderies went to the rising nobility. Dom Francisco de Castelo Branco, future 9th Count of Redondo, who was already commander of Espada in Elvas, succeeded to the remaining commanderies that had belonged to Paulo Afonso Nogueira. Benagazil, one of the commanderies formerly belonging to Dom Afonso de Lencastre was later granted to Dom Rodrigo de Castro, future 1st Count of Mesquitela.[31] Another, Santa Maria de Tavira, was granted to Martim Correia da Silva. That of Mouguelas went to Dinis de Melo de Castro, future 1st Count of Galveias.[32] Melo de Castro eventually was also granted Dom Gaspar de Teive's commandery of Colos.[33] Dom Gaspar de Teive's valuable commandery of Miuças de Alcácer do Sal was granted to the ill-fated Fernão Mascarenhas.[34]

However, the two commanderies of Lourenço Pires de Castro stayed in the family. His sister, Dona Joana de Castro, who eventually became heiress of the estates of her father, had married Duarte de Albuquerque Coelho, fourth lord-proprietor of Pernambuco, who also was in Madrid in 1640. Their daughter, Dona Maria Margarida de Castro e Albuquerque, heiress of both parents' extensive properties, had married Dom Miguel de Portugal, son of Dom Afonso de Portugal, 1st Marquis of Aguiar and 5th Count of Vimioso. Because of this marriage and after long legal battles, Dom Miguel, who had become 7th Count of Vimioso in 1655, eventually succeeded to these two valuable commanderies.[35]

The valuable commandery of Alvalade, being administered by the 2nd Count of Miranda do Corvo, who died in Madrid on 27 December 1640, also stayed in his family. Another lifetime in the commandery had been promised to Diogo's young son, Henrique de Sousa Tavares, who had been born in Porto in 1626. But Henrique was in Madrid in 1640 with his family. Back in Portugal, administration of his commandery was granted to Dom Francisco de Soto Maior, Bishop of Targa and Dean of the Royal Chapel.[36] Henrique, however, desired to return to Portugal and under the pretense of wishing to fight in Flanders where his uncle, Dom Francisco de Melo, 1st Count of Assumar, was governor, Henrique left Madrid and made his way to Lisbon via Paris. Henrique was granted administration of Alvalade in 1646 and was issued its *carta da comenda* in 1653.[37] In 1674, Henrique became 1st Marquis of Arronches.[38]

Just when it seemed that the affairs of the Portuguese Order of Santiago were being regularized, a major event took place that changed the status of many of the order's richest commanderies. In 1659, the 4th Duke of Aveiro, Dom Raimundo de Lencastre, the wealthiest commander in the order, commander of a dozen or so commanderies, after almost nineteen years of loyalty to the Bragança cause, fled to Spain. Dom Raimundo's father, Dom Jorge de Lencastre, 1st Duke of Torres Novas and older brother of Dom Afonso and Dom Luis de Lencastre mentioned above, had died in 1632 at the age of thirty-eight. In 1633, a year later, his commanderies in Santiago had annual receipts of more than 5500$.[39] Dom Raimundo de Lencastre, born in the late 1620s, eventually succeeded to these commanderies of his father.[40] But because of his youth, his mother administered Dom Raimundo's commanderies. Most of the *cartas da comenda* were issued in 1636.

The reasons for Dom Raimundo's change of heart are not entirely clear, though the Dukes of Aveiro and Dukes of Bragança had frequently been rivals. Upon Dom Raimundo's flight, the crown immediately sequestered the commanderies as well as his other properties. Dom Raimundo died in 1666 and was buried in Cadiz where he had been preparing a sea attack on Portugal.[41] At the time the 4th Duke of Aveiro's properties were seized, there was a scramble for the right of succession by his relatives who had backed Portuguese independence. The winner by sentence of 14 May 1668 was an ecclesiastic, Dom Pedro de Lencastre, a younger brother of Dom Raimundo's father. Dom Pedro de Lencastre became 5th Duke of Aveiro and later titular archbishop of Sida and chief inquisitor for Portugal (1671) before dying in 1673. The 5th Duke, however, did not receive Dom Raimundo's commanderies in the Order of Santiago. They remained under crown control until about 1735 when they were granted to the 7th Duke of Aveiro, Dom Gabriel de

Lencastre. In that year, Dom Gabriel, a knight in the Spanish Order of Calatrava, transferred to the Portuguese Order of Santiago so that he could succeed to the commanderies last held by the 4th Duke of Aveiro.[42]

Notas

An earlier version of this chapter was read at the 22nd Annual Meeting of the Society for Spanish and Portuguese Historical Studies held in New Orleans in April, 1990. I am grateful for the helpful comments of William S. Maltby, who chaired the session.

1. Quoted in J.H. Elliott, *The Count-Duke of Olivares. The Statesman in an Age of Decline* (New Haven: Yale University Press, 1986), p. 597.

2. The *Copia de hũa carta, em que se da breve noticia do succedido desde o dia da felice acclamação del Rey nosso Senhor até o presente*, published anonymously in Lisbon in 1641, lists the names of some of the more important Portuguese nobles currently residing outside of Portugal. Most of them were either in Madrid, in diplomatic posts in other European capitals, or serving militarily in Flanders or Catalonia. This list, containing the names of seventy-eight Portuguese, is reproduced by António Álvaro Doria, editor of Dom Luis de Meneses (1632–1690), 3rd Count of Ericeira's *História de Portugal Restaurado*. 4 volumes (Porto, 1945), I, 488. This work was originally published in two volumes, 1679–1698. Citations refer to the 1945 edition.

3. The names of some of the nobles fleeing Portugal for Spain, taken from two manuscripts in the Biblioteca da Universidade de Coimbra, are listed by Doria in the notes to the Count of Ericeira, *História de Portugal Restaurado*, I, 489–490.

4. The last award of a knighthood in the Portuguese Order of Santiago by Carlos II seems to have been to Afonso de Lencastre, Marquis of Sardoal, grandson of the (former) *comendador-mor* of the order and son of Dom Agostinho de Lencastre. See Francisco Manuel Alves, *Catálogo dos Manuscritos de Simancas Respeitantes à História Portuguesa* (Coimbra, 1933), p. 160. The records seem to be incomplete, but at least 141 knighthoods were issued for the Order of Santiago by the Spanish monarchs from 1641–1668.

5. The Order of Santiago, like the other two Portuguese military orders and those in Spain, was divided into knights and commanders on the one side and priests and conventual friars on the other. Though the Order's rule clearly stated that one must be a knight of Santiago in order to be a commander in that order, exceptions were made, and a number of the Order's commanders were knights in the Order of Christ. However, in the latter part of the sixteenth and the early part of the seventeenth centuries, the above-mentioned rule was generally enforced and a number of knights of Christ and Avis transferred to the Order of Santiago so that they could be commanders in that order.

6. Beginning in 1572, New Christians—those descended from the Jews forcibly converted in 1497 during the reign of Manuel I—were prohibited from entering the three Portuguese military orders. See item 1 in the Regimento of 6 February 1572 in Arquivo Nacional da Torre do Tombo [cited hereafter as ANTT], Chancelaria da Ordem de Cristo, liv. 2, fol. 278v. These regulations were incorporated in the revised rules and statutes for each of the three orders published in 1627 and 1628. However, dozens of dispensations were granted, though papal letters were required. Those of New Christian background could be found in all three orders, but the orders of Christ

and Avis never had the concentration of New Christians that Santiago had in the six years 1635–1640.

7. The best study to date on these New Christian *assientistas* and merchants is James C. Boyajian, *Portuguese Bankers at the Court of Spain, 1626–1650* (New Brunswick: Rutgers University Press, 1983). Particularly helpful are the genealogical tables, pp. 186–204. However, the parts on the Portuguese military orders (pp. 112–115 and 249–250) should be used with caution. Boyajian frequently assumes that because a person was awarded a knighthood in one of the military orders and underwent the required background investigation, he became a knight of one of the orders. In Portuguese archives, the existence of a background investigation (*habilitação*) does not mean that a letter authorizing a knighthood was issued. These latter letters are found in the order's registry books, the Chancelarias of the Order of Santiago, housed in the Arquivo Nacional da Torre do Tombo.

8. See *Ementas de Habilitações de Ordens Militares nos Princípios do Século XVII* (Lisbon, 1931), p. 62. Dom Bernardo's brother, Dom Lopo de Meneses, who also sided with Spain, was a knight in the Order of Avis.

9. The Portuguese deputies, after stating their misgivings, usually lost out to Philip IV. One case that they do seem to have won is that of Duarte Fernandes da Costa. Typical of the deputies' arguments is that found in the *consulta* of the Mesa da Consciência e Ordens regarding Duarte Fernandes da Costa dated 27 November 1638 in ANTT, Mesa da Consciencia e Ordens, liv. 35, fol. 114. Much of the same information is also found in ANTT, Habilitações da Ordem de Santiago, Letra D, Maço 2, Número 45. Both contain a revised *consulta* dated 31 March 1639, not 1636, as Boyajian states on pp. 249 and 250. Duarte Fernandes da Costa had been awarded a knighthood in Santiago by a *portaria* dated 31 July 1638 at the request of his paternal grandfather Duarte Fernandes. However, the background investigation revealed that—among other things—his maternal grandfather, Diogo Rodrigues de Lisboa, had been imprisoned by the Lisbon inquisition and publicly penanced. Boyajian, *Portuguese Bankers*, p. 113 claims that Duarte became a knight of Santiago, but there is no record of this in the order's registry books and there is every indication that he did not become a member. However, another Duarte Fernandes da Costa, uncle of the above-mentioned Duarte, did receive an authorization for a knighthood in Santiago on 25 October 1635. See ANTT, Chancelaria da Ordem de Santiago, liv. 13, fols. 128v–129. In addition, young Duarte's father, Álvaro Fernandes da Costa, also received authorization to become a knight in Santiago, probably the same year. Though the letters of authorization for Álvaro are missing from the order's registry books, Alvaro is identified on 3 August 1635 as a "fidalgo and cavaleiro of Santiago." *Index das Notas de Varios Tabelliães de Lisboa, entre os Anos de 1580 e 1747*. 4 vols. (Lisbon, 1930–1949) I, 78. Though Boyajian (p. 113) calls Álvaro a "knight-commander of the Order of Santiago in Portugal," there is no evidence to date that Álvaro was ever awarded a commandery before 1 December 1640.

10. ANTT, Chancelaria da Ordem de Santiago, liv. 12, fols. 114–114v.

11. See Cecilia Rodriguez de Maribona y Alvarez de la Viña [Marquesa de Ciadoncha], "Los Caballeros Portugueses en las Ordenes Militares Españolas," *Arquivo Historico de Portugal* V (1943–1950), p. 247.

12. In 1648, King João IV named his own four-year-old son, Prince Afonso (the future King Afonso VI), *comendador-mor* of Santiago. José Justino de Andrade e Silva, *Collecção Chronologica da Legislação Portugueza*. 10 vols. (Lisbon, 1854–1859), VII, 9–10.

13. For the false rumors on Dom Gaspar's paternity, see Gregorio Marañón, *El Conde-Duque de Olivares (La Pasión de Mandar)* (Madrid, 1936), p. 413. Marañón erroneously has Dom Gaspar being born in 1608. Clearly, his birthdate was earlier. However,

in 1609 when authorization for Dom Gaspar's knighthood and habit were issued, he was very young and required a papal dispensation for being underage. His background investigation was held in Lisbon even though the statutes of the Order required them to take place in Madeira, Madrid and Seville (the latter being the birthplace of Dom Gaspar's mother, Dona Mariana Telo). For the background investigation and the papal dispensation, see letters of king dated 27 February and 24 March 1609 in ANTT, Mesa da Consciência e Ordens, liv. 20, fols. 41 and 43–43v, respectively. The authorization (which also mentions the dispensation because Dom Gaspar was underaged) is found in ANTT, Chancelaria da Ordem de Santiago, liv. 11, fols. 265–265v. In 1609, Dom Gaspar was granted 40$ annually. Ibid., liv. 11, fol. 311. By 1619, his father was dead. Because he was still a minor, Gaspar only received the administration of the first of his three commanderies (that of Colos). See *alvará* of 17 August 1619 in *ibid.*, liv. 10, fol 40v.

14. For the relationship of D. Carlos with Olivares, see Elliott, *Count-Duke of Olivares*, pp. 526 and 644.

15. For the dispensation, see ANTT, Mesa da Consciência e Ordens, liv. 30, fol. 66. For the authorization, see ANTT, Chancelaria da Ordem de Santiago, liv. 12, fol. 110v.

16. That same year, he seems to have been issued his *carta da comenda*.

17. ANTT, Chancelaria da Ordem de Santiago, liv. 11, fols. 253–254. Before becoming a commander, he had been granted a pension of 40$ annually. *Ibid.*, liv. 11, fols. 307–307v.

18. ANTT, Chancelaria da Ordem de Santiago, liv. 10, fol. 4.

19. ANTT, Chancelaria da Ordem de Santiago, liv. 12, fols. 9–9v.

20. See *alvará de lembrança* dated 30 September 1633 in ANTT, Chancelaria da Ordem de Santiago, liv. 13, fol. 20v.

21. ANTT, Chancelaria da Ordem de Santiago, liv. 11, fol. 333.

22. See ANTT, Habilitações da Ordem de Santiago, Letra L, Maço 1, Número 60 and ANTT, Chancelaria da Ordem de Santiago, liv. 13, fols. 142–142v.

23. See Ericeira, *Portugal Restaurado* I, 489.

24. Anselmo Braamcamp Freire, *Brasões da Sala de Sintra* [cited hereafter as BSS]. 3 vols. (2nd ed.; Coimbra, 1921–1930), II, 66.

25. The award, made in 1645, is found in *Inventario dos Livros das Portarias do Reino* [cited hereafter as IPR]. 2 vols. (Lisbon, 1909–1912), I, 138. The *carta da comenda* was issued on 9 March 1648, ANTT, Chancelaria da Ordem de Santiago, liv. 15, fol. 44. However, Lourenço's half-brother, Dom João da Silva Telo de Meneses, 1st Count of Aveiras and twice Viceroy of India, who had proclaimed for the Duke of Bragança, had succeeded Lourenço as Senhor of Vagos. BSS II, 66–67.

26. BSS II, 66.

27. See ANTT, Chancelaria da Ordem de Santiago, liv. 14, fols. 37v–38v. For the award, see IPR I, 40. The 3rd Count of Penaguião played a very important role in Portuguese affairs during the reign of João IV. In addition to being a member of the Council of War and State, the 3rd Count of Penaguião served as *camareiro-mor* both to João IV and Afonso VI. He was also ambassador extraordinary to England, 1652–1654. Upon his return to Portugal, he distinguished himself at the siege of Badajoz. See D. António Caetano de Sousa, *História Genealógica da Casa Real Portuguesa* [cited hereafter as HGCRP]. 2nd edition organized by M. Lopes de Almeida and Cesar Pegado. (Coimbra, 1946–1964) IX, 262.

28. For example, see the *padrão de 40$* in ANTT, Chancelaria da Ordem de Santiago, liv. 15, fols. 54–54v.

29. IPR I, 68. Also see ANTT, Chancelaria da Ordem de Santiago, liv. 15, fol. 15.

30. ANTT, Chancelaria da Ordem de Santiago, liv. 15, fols. 69–70 and IPR II, 209.

31. Dom Rodrigo was awarded the commandery of Benagazil in 1649 because of his services in the Wars of Restoration. IPR I, 311. In 1658 he was granted the title of Count of Mesquitela. See *Nobreza de Portugal e do Brasil* [cited hereafter as NPB]. 3 vols. (Lisbon, 1960–1961), II, 738.

32. *Couteiro-mor* of the House of Bragança and war hero in the fight for the Portuguese independence, Dom Dinis became 1st Count of Galveias in the early 1690s. See BSS I, 513. A knight of Malta, Dom Dinis was first given administration of Mouguelas on 29 November 1651. ANTT, Chancelaria da Ordem de Santiago, liv. 15, fol. 519.

33. Dom Dinis was issued the *carta da comenda* for Colos on 16 June 1665. ANTT, Chancelaria da Ordem de Santiago, liv. 17, fols. 175v–177. He succeeded Dom João de Aguilar Mexia who had been awarded the commandery in 1643.

34. Dona Elena Henriques was given the administration of the Miuças de Alcácer do Sal for her young son Fernão Mascarenhas beginning on 20 November 1651. ANTT, Chancelaria da Ordem de Santiago, liv. 15, fol. 504v. Because Dom Gaspar de Teive remained alive, the *alvará de administração* was renewed at least a dozen times, the last time being 11 August 1672. See ibid., liv. 18, fols. 195–195v. On 20 November 1665, Fernão, because of his military services in the Wars of Restoration and those of his father in the relief of Mina was granted two additional lives in the commandery. Ibid., liv. 17, fol. 237v. In 1673 a plot was uncovered to kill Prince Regent Pedro and his family and restore his brother Afonso VI to the throne. Fernão Mascarenhas was implicated and executed in May of 1674. He was later discovered to be innocent and his son Pedro became 1st Count of Sandomil. However, the commandery was lost to the family. See HGCRP VII, p. 381.

35. NPB II, 405–406.

36. ANTT, Chancelaria da Ordem de Santiago, liv. 14, fols. 41–41v.

37. For the *carta da comenda*, see ANTT, Chancelaria da Ordem de Santiago, liv. 15, fols. 519v–521. For the first of several *alvarás de administração*, see ibid., fols. 32–32v.

38. See HGCRP XII:1, pp. 327, 331.

39. These commanderies included Arruda, Barreiro, Castro Verde, Samora Correia, Torrão, Aljustrel, Sesimbra, Ferreira, Arrábida, and the salt tithes.

40. Raimundo initially inherited only the title of Duke of Torres Novas because his grandmother the 3rd Duchess of Aveiro was still alive. Later, his uncle the Marquis of Porto Seguro, as the 3rd Duchess's oldest surviving son, tried to claim the title of 4th Duke of Aveiro but lost to his nephew, Raimundo, by sentence of 18 September 1637. HGCRP XI, 110. In the meantime, in 1633, Raimundo's mother, Dona Ana Maria Manrique, Duchess of Torres Novas, was given the administration of her late husband's commanderies as guardian of her minor son. See ANTT, Chancelaria da Ordem de Santiago, liv. 13, fols 23–26v and 117v–118.

41. Ericeira, *Portugal Restaurado*, III, 266–273, 281; IV, 275, 279.

42. ANTT, Chancelaria da Ordem de Santiago, liv. 28, fols. 187–187v. See also ibid., Habilitações da Ordem de Santiago, Letra G, Maço 1, Número 16.

Subsídios para o estudo da poesia de Violante do Céu: a poesia profana

Manuel G. Simões
Università di Venezia

1

A poesia do período barroco jaz esquecida nos dois grandes cancioneiros *Fénix Renascida* e *Postilhão de Apolo* (para além dos inúmeros folhetos e colectâneas avulsos), sem que, pelo menos se tente uma arrumação crítica dos materiais ou, o que seria desejável, se elaborem monografias sobre os poetas mais importantes, operação que permitiria publicar o *corpus* poético de cada autor, de modo a fornecer uma visão global menos estereotipada dos vários poetas que operaram naquele período. Exceptuando os casos de Frei Agostinho da Cruz, de António da Fonseca Soares (Frei António das Chagas), de Rodrigues Lobo, de Serrão de Crasto ou de Jerónimo Baía, já objecto de estudos aprodunfados,[1] muitos outros poetas permanecem no limbo da desatenção crítica e alguns merecem sem dúvida "libertar-se da lei da morte", de que falava Camões.

Violante do Céu não escapa à lei geral do esquecimento. E todavia foi uma das personalidades mais conhecidas e admiradas no seu tempo e autora de grande prestígio. A avaliar pelo testemunho de Diogo Barbosa Machado, teceram-lhe grandes elogios personagens como António de Sousa de Macedo, Froes Perym ou D. Francisco Manuel de Melo, tornando-se até matéria referencial de composições poéticas que lhe foram dedicadas por Manuel de Faria e Sousa, Jacinto Cordeiro e António Figueira Durão. O que sobretudo era posto em evidência dizia respeito à habilidade poética, louvando-se-lhe o engenho e o prodígio da eloquência. No século XIX, com José M. da Costa e Silva, aparecem as primeiras acusações ao seu espírito rebuscado e artificioso: "o furor de dizer as cousas de um modo extraordinário, e novo, a fez cahir em um estylo pretencioso, emborilhado, e fugir da naturalidade, e singeleza, como se fossem grandes vicios do estylo"[2]; e já no século XX, numa das raras referências à sua obra literária, Thereza Leitão de Barros resume, deste modo, o seu juízo mais do que reticente: "De Sóror Violante se pode dizer, parafraseando um paradoxo vulgar, que possuía em elevado grau todas as qualidades dos seus defeitos"[3].

Na falta de notícias sobre as razões do seu "refúgio" conventual, a crítica dividiu-se igualmente sobre a sinceridade da sua vocação. Neste aspecto, é a mais antiga (Diogo Barbosa Machado) a pronunciar-se nada menos que por uma sincera inspiração mística, enquanto a mais recente—J.M. da Costa e Silva, T. Leitão de Barros, Conde de Sabugosa— se manifesta por uma duvidosa vocação religiosa, pondo em destaque, sobretudo a partir da poesia profana, os traços de uma presumível paixão amorosa, na tentativa de reconstruir a hipótese de um "romance de amor" que teria conduzido Violante Montesino[4] a deixar os enganos do mundo e a "escolher" a cela do convento. Mendes dos Remédios, porém, num dos poucos ensaios dedicados à poetisa no nosso século, descobre sobretudo a espiritualidade que o crítico crê provir de uma convicção profunda e da vontade livre: "A sua musa encontra o lenitivo apropriado nos assuntos de caráter mítico, absorvida num ideal de perfeição sempre desejável, sempre inatingível"[5].

Seja como for, Violante do Céu cedo se tinha distinguido no panorama cultural do seu tempo através das suas composições poéticas às quais aliava a sua qualidade de exímia tocadora de harpa, tornando-se certamente conhecida nos muitos recitais em que aliava a música à poesia. E cedo se tinha tornado famosa se considerarmos que em 1619, apenas com dezoito anos, uma sua peça teatral—"Santa Engrácia" para alguns, "Santa Eugénia" para outros—, depois desaparecida, tinha sido escolhida para ser representada durante a visita a Lisboa de Filipe III e no âmbito dos espectáculos organizados pela cidade em honra do monarca[6].

Dada, portanto, a fama já alcançada e a intensa vida social que conduzia, tudo faz prever que só um facto de grande consistência existencial a poderia ter levado ao convento dominicano de Nossa Senhora da Rosa, de Lisboa, no ano de 1630, aos vinte e nove anos de idade. Diga-se, no entanto, que continuou a usufruir de grande liberdade de movimentos, mantendo as mesmas relações literárias, cultivando as letras e a música, dirigindo-se com grande à vontade quer a reis, quer a bispos, quer ainda a outras personalidades de elevado nível social.

2

O *corpus* poético de Violante do Céu, disperso por várias publicações e manuscritos, aguarda uma organização global de modo a oferecer uma visão menos esfumada das suas valências e das suas linhas de força. Todavia, para além dos poemas avulsos que fazem parte dos dois cancioneiros barrocos (*A Fénix Renascida* e *Postilhão de Apolo*), a parte mais significativa foi publicada nas *Rimas Varias . . .* (Ruan, 1646) e no *Parnaso Lusitano de divinos, e humanos versos* (Lisboa, 2 tomos, 1733), o suficiente para se fazer um levantamento geral das isotopias mais frequentadas pela poetisa e das formas poéticas que ocorrem prevalentemente no seu "cancioneiro"[7].

Quanto às formas poéticas, Violante do Céu revisita praticamente todas as formas poéticas fixas cultivadas na época, como se pode depreender do seguinte inventário:

a) *Rimas Varias* (por ordem descrescente de ocorrência):
27 romances (25 em castelhano); 26 sonetos (12 em castelhano); 14 décimas (5 em castelhano); 12 canções (8 em castelhano); 6 madrigais (5 em castelhano); 6 glosas (5 em castelhano); 2 silvas; 1 capítulo; 1 epístola, em castelhano; 1 redondilha, em castelhano; e 1 proposta, igualmente em castelhano.

b) *Parnaso Lusitano*:
Primeiro coro: 100 sonetos (76 em castelhano);
Segundo coro: 13 canções (8 em castelhano);
Terceiro coro: 9 silvas (4 em castelhano)
Quarto coro: 4 elegias (3 em castelhano)
Quinto coro: 4 epístolas (2 em castelhano), 4 oitavas (2 em castelhano) e 35 deprecações;
Sexto coro: 22 romances (7 em castelhano), 2 redondilhas;
Sétimo coro: 229 villancicos (201 em castelhano);
Oitavo coro: 132 villancicos (126 em castelhano);
Nono coro: 46 villancicos, todos em castelhano, 4 glosas (2 em castelhano), 3 décimas (1 em castelhano) e 1 endecha.

Como se vê o bilinguismo é uma característica fundamental da poesia de Violante do Céu[8], com predominância absoluta do castelhano, se considerarmos que das 97 composições de *Rimas Varias*, bem 63 utilizam esta expressão linguística, aspecto ainda mais marcante no *Parnaso Lusitano*, com 478 composições em castelhano num total de 608.

Das inúmeras formas poéticas revisitadas, o "villancico" tem a primazia absoluta: 407 "villancicos", todos inseridos no sétimo, oitavo e nono coros do *Parnaso Lusitano*, dos quais 373 são em castelhano, o que não é motivo de perplexidade atendendo à forte tradição espanhola em relação a este tipo de poema, o que pode justificar a adopção da terminologia em castelhano mesmo no caso das 34 composições escritas em português, onde nunca aparece a expressão correspondente (vilancete). Todos os "villancicos" têm como matéria referencial a componente religiosa, motivo por que não são considerados neste trabalho para a individuação das isotopias do corpo textual profano de Violante do Céu. Diga-se, no entanto, que a poetisa não segue as regras fixas desta forma poética e que, pelo contrário, apresenta uma grande variedade de estruturas, sem respeitar o cânone tradicional que previa a divisão em mote (ou tema), glosa ou volta, podendo esta ser finalizada por uma cauda ou enlace. A evolução estrutural desta forma poética nota-se precisamente na ausência destes elementos distintivos e na grande liberdade, quer métrica quer estrófica, seguida pela autora. Com muita frequência os seus "villancicos" apresentam uma estrutura dialógica com a interveniência de personagens do mundo pastoril ou muito simplesmente com a intenção de formular perguntas e respectivas respostas no âmbito das grandezas e mistérios divinos. De notar, igualmente — aspecto já relevado pela crítica, em geral —, a maior espontaneidade e clareza evidenciadas por estas composições, sem elementos rebuscados e uma certa afectação enfática, tão do gosto conceptista, que caracteriza, pelo contrário, a lírica amorosa da autora.

Depois do "villancico", é o soneto a forma poética mais insistente: 126 no conjunto das duas colectâneas, dos quais bem 88 são em castelhano. Não há uma evolução notória em relação ao esquema tradicional, a não ser em dois casos em que a autora nos apresenta o soneto dito "de ingenio", juntando aos catorze versos um estrabote ou apêndice. Há também alguns exemplos em que a isometria não é respeitada, o que evidencia uma maior mobilidade e um princípio transgressivo na aplicação de uma estrutura poética em geral muito rígida e que não conheceu inovações sensíveis.

Os 100 sonetos que constituem a totalidade do primeiro coro do *Parnaso Lusitano* privilegiam as isotopias semânticas de tipo moral e religioso, ao grupo dos quais pertencem igualmente os de tom elegíaco ou de circunstância, escritos para festejar nascimentos, para felicitar personagens da vida política e social; os das *Rimas Varias* contemplam ainda estes aspectos, por vezes frívolos mas marcados por uma moda que distinguiu toda uma época, embora em, pelo menos, 12 casos a temática seja amorosa[9], como neste exemplo em que é evidente a oficina na procura da agudeza e do engenho:

>Que suspensão, que enleio, que cuidado
>é este meu, tirano deus Cupido?
>pois tirando-me enfim, todo ofendido
>me deixa o sentimento duplicado.
>
>Absorta no rigor de um duro fado,
>tanto de meus sentidos me divido,
>que tenho só de vida o bem sentido
>e tenho já de morte o mal logrado.
>
>Enleio-me no dano que me ofende,
>suspendo-me na causa de meu pranto
>mas meu mal (ai de mim) não se suspende.
>
>Oh! cesse, cesse, amor, tão raro encanto
>que para quem de ti não se defende
>basta menos rigor, não rigor tanto.
>
>(*Rimas Varias*, ed. cit., p.23)

Além da tripartição do verso exordial do soneto, na tentativa de amplificar (neste caso clarificando-o) o conceito expresso inicialmente através da não-repetição da repetição, processo recorrente na poesia maneirista e sobretudo barroca, a autora recorre a efeitos paronímicos ("tirano", "tirando-me"), a iterações polissémicas, a signos antitéticos ("vida"/"morte"; "bem sentido"/"mal logrado") que, pela sua posição, quase atingem as fronteiras do oxímoro. É certo que estes meios expressivos constelam a poesia dos cancioneiros barrocos—incluindo o *corpus* textual da própria Violante do Céu—, transformando-os de certo modo em estereótipos cuja eficácia se perde um pouco no horizonte de expectativa do fruidor do texto. Apesar disso, e não obstante a evolução algo artificiosa do discurso, a oficina poética patenteia-se indubitavelmente. Basta considerar o v.6 ("tanto de meus sentidos me divido") onde o duplo hipérbato não é um mero exercicio de retórica mas um elemento funcionalmente determinante e, como tal, produto de uma sapiente elaboração poética.

Cabe ao "romance" o terceiro lugar entre as formas poéticas cultivadas por Violante do Céu: 27 fazem parte das *Rimas Varias* e 22 do *Parnaso Lusitano*, num total de 49, dos quais 32 são em castelhano. Na primeira das colectâneas encontram-se arrumados num bloco orgânico (pp. 114–190) e é aqui igualmente que se encontra a mais alta percentagem de "romances" em castelhano: 25 para um total de 27.

Todos os "romances" apresentam a quadra como unidade estrófica; a medida do verso é a de redondilha maior, um dos metros tradicionais desta forma de composição. De um modo geral pode dizer-se que os "romances" das *Rimas Varias* são de tema amoroso ou, pelo menos, profano; os do *Parnaso Lusitano* são exclusivamente de assunto religioso. Com efeito, o "romance" é uma das formas poéticas que conheceram maior evolução relativamente aos temas desenvolvidos se considerarmos que, na sua origem, tratavam, como se sabe, temas de carácter histórico ou lendário através dum tratamento épico, algumas vezes heróico. Com o Renascimento assiste-se a uma nova dimensão desta forma fixa, alargando-se a temas satíricos, amorosos, religiosos, etc. Neste contexto, também Violante do Céu se adapta às tendências do tempo, perdendo o "romance" a característica de poesia narrativa para se adequar às novas exigências estéticas (e também ideológicas).

Das restantes formas poéticas, algumas das quais com um alto índice de frequência—a deprecação, a canção, a décima ou a glosa—, pouco há a acrescentar em termos de gramática poética, isto é, não apresentam traços distintivos motivadores da forma escolhida pela autora, salvo os casos em que o poema tem uma função declaradamente panegírica, função muitas vezes visível já a partir do título. É claro que a glosa, por exemplo, se justifica porque parte quase sempre de um mote alheio. E de um modo geral, como se compreende, verifica-se uma evolução estrutural relativamente ao cânone das diferentes formas poéticas. Isto acontece, por exemplo, com a silva e o madrigal, para limitar a observação ao "cancioneiro profano" da autora: a silva apresenta estrofes de extensão variável, rimas sem esquema fixo, o que, desde logo aponta para uma maior maleabilidade e diferentes possibilidades de desenvolvimento, um aspecto aliás já explorado por Góngora (o das Soledades) ou por Lope de Vega (o da Gatomaquia); o madrigal, composição breve caracterizada pela harmonia e simplicidade de exposição (Petrarca), ultrapassa a estrutura tradicional, em uso ainda no "Siglo de Oro"—composição de oito a doze versos—, chegando a apresentar um madrigal de 28 versos (cfr. *Rimas Varias*, cit., pp. 67-69), cujo motivo tópico—a separação amorosa—parece ser para a autora o princípio caracterizante desta forma:

> Enfim fenece o dia,
> enfim chega da noite o triste espanto
> e não chega desta alma o doce encanto:
> enfim triunfa a tirania
>
> [...]
>
> que a vida me defenda,
> tudo me falte, enfim, tudo me ofenda,
> tudo me tire a vida
> pois eu a não perdi na despedida.

Observando globalmente o corpo textual de Sóror Violante do Céu, verifica-se que são poucas as formas poéticas fixas não revisitadas pela autora: a écloga, a ode, a sextina, o idílio, a loa, por exemplo. Notável é a variedade métrica, sem uma aplicação estreita dos metros e da unidade estrófica tradicionais; a autora usa, pelo contrário, uma grande diversidade métrica, compreendendo o esquema rimático e a variedade estrófica, sem ter em conta a estrutura canónica de cada composição.

3

O motivo da ausência, precedentemente referido, percorre o itinerário poético de Violante do Céu relativamente ao seu "cancioneiro de amor". Com efeito, a ausência do ser amado é frequentemente objecto de tratamento poético, ausência que tem como alternativa a presença constante do retrato, como espelho ou memória da paixão ardorosa que se tranformou em dor (ou lembrança dolorosa). Em relação com este motivo e numa perspectiva de interdependência, não é de estranhar a insistência noutros motivos tópicos como o do fingimento, do (des)engano do mundo, da dissimulação ou da mudança, contrapostos sempre à verdade que se pretende alcançar. É evidente que não se trata apenas de um gosto tão conclamado na época, de um exercício retórico cultivado para seguir a moda literária: a formação do gosto tem que ver com aspectos do tecido social, com a desordem que se observava no mundo circunstante.

Estes motivos confluem seguramente no que será talvez a isotopia mais evidente da poesia profana da autora: "vida"/"morte", dois elementos semanticamente homogéneos e que se estruturam, em sentido greimasiano, ao mesmo nível de sentido. De facto é a ausência a desencadear a evolução metamórfica e a provocar uma revisitação dos outros motivos até desaguar no conceito de "morte" (sinónimo de "ausência"), correlato natural e omnipresente da (ausência de) vida. O caso extremo desta isotopia é-nos sugerido por um famoso soneto cuja palavra-rima constante é precisamente "vida"/"morte"[10], termos que, de certa maneira, revitalizam a degradação metafórica do sentimento de amor através da "alternância de sentido próprio e sentido figurado"[11] que assumem ao longo do poema. E quando o eu poetante declara no último terceto

> Mas se na alma consiste a própria vida,
> bem sei que se me tarda tanto a morte,
> que é por que sinta a morte de tal vida

admite tacitamente a fusão (ou identificação) dos dois conceitos, como é, de resto, visível no último verso através do nexo oximórico bem marcante: "a morte de tal vida". Uma tal identificação é patente noutros momentos da obra poética de Violante do Céu. A título de exemplo, veja-se ainda o último terceto de outro soneto

> Mas, viver entre lágrimas, que importa?
> se vida que entre ausências permanece
> é só viva ao pesar, ao gosto morta[12],

em que a autora concede ao jogo oximórico do último e sentencioso verso a função de reconhecer, na circunstância, a identidade já acentuada: vida = morte. Na maior parte dos casos, porém, os dois termos contrapõem-se, seguindo um labirinto de antíteses que prevê séries sinonímicas ou que, no discurso, assumem uma valência da mesma área semântica, ainda que por vezes contrastante, por efeito do valor polissémico da palavra, criando, deste modo, outras isotopias. Mas, de um modo geral, podemos associar à "vida" os campos sémicos representados por "mundo", "humano", "corpo", enquanto ao grupo contraposto (o da "morte") pertencem os correlatos respectivos: "céu", "divino", "alma".

De notar, na poesia de Violante do Céu, a ausência total de referências à cor e ao perfume, dois elementos que constelam, como é sabido, o corpus poético barroco. E mesmo quando recorre à imagem da rosa (ou de outras flores), fá-lo quase sempre para a elevar à categoria de símbolo antitético (beleza e caducidade), sem insistir, por isso, em pormenores de tipo cromático. Também se pode relevar a não incidência do espírito lúdico[13], tão característico nos poetas do período barroco, tendo como referente objectos e ornamentos, como acontece, por exemplo, em Jerónimo Baía ou no modelo gongórico. Em Violante do Céu, nada é excessivo e a sua oficina, em geral, não é instrumentalizada para a demonstração de habilidade ou artifícios poéticos, diferenciando, pelo contrário, as imagens conforme se trate da lírica amorosa ou da de conotação religiosa, implícita ou explícita. A diferenciação produz-se sobretudo no vilancete, enquanto no soneto se verifica uma iteração de formas e de fórmulas, produto de uma maior disciplina e da estrutura rígida deste tipo de composições. Apesar disso, creio que é precisamente no soneto onde se observa em grau superior a inteligência criadora e a agudeza da poetisa, a qual, explorando sem dúvida a "manipulação" linguística, consegue obter efeitos expressivos surpreendentes. Veja-se, por exemplo, este outro conhecido soneto:

> Amor, se ũa mudança imaginada,
> é já com tal rigor minha homicida,
> que será se passar de ser temida
> a ser como temida averiguada?
>
> Se só por ser de mi tão receada
> com dura execução me tira a vida
> que fará se chegar a ser sabida?
> que fará se passar de suspeitada?
>
> Porém se já me mata, sendo incerta,
> somente imaginá-la, e presumi-la,
> claro está, (pois da vida o fio corta),
>
> Que me fará depois, quando for certa,
> ou tornar a viver, para senti-la,
> ou senti-la também depois de morta.
>
> (*Rimas Varias*, ed. cit., p. 12),

Este soneto mereceu a Hernâni Cidade este comentário igualmente agudo e sem dúvida pertinente: "Nenhuns ornamentos; a atitude intelectual, que formula o conceito engenhoso, para deliciado pasmo do espírito dialéctico, cumpre que seja inteiramente inteligível, ainda que subtil, porque todo o seu preciosismo está no rebuscado da construção dialéctica"[14]. Esta relação dialéctica só pode ser entendida na sua totalidade se considerarmos que a obra de arte é uma "sincronia" que só pode ser percebida na temporalidade do acto de leitura, sem deixar, porém, de constituir em si uma "sincronia", no sentido que circunscreve um acto complexo de *parole*, tornando-o absoluto[15].

Além da recusa programática da cor, de que atrás se falou, não há igualmente na poesia de Violante do Céu elementos que apontem para o sentido hedonista da existência ou para o aspecto sensual, faltando--lhe também uma certa teatralidade que é típica da lírica barroca. Por outro lado, é constante o motivo da ausência (do ser amado, com as implicações precedentemente expostas) e do desengano do mundo, característica fundamental, como se sabe, que distingue a poesia maneirista.

Notas

1. Sobre Frei Agostinho da Cruz e Frei António das Chagas, vejam-se os estudos de Maria de Lourdes Belchior, *Os Homens e os Livros. Séculos XV e XVII*; Lisboa, Ed. Verbo, 1971; e *Frei António das Chagas—Um Homem e um Estilo do Século XVII*, Lisboa, Centro de Estudos Filológicos,1953. Quanto a Serrão de Crasto é fundamental o estudo de Heitor Gomes Teixeira, *As Tábuas do Painel de um Auto*, Lisboa, Univ. Nova de Lisboa, 1977. Sobre os outros autores referidos, pode consultar--se: *Poesia de Rodrigues Lobo*, apresentação crítica, selecção, notas e sugestões para análise literária de Luis Miguel Nava, Lisboa, Ed. Comunicação, 1985; Francis Cerdan, *Un imitateur portugais de Góngora: Frei Jerónimo Bahia*, in "Sillages", vol. 2, 1973, pp. 7–43. Acerca de Sóror Violante do Céu, deve referir-se a dissertação de licenciatura de Maria Helena Freitas Serra, *Tentativa de interpretação da poesia religiosa de Sóror Violante do Céu*, Fac. de Letras de Lisboa, 1948.
2. J.M. da Costa e Silva, *Ensaio biografico-crítico sobre os melhores poetas portuguezes*, Lisboa, na Imp. Silviana, 1850–1855, tomo VIII, p. 69.
3. T. Leitão de Barros, *Escritoras de Portugal*, Lisboa, 1924, p.132.
4. Violante Montesino (Violante do Céu) nasceu em Lisboa a 30 de Maio de 1601, sendo filha de Manoel da Silveira Montesino e de Helena Franco. Teve ao seu dispor meios e instrumentos para adquirir uma sólida formação, distinguindo-se aliás em vários sectores do conhecimento, quer nas letras como nas ciências, nas línguas e até na música.
5. Mendes dos Remédios, prefácio a *Escritoras doutros tempos*, Coimbra, França Amado Editor, 1914, p. XIV.
6. Sobre o título não há concordância de opiniões. Froes Perym complica ainda mais a questão, apontando um terceiro: "La transformación por Dios" (cf. *Theatro Heroico...*, Lisboa, 1736–1740, tomo II, pp. 449–450).
7. Algumas composições, em geral de circunstância e publicadas autonomamente, confluiram depois quase todas no *Parnaso Lusitano*. Há manuscritos em várias bibliotecas, designadamente na B.N. de Lisboa, na B. da Univ. de Coimbra (nada menos do que nove), na B. da Ajuda, na B. Pública de Évora e na B. do British Museum, de Londres.
8. O bilinguismo luso-castelhano levanta problemas complexos quanto à atribuição dos autores a uma ou às duas literaturas (portuguesa e espanhola), de acordo com o critério do espaço cultural ou com base no princípio, talvez mais científico, do denominador linguístico. A este respeito, vejam-se as considerações pertinentes de L. Stegagno Picchio, *Introduzione alla letteratura brasiliana*, in *Actas de las jornadas de estudio suizo-italianas de Lugano* (22–24 de febrero de 1980), Milano, Cisalpino, 1981, p.68. Refira-se, entretanto, que o bilinguismo de Violante do Céu é perfeito, o que lhe permite usar indistintamente as duas línguas com a mesma propriedade e a mesma competência linguística.
9. Na sua origem, o soneto petrarquiano contemplava o tema amoroso. Posteriormente, porém, e sobretudo nos séculos XVI e XVII, assiste-se à transposição semântica da matéria referencial do soneto, com a interpretação "a lo divino" (Lope de Vega e outros) de temas da lírica amorosa.
10. Cfr. *Rimas Varias*, ed. cit., p. 22. Este soneto foi recentemente transcrito e objecto de análise crítica no volume *Poetas do Período Barroco*, apresentação crítica, selecção, notas e sugestões para análise literária de Maria Lucília Gonçalves Pires (Lisboa, Ed. Comunicação, 1985, pp. 110–111).
11. M. Lucília Gonçalves Pires, op. cit., p. 111.

12. *Rimas Varias*, ed. cit., p. 25.
13. Um dos raros exemplos desse espírito lúdico, mas sem atingir os malabarismos formais de outros poetas, é a décima "a Dona Maria de Lima pedindo-lhe uns reposteiros" (*Rimas Varias*, ed. cit., pp.92-93).
14. *A Poesia Lírica Cultista e Conceptista*, Lisboa, Seara Nova, 1968, p. XI.
15. A este propósito, cf. Cesare Segre, *Le strutture e il tempo*, Torino, Einaudi, 1974, p. 221.

Dois apontamentos românticos

Maria Leonor Machado de Sousa
Universidade Nova de Lisboa

> Eu leio *la Grande Poétique* de Marchangy, e gosto muito della. Eu leio as novelas de *Walter-Scott*, e entendo-as, e gosto dellas. Leio também as *Scénes de la nature sous les tropiques* de Ferdinand Denis, e não desgósto de as ler. Emfim leio a *Viagem á Lousãa*, e gostei della. Li tambem a *Descripção do Bussaco*, que tem alguma coisa de *romantico*, mas eu entendi tudo bem, gostei della, e lá me pareceo que entrevia a situação do escriptor, que [agora me confessa que a sua obra fôra dictada por effeitos da mocidade, e por interesses do coração.]"

Este texto, retirado de uma carta[1] de Frei Francisco de São Luís, o futuro Cardeal Saraiva, nome pelo qual ficou conhecido, a Adrião Pereira Forjaz de Sampaio, em 23 de Fevereiro de 1839, permite duas notas interessantes para o conhecimento do ambiente cultural e literário em que apareceu e se desenvolveu o Romantismo em Portugal, que continua a ser mal conhecido.

Pelo menos tão importante, em termos culturais, como os grandes títulos que os românticos portugueses apresentaram, sobretudo após o conhecimento que alguns deles, como exilados políticos, travaram com as novas ideias e a nova estética, são o choque e as reacções que estas provocaram num meio que continuava fiel aos conceitos neo-clássicos que se tinham imposto durante o século XVIII.

As duas notas possíveis dizem respeito uma ao autor das cartas, Frei Francisco de São Luís, outra ao seu destinatário, o recém-nomeado lente de Coimbra Adriano Pereira Forjaz de Sampaio.

Na época, o primeiro representava a autoridade do prestígio intelectual e o segundo a irreverência da juventude, a nova sensibilidade e a vontade de seguir os novos caminhos que entretanto começavam a ser conhecidos.

Frei Francisco de São Luís, na altura Guarda-Mor da Torre do Tombo, era herdeiro da tradição literária que defendia que em tudo devia haver "modo, e regra, e temperança", "porque o simples, o elevado, o sublime, e até o impetuoso e atrevido deve ter um limite, além do qual está o extravagante, e às vezes o ridículo". Nesta série de cartas de 1839, em que, a propósito das obras sobre o Buçaco e a Lousã, mostra interesse em definir e compreender a nova literatura, o futuro Cardeal revela-se, apesar da idade, um homem atento ao mundo em que vive. Mas a sua atenção é mais linguística que literária. Quando em Portugal já Castilho publicara *A Noite do Castelo*, Garrett *Camões* e *D. Branca*, Herculano *A Harpa do Crente*, e o *Panorama* ia já no terceiro ano, o Cardeal não discute conteúdos, aceitando novelas, histórias pitorescas, descrições da Natureza e dos seus grandes quadros, desde que tudo se faça "em português inteligível, casto, fluído, lúcido, — no português de Camões, de Fr. Luís de Sousa, de Lucena, de Fernam Mendes, de Francisco de Morais, etc."

O Cardeal parece ter sido estruturalmente avesso ao *romantismo* (ou *romanticismo*, como diz por vezes, na alternância terminológica que, aliás, foi comum entre nós), para o qual tentou encontrar uma definição clara, percorrendo dicionários e interrogando amigos mais informados quanto aos problemas literários. Nunca conseguiu ficar totalmente esclarecido, mas é curioso seguir o que escreveu a tal respeito. No seu conjunto encontramos a variedade de linhas de orientação que constituiram o movimento romântico, que ele não conseguiu perspectivar na sua totalidade pela falta de distanciamento implicada pelo facto de viver na própria época em que se processava a que foi a revolução estética e de pensamento que acompanhou a Humanidade na sua entrada na Idade Contemporânea.

A primeira tentativa do Cardeal Saraiva para encontrar uma definição de *romantismo* foi, curiosamente, a consulta de um dicionário francês-português "impresso em Paris, em 1812" e que lhe disseram "ser feito por alguns portugueses doutos"[2] A explicação que encontrou, numa época em que a França ainda não conhecia o Romantismo como movimento literário, pouco lhe aproveitou, como seria de esperar:

> Romantique, adj. m. et femin./ que lembra novellas, situações d' ellas, etc. Diz-se dos sitios.

Quando lhe diziam que certas peças de teatro que então se faziam em "quadros" e certos versos "que não entendia" eram ao estilo romântico, continuava a não entender, porque o seu referente era as novelas, e ele lia "com gosto" o *Palmeirim*, em que não achava nada de comum com as novas produções. E continua a procurar informar-se:

> "Hum dia apertei, hum pouco de mais, hum apaixonado das *romanticidades*; e elle, que não achou refugio, disse-me por ultimo, que em tudo havia *modas*, e que esta era actualmente a *moda da linguagem*. D'aqui para diante não podia o argumento dar mais passos; porque, quem se opõe á moda, he *jarreta*, he *tonto*, he *do tempo dos affonsinhos*, etc., e eu não quero nenhum destes *sobriquets*".

O seu problema continuava a ser o da linguagem, que ele achava estar a deteriorar-se através desta "moda", como profeticamente declarara anos antes, ao ler o *Génio do Cristianismo*:

Este estilo é encantador, mas ha de vir a corromper a lingua franceza, como entre nós succedeu, quando alguns escriptores quizeram imitar o estilo de Jacinto Freire.

Da mesma maneira, achava que o "romanticismo" faria "estragos sensíveis" na nossa literatura, na nossa "bela linguagem".

Numa carta ainda inédita, incluída na colecção manuscrita em depósito na Biblioteca Nacional, contou o Cardeal ao seu amigo Vicente José de Vasconcelos e Silva, Secretário da Universidade de Coimbra e padrinho de Adrião Forjaz de Sampaio, através do qual se estabeleceu o conhecimento deste e da sua obra, uma conversa cujo teor transmitiu também ao segundo:

> Ontem esteve aqui comigo o meu antigo amigo Felipe Ferreira. Como elle tem estado muito tempo por França, e não he superficial nos seus estudos, e como eu realmente não sabia nem podia atinar com o que era esse *estilo romantico,* pedi-lhe uma definição, que me illustrasse a esse respeito. Elle respondeo que tambem não sabia ao certo o que queria dizer aquella palavra, mas que lhe parecia poder-se chamar *romantico tudo aquillo em que se desprezão as regras estabelecidas pelos classicos em todo o genero de litteratura!* [9 de Fevereiro]

Perante tal definição, é lógico o comentário que se lhe segue:

> Veja V.Sª se eu podia ser amigo do romantico, entendido neste sentido!

No entanto, o Cardeal tem a preocupação de não parecer antiquado no seu tempo, o que prova o interesse em compreender e acompanhar a época em que vive e em adaptar-se a novas realidades, mesmo que elas sejam apenas "modas". Procura mesmo não ser dogmático, "deixando a todos "a amplissima liberdade de prosseguirem os seus acertos", tanto mais quanto apreciava Mme. de Staël e Chateaubriand. Numa atitude que podemos dizer de humildade, por ter sido educado, em termos de teatro, nas "velhices de Crebillon, de Racine, de Voltaire, de Molière, e de outros semelhantes, que hoje estão postos ao canto para dar lugar a Dumas, a Victor Hugo, etc., etc.", não admira que reprovasse ao autor de um drama de sucesso, *D. Sisnando*[3], a falta de "um amigo instruído e sincero, e maduro, que o contivesse nos seus vôos, e lhe fizesse corrigir algumas, que a [si] lhe [pareciam], demasias". O seu problema é sempre o equilíbrio que achava estar a desfazer-se:

> Não he pois nem o genero romantico, nem mesmo o estilo romantico, que me desagrada em geral: he (falando com ingenuidade) o excesso, a falta de discrição, com que o empregão muitos escriptores estrangeiros, e alguns nossos eruditos, que querendo imitar os *mestres* (digamos assim) do *romantico,* não tem a capacidade necessaria para os imitarem convenientemente.

Nesta perspectiva, nem Alexandre Herculano, o único romântico português que, nesta correspondência, refere pelo nome, escapa a uma crítica severa, num trecho que, curiosamente, Adrião Forjaz de Sampaio omitiu na transcrição publicada em O Instituto. A razão poderá encontrar-se no facto de, tendo entretanto sido reconhecido a Herculano um lugar importante nas letras portuguesas, o editor destas cartas querer poupar ao amigo conceituado que louvara as suas produções literárias o descrédito de não ter compreendido um génio dos novos tempos, pois o Cardeal escrevera:

> O Herculano tem instrucção, e escreve com bom estilo, quando escreve em prosa, e não entra no campo do *romanticismo*: mas parece-me que tem aquillo que eu acima denominei *"demasiado amor proprio"* e que quereria dar a lei em Litteratura.—Eu entendo, que ninguem deve querer dar a Lei em litteratura, senão com o exemplo, e seguindo as leis ja dadas pela razão, e pelo bom gosto—E creio mais que he ainda muito cedo para que o H. pretenda essa dictadura— [16 de Abril de 1839].

O segundo apontamento sugerido pela citação que fiz inicialmente tem a ver com o destinatário destas cartas que documentaram a reacção dos letrados portugueses à revolução romântica. Adrião Pereira Forjaz de Sampaio foi um caso típico da juventude da época: tendo estudado Leis em Coimbra, precocemente Doutor e Lente Substituto Ordinário (1838), fez as suas experiências literárias segundo as tendências da época, que esqueceu ao integrar-se mais seriamente na vida profissional. Várias publicações suas apareceram depois, mas não voltou a transmitir aos seus leitores o espírito romântico que exprimira na descrição das suas viagens ao Buçaco e à Lousã (ambas publicadas em 1838, tendo a descrição do Buçaco uma segunda parte em 1839) e na compilação *"Pensamentos, Memorias e Sentimentos, frúcto das minhas leituras; e Roma e os seus arrabaldes, do Visconde de Chateaubriand*, colligidas e traduzidas por Adrião Pereira Forjaz", também de 1838, mas publicadas em "Paris. Em casa de J.-P.Aillaud".

"O que é este livro" é o título da introdução a estes *Pensamentos*. Depois de explicar que se trata de uma colecção de "máximas morais e políticas, bons sentimentos delicadamente expressados, colhidos" em leituras várias, Adrião Pereira Forjaz exprime o estado de espírito próprio da época em que viveu a sua juventude, "entre mil sentenças que a inexperiência da idade, e o fogo das paixões [lhe] fizérão amontoar". Passa a seguir para a atitude característica dos anos que viveu como estudante em Coimbra e que marcaram a sua obra literária:

> Imagináva, que junto ás márgens do mêu saudôso Mondêgo, nêsse melancólico recinto consagrádo aos amôres d'Inez, na mysteriosa solidão do lágo de Santa Cruz, entre os majestósos arvorêdos do Bussáco, na cumiada das sérras, no profúndo dos válles, sôbre os rochêdos do mar, sem outro limite á vista e ao pensamento, que o Céo e o Oceáno; ou sentádo sôbre a derribáda columna déssas accumuladas ruinas, que a fouce do

tempo, as revoluções dos impérios, e mais que tudo, a raiva dos partidos [. . .] imagináva, dizia eu, que as máximas do mêu livro serião lidas com interésse, senão pelo filósofo pensadôr, ao menos por algum génio romântico; cuidêi, que excitaria na sua altura algumas idéas felices, algum sentimento nobre.

Este tipo de linguagem é o que encontramos nas descrições de viagem ao Buçaco e à Lousã, mas com uma elegância e comedimento invulgares na literatura da época e que justificam a opinião favorável do Cardeal Saraiva.

Memórias do Buçaco (que o Cardeal refere geralmente como *Descrição*) terá sido a primeira experiência literária de Adrião Pereira Forjaz de Sampaio, feita a partir de estadas no Buçaco, em 1836 e 1837, a convite de seu tio, Manuel de Serpa Machado, de cujas mãos recebera em 1835 o grau de Doutor e a quem dedicou a sua obra. Escrita para responder às instâncias do seu anfitrião para que fizesse "uma descrição do mosteiro e da mata, que [ele] admirava com tanto entusiasmo", resultou nas *Memórias*, de que publicou duas partes, uma em 1838 e outra em 1839. Nelas reuniu vários aspectos tipicamente românticos: a recordação de um tempo passado, anterior à extinção das ordens religiosas em 1834, em que os monges carmelitas habitavam em "um daqueles lugares vedados à maior parte dos homens, que a religião consagrara, e cujo nome misterioso excitava no pensamento ideias de uma austera penitência, inteiro abandono do mundo, silêncio em coisas da terra e constante meditação nas do céu"; a celebração de um acontecimento épico, a vitória dos exércitos de Wellington sobre o opressor francês da terra lusitana; a descrição da Natureza selvagem e sublime; e a atitude do autor, ditada não pela ciência nem pela arte, mas pelo coração e pela verdade. Também romântica é a combinação das impressões provocadas pela leitura das *Soledades do Buçaco*, de D. Bernarda Ferreira de Lacerda (1634), escritas "quase no berço do mosteiro", conjuntamente com as informações do Revd.º Padre Domingos do Rosário Torreira, "antigo morador do Buçaco", e com os versos inflamados do seu contemporâneo José Freire de Serpa (Pimentel). Daí resultou a "singela exposição do que [observou] e [sentiu] uma e muitas vezes nesta grave e majestosa, doce e deleitosa, mansão não só da austera penitência, mas do génio e da poesia, do entusiasmo e da ternura". De tudo isto, de acordo com o prólogo da primeira edição, que reapareceu em todas as outras (1850 e 1864), nasceu este livro, "escrito à pressa e sem tempo de meditá-lo", o que representa também a atitude romântica da expressão do que é repentino, espontâneo, mas combinada com o "interesse da relação e da história que são exactas".

"Inteiramente exausta" a primeira edição, o autor publicou em 1850 a segunda, à qual juntou um prólogo, que não repetiu na terceira, declarando:

As memorias do Buçaco vão corrigidas em grande parte pelo Eminentissimo e saudosissimo Cardeal Saraiva (S. Luiz), o qual de seu próprio punho se dignou escrever-nos as emendas, que com tanto gosto, como respeito e gratidão, aproveitámos. Era mais uma razão, e poderosissima, para darmos à luz esta segunda edição.

Os mesmos sentimentos de respeito e gratidão justificaram a publicação das suas cartas, "finíssimo ouro" que lhe doía reter só para si. Embora gostasse de "não cercear uma só palavra", decidiu, por "delicadeza, prudência e respeito", fazer alguns cortes de referências mais directas (como no caso de Herculano) e daquelas que de si próprio tratavam. Considerando que a rica correspondência do prelado, como a de todos "os grandes homens que reuniram aos do espírito os dotes do coração", merecia ser divulgada, exprimiu o desejo de que outros confiassem a *O Instituto* as cartas dele que possuíssem, o que veio a ter alguma resposta.

No mesmo ano em que finalmente decidiu aceder às instâncias do seu anfitrião no Buçaco, relatando as impressões do que vira e soubera do lugar, publicou *Uma Viagem a Serra da Louzãa Em Julho de 1838*[4]. Entusiasmado pelas belezas que descobria em Portugal, declara-se resolvido a descrevê-las aos seus compatriotas, habitualmente mais interessados em conhecer "bondades e formosuras dos outros países" do que as do seu próprio. Num arrebatamento tipicamente romântico, declara:

> Pelo que nos respeita pessoalmente, cuidamos com desvelo em arrancar de nós este cancro nacional. Crusar o terreno em todas as direcções; largar as estradas reáes, e trepar pelo carreiro ingreme e tortuoso do pastor, subir dos vales aos cumes mais erguidos das montanhas; examinar, e estudar os monumentos que topamos; embriagar a nossa alma com todas as delicias, que o aspeito da natureza liberaliza n' este paiz abençoado, eis o nosso maior prazer. Voltamos com idéas no espirito, e ardor no coração.

Adaptando-se à Natureza mais agreste e imponente que a do Buçaco, a linguagem de *Uma Viagem à Lousã* é talvez mais forte e incisiva que a das *Memórias do Buçaco*. A respeito dela se manifestou entusiasticamente Frei Francisco de São Luís:

> A *Viagem*, logo a li toda na mesma noite, em que a recebi, e tendo já informações muito vantajosas deste estimavel moço, e dos seus estudos, fiquei fazendo muito maior conceito delle, e delles, e consolando-me com a esperança de que a nossa boa litteratura não será de todo sepultada no abysmo, que ás vezes me parece ameaçada. Farei aqui a V.Ex.a huma confidencia. Tenho observado que esta nova couza chamada *estilo romantico*, do que ainda não tenho achado definição, vai invadindo a nossa Litteratura, como tem invadido, e (no meu conceito) corrompido a de França. Receava eu (aqui para nós) que o Forjaz estivesse tocado desta doença litteraria. Mas a *Viagem á Lousãa*, e o que já tenho lido dos outros folhetinhos, me desenganou, e me consolou. Achei a nossa bella linguagem *clara*,

expressiva, elevada quando he necessario, fluida, e sempre decorosa e achei lindas descripções, animadas ás vezes do pensamento religioso, e deliciosamente melancholico, que convêm, e até se faz necessario existir nos espiritos, *sobejamente* inclinadas, entre nós, ao desprezo de tudo o que he moral, e espiritual. Em fim gostei muito de tudo.[5]

Também aqui Adrião Forjaz de Sampaio demonstra o interesse pelo passado, na atracção pelos monumentos e lendas de outros tempos, mas revela uma faceta do seu empenhamento profissional na economia e na estatística, ciências de um tempo novo, ao deter-e com a mesma minúcia que seguira na descrição do castelo na fábrica de papel que tinha uma história atribulada mas agora se desenvolvia no equipamento e produção, tentando acompanhar o progresso técnico e económico de países mais evoluídos.

Nenhuma destas obras tem a força e o mérito das *Viagens na minha terra* que Garrett escreveu cinco anos mais tarde. Os centros de interesse que chamavam a atenção dos escritores deste período estavam já definidos. É-lhes comum a ideia de que as viagens mais compensadoras são as que se fazem na nossa terra. A linguagem, totalmente ao gosto exaltado da época, é mais equilibrada que na generalidade dos seus contemporâneos. Qualquer dos textos, mas principalmente o segundo, não merecem o esquecimento em que cairam e não ficariam mal numa antologia. São bem representativos de uma "moda", mas têm realmente o mérito que justifica que Frei Francisco de São Luís os distinguisse da produção corrente e até aplaudida. O autor nunca se confessou romântico, mas foi um caso bem característico do Romantismo, representativo da atitude implícita na interrogação de *Garrett,* no capítulo III das *Viagens*:

Pois que esperava ele de mim agora, de mim que ousei declarar-me escritor nestas eras de romantismo, século das fortes sensações, das descrições a traços largos e incisivos, que se entalham na alma e entram com sangue no coração?

Notas

1. A série em que esta carta se inclui foi publicada em *O Instituto*, vol. IX, Coimbra, 1860, a partir de 15 de Novembro, por iniciativa do próprio autor, Adrião Pereira Forjaz de Sampaio, a quem tinham sido dirigidas e que foi um dos fundadores da revista. Os originais fazem parte de uma colecção guardada por Joaquim Martins de Carvalho, agora pertencente ao Instituto Português do Património Cultural e em depósito na Biblioteca Nacional.

A sua publicação implicou alguns cortes, ditados pela sensibilidade ou modéstia do autor. Neste caso, o texto omitido é o que figura entre parênteses rectos.

2. Não foi possível identificar este dicionário. O mais próximo da data referida (1812) é o *"Nouveau dictionnaire de poche, français portugais. Par une société de gens de lettres"*, Bordeaux, 1811, tendo esta designação correspondência na indicação de autoria feita pelo Cardeal ("alguns portugueses doutos"). O verdadeiro autor é Francisco Solano Constâncio, a quem se devem dicionários e gramáticas de português, francês e inglês e que residiu em Paris durante a maior parte da vida.

O Cardeal manisfestou na sua correspondência conhecer este autor, pelo menos através do *Novo diccionario critico e etymologico da lingua portugueza*, Paris, 1836, que criticou severamente numa outra carta, de 11 de Maio de 1839. Os seus ataques, não destituídos de razão, foram parcialmente anulados pelos estudos filológicos mais recentes. Todavia, a definição de *romantique* transcrita pelo Cardeal não corresponde à de uma edição mais tardia, a única que foi possível consultar. Poderá ser diferente da primeira.

3. *Dom Sisnando, Conde de Coimbra*, terminado em 9 de Agosto de 1837, da autoria de José Freire de Serpa Pimentel, colega e amigo de Adrião Pereira Forjaz de Sampaio, a quem autorizou a publicação de poemas seus em *Memorias do Buçaco*, foi publicado em Coimbra em 1838 e apresentado ao Júri Dramático de Lisboa, que decidiria a atribuição de "prémios dramáticos" em 1839, o ano da criação de tais prémios. Esse júri emitiu um parecer reprovador do "fogo das mais exaltadas paixões", que a imaginação do autor prolongava demasiado, mas terminava declarando que tal drama "reconsiderado e retocado merecerá ser exposto às provas práticas".

4. *Uma Viagem à Serra da Louzã no Mes de Julho de 1838*, foi publicada numa edição cuidada, in-4°, com duas gravuras, na Imprensa da Universidade, Coimbra. Apareceu conjuntamente com *Memorias do Buçaco*, em 2ª edição conjunta de 1850 e em 3ª também conjunta, de 1864, esta da Editora da Viuva Moré, Porto e Coimbra. Em 4ª edição, foi publicada em comemoração "do centenário duma excursão que consagra a região da Louzã como objectivo de Turismo", de responsabilidade da Câmara Municipal da Lousã, Biblioteca Pública, 1938.

5. Carta XCI do MS guardado na Biblioteca Nacional, dirigida a Vicente José de Vasconcelos e Silva.

A Atracção do Abismo
(Reflexões sobre o incesto em dois romances de Camilo Castelo Branco)

Maria de Fátima Marinho
Universidade do Porto

Na longa galeria de personagens camilianas, não poderiam faltar as incestuosas, ou aquelas que, por um momento, se sentiram atraídas por uma relação que ignoravam ser proibida. Abordar o tabú do incesto é, antes de mais, correr o risco da transgressão e aceitar situar-se do outro lado da norma. Camilo acede apenas temporariamente a esse perigoso estatuto: as suas personagens ou são miraculosamente defendidas através de uma estranha *voz do sangue*, ou se transformam em penitentes eternas, expiando o horror da sua situação. *A Enjeitada* e *O Olho de Vidro* preenchem as duas categorias enunciadas.

A Enjeitada é apresentada como uma história que teria sido relatada a Camilo por Manuel de Freitas Costa, Juiz da Relação do Porto. Na Dedicatória, o autor confessa ter modificado a primitiva relação dos acontecimentos, baseado na sua liberdade de romancista: "Neste romance encontra V. Ex.ª o desenvolvimento da história que me comunicou. Se algumas cores do quadro substituí por outras, obedeci a umas regras de arte que prescrevem ao romancista a dura lei de recompor o que parecia estar bem feito das mãos da natureza."[1]

Em *O Olho de Vidro*, romance histórico, há uma certa atestação de veracidade que se revelará enganadora. Como diz Jacinto do Prado Coelho, "Camilo escreveu um livro que é um misto de monografia e de novela"[2], afirmando mais adiante que a base da trama, o incesto, é completamente inventada.[3]

Real ou ficção, o problema parece-nos de somenos importância se nos quisermos ater apenas a uma análise intrínseca dos dois romances e aos processos que Camilo emprega para tratar tão controverso tema. O que salta imediatamente à vista é a série de coincidências alarmantes que vai unir os dois irmãos, aparentemente destinados a nunca se encontrarem. Isabel Pires de Lima, num estudo sobre *Os Maias*, faz as seguintes observações: "Como explicar em termos de uma lógica determinista que dois irmãos que se ignoram, vivendo em países tão distantes, se venham a encontrar como amantes e, mais tarde, a reconhecer como irmãos? [...] Só uma força transcendente como o destino, uma força que escapa a toda(s) a(s) lógica(s), está apta a explicar tais dados."[4]

Nota-se, na verdade, uma força quase misteriosa que impele os dois um para para o outro, para que se cumpra, não já o oráculo, como em Sófocles, mas a necessidade imperiosa de um clímax trágico ou de uma revelação que parecia inexplicavelmente conhecida de um dos membros do par.

Na obra citada, Isabel Pires de Lima explica o incesto através de uma escondida atracção edipiana que teria perdurado, à falta de uma resolução satisfatória na fase etária da infância[5]. Nos dois romances de Camilo, tal explicação não pode ser tomada em linha de conta, uma vez que em *A Enjeitada*, as personagens só são irmãos de pai, não podendo, por conseguinte, Ernesto sentir uma fascinação edipiana em relação a Flávia que é totalmente estranha a sua mãe, Jaquelina; em *O Olho de Vidro*, Josefa conheceu e viveu com ambos os pais e Brás nunca coabitou com nenhum, tendo-se separado deles com três semanas de idade. Nestes dois casos, a relação a estabelecer é mais difícil, só podendo ser detectada através de uma análise micro-estrutural dos textos.

Apesar das diferenças entre *A Enjeitada* e *O Olho de Vidro*, a que aludiremos pormenorizadamente, há inequívocas semelhanças entre os dois romances.

Flávia e Brás são filhos naturais. As circunstâncias dos respectivos nascimentos são todavia distintas. Em *A Enjeitada*, Miquelina é seduzida por Alfredo Gassiot, sendo ele, em seguida, obrigado, por grande pressão da família da portuguesa, a fugir:

> O fidalgo disse peremptoriamente ao hóspede:
> — É necessário sair, que eu temo a ira da canalha, vêm aqui matá-lo. Eu e meus criados temos de defender a dignidade desta casa: morreremos todos![6]

No segundo romance, a perseguição que os judeus sofriam nos séculos XVII e XVIII, aliada à da família de D. Maria Cabral, faz com que ela e António de Sá, pais de Brás, assustados com a perspectiva de fugir com uma criança de 15 dias, a deixem a um amigo (Francisco Luís de Abreu) com a indicação expressa do sigilo da identidade: "Não lhe direi o teu nome de pai, sem que tu lho possas dar. Ninguém saberá que é teu filho, sem que tu possas dizê-lo ao mundo."[7]; "Exceptuada a amorável esposa do doutor, ninguém sabia em Portugal quem fossem os pais daquela criança. A ama, que a tinha amamentado, morrera; e a pobre gente, que lhe assistira ao nascimento, ignorava o destino dela."[8]

Esta preocupação em esconder a identidade das crianças facilitará a total ignorância da paternidade e a inocência na criação de relações incestuosas.

Em *A Enjeitada*, há também expressa recomendação no sentido de manter o mistério à volta do nascimento de Flávia:

— E então vossemecê — disse Luísa, aleitando a criança faminta — não me há-de dizer quem é a mãe desta menina?
— Já lhe disse que nem à custa da salvação o diria: e vossemecê não mo torne a perguntar que perde o tempo; e mais lhe digo que, se eu souber que alguém anda a botar inculcas, tiro-lhe a criança; e, se lha tirar, é uma moeda de ouro que perde cada mês.[9]

O aparecimento dos irmãos, indispensável para que haja a possibilidade de incesto, assume características diferentes em cada um dos textos. Em *A Enjeitada*, logo desde o início é dito que Alfredo tem dois filhos, embora não seja casado com a respectiva mãe. À partida, o narratário sabe que Flávia tem dois meio-irmãos (um rapaz e uma rapariga) e detecta-os imediatamente quando eles aparecem referenciados na diegese. O narrador sabe que o narratário tem a certeza que o amor de Ernesto por Flávia é proibido e pressente que ela resiste, justificada numa inconsciente *voz do sangue*.

Em *O Olho de Vidro*, as circunstâncias são diferentes. A irmã de Brás só nasce depois e quando ela e a mãe aparecem em cena, os nomes supostos que usam retardam, de certa forma, o completo reconhecimento do narratário. O mistério que envolve as duas senhoras não nos parece suficiente para estabelecer inequivocamente o incesto: só num momento mais adiantado da diegese é que ele vem a ser demonstrado.

Curiosamente, o incesto não consumado (*A Enjeitada*) é desde o início ostentado ao narratário, enquanto que o plenamente consumando (*O Olho de Vidro*) é velado e, ao ler, sentem-se mais pressentimentos do que certezas, sendo necessário um trabalho muito mais rigoroso dos índices que se nos apresentam.

Ambos os textos possuem características idênticas, quase paralelas, que facilitam o encontro e o desconhecimento das respectivas filiações.

O primeiro processo que se impõe é o das deslocações espaciais: Flávia vai, como que levada por uma força oculta, para Espanha, lugar para onde, logicamente, nunca deveria ir: a mãe e a irmã de Brás, depois de longa ausência, regressam a Portugal, país para onde, logicamente, também não deveriam voltar, por causa do perigo da Inquisição.

O desaparecimento das pessoas que sabem a identidade das crianças contribui decisivamente para facilitar a inocente aproximação: Miquelina, mãe de Flávia, e Custódia, ama da primeira, morrem; Francisco Luís de Abreu é obrigado, por perseguição religiosa, a embarcar para a Índia com a mulher, deixando Brás a Francisco Morais, rico judeu de Vila Flor, que se suicida quando assiste ao auto-de-fé, em que o filho, Heitor, será sacrificado.

Assim afastadas as personagens que poderiam impedir a atracção incestuosa, o narrador serve-se do esquecimento das crianças, para prolongar o processo de reconhecimento:

> Que lágrimas chorava então a ama, lembrando-se da limpeza e asseio com que a sua Flávia fora criada! Perguntava-lhe se tinha alguma lembrança

de ter tido vestidinhos ricos. A menina encarava muito de fito nela, dando ares de a não perceber. Não se lembrava senão da fome e dos vestidos rotos. A Providência fizera essa mercê ao anjo.[10]

Mas, se eu quisesse inculcá-la como perfeita, não viria aqui dizer que Flávia esquecera Luísa do Canto, a sua pobre ama das Gaias.
Ai! esqueceu-a de todo em todo![11]

Dentro em pouco, as lembranças dos fugitivos hebreus era apenas brevíssima tristeza de saudade na memória de Brás.[12]

O filho de António de Sá Mourão estava de todo esquecido do doutor Abreu, e não longe de esquecer-se de Heitor Dias da Paz.[13]

As diferenças entre os dois romances acentuam-se a partir dos encontros com as respectivas famílias. Em *A Enjeitada*, o narratário, como vimos, logo percebe o parentesco; em *O Olho de Vidro*, a percepção é mais tardia, porque o tabu é também mais profundamente atingido.

No primeiro texto, Carlota, Jaquelina, Alfredo, Ernesto e Flávia desempenham diferentes papéis, que contribuem para criar o ambiente necessário ao desenlace.

Carlota, a meia-irmã de Flávia, sente desde o início uma inexplicável atracção por esta, aproximando-a da família, *tornando-a* da família:

Flávia ganhava coração com sua senhoril docilidade; e então no de Carlota insinuou-se por tal arte que o ver uma era ver a outra, abraçadas, inseparáveis, identificadas em contentamentos sem passageira intercedência de dissabor. Trajavam da mesma cor; eram quase da mesma altura, dado que Carlota se avantajasse em três anos; no feitio do rosto e olhos semelhavam-se.[14]

A filha de Alfredo e Jaquelina chega a pedir a um tio que deixe a terça a Flávia, para que ela fique bem na vida, ignorando conscientemente que só lhe está a pedir que não deserde a sobrinha.

A afeição de Carlota vem a ser destruída pelo ciúme de mulher, instigado pela mãe. O papel de Jaquelina, a mãe de Carlota e Ernesto, é fundamental, não só para afastar as duas irmãs, como para aproximar pai e filha.

Jaquelina assume a função da madrasta, inserindo-se no clássico tópico do conto da Gata Borralheira. Ciosa da defesa da filha, acaba por maltratar a enteada (embora não lhe reconhecendo esse estatuto), humilhando-a ("Há-de matar-te o remorso, infame enjeitada"[15]) e conseguindo granjear-lhe a inimizade da filha.

A exarcebação do ciúme entre Carlota e Flávia, a propósito de um homem que a última desprezara, leva a filha de Jaquelina a afastar-se da irmã e a realizar um mau casamento de que se não conseguirá libertar.

Ao definir-se o estatuto de mulher, o carácter de Carlota sofre algumas alterações, transformando-a de rapariga sensível e bondosa em mulher vazia e volúvel. Esta inconstância parece propositada para acelerar o *encontro* entre as três principais personagens: Flávia, Ernesto e Alfredo. Os desentendimentos entre Flávia, Jaquelina e Carlota afastam Alfredo da esposa (entretanto casara), introduzindo simbolicamente a figura de Miquelina que, enquanto viva, e na fugaz relação que os uniu, nunca conseguira fazê-lo afastar-se da mãe dos filhos.

Estruturalmente, a separação provocada por Flávia funciona como a preparação do reconhecimento e a aproximação instintiva, mas difícil, entre o pai e a filha.

O papel de Alfredo é fundamentalmente ambíguo. Desconhecedor da existência de uma criança, o general vive sem remorsos, até que o seu antigo hospedeiro, o morgado de Figueiroa, lhe dá pequeníssimos indícios:

> Ao darem-se o último abraço, o general murmurou-lhe, em segredo, com os olhos a nadarem nas lágrimas:
> — Se vir Miquelina, diga-lhe que me encontrou assim velho...
> — Se eu a vir?
> — Sim.
> — Miquelina morreu há três meses.
> Alfredo Gassiot segurou-se muito e convulsamente amparado no pescoço do amigo.
> Passados instantes, disse, embargado pelas lágrimas:
> — Pois morreu?
> — No convento onde a família a encerrou. Eu nunca mais a vi desde que lá estivemos juntos. Não sei que tormentos ela suportou nos decorridos três anos. Há segredos nisto que dão azo a conjecturas vagas de que eu nada sei liquidar com certeza. Fala-se no aparecimento de um filho que motivou a resolução violenta dos parentes a matá-la na asfixia de uma cela. O general pode informar-me...
> — Eu!... — atalhou enleado Alfredo Gassiot.
> — Sim; existiria na sua saída de Portugal a suposição de...
> — Existia.
> — Pois então alguma base têm os boatos espalhados.
> — E a criança vive? sabe-se dela? onde está? — interrompeu Alfredo.
> — Nada sei, ninguém sabe, a não serem os personagens da tragédia, os verdugos capazes de um infanticídio, se necessário fosse.[16]

Convencido da morte ou da indigência, em Portugal, da criança que nem sequer sabe se realmente chegou a nascer, Alfredo não tem a mínima suspeita ao encarar Flávia. No entanto, a figura da rapariga nunca é indiferente a Gassiot que, sem querer, ou antes, sem perceber os indícios que lhe vão, inconscientemente, sendo transmitidos, a vai comparando a Miquelina:

> — Olha que entusiasmo o teu — observou rindo Jaquelina. — Quando tu assim te admiras, meu velho, que fará o filho! Diz-me cá: as portuguesas são todas assim galantes?
> — Vi muitas e muito formosas nos sítios por onde estive; mas... iguais em correcção de feições às de Flávia, só vi uma ou duas, se muito.[17]

Flávia forçada pela soberania do preceito, levantou o rosto altivamente. Fazia lembrar Miquelina diante do capitão-mor e do padre, no dia em que a levavam ao cadafalso do convento.[18]

Apesar das reminiscências verdadeiras e impositivas, o general Gassiot não interpreta minimamente os índices que lhe vão sendo transmitidos, actuando erradamente, isto é, compreendendo de uma forma incorrecta o famoso apelo da *voz do sangue*. Se ele começa por ter "indiferença por ela"[19], rapidamente, passa a tomar o partido de Flávia contra a mulher. As suas próprias observações sobre a ascendência da amiga da filha estão cheias de ambiguidades unilaterais. A personagem, ao proferi-las *inocentemente*, mostra, de uma forma irónica, ao narratário, conhecedor de toda a verdade, a inquietante coincidência entre o dito, que se pretende fantasiado, e o verídico que se ignora:

> — Sabes tu se ali está a filha de nobilíssimos pais?! A inferirmos-lhe das qualidades físicas e morais a filiação, temos que a alma é nobre e distinta, e nas formas a compleição denota que procede de organizações muito afidalgadas. Supondo, porém, que seu pai era um comerciante, bem sabes tu que meu avô de Espanha comerciava em lãs; se filha de fabricante, pouco há que vendemos as fábricas de teu pai; se filha de artista, eu não me desonro de ser filho do lapidário João Gassiot. Assim, pois, as ossadas de nossos pais e avós podiam estar quietas, se acaso viéssemos a descobrir a genealogia da mulher de Ernesto.[20]

Desconhecendo que a comparação é, neste caso, identificação, que os seus pais e avós são também os antepassados de Flávia, Alfredo aceita-a como futura nora porque nada lhe diz, instintivamente, que é sua filha de sangue e não de afinidade. Todavia, a linguagem trai-o, frequentemente, e ele pode exclamar, "— Creia que, se fosse minha filha, não me deixaria maiores saudades."[21], sem perceber que o condicional, a nível de estrutura profunda, se deverá converter em indicativo.

Ernesto funciona como uma espécie de duplo do pai, isto é, a sua afeição por Flávia é mal interpretada, confundindo-se *voz do sangue* com paixão:

> Flávia dissera de si, do convento, das suas saudades, de tudo que lhe ocorreu, frases bem ordenadas, bem ocasionadas ao assunto, correntes e límpidas. E ele, uma coisa formosa e digníssima disse e foi . . . que Flávia era a sua querida irmã. Isto . . . foi um anjo que lhe segredou, e ele não o entendeu.[22]

Incapaz de apreender o significado daquele sentimento íntimo que teimou em não subir à consciência, Ernesto reagirá violentamente à afeição fraternal de Flávia: "— Não sou seu irmão, Flávia!"[23], pensando que ela graceja do seu amor.

Atraído inexplicavelmente pelo abismo, o filho de Jaquelina procura na guerra (na morte) a compensação para o amor que julga não correspondido. E morre, porque só assim se poderá evitar o incesto que

Flávia, através de uma errada interpretação de indícios, está prestes a praticar, acedendo à sua insistência.

Ao contrário de todas as outras personagens, a filha de Miquelina pressente a *voz do sangue*, recusando sistematicamente o amor sensual de Ernesto. A resistência, porém, acaba por diminuir e Flávia, ignorando a verdadeira razão da sua relutância, pensa-se apaixonada e diz a Alfredo que casará com seu filho. Contudo, tal como acontecera com Gassiot, a sua própria linguagem a trai, dizendo ela mais do que sabe, sem se aperceber da importância do enunciado e da respectiva enunciação:

—Chame-o... Diga-lhe que o amo!...
—Então quer salvar meu filho? —exclamou o velho exultando até às lágrimas.
—Quero que ele me perdoe o que tem padecido... Quero ir para a sua companhia, meu querido... Oh!... eu ia chamar-lhe pai!..."[24]

Aceitando casar com Ernesto, Flávia perde a estranha sensação da *voz do sangue*, e, curiosamente, efectua um percurso circular de regresso às origens. É ao desprezar o afecto fraternal, único possível, que ela volta ao seu país (mesmo se o pretexto é procurar Ernesto e participar-lhe a intenção do casamento), procura a ama que a criou e casualmente (mas haverá casualidades nos universos romanescos?) compra a casa onde nasceu e encontra a correspondência entre o pai e a mãe, descobrindo a sua identidade e, simultaneamente, o interdito da sua relação com Ernesto, oportunamente já morto.[25]

Se Flávia é *obrigada* a sair de Portugal para conhecer o pai, ela é *obrigada* a voltar lá para conhecer a mãe e a sua filiação com o homem com quem vive e que a trata *como* filha, desconhecendo que, efectivamente, *é* filha. O duplo percurso da heroína é, sem dúvida, iniciático e assemelha-se aos dos tradicionais heróis dos contos populares. Compelida a realizar uma série de provas, ela consegue vencê-las, não à custa de um poder mágico, mas através da inexplicável *voz do sangue*. A morte de Ernesto, adjuvante no momento fulcral da intriga, impede a exclusão da heroína do espaço moral privilegiado e a sua inserção no mundo do tabú.

Resolvido o problema do incesto, Flávia dá-se a conhecer ao pai, mostrando a impossibilidade da sua ligação a Ernesto. O reconhecimento é feliz, porque o elemento transgressor foi eliminado. Alfredo e a filha podem assumir plenamente a sua consanguinidade.

Muito diferente é o desenlace em *O Olho de Vidro*, onde os interditos não são afastados e se consuma a relação proibida.

Neste romance, há muito menos personagens envolvidas no processo de atracção irmão-irmã. O pai de Brás, morto no estrangeiro, não é já personagem activo no processo diegético.

A mãe, cujo aparecimento é meteórico, intervém apenas no

momento da morte, interpretando erradamente a *voz do sangue*:

> D. Antónia faleceu no princípio de novembro. As suas últimas palavras à filha foram estas: "Perdoa-me ter-te eu dado o nascimento, desgraçada menina. Agora, que vai morrer a mulher maldita dos seus, vai tu procurar os teus parentes, e diz-lhes que não és culpada dos delitos de tua mãe". Brás ouvira estas palavras, e disse, ajoelhando-se ao pé da filha:
> —Abençoai a nossa união.
> —Eu vos abençôo, meus filhos—murmurou a moribunda.[26]

Tal como em *A Enjeitada*, a linguagem trai D. Antónia (ou antes, Maria Cabral) sem que ela disso se aperceba.

A total ausência da *voz do sangue*, que leva à relação incestuosa, é caracterizada por uma *certa inconsciência* de Brás que, apesar do mistério que envolve as duas senhoras, nem por um momento pensa na sua ignorada ascendência: "Brás Luís de Abreu não se deteve a perguntar ao seu espírito se lhe convinha amá-la; amou-a impetuosamente, desde que a viu; amou-a perdidamente desde que a ouviu."[27]

O problema da identidade não é, contudo, indiferente ao médico, reagindo ele agressivamente a perguntas sobre a filiação. Esta agressividade mostra, não só o total desconhecimento, como o medo de parentescos pouco honrosos.

Se Brás ignora tudo sobre o seu nascimento, a Josefa, a esposa-irmã, custa-lhe a acreditar na existência de um irmão que os pais diziam ter deixado em Portugal: "De sorte que eu, a respeito do filho, que ela dizia ter deixado em Portugal, não cheguei a fazer perfeito juízo, nem a mesma filha estava convencida de que ele tivesse existido:"[28].

Desconhecendo voluntária e inconscientemente a existência do(a) outro(a), Brás e Josefa casam, têm filhos e vivem felizes.

O regresso a Portugal de Francisco Luís de Abreu, o homem que cuidara de Brás em pequeno, vai despoletar o reconhecimento e o terror da verdade.

Francisco, *voz vinda do além*, assemelha-se ao Romeiro de *Frei Luís de Sousa*, de Garrett. Ao saber, por um amigo, da existência de Josefa, filha de António de Sá e D. Maria Cabral, decide ir visitá-la e, eventualmente, dar-se a conhecer.

Ao fim de um tempo de convivência, o velho hebreu consegue que Brás lhe conte a vida dos sogros (pais). Através do diálogo, Francisco vai desvendando os segredos daquelas vidas, sem suspeitar ainda da verdadeira identidade do médico, a quem, quando criança, perdera o rasto.

O processo de reconhecimento é longo e difícil, e assenta fundamentalmente num reavivar da memória, trazendo para o consciente os dados há muito esquecidos.

O nome do hebreu, pronunciado por ele como sendo de um outro, inicia a descoberta do fatal segredo:

[. . .] Outro médico houve aí em Coimbra, segundo me disseram, que chegou a pertencer ao corpo catedrático, e teve de fugir com sua mulher para a Índia holandesa.
— Quem era? — perguntou o doutor.
— Se bem me lembro, tinha ele um nome assaz parecido com o de vossemecê. Chamava-se Francisco Luís de Abreu.
— É verdade! — acudiu D. Josefa — que nome tão semelhante!...
— E não sei — disse meditativo Brás Luís — como esse nome me desperta coisas da minha primeira mocidade![29]

Excitado com a revelação, o hebreu continua no seu diálogo indutivo até chegar a outros nomes que Brás afirma ter conhecido na infância.

De recordação em recordação, Brás vai, involuntariamente, desvendando o seu passado e dando-se a conhecer a Francisco de Abreu que, num ápice, compreende o horror da relação incestuosa.

Um último pomenor conclui o processo de reconhecimento e institui o terror e a piedade:

— Como se chamava seu pai? — perguntou com palavras intercortadas pela abafação o hóspede.
— Não sei... — tartamudeou o interrogado.
— Porque se chama Brás *Luís de Abreu*? Como ajuntou este sobrenome e apelido ao seu nome baptismal?
— Porque assim o achei escrito num abecedário da minha infância.
— Que desgraça! — exclamou Francisco Luís, e começou passeando vertiginosamente na sala! — Que desgraça, Deus do céu!...[30]

A partir deste momento da intriga, as revelações precipitam-se e Brás compreende o horror da sua situação e o desespero provocado pela impotência perante o facto consumado. O tabú sócio-cultural provoca um quase tabú linguístico, não havendo a nível discursivo a referência directa ao incesto:

— Mas o nome de meu pai — atalhou Brás de joelhos, com as mãos erguidas e trementes. — O nome de meu pai, senhor Francisco Luís de Abreu.
— Dir-lho-ei ao ouvido — disse o hebreu, inclinando-se à orelha do médico.
Brás expediu um brado estridente, ergueu-se de salto, e exclamou:
— E o nome de minha mãe?
— Pergunte a sua irmã, à mãe dos seus sete filhos, como se chamava a mãe dela.
— Como é, meu Deus?! como é?! por caridade, salve-me desta dúvida atroz... Minha irmã!... quem é minha irmã, senhor?
— É a filha de sua mãe.[31]

O desespero de Brás e Josefa, que os leva a abraçar a vida religiosa, traduz-se numa série de imprecações do primeiro, estranhando a total ausência de *voz do sangue* ou a incorrecta interpretação dos indícios:

Agora é que eu me gelo de horror do meu passado!... Nunca tive um abalo que me dissesse: "porque lhe queres tu assim tanto, tanto, que em quinze anos teus olhos não viram outra mulher sobre a terra!" As irmãs não se amam assim... Ai!... e eu que assisti à morte de minha mãe, ainda lhe beijei as mãos ... Ali, sim, então senti convulsões de espírito extraordinárias, das quais não podiam ser motivo o amor que eu tinha à filha ... Não; era Deus que me avisava ...[32]

Autopunindo-se pela consagração religiosa, Brás e Josefa não mais se fixam nos rostos ("Dizem as memórias que nunca jamais lhe ele vira o rosto, porque D. Josefa o velava com um espesso véu negro."[33]), concientes de que foi através do olhar que o seu pecaminoso amor se iniciou[34].

Condenados à expiação eterna, revoltam-se, perdem a fé, não aceitam o castigo por uma falta inconsciente e involutária.

Depois da morte de Josefa e da de algumas filhas, Brás começa a duvidar da fé, incapaz de encontrar consolação num inútil sacrifício:

> Aquela religiosidade, que, horas antes, parecia robusta e sentida como a dos mártires, estava a desfazer-se miseravelmente na incerteza, no desprezo, na negação das mais santas coisas do cristianismo! [...] A imagem de Francisco Luís perpassava-lhe execrandíssima por diante dos olhos, cravados num revolutear de visões extravagantes que o assediavam, à volta do cadáver daquela mulher assassinada sem culpa nem fé para aceitar de boa mente uma tão grande quanto imerecida penitência.[35]

O inconformismo, gerador de angústia, consegue fazer sentir terror pela relação incestuosa mas não criar um verdadeiro sentimento de culpabilidade.

Levado mais pela noção do dever do que por crenças íntimas, o "homem da horrível fatalidade"[36], Brás, assume-se como o herói trágico cujo destino foi decretado por desígnios superiores.

Se, em *A Enjeitada*, a heroína, levada por pressentimentos de origem desconhecida, se afasta do estatuto de personagem trágica, em *O Olho de Vidro*, Brás é o perfeito exemplo do homem completamente alheio ao *fatum*, que o domina.

Notas

1. Camilo Castelo Branco, *A Enjeitada*, in *Obras Completas*, Vol. V, Porto, Lello & Irmão, 1986, p. 183.
2. Jacinto do Prado Coelho, *Introdução ao Estudo da Novela Camiliana*, Lisboa, Imprensa Nacional-Casa da Moeda, Col. Temas Portugueses, 2ª ed., refundida e aumentada, 2º vol., 1983, p. 34.
3. Cf., *idem*, pp. 327-28.
4. Isabel Pires de Lima, *As Máscaras do Desengano—Para uma Abordagem Sociológica de "Os Maias" de Eça de Queirós*, Lisboa, Caminho, Col. Universitária, 1987, pp. 201-02.
5. Cf., *idem*, p. 221, "Vimos também que este [Carlos] reencontra inconscientemente em Maria Eduarda a imagem da mãe, uma imagem que prevalece nas brumas da memória infantil, mas que, edipianamente, ele deseja reconstruir."
6. *A Enjeitada*, p. 205.

7. Camilo Castelo Branco, *O Olho de Vidro*, Lisboa, Parceria António Maria Pereira, 6ª ed., 1968, p. 18.
8. *Idem*, p. 25.
9. *A Enjeitada*, p. 210.
10. *Idem*, pp. 251-52.
11. *Idem*, p. 271.
12. *O Olho de Vidro*, p. 39.
13. *Idem*, p. 68.
14. *A Enjeitada*, p. 270.
15. *Idem*, p. 293.
16. *Idem*, pp. 263-64.
17. *Idem*, pp. 275-76.
18. *Idem*, p. 300.
19. *Idem*, p. 290.
20. *Idem*, p. 297.
21. *Idem*, p. 304.
22. *Idem*, p. 309.
23. *Idem*, p. 316.
24. *Idem*, p. 325.
25. Para um estudo mais detalhado do reconhecimento de Flávia e Alfredo, cf., da autora, "Camilo e a *Voz do Sangue*", comunicação apresentada ao Congresso Internacional de Estudos Camilianos, Coimbra, 24 a 29 Junho de 1991, no prelo.
26. *O Olho de Vidro*, pp. 95-96.
27. *Idem*, p. 95.
28. *Idem*, p. 130.
29. *Idem*, p. 152.
30. *Idem*, p. 159.
31. *Idem*, pp. 161-62.
32. *Idem*, p. 169.
33. *Idem*, p. 174.
34. Para a importância do olhar nas relações incestuosas, cf., Isabel Pires de Lima, *op. cit.*, pp. 210-16.
35. *O Olho de Vidro*, pp. 183-84.
36. *Idem*, p. 195.

Notas sobre o centenário de Andrade Corvo

Jorge Dias
Universidade de Estudos Estrangeiros de Kyoto

Em 1990 cumpre-se um século sobre a morte de uma figura da segunda metade do século XIX, João de Andrade Corvo. A sua figura tem estado envolta em sombras, embora tivesse revelado notáveis faculdades, quer como homem público quer como escritor. A sua relativa obscuridade justificará esta evocação. Andrade Corvo foi uma personagem de segundo plano apenas porque no século XIX viveram em Portugal grupos de intelectuais que formaram plêiades de singular relevo. Basta recordar os corifeus da primeira geração romântica ou os homens da Geração de 70.

Andrade Corvo nasceu em 1824, oriundo de uma família de miguelistas. Na infância presenciou o espectáculo das violências cometidas pelos partidários de D. Miguel. Tais sevícias causaram-lhe uma indelével impressão: sempre manifestou aversão ao partido miguelista e às violências políticas.

Em 1839 ingressou na Escola Politécnica, onde foi companheiro de Latino Coelho. Concluiu os cursos de Engenharia e da Escola Médica. Foi nomeado para substituto da cadeira de Botânica.

Por essa época iniciou a sua carreira literária. O exemplo de Almeida Garrett, restaurador do Teatro Português, sugestionou-o. *Maria Teles*, uma peça histórica, teve algum sucesso. A sua obra-prima, um romance histórico, *Uma Ano na Corte*, publicado inicialmente na *Revista Universal*, saiu em quatro volumes em 1850–1851. Saíram depois os dramas *O Aliciador* e *O Astrólogo*, além de várias poesias.

Andrade Corvo tornara-se entretanto professor no Instituto Agrícola. Dedicou-se aos problemas de agricultura. Em 1865 foi eleito deputado por Idanha-a-Nova. Em 1866 tornou-se membro do gabinete de Joaquim António de Aguiar, como Ministro das Obras Públicas. A Andrade Corvo se deve a lei que mandou proceder à construção do caminho de ferro do Minho e Douro. Em 1871 foi nomeado Par do Reino. Num governo de Fontes Pereira de Melo foi Ministro dos Negócios Estrangeiros, cargo que acumulou depois com os de Ministro da Marinha e do Ultramar (1875–1876), (1876–1877). Em 1875 apresentou um relatório da sua administração ultramarina e naval. Entre os resultados da sua acção como Ministro da Marinha podem enumerar-se os seguintes:

a compra do couraçado *Vasco da Gama*, a reorganização do Corpo de Marinheiros, o estabelecimento da linha de vapores entre a metrópole, a Índia Portuguesa e Moçambique, o contrato para a navegação do Quanza, o esforço desenvolvido para a definitiva abolição da escravatura nas colónias e do tráfico de cúlis para o porto de Macau, o envio de missões de obras públicas ao Ultramar, o tratado com a Inglaterra sobre a Índia e o que habilitou o governo português a construir o caminho de ferro de Mormugão. Em Maio de 1877, a subida do partido Regenerador ao poder levou Andrade Corvo para o Ministério dos Negócios Estrangeiros. A ascensão do Partido Progressista em 1879, fez Andrade Corvo regressar aos seus trabalhos científicos e literários. A Academia das Ciências encarregou-o de publicar o *Roteiro da Viagem que D. João de Castro fez a primeira vez que foi à Índia, em 1538.*

Em 1869 Andrade Corvo foi enviado a Madrid como Ministro Plenipotenciário: a Espanha oferecera o trono ao rei D. Fernando e, perante a recusa deste, a D. Luís. Adversário convicto do iberismo, Andrade Corvo, no centro de uma polémica tempestuosa, realizou, com êxito, a sua missão.[1]

Na qualidade de Ministro dos Negócios Estrangeiros, Andrade Corvo encomendou a Eça de Queirós um relatório sobre a emigração, tendo-o levado para casa, para o estudar. O relatório ficou na posse dos seus descendentes que o venderiam em leilão, já no século XX.[2] Eça exerceu depois as funções de cônsul em Newcastle, de 1874 a 1879. Durante este período Eça manteve correspondência com Andrade Corvo: "A less familiar aspect of his writing in Newcastle is his consular correspondence with the Portuguese Foreign Minister of the day, João de Andrade Corvo. Among the surviving manuscripts, now in the Archive of the Ministério dos Negócios Estrangeiros, are the four letters published below, which report on the industrial conflict of the late 1870s in the Northumberland and Durham coalfields. [. . .] The function of the letters is to inform the Foreign Minister of a series of strikes and lock-outs, explaining the background to the conflict and considering its broader significance, and they are to a considerable extent self-explanatory, or at least appear to be."[3]

Em 1883, Andrade Corvo referiu-se, em tom grandiloquente, "à civilização da África em que se acha empenhada a Europa inteira e em que nos cabe a nós, os Portugueses, tão grande parte e tão pesada responsabilidade."[4]

Andrade Corvo pertenceu à comissão promotora de um memorial dedicado a Fontes Pereira de Melo, Chefe do Partido Regenerador, falecido em 1887. Entre os outros membros encontravam-se Luciano Cordeiro e Rosa Araújo. O monumento nunca foi erigido.[5]

Um Ano na Corte é a mais notável das obras de ficção de Andrade Corvo.

A acção inicia-se no verão de 1666, na época de D. Afonso VI, então dominado pelo valido, conde de Castelo Melhor. Este organizara o exército, no final da guerra da Restauração. Durante a sua hegemonia sucederam-se as vitórias. D. Sancho Manuel ganhara a batalha do Ameixial. Pedro Jacques de Magalhães vencera em Castelo Rodrigo. Em 1665 ganhou-se a batalha decisiva de Montes Claros. O apoio real era frágil: D. Afonso VI era mentecapto e impotente, egoísta, de costumes grosseiros. O jovem Castelo Melhor (1636-1720) tinha um poderoso inimigo no infante D. Pedro (1648-1706), que ambicionava a coroa. No início do romance avultavam dois problemas: a incapacidade do Rei e a guerra contra a Espanha. O povo português ansiava pela paz. O partido francês, apoiado por Luís XIV, pretendia a continuação da guerra, porque tal servia os interesses da França.[6]

No início do romance surge Francisco de Albuquerque, filho do vencedor de Montijo, Matias de Albuquerque, acompanhado pelo seu criado, o soldado Diogo Cutilada, um sebastianista, ferido na batalha do Ameixial. A situação político-social do tempo é apresentada através de diálogos. Há alusões aos costumes brutais de Afonso VI, no tempo de um outro valido, António Conti. Alude-se à Casa do Infante, o Palácio do Corte Real, próximo do Corpo Santo, onde se reuniam os inimigos de Castelo Melhor. O povo desprezava o rei, pelo seu pavor da guerra e pela sua inépcia nas touradas. As naus da França iam trazer uma princesa francesa. Refere-se uma incursão do marechal Schomberg, que se internara pela Andaluzia. Surge Luís de Mendonça, homem fatal, sempre ardendo em chamas amorosas. Assassinara a sua primeira amada, uma cigana. Arderia depois pela rainha e por uma casta provinciana.

Chegaria depois a Lisboa a futura raínha. Era D. Maria Francisca Isabel de Sabóia, princesa de Aumale, filha do Duque de Nemours, parenta do Rei-Sol. Havia esperança na nação perante o casamento. D. Luísa de Gusmão já fizera jurar herdeiro o infante D. Pedro, considerando D. Afonso incapaz. O casamento fora aliás planeado por Castelo Melhor: seguia-se uma política de alianças com a França e a Inglaterra, para preservar a independência perante o poderio, ainda considerável, da Espanha. O anti-iberismo de Andrade Corvo emerge numa longa passagem: "Depois da desgraçada entrega de Portugal a Filipe II, feita por grande parte de uma nobreza corrupta, como era já a nobreza das nações da Europa no fim do XVI século, a decadência deste país tornou-se tão rápida, que todos os que ainda conservavam amor pela pátria perderam a esperança de a tornar a ver livre. (. . .) A Espanha julgava-se mais segura do seu escravo à proporção que o via perder as forças e tornar-se moribundo. Os favoritos dos Filipes só curavam de tirar ouro de Portugal, para com ele satisfazerem os seus caprichos e darem mais esplêndidas festas a seus imbecis amos: queriam tornar este reino um cadáver e esqueciam que se abraçavam com ele, e que a corrupção se pega àqueles que estreitam a si um corpo corrompido. [. . .] Uma fatalidade terrível fez que nós estivéssemos unidos à Espanha durante o período da queda daquele imenso império. [. . .] A pesada coroa de Carlos V ainda se pôde sustentar, mas oscilante já, sobre a fronte do sagaz e cruel Filipe II; a cabeça de Filipe III curva-se, como esmagada por aquela coroa imensa, e são as mãos dos favoritos que a sustentam debilmente. Filipe IV, o rei artista, deixou-a cair de todo nas mãos dos cortesãos. Um drama vale para ele mais do que um reino, um quadro de Velásquez importa mais do que uma colónia. No tempo de Carlos II a coroa magnífica de Carlos V estava já quebrada em pedaços, que eram disputados pela raínha, governada por um jesuíta, e por D. João de Austria, o filho bastardo de Filipe IV e de uma actriz". Corvo entendia que os fidalgos portugueses da Restauração conspiraram por interesse pessoal, por terem sido privados das suas regalias pelo conde-duque de Olivares. Duvidava também da coragem e do poder de decisão de D. João IV, dominado, a seu ver, pelo carácter varonil de D. Luísa de Gusmão. Concluiu: "A revolução de 1640 achou eco em todo o reino; o povo, que tinha sido o último a abandonar a causa da pátria, foi o primeiro a entrar na luta com Espanha."⁷

Grande parte do romance é consagrado às intrigas da corte. Andrade Corvo estava bem informado. Os dois irmãos, Afonso e Pedro, eram ambos brutais e devassos. Logo de início se esboçaram amores adulterinos entre o atlético e moreno Infante D. Pedro e a macrocéfala loura D. Maria Francisca.

Andrade Corvo contrasta as cenas de fausto palaciano com cenas populares de tabernas. Aparecem então figuras de frades, marinheiros e militares que, como um coro clássico, comentam a acção. Como em *O Arco de Sant'Ana*, de Garrett, aparece uma bruxa, Zaida, que, como uma Cassandra faz profecias lúgubres sobre amores fatídicos. Seria, naturalmente, depois torturada e queimada pela Inquisição.

A figura de Castelo Melhor, bem como a do seu partidário, António de Sousa Macedo, homem intratável e violento que não podia suportar os estrangeiros, são traçadas com simpatia. O conde era, para Corvo, ambicioso, mas bem intencionado e magnânimo. Uma figura de excepção, numa época que o romancista considera desgraçada. Perante os desejos de paz dos portugueses, Castelo Melhor resistiu tenazmente aos desígnios da França. Não podia aceitar as propostas de Luís XIV, temendo o ódio popular.

No Paço foi então urdida uma cabala. Em torno da Rainha agruparam-se o seu confessor, o Jesuíta Francisco de Villes, o seu secretário particular, o Marquês de Saint-Romain, agente secreto de Luís XIV, e o Infante D. Pedro, testa de ferro da cabala, atraído à intriga pelos encantos gauleses — e pela sua própria ambição. Em volta do Infante agruparam-se o conde da Ericeira, o conde da Torre, o conde de S. João, o conde de Aveiro, além do sagaz D. Rodrigo de Menezes. Apoiaram também a conspiração o conde de Vila Flor, vencedor de D. João de Áustria, o bispo do Porto e os membros da Casa dos 24.

Largo espaço é consagrado ao Padre António Vieira, que aparece em Lisboa, saído do cárcere de Coimbra, onde jazera durante mais de um ano, por ordem do Santo Ofício. Apresenta-se o seu retrato físico: "Sua Paternidade mostrava ter não menos de sessenta anos: a sua estatura era muito acima do mediano; o rosto comprido, mas proporcionado, causava respeito e admiração a quantos a viam, porque, ao mesmo tempo que majestoso era esclarecido pela luz íntima e resplandecente do talento e do saber. Na larga testa, sulcada de rugas, no sobrolho ainda negro e espesso, sobretudo nos olhos vivos e cintilantes, tinha ele tal poder, tal grandeza, tal força, que poucos ousariam resistir a uma ordem sua, poucos se atreveriam a não lhe seguir os conselhos. Esta nobre e grandiosa fisionomia, era, por assim dizer, alumiada por um resplendor de cãs alvíssimas, que saindo de um pequeno barrete de seda negro, lhe cingiam a vasta cabeça. O sorriso, entre melancólico e amargo, singelo e irónico, que se lhe deslizava nos beiços pálidos, em parte escondidos por um bigode cortado à maneira dos índios, isto é, direito na parte que acompanhava o beiço superior, ondulante e alongado até à barba a partir dos cantos da boca, completava o carácter, elevado e grandioso sim, mas dúbio e incerto, que à primeira vista se notava no rosto de Sua Paternidade."[8] Vieira é apresentado como adepto de D. Pedro, a quem aconselha que se ponha à testa do exército do Alentejo: "E quem sabe se o Senhor Infante é esse descendente de Fernando Católico, esse sucessor de Afonso Henriques, a quem as chagas de Cristo foram dadas por armas, para com elas destruir o Turco, e vingar as injúrias da Igreja, e desfazer todas as heresias, e receber enfim a investidura da mão do Pontífice, para ir depois à conquista da Terra Santa. Grandes são os decretos da Providência, e grandes os mistérios que se contêm nas profecias."[9] Mais tarde Vieira proclama que é em D. Pedro II que se há-de cumprir a profecia das palavras de Deus a El-Rei D. Afonso Henriques. Vieira preconizava a reforma da Inquisição, a busca do poder financeiro dos cristãos-novos, bem como o seu regresso a Portugal. A D. Pedro II caberia, na perspectiva de Vieira, a glória de fundar o Quinto Império. Vieira pintava um quadro sombrio do estado actual do Império Português: "A Índia, quase totalmente perdida, pela gente, dinheiro, e navios que nos tira, mais nos serve de estorvo que de proveito. O Brasil, que é só o que sustenta o comércio e alfândegas, e chama aos nossos portos esses poucos navios estrangeiros que neles vemos, está exausto de dinheiro, e por falta de escravos cedo não terá açúcar. E por toda a parte se vão perdendo as almas, por falta de missionários que ensinem aos Índios a doutrina; e sobretudo pela tirania com que estes são tidos em duro cativeiro pelos portugueses, que os deixam até sem baptismo e sem sacramentos."[10] Vieira compreendera a natureza ambiciosa e brutal de D. Pedro II: "O olhar do velho jesuíta era tão penetrante, vinha tanto do fundo do seu imenso espírito o raio fosforescente que lhe iluminava as pupilas e se lhe difundia pelas íris escuras e como metálicas, havia enfim tal força, tal poder, tal alcance naquele olhar, que o Infante sentiu-o sem o ver; vibraram-lhe os nervos todos, e um súbito rubor lhe corou a face, porque conheceu que o padre Vieira lhe estava lendo na alma os mais íntimos segredos da sua ambição, e medindo a grandeza do ímpeto com que as paixões lhe agitavam o coração." Vieira insistiu nas sinistras cores do quadro que traçava:

> Estamos cercados de inimigos, senhor. Castela quer Portugal; Inglaterra e França querem a Índia e Brasil; a Holanda quer na Índia o que possui, e no Brasil o que perdeu. Rasgaram a riquíssima túnica de púrpura deste senhor de dois mundos; e as nações agoram jogam entre si esses farrapos magníficos, que valem impérios e reinos. Ainda é tempo, senhor, de os colher todos, que ainda nenhuma os ganhou; é tempo ainda de os unir uns aos outros, e de refazer as roupas talares com que se cobriu Portugal, quando era a maior monarquia da terra.[11]

Segundo Andrade Corvo, a cabeça do Padre Vieira, "animada pelo fogo íntimo da fé religiosa ... o contínuo meditar, o incessante estudar dos livros sagrados e das antigas e modernas profecias, com o fim de nelas descobrir revelações sobre os destinos futuros da humanidade" parecia a cabeça de um dos antigos profetas quando prediziam a grandeza do povo de Deus.[12]

Vieira regressara a Lisboa em 1641. Fora imediato o seu ascendente sobre D. João IV. Considerado o primeiro dos pregadores portugueses, foi conselheiro do rei, que lhe confiou várias negociações secretas. Em 1661, na solidão amazónica, escreveu o *Quinto Império do Mundo, Esperanças de Portugal*, em que enunciava a ressurreição de D. João IV, para cumprir uma profecia, lida no Bandarra, segundo a qual aquele rei presidiria ao império universal português que unificaria o mundo sob a égide cristã. Vieira conspirou depois com os partidários de D. Pedro. Depois da vitória deste os inimigos do jesuíta foram afastados, a condenação inquisitorial tornou-se letra morta. Mas os esforços de Vieira para voltar à sua situação de valido foram baldados. A sua justificação do casamento de D. Pedro com a cunhada foi inútil. Afastado do favor da corte, depois de 1675, o seu messianismo caiu no vácuo. Vieira tornou-se um sobrevivente da política, apesar dos seus êxitos como pregador em italiano em Roma.[13]

Conclui-se a tenebrosa intriga na parte final do romance. A nobreza divertia-se no palácio real de Salvaterra com desportos, como os jogos de canas ou das alcanzias. Houve uma montaria aos veados e javalis, perseguidos no carrascal. Em Salvaterra teria ocorrido "a primeira cena do drama escandaloso e terrível que naquele ano de 1667 a corte de Portugal representou diante da Europa."[14] Da boca de D. Afonso VI extravasa um comentário sarcástico sobre o Infante: "Ah! Ah! Meu irmão dá-se às ciências! O que o Pedro sabe é pegar bem num touro, montar a cavalo, e deitar cães de fila aos mulatos da cavalariça."[15]

Na segunda metade do século XVII travava-se uma luta pela hegemonia entre a Inquisição e a Companhia de Jesus. Como Alexandre Herculano, antes dele, e como Antero de Quental e Oliveira Martins depois,

Andrade Corvo considerava D. João III e a Inquisição responsáveis pela ruína de Portugal. Corvo atribui a Castelo Melhor uma tentativa de aliança com a Inquisição, para contrabalançar o poder da Companhia de Jesus.

Era frágil a base do poder de Castelo Melhor. Os validos de D. Afonso VI foram afastados ou demitidos. A Raínha, descendente de Lucrécia Bórgia e de Gabrielle d'Estrées, cuja sensualidade herdara, antiga idólatra do Marquês de Lauzun, brilhante cortesão de Luís XIV, agiu com estrépito escandaloso. Abandonou o Paço e refugiou-se no convento da Esperança, de onde requereu a anulação do casamento, devido à sua não consumação. O infante D. Pedro, à frente dos seus partidários, impôs, no Paço da Ribeira, a abdicação do Rei. Depois de um processo tenebroso, o casamento foi anulado a 24 de Março de 1668. Dez dias depois a impetuosa Rainha casou com o Infante. Elegíaco, medita Andrade Corvo: "A intriga, a calúnia, a aleivosia, minavam a corte de Afonso VI; e o poder de Castelo Melhor, baseado no valimento, sustentado por um Príncipe quase imbecil, inconstante, sempre irresoluto, oscilando sempre entre a fúria descomedida do louco ou o pavor próprio de um espírito frouxo, sem resolução e sem vontade, decaía, cedia manifestamente ao poder mais forte, mais ousado, mais falaz do Infante."[17] O conde de Castelo Melhor entoa o seu próprio Requiem: "Triste poder o que tem por base só a simpatia e a vontade de um ... de um Rei que é paralítico de um lado e quase louco do outro."[18]

Perante a derrota final, numa cena patética, o Rei e o valido despediram-se para sempre: "O conde abraçou seu real amo. Quando se separaram um do outro, o Rei e o ministro estavam com os olhos arrasados de lágrimas. Por quem chorava o conde de Castelo Melhor: pelo Rei, ou pelo poder que ia deixar para sempre?"[19] Para Castelo Melhor seguir-se-ia o exílio em Paris, Turim e Londres, onde prestaria alguns serviços à rainha D. Catarina de Bragança. Só depois da morte da sua velha inimiga, D. Maria Francisca, poderia regressar a Pombal, de que era alcaide-mor. A D. Afonso VI esperá-lo-ia a prisão em Angra do Heroísmo e no palácio de Sintra, até à morte, ocorrida em 1683.

D. Pedro II não pôde servir com eficácia os objectivos da cabala que o usara. Forçado a assinar a paz com a Espanha, em 1668, recebeu um cognome, eivado de ironia involuntária: o Pacífico. No seu reinado só têm sido encontrados dois aspectos positivos: o Tratado de Methuen, aliás condenado pela historiografia liberal, e a administração do conde da Ericeira, rematada com o suicídio deste.

O romance termina portanto com o triunfo do Infante, do partido francês e dos Jesuítas, que, segundo Andrade Corvo, pretendiam um rei que servisse os desígnios da Companhia, auxiliando as Missões do Brasil. Uma das personagens fictícias, Albuquerque, depois de amores tempestuosos, torna-se um jesuíta, prestes a partir para o Maranhão. O romance termina no dia 2 de Abril de 1668: celebrava-se o casamento de D. Pedro com D. Maria Francisca, com dispensa do cardeal de Vendôme.

Através do romance Andrade Corvo manifestou notável erudição. Alude a livros que encontrara na Biblioteca da Ajuda, como *A Arte de Galanteria*, de D. Lucas de Portugal, ou a manuscritos da mesma Biblioteca, como o da *Caça Venatória*. Cita passagens de *A Nova Floresta*, do P.e Manuel Bernardes. Evoca os perigos da Lisboa nocturna, no século XVII, e faz reviver a Rua Nova. Surgem tipos populares: o cristão-novo, o sapateiro, as beatas, os frades glutões e pouco castos, como nas peças de Gil Vicente. Recorda-se o ambiente das estalagens, acumulam-se notas sobre o vestuário ou sobre a culinária. Eis um jantar de D. Afonso VI: "O jantar constava de perus assados, galinhas recheadas e de *gigote*, pombos *enredados*, fricassés de peixe, tortas folhadas, *fartelejos* recheados de manjar branco, enormes bolos de *rodilha*, confeitos de rosa, e alguns doces de fruta servidos em púcaros de barro."[20] Mas muito mais do que isto comeriam os frades de Alcobaça, segundo a descrição de William Beckford, que viu os monges em acção no final do século XVIII.

Algumas páginas são dedicadas ao mobiliário do século XVII. Usavam-se cadeiras de couro lavrado, cómodas de pau-santo, dobadouras marchetadas de marfim, papeleiras de pau-negro, entalhadas com arabescos amarelos. Uma pregaria reluzente rebrilhava sobre as cadeiras. A vida devota era intensa. Havia Meninos Jesus de cera em camas de algodão, sobre as quais brilhavam, como pedras preciosas, estrelinhas de papel pintado. Nas casas havia altares dedicados a Santo António e a S. Francisco.

Há ainda páginas dedicadas ao armamento. Alude-se a cossoletes, piques, morriões. Pelas ruas da Lisboa nocturna cintilavam as espadas ao menor pretexto, ouviam-se estertores de agonia. A coragem nem sempre abundava. Aparece um pícaro, um capitão Aniceto Muleta, sobre cuja região lombar perpassam calafrios de pavor.

Uma parte do romance satiriza a terminologia da Medicina da época. O licenciado António do Prado costuma polvilhar a sua conversação de citações latinas e de alusões a Galeno e a Falópio. Campeava o uso da sangria, para "diminuir o peso dos humores." Para os ferimentos usava-se o "parche de unguento santo" e "a mecha acanulada de chumbo."[21]

Um Ano na Corte teve uma recepção favorável na época da Regeneração. Alexandre Herculano mencionou o romance na "Advertência da Primeira Edição" de *Lendas e Narrativas*, de 1851.

Andrade Corvo morreu em 1890.

Um contemporâneo de Corvo, Oliveira Martins, celebrou, ainda mais do que o autor de *Um Ano na Corte*, a figura de Castelo Melhor. Este seria o único estadista português do século XVII: "Portugal parecia reviver à voz de um homem."[22] Tal como Corvo, Oliveira Martins exprobrou a acção dos Jesuítas: "Em 1667 venceram o ministro precursor do espírito civilista e secular do XVIII século e puseram no trono um homem apaixonado e violento, explorando o amor incestuoso em que ardia pela cunhada."[23] E tal como Corvo, Oliveira Martins vituperava a "época deplorável", denunciava a "protérvia real do tempo." Manifestava ainda a sua aversão à historiografia seiscentista composta por "livros que só uma curiosidade erudita pode instigar a ler." Mas abria excepções: "Não são assim as revelações indiscretas que, despidas dos ouropéis literários, documentam a protérvia real do tempo: a *Catástrofe de Portugal*, do bispo do Porto, Lacerda, e a anónima *Anti-Catástrofe*, memórias reais desse repugnante episódio de Afonso VI, recentemente esclarecido ainda pela publicação dos documentos judiciários na *Causa da Nulidade*, etc."

Apesar da identidade de pontos de vista e embora tivesse sido, ele próprio, autor de um medíocre romance histórico, *Phoebus Moniz*, Oliveira Martins condenava o género, surgido devido ao exemplo de Herculano: "A história afigurava-se então como a ciência das instituições, ou uma espécie de nomologia; e ao lado da história formava-se um género híbrido e falso, o *romance histórico*, em que é para lamentar o tempo e o talento desperdiçados a compor verdadeiros *pastiches*. O valor dessas obras, a que ficaram ligados os nomes de Herculano e Garrett, de Mendes Leal e Rebelo da Silva, de Marreca e Bernardino Pinheiro, de Corvo e Arnaldo Gama, de Camilo Castelo Branco e ainda de Pinheiro Chagas, valor escasso e nulo como obras poéticas, é apenas o da história dos costumes, trajos, etc., do *pitoresco* da história traduzidos pelos autores com maior ou menor saber e fidelidade."[24] Era aliás geral entre os membros da Geração de 70 a condenação do romance histórico. O que não impediu Eça de Queirós de engastar uma novela histórica na *Ilustre Casa de Ramires*.

Sampaio Bruno expressou uma perspectiva idêntica à de Oliveira Martins. O filósofo messiânico e esotérico de *O Encoberto* concordava com o historiador-moralista de *Portugal Contemporâneo*. Em 1885 Bruno considerava *Um Ano na Corte*, "apesar do cuidado minucioso, uma reminiscência de erudito."[25]

Na primeira metade do século XX, *Um Ano na Corte* recebeu um acolhimento encomiástico na *História da Literatura Romântica* de Fidelino de Figueiredo. Hernâni Cidade, contemporâneo de Fidelino, embora de diferente ideologia, afirmou sobre Andrade Corvo: "Discípulo de Herculano, era da estirpe intelectual de Oliveira Martins, dotado para a economia, para as ciências, para a história, tanto como para a literatura de imaginação. [...] Os hábitos do cientista afirmam-se naquele romance, que só escreveu depois de larga e minuciosa documentação sobre a época de D. Afonso VI."[26]

Mais recentemente, Óscar Lopes e António José Saraiva comentaram acerca de *Um Ano na Corte*: "Ocupa-se da época de D. Afonso VI, com uma impressionante abundância de pormenores sobre a vida corrente: etiquetas, mobiliário, vestuário, alimentação. O próprio fio secreto das intrigas palacianas, documentadas na vasta documentação de que se serviu o autor, permite-lhe construir um entrecho romanesco que mantém a atenção por entre a multidão das descrições."[27] Mais crítico se manifestou Castelo Branco Chaves: "A grande falha deste romance é a de movimentar figuras históricas como se fossem personagens de ficção, o que automaticamente as torna falsas no campo da história e nos domínios da ficção. Por outro lado, apesar de diversos artifícios, a acção do romance não se escusa à condição de *história romanceada*. A composição de *Um Ano na Corte* foi cuidada, tem equilíbrio e Andrade Corvo teve o bom gosto de fugir às longas descrições que cindem a acção bem como às divagações descabidas, então tanto em uso. Além destas qualidades, Andrade Corvo, como romancista, revelou ciência do diálogo e da composição dos quadros. Apesar destas qualidades de técnica literária, *Um Ano na Corte* ficou como romance sem influência na evolução do género, nem significado no contexto da nossa literatura romântica."[28]

Nos romances históricos do século XIX era habitual atribuir aos Jesuítas uma grande capacidade mental, além de grande talento para a manobra política. Como se viu, em *Um Ano na Corte* tal papel foi reservado ao Padre António Vieira e a outros menores. Em *A Mocidade de D. João V*, romance publicado em 1852, Rebelo da Silva reservou um papel maquiavélico ao Padre Ventura. Os autores de romances históricos do século XIX eram geralmente admiradores do Marquês de Pombal, que consideravam um precursor, embora involuntário, do Liberalismo.

Tem-se frequentemente assumido que o romance histórico, coevo do Romantismo, se extinguiu com ele. Apesar disso, os mestres do Romantismo-Naturalismo, como Flaubert e Eça de Queirós, depois de condenarem o romance histórico, acabaram por escrever obras que se contam entre os modelos do género. Tal é o caso de *Salammbô* e do romance histórico engastado em *A Ilustre Casa de Ramires*. A posterior publicação de *A Paixão de Maria do Céu* e de *Os Teles de Albergaria* de Carlos Malheiro Dias ou de *A Severa*, de Júlio Dantas, revelam que fora prematuro o anúncio da morte do romance histórico. No século XX, obras poderosas como *A Casa Grande de Romarigães* de Aquilino Ribeiro, *A Casa do Pó* de Fernando Campos e *Memorial do Convento* de José Saramago, manifestam a vitalidade do romance histórico, posto que vertido em moldes bem diferentes dos da Época Romântica.[29]

Um Ano na Corte apresenta, em suma, uma sociedade desaparecida, dominada ainda pela influência cultural da Espanha. Obliterados estão também alguns dos locais ligados à acção. O Palácio dos Corte-Reais, que pertencera no século XVI a D. Cristóvão de Moura, marquês de Castelo Rodrigo, depois habitado pelo Infante D. Pedro, ardeu completamente em 1751, quando pertencia a D. Pedro III.[30] O Palácio da Anunciada, fundado em 1533 por Fernão Álvares de Andrade, que pertenceu depois aos Menezes, condes de Ericeira, que ali estabeleceram uma grande biblioteca e um grande museu, foi totalmente destruído pelo terramoto de 1755. O conde da Ericeira, D. Luís de Menezes, que figura no

Title pages from various editions of **Um Ano na Corte**.

ANDRADE CORVO

UM ANO NA CORTE
VOLUME I

LELLO & IRMÃO – EDITORES

ANDRADE CORVO

UM ANO NA CORTE
VOLUME II

LELLO & IRMÃO – EDITORES

romance, defenestrou-se em 1690, atirando-se de uma das janelas do Palácio.[31]

Andrade Corvo foi uma das figuras mais citadas na segunda metade do século XIX. Júlio de Castilho atribui-lhe uma opinião abalizada.[32] Fialho de Almeida mencionou-o n'*Os Gatos*. Corvo pertencia ainda a uma tertúlia prestigiosa. No Chiado, no Café Marrare que existiu até 1866, reuniam-se na mesma tertúlia Garrett, Herculano, Andrade Corvo e outras luminárias do Romantismo.[33]

Recentemente tem sido considerada a sua influência benéfica sobre o Ultramar.[34] Foi publicado um opúsculo de Andrade Corvo sobre a emigração chinesa para a América do Sul.[35]

A Restauração foi um dos períodos da História Portuguesa que mais atraíram a atenção dos ideólogos e historiadores pressionados pelas ideologias, conforme assinalou um historiador, Luís Reis Torgal. Segundo ele, na concepção pombalina, caracterizada por um antijesuitismo sistemático, os jesuítas foram responsabilizados pela crise sucessória que se operou em Portugal na década de 60. O sebastianismo foi entendido como doutrina fanática e supersticiosa de elaboração jesuítica na *Dedução Cronológica e Analítica*. Vieira, figura de proa da política restauracionista, acusado de "maquinações perniciosas", justificou, segundo os tratadistas pombalinos, a sentença do Santo Ofício que o condenou. Tornou-se depois mais matizada a interpretação liberal da Restauração. Em meados do século XIX florescia nalguns meios uma teoria iberista. A Restauração foi integrada na resposta nacionalista ao iberismo. Rebelo da Silva procurou reabilitar D. João IV. No contexto anti-iberista passou a dar-se um certo relevo à Restauração. Em 1861 formou-se a "Comissão do 1.º de Dezembro de 1640" para comemorar a data com solenidade. Apesar dos ataques de divulgadores como Pinheiro Chagas, o período da Restauração tornou-se um alvo do interesse dos historiadores, como também dos políticos, dos pregadores ou dos literatos. Torgal menciona o caso dos romances históricos de Camilo Castelo Branco. Poderia ter aduzido o caso de Andrade Corvo. Argumenta Torgal: "No entanto, apesar da importância que a Restauração ia assumindo na segunda metade do século XIX, a verdade é que ela não foi alvo de uma grande comemoração nacional como aconteceu com Camões." Tanto Teófilo Braga, ideólogo do positivismo republicano, como Oliveira Martins, socialista adepto do cesarismo, viam a Restauração de modo neutro ou sombrio. A sua visão era negativista. A situação mudaria com o Integralismo Lusitano, no dealbar do século XX: acentuou-se o interesse pela história da Restauração. António Sardinha, o principal ideólogo do Integralismo, entregou-se à tarefa de reabilitar o século XVII e o Sebastianismo, o que motivaria uma polémica com António Sérgio. Para Sardinha, a Restauração seria um momento alto da monarquia tradicional portuguesa, pelo que louvou D. João IV. Segundo Torgal, as ideias de Sardinha e do Integralismo arreigaram-se profundamente na

RELATORIO E DOCUMENTOS

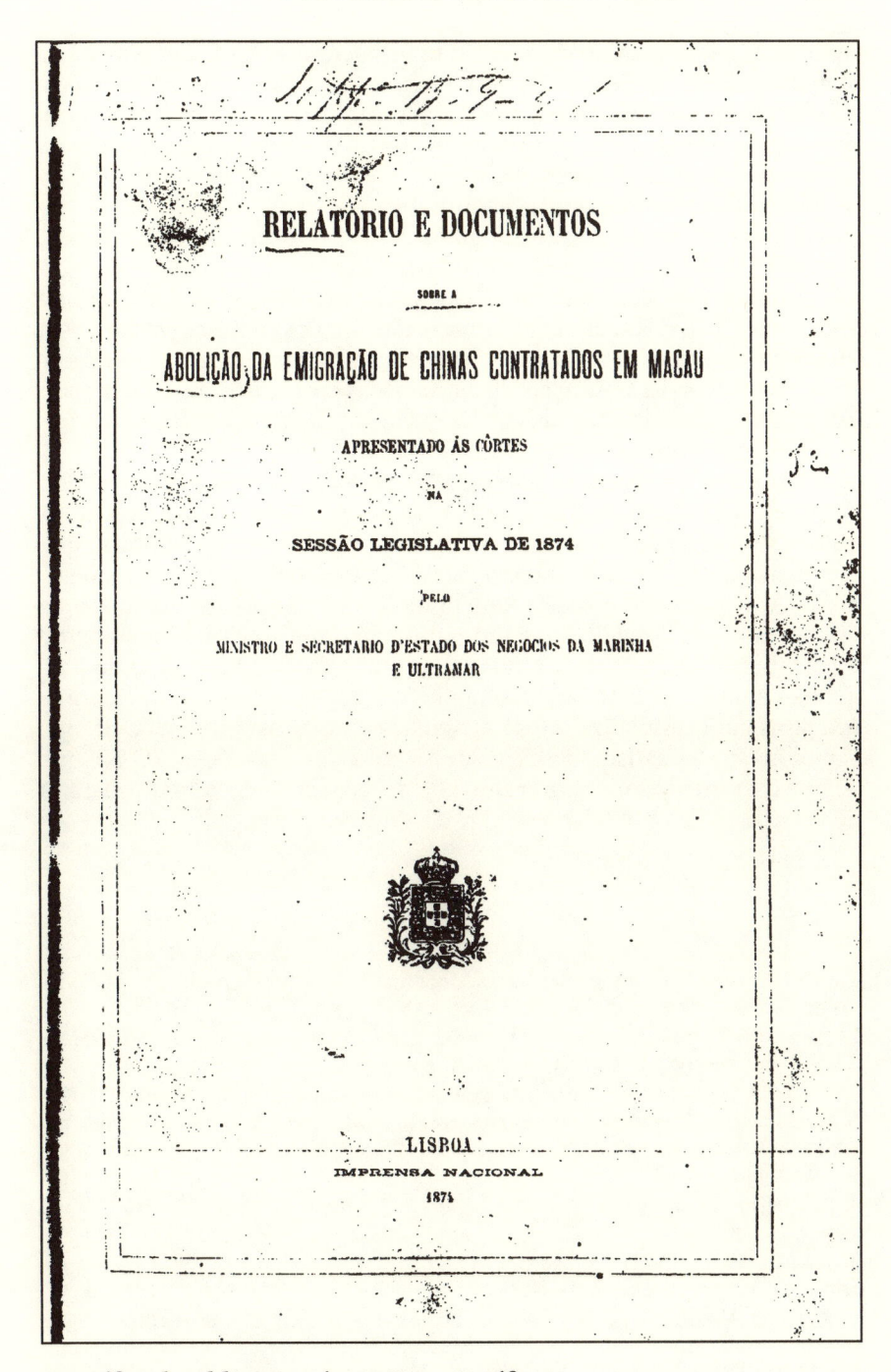

SOBRE A

ABOLIÇÃO DA EMIGRAÇÃO DE CHINAS CONTRATADOS EM MACAU

APRESENTADO ÁS CÔRTES

NA

SESSÃO LEGISLATIVA DE 1874

PELO

MINISTRO E SECRETARIO D'ESTADO DOS NEGOCIOS DA MARINHA
E ULTRAMAR

LISBOA
IMPRENSA NACIONAL
1874

An official publication from Corvo's office.

ideologia portuguesa. Serviriam de fundamentação ao Estado Novo na sua fase inicial. A ideologia estadonovista continuava, segundo o mesmo autor, no que respeitava à interpretação histórico-política, o caminho que havia sido traçado pelo Integralismo e já antes pelo movimento tradicionalista e contra-revolucionário dos finais do século XVIII e do século XIX, ainda que naturalmente lhe tivesse dado a sua própria interpretação. A Restauração iria adquirir um significado fundamental, tornando-se um facto histórico de comemoração nacional. Acentua Torgal: "Mesmo assim, ainda hoje a Revolução de 1640 continua a ser pretexto para afirmações de cunho conservador tradicionalista e nacionalista que por vezes ecoam no espaço português."[36] O movimento estadonovista em prol da Restauração foi vantajoso, pois muitos documentos se publicaram e muitos estudos se fizeram, alguns de reconhecido valor. Assim conclui Torgal.

Em suma, na figura de Andrade Corvo e na sua obra principal, *Um Ano na Corte*, manifesta-se o anti-iberismo militante de meados do século XIX, que levara à formação da "Comissão 1.º de Dezembro", que conjugava à sua volta homens representativos da cultura portuguesa, como Alexandre Herculano, Rebelo da Silva e Inocêncio Francisco da Silva; personalidades do aparelho político, como Anselmo Braamcamp e Fontes Pereira de Melo; velhos representantes do liberalismo de vanguarda, como José Estêvão Coelho de Magalhães; até a um nacionalismo português, inicialmente de articulação federalista ibérica e de tipo sociológico e socialista, do Oliveira Martins das décadas de 70–80, que depois assumiria um sentido musculado; passando pela historiografia de divulgação e de cunho popular de Pinheiro Chagas.[37]

Notas

1. "Andrade Corvo," *Grande Enciclopédia Portuguesa e Brasileira*, II, pp. 545–46. Carlos Frederico Montenegro de Sousa Miguel, "Corvo, João de Andrade," *Dicionário de História de Portugal* (dir. por Joel Serrão), I, pp. 718–19.
2. Raul Rego, "Prefácio," in Eça de Queiroz, *A Emigração como Força Civilizadora* (Lisboa, Perspectivas e Realidades, 1979), pp. 9–10.
3. Alan Freeland, "Eça de Queirós: Consular Correspondence from Newcastle," *Portuguese Studies* (Department of Portuguese, King's College, London), II, (1986), pp. 99–119. Os documentos citados encontram-se no Arquivo do Ministério dos Negócios Estrangeiros.
4. "Sociedade de Geografia de Lisboa," *Atlas de Portugal* (Selecções do Reader's Digest, 1988), p. 88.
5. Joaquim Saial, "Destinos Desiguais dos monumentos a um estadista e a um escritor," "Caderno 2," *Diário de Notícias* N.º 43902, de 3 de Junho de 1989, p. 17.
6. António Álvaro Dória, "Afonso VI," *Dicionário de História de Portugal*, I, pp. 44–46. António Álvaro Dória, "Castelo Melhor, Conde de," *ibid.*, pp. 525–26. António Álvaro Dória, "Pedro II," *ibid.*, III, pp. 335–36.

7. João de Andrade Corvo, *Um Ano na Corte* (Porto, Lello & Irmão, 1981), I, pp. 41-44.

8. Andrade Corvo, *ibid.*, pp. 310-11.

9. Andrade Corvo, *ibid.*, p. 318.

10. Andrade Corvo, *ibid.*, p. 353.

11. Andrade Corvo, *ibid.*, pp. 360-61. Sobre Vieira: Elena Wolf, *Istoriia Portugalskogo Iazika* (Moscovo, 1988), pp. 164-65. Vieira tem em Lúcio de Azevedo o primeiro grande historiador, seguido por Hernâni Cidade e Van Den Besselaar.

12. Andrade Corvo, *ibid.*, p. 350. O autor defende a sua interpretação da figura de Vieira: "O autor deste livro, receando que o acusassem de fazer um retrato pouco exacto, e de adulterar as opiniões e o estilo do mais eloquente dos nossos prosadores, e talvez do mais sagaz e talentoso dos nossos homens políticos, julgou dever extrair dos numerosos escritos do próprio padre Vieira, a quase totalidade dos pensamentos, e até grande parte das frases, que pôs na boca do ilustre personagem." (p. 347).

13. António José Saraiva, "Vieira, P.^{e} António," (1608-1697). *Dicionário de História de Portugal*, IV, pp. 298-302.

14. Andrade Corvo, *op. cit.*, II, p. 147.

15. Andrade Corvo, *ibid.*, p. 83.

16. António Álvaro Dória, "Maria Francisca Isabel de Sabóia," Rainha D. (1646-1683), *Dicionário de História de Portugal*, II, pp. 933-35. De leitura interessante, mas nada edificante: *Causa de Nulidade de Matrimónio entre a Rainha D. Maria Francisca Isabel de Sabóia e o Rei D. Afonso VI.* (Coimbra, 1925). "Sermão histórico e panegírico nos anos da Rainha D. Maria Francisca Isabel de Sabóia," in *Padre António Vieira*, selecção de Hernâni Cidade, Vol. IV, Lisboa, 1940. Duarte de Macedo: *Penegírico Histórico-Genealógico da Sereníssima Casa de Nemours.* (Paris, 1669). D. Luís de Menezes, conde da Ericeira, *História de Portugal Restaurado* (1759). Partidário de D. Pedro II, manifesta grande aversão por D. Afonso VI. Figura entre as personagens válidas de *Um Ano na Corte*. *Monstruosidades do Tempo e da Fortuna*. Anónimo, mas atribuído a Fr. Alexandre da Paixão. (Lisboa, 1888).

17. Corvo, *op. cit.*, II, p. 255.

18. Corvo, *ibid.*, p. 283.

19. Corvo, *ibid.*, p. 294.

20. Corvo, *ibid.*, I, p. 85.

21. Corvo, *ibid.*, I, p. 246.

22. Oliveira Martins, *História de Portugal* (Lisboa, Guimarães Editores, 1972), 16.ª Edição, p. 420. A 1.ª Edição data de 1879. No início da carreira, Oliveira Martins tentara um drama histórico: *Afonso VI.*

23. *Ibid.*, p. 430.

24. "Notas sobre a Historiografia em Portugal," *ibid.*, p. 601 e seguintes.

25. Sampaio Bruno, "O romance histórico," in *A Geração Nova* (Porto, Lello & Irmão, 1984), p. 24.

26. Hernâni Cidade, "Andrade Corvo, João de," *Dicionário de Literatura* (org. por Jacinto do Prado Coelho), (Porto, Barcelos, 1969), I, p. 225.

27. Óscar Lopes e António José Saraiva, *História da Literatura Portuguesa* (Porto, s.d.), p. 773.

28. Castelo Branco Chaves, *O romance histórico no Romantismo português* (Lisboa, "Biblioteca Breve", Instituto de Cultura Portuguesa, 1979), pp. 48-49.

29. O mesmo fenómeno se verifica no estrangeiro. Garcia Márquez publicou um romance sobre Simón Bolivar, que está causando tempestades na Venezuela, na Colômbia e na Bolívia. Tempestades aliás lucrativas: já se vendeu mais de um milhão de exemplares. Larry Rohter, "Garcia Márquez Rewrites a Legend, Igniting Furor," *International Herald Tribune*, N. 33.076, de 28 de Junho de 1989, p. 6.

30. Raúl Proença (org.), *Guia de Portugal* (Lisboa, Gulbenkian, 2ª ed., 1984), p. 210. A primeira edição, da Biblioteca Nacional de Lisboa, é de 1924.

31. *Ibid.*, pp. 257–58.

32. Júlio de Castilho, *Lisboa Antiga* (Lisboa, S. Industriais da C.M.L., 1937), 2ª ed., VIII, p. 7.

33. Marina Tavares Dias, "Vates e tertúlias dos cafés de Lisboa," in Fernando Pinto de Carvalho e outros (orgs.), *Um Século de Poesia* (Lisboa, A Phala, 1988), p. 247.

A Lisboa da época de *Um Ano na Corte* foi tratada numa obra notável: Fernando Castelo-Branco, *Lisboa Seiscentista* (Lisboa, 1956). Ressurgem elementos a que Andrade Corvo dedicara a sua atenção: as ruas e as praças, o trânsito, a habitação, os abastecimentos, o vestuário, a segurança pública, aspectos da vida familiar, as touradas, as procissões e os autos de fé.

34. João Guedes, "Macau, Eça, Corvo e a emigração dos 'cúlis'," *Revista de Cultura* (Macau), nº.s 7 e 8 (Outubro de 1988–Março de 1989), pp. 41–49. Declara o autor: "Em 1874, João de Andrade Corvo, Secretário de Estado da Marinha e do Ultramar, em nome da 'probidade e da honra da nação' pôs termo à vergonha nacional que representava uma actividade cujos contornos se assemelhavam demasiadamente aos da escravatura que estava a ser progressivamente abolida desde 1858."

35. Andrade Corvo, "A emigração dos 'cúlis' ", *ibid.*, pp. 49–53. Depois de referir as violências e barbaridades cometidas, concluiu: "Estas razões, multiplicadas e variadas, levaram-me em 1873, era eu então Ministro da Marinha e Ultramar, a proibir a emigração contratada por Macau; esta resolução do governo foi por telegrama comunicada ao governador em 20 de Dezembro. Em 23, o visconde de S. Januário publicou uma portaria fixando em 27 de Março de 1874 o termo definitivo daquela emigração." Parece haver discrepâncias em relação aos dados do artigo anterior.

36. Luís Reis Torgal, "A Restauração nas ideologias e na Historiografia," in *História e Ideologia* (Coimbra, Livraria Minerva, 1989), pp. 43–67.

37. Torgal, *ibid.*, p. 139. Não menciona *D. Jaime*, de Tomás Ribeiro, documento notório do anti-iberismo, abominado por Miguel de Unamuno.

Notas Finais

No seu *Relatório* sobre a abolição da emigração de chineses contratados em Macau, Corvo apresentou uma curiosa análise da situação. Louvou os esforços e o zelo dos governadores para evitar abusos e crimes. Prosseguiu: "Numerosas catastrophes, odiosas e repetidas violências, abusos repugnantes e inevitáveis fixaram sobre o trafico dos culis a attenção das nações civilisadas, e attrahiram sobre elle a animadversão geral." Os governos acabaram por combater a emigração china. Andrade Corvo fundamentou a sua argumentação: "Portugal tem entre as suas mais honrosas tradições a de haver sempre acompanhado, e muitas vezes precedido as outras nações da Europa no movimento progressivo das idéas e dos factos em favor da humanidade, movimento benefico que é um dos mais elevados e mais essenciaes caracteristicos da civilisação christã. Os abusos e crimes praticados na emigração dos culis não podiam ser nem foram desattendidos pelo governo portuguez; mas n'este, como em outros assumptos de natureza analoga, temos sido mais de uma vez injustamente tratados por uma opinião artificiosamente exaltada, e nem sempre movida pela sinceridade e pelo desinteresse. Desde que se estabeleceu a emigração por Macau o governo da colonia promulgou regulamentos, pelo menos tão rigorosos como os que por essa epoca foram adoptados em outros portos da China; mais tarde o rigor dos regulamentos cresceu com o augmento e maior gravidade dos delictos commetidos pelos instigadores e agentes da emigração; até que por fim, reconhecida a impossibilidade de pôr cobro aos abusos e reprimir fora de Macau as violencias, que parecem inevitavelmente acompanhar o trafico dos culis, o Governo de Sua Magestade resolveu ordenar que terminasse definitivamente a emigração contratada por Macau. Tomando esta resolução, o governo cumpriu um dever, que o nobre e desinteressado espirito da nação portugueza, as suas gloriosas tradições, e a sua dignidade imperiosamente lhe impunham." Corvo alinhou depois os factos mais relevantes, mencionando a expansibilidade da raça chinesa, a quem fora confiada a "providencial missão de povoadores da Asia, da America, e, talvez em epocha não remota, da mesma Africa." Corvo definiu os chineses: "São os chinas aptos ao trabalho, pacientes, sobrios, bons agricultores, e, de mais, supportam sem grave inconveniente a acção de climas tropicaes, que para as raças europeias são profundamente deleterios." Para apoiar o seu parecer, Andrade Corvo indicou dados estatísticos, citou as opiniões do conde Gray, afirmando que "quando se promoveu a emigração chineza já tinha havido catastrophes e crimes." Verberou depois as injustiças da opinião acerca de Portugal. Referiu a acção do Governador Sérgio de Sousa. Mencionou o Visconde de S. Januário e Sena Fernandes. Aludiu ao caso da "Nouvelle Pénélope." Condenou a ineficácia dos regulamentos. Considerou os efeitos morais da exportação de culis, salientando a acção corruptora da emigração. Para esse efeito, citou o abandono de cadáveres nas ruas de Macau. *Relatorio e Documentos sobre a abolição da Emigração de chinas contratados em Macau.* Apresentado às Cortes na Sessão Legislativa de 1874 pelo Ministro e Secretario d'Estado dos Negocios da Marinha e Ultramar. Lisboa, Imprensa Nacional, 1874. Pp. 3–4 e seguintes.

Andrade Corvo esteve ligado à primeira fase da expansão colonial para a África. Andrade Corvo empreendeu em 1875 uma aproximação com a Inglaterra, de que veio a resultar em 1884 o tratado relativo aos rios Zaire e Zambeze e aos territórios da costa ocidental da África. A Inglaterra reconhecia o direito de Portugal aos territórios ao Norte de Ambriz e o limite da soberania portuguesa no Chire. A Conferência de Berlim (1885) consagrou porém o triunfo da política de Bismarck, inutilizando o tratado luso-británico. Contudo, o impulso de Andrade Corvo e de Luciano Cordeiro levara anteriormente à travessia de Serpa Pinto, de Capelo e de Ivens, de Angola à Contra-Costa. Pedro Martinez, *História Diplomática de Portugal* (Verbo, 1969).

Na Biblioteca Nacional de Lisboa encontram-se numerosas obras de Andrade Corvo, incluindo as de carácter técnico.

A história grotesca e trágica de D. Afonso VI, depois de servir de tema a *Um Ano na Corte*, fundamenta um filme de João Mário Grilo, *O Processo do Rei*, estreado em 1990. Jorge Leitão Ramos, "As histórias da História," *Expresso*, n.º 899, de 20 de Janeiro de 1990, p. 26-R.

Um Ano na Corte é um romance histórico, a propósito do qual se poderiam recordar as palavras de Fidelino de Figueiredo: "Saber história é saber ou tentar saber como as coisas se passaram realmente [. . .]; saber literatura é saber coisas que não se passaram nunca, mas que sugeriram ficções mais duradouras e mais expressivas que a própria realidade. O conhecimento histórico reconduz-nos à realidade singular e mergulha-nos nela; o conhecimento literário evade-nos da realidade para a ficção e ergue-nos a uma supra-realidade vaporosa, feita de palavras, mas que não se extingue, como se extinguiram as coisas reais que a inspiraram." *Conhecimento Histórico e Conhecimento Literário*. No caso de *Um Ano na Corte*, porém, o conhecimento literário leva-nos a uma supra-realidade nada vaporosa, mas sim bem sórdida. . . .

José Saramago, cuja ficção se baseia em factos históricos (*Memorial do Convento*), meditou sobre o mesmo tema: "Duas serão as atitudes possíveis do romancista que escolheu, para a sua ficção, os caminhos da História: uma, discreta e respeitosa, consistirá em reproduzir ponto por ponto os factos conhecidos, sendo a ficção mera servidora duma fidelidade que se quer inatacável; a outra, ousada, leva-lo-á a entretecer dados históricos não mais que suficientes num sentido ficcional que se manterá predominante. Porém, estes dois vastos mundos, o mundo das verdades históricas e o mundo das verdades ficcionais, à primeira vista inconciliáveis, podem vir a ser harmonizados na instância narradora." "História e Ficção," *JL*, n. 400, de 6 de Março de 1990, p. 17. Andrade Corvo parece ter escolhido o primeiro caminho. Saramago parece ter escolhido o segundo.

Em 1990 houve um acontecimento literário: a publicação de um drama inédito de Oliveira Martins, *D. Afonso VI*. Para o autor de *Portugal Contemporâneo*, o Portugal Restaurado era uma nação póstuma, um cruel contraponto à dinastia de Avis, um país dirigido por anti-heróis. Sobre a queda de Castelo Melhor, Martins escrevera na *História de Portugal*: "Em 1667 venceram o ministro precursor do espírito civilista e secular do XVIII século, e puseram no trono um homem apaixonado e violento, explorando o amor incestuoso em que ardia pela cunhada. Ela era uma coisa própria da Companhia e, bem educada na corte dissoluta de Versalhes, não temia os escândalos e as indignidades, que os padres sábia e piedosamente lhe descreviam como virtudes. A comédia repugnante da Causa da Nulidade é a sentença condenatória dos educadores e educandos. O carácter imundo, as inclinações vis, os gostos obscenos de Afonso VI reproduziam num tipo o estado a que a educação embrutecedora dos jesuítas levara os costumes . . ." Um descendente do historiador comentou: "Eis, a traço grosso, o resumo da trama que aqui se desenrola. E quem se destaca? o protagonista D. Afonso VI — rei louco, como Lear, tornado paradigma de um tempo pesado e revelador, desvairado e incerto. E Castelo Melhor? É o contraponto lúcido, mas sem possibilidades de mudar o curso inexorável e trágico dos acontecimentos. Tudo empurra no sentido da perturbação, colectiva e individual, e a incapacidade de perceber aparece como uma constante . . ." Guilherme d' Oliveira Martins, "*D. Afonso VI*, uma peça inédita de Oliveira Martins," *JL*, n. 407, de 24 a 30 de Abril de 1990, p. 29. D. Afonso VI, o burlesco e trágico "Vitorioso" parece ter obcecado vários escritores oitocentistas . . .

Uma biografia de João de Andrade Corvo encontra-se em Alberto Pimentel, *Vinte Annos de Vida Litteraria* (Lisboa, António Maria Pereira, 1890 e 1908). Refere-se ao político o capítulo XXIV.

Eros e Antero

Cleonice Berardinelli
Universidade Federal do Rio de Janeiro

Poeta-filósofo ou filósofo-poeta, espírito religioso, buscando o aquém e o além da vida; apóstolo de um socialismo mais proudhoniano que marxista que, ao menos momentaneamente, rechaça as sombras do mais doloroso pessimismo, essas as faces do poeta Antero de Quental que desde muito vêm sendo focalizadas pela maioria de seus críticos, quase sempre admiradores confessos do autor e da sua grande figura humana. "Não se pode falar de Antero sem alguma paixão", diz Eduardo Lourenço.[1]

Do poeta do amor, daquele que escreveu entre os dezenove e os vinte e dois anos as *Primaveras Românticas* e mais catorze sonetos incluídos por Antonio Sérgio no primeiro ciclo de sua edição dos *Sonetos*, o "ciclo da expressão lírica do amor-paixão", pouco se tem dito.

Às vezes, mesmo, tem-se-lhe aplicado um injusto rigor, como no juízo de João Gaspar Simões:

> Fora do soneto, o lirismo anteriano da juventude pouco ou nada vale. A discursividade empolada e a substituição, na composição poética, do sentimento em estado puro por um sentimento raciocinado, de acordo com as concepções poéticas dos herdeiros legítimos da pior tradicão garreteana [sic] eis o maior vício da poesia juvenil de Antero.[2]

É o próprio Antero que privilegia o soneto como a melhor forma de expressão do lirismo mais puro e estreme, e o coro dos críticos reconhece que as catorze grades do soneto não aprisionam o poeta; antes, são o verbo que melhor se lhe ajusta à emoção, ao pensamento. Esta afirmação, que subscrevemos, não nos tolda, porém, a vista, não nos impede de reconhecer o valor dos poemas, mais ou menos longos, que constituem a maior parte das *Primaveras Românticas*, nas quais, aliás, há seis sonetos dirigidos à amada e um em que se define poeticamente o "amor vivo."

Com uma visão muito mais esclarecida, reveladora da fina sensibilidade de que é dotado, opina Hernâni Cidade sobre o lirismo amoroso de Antero:

> [...] o que sobretudo lhe dá carácter é a casta delicadeza dos temas, frequentemente de perfeita impessoalidade [...] A isto acresce uma forma de fina e clara fluidez. A amada, ou a angeliza a juvenilidade inocente de *Pequenina*, ou, na *onda harmoniosa* em que desce à contemplação, se eteriza em *sonho impalpável do desejo*.
> [...]

Quase nada os sentidos turvam a volúpia espiritual das evocações. As amadas dos sonetos, normalmente, não têm carne.
[...]
Uma chama mais rubra e fumosa, porém, se ergue na vida amorosa de Antero. É a que rompe nestes queimantes versos: 'Dá-me, pois, olhos e lábios, / Dá-me os seios, Dá-me os braços, / Dá-me a garganta de lírio, / Dá-me beijos, dá-me abraços."[3]

Só este exemplo — imprescindível, aliás — foi buscado num dos poemas não sonetos de *Primaveras Românticas*. É de lamentar, pois nestes também se encontraria exemplificação muito expressiva para os outros pontos levantados.

Óscar Lopes, numa arguta avaliação do poeta, remonta ao "notável estudo prefacial para a edição corrigida e alargada de *Raios de Extinta Luz*", da autoria de António Salgado Junior, admitindo a influência, sobre o jovem poeta de dezoito a vinte anos, de Lamartine, Camões e, ocasionalmente, de Herculano.[4] A estas acrescenta — e com plena razão — a de João de Deus e, mais leve, a de Soares de Passos. Logo adiante, aduz:

> Resumindo, estamos, em 1861-1862, formalmente, perante o surto de um autor de *poemas de largo fôlego*, em que alguns sonetos em primeira versão se integram — de qualquer maneira tambem perante o sonetista; estamos, tematicamente, perante a figura de um poeta angustiado entre um Deus bíblico-evangélico e uma insatisfeita descrença [...][5] (grifos nossos).

Continuando a falar sobre os poemas de amor, restringe-se ao sonetos. Em obra mais moderna, porém, e embora em rápida panorâmica, destaca dois dos mais citados poemas das *Primaveras Românticas*, em lúcida síntese:

> *Beatrice*, redigida em 1861-1863, e *Peppa*, de 1863, a primeira num estilo em que bóiam sugestões ultra-romanticas ou de João de Deus por entre os tons reconhecíveis do amor anteriano, a segunda mais vigorosa e densa com uma vereda de lírica nova, de ar por vezes heineano, assinalam a faceta predominantemente erótica de uma fase em que se integram, entre Novembro de 1862 e Maio de 1863, os sonetos blasfemos [...][6]

Ao referir-se a *Beatrice*, põe o autor em relevo a feição mais constante do lirismo anteriano, insistindo na influência de Lamartine e João de Deus, e acrescentando:

> Na sensibilidade algo enigmática de Antero, em vez de *Mulher* seria mais adquado dizer Eterno Feminino goethiano, indistintamente mãe, irmã e amada, uma mulher maternalmente acalentadora, identificável á Virgem Católica, e ao mesmo tempo ente frágil, criança inspirando amparo, e de repente feita ingratidão e escárnio.[7],

estendendo à inspiradora de toda uma vertente da poesia de Antero a designação que este aplicara apenas á Virgem-Maria[8]. Em 1882, Oliveira Martins também a utilizara ao procurar definir a inclinação juvenil do poeta:

Aos dezoito ou vinte anos, ignorante ainda, mas inquieto e perscrutador, o poeta, que desdenha sinceramente da fama e da glória, vê no eterno feminino de que nos fala Goethe a síntese da existência. Os seus amores já são fantásticos.[9]

Em esclarecido estudo sobre "Os sonetos de Antero", é a vez de António José Saraiva retomá-la: "Segundo Oliveira Martins, a primeira fase é a do "eterno feminino", a fase erótica da divinização do amor à maneira camoniana".[10]

Esperamos que, neste rápido deambular por alguns dos mais argutos leitores de Antero, se tenha ressaltado o maior interesse dos mesmos pelos sonetos e, no que concerne ao tema do amor, por aqueles poemas em que a mulher, idealizada, é uma imagem do Eterno Feminino.

Não pretendemos discutir tal posição, que em parte abraçamos. Tentaremos, no entanto, completá-la (passe a pretensão), no que diz respeito aos não sonetos das *Primaveras Românticas*.[11] Neles, sobretudo, se buscará caracterizar o erotismo que, parece-nos, é uma apreciável marca da poesia anteriana.

Comecemos por assentar que usamos o termo *erotismo* segundo Bataille que, fugindo a defini-lo, busca-lhe a origem na nostalgia que tem o homem, ser-descontínuo, por ter perdido a continuidade:

> Suportamos mal a situação que nos amarra à individualidade que somos. E, ao mesmo tempo que conhecemos o angustioso desejo de duração dessa precariedade, temos a obsessão duma continuidade primacial que ao ser geralmente nos une.[12]

É essa nostalgia que "determina em todos os homens as três formas do erotismo que são o erotismo dos corpos, o dos corações e o sagrado. "O significado do erotismo dos corpos" é "o de uma violação do ser dos que nele participam." E acrescenta:

> A consecução do erotismo tem por fim atingir o ser no seu mais íntimo cerne *lá onde qualquer palavra ou sentimento são inúteis*. A passagem do estado normal ao do desejo erótico supõe em nós a relativa dissolução do ser constituído na ordem descontínua.[13] (grifos nossos).

Passando à segunda forma do erotismo, a dos corações, diz Bataille que, unindo a união sensual à dos corações, os amantes supõem realizar "o que os nossos limites proibem, ou seja, a plena confusão entre dois seres [. . .]; para o ser que ama, [. . .] o ser amado equivale à verdade do ser."[14]

Fala em seguida do erotismo sagrado que poderia chamar divino, já que "o amor de Deus é uma ideia mais familiar, menos desconcertante do que o amor dum elemento sagrado." Não o faz porque "o erotismo cujo objecto se situa *para lá do real imediato* está longe de poder ser reduzido ao amor de Deus".[15] (grifos nossos).

São estas três formas de erotismo que vamos ressaltar na poesia de Antero, principiando com a mais reconhecida pelos que a têm estudado — a do coração.

Procurando fugir à enumeração das qualidades atribuídas à amada pelo poeta que a idealiza e angeliza, movido por um sentimento ambíguo em que ao "amor-paixão" se confundem o fraterno e, sobretudo, o filial, tentaremos dar a nossa interpretação para a insistência com que lhe acorre à pena a figura materna. Sem ir à biografia do *homem* à busca de uma mal resolvida relação edipiana, releiamos os versos do *poeta*. Logo no primeiro poema das *PR*, "Beatrice", implora à amada:

> Abre-te, *asilo santo, único, eterno abrigo*,
> Ó seio virginal, ó seio de mulher!
> É mãe, e irmã, e amante! é este o *seio amigo!*
> Eu quero inda viver! (grifos nossos).[16]

Pouco adiante: "Como *seio de mãe* seu filho acolhe, / Teu seio [...] Há de abrir-se à desdita que me colhe."[17] Um pouco mais e, num jogo intertextual, raro em sua obra, apossa-se do texto camoniano, entrelaçando aos seus próprios versos dois outros do lírico imortal (um integralmente transcrito, outro em parte alterado) produzindo este quarteto, onde o último verso, tão obsessivamente anteriano, nunca ocorreria em Camões:

> —Transforma-se o amador na cousa amada—
> Dous são... e um só, também...
> Anda uma alma com outra tão liada!...
> São como filho e mãe.[18]

No poema *Maria*, a parte VII, em quartetos de hexassílabos, cujos primeiros versos repetem anaforicamente a súplica *embala*, dirigida à amada para que acalente "a fronte pallida / Do pobre sonhador", "o seio afflicto / Da triste poesia", "a alma opressa", "a última esperança", a "última ilusão", as "horas últimas", as dores", termina com mais um apelo: "Sê, flor, meu universo, / Criança, a minha mãe!"[19] A parte que se lhe segue (VIII) é o soneto que se incluirá nos *Sonetos Completos* com o título *Mãe*,[20] palavra que o abre e fecha. Entre estes pontos extremos, desenvolve o poeta o retrato da mãe ideal, que o "leve consigo", lhe "banhe e lave a alma lá no rio / Da clara luz do seu olhar querido". E termina por, novamente, confundir amada e mãe, desejoso de voltar a ser criança: "Se eu podesse dormir sobre o teu seio, / Se tu fosses, querida, a minha mãe!" A parte seguinte (IX), em quartetos de decassílabos, mantém a condição para que o poeta volte a ser "debil criancinha" e dormir sobre o seio da amada / mãe:

> Eu dormira innocente e descuidado,
> Como as aves do ceu e como as flores,
> Se tivesse por leito os teus amores,
> Em vez do duro chão do meu cuidado.[22]

Com este quarteto se abre e fecha a parte IX; os outros dez, que a completam, começam pela auto-definição do poeta—"Sou homem"—, com sua tristeza, o "inferno interior de vivo lume" que o queima, o coração "sempre criança". Coração que logo adiante, metonimicamente, "é um poeta", um "doudo" que não pede mais "que fazer-se criança e pequenino" como a ave que "se à noite conchega e faz pequena / E toda cabe num estreito ninho,// [. . .] Podesse ele minguar—que te coubesse / Todo na estreita concha d'uma mão!"[23]

Noutra mão, em data muito posterior, também lhe dormirá o coração cansado: "Na mão de Deus, na sua mão direita, / Descansou afinal meu coração".[24] Como atrás, o coração é "criança", levada no colo da mãe; como lá, cabe na concha da mão como num ninho, aconchegando-se e fazendo-se pequenino. Não é aqui o desejo que se exprime, mas a sua realização plena e final no espaço do sagrado. Poder-se-ia considerá-la uma sublimação do erotismo do coração? Talvez sim.

Menos que evadir-se (parece-nos) o poeta / o coração quer acolher-se, aconchegar-se; buscar asilo, abrigo, seio. Nestes e noutros poemas em que releva o erotismo do coração, é frequente este jeito meninil e carente de exprimir a "obsessão da continuidade primacial", da realização da "plena confusão entre os dois seres."[25]

Embora procurando separar as formas de erotismo, Bataille diz que o erotismo dos corações procede do dos corpos, "mais não sendo a maioria das vezes do que um aspecto estabilizado pela recíproca afeição dos amantes." Parece-nos, pois, poder estender ao dos corações o que foi dito para o dos corpos: que "no movimento de dissolução dos seres, o elemento masculino tem, em princípio, um papel activo e o elemento feminino um papel passivo."[26]

Nos poemas anterianos que apontamos entre os que se classificariam como inspirados pelo erotismo do coração, a atitude do poeta só é ativa na expressão do desejo, mas o desejo expresso de deixar-se estar, repousado, adormecido, quieto, acolhido e abrigado pela amada. Esta postura algo feminizada, que talvez se explicasse pelo apego à mãe, refletido nestes poemas, inexiste nos outros em que se manifesta o mesmo erotismo espiritual, mas em tom menos sério, às vezes mesmo zombeteiro.

Assim é *Idílio Sonhado*, onde a apologia da natureza é feita por um enamorado que, feliz e arrebatado, chama a amada para correrem juntos pelas livres colinas, levando primaveras na alma. Na quarta e última parte, pergunta-lhe:

> Nós somos loucos, não somos?
> Desta louca poesia,
> Desta riqueza dos pobres
> Que se chama fantasia! [27]

Propõe-lhe erguer a tenda no ermo; se tiverem frio, ajunta, malicioso: "Aqueceremos os membros / Na fogueira dos amores!" Insiste na sua "pouca *seriedade*" e termina, com graciosa desenvoltura:

> E, pois somos loucos, vamos
> Atrás dos loucos mistérios ...
> Deixemos ricas cidades
> Ao sério dos homens sérios. [28] (grifos do autor)

Também é removida a seriedade, a golpes de humor leve e gracioso, em um soneto de *PR*, "Intimidade", que não foi incluído nos *Sonetos Completos*.[29] No elogio à namorada, negaceia: "És bela—e se te não comparo à rosa, / É que a rosa, bem vês, passou de moda ..." (comparação romântica das mais freqüentes, renegá-la seria renegar o romantismo, mas—note-se—não inteiramente a sério ...). Adiante diz-lhe que não há, "na multidão ruidosa, / Coisa mais linda, mais absurda e douda." Ama-a, mesmo assim, e mais "Quando tu coras e sorris a medo"; mais ainda "quando por ti, por mim, por Cristo, / Juras —mentindo—que me tens amor..." Estes dois versos são o "fecho de ouro" do soneto. E o são, de facto, pelo inesperado. Do mesmo recurso de quebra da expectativa lança mão Antero em outro soneto do mesmo volume, "Uma amiga", que nos *Sonetos Completos* passará a ser "A uma amiga". Saudoso dos que amou e perdeu, desiludido dos que lhe foram infiéis, chega o poeta ao terceto final e diz à mulher: "Tu só foste fiel—tu, como dantes, / Inda volves teus olhos radiantes ..." Dilata-se o coração do leitor pelo tempo que duram as reticências "Para ver o meu mal ..." Mais um tempo, e o final do verso: "e escarnecê-lo!"[30] Sente-se logrado o leitor, decepcionado em sua expectativa, mas logo recupera-se, a compartilhar da vingança do poeta—a confissão de ter sempre tido consciência da "fidelidade" da amada. Dessa utilização do efeito de surpresa no final do poema, sobriamente utilizada por Antero e Guilherme de Azevedo, tirará excelente partido Cesário Verde.

É ainda erotismo do coração—e de tipo especial—o que se encontra em "*In urna perpetuum ver*", cujo título lembra o de um belo soneto anteriano, "Sepultura romântica". Se os confrontamos, porém, vemos que são bem diversos os sentimentos que os enformam.

O soneto é, como diz Antonio José Saraiva, "um poema de amor desesperado"[31]; o outro, mais extenso—catorze quartetos em redondilha maior—é movido pela esperança, algo macabra, da realização amorosa na sepultura: só nela haverá a perpétua primavera. O amor *post-mortem* leva-nos, irresistivelmente, ao "Noivado no Sepulcro," de Soares de Passos; aproxima-os o sentimento amoroso proibido e o espaço funéreo; afasta-os, porém, a relação entre a enunciação e o enunciado. No "Noivado", é do presente que se fala, dum presente em que afinal se unem os amantes—já sombras—, num cenário noturno ultra-romanticamente descrito.

Em "*In urna perpetuum ver*", é o futuro que se busca como a única possibilidade de encontrar a "eterna primavera"—já a anuncia o título. O tom adotado pelos dois poetas é diverso, a partir do metro usado: Passos adota a gravidade do decassílabo; Antero, a leveza da redondilha maior. Enquanto o "Noivado" começa em solene adágio, acentuando o onde e o quando se dará o encontro: "Vai alta a lua. Na mansão dos mortos /Já meia-noite devagar soou", "*In urna*" se abre num alegretto em que o poeta, dirigindo-se à namorada (e atingindo o leitor), joga com o verbo *estremecer*, fazendo crer, no primeiro, uma dor que, no segundo, se mostra vivo prazer:

> Sempre que penso na morte
> Sinto a alma *estremecer*,
> Porque me lembro, querida,
> Que também hás de morrer...
>
> Estremece, de contente,
> Minh'alma no coração:
> Sinto o amor apurado,
> Sinto mais viva a paixão.[32]

E é esse contentamento que se acentua nos versos seguintes, em jogos de oposição a partir de morte *vs.* vida, em que os sinais são trocados, pois que "a morte extrema / É começo, não é fim..." Na morte, ela o chamará e ouvirá sua resposta, não na "vida": "Mortos somos nós agora, / Que nem podemos falar, / E a medo até escutamos / O coração palpitar!"[33] Não agora, nem aqui, mas lá e então, é que

> Tua mão, que nunca em vida,
> Pude na minha apertar,
> Há de ali eternamente
> Sobre a minha mão pousar!
>
> E um sopro da boca morta,
> Sem falas, me há de dizer
> Em língua que não é d'homens:
> "Nunca mais te hei de perder!"[34]

A "noturna região" será "Livre espaço inalterável, / E livre, estranho fulgor!"[35] onde o amor perdurará para sempre.

Poema romântico sem excessos, abrandado o macabro do tema por uma certa alegria triste, originada na união dos amantes num mesmo pensamento redentor — "sempre que penso na morte" é seu primeiro verso; e os últimos: "Tu pensas sempre na morte, / Eu não tenho outro pensar... / Ah! seja este pensamento / Nossa maneira d'amar,"—,[36] consideramo-lo um espécime bastante original da primeira produção poética de Antero, ainda dentro do erotismo dos corações.

Atrás (p. 176) transcrevemos estas palavras de Hernâni Cidade, que retomamos: "Uma chama mais rubra e fumosa, porém, se ergue na vida amorosa de Antero." E aqui completamos a citação: "É a andaluza Peppa que assim lhe incendeia os sentidos / ... /"[37] Com o profundo respeito que temos pelo saudoso mestre, permitimo-nos substituir "na vida amorosa" por "na poesia amorosa" de Antero e considerar Peppa como personagem—ser de papel, segundo Barthes—a quem o poeta (sujeito lírico) dirige seus ardentes versos.

É de facto no poema intitulado "Peppa", escrito aos vinte e um anos, que se imprimem, com intensidade e frequência, os traços do erotismo do corpo (sempre segundo Bataille). Bastante longo (tão extenso quanto "Maria" e mais que "Beatrice"), o poema tem trezentos e oitenta versos agrupados em partes desiguais na extensão e no metro, como os outros dois.[38] Estas partes, que têm bastante autonomia para serem consideradas poemas independentes (os sonetos, destacados do seu contexto, foram publicados nos *Sonetos Completos*), são, sobretudo, elos de uma cadeia, que se entrosam por meio de procedimentos retóricos de que o autor lança mão com segurança.

Peppa—dele estamos falando—é o segundo poema do volume. Situa-se entre *Beatrice*, expressão de um amor que, embora definido uma vez como "incendio a arder", é sobretudo a busca de um ideal inatingível, que não se alcança nem pode esquecer,[39] e *Maria*, que começa pela confissão de que só então o poeta conheceu o verdadeiro amor, passando pela decepção amorosa e superando-a, por fim, pela graciosa zombaria lançada contra a mulher amada.

Abre-se *Peppa* [40] com o soneto que tem nos *Sonetos Completos*, o título de "Pequenina"; assim, pois, como *criança, menina, pequenina,* caracteriza-se sua alocutária; seguem-se sete quartetos em redondilha maior, onde o poeta confessa que "passa a vida sonhando", mas nunca teve "Um sonhar como este agora!"

> Nunca me assim hei dormido,
> Nunca tive um leito assim,
>
> Como quando, entre o arvoredo,
> À noite, a luz do luar,
> Dorme minha alma e se embala
> Num raio do teu olhar!

Na terceira parte enumera os seus desejos; num deles ('Fora eu o mar, aonde mãos e braços / E o corpo, nu, mergulhas vergonhosa . . . / Pudera eu ser então a onda amorosa . . ./ Vestia-te d'abraços!") (*PR*, p. 30) começa a despontar, discreta, a sensualidade do amante. Na parte IV três autodefinições e três pedidos de acolhimento; na V o pisar gentil da amada, fazendo brotar flores do chão; das flores se passa à roseira na varanda dela (parte VI), desta à rosa que desabrocharia em seu coração ao sopro do amor. Volta o poeta a exprimir desejos (parte VII). Novamente um soneto ('Visita", nos *Sonetos Completos*): o poeta prepara seu quarto, e a si mesmo, para aguardar uma "misteriosa visita" que só no terceto final se revela: "Era a tua lembrança que batia / Às portas, todas luz, do meu amor!". Esta luz passa para a parte seguinte (IX) e é a luz dos olhos dela que tolhem ao amante a visão da própria luz do sol. Antes quisera ele vesti-la de abraços; agora (parte X), começa por convidá-la: "Vistamo-nos d'amor, ó minha amada! / Vistamo-nos d'amor!", para terminar: "Faze do teu cabelo um manto régio . . . / Oh! veste-me d'amor!" A parte seguinte glosa este verso final: "Também o amor nos veste... / Manto é o amor também! / Não veste com o cabelo / Ao filho a doce mãe?" Os lábios dela serão a "purpura mais bela", o olhar, "régio cetim", para cobrir "a nudez da inocência". Olhos e lábios, retomados, e mais braços, e seios (entre os quais "prego o meu Cristo"), e joelhos (onde "brinca o menino Jesus"), e a garganta branca (na qual a poeta vê "a cor vermelha / Dum baguinho de romã"); nela se oculta o "mel silvestre", "a voz saudosa do vento", "E toda a unção de Maria, / E os murmúrios da espessura, / E a longa harmonia flébil / Que nos desce lá da altura!" Há nesse percurso visual e sonoro da mulher amada—dos cílios aos joelhos—um misto de discreta sensualidade e meiga religiosidade, que resulta num amor feito de total adesão a ela: "no ritmo de teus passos / É que minha alma se embala / Quando, a dormir, nos teus olhos / Adora, contempla e cala!" Um com ela, cega para tudo mais, ou melhor, apenas vê nela ("venho encontrar em ti, amada, / Tudo que amava então quando ceguei") os elementos em que sintetiza o mundo: o céu, a terra e o mar: "Vê, numa só paixão, quantas paixões! / Vê com quantos amores te hei de amar!" Afirmada a grandeza de seu amor, o poeta acende-se na chama da paixão, e carrega-se de sensualidade a sua súplica: "Dá-me pois olhos e lábios; / Dá-me os seios, dá-me os braços; / Dá-me a garganta de lírio; / Dá-me beijos, dá-me abraços!" E, acentuando a fusão entre ambos, pede à mulher que lhe empreste a sua voz, os seus pés, a sua inocência, os seus cílios, o seu sorriso. Malicioso, vai fazendo um jogo de contrários que, em ágeis rendondilhas maiores, afirmam e negam a pureza dos seus intentos: "Empresta-me a *voz ingénua* / Para eu com ela *orar* / A *oração* de meus cantos / De teu seio no altar!" Ou "Presta-me a tua *inocência* / Para eu ir ao céu voar . . . / Mas acende *cá* teus olhos / Para que possa *voltar*!" E termina por pedir-lhe que, palmeira, cubra-o com sua sombra, "Porque eu quero-te abraçar!" e, ondina, se veja no espelho das águas "Porque eu quero-te beber!"

O erotismo que se acentua do abraçar ao beber será espiritualizado na passagem à parte XV—esta em graves decassílabos—, pela comparação da amada ao ar, à luz, à poesia, à palavra dos Deuses, ao próprio Deus--vivo bebido no cálice. Dessa altura baixa o poeta, e, novamente em redondilhas, volta à mulher como objeto do desejo que se manifesta na recuperação do jogo malicioso que interrompera: "Que sede! Bebi teus olhos . . . / [. . .] / Aos tragos bebi tua alma . . . / . . . / Bebi tambem-teus cabelos" e "As palavras que segredas". O mundo, que a continha, esvaziou--se. E o poema se conclui neste tom entre sério e brincalhão:

> Bem me importa a mim o mundo!
> Se quero ouvir o rumor
> Dum universo— inclinando-me,
> Ouço, dentro, o meu amor!

> Vê tu pois, filha, que treva
> E que silêncio há de ser,
> Se algum dia esse universo
> De repente emudecer!

É um Antero a que não se está habituado; risonho, tomado por um amor que não é sofrimento, mas esperança, desejo de assimilação do objeto amado por uma ação trivial — beber — que se promove (na parte XV) a ato ritual de comunhão, passando à posse total da mulher.

Muitos outros haveria, nas *PR*, nos quais se explorassem expressivos exemplos de amor espiritualizado; poucos e inexpressivos do erotismo dos corpos. *Peppa* é, sem dúvida, o seu espaço na obra de Antero. O que nesta ainda se pode encontrar — em número restrito, e nos *Sonetos* — são exemplos de erotismo sagrado, aquele "cujo objecto se situa para lá do real imediato" que "está longe de ser reduzido ao amor de Deus" (cf. p.199).

Será demasiada ousadia considerar que, além de Beatrice, Peppa, Maria, M.C. e outras não nomeadas, tenha o poeta, já na idade madura, cantado duas outras amadas, a quem dedicou numerosos sonetos plenamente realizados? Talvez não, se atentarmos para as expressões utilizadas em quatro destes, em relação a elas: "Que místicos desejos me enlouquecem? [. . .] Só busco o teu encontro e o teu abraço"[41] diz a uma; "Tu não tens outra amante em todo o Mundo / Mais que essa fria virgem desdenhosa!"[42] diz da outra; reconhece-a fria, mas sabe que "Outra amante não há!"[43] e que o amor se consumará: "oh! o noivado bárbaro! o noivado / Sublime! aonde os céus, os céus ingentes / Serão leito de amor [. . .] Às bodas do Desejo, embriagado / De ventura, afinal!"[44] À primeira chama, no fim do soneto, "irmã do Amor e da Verdade"; a segunda confunde-se (ou talvez não) com a Verdade.

Que amadas são estas? São as que o poeta amou longamente, até ao fim, só a elas dedicando ciclos de sonetos (seis sonetos à primeira; oito, à segunda) logicamente encadeados como os actos de um drama que se fecha num *gran finale*. São — nem é preciso dizê-lo — a Morte e a Idéia. Situadas para lá do real imediato, personagens centrais do mundo religioso, metafísico ou filosófico de Antero, frias amantes a disputarem o seu amor, parece que a Morte pôde, por fim, superar a rival, estendendo ao poeta a sua mão gelada, mas consoladora.

Notas

1. Lourenço, Eduardo. *Poesia e metafísica*. Lisboa, Sá da Costa, 1983, p. 119.
2. Simões, João Gaspar. *Antero de Quental*. Lisboa, Presença, 1962, p. 101.
3. Cidade, Hernâni. *Antero de Quental*. 3.ed. Lisboa, Presença, 1991, p. 101-03.
4. Lopes, Óscar. *Antero de Quental*: vida e legado de uma utopia. Lisboa, Caminho, 1983, p. 84.
5. *Ibidem*, p. 85.

6. Lopes, O. *Album de Família*. Lisboa, Caminho, 1984, p. 149.
7. Idem. *Antero de Quental*, p. 19-20.
8. Quental, Antero de. *Cartas I*. Organização, introdução e notas de Ana Mª Almeida Martins. Lisboa, Editorial Comunicação, 1989, p. 161: "O primeiro [soneto] é dirigido à Virgem-cheia-de-graça do sentimento cristão, a que mais tarde um pagão ilustre deu o nome de Eterno Feminino". Carta a Lobo Moura, de 1872.
9. Quental, Antero de. *Os Sonetos Completos de*. Prefaciados por Oliveira Martins, nova edição. Lisboa, Couto Martins, s.d.
10. Saraiva, Antonio José. *A Tertúlia Ocidental*. Lisboa, Gradiva, 1990, p. 123.
11. Não nos ocuparemos das *Odes Modernas*, já que estamos apenas visando o tema do amor.
12. Bataille, Georges. *O erotismo*, 2.ed. Lisboa, Moraes, 1980, p. 16.
13. *Ibidem*, p. 18.
14. *Ibidem*, p. 21.
15. *Ibidem*, p. 22.
16. Quental, Antero de. *Primaveras Românticas*, 2.ed. Coimbra, Imprensa da Universidade, 1922, p. 8. Daqui em diante, considerem-se nossos todos os grifos do texto. Se, excepcionalmente, forem do autor, far-se-á um esclarecimento. Em todas as citações das *Primaveras Românticas* (PR), atualizamos a ortografia.
17. *Ibidem*, p. 16.
18. *Ibidem*, p. 18.
19. *Ibidem*, p. 77-79.
20. *Ibidem*, p. 79-80.
21. Em comentário aos três sonetos — "Mãe", "A Germano Meireles" e "À Virgem Santíssima" — que, segundo ele, representam a terceira forma de evasão ("A do sonho, à qual se alia, por via de regra, a do sono no seio de uma mãe que afaga"), António Sérgio não aponta senão para a figura materna como esse espaço privilegiado, alargando sua exemplificação para as *P.R.* e as *Odes Modernas* onde "a ideia de mãe reaparece-nos". Não é esse o nosso intuito. (V. QUENTAL, Antero de. Sonetos, ed. organizada, prefaciada e anotada por António Sérgio. Lisboa, Couto Martins, 1956, p. 169, 178-9).
22. *P.R.*, p. 80.
23. *Ibidem*, p. 83.
24. Quental, A. *Sonetos*, p. 187.
25. *Cf. idem*, *P.R.*, p. 18: "Funde-se um ser no outro e une-os um laço / Como o azul se une aos céus."
26. Bataille, G. *O erotismo*, p. 20 e 18.
27. *PR*, p. 63.
28. *PR*, p. 64.
29. Uma nota em pé de página esclarece que "Tanto este soneto, com os versos a Baudelaire, foram em tempo publicados com um pseudônimo". Pode-se concluir: de Carlos Fradique Mendes. Tratei este assunto numa conferência ainda por publicar: "Cesário entre Fradique e Sá-Carneiro."
30. *PR*, p. 158.
31. Saraiva, Antonio José, *op. cit.*, p. 123.
32. *PR*, p. 135.
33. *Ibidem*, p. 136.

34. *Ibidem*, p. 137.
35. *Ibidem*, p. 138.
36. *Ibidem*.
37. Cidade, Hernâni, *op. cit.*, p. 104.
38. Quase nada se tem dito sobre o virtuosismo poético de Antero nas *PR* (também nas *Odes modernas*, mas delas não estamos falando). Na verdade, ele utiliza, com rara desenvoltura para sua pouca idade, quase todos os metros usados por seu muito admirado amigo, João de Deus. Nos três grandes poemas aqui mencionados, há versos alexandrinos, decassílabos, heptassílabos, hexassílabos, pentassílabos e, alternados com outros, tetra e trissílabos. A disposição das rimas é variada, havendo alternância de versos rimados com brancos. As estrofes são predominantemente quartetos, mas há algumas com mais versos. Nos três poemas há intercalação de sonetos.
39. *Cf. PR*, p. 8:"O infinito! Ideal! Visão, que mal pressinto! / Transfigura-te aqui, deixa cair teu véu! / Quero palpar e ver a Deus, nisto que sinto! Quero antever o céu!" e p. 23:"Se te posso esquecer?! . . . Quando o teu filho / A teus olhos de mãe o olhar volver, / Pergunta a esse olhar se o amor se esquece, / Se quem te um dia amou pode esquecer! . . ."
40. *PR*, p. 27-51.
41. Quental, A. de. *Sonetos*, p. 212.
42. *Ibidem*, p. 261.
43. *Ibidem*, p. 262.
44. *Ibidem*, p. 263.

As "Verdades de Almanaque" de Eça de Queirós

Isabel Pires de Lima
Universidade do Porto

Hoje, nos finais do século XX, a palavra "almanaque" remete-nos para uns curiosos livros sobre curiosidades várias, lidos pelas nossas avós, pelos nossos avôs... Isto é, o almanaque é um livro fora de moda, mas muito popular no século passado, nos começos deste. Esta é uma meia verdade, melhor, uma verdade parcial.

Com efeito, o almanaque teve a sua fase áurea no século XIX, mas as suas origens são remotíssimas, lendárias mesmo, sobretudo se pensarmos naquilo que constitui a sua parte nuclear, o calendário. A própria palavra almanaque é de origem duvidosa: árabe, grega, latina?

Esta origem incerta faz com que Eça de Queirós, reportando-se a uma velha lenda talmúdica, situe o nascimento do almanaque na era ante-diluviana. Algures na Mesopotâmia, dois sábios videntes, conhecedores portanto das intenções de Deus, angustiados com a perspectiva de que se perca, com o Dilúvio, toda a ciência penosamente acumulada pela humanidade desde os tempos do paraíso, resolvem gravá-la em tijolos e granitos. Que teriam esses dois sábios registado nessa espécie de livro do saber inicial, que se propunham deixar em legado ao novo Adão post-diluviano? Ensinamentos práticos: como cardar a lã, como trabalhar o ferro e o barro, como cultivar a terra, como obter o mel e o azeite, como curar certos males, como orientar-se pelas estrelas, como pesar e medir... Isto é, nas palavras de Eça de Queirós: "O livro de todo o saber, gravado para a humanidade vindoura, sobre o tijolo e o granito, nas vésperas do Dilúvio, por dois sábios, filhos de Seth, era na realidade e simplesmente — um *almanaque*."[1]

Ante ou post-diluviano, o que é facto inquestionável é que o almanaque remonta, quanto às suas origens, às civilizações antigas. Os romanos usavam já umas tabuinhas polidas onde fixavam os acontecimentos relativos às quatro estações do ano, datas festivas e curso das constelações. Com a sua habitual ironia, Eça explica assim *a posteriori* a herança do calendário romano pela cristandade: "E os papas, que tanto herdaram dos Césares, herdaram também este cuidado, tenazmente se esforçam por harmonizar o ano da Terra com o ano do Céu, até que um Gregório XIII melhor jurista, melhor teólogo, vendo no seu pontificado a Páscoa a correr, aflita, esguedelhada, sem encontrar o seu dia, decreta este calendário, estabelece este almanaque que, em alegria ou em tristeza, nos vai conduzindo através do tempo e da sorte."[2]

É certo que nos finais da Idade Média, estão claramente alicerçados na tradição cultural ocidental e cristã quadros cronológicos e astrológicos, base dos futuros alamanaques, que, na opinião de Luís de Albuquerque, teriam sidos elaborados por astrólogos árabes e depois adaptados por judeus ou conversos.[3]

Segundo assegura ainda Luís de Albuquerque, o primeiro almanaque português de que há notícia, o *Almanaque Perdurável*, é da primeira metade do século XIV e da primeira metade do seguinte os primeiros almanaques impressos, embora o mais antigo que se conhece tenha sido impresso só em 1496, o *Almanach Perpetuum* de Abraão Zacuto, que se limita a reproduzir tábuas astronómicas, as quais, segundo o mesmo, teriam sido usadas para a elaboração das tábuas solares náuticas dos navegadores portugueses.

Será, porém, com a imprensa que o almanaque ganha popularidade, deixando os espaços elitistas do pergaminho. Mas daí até se tornar no livro tão popular que foi no século XIX, com as características que conhecemos, o almanaque teve ainda de percorrer um longo caminho. Nos séculos XVII e XVIII é ainda a sua componente astrológica e profética a dominante, e é tal característica que, aliada ao seu carácter sintético, justifica a incorporacão dos almanaques na literatura de cordel e, consequentemente, a sua divulgação no seio de todas as camadas sociais. Multiplicam-se os "reportórios dos tempos", os "lunários", os "prognósticos", as "folhas do ano" ou simplesmente as "folhinhas", de tal modo que no século XVIII gerou-se um conflito em torno da obtenção do privilégio editorial das folhinhas. Referindo-se ao popular almanaque seiscentista, cheio de vaticínios e conselhos práticos, Eça exclama recorrendo à sua veia de caricaturista: "Eis o almanaque—que os Caldeus, e os Etruscos, e depois Rómulo, e depois César, tinham procurado ansiosamente tornar o *Livro da Verdade*—cheio de horóscopos, de vaticínios, de prognósticos, de oráculos, de revelações, de esconjuros, de nicromancias, de terrores! É o astrólogo que pontifica, com o seu negro funil sobre a guedelha, o óculo de papelão inspirado para o alto, a cimarra negra salpicada de meias-luas caindo em pregas fatídicas, as barbas a esvoaçar. E logo adiante surge o médico, de óculos redondos na ponta do bico, sobraçando a seringa imensa. Esse traça os récipes, lança os aforismos, estabelece os ditames, desenrola as virtudes dos simples e dos metais, e revela misericordiosamente os grandes segredos—desde o raminho de cinco-em-rama, trazido sobre o peito, que faz secar as almorreimas, até às pílulas de azebre e mirabolanos que, tomadas em sumo de couve, aumentam a memória e os poderes do raciocínio."[4]

É portanto também nesta época, séculos XVII-XVIII, que o almanaque se afasta do saber erudito, na esfera do qual se havia até então movimentado. Ele que, no século XV teria veiculado um saber de teor científico, a ponto de sábios e nautas portugueses terem recorrido a informações suas para a elaboração de tábuas solares, transformara-se num reduto de pontos de vista e concepções ultrapassados pelas Luzes que entretanto esclareciam a Europa. Daí que o saber de almanaque que, como muito bem nota Maria Carlos Radich, "não é, forçasamente, um saber popular", se tenha tornado num "saber sem prestígio"[5], sem grande crédito junto das camadas mais cultas. Comentando de forma acutilante esta transformação do almanaque, Eça diz: "Talvez por tanto esticar os olhos, e de tão longe, para o futuro", — refere-se evidentemente à prevalente componente astrológica do almanaque—"é que o almanaque chegou a não compreender, a quase ignorar o esplêndido presente que o cercava; — e assim, durante todo o século XVII, ele se torna, no meio da fértil corrente das ideias e das ciências, uma verdadeira rocha, onde se isola e se agarra como uma tartaruga, com a sua velha casca, a pesada e chata rotina. Entre o novo saber que se constitui e se abastece pela observação dos fenómenos, o almanaque fica como o refúgio derradeiro das fórmulas escolásticas. Já a maçã (essa medíocre fruta, que tanto tem feito pela ciência desde os dias do Paraíso) revelara a Newton a gravitação dos corpos, e já Newton morrera deixando a astronomia constituída—e ainda o almanaque, fiel a Ptolomeu, ou com medo do defunto cardeal Belarmino, ensina aos camponeses e à fidalguia de província que a Terra está fixa, e em volta dela, numa marcha respeitosa, gira o Sol com todos os seus astros, e o Céu com todos os seus santos. [. . .] Assim disserta o almanaque, no século XVIII, nas vésperas da Enciclopédia!"[6]

Este dado não impede, porém, que a vulgarização e a moda do almanaque exerçam a sua influência e penetrem nas camadas mais cultas, de tal forma que, entre nós, nos finais de setecentos não faltou um *Almanaque das Musas*, à imitação de um francês, no qual colaboraram alguns dos vates da Nova Arcádia e um almanaque patrocinado pela Academia das Ciências, o *Almanaque de Lisboa*. Mas será sobretudo no século XIX que, fruto da verdadeira explosão sofrida pelo almanaque, quer no que respeita à quantidade, quer à variedade dos conteúdos e dos públicos a que se destina, ele tentou os intelectuais que o souberam aproveitar no sentido de chegarem a amplas camadas da população, isto independentemente de o almanaque continuar distanciado, de um modo geral, em relação às novidades científicas e técnicas. No século passado, como dizíamos, particularmente na sua segunda metade, os almanaques multiplicam-se. No ano de 1873 — segundo o *Novo Almanaque das Lembranças* para 1914 — publicaram-se em Lisboa 47 almanaques diferentes e o *Almanaque de Lauro d'Almeida* para 1869 gaba-se de ter feito uma segunda edição, visto os 4000 exemplares da primeira se terem esgotado em poucos dias[7]. Conforme notam M. Viegas Guerreiro e J.D. Pinto Correia, nesta época, os almanaques "De acordo com os seus públicos podem ou continuar, por um lado, a ser um pequeno folheto, dirigido à população rural, e dos arredores das cidades, ou, então, aumentar o número de páginas, tornando-se num instrumento de divulgação de conhecimentos quer para um público geral, mais burguês e citadino, quer junto de algumas camadas sociais diferenciadas por ideários políticos, religiosos ou por outros interesses muito específicos."[8] Daí a diversidade de títulos mais ou menos elucidativos quanto à natureza dos conteúdos que privilegiam, ou dos públicos a que se destinam: o *A. Agrícola*, o *Borda d'Água*, o *A. do Belo Sexo*, o *A. do Bombeiro Português*, o *A. das Trapalhadas*, o *A. de Stº António*, o *A. dos Sonhos e Visões Nocturnas*, o *A. dos Bons Pitéus*, o *A. Democrático*, o *A. do Grande Armazém de Roupas Brancas de José Marão*, o *A. dos Bons Fadinhos*, o *A. Bertrand*... Poderíamos quase dizer que há um almanaque adequado às necessidades de cada indivíduo, conforme a sua ocupação, o seu sexo, a sua origem social, a sua idade. Muitos garantem em capa: "Útil a toda a gente!" e o *Almanach Illustrado do Jornal O Zé*, no seu afã de bem servir a gregos e troianos, diz dirigir-se a "meninas, senhores, capitalistas, operários, burgueses, generais, militares sem graduação, crianças até oito anos e velhotes"...[9]

Eça de Queirós, que não se esquece de pôr nas mãos da sua Gracinha Ramires o *Almanaque das Lembranças*, foi também um escritor de almanaque, deixou-se, também ele, impregnar pelo espírito do século e organizou, de parceria com José Sarmento e Henrique Marques, sob a chancela editorial de António Maria Pereira, um almanaque. Além de poder ser uma fonte de lucros relativamente fáceis para socorrer o sempre débil orçamento familiar de Eça de Queirós, o almanaque coadunava-se com as preocupaçoes pedagógicas próprias do intelectual empenhado que foi sempre, mesmo que, à época, já vinte e cinco anos tivessem decorrido sobre a fase militante das Conferências do Casino. Aliás, já o dissemos, Eça não foi o único intelectual do nosso oitocentismo a lançar mão do almanaque com intuitos pedagógicos e de divulgação cultural, designadamente na área da ideologia política — Castilho, Teófilo Braga, Guerra Junqueiro, Félix Nogueira foram, entre muitos outros, colaboradores de almanaques. Eça louva o que chama a "ciência fácil" de almanaque, pela sua capacidade de nos fazer penetrar pelos domínios aparentemente mais especializados e eruditos da cultura como um "velho e sociável amigo, que nós sabemos não ser pedante, nem maçudo, nem pastoso, e que na sua convivência sempre nos habituou a horas festivas e amáveis."[10], isto é, pela sua capacidade de divulgar com eficácia.

O almanaque em que o nosso autor se empenhou e para o qual escreveu um brilhante, espirituoso e rigoroso prefácio, intitulado simplesmente "Almanaque", texto que temos vindo a citar com frequência, chamou-se *Almanaque Enciclopédico* e foi editado para os anos de 1896 e 1897. Eça explica este título por reacção, típica dos espíritos latinos, às especializações excessivas e pelo claro objectivo lucrativo de responder a todas as clientelas; e note-se que o seu almanaque destinava-se não apenas a nós que "vemos a Estrela Polar", mas também àqueles "outros irmãos nossos que vêem o Cruzeiro do Sul".[11] Não estamos longe, como vemos, do "Útil a toda a gente!". Mas a perspicácia queirosiana encontra uma outra justificação muito mais engenhosa e elaborada para o carácter enciclopédico do seu almanaque; mais engenhosa e correspondente a uma das suas grandes preocupações intelectuais do momento, que em linguagem actual, designaríamos de ecológica. Reagindo à dimensão e ao peso, material mesmo, das modernas enciclopédias, que atravancam bibliotecas, assustam o homem e o afastam do saber, Eça exclama: "Ah! realmente nesta nossa atulhada Europa, onde já há tantos homens que se entressufocam, não resta espaço para os conhecimentos, desde que eles se materializem e se encarnem em tomos mais grossos que os homens. [...] Assim, que providencial invenção, o editar todo o saber em volumes portáteis, fáceis, que um erudito anémico possa manejar, que não tirem lugar à imaginação e à razão criadora, que possam dormir connosco na alcova com os livros de rezas, e que nos ofereçam as noções facilmente, e tão fáceis de colher, como flores dum canteiro baixo'."[12]

Com efeito, isto que poderia parecer apenas mais uma das gostosas caricaturas queirosianas, esconde efectivamente um dos temas preponderantes de reflexão do Eça da década de 90 — a civilização ocidental que, sobrecarregando o homem de objectos materiais o impede de se manifestar na plenitude e de encontrar a felicidade — "hoje, nas nossas civilizações," — diz C. Fradique Mendes ao seu amigo Oliveira Martins — "não há lugar para que uma alma se afirme e se produza na absoluta expansão da sua forma. Outrora um simples homem, um feixe de músculos sobre um feixe de ossos, podia erguer-se e operar como um elemento da Natureza."[13] Lembremos as diatribes do Eça dos últimos anos contra o homem hiper-civilizado do século XIX, quer ele se chame C. Fradique Mendes, Jacinto ou muito simplesmente o "Grande Civilizado" que perdeu o divino dom do riso, como acontece nesse artigo próprio dum desencantado chamado "A decadência do riso". Tenhamos presente o permanente convite do Eça desta fase à reintegração do homem na natureza: "Abandona o teu laboratório, reentra na natureza"[14], aconselha, explicitamente, no citado artigo e, implicitamente, através do franciscanismo que perpassa nas suas *Lendas de Santos*.

Portanto, o comentário jocoso e aparentemente superficial de Eça, incluído no prefácio a que nos temos estado a referir, quando, ainda a propósito das enciclopédias, afirma: "*A Enciclopédia Britânica* já não cabe em Londres, onde todavia cabem seis milhões de seres — dos quais três são mulheres, e usando essas mangas tufadas que tiram ao civilizado o espaço que lhe pertence na civilização, e o impelem a emigrar para a Austrália e África"[15]; este comentário[16], dizíamos, insere-se plenamente numa séria opção ecologizante, própria dum homem cosmopolita a quem a vida e a actividade intelectual haviam feito compreender que a decadência da nação, tão denunciada desde os anos 70, se integrava, com toda a sua especificidade nacional, num processo de decadência mais amplo e globalizante, a decadência da própria civilização ocidental.

Eis, pois, como Eça de Queriós introduz, no prefácio ao seu *Almanaque Enclicopédico*, com a subtileza que lhe é peculiar, uma das suas "verdades de almanaque", uma das suas verdades do momento. E dizemos introduz, porque esta problemática será significativamente recorrente nos outros dois textos que Eça publicou em almanaques — o delicioso conto intitulado "Adão e Eva no Paraíso", vindo a lume no *Almanaque Enclicopédico* para o ano de 1897 e uma crónica chamada "O Inverno em Londres", publicada em 1890, num outro almanaque no qual o nosso autor colaborou, o *Almanaque da República*, sub-intitulado "almanaque de propaganda democrática".

"Adão e Eva no Paraíso" é um longo conto no qual Eça de Queirós relata, recorrendo a um tom ambiguamente irónico, como decorreram os primeiros tempos de vida "humana" dos nossos "venerandos pais", como se processou a sua hominização. O tom irónico e ambíguo é lançado, desde o primeiro parágrafo, ao convidar-se o leitor a ler o texto como uma lenda: "Adão, pai dos homens, foi criado no dia 28 de Outubro, às duas horas da tarde...",[17] recorrendo, porém, de seguida a conceitos bebidos na moderna antropologia evolucionista, designadamente à ideia fundamental de que o homem evoluiu a partir de uma espécie de primatas, um orangotango que vivia nas árvores do paraíso, e que Deus "amparou" — o termo é queirosiano — ao descer duma delas; e de novo estamos em plena lenda. Desta forma subtil e heterodoxa, Eça insinua num texto para o grande público de um país católico, uma ideia seguramente muito contestada e perturbadora para o espírito do comum português da época. O conto avança acompanhando o caminho daquele incauto, inexperiente e animalesco Adão até ao momento em que, na companhia de Eva e com a ajuda de Deus, conseguiu criar um lar. A partir daí, o narrador deixa os nossos "veneráveis pais" entregues às doçuras do seu lar e remata o conto comparando a felicidade edénica do dia a dia do "irmão" — o termo é também queirosiano — orangotango na floresta à infelicidade do orangotango que definitivamente desceu da árvore. Pergunta-se Eça de Queirós: "como gastou, nas cidades, o seu dia, o homem, primo do orango? Sofrendo — por ter os dons superiores que faltam ao orango!" e acrescenta: "Mas, enfim, desde que nosso pai venerável não teve a previdência ou a abnegação de declinar a grande supremacia — continuemos a reinar sobre a Criação e a ser sublimes..."[18] Evidentemente que as reticências que terminam este período são elucidativas quanto ao ponto de vista do autor, que seguidamente aconselha a que, pelo menos, aproveitemos o melhor dom humano que possuímos, o de amar: que nos amemos uns aos outros e que amemos a natureza, "mesmo o verme, e a rocha dura, e a raíz venenosa, e até esses vastos seres que não parecem necessitar o nosso amor, esses sóis, esses mundos, essas esparsas nebulosas que, inicialmente fechados, como nós, na mão de Deus, e feitos da nossa substância, nem decerto nos amam — nem talvez nos conhecem."[19] Estas palavras inspiradas pelas referidas preocupações ecologizantes do Eça desta fase e por um certo franciscanismo que o alimentava espiritualmente parecem particularmente actuais, hoje que tanto se fala em "sobrevivência do planeta"...

A crónica "O Inverno em Londres" é um texto completamente diferente, um típico texto queirosiano de crítica social, em que o autor manifesta a sua antipatia pela aristocracia inglesa, os "dez mil de cima", como diz, a pretexto duma alteração dos seus hábitos, o Inverno passado agora em Londres e não mais nos seus castelos e mansões campestres. Descrevendo, a propósito, o desagradável Inverno londrino, mostra-se sensível, no essencial, aos elementos atmosféricos, a sombra, a humidade, a chuva, a lama, e, dum modo particular, a um elemento poluidor do ambiente — e cá temos de novo a preocupação ecologizante — o ruído: "o estrondo de Londres," — diz Eça — "este rude, tremendo estrépito, que deve lá em cima incomodar a corte do céu, adquire uma tonalidade surda e roncante como um fragor num subterrâneo." E acrescenta: "O ruído intolerável das ruas, a pressa da multidão violenta, o rude flamejar das vitrinas dão uma aceleração brutal ao sangue, uma vibração quase dolorosa aos nervos..." [20]

Estes são os textos de almanaque que Eça publicou, estas são algumas das "verdades de almanaque" do autor, as que nos pareceram de singular importância e que revelam a plena compreensão que tinha do que era e da função que desempenhava na sua época o almanaque.

O almanaque é um código do tempo, codifica um tempo nas suas práticas ideológicas fundamentais. Eça sabia-o bem, como mostra a exemplar história do almanaque que escreveu, como revela o tipo de colaboração que deu a lume em almanaques e como o demonstra ao dizer que o almanaque tem o "incomparável benefício de nos tornar o tempo visível e como palpável."[21].

Notas

1. Eça de Queiroz, "Almanaque", *Notas Contemporâneas, Obras de Eça de Queiroz*, Porto, Lello e Irmão Editores, s/d.,vol. 2, p. 1630.
2. *Op. cit.*, p. 1632.
3. Luís de Albuquerque, "O Almanaque Português de Madrid", *Revista da Universidade de Coimbra*, vol. XX, 1961.
4. Eça de Queiroz, "Almanaque", *op. cit.*, p. 1634.
5. Maria Carlos Radich, *Almanaque — Tempos e saberes*, Centelha, s/d., p. 64.
6. Eça de Queiroz, "Almanaque", *op. cit.*, p. 1635.
7. Maria Carlos Radich, *op. cit.*, p. 48.
8. M. Viegas Guerreiro e J.D. Pinto Correia, "Almanaques ou a Sabedoria e as Tarefas do Tempo", *ICALP — revista*, nº 6, Ag/Dez 1986, pp.43–52, p.49.

9. *Cf.* Maria Carlos Radich, *op. cit.*, p.21.
10. Eça de Queiroz, "Almanaque", *op. cit.*, p. 1640.
11. *Op. cit.*, p. 1645.
12. *Op. cit.*, pp. 1639–40.
13. Eça de Queiroz, *Correspondência de Fradique Mendes*, Obras de Eça de Queiroz, *op. cit.*, vol. 2, pp. 1045 sq.
14. Eça de Queiroz, "A Decadência do Riso", *Notas Contemporâneas, op. cit.*, p. 1480.
15. Eça de Queiroz, "Almanaque", *op. cit.*, p. 1639.
16. Este comentário obriga a pensar em Gonçalo Ramires, procurando em África um espaço onde possa afirmar a sua identidade, onde "caiba".
17. Eça de Queiroz, "Adão e Eva no Paraíso", *Contos*, Obras de Eça de Queiroz, *op. cit.*, vol. 1, p. 776.
18. *Op. cit.*, p. 797.
19. *Op. cit.*, p. 798.
20. Eça de Queiroz, "O Inverno em Londres", *Cartas de Inglaterra*, Obras de Eça de Queiroz, *op. cit.*, vol. 2, pp.517–18.
21. Eça de Queiroz, "Almanaque", *op. cit.*, p. 1641.

No Moinho,
ou un destin broyé

Marie-Hélène Piwnik
Université Michel de Montaigne-Bordeaux III

Les commentateurs qui se sont penchés sur le conte réaliste *No Moinho*, publié en 1880, en ont fait une première lecture, flaubertienne en somme, qui semble évidente, et où se lirait une misogynie queirosienne incontestée: une créature angélique comme Maria da Piedade n'est jamais en effet que le revers d'un être démoniaque.[1]

Plus récemment on a théorisé cette problématique en insistant sur les postulats réalistes qu'implique la nouvelle, et sur la critique du romantisme qui en résulte.[2]

La recherche d'une cohésion, d'une cohérence d'ensemble paraît avoir été négligée, qui demande une analyse minutieuse du texte, rien que du texte, à commencer par le titre.

Il donne en effet la clé de la structure en deux parties contrastées de la nouvelle, puisque l'épisode du moulin en constitue le moment-charnière, qui fera basculer l'héroïne d'un premier fanatisme — celui de la charité — dans un second — celui de l'hystérie.

L'importance du rôle que vont jouer le moulin et ses abords est annoncée précédemment: c'est une promenade coutumière pour les gens du bourg (*a gente ia fazer o giro até ao moinho,*[3] l'article défini connote clairement cette habitude), qui la trouvent sûrement agréable, puisqu'on apprendra plus tard que ce moulin est "un endroit idyllique" pour le village tout entier: *era o Idílio da vila,*[4] dit le texte, en un raccourci qui fait de ce "recoin de verdure" l'incarnation précise d'une rencontre romanesque.

On doit noter aussi qu'Adrião voit de sa fenêtre

> um moinho, e uma represa que são um quadrozinho delicioso,[5]

ce qui associe immédiatement le futur séducteur de Maria da Piedade à ce lieu voué à la "félicité idyllique" — comme il le dira lui-même lors de leur promenade,[6] non sans que le lecteur ne se voie contraint d'évoquer a contrario "le paysage, monotone comme sa vie" que Maria da Piedade voit, elle, défiler sous ses fenêtres:

> uma terra magra plantada aqui e além de oliveiras, e erguendo-se ao fundo, uma colina triste e nua, sem uma casa, uma árvore, um fumo de casal que pusesse naquela solidão de terreno pobre uma nota humana e viva.[7]

La promenade au moulin proprement dite est placée sous le signe d'une discrète dérision par l'allusion à Corot, peintre considéré comme un précurseur des impressionnistes, dont il y a fort à parier qu'Eça ne l'aime guère, lui qui voit dans cette nouvelle génération d'artistes une résurgence des romantiques, et ne prise que la peinture réaliste à la Courbet.[8] Mais si le lecteur ne manque pas d'être sensible à cette légère ironie, il est surtout extrêmement surpris de constater que le moulin, plutôt imaginé jusque là sous l'espèce d'un moulin à vent, est en fait un moulin à eau[9] ("azenha", mot qui n'apparaît jamais, le mot "moinho" offrant la double acception). Cet habile glissement, non déclaré, permet d'introduire, par le biais d'un marquage sémantique alliant l'ombre à l'inextricabilité, le thème de la forêt enchantée — au coeur de laquelle se trouve le moulin pétrifié — qui s'inscrit dans l'isotopie globale du conte de fées définissant selon moi ce passage.

Le mois de mars,[10] printanier et donc symbolique d'initiation, est déjà très chaud, puisqu'Adrião et Maria da Piedade — qui se défend des ardeurs du soleil en plein midi avec une ombrelle, sont heureux de trouver la fraîcheur:

> O passeio ao moinho foi encantador. Era um recanto de natureza, digno de Corot, sobretudo à hora do meio-dia em que lá foram, com a frescura da verdura, a sombra recolhida das grandes árvores, e toda a sorte de murmúrios de água corrente, etc.[11]

Le champ lexical développe humidité, liquidité, froideur, pureté (*frescura, verdura, sombra, murmúrios de água corrente, frio, gelada limpidez da água*...) mais aussi inaccessibilité, sauvagerie, que manifeste une végétation enchevêtrée, feuillue, touffue, moussue, qui fuit et s'échappe (*musgos, folhagem, relva, água escura, coberta de ervas, ervas bravas, corrente, fugindo*...) Une imperceptible association d'idées unit alors le lieu enchanteur et l'héroïne, "blonde", "blanche", elle aussi réservée, "pure", d'une "ingénuité" que le cynique Adrião trouve d'ailleurs "piquante".[12] N'imagine-t-on pas qu'il doit être aussi difficile, mais agréable, de forcer la retraite de Maria da Piedade, sa vierge intimité, que de pénétrer dans le bois mystérieux qui cerne le moulin à eau? Adrião ne s'y trompe pas qui évoque la "virginité touchante", celle d'une "âme endormie", de la jeune femme.[13] Celle-ci est comme ensorcelée par ce lieu "enchanteur", au sens fort du terme, et elle éprouve la frayeur de ceux qui se risquent dans de tels parages, d'autant que son isolement est confronté à la présence de "l'homme robuste" qu'est Adrião (*pasmada de se achar ali tão só com aquele homem tão robusto, toda receosa e achando um sabor delicioso ao seu receio*).[14]

Quant à lui, il oriente doucement sa compagne de promenade sur les chemins de l'innocence qu'impliquent les contes magiques pour les enfants, ici celui de l'Âme au Bois Dormant (de la *Bela Adormecida* à l'*Alma Adormecida*). Ce moulin, "immobile" comme si on lui avait jeté un sort, c'est, dit-il, "la demeure d'une fée".[15] (N'oublions pas que Maria da Piedade a déja été par deux fois qualifiée de "fée" dans les pages précédentes).[16] Mais il ne s'en tient pas là et, à la fin de leur conversation chuchotée, fait allusion au "paradis" dans lequel ils seraient appelés à vivre, sa cousine et lui, s'il se fixait au bourg comme meunier.[17] C'est donc à un séjour dans le vert paradis des amours enfantines, innocentes, non pécheresses, qu'il convie indirectement Maria da Piedade, sur le mode du jeu inoffensif que pratiquent souvent les enfants: "moi-je-serais-le-prince-et toi-tu-serais-la-princesse," reformulé ici en "moi-je-serais-le-meunier et-toi-tu-serais-la-meunière", et développé à voix basse comme il convient d'un merveilleux secret réservé à des privilégiés.

La progression insensible du "moi-je" (*Eu podia alugar este moinho, fazer-me moleiro*) et du "vous-ma-cousine-vous" (*A prima havia de me dar*) au "nous-deux"—que paraíso NÓS aqui AMBOS no moinho, ganhando alegremente a NOSSA vida—est passée par l'adhésion soudaine de Maria da Piedade, joignant son "moi-je" à celui d'Adrião (*e eu venho ajudá-lo, primo*). On remarque au passage que tous deux soulignent à l'envi leur parenté (par alliance!), la coloration incestueuse de leur relation paraissant constituer la meilleure des protections. Et le lecteur ne peut qu'être tenté par l'éventuel double sens que suggère une phrase comme *a prima havia de me dar a sua freguesia*, ne doutant pas que ce soit bien la représentation du rapport amoureux entre les deux "cousins" qui se dessine sous le rapport industrieux du couple de meuniers imaginé par Adrião. La rougeur qui monte à deux reprises au front de Maria da Piedade lorsqu'Adrião déroule sous ses yeux leur avenir "romanesque" ne laisse d'ailleurs aucun doute à ce sujet (*Ela cobriu-se de um rubor* [. . .] *Ela corou outra vez do fervor da sua voz*).[18] La chaleur de midi, qui dès le début du passage enveloppait la fraîcheur des abords du moulin et métaphorisait le désir, envahit alors les protagonistes à partir du discours "enflammé" et de la "ferveur" d'Adrião, qui se clôt, tandis qu'il a "pris" Maria da Piedade (dans ses bras) sur un baiser "profond", qui anticipe clairement sur la possession.[19] (Souvenons-nous que l'ambigu Macário donne à Luísa, dans *Singularidades de uma rapariga loira*, "un baiser chaste, en surface").[20]

Ce baiser profond déclenchera le processus névrotique qui atteint Maria da Piedade et sur lequel je m'étendrai plus avant. Mais on doit noter dès maintenant qu'il entraîne un comportement hystérique chez la jeune femme, d'une immobilité proche de la paralysie (*tinha ficado contra o seu peito, branca, como morta*);[21] comportement qu'elle garde lorsqu'Adrião vient lui faire ses adieux:

> Ouviu que ele partia, sem lhe mudar a cor, sem lhe arfar o peito. Mas Adrião achou-lhe a palma da mão fria como um mármore.[22]

Que l'intention d'Adrião ait été de pousser son avantage apparaît nettement lorsqu'il se reproche à l'auberge d'en être resté là (*Fui um tolo*), mais presque aussitôt il se dit "content de sa générosité" à l'égard de cette "bonne mère".²³

Après cet épisode Maria da Piedade, on le sait, ne sera plus jamais la même, métamorphosée, comme dans les contes, non pas de Cendrillon en princesse, mais de "sainte" en "Vénus".²⁴

Il convient pourtant d'étudier son personnage comme une totalité si l'on entend donner un sens pertinent à la nouvelle.

Placée par son prénom sous les auspices de Marie de la Compassion, elle est constamment comparée à la Vierge, ou à un être céleste. Cette jeune femme "blonde" au "teint d'ivoire" a pour le village "le beau visage d'une Vierge Marie".²⁵ C'est "une sainte", dit-on d'elle.²⁶ Adrião la voit comme "une créature virginale", "un ange" qu'il souhaiterait faire "remonter dans son ciel naturel", "une âme endormie" d'une "virginité touchante"²⁷ et, lorsqu'elle est prête à basculer dans de coupables passions, le narrateur lui-même évoque "son regard de vierge blonde".²⁸

De plus, elle se voue entièrement à son mari et à ses enfants, avec un fanatisme qui ne laisse même pas de place au zèle religieux. Elle n'a besoin ni du recours ni du secours de la religion, qui la détournerait de ses devoirs familiaux: ils l'absorbent entièrement et sont une "satisfaction suffisante pour sa sensibilité",²⁹ en d'autres termes une compensation à sa frustration affective comme le sugère le texte:

> nunca tivera estas sentimentalidades de alma triste que levam à devoção.³⁰

Mais qui peut douter que derrière cette sensibilité, cette sentimentalité, il n'y ait des sens, pour le moins réprimés? Il est clair en effet que dès le début de la nouvelle le personnage de Maria da Piedade doit être compris comme celui d'une femme absente à sa propre sensualité. Son mariage est dicté par des nécessités économiques et familiales. Son mari invalide ne joue plus son rôle d'homme (*inutilizado*), et lui offre des nuits consacrées à la prière ou à la médication. Les relations sexuelles qui ont existé entre eux et qu'impliquent les trois enfants sont placées sous le signe de la procréation, et appartiennent au passé. Maria da Piedade n'est qu'une Vierge-mère, dont le mari est le quatrième enfant. Elle est pourtant tout à fait capable de s'assigner un autre rôle:

> antevia outras existências possíveis [. . .] em que as noites se não passam a esperar as horas dos remédios . . .³¹

Mais elle a substitué le dévouement aux siens à toute autre aspiration: elle est "heureuse rien que d'être bonne", et elle n'a "jamais eu depuis son mariage le moindre désir".³²

Ce comportement compensatoire peut donc déjà être considéré comme anormal. Il la conduit d'ailleurs à une masculinisation significative: "Etant le centre, la force et le soutien de ces invalides, elle est devenue [. . .] pratique", et c'est elle qui gère les affaires de son mari, inspectant ses propriétés "de l'autre côté du fleuve".³³ Son mari, tout entier dépendant d'elle, lui délègue de ce fait son propre rôle, déclare à Adrião qu'elle est "une administratrice de premier ordre", "le meilleur des chicaniers" et conseille à son cousin de la laisser fixer le prix de la propriété qu'il veut vendre, prix qu'elle discute avec le fermier Teles "avec la rouerie d'une paysanne".[35]

La soumission et la douceur de Maria da Piedade cachent donc une nature forte, qui jusque-là l'a placée à l'égal des hommes, la détournant ainsi de la tentation. Si bien que lorsqu'Adrião lui décoche une fadaise galante:

> Mas que superioridade, prima [...] Um anjo que entende de cifras![36]

le narrateur souligne: "Pour la première fois de sa vie, Maria da Piedade rougit des mots d'un homme",[37] elle qui pourtant a l'habitude de croiser des chasseurs lors de ses visites d'inspection, ou de traiter avec le fils du receveur, "au physique plus spectaculaire que celui d'Adrião".[38]

L'irruption d'Adrião, dont la vitalité et la santé sont constamment soulignées par le narrateur de façon à l'opposer systématiquement au mari invalide et chlorotique de Maria da Piedade, va donc réveiller la sensualité assoupie de la jeune femme, qui semble le pressentir lorsqu'elle redoute "l'intrusion de ce mondain, avec ses malles, la fumée de son cigare, sa joie d'homme sain, dans la triste quiétude de son hôpital".[39]

Et si nous l'avons vue rougir sous les compliments de son cousin, que penser de la "vive gêne" qu'elle éprouve quand la main de ce dernier frôle l'ourlet de sa jupe:

> Tinha-se-lhe prendido à orla do vestido um galho de silvado, e como ele se abaixara para o desprender delicadamente, o contacto daquela mão branca e fina de artista na orla da sua saia incomodou-a singularmente.[40]

Adrião pour sa part évoque la "mélancolie" — un terme clinique à l'époque — de la jeune femme en termes sans équivoque: certes le saint devoir qu'elle accomplit doit lui "procurer des satisfactions", mais n'a-t-elle pas d'autres "désirs" — et de les définir in petto comme des "appétits, les ambitions d'un coeur satisfait", litotes pudiques mais transparentes:

> Ela devia ter momentos em que desejasse alguma outra coisa [...]
> — Que hei-de eu desejar mais? disse ela.
> Adrião calou-se: pareceu-lhe absurdo supor que ela desejasse, realmente, o Chiado ou o Teatro da Trindade ... No que ele pensava era noutros apetites, nas ambições do coração insatisfeito ... Mas isto pareceu-lhe tão delicado, tão grave de dizer àquela criatura virginal ...[41]

Maria da Piedade en revanche est dupe d'elle-même, et c'est au lecteur de lire au détour d'une phrase les contradictions qui habitent la jeune femme. Ainsi, malgré le "bonheur" que l'exercice de la "bonté" semble lui procurer, la "fatigue de sa vie" la fait pleurer, "comme un brouillard lui envahissant l'âme", "une mélancolie cachée vagabonde constamment dans son âme".[42] Mais, on l'a vu, son fanatisme de charité a en quelque sorte canalisé son mal-être. Adrião va prendre le relais, lui qu'elle ne trouve "même pas beau",⁴³ mais qui va incarner d'emblée un "désir indéfini" (celui de l'avoir toujours auprès d'elle). "L'amour latent" qui palpitait en elle se cristallise sur cet homme viril paré de toutes les qualités; et pendant la nuit, elle rêve "qu'il pourrait être son mari", et referme ses bras SUR UN ETRE IMAGINAIRE".⁴⁶

Désir "indéfini", amour "latent", des expressions qui disent assez que n'importe quel objet peut les combler. Ainsi la perception d'Adrião par Maria da Piedade ne laisse en rien prévoir la passion qui la dévorera:

> era um sujeito extremamente simples—muito menos complicado, menos espectaculoso que o filho do recebedor! Nem formoso era: e com o seu chapéu desabado sobre uma face cheia e barbuda, a quinzena de flanela caindo à larga num corpo robusto e pequeno, os seus sapatos enormes, parecia-lhe a ela um dos caçadores de aldeia que às vezes encontrava [. . .]⁴⁷

Toutefois, et malgré le baiser révélateur, le départ subit d'Adrião évacue pour un temps le flot des pulsions physiologiques que Maria da Piedade ne pourra un jour plus endiguer. Elle va en conséquence tout d'abord les nier. "Jugeant"—dit le narrateur—"cet amour pur" (i. e., il ne l'est pas . . .), elle se laisse pénétrer par sa lente influence. Il est "une compensation délicieuse" à "l'abattement, aux fatigues subites"⁴⁸ qui s'emparent d'elle, premiers symptômes de la conversion hystérique. Elle se repaît de romans—en particulier ceux d'Adrião, dont l'un, *Madalena*, évoque symboliquement la pécheresse pardonnée, et d'autres encore—qui déroulent dans son esprit leur monde "artificiel et idéalisé", où s'illustrent les chagrins des héroïnes de fictions romantiques .⁴⁹

A ce stade, ce qu'on est convenu d'appeler de nos jours "le bovarysme", sorte d'insatisfaction permanente, de mal de vivre, de besoin d'évasion, continue d'occulter chez Maria da Piedade une sexualité frustrée. Mais le narrateur souligne que ces lectures la "calmaient", jouant le rôle d'une "vague satisfaction de son désir".⁴⁹ Et la jeune femme est en proie à des manifestations physiques qui trahissent de plus en plus clairement son "tempérament" inassouvi. Tantôt "impatiente, agressive", tantôt plongée pendant de longues heures "dans un mutisme total", elle ne tarde pas à pousser "des cris au moindre bruit", à avoir des évanouissements, des frayeurs; elle étouffe la nuit, doit ouvrir sa fenêtre, et la tiédeur nocturne la livre à une concupiscence voluptueuse, qui débouche sur des crises de larmes:

> E no meio desta excitação mórbida do temperamento irritado, eram fraquezas súbitas [. . .] um grito ao ouvir bater uma porta, uma palidez de desmaio se havia na sala flores muito cheirosas. A noite abafava; abria a janela; mas o cálido ar, o bafo morno da terra aquecida do sol, enchiam-na de um desejo intenso, de uma ânsia voluptuosa cortada de crises de choro . . .⁵⁰

Le narrateur a posé le diagnostic: elle est "devenue hystérique", un mot très précis, scientifique en fait à ce moment là, puisque Charcot, s'il n'a pas publié encore ses *Leçons sur l'hystérie* (1887), a en revanche fait paraître sept ans avant *No Moinho* ses *Leçons sur les maladies nerveuses*.[52]

Ainsi Eça de Queiroz reflète-t-il dans cette nouvelle tout l'intérêt qu'il accordait aux manifestations psycho-physiologiques, tout en introduisant dans une société qui est loin de vouloir y penser le problème de la sexualité féminine.

Mais à ce sujet, on ne peut manquer de constater que Maria da Piedade conduit elle-même sa "cure", et passe de la conversion hystérique à une certaine réalisation dégradée de son désir, lorsqu'elle cède aux avances d'un horrible préparateur en pharmacie dont il n'est que trop facile de le rapprocher de M. Homais.[53] De la symptomatique elle est en effet passée à l'explication de son état, souhaitant "l'étreinte de deux bras d'acier", non sans vouloir en même temps se punir: l'étreinte devra être "mortelle", et "aspirer son âme".[54]

Maria da Piedade nous apparaît donc comme un cas de narcissisme masochiste aigu d'un bout à l'autre de la nouvelle. L'altruisme qui la caractérise dans la première partie contient en germe la générosité dont elle fait preuve à la fin à l'égard de l'ignoble préparateur.[55] La cohérence du personnage, sans cesse en quête d'une auto-valorisation comblant des lacunes affectives héritées, recouvrant elles-mêmes des frustrations sexuelles, n'est plus alors à démontrer: Maria da Piedade ne devient-elle pas une sorte de mère pour son amant?

Cependant la "cure" choisie est loin sans doute de correspondre au personnage, qui eût souhaité trouver l'amour dans toute sa plénitude sentimentale et sensuelle avec Adrião. Maria da Piedade la compatissante éveille donc notre compassion, et nous restons persuadée qu'"au moulin" sa destinée a été tragiquement broyée: la métamorphose heureuse est réservée aux contes de fées, non aux nouvelles réalistes.

Notes

1. V. bibliographie dans *Dicionário de Eça de Queiroz*, Caminho, Lisbonne, 1988.
2. Henriqueta M.A. Gonçalves, Maria A.M. Monteiro, *Introdução à Leitura de Contos de Eça de Queirós*, Liv. Almedina, Coimbra, 1991, p. 129–141.
3. J'utilise pour les références l'édition des *Contos* organisée par Luiz Fagundes Duarte, Ed. Dom Quixote, Bib. de Bolso, Lisbonne, 1989, p. 69.
4. P. 77
5. P. 74
6. P. 80
7. P. 72
8. Il n'est pas improbable que Corot ait peint quelque moulin. Mais les éléments paysagistiques retenus dans la description queirosienne évoquent surtout le célèbre tableau du Louvre *Souvenir de Mortefontaine*, des années 70 de ce peintre.

9. A ce propos, rappelons que le moulin inspire un romancier comme George Eliot, auteur de *Le Moulin sur la Floss* (1860), dont l'héroïne, Maggie, a des traits communs avec Maria da Piedade.

10. C'est lors du rendez-vous avec le fermier Teles pour la discussion du prix de vente de la propriété d'Adrião que le mois de mars est évoqué (p. 75). La promenade au moulin a sans doute lieu le lendemain.

11. P. 78

12. P. 79

13. Au retour du rendez-vous avec le fermier Teles, p. 78

14. P. 79

15. *Ibid.*

16. "E mesmo na vila tinha-se lamentado que [...] aquela figura de fada fosse pertencer ao Joãozinho Coutinho", p. 71; "o dr Abílio—que a adorava dizia dela com os olhos esgazeados —É uma fada! é uma fada!...", p. 73

17. P. 80

18. Toutes les citations p. 79-80. C'est moi qui souligne.

19. P. 80

20. *Singularidades*, ed. Fagundes Duarte, p. 36: "Foi um beijo. Mas esse caso, casto e simples, eu calo-o [...] Um beijo fugitivo, superficial, efémero".

21. P. 80. Remarquons que dans *La Belle au Bois Dormant* comme dans *Blanche-Neige*, le baiser fait passer la morte, ou l'endormie, à l'état de veille, d'éveil, de réveil. Dans le cas de Maria da Piedade, on peut donc à juste titre évoquer l'éveil des sens engourdis.

22. P. 81. On pense au *Rideau Cramoisi*, de Barbey d'Aurevilly, où l'héroïne meurt au seul contact du jeune homme dont elle est éprise.

24. P. 84

25. "uma loira... a pele ebúrnea" (p. 69), "lindo rosto de virgem Maria" (p. 71)

26. P. 69

27. "aquela criatura virginal" (p. 77), "era um anjo que vivia há muito tempo numa vilota grosseira [...] mas bastaria um sopro para o fazer remontar ao seu céu natural, aos cimos puros da sentimentalidade..." (p. 78)

28. P. 83

29. P. 72

30. P. 73

31. P. 82

32. P. 71

33. P. 73, 75

34. P. 72

35. P. 75

36. P. 75

37. *Ibid.*

38. P. 74

39. *Ibid.*

40. Il s'agit de sa première sortie avec Adrião, quand tous deux se rendent chez le fermier Teles, p. 76

41. "compaixão pela melancolia da sua existência", p. 79; tout le reste cité, p. 76–77.

42. P. 71, p. 77
43. P. 74
44. P. 77
45. P. 82
46. *Ibid.* C'est moi qui souligne.
47. P. 74–75
48. P.83
49. *Ibid.*
50. L'ensemble des citations p. 83–84. Il est intéressant de voir employé le terme "temperamento", qui a précédé historiquement celui de "névrose".
51. P. 84
52. De 1880 précisément, une estampe de la Bibliothèque Nationale de Paris représentant Charcot donnant une leçon sur les maladies nerveuse à la Salpêtrière, où l'on voit une jeune femme assise, prostrée, hagarde. Au Musée d'Orsay se trouve le grand tableau réaliste représentant, si je ne m'abuse, Charcot entouré de ses élèves, soignant une hystérique en convulsion.
53. La nouvelle tout entière est imprégnée, on l'a dit, de *Madame Bovary*. De l'une des Madame Bovary, dirai-je: il y a tant d'Emma différentes dans le livre de Flaubert! Celle qui inspire (peut-être) Eça, c'est en particulier celle qui est prise d'un accès furieux de charité après que Rodolphe a pris la fuite (*Madame Bovary*, Ed. Garnier-Flammarion, p. 241). Mais c'est aussi celle qui, au début du roman, se veut parfaite épouse, gère les pratiques de son mari, pour lequel elle est aux petits soins, ce qui remplit d'illusions le pauvre Charles Bovary....
54. P. 84
55. Celui-ci lui demande de l'argent pour entretenir une maîtresse obèse et monstrueuse, curieusement appelée "Boule de Suif" (*Bola de Unto*): la nouvelle de Maupassant paraît dans *Les Soirées de Médan* sous l'égide de Zola, en 1880; peut-être avait-elle paru en feuilleton avant cette date. La coïncidence serait étonnante.

Quant au grossissement caricatural de ce finale, qui fait d'ailleurs pendant à la charge du début, je l'attribuerais volontiers à une volonté de relative invraisemblance permettant de moins choquer le public, une censure éventuelle.

O estiolamento de uma geração: Eça de Queiroz, a educação e o progresso social

Gary M. Vessels
Georgetown University

> Querem um governo sábio? Preparem um povo instruído.
> *Ramalho Ortigão*
>
> A valia de uma geração depende da educação que recebeu das mães.
> *Eça de Queiroz*

A preocupação com a melhor maneira de educar as crianças tomou novas dimensões no século passado entre os pensadores da Geração de 70 em Portugal, e afirmaram o que parece óbvio: que, simplesmente, sem melhorar a educação da geração nova, não se poderia esperar progresso na sociedade futura. Adolfo Coelho dedicou uma conferência inteira ao assunto nas famosas Conferências do Casino (1871) e outro membro da Geração de 70, Ramalho Ortigão, escreveu extensamente sobre este tema.[1]

Em *Uma Campanha Alegre* (1890), entre outras críticas, Eça de Queiroz reserva as suas farpas mais agudas para uma denúncia vigorosa do estado da instrução pública em Portugal; critica a falta e condição de escolas, e o abandono do professorado.[2] Num outro artigo, que também data de Março de 1872, o escritor realça o papel fundamental da mulher no progresso da nação e dirige uma crítica profusa e mordaz contra a educação da mulher na época, especificamente, contra a menina "tipo geral de Lisboa" (CA, cap. LXXV, 323). Muitas das ideias de Eça se associam à dicotomia educação "à portuguesa" / "à inglesa." O romancista mete a ridículo a educação "à portuguesa," ligando este sistema caduco também à gente educada sob a influência do Romantismo.[3] Eça propõe um novo sistema modelado no melhor que o escritor via na instituição inglesa, um sistema mais de acordo com o progresso e a época literária à qual o escritor pertence.

Nos romances de Eça de Queiroz, bem como em toda a literatura determinista da sua época, existem muitas referências à educação das personagens. Pode-se afirmar que, embora no já mencionado ensaio Eça destaque a educação feminina, nas suas obras o autor descreve toda a educação portuguesa daquela época; na sua ficção expressa que este é um problema geral, que afecta tanto às meninas como aos meninos. O romantismo e a implicada moleza que produziu foram considerados obstáculos ao firme progresso visionado pelos reformadores de 70.

Neste segundo artigo de Março de 1872, Eça enfoca as dificuldades da educação da menina de Lisboa. O autor (ao mesmo tempo progressista e homem de mentalidade típica do seu tempo),[4] ressalta a importância da mãe na educação dos filhos; segundo o autor, nos primeiros anos da vida os meninos recebem da mãe a educação "mais dominante," aprendendo os grandes princípios como "honestidade" e "amor do trabalho." Neste sentido, toda uma geração é dependente da educação materna (CA, 322). Pedindo desculpas pelas observações francas mas honestas, Eça virará a sua atenção para a educação das meninas lisboetas de 15 a 20 anos, de quem nascerá a geração portuguesa de 1893.

Segundo Eça, a base de qualquer educação de qualidade é um corpo saudável capaz de receber posteriormente as ideias abstratas: a ciência, a ética, e a religião. O escritor julga que para deixar o corpo crescer é imprescindível a ginástica. De acordo com a concepção do sistema educativo inglês, Eça acredita que dar ênfase à educação física seria um dos primeiros passos para melhorar todo o sistema. Em *Uma Campanha Alegre* Eça escreve que a menina típica de Lisboa é magrita, anémica, e que se move cansadamente. Segundo o farpista, algumas lisboetas não sabem andar, e "Nada dá tanta ideia da constância de carácter, como a firmeza do caminhar" (CA, 324). Em suma, segundo Eça, as meninas de Lisboa não têm saúde, e a saúde indica "juízo forte" enquanto a palidez revela "um ser devastado por apetites e sensibilidades mórbidas" (CA, 324). As meninas são privadas do sol e, fechadas em casa, não respiram bem. Nem na escola elas fazem exercício. Ramalho Ortigão informa que se debateu este tema no parlamento e que houve quem votasse contra a adopção da ginástica nas escolas de meninas porque a ginástica tinha "um carácter imoral" (AF, IV, 231).

Os temas da comida e da moda estão relacionados com o crescimento físico. Eça comenta que as meninas lisboetas não comem bem (CA, 324). Respeito à vestuária, o autor escreveu que ao vestir-se na última moda, a menina se aperta e dificulta, "ao mesmo tempo, a circulação, a respiração e a digestão" (CA, 325). Desta maneira a menina destrói a sua beleza natural. Com a falta de exercício vem a preguiça, e a menina passa o dia sem fazer nada construtivo (CA, 328), justamente o contrário da ideia de Ramalho Ortigão de que a libertação da mulher vem quando ela se torna útil.[5] Também Eça critica que entre elas não há nenhuma decisão e que tudo à volta deve ser muito fácil (CA, 328).

O tédio encontrado nas aulas anula o espírito e a vontade. Eça denuncia que a matéria ensinada, além de ser decorada, é inútil para a vida. Segundo o escritor, com os seus métodos fatigantes, o colégio repele o espírito das mulheres dos livros e das coisas de ciência (CA, 336, 338).

A mentira, tolerada na educação "à portuguesa", acentua-se quando Eça compara a atitude portuguesa com a doutras mulheres europeias. O problema para o autor é tão grave porque "a mentira é um hábito público. Mente o homem, a política, a ciência, o orçamento, a imprensa, os versos, os sermões, a arte, e o País é todo ele uma grande consciência falsa. Vem tudo da educação" (CA, 333).

Igualmente criticáveis são os métodos do ensino do catecismo e da doutrina, que também têm base no decorar de tudo sem ensinar a questionar. A criança assim educada confunde o material e o espiritual e tem medo de tudo, especialmente de Deus. O romancista julga que o ensino da religião deve dar um guia para a consciência e para a inteligência, mas quando o aluno se limita a decorar, a lição fica na memória, sem penetrar no espírito. Quando a criança sabe de cor o catecismo supõe-se que esta tem religião (CA, 328, 331, 332).

Finalmente, o espaço físico é igualmente criticável. Segundo Eça, a casa típica em Lisboa não tem jardim e, ficando todo o dia em casa, escutando as conversas dos adultos, as crianças tornam-se sérias, precoces. Quando não há um lugar onde a criança pode ir brincar, "a criança estiola", o que leva à "propensão melancólica, a variabilidade de humor, a debilidade do carácter, etc".[6] O qual fica em contraste dramático com a criança criada numa quinta: "Pela manhã ela está solta ..., corre ..., sabe de cor as árvores; cai ..., cura-se pulando, recebe os largos abraços do sol, penetra-se de ar ..., entra em casa aos pulos, berrando pela sua sopa. À noite ... dorme como um canário" (CA, 335).

Para resumir, o escritor explica a falta de saúde das meninas lisboetas pela falta de exercício, pelos hábitos sedentários e pela preguiça que as acompanham desde os primeiros momentos da sua educação. A moda, a escolha alimentar e o planejamento das casas não facilitam o exercício nem a saúde. Têm medo de tudo e não estão preparadas para tomar decisões. O tédio da instrução, religiosa ou não, destrói a curiosidade da menina para qualquer fim intelectual ou moral. Finalmente, Eça observa que a mentira se tem tornado a norma. Para o escritor, a chave para melhor viver e pensar está expressa na máxima clássica: *mens sana in corpore sano*; só depois é que se incute o verdadeiramente intelectual.

O autor contrasta a situação das lisboetas com a das francesas e menos frequentemente com a das alemãs, sendo da sua preferência a educação das inglesas. Segundo Eça, o andar de uma inglesa é firme e sério (CA, 328), o que indica como pensa, "direita e certa" (CA, 324).

Nos romances de Eça as referências à educação das personagens são frequentes, e provavelmente o melhor desenvolvimento destas ideias se encontra em *Os Maias* (1888). Um exemplo importante da educação dada pela mãe, a educação mais dominante e mais penetrante, é a de Pedro da Maia, filho de Maria Eduarda (e pai do protagonista, Carlos da Maia). Em vez de mostrar só uma "lisboeta verdadeira" (como o narrador se refere a Maria Eduarda) repara-se que aqui uma mãe e seu filho exibem muitas das características dadas por Eça em *Uma Campanha Alegre*. Maria Eduarda era pequena, triste, doente, e medrosa (OM, 17, 18); como réplica da mãe, Pedro era também pequeno e fraco.[7] O medo e o tédio associados à instrução se encontram ligados à figura de Pedro, que se desenvolveu "lentamente, sem curiosidades" (OM, 20). Observa-se que a mãe tem uma influência forte mesmo na educação universitária: ela odiava tudo o que era inglês, e, apesar das objecções do marido, não consentiu que o filho estudasse na Inglaterra porque "aquele catolicismo sem romarias, sem fogueiras pelo S. João, sem imagens do Senhor dos Passos, sem frades nas ruas — não lhe parecia a religião." Num modo previsível, Eça justapõe esta imagem da mulher e do filho fracos com a duma senhora educada "à inglesa": a forte e sábia tia Fanny, mostrada no romance a ler, não literatura romântica, mas obras clássicas (OM, 17-18).

Afonso sofria tanto como Pedro quando via com horror o cura fazer decorar ao seu filho as declinações latinas e a cartilha, mas quando levava o menino para fora, "a mamã acudia de dentro, em terror, a abafá-lo numa grande manta: depois, lá fora, o menino, acostumado ao colo das criadas e aos recantos estofados, tinha medo do vento e das árvores" (OM, 18). Então num dos primeiros "episódios românticos" do romance, Maria Eduarda, figura romântica, é mostrada criando um filho romântico. Anos depois, por ocasião da morte da mãe, o filho andou durante meses num "romantismo torpe" (OM, 20, 21).

Neste romance o que melhor exemplifica a divergência entre os sistemas educativos português e inglês é o abismo que existe entre as personagens Carlos da Maia, seu pai Pedro, e Eusèbiozinho, o amigo de Carlos. Pedro e Eusèbiozinho foram educados "à portuguesa." O preceptor inglês de Carlos, o sr. Brown, forte e atelético, representa a antítese do Padre Vasques e dos professores dos outros rapazes.[8] Desde o nascimento Carlos distingue-se do seu pai pela falta de medo, pela curiosidade, e pela força física (OM, 53, 54). Toda a educação de Carlos vai contra as ideias dos amigos e do clero, que pensam que esta nova educação não pode funcionar bem em Portugal. Afonso não está de acordo: "O primeiro dever do homem é viver. E para isso é necessário ser são, e ser forte ... Tal qual como se não tivesse alma. A alma vem depois" (OM, 63).

De novo não é só uma menina lisboeta que vai merecer as censuras do autor. Entre os meninos queirosianos que melhor exibem esta descrita imobilidade, o medo e a falta de saúde e de curiosidade, podemos destacar o Eusèbiozinho, o contraponto de Carlos. Por um excesso de lombrigas, o menino mostrava "uma moleza e uma amarelidão de manteiga" (OM, 69). Carlos da Maia quer brincar, mas o outro é fraquinho e a mãe, espelho da educação "à portuguesa", quase a chorar como o filho, levou o rapaz para o lado da sua tia (OM, 73). Afonso faz um resumo dos problemas da educação de Eusèbiozinho:

Tinha três ou quatro meses mais que Carlos, mas estava enfezado, estiolado, por uma educação à portuguesa: daquela idade ainda dormia no choco com as criadas, nunca o lavavam para o não constiparem, andava couraçado de rolos de flanelas! Passava os dias nas saias da titi a decorar versos, páginas inteiras do "Catecismo de Perseverança".... E assim lhe estavam arranjando uma almazinha de bacharel..." (OM, 78).

Ao contrastar Eusèbiozinho e Carlos, o narrador ilustra duas tendências educativas opostas: Eusèbiozinho é o paradigma da estagnação, enquanto Carlos é o aparente modelo do progresso.

Uma situação análoga se vê nas primeiras páginas de *O Crime do Padre Amaro*. Como Eusèbiozinho, Amaro, igualmente criado num ambiente romântico, distingue-se radicalmente da imagem que já vimos de uma criança educada numa quinta. Uma marquesa tomou conta do menino, quase órfão, e ela decidiu que Amaro fosse padre: "A sua figura amarelada e magrita pedia aquele destino recolhido." Amaro era preguiçoso e "amolecido". Nunca brincava nem pulava ao sol, e estava "vagamente assustado das espessuras de arvoredos e do vigor das relvas altas."[9] Mais uma vez este retrato ecoa a imagem de outra "típica" menina lisboeta, Luísa, protagonista do romance *O Primo Basílio* (1878). A ela também falta a saúde e, num modo consequente com os ideais queirosianos, explica-se que ela passa os dias deitada, lendo romances românticos,[10] enfim, um destes seres "devastados por apetites." Comum a todos as personagens doentes—a Amaro, a Luísa, a Eusèbiozinho, a Pedro e a Maria Eduarda—é uma vida sedentária.

A imagem do jovem Amaro, magrito e amarelo, contrasta com a imagem de Amélia no mesmo romance, que, aos quinze anos, "já era alta e de bonitas formas" (CPA, 82). Explica-se em parte porque Amélia foi criada na província. Só depois de Amaro ter passado pela paróquia na serra é que se encontra "mais forte, mais viril" (CPA, 29). O contraste fraqueza/saúde, querido a Eça, é um contraste que o autor aproveitará mais tarde no romance *A Cidade e as Serras* (1901).[11]

Amaro também serve como exemplo de uma criança incapaz de chegar a qualquer decisão; o tio de Amaro chamava-lhe "o burro"—"a sua natureza passiva, facilmente dominável, aceitava-a, como aceitaria uma farda" (CPA, 37). Mais tarde, Amaro "foi entrando como uma ovelha indolente na regra do seminário" (CPA, 41). O leitor vê nos romances a preguiça que descreve Eça, especialmente em *O Primo Basílio*, quando Luísa, que tem duas criadas que a livram do trabalho da casa, se queixa de "ter de se ir vestir!" ou quando "esteve a olhar muito amorosamente o seu pé pequeno..., pensando numa infinidade de coisinhas" (OPB, 17). Uma "Infinidade de coisinhas" resume a ociosidade desta senhora; não há nada sério em que ela tenha que pensar.

Como exemplo dos senões da instrução religiosa onde se aprende que Deus só sabe dar sofrimento, podemos citar a educação de Amélia, que sabe a doutrina de cor, mas não seus deveres religiosos (CPA, 77). Também vimos que Amaro se entediou ao decorar com regularidade os seus compêndios (CPA, 41, 43) e que Eusèbiozinho diz os seus versos "sem mexer", como alguém que recita a cartilha: "Que memória!" comenta a gente, "É um prodígio!" (OM, 76).

O obra de Eça é também repleta de mentirosos. Sobre a vida de Amaro, aprendemos que as criadas da senhora marquesa o utilizavam nas suas intrigas e que Amaro "tornou-se enredador, muito mentiroso" (CPA, 36). Luísa também era uma mentirosa hábil (OPB, 218, 239), bem como Teodorico, do romance *A Relíquia* (1887).

Ao fim do já amplamente citado ensaio de *Uma Campanha Alegre*, Eça faz este comentário: "Uma só consideração resumirá estas notas: a mulher na presença do mundo tentador—está hoje desarmada" (CA, 340). A culpa tem-na a educação, mas pelos exemplos dados, Eça subestima o problema quando isola a condição da menina lisboeta; é evidente que o verdadeiro problema abrange todo o sistema educativo em Portugal. Sem dúvida, depois de ver a educação que recebeu Amélia, o leitor entende que ela estava mesmo desarmada e era incapaz de reagir perante a imoralidade. Luísa não era capaz de ver o mal da sua incestuosa relação com o primo ou de resistir às mentiras sedutoras dele. É óbvio que Luísa e Amélia não são bem educadas, contudo Amaro também não é, nem Pedro de Maia, nem Eusèbiozinho, e a lista continua. Enfim, os romances de Eça de Queiroz são repletos de personagens que receberam uma educação deficiente.

Parece que só Carlos da Maia obteve uma educação digna duma pessoa culta, e por isso parece que se tornaria paradigma. Mas, no fim, ele só leva uma vida "romântica".[12] Talvez com isso o autor gostasse de dizer, como sugere Helena Cidade Moura, que "em Carlos da Maia, uma educação exemplar não o liberta do peso da hereditariedade social."[13] Vemos que a educação é só um dos muitos aspectos que forjam a vida, e sem mais mudanças na sociedade, a boa educação vai fazer pouca diferença.

No artigo sobre as meninas da geração nova em Lisboa, Eça critica a educação das jovens porque elas vão ser as mães da geração nova e, sem melhorar a sua educação, não podemos dar o primeiro passo para este progresso. Às vezes a busca da verdade por parte do escritor é demasiado acerba e por isso pede desculpas, mas ao mesmo tempo não devemos esquecer-nos de que Eça e outros escritores da Geração de 70 foram dos primeiros portugueses a falar, no seu raciocínio nem sempre perfeito, dos problemas associados à vida e à educação das mulheres portuguesas, "excluídas da vida pública, da indústira, do comércio, da literatura, de quase tudo, pelos hábitos e pelos leis...." (CA, 334). Eça viu no sistema inglês um modelo, baseado numa ênfase diferente, na saúde tanto física como intelectual, na intolerância perante a falsificação e nos métodos pedagógicos criativos e inspiradores—tanto para os homens como para as mulheres. Salienta-se a sua crítica através da ridiculização das experiências escolares de uma variedade de personagens, a maioria criada na época da Regeneração, que exemplificam a ênfase na emoção excessiva, na paixão e no patos românticos.

Notas

1. Ver o artigo de Adolfo Coelho, "O que foram as Conferências do Casino" em João Medina, *As Conferências do Casino e o Socialismo em Portugal* (Lisboa: Publicações Dom Quixote, 1984), 71-80. Ver também António Salgado Júnior, *História das Conferências do Casino* (Lisboa: Cooperativa Militar, 1930), e António José Saraiva, *A Tertúlia Ocidental: Estudos sobre Antero de Quental, Oliveira Martins, Eça de Queiroz e outros* (Lisboa: Gravida Publicações, 1990), 46. Ramalho Ortigão, *As Farpas: O País e a Sociedade Portuguesa*, tomo VIII, "Os Nossos Filhos—Instrução Pública" (Lisboa: Livraria Clássica Editora, 1942). Citações futuras desta última obra serão incluídas no trabalho com referências à obra (AF), ao tomo e à página.
2. *Uma Campanha Alegre*, Lisboa: Edição "Livros do Brasil," s/d, capítulo LXXIV. Citações futuras serão incluídas no trabalho com referências à obra (CA) e à página.
3. Ver "A 'Educação Romântica' " em António M. Bettencourt Machado Pires, *A Ideia de Decadência na Geração de 70* (Ponta Delgada: Livraria Editora Pax, 1980), 153-81. O crítico define esta educação nestes termos: "A 'educação romântica', tal como a entendemos, faz-se pela leitura, pelo espectáculo, pelo exemplo, é amolecedora dos caracteres, falseadora dos ideiais, é sintoma e causa de decadência social e moral" (154).
4. Viviane Bourdin, num estudo sobre as vinculações ideológicas entre Proudhon e Eça, aponta os limites do feminismo do romancista. "Eça de Queirós et Proudhon: La Femme dans *As Farpas*", *Bulletin des Études Portugaises et Brésiliennes*, 1981-82 (42-43); 151-78, 177. Segundo Beatriz Berrini, vê-se o preconceito antifeminino de Eça na escassez de personagens femininas atraentes. *Portugal de Eça de Queiroz* (Lisboa: Imprensa Nacional—Casa da Moeda, 1984), 132, 179.
5. "Ser útil é para ela o grande segredo de ser querida, de ser forte, de ser dominadora" (AF, VIII, 162).
6. UCA, 335. Ramalho Ortigão também critica a construção das casas, chamando--lhes "sepulcros da saúde e da alegria", (AF, IX, 247).
7. Eça de Queiroz, *Os Maias: Episódios da Vida Romântica* (Lisboa: Edição do Brasil, s/d), 17, 18, 20. Citações futuras serão incluídas no trabalho com referências à obra (OM) e à página.
8. OM, 56, 60. Compare: "Pobre Pedrinho! Inimigo da sua alma só havia ali o reverendo Vasques, obeso e sórdido, arrotando do fundo da sua poltrona, com o lenço do rapé sobre o joelho . . ." (OM, 18).
9. Eça de Queiroz, *O Crime do Padre Amaro* (Lisboa: Edução "Livros do Brasil", s/d), 34-36. Citações futuras serão incluídas no trabalho com referências à obra (CPA) e à página.
10. Eça de Queiroz, *O Primo Basílio* (Lisboa: Edição "Livros do Brasil", s/d), 17-18; 344. Citações futuras serão incluídas no trabalho com referências à obra (PB) e à página.
11. Comparar com a personagem Joaninha: "uma bela, forte e sã planta da serra." Eça de Queiroz, *A Cidade e as Serras* (Lisboa: Edição "Livros do Brasil", s/d), 220, Citações futuras serão incluídas no trabalho com referências à obra (CS) e à página. Ver também: *Uma Campanha Alegre*, 335-36. Jacinto, personagem no romance *A Cidade e as Serras*, lamenta não ter recebido uma educação no campo quando, ao contrário de uma criança criada na quinta descrita por Eça, que sabe os nomes das árvores,

confessa não saber distinguir árvores ou estrelas (CS, 157, 161; Ver também Eça de Queiroz, "Civilização", em *Contos* (Lisboa: Edição "Livros do Brasil", s/d), 145.

12. No final do romance, o amigo Ega confessa que, desde Coimbra, Carlos e ele têm sido românticos: "Românticos, isto é, indivíduos inferiores que se governam na vida pelo sentimento, e não pela razão..." (OM, 714).

13. Helena Cidade Moura, "Nota Final" em *Os Maias* (Lisboa: Edição "Livros do Brasil", s/d), 718.

A personagem da "loreta" — escalas da emoção e da ironia em António Patrício

Urbano Tavares Rodrigues
Universidade de Lisboa

No belo livro de contos de António Patrício *Serão Inquieto*, o texto que maior êxito tem conhecido é de certo "Suze". Pela sensibilidade, pela ironia, pelo que de acutilante, de excessivo e de piedoso ao mesmo tempo tem esse retrato de mulher (de "supramulher"[1] nitzscheana), o conto tem convivido com sucessivas gerações de leitores, afirmando assim a sua força comunicativa, a arte narrativa de Patrício.

Suze é francesa e seria, até por isso, o perfeito modelo da "loreta", de que tem o estatuto (a elegância, a graça, os atractivos físicos, a dependência económica em relação aos seus amantes, as práticas sociais, entre o viver da cortesã de alto luxo e a prostituta de bordel ou de rua), não fora a singularidade do seu temperamento, certa ironia entre estóica e conformada com que olha o mundo e os homens e a si mesma e que se traduz na expressão: "*É só um detalhe (ça c'est un détail)*.

O narrador autodiegético evoca-a, com dor e saudade, na noite da sua morte provável e a personagem de Suze vai-se construindo com a acumulação de signos verbais, que se constituem em cenas, em diálogos, em descrições.

Há marcas nitzscheanas — a coragem como forma de nobreza — no desprendimento de Suze, no desprezo que ela vota à mediocridade dos amantes que a pagam, mas o clima estilístico do conto é acentuadamente saudosista-simbolista, embora nele se rastreiem diversas atitudes literárias — espiritualismo, esteticismo, saudosismo, diletantismo, snobismo, decadentismo —, que se fundem num tom de *requiem* e de balada, esmaltado de oxímoros, de estrangeirismos, de superlativos. O espiritualismo pretensamente amoralista do narrador, o seu culto do estranho, do invulgar, o seu requinte cultural, wildeano, focam a imagem de Suze "flexível de corpo e espírito como uma chama ao vento", cinicamente ingénua ou ingenuamente cínica, com um "vício erudito", "arqui-subtil", serpentina feiticeira, muito loira, de feições irregulares, nariz petulante, boca rasgada, olhos de névoa, "a cabeça de uma madona do *quatrocento* em que vivesse a alma de Montmartre". Sabia de cor toda a *Comédia Humana*.

Acusa-se o narrador de dramatizar. Tem — diz ele — temperamento de actor. E assim como se autocritica, se denuncia e se nos torna mais próximo, vai relatando episódios do seu convívio amoroso com Suze — a mulher venal por quem se apaixonou —, passeios românticos pelo rio de Leça e não só urgências de cama, com a confissão das suas contradições sentimentais: ama Suze e alternadamente tem pejo de a amar (apetece-lhe batê-la, feri-la, pelos muitos homens que teve, de baldão em baldão, pelo que de si própria fez) e adorá-la em comovido êxtase ou em compassivo perdão.

Essa contradição — vergonha de adorar uma meretriz, e de a aceitar com o seu passado; exaltação de uma outra pureza que a habita — vai alimentando a relação entre o narrador e o objecto do seu ardente e terno desejo e, depois, da sua magoada e cúmplice saudade. Porque no final do *requiem* é um hino que o narrador ergue à memória de Suze, no tom paradoxal das melhores sequências do texto:

> Ensinaste-me o desprezo sem palavras, a dor sem confidência, feita orgulho. Deixa-me beijar-te ainda as mãos geladas.
> Quem mas dera guardar para sempre, em mármore; suspendê-las como um ex-voto à cabeceira, as tuas pobres mãos tão humilhadas, esfolhando eternamente sobre a vida o perdão dos que a entendem: — o desprezo."[2]

O espaço do conto é o do absurdo, que Suze acaricia, penteia, próxima e distante, com a sua auto-ironia complacente com o mundo. Conformação que é, afinal, o avesso trocista da indignação. O narrador estrutura vários micro-espaços esquematicamente socializados: o teatro, a morgue, o cemitério; o cenário do "nosso quarto" e o das tardes no Rio Doce, em Leça, quando conduz à vara, lentamente, um barco chamado Sol, Suze estendida à popa, em silêncio. Esteticismo hipersubjectivo.

Aforismos de tipo nitzscheano, encadeados no texto, dão-nos a visão do narrador sobre a brutalidade legal do tranquilo burguês e a prostituição da mulher mesmo nos esponsais que inicialmente foram de amor.

Suze, que "nascera uma obra de arte", tem, no modelado que o narrador lhe dá, todos os requintes do dandismo inconsciente.

Um misto de hipersensibilidade de raiz cristã, espiritualista, quase franciscana, funde-se, confunde-se com o culto solar, com o elogio nitzscheano da *virtus*, da vontade:

> Não podia perdoar à tua graça ter-se deixado poluir, não podia perdoar ao teu génio a tua derrota, não podia perdoar-te, Suze, que fosses vítima.
> Ah! ter piedade, ter piedade... Mas isso é pouco, é muito pouco: é um sentimento consolador só para eunucos. Eu queria amar-te ao sol, Suze, olhando as árvores; irmãmente, todo o nosso desejo a escorrer luz..."[3]

Não é só a adivinhação da morte que surpreendemos na personagem Suze: é a evanescência da vida, o sentimento constante da sua efemeridade, até no refrão que o narrador classifica como sendo de Outono, tempo da queda das folhas: "Isso passa. É um instante, *é um detalhe*".

O narrador, o herói da acção, que cultiva os jogos de máscaras, afivelando ao rosto os tiques brilhantes da indiferença e do sarcasmo, próprios para lidar com "loretas", mas errado caminho para Suze (aquela com quem ele poderia viver fora do tempo, fora do espaço), tem, no seu arsenal de comparações, tal como Raul Brandão—é uma marca de cultura própria do período finissecular—a figura do palhaço: "Se ela me visse como eu sou, se eu não fosse com ela sempre actor, se eu não fosse o ser falso, o *clown* céptico mascarando com riso o sentimento; se eu não me amordaçasse a cada instante, e tivesse podido ser eu mesmo..."[4]

É que uma "loreta" é para se usar e pagar, não para se adorar, como sucede envergonhadamente ao narrador-personagem deste conto. E assim há da parte dele, na sua comovida retórica lacerada decadente, um esforço de justificação. De si, sujeito desse amor; dela, criaturinha mimosa, lúcida e antipatética, objecto desse amor que não se lhe confessa.

E torna-se difícil separá-las: a "loreta", que por mais que se lave não pode expelir de si o sarro do passado, aos olhos do amante; e a mulher, que tem tanto de etérea como de erótica, tanto de mágica como de infinitamente humana.

António Patrício projectou em Suze, nas personagens e sobretudo na escrita, uma dupla vertente: o fascínio nitzscheano, fruto da sua experiência cultural e da pressão da moda, e aquela espécie de misticismo erótico e estético patente na generalidade da sua obra, tanto na sua poesia como no teatro, particularmente em *Dom João e a Máscara* e em *Pedro, o Cru.*

A morte de Suze, com toda a sua dignidade e solidão, inserindo-se no quadro geral de uma atitude serena de renúncia à vida, opõe-se aparentemente, pelo seu individualismo, ao sacrifício redentor do povo de Lisboa, em *O Fim*, peça estreitamente ligada ao opróbrio do *Ultimatum* britânico. Analisada porém com mais atenção, ela representa também o regresso da partícula (pormenor irrisório é como Suze se define) ao todo, do ser isolado ao universo. E deste modo afinal se relaciona com a visão do sacrifício iniciático nitzscheano.

O "respeito humano", assim chamado, ou seja, a opinião dos outros, funciona em "Suze" como travão dos sentimentos, barreira que obriga o narrador (homem aberto, mas preso ainda a certos preconceitos) a simular perante o mundo a céptica indiferença ou o riso de quem em nada acredita: "Levantámo-nos, saímos, e logo a rua, os outros, a vida dos outros, se apossou de mim, me perverteu, me obrigou a mentir, a torcer-me... e eu ri, eu ri imbecilmente, de nós, da nossa vida, e dessa horas em que auscultei contra o teu peito—o impossível de um sonho sempre erguido!..."[5]

Há no conto e na figura de Suze ainda um aspecto que merece ser mais sublinhado: o culto solar da heroína; que, fisicamente frágil, tem uma força interior que resulta porventura da sua experiência da solidão, das provações, dos vexames entremeados de efémeros êxitos, dos inglórios brilhos de uma vida errante. Imaginando-a autopsiada, na madrugada do necrotério, o narrador concebe-a completamente ilhada deste mundo, mesmo de si: "Tens saudades do sol, minha pobrinha? ... A última vez, quando almoçámos na praia, ao pé de Leça, olhaste-o tanto que logo pensei que ias morrer ... Todo o teu corpo diz adeus ao sol. A mais ninguém."[6]

O sol é aqui não tanto o pai, o princípio fálico, fecundador da terra, mas a fonte de beleza, de luz e calor, que conforta e revigora, substituto dos afectos profundos que não houve, da crença segura que não há, do futuro que deixou de haver.

Notas

1. Conferir a expressão na p. 151 da 3ª ed. de *Serão Inquieto*, Livraria Bertrand, Lisboa, s.d.
2. *Ibidem*, p. 178.
3. *Ibidem*, p. 170.
4. *Ibidem*, pp. 171, 172.
5. *Ibidem*, p. 173.
6. *Ibidem*, p. 177.

Henry James and the Lusitanians

George Monteiro
Brown University

In 1875, at the age of thirty-two, the American writer Henry James left the United States to set up residence in Europe. His move turned out to be permanent. He became an expatriate, living briefly, at the outset, in France, and then, after 1877, in England. Only in the very last months of his life (he died in 1916) did he give up his American citizenship to become a British subject, doing so principally to dramatize his support for England's participation in the Great War and his disappointment that the United States had not rallied to England's side.

During his four decades of expatriation, James frequently visited the Continent, preferring to spend his time, on such extended stays, in France, Switzerland, Germany, and Italy. His fiction, essays, and letters are replete with references to his experiences as a traveler to these countries. He wrote a travel book, *A Little Tour in France* (1884), and travel essays later collected in books such as *Italian Hours* (1909) and *English Hours* (1905). He even wrote a travel book about his native land, *The American Scene* (1907), written after revisiting the United States in 1904–1905.

But to the best of my knowledge, nowhere does the author of the novel *Roderick Hudson* demonstrate that he has any first-hand knowledge of the Iberian countries. That James should not have paid any attention to Spain is quite remarkable since not only was the country well-known to many Americans, including, for instance, Washington Irving, Henry Wadsworth Longfellow, Henry Adams, and John Hay, but James himself was seriously proposed for a position in the American legation in Madrid by the then Minister, the critic and poet James Russell Lowell, and had the Department of State acceded to the Minister's request, James might well have turned to a career in diplomacy, beginning with that appointment in Spain.

Portugal, however, was a different matter. Among Americans there was no strong tradition for visiting the country. Hence, for example, since he had not managed to visit Portugal before 1875, James apparently saw no compelling reason to visit the country at all. That much is clear, at least, from the little he left recorded on the matter of Portugal and the Lusitanians, as her citizens are sometimes called. In 1875, for instance, in a review of a book called *Travels in Portugal*, he writes, on the eve of his departure from the United States for Paris: "Mr.

Latouche has made an exceptionally agreeable, in fact, a very charming, book about it [Portugal]. And yet, upon his showing, it does not appear that Portugal is especially well worth seeing, or that the tourist world is greatly the loser by leaving it alone."[1] "Portugal is of course not such a *terra incognita* as Afganistan," he admits, "but it lies fairly well out of the beaten track of travel."

Continuing to strike James as a place that was oddly distant, and well off the beaten track, Portugal (and the Portuguese) took on a certain mildly symbolic meaning for him. References to this country that he had never seen surfaced in his fiction. In the fourth chapter of his novel *The Portrait of a lady* (1881), for instance, there occurs the following exchange over Isabel Archer, James's young heroine from Albany, New York.

> "Well, I don't like originals; I like translations," Mr. Ludlow had more than once replied. "Isabel's written in a foreign tongue. I can't make her out. She ought to marry an Armenian or a Portuguese."
> "That's just what I'm afraid she'll do!" cried Lilian, who thought Isabel capable of anything.[2]

Suffice it to say, that the author of *Washington Square* had not visited Armenia either, or, for that matter, Afghanistan.

Then there is the odd reference in James's late novel *The Ambassadors* (1903). At the gathering held in the artist Gloriani's studio (Book 5, Chapter 1), the middle-aged Lambert Strether and his younger countryman John Little Bilham hold a discussion. Little Bilham talks about the sort of guests one might expect to find at one of Gloriani's "Sundays at home." " 'There are always artists,' " says Little Bilham, " 'and then *gros bonnets* of many kinds—ambassadors, cabinet ministers, bankers, generals, what do I know? even Jews. Above all always some awfully nice women—and not too many; sometimes an actress, an artist, a great performer—but only when they're not monsters; and in particular the right *femmes du monde*.' "[3]

This talk of women naturally piques Strether's interest. After all, he is looking for the woman who is the young Chad's "virtuous attachment" and therefore wonders whether Madame de Vionnet has yet arrived so that he can judge things for himself. He follows the "direction" of Little Bilham's "eyes." " 'Are they all, this time, *femmes du monde?*' " Strether asks. " 'Are there any Poles?' " His knowledgeable companion considers for a moment and then answers: " 'I think I make out a "Portuguee." But I've seen Turks.' " Strether wonders, "desiring justice": " 'They seem—all the women—very harmonious.' " But Little Bilham says knowingly, " 'Oh in closer quarters they come out!' "

This " 'Portuguee' "—one of Gloriani's *femmes du monde*—appears only on this occasion, a brief appearance enabled by Little Bilham's recognition and identification. Since we learn no more about her, what can we make of this appearance of a woman called a "Portuguee" with the word itself enclosed within single quotation marks? James obviously wished to distinguish between the vulgar term "Portugee"—a false singular formed from the singular ending in *s*, with the correct singular *Portuguese* being mistaken for a plural[4]—and the socially correct and linguistically more acceptable term "Portuguese." (After all, as we have seen, when in *The Portrait of a Lady* James wished to refer to a native of Portugal he called him, quite properly, "Portuguese," and he did so without placing the term within quotation marks.) Are we to infer, moreover, that those quotation marks around "Portugee" indicate that this particular *femme du monde* is not really a Portuguese national or native but a foreign, perhaps a Parisian, type, of unidentified nationality, who is sufficiently recognizable to warrant Little Bilham's use of those signifying quotation marks? Surely, Little Bilham uses the term in a common enough, perhaps even vulgar, way, one that the *OED* attributes to sailors especially, but his use of the quotation marks alerts us to the fact that he is well aware that the term is both common and colloquial.[5] What it is meant to suggest to the reader, if not to Strether (at least, perhaps, not immediately to him), is that something of Little Bilham's *savoir faire* lies in his easy but perhaps mildly cynical commerce with the *femme du monde* of the type that Gloriani would entertain at one of his Sundays at home. There is still another possibility, however, namely, that the term "Portuguese" had become generically associated with "the subject of love," especially in its literary form.[6] If Little Bilham knew that, then we are to see that he plays ironically with the notion before a rather innocent Lambert Strether.

None of this tells us much, however, about James's overall attitude toward Portugal and the Portuguese. For that, we must look elsewhere. To begin with we can return to James's unsigned review of Latouche's *Travels in Portugal*, which appeared in the *Nation* just as he was about to depart for Europe. Although it appears to be the only review that James wrote concerning a book devoted to Portugal and things Portuguese, he does say in passing that *Travels in Portugal* complements *Fair Lusitania* (1874) by Catherine Charlotte (Lady) Jackson—an observation implying that James was familiar with the earlier title.

Of particular interest in James's review of Latouche's book are his emphases upon the author's observations regarding the presence of Jews in Portugal (one recalls here that later James ran into difficulty with the Sephardic community when he used the name "Capadose" in the 1888 story "The Liar"[7]), his assertion that "there never was a Portuguese school of art," and his approving notation that Latouche found "the people of the Southern provinces a quite different race from the mountaineers of Beira—the great province north of the Tagus—and an inferior one, being lazy, dirty, and shiftless."

Interestingly, two of these last adjectives, "lazy" and "shiftless," applied here to the Beirense, echo Mark Twain's pejorative characterization of the Azorean Portuguese in *The Innocents Abroad* (1869). In Chapter Six of that account Twain applies these adjectives to the Azoreans, but in so doing he finds that "the community is eminently Portuguese — that is to say, it is slow, poor, shiftless, sleepy, and lazy."[8] It is possible that James had already read Twain's feisty book, even though, at first blush, it would seem unlikely that someone as cosmopolitan as James had already become by the time he emigrated to Europe, would find *The Innocents Abroad* to be appropriate reading fare. It will be recalled, however, that Twain subtitled his book *The New Pilgrims' Progress*, a choice that might have held some initial appeal to the Henry James who would call his first book, a collection of stories, *A Passionate Pilgrim* (1875).

When James reviewed Latouche's book, he had already decided to make his home in Europe, a move that put to an end his own notion of himself as a pilgrim. Whether or not he could actually make a life for himself in Paris (as he then hoped to do) he did not know for sure. But what was certain to him was that there was no future for him in the United States. A few years later, echoing Nathaniel Hawthorne, the author of *The Golden Bowl* would lament that his native land offered little or no historical and legendary substance to the would-be novelist. "One might enumerate the items of high civilization, as it exists in other countries, which are absent from the texture of American life, until it should become a wonder to know what was left," wrote James in his study *Hawthorne* in 1879. He rattled off those missing items:

> No sovereign, no court, no personal loyalty, no aristocracy, no church, no clergy, no army, no diplomatic service, no country gentlemen, no palaces, no castles, nor manors, nor old country-houses, nor parsonages, nor thatched cottages, nor ivied ruins; no cathedrals, nor abbeys nor little Norman churches; no great Universities nor public schools — no Oxford, nor Eton, nor Harrow; no literature, no novels, no museums, no pictures, no political society, no sporting class — no Epsom nor Ascot![9]

Similarly, in his review of *Travels in Portugal* James had listed what was absent from Portugal, a country of which, it will be recalled, he had no first-hand knowledge. The list on that occasion is shorter than his American bill of complaints, but he offers it in the same reproving spirit. "The best scenery is not first-rate, and what remains apparently not even second-rate. There are no inns (to call inns), no architecture, no painting, no monuments, no local customs of a striking nature." In fact, Portugal is unpicturesquely provincial as is, the novelist-critic later decided, his own country.

Provincialism became a matter of contention between James and his editor, friend and benefactor, the novelist William Dean Howells. In his review of James's critical study of Hawthorne, Howells zeroed in on James's complaints. He refuted his countryman's charges:

After leaving out all those novelistic "properties," as sovereigns, courts, aristocracy, gentry, castles, cottages, cathedrals, abbeys, universities, museums, political class, Epsoms, and Ascots, by the absence of which Mr. James suggests our poverty to the English conception, we have the whole of human life remaining, and a social structure presenting the only fresh and novel opportunities left to fiction, opportunities manifold and inexhaustible.[10]

James was compelled to reply in return. He chose to do so privately, in a letter to Howells dated January 31, 1880. His ploy was to focus on his own use of the term "provincial" to describe the societies of Salem and Concord that were available to Hawthorne as a writer, an excessive use about which Howells had also complained. "It is quite true I use the world provincial too many times—I hated myself for't, even while I did it," began James. Then he continued:

> But I don't at all agree with you in thinking that "if it is not provincial for an Englishman to be English, a Frenchman French, etc., so it is not provincial for an American to be American." So it is not provincial for a Russian, an Australian, a Portuguese, a Dane, a Laplander, to savour of their respective countries: that would be where this argument would land you. I think it is extremely provincial for a Russian to be very Russian, a Portuguese very Portuguese; for the simple reason that certain national types are essentially and intrinsically provincial.[11]

And there you have it. Like the Russians, the Australians, the Danes, the Laplander, the Armenians (recall the linking refrence to them in *The Portrait of a Lady*), and the Americans themselves, the Portuguese are "essentially and intrinsically provincial." Small wonder that James never made an effort to visit Portugal. It is in the context of the judgment he had made in *Hawthorne* of his and his subject's own native land, that the issues raised in James's 1875 review of John Latouche's *Travels in Portugal* can be best understood. It is not surprising, therefore, that the author of *The American* concludes rather flippantly, as he does in reviewing Latouche's book, that "Portugal is a good country to visit after one has been everywhere else."

Notes

1. "Travels in Portugal," *The Nation* (Oct. 21, 1875), 21:264–265.
2. *The Portrait of a Lady*, *The Novels and Tales of Henry James*, New York Edition, Vol. III (New York: Scribners, 1908), I, 39.
3. *The Ambassadors*, ed. Leon Edel (Boston: Houghton Mifflin, 1960), p. 127. All subsequent references to this text are to the same page.
4. See H. L. Mencken, *The American Language*, 4th ed. (New York: Knopf, 1936), p. 461. "Portugee" is one of Mencken's examples, along with "Chinee" and "Japanee." In Thomas Wentworth Higginson's 1867 story, "The Haunted Window," the terms spoken ingenuously by a young boy of Bavarian and Portuguese parentage are spelled

"Portegee" and "Portegees," while the boy's immigrant mother identifies herself correctly as "Portuguese" (*Atlantic Monthly* [Apr. 1867], 19:434).

5. See also A. A. Roback, *A Dictionary of International Slurs (Ethnophaulisms)* (Cambridge, MA: Sci-Art Publishers, 1944), p. 59.

6. Donald E. Ericson, "Preface" to *The Portuguese Letters: Love Letters of a Nun to a French Officer*, 3rd ed. (New York: Bennett-Edwards, 1986), p. 10.

7. See *The Notebooks of Henry James*, ed. F. O. Matthiessen and Kenneth B. Murdock (New York: Oxford, 1947), pp. 62–63, and *Henry James Letters, IV, 1895–1916*, ed. Leon Edel (Cambridge: Harvard Univ. Press, 1984), p. 39. There is more on James's anti-semitic references in Leo B. Levy, "Henry James and the Jews," *Commentary*, XXVI (Sept. 1958), 243–249, and Elsa Nettels, "Henry James and the Idea of Race," *English Studies*, LIX (Feb. 1978), 35–47.

8. *The Innocents Abroad*, intr. Edward Wagenknecht (New York: Heritage Press, 1962), p. 30.

9. Henry James, Jr., *Hawthorne* (New York: Harpers, 1879), pp. 42–43.

10. "James's Hawthorne," *Atlantic Monthly* (Feb. 1880), 45:282-285; reprinted in *Discovery of a Genius: William Dean Howells and Henry James*, ed. Albert Mordell (New York: Twayne, 1961), pp. 92–97. I have quoted from page 96 of the latter.

11. *Henry James Letters, II, 1875–1883*, ed. Leon Edel (Cambridge: Harvard Univ. Press, 1975), pp. 266–267.

Une Amitié Tonique:
Teixeira de Pascoais et Philéas Lebesgue

Jean-Michel Massa
Université de Rennes

Quand un écrivain adresse une lettre à un ami et que ce dernier exerce la même activité, un processus complexe est enclenché. L'épistolographie entre gens de lettres devient souvent un genre littéraire où s'unissent séduction, narcissisme, publicité et confession. Andrée Crabbé Rocha a magistralement rassemblé un certain nombre de témoignages en réunissant dans son *Epistolografia em Portugal*[1] les correspondances envoyées par des écrivains ou personnalités politiques ou culturelles de langue portugaise.

N'oublions pas que ces lettres n'ont pas été écrites pour être publiées. Il y a un certain devoir de réserve qui ne doit pas être levé. Mais dans le cas de Teixeira de Pascoais, même si le ton est plein d'effusion pour son correspondant c'est une sorte de confidence qui va être faite. Il va définir plus clairement sa pensée, rendre publiques ses opinions littéraires, flatter son interlocuteur, et trouver dans cet élan le plaisir d'une communauté intellectuelle. Cette définition de la correspondance littéraire est loin d'épuiser cet acte fréquent et sympathique que le téléphone est en train de tarir, mais cette correspondance retrouvée et inédite incite à ouvrir, à rouvrir le dossier du poète d'Amarante dont la poésie a un peu vieilli depuis le 25 Avril mais qui, homme fougueux et chaleureux, mérite qu'on ravive sa flamme.

Son correspondant, Phileas Lebesgue était aussi un silex et de cette étincelle va jaillir un courant de sympathie qui va animer pendant de nombreux lustres la littérature portugaise.

* * *

Philéas Lebesgue est maintenant moins oublié qu'il ne l'était il y a quelques années, même si les dernières éditions du *Grand Dictionnaire Encyclopédique* (Larousse) ont réduit à quelques lignes la place qui lui est accordée. Mais il figure à juste titre très haut dans le firmament éthéré des lusitanistes. Sans revenir sur ce qui a déjà été écrit sur lui[2], rappelons seulement qu'il a été pendant plus d'un demi-siècle la cheville ouvrière de la lusophilie dans notre pays: chroniqueur au *Mercure de France*, auteur de nombreux articles dans une bonne vingtaine de revues, toujours sur la brèche, traducteur et correspondant épistolairement avec une quarantaine d'écrivains de langue portugaise. Parmi eux des Brésiliens, quelques Portugais installés dans les colonies, mais essentiellement des amis installés au Portugal.

La correspondance de Teixeira de Pascoais reçue par Philéas Lebesgue atteste une amitié profonde, une sympathie prolongée et, ce, à travers une continuité impressionnante. De 1908 à 1939 quarante lettres pour trente-huit ans d'échanges. Des billets, des lettres plus brèves mais souvent des missives de plusieurs pages, répétitives et incantatoires, comme celles dont Teixeira de Pascoais avait le secret; une sorte de causerie au coin du feu, l'émotion à fleur de peau et le coeur sur la main.

Rapidement il s'établit entre les deux correspondants un réseau de confiance. Parmi les traits de caractère qui peuvent définir Philéas Lebesgue c'est la capacité de participation, de compréhension et d'admiration qui est la plus immédiate. Cette chaleur d'accueil facilita l'interprétation oecuménique de bien des messages, hors du temps, parfois contradictoires ou même opposés. Philéas Lebesgue comprit le Moyen-Age, les arcanes de l'avenir, hors de l'espace aussi. Hors de l'espace linguistique car cet autodidacte lisait (mais ne parlait pas, quoi qu'on en ait dit) une bonne petite dizaine de langues. Au premier rang desquelles s'installe le portugais. Le Portugal, le portugais fut, comme chante Brassens, son petit coin de paradis et Philéas rédiga bon an mal an, trois ou quatre chroniques au *Mercure de France*, pendant près d'un demi siècle, sans compter épisodiquement quelques chroniques consacrées au Brésil. Il collabora en outre à une bonne douzaine d'autres revues belges et françaises (3) écrivant sur les sujets ou écrivains qui lui tenaient à coeur. Lebesgue a un joli prénom, mais il est moins poétique qu'il n'y paraît. Il est né le 26 novembre 1869 et son père Alexandre Lebesgue lui donna le nom du saint du jour, l'évêque de Thmuis en Egypte martyrisé à Alexandrie en 306 après J.C. Au *Mercure de France* à côté des *Lettres Portugaises* il signa d'autres contributions, elles aussi européennes, mais consacrées aux lettres néo-grecques et yougoslaves. Mais pour ne pas attirer la réprobation des lecteurs envers celui que l'on aurait pris — à juste titre d'ailleurs — pour un homme orchestre il s'inventa des pseudonymes. Demetrius Asteriotis, hommage peut être aux célèbres Démétries, son nom de famille le rapprochant par antonomase des étoiles. Rappelons aussi le pseudonyme de Lebesgue comme druide Ag Gwenc'hlan, ce qui veut dire fils de Gwenc'hlan, un personnage célèbre et révéré de la mythologie bretonne. Pour le Portugal point d'hétéronyme ... !

* * *

Il nous faut laisser la plume à Philéas pour qu'il raconte comment il a rencontré pour la première fois son compagnon d'Amarante. Cet événement a été raconté au moins deux fois en 1930 et en 1931 dans la préface et l'avant-propos rédigé par le poète français pour présenter les traductions de Teixeira de Pascoais publiées à Paris:

> Lors de mon premier voyage au Portugal en 1911, il arriva que le bateau de la Booth Line qui devait me déposer à Lisbonne fit pour un jour escale dans le port de Leixões. A l'heure où nous stoppâmes, les lueurs pourprées du couchant balayaient l'Atlantique, dont l'immense mugissement venait mourir contre les flancs du navire. La majesté du spectacle m'incitait à errer sur le pont, pour me griser des moindres nuances de la lumière. Les autres passagers étaient rentrés dans leurs cabines ou se préparaient pour le dîner. Je m'aperçus tout à coup que je n'étais plus seul, et qu'un groupe d'étrangers, récemment montés à bord, semblait prendre goût aux visions qui me captivaient moi-même. Nous eûmes vite fait de nouer conversation, et nous échangeâmes bientôt nos impressions sur la mer, sur les voyages, sur le charme des pays du Sud. J'y ajoutai quelques réflexions sur la poésie portugaise, où s'exprime une sensibilité si particulière, formée tour à tour par la Montagne et par l'Océan. Je me permis de citer des noms, et je vis que mon principal interlocuteur dressait l'oreille; il lui paraissait surprenant sans doute d'entendre un Français manifester quelque connaissance des richesses littéraires et poétiques de son pays.
>   Cependant, le soir était tout à fait tombé, et les premières étoiles surgissaient à l'est au-dessus de la ville de Porto toute proche. Au moment de nous séparer, le jeune Portugais avec lequel je venais de lier si agréablement connaissance me remit sa carte.
>   Teixeira de Pascoais ! Quelle singulière coïncidence. Il y avait beau temps que nous correspondions, et j'avais déjà signalé à mes lecteurs du Mercure de France les hautes qualités d'originalité et d'inspiration du Poète. Nous nous rejoignîmes le lendemain à Porto, que je visitai ainsi en détail, sous la conduite du plus averti des ciceroni, et je fus présenté à la famille du Poète, comme un hôte de marque. A cette date, capitale pour le Portugal et pour la pensée lusitanienne, Teixeira de Pascoais commençait d'entrer définitivement dans sa mission de poète-prophète.

Les lettres dont on lira ci-après les plus significatives sont au nombre de 39, autant d'ailleurs (sauf erreur de calcul) que les références, également trente-neuf, qui vont donner l'avis du critique de la Neuville-Vault sur vingt-trois des ouvrages publiés par l'écrivain d'Amarante. Ils vont savoir au fil du temps mêler les contraires, unir le rationnel et l'irrationnel, faire la synthèse entre la métaphysique, la patrie, le lyrisme et l'histoire en marche. On les jugea—surtout Teixeira de Pascoais—versatiles, mais ils ont voulu être à l'écoute de leur temps, de la diversité et trouver une explication à l'incohérence du monde.

* * *

Dans ses lettres Teixeira de Pascoais présente plusieurs facettes d'une identité très variée. Au début il se fait volontiers pédagogue et procède à quelques exposés très doctoraux sur la littérature portugaise et son histoire. Il distribue des bons points, annonce ses préférences, souligne les traits nationaux ou nationalistes.

Mais après qu'ils se seront rencontrés, connus et appréciés, le *camarada* devient vite un *queridíssimo Amigo*. Les affinités intellectuelles et sentimentales qu'ils vont sentir l'un pour l'autre transforment bientôt cette sympathie réciproque en enthousiasme fraternel. On a l'impression que ce sont des âmes presques jumelles. Joaquim, d'ailleurs, fait preuve d'une générosité naturelle. Les amis de nos amis sont nos amis. Il recommande au chroniqueur du *Mercure de France* ses amis Jaime Cortesão et demande que quelques lignes lui soient consacrées. L'échange est double. Teixeira de Pascoais a entre-temps fondé une revue littéraire *A Águia*, revue qui va se transformer en institution de la *Renascença portuguesa* qui, maison d'édition, lance sur le marché des dizaines de volumes donnant à Porto une place de premier plan dans la vie intellectuelle du Portugal. Presque tous les collaborateurs de *A Águia* vont être cités et célébrés par Philéas Lebesgue. Beaucoup vont lui écrire et ainsi il aura de nouveaux échanges avec les écrivains portugais. Philéas, relais de la revue, va également être l'hôte de la publication de Porto selon un système équilibré (mais jamais vulgaire, il faut le préciser) d'échanges réciproques. C'est d'ailleurs sous cette forme que l'on connaît quelques-unes des lettres envoyées par l'écrivain français à celui qui fut pendant une dizaine d'années le directeur littéraire d'*Águia*. La période bientôt va rencontrer de profondes turbulences.

Entre 1911 et 1920 ce fut la guerre. Ce fut aussi pour les deux poètes l'occasion d'un rapprochement plus étroit. Au Portugal une partie de l'opinion penchait en faveur des Allemands. Mais devant certaines horreurs de la guerre on assiste à un enthousiasme culturel qui rapproche les nations civilisées, les Alliés, contre la violence, la sauvagerie, la barbarie, celle qui fit bombarder la cathédrale de Reims. Les conflits postérieurs à la Grande Guerre nous ont habitué à bien pire, mais on souhaitait séparer le bon grain de l'ivraie, on prêchait l'existence d'une guerre juste qui verrait le triomphe de la civilisation. Bref, ils sont tous deux patriotes.

Mais la guerre va intensifier le développement des échanges entre le groupe des amis et collaborateurs de l'*Águia* (Jaime Cortesão, Vila Moura, Correia d'Oliveira, Álvaro Pinto, Augusto Casimiro, Alberto Osório de Castro, Raul Brandão, Leonardo Coimbra, António Arroyo, Veiga Simões, João de Deus Ramos). C'est à dessein que parmi ces collaborateurs nous ne citons que les noms de ceux qui vont devenir des correspondants et des amis de Philéas. Il n'a pas correspondu avec Fernando Pessoa qui, pourtant, a publié un de ses premiers textes dans *Águia*, mais nous reviendrons bientôt sur les rapports peu connus entre les deux écrivains.[5]

Un dernier mot sur cet échange de bons procédés: la revue de Porto va bientôt prendre l'habitude de transcrire in extenso ou partiellement la chronique *Lettres Portugaises* de Philéas Lebesgue. Cela permet de mesurer le rôle qu'il a joué au Portugal et l'estime où on le tenait. Une dizaine de fois—et en français—le *Mercure de France* va nourrir les colonne de l'*Águia* par un jeu de miroirs réciproques puisque c'était des collaborateurs de la revue dont on évoquait les oeuvres.

Avant de donner la parole à Teixeira de Pascoais voici tirés de l'*Águia* les deux lettres de Philéas reçues par Texeira de Pascoais et publiées par ce dernier, ainsi qu'une des chroniques retranscrites dans l'*Águia* (16.1.1917, n° CXIX).

Le 1ᵉʳ Octobre, 1914.

Neuville-Vault
par Savignies
(Oise)

Mon Cher et Illustre Ami,

Durant tout un mois je suis resté ici, isolé du monde, à deux pas de l'ennemi, qui couvre notre sol de ruines, qui pille et massacre tout sur son passage. Ainsi, je n'ai reçu votre lettre que ces jours-ci.

Ah! comme vos paroles me font du bien! A tout coeur français il est doux et reconfortant de se sentir enveloppé des sympathies de tout le monde civilisé. C'est une ère nouvelle qui va commencer avec cette guerre, unique dans l'histoire. Le germanisme s'est cru assez fort pour en finir d'un seul coup avec ses éternels rivaux, les celto-latins et les Slaves. Par quel miraculeux pressentiment, l'Angleterre s'est-elle reconnue, tout à coup, malgré l'effort saxon, bretonne et celtique, elle aussi?

Grâce à elle, sans doute, et à l'héroïque petite Belgique, nous allons pouvoir arrêter assez longtemps le torrent des envahisseurs, pour permettre aux Russes de frapper le monstre au coeur. Quelle angoisse nous étreint. Ah! comme on nous a trompés de l'autre côté du Rhin. Jamais nous n'avions cessé de rêver à quelque réconciliation. Notre peuple était uniquement épris de paix. L'Allemagne impériale travaillait sourdement à entretenir chez nous le germe des divisions intestines. Et voici que toute la nation s'est levée à un unanime élan, retrouvant tout à coup des vertus que l'on croyait mortes.

Hélas! L'ennemi s'agriffe désespérément à notre sol. Nuit et jour le bruit du canon se fait entendre jusqu'ici. Pour un peu le fracas des pierres de la cathédrale de Reims eût bercé mes nuits. Horreur! Comment faut-il exister des hommes sous le ciel, pour être capables de telles choses! Je me demande si je suis bien de là même espèce qu'eux. Quand verrons nous la fin de ces dévastations, de ces deuils, qui ne cessent de s'accumuler?

Nous ne savons. En attendant, toute vie intellectuelle et économique a cessé. Nous vivons dans la fièvre. Sans doute vais-je être appelé à mon tour, ces jours-ci, sous l'uniforme. Et je ne sais ce que pourront devenir les miens, durant ce temps; car les correspondances postales ne sont pour ainsi dire pas assurées. Qui sait si nous ne serons pas obligés un jour, ma famille et moi, d'aller demander asile au Portugal, la guerre une fois terminée?

Cependant, l'espoir et la volonté de vaincre à tout prix nous anime et chaque Français fera tout ce qu'il est humainement possible de faire pour assurer le triomphe, dans la paix reconquise, de la cause des peuples. Encore merci de tout mon coeur ému, pour vos paroles fraternelles. Pardonnez-moi mon retard à vous répondre et à vous en remercier. Les circonstances sont coupables.

Un jour prochain, j'espère fêter avec vous la victoire

Philéas Lebesgue

A Guerra Europeia

Le 6 Décembre, 1914.

La Neuville-Vault
par Savignies
(Oise)

Mon Cher et Illustre Ami,

Il semble qu'un pressentiment vous ait guidé quand vous m'écrivites votre touchante lettre au 26 Novembre. Ce jour-là même j'atteignis ma quarante-cinquième année, et vos sympathies si fraternellement exprimées sont venues, en ces heures tragiques que nous traversons, environner mon âme angoissée d'une atmosphère de réconfort infini.

Peu à peu, après la fèvre des premières semaines, le pays reconquiert quelque sérénité. On s'accoutume; on envisage avec moins de frissons l'énormité des sacrifices qu'il nous faut consentir, et une inébranlable confiance dans le succès de notre cause vient sécher les larmes au bord des yeux. Hélas! il n'est guère de famille française qui ne soit durement éprouvée déjà, et l'hiver aggrave les souffrances des milliers et des milliers d'hommes debout sur le front de bataille.

Nous savons que nous devrons encore donner et recevoir de terribles coups; car le monstre hypocrite, qui avait longuement et sournoisement prémédité notre assasinat, ne cédera qu'avec le dernier souffle du dernier homme et du dernier cheval.

Mais que vaudrait une paix prématurée, une paix déshonorante, qui nous remettrait, dans quelques années, à la discrétion de l'implacable et déloyal ennemi? Ah! les Français luttent et lutteront avec un acharnement sans limites; ils savent que c'est question de vie ou de mort pour leur patrie et pour leur race, ainsi que pour TOUTES LES NATIONS FAIBLES ET NON-GERMANIQUES. Mais l'amour de la gloire n'est pour rien dans leur implacable résolution: la France, de ce côté, n'a-t-elle pas eu, dans le passé, sa large part? Non, ils luttent pour des biens plus élevés: la liberté humaine, l'honneur et la justice. Ils luttent pour la délivrance de leurs foyers envahis, pour le respect des traités, pour la sauvegarde des plus humbles. Une sourde révolte est entrée en eux depuis qu'ils ont vu quelle guerre de sauvages et d'extermination on leur fait. Après la victoire de la Marne, l'une des plus brillantes pourtant de notre histoire, Paris n'a même pas pavoisé. Tant qu'il restera un Allemand en France et en Belgique, tant que la fleur de notre nation restera exposée aux coups de l'ennemi, nous ne saurions nous réjouir.

La France sourit pour garder ses forces; mais elle a conscience des dangers qui l'assaillent et des embûches qui l'environnent. Elle sourit, dédaigneuse de futures représailles. Par bonheur, en dépit des mensonges allemands, la lumière, en Europe et en Amérique, commence à se faire jour. Courageusement, le Portugal vient de montrer L'EXEMPLE A TOUS LES NEUTRES, et l'annonce du geste généreux qu'il veut faire me met des pleurs plein les yeux. Vous tenez à rester dignes de tout votre glorieux passé. Cependant, Napoléon foula votre sol. A cette date, à une certaine dose de barbarie près sans doute, nous étions grisés de ce rêve de domination universelle que rue aujourd'hui l'Allemagne impériale sur les autres peuples. Mais nous ne rêvions point d'anéantir la race de nos adversaires éventuels, et le peuple de France n'avait point de haine pour ceux que les circonstances l'appelaient à combattre. Toute autre est L'AMBITION DEMENTE DES PANGERMANISTES.

Dieu merci! l'aube commence à poindre au milieu des massacres et des ruines sans nom. Quelle anxiété nous étreint! Quand pourrons nous reprendre le cours de nos chers et pacifiques travaux? Quand pourrai-je me ressouder à mes chères études? Il me sera précieux, en attendant, de lire les livres que vous m'annoncez de vos et de vous vaillants collaborateurs. J'en rendrai compte au "Mercure", aussitôt que la revue pourra reprendre sa publication interrompue par la guerre.

Il est vrai que j'ai toujours chance d'être appelé à l'armée d'un moment à l'autre. J'ai dû subir un examen de révision ces jours-ci, qui m'écarte momentanéament du service armé mais me garde disponible.

De ce côté, je n'aurai qu'à me conformer aux ordres qui m'atteindront et je le ferai avec toute ma foi.

Turpin est dans le rang, et trouve encore la force de composer des vers; de Nicolas Beauduin, je n'ai pas de nouvelles. Hélàs! la mort fauche dru dans les rangs des intellectuels, et il est difficile de deviner quels sont ceux que le Destin prédestine à célébrer le triomphe des Alliés. Vos poèmes, toujours inspirés et puisés aux plus pures sources, m'aideront sans doute à remettre de l'ordre en mes pensées bouleversées.

Je pense que la meilleure part de mon idéal sera sauvée de la tourmente; mais, au point de vue strictement matériel, je reste inquiet. De ce côté, de grands soucis m'assaillent.

Philéas Lebesgue

Lettres Portugaises

José de Macedo: *O Conflito Internacional, sob o ponto de vista português*; Renascença Portuguesa, Porto. — Bento Carqueja: *O Povo português*; Lello e Irmão, Porto — Leonardo Coimbra: *A Alegria, a Dôr e a Graça*; Renascença Portuguesa; Porto. — Antonio Arroyo: *A viagem de Antero de Quental à America do Norte*; Renascença Portuguesa; Porto.

S'il s'agissait d'éclairer à fond les raisons de l'intervention du Portugal dans la guerre européenne, on se trouverait probablement en face d'un problème fort complexe, et ceux qui voudraient faire découler cette intervention d'un pur calcul d'intérêts n'auraient pas moins tort que les partisans d'une explication sentimentale.

Ayant ouvert, la première, les vastes horizons de la terre et inauguré le grand mouvement d'expansion coloniale moderne, la patrie de Camoëns, qui garde un immense empire africain, ne pouvait rester en dehors du conflit qui va régler les destins du monde. Il y va de sa vie aussi bien que de son honneur; car le Portugal ne saurait être séparé de ses colonies, et la question du partage des colonies portugaises a été posé par l'Allemagne. Privé de son domaine colonial, le Portugal redevient une simple province ibérique.

Au reste, héritier direct de la noble tradition chevaleresque et façonné par la culture latine, le Portugal devait se ranger parmi les défenseurs du Droit et de la Liberté des peuples, aux côtés de la France et de l'Angleterre.

Il y a aussi le séculaire traité d'alliance avec la Grande-Bretagne, — et ce traité eut à certaines époques d'assez fâcheuses répercussions économiques au Portugal; — mais il ne semble pas que, dans le cas présent, aucune des deux parties, durant la première phase du cataclysme, ait désiré le faire jouer, encore que chacune y fût disposée de part et d'autre en toute loyauté.

Au vrai, le souci de la dignité nationale vint donner une forme active aux revendications d'ordre économique. Le Portugal ne pouvait être neutre; toutefois les arguments des germanophiles ne manquaient pas de poids, à preuve le livre révélateur de M. Pimenta de Castro; mais la République ne pouvait accepter son propre suicide, et l'action autorisée de M. João Chagas vint redresser courageusement les erreurs d'une malsaine propagande. C'est ce que mettent en évidence les conclusions du livre admirablement charpenté de M. José de Macedo; *Le Conflit international, au point de vue portugais, étude politique et économique*. M. José de Macedo voit large, et ne se dissimule point qu'il s'agit de constituer le monde entier sur des bases nouvelles.

Après avoir étudié le jeu des alliances plus ou moins hétérogènes et envisagé l'aspect du monde à la veille du cataclysme, au regard de la question d'Orient, il s'efforce de déterminer la véritable situation économique et politique du Portugal. C'est avec un soin minutieux qu'il passe en revue la question des échanges du Portugal avec l'Allemagne, avec l'Espagne, avec l'Angleterre alliée, avec le Brésil. En même temps, il s'attache à montrer l'influence prépondérante d'une marine marchande; puis, traitant à fond le problème vital de l'émigration, il réfute avec énergie la chimère dangereuse de ceux qui voudraient détourner du Brésil le courant colonisateur lusitanien. Pour lui, l'émigration est la meilleure des industries portugaises, et le Brésil la plus prospère des colonies du Portugal. Malheureusement les gouvernements portugais ont jusqu'ici manqué de plan.

Les théories de M. José de Macedo se rencontrent ici d'accord avec l'action de certaines d'entre les plus éminentes personnalités lusitaniennes de l'heure actuelle, parmi lesquelles il faut compter les initiateurs de la revue *Atlântida*, destinée à élucider les moyens de réaliser une véritable coopération luso-brésilienne, tant du côté intellectuel et moral, que dans l'ordre purement économique et politique.

Passant ensuite à l'examen du problème colonial, M. José de Macedo dénonce les périls de l'impérialisme et constate que la République n'a pas encore été proclamée dans les colonies. Par voie de conséquence, il étudie le problème controversé de l'autonomie financière et coloniale, et passe au crible d'une analyse minutieuse l'idée de Fédération atlantique. Mais ce qui lui paraît devoir susciter les plus graves difficultés pour l'avenir, c'est la question des voies de communication. Et n'est-ce pas, dans l'ensemble, l'une des causes directes de la guerre actuelle?

Pour M. José de Macedo, l'un des résultats les plus immédiats de l'immense conflit, c'est la destruction des richesses. De fait, la paix armée entraînait déjà, pour la plupart des états européens, des charges énormes. De ces dépenses militaires colossales les nations démocratiques étaient victimes; mais l'histoire se déroule implacablement et parmi les petits peuples, la Suisse est le seul qui se soit doté d'une organisation militaire modèle.

C'est là une leçon pour le Portugal, qui, tant au point de vue maritime qu'au point de vue terrien, avait négligé de pourvoir aux nécessités de sa défense nationale.

Or, ces nécessités intéressent au premier chef la capacité financière des Etats. De là l'urgence de méthodes précises.

[...]

La bergsonisme universaliste de M. Leonardo Coimbra précise la nature de ce principe immatériel, qui participe à l'essence de l'infini et qu'il définit comme irrationnel, parce qu'aucune quantité ne le peut mesurer, aucune qualité ne le peut épuiser. Ce principe tend à s'évader continuellement du point et de l'instant; il est activité pure. Et le philosophe proclame que la première, l'ultime, la constante réalité, c'est l'action.

Or, l'univers est une société, c'est-à-dire un système d'activités efficaces, et la source de toute activité est dans l'esprit créateur.

Ainsi, le matérialisme des oeuvres d'une civilisation, pesant sur son esprit créateur, la condamne dans ses fins, et c'est le cas de la Prusse. Au-dessus de la conception industrialiste pure planeront toujours les Don Quichotte, dont s'inspire l'héroïsme belge.

Mais ce serait peut-être diminuer l'immense portée de l'oeuvre intitulée *La Joie, la Douleur et la Grâce* que d'en limiter le sens à l'interprétation du conflit actuel. Conçu à la façon d'un triptyque, où s'élucident successivement, par la magie d'un discours nourri d'images et fortement charpenté, le problème de la Vie, le problème de l'Ame, le problème de Dieu, ce livre permet que l'on ose à son sujet le mot de chef-d'oeuvre. Sa beauté profonde et son enseignement ne se peuvent comparer qu'à *La Sagesse et la Destinée* d'un Maeterlinck ou aux Essais des Transcendantalistes américains de l'école de Concord. Phénomène entre tous digne de remarque: pour la première fois le Portugal a trouvé son philosophe; car la pensée de M. Leonardo Coimbra est tout imprégnée de mysticité lusitanienne. De là telles définitions d'un christianisme particulier, platonicien parfois:

> L'art éternise l'instant. Sous le flux des phénomènes il cherche l'idée d'*être*, qu'ils traduisent. La poésie est l'expression de l'univers par la parole. La parole humaine est la plus grande merveille des mondes. La création est un acte de la parole. Les peuples forts et victorieux sont ceux qui ont trouvé les paroles vraies.

Et encore:

> La Douleur est le chemin de la Rédemption. La Grâce est la sensation de la liberté; elle apparaît partout où une force se libère et peut reposer sur la tranquilité de la forme le sourire de son excès. Le travail est une conséquence de la grâce divine; il est l'immédiate révélation de notre liberté, par la création d'un monde à signification morale.

Or, le sentiment moral a des racines métaphysiques et l'homme est un animal social, parce qu'il est un être métaphysique, de telle sorte que l'idée de Dieu serait elle-même une création de la société, quelque chose comme l'hypostase de la conscience sociale. De là, Dieu tend sans cesse à être la conscience universelle, la suprême Unité cosmique.

Il se peut ainsi qu'une société prenne pour Dieu une forme inférieure de la force, une oeuvre exclusive de son activité. Telle l'Allemagne. Alors la Grâce disparaît. L'action doit être le prolongement de l'idée, le travail une oeuvre d'amour, de liberté, de joie. Nul besoin, par conséquent, pour le Portugal d'aller copier les méthodes germaniques d'éducation.

L'enseignement qui se dégage des pages savoureuses consacrées par M. Antonio Arroyo au *Voyage d'Anthero de Quental en Amérique du Nord* est parfaitement analogue. On sait quel drame convulsif se joua dans l'âme du poète entre la Raison et la Foi. Ce drame devait avoir le suicide pour dénoûment. Hypnotisé par les victoires prussiennes de 1870, Anthero s'écriait: "Quelle race! L'avenir est au germanisme. Ami, il faut savoir l'allemand!".

Mais quand il se trouva isolé au milieu de la civilisation strictement utilitaire des Yankees, plus libérale pourtant que celle de l'Allemagne, il étouffa littéralement et ne rêva plus que de regagner le Portugal.

Instinctivement les Portugais, dans la lutte actuelle, ne pouvaient être qu'avec la France, qui est la mère spirituelle de leur civilisation et qui a favorisé l'éclosion de l'un de leurs plus purs génies littéraires: Eça de Queiroz.

M. João Chagas, qui fut l'un des principaux artisans de l'intervention, et qui n'est pas moins artiste qu'homme d'action, n'est pas loin de considérer Eça comme le plus merveilleux créateur de formes verbales qui soit apparu au Portugal. Pour nous, nous retiendrons surtout le don de l'ironie, qui nous permet de retrouver en M. João Chagas lui-même l'un des descendants intellectuels du grand romancier. Vie Littéraire, Hommes et Faits réunissent ainsi les variations les plus instructives; mais c'est dans les Lettres politiques que M. João Chagas rejoint à la fois Voltaire et Paul-Louis Courier, et c'est dans les Lettres politiques qu'il faut aller se documenter sur l'évolution du mouvement qui devait aboutir à la République. Or, la République a motivé en grande partie l'intervention. Nous reviendrons, du reste, sur ce sujet, pour avoir l'occasion d'analyser l'oeuvre de M. João Chagas, en conformité de ses hauts mérites.

Philéas Lebesgue

* * *

Cette amitié va durer pendant toute la vie des deux hommes. La première référence dans les Lettres Portugaises est de 1898 et la dernière en 1947, pour la cent trente-neuvième chronique de Philéas qui s'arrêtera définitivement en 1951. La correspondance—du moins pour les lettres que nous avons retrouvées—a une durée un peu moins longue (1908-1939) mais je ne jurerais pas que Madame Rose Lebesgue m'ait remis toutes les lettres tant cette correspondance entassée dans un grenier, parfois dégradée par les intempéries, mélangeait dans une amitié universelle les correspondants de tous les pays.

Laissons maintenant la parole à la plume de Teixeira de Pascoais dont nous n'avons retenu que 16 des 39 lettres retrouvées à la Neuville-Vault.

Notes

1. Rocha, Andrée Crabbé, *A Epistolografia em Portugal*, Coimbra, 1965.
2. Nous rappelons seulement parmi nos études consacrées à cet écrivain: *Philéas Lebesgue lusophile*, in Arquivos do Centro Cultural Português, III, Paris, 1971—*Philéas Lebesgue (1869-1958)*—ibid., 1983.
3. Par exemple, *la Vie, l'Age Nouveau, Atlantis, la Revue Moderne, la Revue Bleue, Latina, la Revue Septentrionale, Poésie, le Beffroi*, etc ...
4. Teixeira de Pascoais, *Poésies* traduites du portugais par Suzanne Jeusse, préface de Philéas Lebesgue, Paris, Albert Messein, 1930—*ID., Retour au Paradis*, poème, traduit du portugais avec une préface par Suzanne Jeusse, avant-propos de Philéas Lebesgue, Paris, Messein, 1931.
5. Philéas Lebesgue a consacré à Fernando Pessoa quelques textes que nous allons analyser et republier assez prochainement.

Aquilino Ribeiro, un autre collaborateur de l'*Águia*, ne figure pas non plus parmi ses correspondants.

Cartas de Teixeira de Pascoais

Amarante—12-Março-[1]908

Querido Amigo e Camarada:

Não tenho palavras com que agradecer-lhe todos os seus favores, amizades e provas de consideração que, infelizmente, não mereço.

Mil agradecimentos ao Ilustre Poeta e Escritor francês que, com tão bons e generosos olhos, observa a nossa obra poética. Eu sei quanto as nossas letras lhe devem, e o carinho com que as trata, meu querido amigo! Deixe-me tratá-lo assim, como seu obscuro camarada e como português.

Tenho a maior honra em ser traduzido por Philéas Lebesgue. Será mais uma grande prova de amizade inolvidável como todas as outras. Quando terei eu o prazer de o ver nessa grande e fecunda terra de França que eu tanto admiro e amo?

Espero ansiosamente o *Mercure de France*, meu pai assina-o. Vou encontrar nas suas altas palavras um demasiado prémio para o meu trabalho e grande incentivo para continuar e trabalhar. Bem haja, meu ilustre e caro amigo!

Da melhor vontade lhe digo o que penso da atual geração poética portuguesa.

Ela representa, segundo entendo, o primeiro casamento da nossa intelectualidade com a alma popular. É a primeira vez que os poetas lusitanos bebem na fonte originária, isto é, no que existe de mais íntimo, essencial e religioso na raça portuguesa; pois toda a nossa literatura anterior, desde os primeiros tempos, foi influenciada por estranhas correntes literárias.

Sá da Miranda (1495–1558) trouxe de Itália, onde viveu alguns anos a chamada *escola italiana* que dominou em Portugal.

Camões e todos os clássicos beberam nas fontes greco-romanas. E ainda que o grande Épico, na sua obra puramente lírica, fosse *português*, todavia só o foi restritamente, no que diz respeito ao amor do homem pela mulher. Nos sonetos, bucólicas, elegias, etc., Camões amou como ama o nosso povo, mas não penetrou verdadeiramente aquilo que constitue a essencia duma Raça—o sentimento religioso-filosófico, ou antes, a concepção que um povo tem das coisas e da vida.

A *Escola quinhentista, seiscentista*, etc., não foram mais que um delicioso chuveiro de amorosas lágrimas.

A *Menina e Moça* (conhece?) de Bernardim Ribeiro é a obra primacial desta escola, assim como os versos de Cristóvão Falcão.

Mas todo este antigo lirismo ingénuo e sentido, no século XVII, converteu-se na escola mais falsa e literária que houve em Portugal—a Arcádia—que teve, como principal representante, Bocage (1766 a 1805).

Este manequim poético foi derrubado pela *escola romantica*, com Almeida Garrett, à frente. Mas o Romantismo, assim como a Constituição, vieram de França. Garrett faz uma colecção de antigos cantos populares (o *Cancioneiro*); mas não me parece que eles sejam genuinamente portugueses. São canções de povos que viveram sob o Feudalismo que em Portugal, quase não existiu. Traduzem mesmo sentimentos estranhos à nossa raça.

Depois, apareceu o Realismo, Naturalismo, Parnasianismo, Simbolismo, Impressionismo, etc., igualmente de procedência estrangeira. Todavia, durante esse grande periodo literário, tivemos figuras verdadeiramente geniais: Camilo Castelo Branco, o trágico intérprete do Riso; João de Deus, descendente de Camões e da Bíblia; Antero de Quental, o primeiro português civilizado que interrogou seriamente a Vida e que tombou fulminado junto da Esfinge emudecida.

Ouviu mais os sussurros filosófico-nevoentos da Germânia, do que o sentimento popular da sua raça; Eça de Queiroz que teve para o seu país um alto e fino sorriso de ironia francesa; Fialho de Almeida e Gomes Leal; Guerra Junqueiro, complexo e misterioso temperamento! Lira sublime que vibra a todos os ventos! Há nele Anacreonte (*Musa em Férias*), Juvenal (*Morte de D. João* e *Velhice do Padre Eterno*), Shakespeare e Lohengrin (*Pátria*), Virgílio (*Simples*); e ultimamente nas suas *Orações* o grande poeta é a raça portuguesa na sua intimidade religiosa; Eugénio de Castro e António Nobre, os dois reformadores da métrica portuguesa.

Pouco tempo depois do triunfo destes dois últimos poetas, houve, em Coimbra, um ligeiro *renascimento quinhentista*. Por esse tempo (1898) publiquei em Coimbra o meu primeiro livro—*Sempre*—que nada tinha com as tendências literárias dominantes então.

O que é certo é que o *quinhentismo*, como todas as tentativas de retrocesso, *falhou* e os nossos melhores poetas encontraram, enfim, a fonte verdadeira da Inspiração, o sentimento religioso do povo português que é, por natureza, cristão e pagão. A *nova escola* é, portanto, a primeira poesia *essencialmente portuguesa*; representa o primeiro movimento consciente e artístico da raça.

O nosso povo rústico e ignorante dos campos (principalmente do Norte) é cosmicamente naturalista e místico.

Tenho vivido sempre em contacto com ele (excepto os cinco anos que estive em Coimbra) e conheço-o menos mal.

Poderia citar-lhe, querido amigo, milhares de factos comprovativos do que lhe tenho afirmado nesta carta.

Em todos os costumes, idéias, sentimentos do nosso povo há Jesus e Pan. A nossa própria saudade, palavra que não tem tradução, é sensualidade crepuscularisada em tristeza, é o amor carnal sublimado, cristianisado; é Vênus e Maria.

Nos altares de nossas rústicas igrejas, caiadas de branco alegre, entre o viço dos arvoredos, há um crepúsculo alegre e triste feito de sombras de árvores onde pairam, unidas num fraternal abraço, divindades pagãs e cristãs, que a alma ingénua do povo adora e compreende.

Tenho uma colecção de frases de camponeses que provam o que ele é sentimentalmente. Quando plantam uma árvore, tratam-na com tanto carinho e ternura, como se ela fosse delicada rapariga.

Se dum golpe aberto num ramo, a seiva cai, eles dizem: a árvore chora. E as nossas romarias populares são festas pagãs em templos cristãos.

S. João, o austero e ascético pregador do deserto, entre nós, é um verdadeiro Baco. Tirou a áspera pele de camelo e coroou a fronte de verdes pâmpanos! Deixou os gafanhotos e as raízes das árvores, para afogar os lábios em ferventes crateras de vinho!

Na Páscoa, Jesus percorre as aldeias através dos arvoredos em flor, sob a alegria vital do sol de abril.

É uma *Páscoa Naturalista* que representa a celebração do casamento da terra recém-nascida com o Cristo ressuscitado.

Ora, este aspecto íntimo, religioso e filosófico da alma popular, só a actual geração poética o viu e sentiu, e quando digo a actual geração poética, refiro-me ao Junqueiro das *Orações*, ao A. Lopes-Vieira do *Ar Livre* e ao António Correia de Oliveira do *S. Frei Gil*.

As chamadas classes ilustradas, prisioneiras ainda das velhas escolas, não nos compreendem. Dir-se-á que são constituidas por chineses, tão longe vivem do verdadeiro sentimento do povo! A nossa gente científica é cega ante a revelação da própria alma nacional. Creio mesmo que nem nos tomam a sério!

Teófilo Braga, que tem fama de sábio, disse que o meu livro—*As Sombras*—não traduzia mais do que *melancolia provinciana* e *extra-penal*!

Já vê, meu ilustre camarada, que, isto que lhe digo relativamente à nova escola, embora me pareça a *Verdade,* pouca gente o pensa em Portugal.

Se eu publicasse num jornal estas minhas idéias (e talvez o faça!) era corrido à pedrada e à gargalhada! É triste ver a gente o seu país tão distanciado do povo, tão ignorante de si próprio. E para que? Para conhecer bastante mal o que é estrangeiro.

Um grande abraço do seu camarada, admirador e amigo certo e muito agradecido.

Teixeira Pascoaes

* * *

18-Abril-1911
Amarante

Querido Amigo

Recebi em Amarante, onde vim passar a Primavera e o Verão, a sua carta que me tocou profundamente, e me fez ver que deixei em si um amigo igual aquele que o meu querido Poeta deixou em mim.
    Na verdade a sua pessoa e o seu espirito feriram-me, de repente, logo à primeira vista, como uma súbita revelação.
    Se me conhecesse anteriormente ao nosso encontro, e soubesse do meu génio solitário, macambúzio (*bicho do buraco*, como diz o Povo em Portugal) admirar-se-ia, com certeza, da expansão com que lhe falava:—é que o íntimo parentesco das nossas almas, surgiu logo, ao primeiro contacto. Por isso, quando lhe disse adeus, senti-me comovido, dominado já pela verdadeira saudade; e, a cada passo, evoco a sua bela alma eleita de Poeta—alma que eu encontro sempre tangível e viva, no *le Buisson Ardent*, admirável revelação do puro lirismo celta que nasce do Casamento da alma do homem com a alma da terra. O seu espírito é cheio de frescura virginal e da expontânea vida, o que é mais fácil encontrar hoje nos povos bárbaros do que nos povos civilizados, *definidos* em linhas geométricas e mortas, dentro de uma cultura que é um molde correcto, mas frio e inanimado.
    É a luz do Sol que alumia o seu alto temperamento de Poeta e não a luz eléctrica e cientista dos boulevards. Seu corpo é carne viva. Seu coração é alma viva; por isso, eu me sinto atraído e deslumbrado pela sua personalidade, a quem dedico hoje a mais profunda e sincera amizade e admiração.
    Sim, eu esperava a sua carta, e ela veio, e não podia deixar de vir—porque *nós somos verdadeiros.*
    Agradeço-lhe também muitíssimo as boas palavras que me dirige acerca do *Marânus* e o artigo que me promete, e que será para mim, mais uma alta honra e um grande estímulo.
    Muito agradeço ainda todas as belas palavras sentidas que dirige à minha terra, a este sol e a este Céu. Espero vê-lo na sua legendária Bretanha e também na minha terra de rios e montes selvagens. Meus Pais e Irmão muito se recomendam e agradecem. E eu atrevo-me a enviar todos os meus respeitos à sua querida Familia e a si, meu querido amigo, toda a minha amizade comovida e admirada.

                                          Teixeira Pascoaes

                            *   *   *

6-Setembro-1911

Amarante

Meu Querido Amigo:

Só agora lhe agradeço, cheio do mais profundo e comovido reconhecimento, o seu admirável artigo sobre o "Marânus", porque tenho, infelizmente, passado muito mal de saúde estes últimos meses.
　Há dias que melhorei, depois de passar um mês numas Águas Medicinais, em Caldelas, que me fizeram bem ao estomago e intestinos.
　Só agora agradeço o seu artigo e só agora o pude ler verdadeiramente e apreciar! Em que péssimo estado de espírito tenho vivido! O meu querido amigo deve presumir, e por isso espero ser perdoado por uma falta que não fui eu que a pratiquei, mas a minha doença, esta estúpida doença física que nos mostra quanto a pobre alma está subordinado ao corpo!
　C'est une servante de monsieur le Corps!
　Como tem passado? E toda a sua querida Família? O meu ardente desejo é que todos estejam de boa saúde e que sejam muito felizes.
　Não posso esquecer as belas horas que passei na sua adorável companhia! Felizmente, tive ocasião de o conhecer; e desde esse momento, a amizade que lhe dedico é cada vez mais profunda e agradecida.
　Meus Pais e Irmão enviam-lhe muitas lembranças. E eu abraço-o com a maior amizade e gratidão.

　　　　　　　　　　　　　　Joaquim Teixeira Pascoaes

★　★　★

18-No.-[1]911

Amarante

Meu querido amigo:

　Saúde e felicidade

　Escrevi-lhe há dias em resposta à sua última estimadíssima carta.
　Brevemente enviar-lhe-ei o conto em prosa a que se referia. Mil vezes agradecido por tantas provas de amizade.
　Deve ter recebido já um poema—"Morte da Águia"—de Jaime Cortesão. É um livro de um rapaz de grande valor e meu amigo.

É o que há de melhor, creio eu, na nova geração, em Portugal.
Tem um temperamento heróico e nobre.
Tem um novo livro inédito ainda, que é uma obra admirável. A *tuba épica* encontra nele um novo amigo.

Peço-lhe meu querido amigo que leia o seu primeiro livro com interesse; e ser-me-ia muito grato vê-lo figurar nas "Letras Portuguesas" do *Mercure*.

Perdoe-me este pedido. Muito lhe devo eu para pedir para os outros, mas ... enfim ...

Estou ansioso de ler o livro que deve suceder ao *Buisson Ardent*, a essas páginas encantadoras, onde brilha a sua alma tão animada e comovida e a sua vida verdadeiramente religiosa, vivida entre o Céu e a Terra.

Nos povos cultos, intelectualizados, como a França, é mais difícil encontrar a flor viva da Emoção que prefere as terras selvagens, que não tenham perdido de todo a sua virgindade.

Por isso, a sua obra poética, escrita em francês, por um francês, maior admiração me causa e provoca-me o maior interesse.

Por hoje não serei mais longo.

Desejo-lhe a si e a todos os seus que lhe são queridos as maiores felicidades. Meus Pais e Irmão recomendam-se muito.

Um grande abraço, cheio de admiração e amizade reconhecida.

Joaquim Teixeira Pascoaes

* * *

Amarante—28-Dez-[1]912

Meu querido amigo e Poeta:

Antes de mais nada, felicito-o, de todo o meu coração, pelo próximo aparecimento das "Servitudes" que eu espero ansiosamente, assim como os vossos versos sobre o nosso feliz encontro a bordo dum navio. Nada tem tocado de tão perto o meu coração e o meu espírito como a vossa amizade preciosa para mim e o vosso génio poético tão fervorosamente admirado.

Envio por este mesmo correio um exemplar da minha conferência sobre o "Espírito Lusitano" ou o "Saudosismo", que vos poderá orientar acerca das ideias orientadoras e fundamentais da "Renascença Portuguesa", a qual, pondo de parte facciossismos, representa o único movimento literário e filosófico do Portugal de hoje. Por isso ela é tão guerreada. Eu tenho sofrido verdadeiros assaltos *à mão armada*.

Chamei "Saudosismo" a este renascimento poético, que traduz a

alma da nossa raça, essencialmente panteísta, mas ampliando-a, elevando-a à concepção religiosa e filosófica, o que, pela primeira vez, acontece em Portugal. O "Saudosismo" é a forma do nosso Panteísmo que se destaca das estrangeiras formas panteísticas por ser *puramente emotivo*, bebido na alma da raça, criadora da saudade que é o desejo (parte pagã) e da dor (parte cristã) fundidas num só sentimento. O nosso Panteísmo ou o "Saudosismo" é emotivo e, portanto, criador: o panteísmo dos poetas estrangeiros é intelectual, bebido em livros de filosofia e não no próprio sentir do Povo, como acontece entre nós. Nisto consiste a *originalidade* e a *nacionalidade* do movimento poético de "Renascença Portuguesa". Ultimamente, Leonardo Coimbra, no seu Creacionismo, deu forma intelectual e filosófica à nossa emoção poética, e amanhã conquistará a sua forma politico-redentora de nossa Pátria. Eu creio haver revelado o sentido oculto da saudade desde os meus primeiros versos. A nossa poesia popular, Camões e Duarte Nunes de Leão estão cheios de sublimes pressentimentos acerca da saudade. No *Marânus* eu revelei-a completamente e no *Regresso ao Paraíso*, a *Senhora da Noite* é a saudade também. Ela é a nova Virgem, Mãe dum novo Deus. Um grande abraço.
Saudades de todos os meus.

T. Pascoaes

* * *

Amarante 12-Junho-[1]914

Meu querido Poeta e Amigo:

Muito e muito obrigado por tudo o que me diz no seu postal a que só hoje posso responder. Causou-me grande alegria ver que o *Verbo Escuro* lhe agradou e lhe merece a sua atenção no *Mercure*. O meu querido e admirado Amigo calcula bem quanto isso me lisonjeia e anima para novos trabalhos, sendo certo que, em Portugal, não encontro o menor estímulo *para cantar*, antes pelo contrário. Não lhe minto, dizendo-lhe que *nenhum jornal* português se referiu ao *Verbo Escuro* e que a Renascença Portuguesa é odiada por todos os literatos, exceptuando é claro, os que dela fazem parte. O *Saudosismo* é uma aspiração de cinco ou seis espíritos perfeitamente isolados num meio ignóbil de bachareis roedores do Tesouro Público . . . Eis a tristíssima verdade.
    A França é um Grande Povo! As suas energias de alma são inesgotáveis. Tenho absoluta confiança nos seus altos destinos a cumprir.
    Recebi um artigo magnífico de Nicolas Beauduin sobre a escola

paroxista que sai neste próximo nº da *Águia*, com um ligeiro comentário meu.
Mas eu concordo com o meu querido Poeta.
A França tem uma sublime tradição heróica, religiosa e poética e o seu culto só daria mais vigor e inspiração à sua Alma. Sim: é uma grande e maravilhosa fonte de beleza a explorar! As Pátrias necessitam, de vez em quando, de cultivar a sua própria personalidade, o seu carácter, que as retempere e fortaleça contra as tendências dissolventes dos políticos, das quadrilhas *sans patrie,* ou antes das quadrilhas que odeiam a sua pátria para a poderem explorar sem escrúpulos. Joanna D'Arc! Roland! Que maravilhosos símbolos do Génio Gaulês!
A Saudade em Portugal, como Quixote em Espanha são entidades metafísicas; mas Joanna D'Arc, Roland existiram sobre a terra, à luz do sol, foram de carne e osso! Pressinto nesses símbolos uma nova arte francesa, de heroísmo e amor: e inimiga da Alemanha!
O *Paroxismo,* sendo muito restrito e material, dilue-se no mundo. Não é duma raça, duma paisagem, duma tradição, não tem, portanto, uma figura viva.
Muito obrigado também pelo que promete dizer da *Renascença* e do Jaime Cortesão.
Quanto à *Antologia Lusitana,* estou às suas ordens para tudo. E quanto ao seu estudo acerca de minha obscura pessoa numa revista parisiense, isso ultrapassa todos os obséquios e gentilezas que tão abundante e generosamente o meu querido amigo me tem dispensado! Muito e muito agradecido! O que eu desejo é sabê-lo sempre feliz na companhia das Pessoas que lhe são queridas. Todos os meus se recomendam muito. E eu abraço-o com todo o meu coração.

Pascoaes

Envio-lhe duas conferências minhas, por este correio.

Pascoaes

* * *

4 Agosto-[1]914
Amarante
Portugal

Meu querido Confrade e Amigo:

Muito obrigado pelo seu bilhete e pelas amigas palavras no *Mercure*. Também lhe agradeço a tradução dos trechos do *V. Escuro*. Quanto lhe devo, meu querido e sempre lembrado amigo!
    Está a chegar o momento de o abraçar aí, nessa terra sagrada de França. Logo que o general Joffre regresse a Paris com a Alsácia e a Lorena nas algibeiras da farda, irei a Paris abraçá-lo e felicitá-lo pela vitória do génio latino sobre os bárbaros.
    Saúde e felicidade para si, para todos os seus e para a França.
    Que a alma de Joanna D'Arc paire sobre o Território da Civilização, animando todos os soldados!

                                      Teixeira Pascoaes

*   *   *

14 Setembro—[1]914
Amarante
Portugal

Meu querido Amigo:

Escrevi-lhe no princípio da guerra, animado pela mais ansiosa esperança no triunfo das armas francesas. Após alguns dias de angustioso sobressalto, a vitória, a vitória retumbante e sublime da França, principia a inundar de alegria todas as almas latinas que não são traidoras ao seu passado e ao seu futuro que se ilumina duma infinita promessa. Os portugueses amam profundamente a França. A estas horas vai por todo Portugal uma estupenda alegria! A alma de Joanna D'Arc vive como outrora!
    Não imagina o sobressalto com que penso em si e na sua querida família! Espero, em Deus que tenham sofrido o menos possível com a guerra!
    Quando lhe for possível, dê-me notícias suas! Espero-as ansiosamente!
    Ah! Como eu tenho inveja a todos os que se batem pela França e pelo génio latino!
    Se eu pudera ser, ao menos, uma bota do Joffre?! Joffre é o novo Marius!

Todos os meus lhe desejam a ventura possível no meio de tão grande e sublime tragédia.
A França atravessa o maior momento da sua vida. Deixe-me, neste momento, abraçá-lo de longe, de encontro ao meu coração. Viva a França!

                                          Teixeira Pascoaes

* * *

18 Outubro [1]914
Amarante
Portugal

Meu querido Amigo:

Com que alvoroço li a sua carta. Eu vi que os bárbaros (sem ofensa aos antigos vândalos) estiveram nas proximidades de sua casa! Vejo com imensa alegria que o meu querido Amigo e sua querida Família nada sofreram.!
    E nada sofrerá agora, porque *eles* jamais voltarão sobre Paris. Vejo que foi chamado às armas. Que honra e glória lutar pela França! Peço a Deus que nada sofra, nem o mais leve ferimento. Sim, breve, festejaremos juntos a vitória!
    Quando puder dar notícias suas, peço-lhe que me faça este obséquio. Creia que penso em si todos os dias. Eu e meu Pai falamos constantemente sobre a guerra e a nossa confiança na vitória é inabalável. A atual mocidade francesa ultrapassa tudo o que de mais heróico tem havido no mundo. Em cada rapaz vive a alma duma Joanna D'Arc! Ai, dos bárbaros que serão exterminados!
    A destruição de Reims! Que pavor! Eterno crime inexpiável!
    Os pescadores duma praia do norte de Portugal, quando há tempestade no mar, imploram os santos duma igreja situada à beira-mar. Se a tempestade não abranda, isto é, se os santos não atendem as orações dos pescadores, estes apedrejam-nos, lapidam-nos furiosamente! Lembrei-me deste facto, ao ler a notícia da destruição da catedral de Reims! O Kaiser implorou Deus para que lhe desse a vitória. Mas, como, em vez da vitória, sofreu a derrota do Marne, quis vingar-se de Deus, destruindo-lhe os seus templos!
    É o mesmo caso de selvagens, não é verdade?
    Viva a França! Viva Joffre!
    Todos os meus se recomendam com o maior interesse. Um grande abraço.

                                          Teixeira Pascoaes

* * *

26 Fev—[1]916
Amarante

Meu querido amigo:

O artigo de Leblond e o meu ligeiro comentário e a sua encantadora Poesia, animada do divino fogo! só podem sair à luz no próximo n° da *Águia*, de Março. O Álvaro Pinto teve de publicar neste último n° de Fevereiro— *Portugal et Brésil* — de Maxime Formont e *Aux Volontaires du Portugal et du Brésil* de J. Ghil, *Le Portugal et la Latinité*, de Xavier de Carvalho.
    Como eu vivo fora do Porto, onde vou raras vezes, pois não tornei a viver na Foz do Douro, por causa da minha doença, quem tudo dirige na *Renascença* e na *Águia* é o Álvaro Pinto.
    Escrevi-lhe há dias. Aqui continuo com toda a minha alma no Heroísmo Gaulês que vai desbaratar os bárbaros! Vivo uma ansiosa comoção permanente! Ah! se eu tivesse saúde! Como eu gostaria de participar do grande Drama! Ai de mim! Sofro do estomago, tal como a minha pátria sofre da alma!
    Escrevo-lhe estas linhas no grande momento em que se trava a batalha de Verdun! Assisto sereno, absolutamente confiado no nosso triunfo. Esta batalha vai dar o *princípio evidente* do fim da Alemanha.
    Creio bem, já que o *touro teve de dar a sorte final*, como se diz em Espanha que a Vitória está mais próxima que o que se pensa.
    Glória à França!
    Um grande e saudoso abraço.

Pascoaes

* * *

24 Junho [1]919
Amarante

Meu querido e inolvidável amigo:

O seu bilhete causou-me grande alvoroço. Vou ter a ventura de o ver e abraçar em terras de Portugal, depois de bastantes anos e de que terríveis anos!
    Felizmente, a tempestade passou derrubando o porco criminoso. Nunca a intervenção divina foi tão sensível nos acontecimentos humanos!

Sim. Hei de vê-lo em Coimbra e Amarante. Irei esperá-lo à Cidade do Mondego.

Recebi há dias uma revista da Alexandria, com belas traduções de alguns poetas portugueses, entre os quais tive o grande prazer de ver a minha pessoa representada. Muito e muito obrigado!

O ano passado fui a Barcelona, a convite do *Instituto de Estudos Catalães* fazer umas conferências que tenho agora no prelo — *Os Poetas Lusíadas*.

Quis ir a Paris nessa ocasião. Mas a fronteira estava fechada. Foi nas vésperas da sublime contra-ofensiva vitoriosa de Foch.

Mas espero não morrer sem ver a Gloriosa Cidade, capital do mundo.

Cá fico à sua espera, com o maior desejo de o ver e abraçar. Toda a minha Familia o espera também ansiosamente e lhe envia muitas lembranças.

Um grande abraço!

Pascoaes

P.S. Pode-me dizer se vem nos princípios de Julho, em meados ou no fim? Gostava muito de saber isso.

Pascoaes

* * *

Fev. de 1930
Lisboa — Rua Buenos Aires — 17

Queridissimo Poeta:

Mil agradecimentos pelas suas palavras tão amigas! Tenho tido e tenho ainda um trabalho brutal com a revisão de provas das minhas *Obras Completas*. Brevemente lhe enviarei alguns volumes. Muito me alegra a ideia de o ver e abraçar aqui nesta terra que tanto lhe deve, e, sabe tudo, na minha aldeia natal. Vamos tratar deste caso tão interessante para nós todos.

O assunto das suas conferências é admirável e deve causar a melhor e maior impressão no nosso meio!

Muito e muito lhe agradeço também a honra que me dá, prefaciando a antologia minha, traduzida muito bem pela nossa querida confrade Suzanne Jeusse!

É uma senhora encantadora que o admira e estima verdadeiramente.
Ela e todos os meus lhe enviam muitas saudades e todos esperam ansiosamente a vinda a Portugal de tão ilustre Poeta de França e nosso amigo!
Muitas saudades minhas e um grande abraço.

Teixeira Pascoaes

* * *

Sua casa
em Amarante
22 de abril 1930

Meu queridissimo Poeta e Amigo:

Saúde e felicidades.
Acabo de ler o Prefácio da Antologia, que me causou a maior e a melhor impressão! É uma obra prima do talento e da ... amizade! Assim eu o mereça. Agradecer-lhe não é com palavras; é com o mais puro do meu coração.
Para o outono, aqui o espero. Deve vir por Salamanca, Barca de Alva, linha do Douro até Amarante. Depois, daqui partiremos para o Porto e Lisboa.
Nessa época, a capital já estará com toda a sua população, e principalmente com todas as pessoas que nos são precisas. Creio bem que terá um sucesso; a não ser que os Portugueses sejam os últimos ingratos. Mas não serão, creio bem. Eles sabem quanto a Pátria deve a Philéas Lebesgue, e sabem apreciar o seu grande talento de Poeta e de Escritor.
Vou lhe enviar, por este correio, os volumes já publicados das minhas *obras completas*. Corrigi apenas a forma. O *Marânus* ficou mais condensado, é claro. A correcção não foi feita a frio, e por isso, parece que não prejudiquei, mas antes melhorei, a minha obra, pois tenho um sentido mais nítido e perfeito da expressão. E a expressão é quase tudo.
Suzanne Jeusse está aqui, traduzindo outros livros meus; um, em prosa, chamado *Bailado*. Logo que saia a nova edição lhe enviarei. Entra no prélo, brevemente. Agora, estou corrigindo as segundas provas do *Marânus*, que deve sair à luz, dentro de um mês.
Há dez dias que regressei de Lisboa a estes montes brumosos. Ainda não vi o sol nem o Marão. Há só nuvens. É bem triste *este ninho meu paterno!*
Estou ansioso por ver, debaixo destas telhas, o tão querido e ilustre Poeta de França, Philéas Lebesgue! Será, para mim, um dia inolvidável, um daqueles dias que não passam.

Todos os meus e Suzanne Jeusse lhe enviam muitas saudades. Eu abraço-o com a maior gratidão, admiração e amizade.

Teixeira Pascoaes

* * *

Lisboa — 29 Jan. 1931

Muito querido Amigo:

Espero em Deus que já esteja completamente restabelecido da sua saúde. Assim o desejo do fundo do coração.
   Mil vezes agradecido pelo grande trabalho que lhe tem causado a minha obra. Ainda se ela o merecesse?
   Suzanne Jeusse já enviou, há dias, 2.500 francos à casa Messein.
   Também lhe agradeço imensamente o seu *Avant-propos*. A sua generosidade para comigo, meu querido Poeta, não tem limites! Beijo-lhe as mãos.
   Com que ansiedade eu espero o *grande dia* em que terei a ventura de o abraçar, nesta terra portuguesa que tanto e tanto lhe deve!
   Também a gripe me obrigou a estar uns dias de cama. Tem sido uma invasão universal. Quem dera cá a Primavera!
   A melhor saúde e as melhores felicidades lhe desejo! Um grande e saudoso abraço do seu muito grato e admirador.

Teixeira Pascoaes

* * *

12 Out. 1932
S. Casa em
Amarante

Queridissimo Poeta e Amigo:

Estive a tomar as águas das Pedras Salgadas. Quando regressei a casa, encontrei a sua carta e a poesia, tão bela, que profundamente me comoveu. E que saudades da sua estada aqui! O meu desejo seria tornar a vê-lo debaixo destas telhas, onde todos o admiram e amam verdadeiramente. O Philéas Lebesgue merece tudo dos portugueses. E de mim nem falarei!

Desejo-lhe a melhor saúde; e todos os meus lhe enviam muitas lembranças.

Sim, hei de ter ainda a imensa alegria de o ver e saudar nessa Bretanha da nossa raça e da nossa poesia!

Acabei uma historia da vida de S. Paulo. Estou a passá-la a limpo, a fim de a enviar ao editor. Veremos o que ficou.

Quando puder dar notícias suas, serão sempre recebidas com a maior alegria.

Estou ainda aqui até meados de Novembro. Depois irei passar um tempo no clima mais doce de Lisboa, Avenida Wilson, 111, 3º.

Um grande e saudoso abraço da maior amizade e admiração.

T. Pascoaes

* * *

1939
Amarante — 1 Dez.

Muito querido e grande Amigo!

Acabo de saber da justiça que lhe fez a *Academia Goncourt!* É com infinita alegria que vejo a França glorificar um dos seus filhos mais ilustres! A admiração e a amizade que lhe dedico e a gratidão que lhe devo, exultam na minha alma, que vai, nesta carta, até Neuville-Vault, para lhe dar o maior abraço!

Todos os desta sua casa o lembram sempre com a maior saudade! Esperamos ainda tornar a vê-lo, aqui.

O meu tradutor Theleu, cá está a traduzir-me o *Napoleão* já concluído. É uma excelente pessoa; ele e a esposa.

E os Bárbaros? Oh, o Império Romano está ainda muito forte. A França é Marius! E a Inglaterra Temístocles!

Saúde! Saúde! Saúde! e um imenso abraço do

Pascoaes

Mário de Sá-Carneiro
Du Symbolisme au Modernisme[*]

François Castex

Dans une lettre à Fernando Pessoa du 27 Novembre 1915, Sá-Carneiro écrit: "ouvi outro dia, esta definição do belo [...], mas que acho interessante e, sobretudo, definidora do belo interseccionista: Belo é tudo quanto nos provoca a sensação do invisível".[1] Si le symbolisme peut se définir comme une tentative de figurer ou même d'atteindre une réalité invisible à partir d'une évocation du monde sensible, concret, s'il s'agit d'ouvrir des fenêtres vers un au-delà que le réalisme n'avait pas voulu connaître, cette définition du Beau que Sá-Carneiro reprend à son compte est bien une déclaration symboliste. Il ne s'agit plus de décrire mais désormais de suggérer, un mot que Sá-Carneiro utilisera pour F. Pessoa comme pour lui-même. Il écrit à son ami à propos d'une poésie qu'il vient de recevoir:

> O meu amigo vai criando uma nova linguagem, uma nova expressão poética e—veja se compreende o que quero significar—conseguiu uma notável força de *sugerir* que é a beleza maxima das suas poesias sonhadas.[2]

A propos de son récit *Mistério*, il revient sur le sujet:

> O narrador, em face do que conhecia dos ideais dos seus amigos, *sugere* (não explica, apenas sugere vagamente) que a morte seria devida à *compreensão* daquelas duas almas...[3]

Mallarmé, dans sa réponse à l'enquête de Jules Huret, écrivait:

> Nommer un objet, c'est supprimer les trois quarts de la jouissance du poème qui est faite du bonheur de deviner peu à peu: le *suggérer*, voilà le rêve. C'est le parfait usage de ce mystère qui constitue le symbole: évoquer petit à petit un objet pour montrer un état d'âme, ou inversement, choisir un objet et en dégager un état d'âme, par une série de déchiffrements.[4]

Sá-Carneiro a parfaitement perçu ce double aspect du symbole et on ne peut s'empêcher de rapprocher ce qu'il écrit de ce qu'exprimait Mallarmé.

> Seria como um simbolismo às avessas: em vez de traduzir coisas por símbolos, traduziria símbolos por coisas reais.[5]

---
[*] Texte de la communication présentée au Colloque "Du symbolisme au modernisme au Portugal", Paris, Centre Culturel de la Fondation C. Gulbenkian, mars 1990.

L'auteur de *Dispersão* se tiendra à cette démarche après avoir affirmé son abandon du monde réel et décidé de se tourner vers la recherche de la perfection et de la beauté:

> A vida, a natureza,
> Que são para o artista? Coisa alguma.
> O que devemos é saltar na bruma,
> Correr no azul à busca da beleza.[6]

Dans cette tentative d'atteindre la perfection,[7] images, métaphores et surtout symboles vont jouer un rôle essentiel. Quelques exemples peuvent montrer comment au-delà d'un symbolisme "classique" comme celui étudié par Pamela Bacarisse,[8] Sá-Carneiro va concevoir une vision personnelle du symbole qui lui permette de se définir; toujours dans le poème "Partida", il s'écrie: "Sou labirinto, sou licorne e acanto".

Il juge ce vers tellement important qu'il en fait le commentaire suivant à Fernando Pessoa:

> Peço-lhe que leia com atenção máxima as quadras da 2ª parte. Todas as palavras foram *pesadas*. Não há lá verbos de encher. Assim este verso "Sou labirinto, sou licorne e acanto" aparentemente disparatado, não é atendendo que licorne é um animal heráldico e fantástico, acanto (a folha de acanto) o motivo característico dum estilo arquitectónico—isto é beleza plástica—labirinto, emaranhamento. Logo eu quero tratar, entendo que se devem tratar, coisas emaranhadas, erguidas e infinitas, fantásticas e ao mesmo tempo esculpir beleza plástica nas frases.[9]

Le poète ne peut éviter que résonnent en nous d'autres échos que ceux qu'il évoque et quand on connaît les textes qui se développent à la suite de *Partida*, nous ne pouvons nous empêcher de penser au "labirinto da soledad", de penser que la licorne est un symbole de puissance et de pureté, que l'acanthe évoque le triomphe du héros. Sá-Carneiro a--t-il conscience que l'expression de ce *vers* évoque son orgueil de poète, orgueil de celui qui déclare à Fernando Pessoa "nós somos os superiores".[10]

Et cependant, Sá-Carneiro se dépeindra souvent en état d'échec; on ne compte plus les symboles qui évoquent la chute après l'envol, et cela immédiatement après une affirmation symbolique valorative:

> Sou estrela ébria que perdeu os céus
> Sereia louca que deixou o mar
> Sou templo prestes a ruir sem deus
> Estátua falsa ainda erguida ao ar...[11]

Dans les moments où il est conscient de son génie, il peut écrire:

> Sou luz harmoniosa e chama genial
> que tudo ousa.

Deux vers qui viennent se briser sur ce qui n'a été qu'un feu de paille:

> Mas a vitória fulva esvai-se logo
> E cinzas, cinzas só, em vez de fogo[12]

Le feu, symbole de la vie, de l'amour, s'efface pour laisser place aux cendres de la mort.

Avec cette opposition dans les deux derniers vers de *Dispersão*, le poète va plus loin, il écrit:

> Castelos desmantelados
> Leões alados sem juba

Le château évoque un refuge solide situé sur une hauteur, or le poète le prive de ses créneaux et de sa tour que l'on peut imaginer en ruine. Désormais, le château "desmantelado" sera évoqué par les mots suivants: "salas desertas, panóplias e armas perdidas, terraços e escadarias, a realeza perdida". Le Seigneur qui habite ce château est *O Lord*, un dandy décadent, "Milord reduzido a viver de imagens".

Quant au dernier vers du poème, Sá-Carneiro lui accorde une importance telle qu'il va le commenter ainsi pour Fernando Pessoa:

> Do final da poesia gosto muito, muitíssimo, por a terminar quebradamente, em desalento de orgulho: leões que são mais que leões, pois têm asas e aos quais no entanto arrancaram as jubas, a nobreza mais alta, toda a beleza das grandes feras douradas.[13]

Sá-Carneiro a-t-il été conscient que si l'on arrache au lion sa crinière, il pered son attribut de mâle. On rejoint ici l'ambiguité sexuelle de bien des passages de l'oeuvre en prose comme de la poésie où l'on peut parler de "bi-sexualisme".[14] Le lion devient l'image d'une créature qui se situe entre les deux pôles de la sexualité. On retrouve cette ambiguité dans les quatre derniers vers de "Abrigo":

> Mancenilha e bem-me quer
> Paris—meu lobo e amigo...
> Quisera dormir contigo
> Ser toda a tua mulher![15]

La symbolique de ces quatre vers est très riche; il n'y a pas auto-destruction du symbole mais très forte opposition: "mancenilha", fruit du mancenillier appelé encore arbre poison ou arbre de mort; il représente ici Thanatos opposé à l'amour, l'Agapê, "bem me quer". Le loup, symbole solaire renforcé par le mot "amigo", un de ces mots les plus chargés de sens et d'affectivité chez Sá-Carneiro, ce loup par lequel le poète rêve d'être dévoré par amour. Plus tard, Mário développera le dernier vers d'une façon assez maladroite dans la poésie *feminina* qui commence par: "Eu queria ser mulher..."[16]

De maintes façons Sá-Carneiro voudra s'éloigner le plus possible de tout ce qui est visible, tangible, pour chanter le mystère et la nostalgie de l'*Além*. Cette volonté d'éloignement du monde concret, "a vida diária", pour laquelle Sá-Carneiro se sait peu doué, va se traduire par la façon dont il va utiliser les noms des villes qu'il cite dans ses poésies. Alors que dans *Princípio*, à 18 ans, il est plein d'enthousiasme pour cette Europe qui le fait rêver, il cite une cinquantaine de noms de villes et de pays européens, villes et pays où il promène parfois avec jubilation ses héros, comme, dans *O Incesto*, la famille Noronha. Dans *A Confissão de Lúcio*, il n'en reste plus que 21 et 17 dans les poésies. Avec le temps et la maturité poétique, il a opéré une décantation, un dépouillement, de son oeuvre. Dans *Dispersão* et les *Indícios d'oiro* nous ne trouvons plus que des symboles de villes ou de pays qui ont perdu toute réalité; pour arriver à ce résultat, l'éćrivain va citer ces nomes au pluriel: Chinas, Escócias, Rei de Pérsias, outras Turquias, Doge de Venezas, Byzâncios—Alma. Nous voici plongés dans un monde de l'imaginaire et seuls deux mots échappent à ce traitement: Paris et Europa, ce qui n'est pas sans signification.

Il est donc normal que l'abandon du monde extérieur entraîne toute la symbolique de Sá-Carneiro à se rapporter à sa vie intérieure et que son inspiration débouche toujours sur un drame ou un échec. Pensons au conte de *Céu em Fogo*, *Asas*, symbole pourtant prometteur: l'aile a toujours exprimé le désir de l'élévation, le dépassement des conflits, la légéreté spirituelle; or le conte se termine par la folie du héros et la disparition de son oeuvre. Dans le poème *O Lord*, le titre ne doit pas tromper car "O Lord arrasta por esta [vida] a sua decadência". Le magnifique poème *Quase* laisse entrevoir l'amour, le triomphe, mais les derniers vers proclament:

> Um pouco mais de sol—e fora brasa,
> Um pouco mais de azul—e fora além.
> Para atingir, faltou-me um golpe de asa...
> Se ao menos eu permanecesse aquém...

A ce rayon d'espoir entrevu, s'oppose *A Queda*, qui se termine par ce vers douloureux:

> Tombei...
> E fico só esmagado sobre mim![17]

Le poète se trouve écrasé par sa propre existence, son propre moi, la tension qui le pousse vers l'*Além* ne débouche que sur lui-même, labyrinthe d'où il ne peut fuir. Un texte caractéristique à cet égard est *Álcool*, symbole de l'eau et du feu, de l'inspiration créatrice, qui est un aveu que rien d'extérieur à son moi ne soutient sa création poétique, il est lui-même la source de sa propre ivresse et il est bien exact que toutes ses poésies témoignent de ce "mundo interior" (17 bis):

> Nem ópio nem morfina. O que me ardeu
> Foi álcool mais raro e penetrante...
> É só de mim que ando delirante—
> Manhã tão forte que me anoiteceu.[18]

Pour ne pas multipler les citations à l'infini, je citerai cet auto-portrait symbolique:

> Eu fui herói de novela
> Que autor nenhum empregou[19]

*

Ainsi, lorsque Sá-Carneiro atteint sa stature de poète de génie, il ne va pas se contenter d'un usage banal du symbole, mais il l'intègre à sa conception de vie intérieure. Dans *Princípio*, il se contentait d'un symbolisme "classique" "qui unit les contradictions et réduit les oppositions"[20]; lorsqu'il cite le poème "Ironias do Desgosto" de Cesário Verde

> "Vai-nos minando o tempo—o tempo—o cancro enorme"[21]

il en est au stade où il accepte cette liaison simple entre *tempo* et *cancro*. Désormais, sa symbolique accentuera les oppositions comme nous l'avons vu pour traduire le dualisme irréconciliable âme / corps,[22] dualisme qui ayant rejeté "a vida, a natureza" aboutira au repli du poète sur son "mundo interior"[23], expression fréquente sous sa plume. Un chercheur brésilien parle à ce propos de "auto-desprezo", "auto-negação", "auto-rejeição".[24] Cette prise de conscience par le poète d'un drame sans solution possible l'amène à une recherche des symboles qui doivent exprimer le drame d'un moi qui s'auto-détruit, qui ne se réalise pas en plusieurs personnalités, les hétéronymes, comme chez son ami Pessoa, mais qui, oserais-je dire, n'explose pas mais implose pour aboutir à la mort.

Au moment où Picasso brise l'harmonie du visage humain, où, à Vienne, Schoenberg brise la tonalité, Sá-Carneiro nous montre comment la solitude, l'impossibilité d'entrer en relation avec l'autre aboutit à l'auto-destruction de l'être. Cette vision de l'homme à l'aube du XXème siècle, tant par son déploiement implacable comme par son expression moderne, "moderniste", est sans doute ce qu'il y a de plus accompli dans l'oeuvre de l'auteur de *Dispersão*.

Notes

1. *Cartas a Fernando Pessoa*, vol. II, lettre 91, p. 128.
2. *Cartas a Fernando Pessoa*, vol. I, lettre 11, p. 63.
3. *Cartas a Fernando Pessoa*, vol. I, lettre 10, p. 59.
4. Cité par Guy Michaud, "Langage poétique et symbole", *Les Etudes philosophiques, Le Symbolisme*, Juillet–Septembre 1971.
5. *Cartas a Fernando Pessoa*, vol. I, lettre 23, p. 126.

6. *Poesias*, p. 52—rappelons ici que l'*Azur* de Mallarmé a été composé en 1864 et publié dans le *Premier Parnasse Contemporain* en 1866; on retrouve dans l'*Azur* les mots brume et brouillard qui ont un sens opposé à celui qu'emploie Sá-Carneiro.
7. *Asas* est ainsi défini par Sá-Carneiro: "É a história do artista que busca a perfeição e a ultrapassa sem a conseguir atingir (além—perfeição)" in *Cartas a Fernando Pessoa*, vol. I, p. 59.
8. *Cf.* Pamela Bacarisse, *A Alma Amortalhada—Mário de Sá-Carneiro's use of metaphor and image*, London, Tamesis Books, 1984.
9. *Cartas a Fernando Pessoa*, vol. I, lettre 12, p. 72.
10. *Cartas a Fernando Pessoa*, vol. I, lettre 35, p. 177. A rapprocher aussi de: "Porque somos uma geração superior", vol. I, lettre 4, p. 35; "Um certo orgulho entendo que vai bem ao artista", vol. I, lettre 14, p. 88; "Ao que estão condenadas as almas geniais!", vol. II, lettre 26, p. 146.
11. *Poesias*, "Estátua falsa", p. 66.
12. *Poesias*, "Escavação", p. 55.
13. *Cartas a Fernando Pessoa*, vol. I, lettre 20, p. 110.
14. *cf.* Mauricio Xavier, *Mário de Sá-Carneiro, Labirinto de ismos*, Universidade Federal de Viçosa, Impresa Universitaria, Viçosa, Minas Gerais, 1989.
15. *Poesias*, "Abrigo", p. 130.
16. *Cartas a Fernando Pessoa*, vol. II, lettre 101, p. 159.
17. *Poesias*, "A Queda", p. 79.
18. *Poesias*, "Álcool", p. 58. On notera que *Alcool* d'Apollinaire paraît au *Mercure de France* en *Avril 1913*, Sá-Carneiro écrit sa poésie le *4 Mai 1913*.
19. *Poesias*, "Cinco horas", p. 135.
20. *cf.* Luc Benoist, *Signes, Symboles et Mythes, Que sais-je*, PUF, 1985, p. 5.
21. *cf. Princípio*, p. 67.
22. "A minha alma é esguia—vibra de se elançar. Só o meu corpo é pesado. Tenho a minh' alma presa num saguão." *Céu em Fogo*, "Eu próprio—o Outro", p. 209.
    Dans la première édition de *Dispersão* éditée à compte d'auteur, est prévue une édition de *Céu em Fogo* qui devait comprendre une "novela", *Mundo Interior*, dont le manuscrit n'a pas été retrouvé, comme l'indique la *Tábua Bibliográfica* publiée p. 81 de l'édition des *Indícios de Oiro*, Edições "Presença", Porto, 1937.
23. *Cf.* Maurício Xavier, *op. cit.*

Super Flumina Babylonis ou la projection dans le miroir

Michelle Giudicelli
Université Lumière-Lyon II

"Prince des poètes", poète emblématique si jamais il en fut, Camões n'a cessé depuis la fin du XVIIIème siècle de susciter des épigones et d'alimenter des écrits littéraires ou critiques de toute sorte. A l'époque contemporaine, Jorge de Sena, plus que tout autre, peut-être, lui a manifesté un intérêt soutenu tout au long de sa carrière d'écrivain[1]. En témoignent non seulement les grands textes critiques écrits dans les années 1960 que sont *Os Sonetos de Camões e o Soneto Quinhentista Peninsular, Uma Canção de Camões, A Estrutura de "Os Lusíadas" e Outros Estudos Camonianos e de Poesia Peninsular do Século XVI*, mais aussi les essais et les nombreux articles qu'il lui a consacrés dès 1948 et jusqu'à l'année même de sa mort survenue en 1978[2]. Son intérêt pour le grand poète de la Renaissance portugaise ne s'est cependant pas limité à ces écrits érudits. En 1964, l'année même où Jorge de Sena présentait sa thèse de doctorat sur *Os Sonetos de Camões e o Soneto Quinhentista Peninsular*, l'image de Camões le hantait au point d'envahir totalement son imaginaire; c'est alors qu'il écrivit une nouvelle mettant en scène un poète vieilli et malade, un poète sans nom, certes, mais aisément identifiable, aussi bien par le titre même de la nouvelle, *Super Flumina Babylonis*[3], qui reprend le titre latin d'un psaume de David dont Camões écrivit une célèbre paraphrase poétique, que par les premiers vers du poème que l'on voit s'élaborer à la fin du récit imaginé par Jorge de Sena[4], et par d'autres qui s'intègrent également au texte de la nouvelle[5]. L'épigraphe qui précède le conte fait elle-même directement allusion à l'auteur des *Lusiades*, car elle est tirée d'un ouvrage que Latino Coelho a consacré à ce dernier. Le texte de cette épigraphe se présente comme un avertissement au lecteur: *É que os génios não têm, não precisam de ter biografia*[6]. Or, paradoxalement, semble-t-il, le récit qui constitue le conte reprend très scrupuleusement nombre d'éléments de la biographie de Camões retrouvés et retenus par Jorge de Sena au cours de ses recherches. Lui-même précise d'ailleurs certaines de ces allusions dans une longue note qui accompagne le texte de la nouvelle, et l'on peut en retrouver d'autres dans les écrits sur lesquels Sena a fondé ses propres hypothèses.[7] On est alors en droit de se demander pourquoi l'auteur a choisi une telle épigraphe tout en brossant un tableau aussi fidèle que celui qu'il s'est fait de la vie de Camões. Mais, avant de tenter de répondre à cette question, il nous faut constater à quel point ce tableau est enrichi de touches beaucoup plus personnelles.

Sena a choisi de construire sa nouvelle autour des dernières années de la vie de l'auteur des *Lusiades*[8], des années difficiles, marquées par la misère, la maladie et le découragement. Le poète vit avec sa mère, d'une maigre pension, dont le versement se fait souvent attendre, et de commandes de poèmes. Le texte le présente seul ou en compagnie de sa mère — une compagnie qui n'en est pas vraiment une, car il n'existe pas la moindre communication entre eux — et fait alterner deux monologues, un monologue intérieur, celui du poète, *ruminando memórias e tristezas*[9], qui médite aussi sur le mystère de la création poétique, et un autre très extérieur, celui de la mère, tout entier attaché à des préoccupations immédiates et matérielles. Or, lorsqu'on connaît la biographie de Sena, on ne peut s'empêcher de faire le rapprochement entre la situation dépeinte et celle qu'il a vécue à une certaine époque de sa vie, qu'il vient alors d'évoquer dans certains des récits qui constituent les contes des *Grão Capitães*[10], et qui le hantent encore certainement en cette même année 1964 puisqu'il a commencé d'écrire le long roman qu'il n'achèvera pas. En effet, entre 1944, année où il termine ses études, et 1949, année où il se marie, l'écrivain, alors ingénieur stagiaire, vit à Lisbonne avec sa mère. Leur situation financière est des plus critiques: comme le poète de sa nouvelle, il écrit pour manger[11]; comme lui, il a connu l'aventure maritime, participé à des orgies, est souffrant[12]; comme lui, il connaît l'amertume, rêve de gloire[13], se considère comme un grand poète, affiche des idées peu orthodoxes en matière de religion, consacre à la peinture de l'amour une grande partie de son oeuvre de création. Comme lui enfin, il a une conception intellectuelle de la poésie, qu'il envisage comme *uma meditação sobre o destino humano e o próprio facto de criar linguagem*, conception qu'il met clairement en oeuvre dans la présente nouvelle, partage la certitude *que a ordem [. . .] do Mundo era um desconcerto que ele organizava mentalmente*[14], et pourrait dire qu'il a toujours écrit *Para os outros. Para que o ouvissem, para que o admirassem, para que o entendessem, para que vissem como tudo, na vida, tinha um sentido exacto que só ele era capaz de achar, uma arquitectura que não teria sido sem ele, uma beleza que não existe senão como a idéia que primeiro é pensada por quem é digno dela*[15]. Il reprend certains termes de Camões — *desconcerto do mundo, pedaços de ardente gelo* — pour définir les mots qui naissent dans l'esprit du poète, intègre à son propre texte, nous l'avons vu, des extraits de ses poèmes, invente même une première version des premiers vers de *Sobre os rios*[16].

Toutefois, si l'on reconnaît la pensée et parfois l'écriture du grand poète *quinhentista*, derrière la figure de ce Camões "revisité" se profile très nettement celle du scripteur, même si l'on peut relever, ici ou là, dans cette similitude de vie et de pensée des deux poètes, quelques contradictions apparentes. C'est un Camões vieux, ou du moins prématurement vieilli, qui apparaît dans le conte, alors que Sena n'avait que vingt et quelques années lorsqu'il avait connu les mêmes difficultés existentielles que celles évoquées dans le récit, mais Jorge de Sena se plaint, à cette époque, d'écrire *uma poesia de velho* et envisage la jeunesse comme *a única coisa, única, de que tenho saudades, porque a não tive*[17], et il a, par ailleurs, au moment où il écrit *Super Flumina Babylonis*, le même âge que le poète qu'il fait revivre, à quelques années près. Sena est marié et à la tête d'une famille nombreuse lorsqu'il fait dire à Camões qu'il déteste les enfants[18], mais cette affirmation, plausible dans la bouche d'un célibataire, ne doit cependant être considérée qu'en fonction du contexte dans lequel elle s'insère. Elle semble en effet n'être là que comme prétexte à fournir la métaphore de l'enfantement pour évoquer le mystère de la création poétique, mis en parallèle avec celui de l'incarnation:

> Sentir-se grávido de um poema, sentir-se fecundado por um relâmpago entrevisto, e ser um homem—é o mais que pode saber-se. Não o sabe a mulher que dá à luz, porque é delas dar à luz, às vezes sem ter amado. Não o sabe o homem que quer ter fihos, porque os pode fazer sem amor. Mas o poeta que praticou o amor até a destruição da carne, e escreveu poemas até que o espírito acha pouco a poesia, esse, sim, sabe o que a Encarnação seja[19].

Ce thème est récurrent dans le conte, dont la visée essentielle semble bien être, en effet, de montrer un poète (Camões, mais, nous l'avons compris, également Sena), totalement habité par la poésie. Ses rapports avec le monde extérieur sont de deux ordres. Il se coupe volontairement de tout ce qui représente l'agitation de la vie, incarnée ici par sa mère, qu'il s'efforce de ne pas entendre. Dès le début, la narration nous le montre *ruminando memórias e tristezas, enquanto a velha mãe prosseguia intermináveis arrumos pontuados de começos de conversa, a que respondia com sorrisos e distraídos monossílabos ou com frases secas em que ripostava mais a si próprio que a ela mesma*[20]. Le récit est d'ailleurs entièrement structuré par une alternance de monologues parallèles dont le contraste est souligné de façon significative non seulement par leur contenu, mais aussi par le langage dans lequel chacun des locuteurs s'exprime, un langage familier, coloquial, lorsqu'il s'agit de la mère, et soutenu lorsqu'il s'agit de celui du poète. Les seuls vrais interlocuteurs de ce dernier, absents en tant que personnages mais évoqués dans le corps du récit, sont ceux avec lesquels il entretient des relations intellectuelles: les moines dominicains, le Père Manuel Correia, premier commentateur des *Lusiades*, dont le discours de la mère souligne toute l'admiration qu'il a pour le poète, et Pero de Magalhães Gandavo, qui, dès 1574, mettait Camões au rang des plus grands poètes portugais[21]. Enfin l'homme qui nous est montré, *envelhecido e doente, que a vida destruíra*[22], n'a plus de souvenirs que ceux propres à alimenter son inspiration poétique: *Agora*, dit le texte, *assim alquebrado e impotente, tudo o que pensava, se o escrevesse, lhe parecia que era só desta poesia que pecava contra o Santo Espírito*[23]. Il ne reste donc plus que le poète, plongé dans ses pensées et en proie au doute, puisqu'il se croit abandonné non seulement par la vie, mais aussi par la poésie, dont nous voyons toutefois à quelle point elle l'obsède, et comment elle prend naissance en lui, de façon très progressive, au cours d'une véritable transe:

> Levantou-se, impelido por uma ânsia que lhe cortava a respiração, uma tontura [...] Já as palavras tumultuavam nele [...] Eram como uma tremura que o percorria todo de arreios, com hesitações leves, concentrando-se em pequenas zonas da pele [...] Tremendo todo, mas, com a mão muito firme, começou a escrever....[24]

Il est bien évident que nul ne peut dire si Camões a connu de telles transes. En revanche, elles ne sont pas étrangères à Sena, si l'on en croit, par exemple, l'expérience vécue et racontée par un autre double de l'écrivain, son homonyme, le narrateur du roman largement autobiographique *Sinais de Fogo*, et se manifestent d'une façon très semblable à celle ici décrite; on les retrouve parfois présentées sous les mêmes termes:

> Senti uma tontura agoniada que me fez encostar a cabeça à vidraça. [...] Nessas ocasiões, a agonia aumentava, num vago tremor que se tornava ansioso, expectante[25].

L'identification entre les deux poètes ne fait donc aucun doute. Mais elle ne se limite pas à des manifestations extérieures portant sur des correspondances biographiques ou une même vocation poétique. Si Sena a choisi de présenter Camões dans les dernières années de sa vie, avec toutes les souffrances et les angoisses évoquées plus haut, c'est, semble-t-il, pour préparer l'éclosion d'un poème d'une importance capitale dans l'oeuvre de son auteur. Le thème du psaume dont il s'inspire, et qui a été interprété de façon fort différente par ses nombreux traducteurs[26], est l'exil. Lorsqu'il écrit la nouvelle, Jorge de Sena vit cette situation au Brésil, où il a fui le régime salazariste en 1959; il vient d'en adopter la citoyenneté pour pouvoir présenter sa thèse sur Camões. A ce titre, le psaume doit trouver de profondes résonnances en lui, qui supporte difficilement cette situation d'exilé, comme il appert de nombreux poèmes écrits au cours de ces années-là. Mais en ce qui concerne *Sobre os Rios*, contrairement à la plupart des commentateurs du poème, qui croient y voir l'écho d'un exil vécu, il le situe dans les dernières années de la vie de Camões, c'est-à-dire après son retour à Lisbonne. Loin de nier la marque personnelle du grand poète, Sena la situe à un niveau beaucoup plus profond et intellectuel, que l'on retrouve d'ailleurs, sous tous ses aspects, dans le long soliloque qui précède l'écriture du poème dans la nouvelle. Et a définition du poème, qu'il présentera plus tard dans son article "Babel e Sião" comme étant *mais do que uma paráfrase bíblica [...] "Une Saison en Enfer", uma profissão de fé pessoalíssima, e uma despedida ou testamento poético*[27], s'accorde pleinement avec la présentation d'un homme vieilli et désespéré, qui se prépare à la mort; par ailleurs, dans le même article, Jorge de Sena assimilera l'exil babylonien au *desconcerto do mundo*[28], thème camonien par excellence.

Quant à sa définition du poème, elle montre l'extrême importance qu'il revêt aux yeux de son commentateur, comme texte résumant l'essentiel de la pensée de Camões. On ne s'étonnera donc pas que ce soit sa maturation dans l'esprit de son auteur qu'il ait choisi de réinventer tout au long de sa nouvelle. Par ailleurs, dans le commentaire du poème, que constitue "Babel e Sião", il insiste sur *a extrema personalização de que a paráfrase é objecto*, et sur le fait qu'elle représente *o contraste entre uma experiência de vida e de poesia*[29], ce qui nous donne à son tour et *a posteriori* l'une des clefs de la nouvelle; cette dernière met en scène, nous l'avons vu, la personnalisation dénoncée par Sena dans le poème, qu'il considère comme *um dos mais emocionantes elementos que a ele [o poema] empresta, ao mesmo tempo, uma subjectiva pungência incomparável e uma magnífica majestade intelectual*[30], toutes choses qu'il a tenté de faire passer dans son propre texte, auquel il a su donner l'émotion nécessaire en se servant de sa propre expérience, tant vitale que poétique. On peut y voir également une réponse au paradoxe plus haut évoqué entre l'épigraphe précédant la nouvelle où est niée la biographie et le récit qui semble s'inspirer de cette même biographie. Cette lecture du poème de Camões par Sena est corroborée par la structure même de la nouvelle, où deux discours s'opposent, l'un, celui de la mère, correspondant à cette *experiência de vida*, c'est-à-dire à la biographie à son niveau le plus élémentaire, tandis que l'autre, tout intérieur, est entièrement consacré à l'expérience *de poesia*. Ce qui donne au texte tout son sens: les génies n'ont pas, et n'ont pas besoin de biographie, parce que ce qui fait justement d'eux des génies est étranger aux circonstances extérieures, et, pourrait-on ajouter, échappe à leurs biographes, ce que permet à ces derniers de les réinventer dans une certaine mesure en s'identifiant à eux et en se projetant en eux.

Jorge de Sena ne s'en prive pas, et son originalité dans son interprétation du poème se retrouve à d'autres niveaux. En matière de religion, par exemple, et contrairement à tous les autres commentateurs de *Sobre os Rios*, il refuse de reconnaître, dans toute la paraphrase du psaume de David par Camões, une lecture catholique de l'Ancien Testament[31], et voit, dans la façon dont Camões traite du mystère de l'incarnation, aussi bien dans son commentaire du poème que dans le texte de sa nouvelle, une interprétation strictement néoplatonicienne selon laquelle l'alternative du poème serait *ou a transposição poética, ou "a confusão de Babel"*[32]. Le poète présenté dans la nouvelle est, lui aussi, éloigné de l'orthodoxie catholique[33], ce qui n'est pas sans rappeler les idées de Jorge de Sena sur la religion. Par ailleurs, lorsqu'il fait allusion au mode de pensée du poète qu'il met en scène, qui se présente ayant *a certeza de que existia, de que as coisas se arrumavam por sua vontade, que a ordem delas e do Mundo era um desconcerto que ele organizava mentalmente*[34], il reprend à Camões l'idée et le terme de *desconcerto*, mais cette démarche d'esprit est on ne peut plus sénienne[35]. Il en va de même du désir viscéral d'être admiré et reconnu, qui apparaît plusieurs fois dans la nouvelle, et abondamment dans la correspondance de Sena. Enfin, dans certaines des idées présentées dans la nouvelle sur la poésie et sur l'amour, on reconnaît des positions propres à Jorge de Sena. *Umas vezes escrevera na verdade para saber o que pensava*[36] renvoie directement au *eu apreendo o que escrevo* du poème Os trabalhos e os dias écrit en 1942[37], de même que la façon dont il présente Camões évoquant le temps où *quando era moço, repetia de seguida o acto de amor, não porque desejasse, mas para sentir melhor que possuía*[38] n'est pas sans faire penser à certains passages de Sinais de Fogo, de A Grã Canária ou du conte Os Amantes du même recueil Antigas e Novas Andanças do Demónio.

A travers le procès d'écriture, on assiste donc, au fil de la nouvelle, à la mise en place progressive d'un véritable jeu de miroirs, Camões réinterprétant le psaume de David dans son poème, et Sena réinterprétant dans son texte l'interprétation du psaume par Camões, et y projetant des caractéristiques qui lui appartiennent en propre. Si l'on ajoute à cela que, à l'époque de la Renaissance, David était considéré comme le poète par excellence[39], et, à ce titre, l'égal d'Orphée[40], la parabole s'élargit plus encore[41]; à travers Sena-Camões-David-Orphée — les "génies" de l'épigraphe —, c'est, au-delà de l'évocation bouleversante des souffrances d'un homme, la nature même de la poésie qui fait l'objet de la nouvelle. Manifestation mystérieuse surgie des insondables profondeurs de l'être, transe aussi imprévisible qu'irrépressible, c'est bien elle qui, quand le verbe se fait chair, rend l'élu semblable aux dieux, son humanité souffrante en fût-elle réduite à l'effrayant naufrage de la vieillesse. C'est, en vérité, sur ce terrain de l'expérience fondatrice de la poésie que s'opère la véritable fusion entre le conteur et son personnage. Dès lors, on comprendra aisément que cet écrit soit l'un des plus profondément sentis dans l'exacte mesure où il émane d'un homme qui s'est toujours présenté comme habité par les mots. Pourtant, au-delà même d'une image fusionnelle qui relève du constat de lecture, peut-être conviendrait-il de s'interroger sur la fonction para "hétéronymique" que le poète Jorge de Sena assigne à un personnage aussi illustre que Camões, lui qui ne dédaignait pas non plus d'invoquer le patronage de cet autre "voleur de feu" que fut Fernando Pessoa lui-même.

Notes

1. Voir à ce sujet José Augusto Seabra, "Camões e Jorge de Sena" in *Estudos sobre Jorge de Sena*, Lisboa, Imprensa Nacional–Casa da Modea, Temas Portugueses, 1984, p. 139-51.
2. Ces articles ont été réunis dans deux volumes intitulés *Trinta Anos de Camões*, Lisboa, Edições 70, 1980.
3. Ce conte fait partie du recueil *Novas Andanças do Demónio* publié en 1966, puis de celui de 1978 qui réunit les *Antigas e Novas Andanças do Demónio*, Lisboa, Edições 70. C'est à ce dernier recueil, dans son édition de 1981, que nous renverrons.
4. *Sobre os rios que vão de Babilónia a Sião me achei onde sentado chorei as lembranças de Sião e quanto nela passei . . . Ibid.*, p. 166.
5. Il s'agit des premiers vers d'un célèbre sonnet de Camões: *Erros meus, má fortuna, amor ardente, / em minha perdição se conjuraram, / os erros e a fortuna sobejaram, / que para mim bastava amor somente. Ibid.*, p. 164.
6. *Ibid.*, p. 155.
7. Cela se retrouve dans les plus petits détails. Dans la nouvelle de Sena, la mère du poète lui apporte *um pastel de galinha*. Or, selon le Visconde de Juromenha, *o poeta era excessivamente guloso de galinhas*. In Aquilino Ribeiro, *Luís de Camões*, Lisboa, Livraria Bertrand, vol. I, 1974, p. 158.
8. Contrairement à d'autres biographes de Camões, qui retiennent la version du poème *Sobolos Rios* figurant dans la deuxième publication des *Rimas* de Camões et/ou en situent l'écriture en Asie ou au Mozambique (*cf.* la récapitulation faite sur ce point par Vasco Graça Moura, *Camões e a Divina Proporção*, Lisboa, Inova, 1985, p. 68), Jorge de Sena retient celle, *Sobre os rios*, de la première publication, et le lui fait écrire après 1572 en se fondant sur la biographie de Pedro de Mariz dont il reconnaît d'ailleurs l'influence directe pour l'élaboration de sa nouvelle (*Cf.* note, *op. cit.*, p. 226-227); il reprend d'ailleurs significativement une bribe de phrase de la biographie de Mariz dans le corps de son récit: *era mancebo, farto, e namorado, querido e estimado, e cheio de muitos favores, e mercês de amigos, e de damas, com que o calor poético se aumentava, e [. . .] agora não tinha espírito nem contentamento para nada . . . Ibid.*, p. 166-67 et 227 (texte de Mariz, identique à un point et une virgule près).
9. Jorge de Sena, *Antigas e Novas Andanças do Demónio, op. cit.*, p. 155.
10. Tous ces contes ont été écrits entre 1961 et 1962.
11. Dans une lettre à sa future épouse, il écrit le 1/12/46: *queria [. . .] pensar só em "G. Leal" e artigos (trabalho útil e dinheiro). São importantes essas actividades dezembricas, por causa daquele hábito inveterado, que algumas pessoas têm de comer*. In Mécia de Sena, Jorge de Sena, *Isto tudo que nos rodeia (Cartas de amor)*, Lisboa, Imprensa Nacional-Casa da Moeda, Biblioteca de Autores Portugueses, 1982, p. 111. Le lendemain, il parle à nouveau des *artigos para comer, o GOMES LEAL (comestível também), etc., etc. Ibid.*, p. 117.
12. *Ibid.*, passim, et en ce qui concerne les orgies liées à la vie maritime, le conte *A Grã Canária* du recueil *Os Grão Capitães*.
13. Voir Eugénio Lisboa, "O homem que queria ser rei", in *Estudos sobre Jorge de Sena, op. cit.*, p. 9–21.
14. Jorge de Sena, *Antigas e Novas Andanças do Demónio, op. cit.*, p. 156.
15. *Ibid.*, p. 157.
16. *Sobre os rios que vão de Babilónia a Sião assentado me achei. Ibid.*, p. 166.

17. Mécia de Sena, Jorge de Sena, *Isto tudo que nos rodeia (Cartas de amor)*, op. cit., p. 89.

18. *Quem amara com a carne e com o pensamento como ele, quem escrevera do Amor como ele escrevera, e quem não gostara nunca de crianças, como ele, tinha da Incarnação uma experiência que o frade não tinha.* Jorge de Sena, *Antigas e Novas Andanças do Demónio*, ibid., p. 159.

19. *Ibid.*

20. *Ibid.*, p. 155. Dans une lettre à sa future épouse, Jorge de Sena évoque des rapports identiques à ceux décrits dans le conte: *Em casa [. . .] a Mãe faz muita lamúria, que já estou farto de ouvir e desdizer—irrito-me, zango-me, digo brutalidades.* Op. cit., p. 121.

21. Sena précise l'allusion dans la note d'accompagnement: *Mas não só na encomenda a Camões dos poemas [. . .] podemos ver a admiração de Gandavo pelo poeta. Ele consigna-a em termos relevantes, quando, nas suas "Regras Que Ensinam a Maneira de Escrever e [sic] Ortografia da Língua Portuguesa", de 1574, havia pouco que "Os Lusíadas" tinham sido publicados inclui já Camões entre os grandes clássicos da Língua.* Jorge de Sena, *Antigas e Novas Andanças do Demónio*, ibid., p. 228.

22. *Ibid.*, p. 155.

23. *Ibid.*, p. 158.

24. *Ibid.*, p. 166. Il est par ailleurs fait allusion dans le texte à l'irruption de la poésie dans l'esprit du poète, sous forme de vers flottant soudain *no rio ininterrupto do pensamento [. . .] como pedaços de ardente gelo, que um a um se atrelavam para dar um poema* (*Ibid.*, p. 157). La transe, elle, serait en rapport avec l'état d'extrême angoisse figurée par l'image d'un puits terrifiant; voici ce qui l'annonce, où l'on retrouve l'idée du flux des pensées, mais sous un jour sinistre: *Estranhamente, no silêncio e no fluxo dos pensamentos, o poço abriu-se insólito e translúcido na sua profundeza negra, com as pequeninas formas flutuantes, e uma subia, subia, tomando cor e feição de uma medusa terrífica.* (*Ibid.*, p. 164).

25. Jorge de Sena, *Sinais de Fogo*, Lisboa, Edições 70, 1984, 3° édition, p. 423.

26. *Cf.* Maria de Lourdes Belchior, "As glosas do salmo 136 e a saudade portuguesa", in *Os Homens e os Livros*, Séculos XVI e XVII, Lisboa, Verbo, 1971, p. 19 sq.

27. Jorge de Sena, *Trinta Anos de Camões*, Lisboa, Edições 70, 1980, "Babel e Sião", vol. 1, p. 127. L'article avait été précédemment publié en 1977 dans *O Grande Dicionário da Literatura Portuguesa e de Teoria Literária*, dirigé par João José Cochofel, Inciciativas Editoriais, Lisboa.

28. *Ibid.*, p. 118.

29. *Ibid.*

30. *Ibid.*

31. *Não há, na inteira paráfrase, nada que não possa ser estrictamente interpretado como uma leitura neoplatónica (e estóica), mas não católica, do Velho Testamento. Ibid.*, p. 128. Seul Roger Bismut s'approche de cette interprétation, d'une façon toutefois plus nuancée, car il voit dans le christianisme de Camões *un christianisme de façade qui va à l'encontre de ses goûts et de ses tendances* (in *Visages de Luís de Camões*, conférences), Paris, Fundação Calouste Gulbenkian, Centro Cultural Português, 1972, p. 50.

32. Jorge de Sena, *Trinta Anos de Camões*, ibid., p. 130.

33. *Cf.* notamment le passage où le poète médite sur l'incarnation (Jorge de Sena, *Antigas e Novas Andanças do Demónio*, p. 159), et celui où sa mère se plaint de ce qu'il ne croie pas aux saints (*ibid.*, p. 162).

34. *Ibid.*, p. 156.
35. *Cf.* toute la méditation poétique de Jorge de Sena, et les longs passages de *Sinais de Fogo* où le personnage-narrateur analyse minutieusement tout ce qu'il vit pout mieux comprendre et les situations et les hommes et lui-même.
36. *Ibid.*, p. 158.
37. Jorge de Sena, *Poesia I, Coroa da Terra*, Lisboa, Edições 70, 1988, 3ème édition, p. 84.
38. Jorge de Sena, *Antigas e Novas Andanças do Demónio*, ibid., p. 158.
39. *"O Psaltério, lendariamente obra do rei que, autor e actor, era o símbolo do escolhido de Deus e do poeta enquanto tal, desempenharia um decisivo papel, para a comunicação poética* entre o Homem e Deus. Jorge de Sena, *Trinta Anos de Camões*, ibid., p. 121.
40. *Cf.* Vasco Graça Moura, *Camões e a Divina Proporção*, Lisboa, Inova/Artes Gráficas, 1985, p. 266–78, où l'auteur met l'accent sur l'assimilation qui se fait jour dans le poème de Camões entre la lyre d'Orphée et la harpe de David (p. 278).
41. Nous retreignons la présente étude à *Super Flumina Babylonis*, qui témoigne du commerce qu'entretint Sena avec Camões tout au long de sa vie d'écrivain, encore que son identification avec le grand poète de la Renaissance apparaisse dans d'autres oeuvres. Déjà, en 1961, il avait emprunté sa voix pour exprimer sa révolte contre la patrie ingrate dans le poème *Camões dirige-se aos seus contemporâneos*; plus tard, en 1972, en pleine guerre coloniale, il lui prête, dans un poème intitulé *Camões na ilha de Moçambique*, des propos d'une violence rare pour signifier sa conception d'une poésie cathartique rendant compte des aspects les plus nauséabonds de l'existence.

A Fabricação de um Sonho:
A Recriação do Processo Sonhador
em *Sinais de Fogo* de Jorge de Sena

Theodore Robert Young
UCLA

Quando um leitor se encontra diante de uma obra literária ficcional altamente autobiográfica, há-de tomar muito cuidado para não confundir o narrador, ou personagem correspondente ao escritor, com o autor em si. No romance *Sinais de Fogo* (1978), Jorge de Sena estabelece uma certa correspondência fatual e concreta entre a ação narrativa e sua própria vida. O leitor, porém, deve reconhecer que o livro constitui não uma autobiografia histórica, e sim uma obra de ficção cujo determinado fim está nas mãos do autor.

O crítico francês René Girard estabelece, no seu livro *Mentira Romántica y Verdad Novelesca*, um triângulo para definir, numa obra de ficção, as relações entre o sujeito de um desejo, o objeto de um desejo, e o mediador (7). O mediador indica a presença do próprio escritor dentro da obra, uma presença que pode até ultrapassar as delimitações de "personagem" e "autor". Quando não há uma intersseção de atividades entre o mediador e o sujeito, ou seja, entre o narrador e o protagonista, Girard chama a condição de "mediação externa". No caso de um mediador que se envolve na ação da obra, o processo constitui "mediação interna" (12).

O narrador "Jorge" em *Sinais de Fogo* tem ao mesmo tempo um papel ativo e um passivo, porque relata os acontecimentos e participa neles. Atrás do narrador, porém, sempre há a mão do criador desta obra de ficção: o escritor Jorge de Sena. Ele utiliza o processo de mediação interna para aumentar a verossimilhança da obra, criando um personagem com as características do próprio autor.

O autor mostra seu processo criativo original no sonho do narrador, apresentado no sexto capítulo do livro. Dentro deste trecho, Sena aglomera uns 50 fragmentos de imagens, criando no texto literário o sonho narrativo, duma maneira muito parecida com a que usa o cérebro humano para construir sonhos verdadeiros de imagens fragmentadas da própria vida. Deste modo, Jorge de Sena recria a fabricação de sonhos dentro de um contexto literário.

Evidentemente, o sonho narrado por Jorge de Sena não é um fato histórico, mas uma recriação original do autor baseado nas imagens "históricas" do personagem principal dentro da narrativa. O escritor emprega fragmentos de 16 cenas anteriormente narradas, nas partes primeira e segunda, para fornecer as 50 imagens distintas do sonho. As cenas fornecedoras ocorrem em Lisboa e em Figueira da Foz, onde o narrador está veraneando quando tem o sonho. Os demais personagens presentes no sonho também vêm das duas cidades. Dentro do contexto sonhado, as principais figuras lisboetas são os amigos Mesquita e Puigmal, e a mãe do segundo. Entre as de Figueira, destacam-se o tio e a tia de Jorge, o amigo Rodrigues e seu colega Rufininho, e as duas moças Odette e Mercedes.

O sonho seneano começa não com uma indicação direta de ser um sonho mas com uma imagem surrealista, característica típica do mundo onírico: "No corredor alcatifado, havia uma árvore, e minha tia, em camisa, costurava à sombra" (73). Encontram-se aqui dois fragmentos distintos: a árvore que tem um significado especial, e a tia que costura à sombra. O fragmento em que a tia costura vem, em parte, da ação direta da personagem, e também de uma cena narrada por Jorge como uma lembrança sua. Em todos os pontos em que aparece a tia no plano cronológico da narrativa antes do sonho, ela está costurando. Além disso, num momento do enredo, o narrador Jorge conta ao leitor o que está vendo pela janela e as lembranças que passam pela memória. Desta maneira, Jorge informa o leitor sobre a condição do jardim, especialmente o estado selvagem do canto que dá para o mirante, dizendo:

> Assim era desde que meu primo tinha morrido, porque minha tia costumava ir, com ele no carrinho, costurar para o mirante. (70)

A árvore em questão aparece numa cena da tarde do dia em que Jorge tem o sonho. O amigo Rodrigues explica que sempre havia mantido um interesse, quase uma fascinação, pela tia de seu amigo. O autor anteriormente havia dado uma indicação dos sentimentos do rapaz, e agora o personagem a confirma. Rodrigues conta-lhe a Jorge as aventuras na árvore no jardim do tio:

> No colégio, uma vez, fugi de noite da camarata, e fui espreitar à casa do teu tio... [...] Eu subia à árvore, espreitava à tua tia... e caí da árvore e gritei. [...] Desatei a fugir e saltei o muro. Mas ainda ouvi o teu tio chamar-lhe nomes, perguntar pelo amante que tinha fugido. Era eu, empoleirado na árvore, e ela nem sabia de mim. Nunca mais lá voltei. (68)

A importância deste episódio aparece em vários momentos dentro do sonho, como, por exemplo, logo ainda no início: "Em cima da árvore, estava o Rodrigues, de fato de banho, espreitando para baixo" (73). A repetição do verbo "espreitar" destaca esta fonte textual do fragmento sonhado. O episódio também se combina com um enigma narrado pouco antes do sonho para reforçar os temas da obsessão de Rodrigues pela tia, e da possibilidade de uma relação amorosa extraconjugal por parte desta. Na cena enigmática, Jorge vê, ou acha que vê, alguém chegando à casa. Depois lhe parece que o indivíduo torna a sair. Há aqui um paralelo com a fuga de Rodrigues depois de cair da árvore, enquanto o tio perguntava pelo nome do amante fugido.

A conexão entre a imagem do sonho e a menção do colégio na fonte narrativa desta imagem pode ser o estímulo mental, subconsciente ou não, pelo qual Sena põe logo os próximos fragmentos:

> A um lado e outro do grande corredor do hotel, sucediam-se portas de capoeira, com muitos rapazes lá dentro, como galinhas. (73)

Esta parte do sonho vem da visita de Jorge ao colégio São José onde o Rodrigues estuda, e o tio é professor. Impressionado com a encarceração noturna dos alunos internados, uma impressão que o autor transpõe pseudo-psicologicamente ao sonho, Jorge comenta:

> E as camaratas eram muito curiosas: uma série de cubículos de madeira, no meio da sala, com portas como as de capoeiras, e uma cama em cada um. À hora de recolher, os padres fechavam os alunos à chave. Eu perguntei como é que iam urinar de noite, e o servente que andava comigo e com meu tio [...] sorriu superiormente, e abriu o armário que havia ao lado da cama, onde, num cacifro à medida, estava arquivado um bacio de louça. (65)

Este trecho da narrativa principal reflete-se diretamente também num outro fragmento do sonho mais adiante:

> Nessa altura, meu tio vinha pelo corredor, com dois senhores que eu não conhecia, e as portas dos galinheiros abriram-se todas, e delas saíram para fora os bacios de louça. (74)

O fio de imagens alonga-se mais ainda, mantendo os rapazes escolares como galinhas, e introduzindo aspectos da conversa entre Jorge e seus tios na sala de jantar. Nesta cena, Jorge chega à casa dos tios pela primeira vez no Verão da narrativa e, enquanto eles lhe perguntam sobre as novidades de Lisboa, o leitor percebe a falta de comunicação e de compaixão no relacionamento deles. O narrador conta:

> Meu tio, pondo as mãos na mesa, perguntou-me pelos exames, se eu passara, perguntou depois pelo "General", a pastelaria que também frequentava na juventude. (60)

É nesta cena na sala de jantar que também surge entre os tios o tema do adultério já dominante na conversa dos amigos lisboetas. O tio verbalmente maltrata a tia e também, a certa altura, manifesta o que o narrador chama de "um ciúme mórbido", dizendo-lhe:

> —Estás segura ... não há perigo, não é? Podes pôr-me os cornos à vontade—. Minha tia respondia-lhe, com o eterno sorriso, que ele era antiquado, havia muitas maneiras de evitar-se o perigo, que fosse à farmácia

perguntar. Ele respondia que não era antiquado, mas que essas coisas só se usavam com as putas, que entre amantes não se dizia "espera aí, deixa primeiro pôr isto". (62)

Tomando fragmentos destas cenas, Jorge de Sena constrói a seguinte série de imagens sonhadas:

> Dos galinheiros os rapazes cacarejavam, dizendo à minha tia as coisas que o meu tio dizia. No fundo do corredor, era a rua dos cafés, com mesas como as do "General", e a mãe do Puigmal servia o chá. À mesa, estávamos eu, o Mesquita, e o meu tio, este sentado de costas para a árvore. (73)

A referência à mãe de Puigmal vem de um grupo de acontecimentos no segundo capítulo quando Jorge e Mesquita estão na casa de Ramon Puigmal. Na cena relacionada diretamente como sonho, Jorge e Mesquita, depois de começarem a frequentar a casa de Puigmal, conhecem a mãe deste pela primeira vez quando ela entra com uma criada para servir-lhes chá:

> Bateram à porta do escritório. E a porta abriu-se para dar passagem a um tabuleiro enorme, com um bule de chá, chávenas e bolinhos e compotas, à criada que nos recebera, e a uma senhora alta e magra que devia ser a mãe do Ramon. (40)

Em seguida, Sena aproveita-se de um outro episódio de Lisboa, imitando a maneira em que a mente humana frequentemente junta lembranças distintas e distantes dentro do contexto de um sonho. Assim, o autor combina uma cena do Capítulo IV, quando Mesquita tem uma conversa com a namorada pelo telefone ao mesmo tempo que fala com os amigos, com as preocupações crescentes do Jorge sobre o relacionamento dos tios, e também sobre o interesse amoroso de Rodrigues na tia. O resultado é o seguinte trecho do sonho:

> Eu, vendo o Rodrigues em cima da árvore, fazia tudo por distrair meu tio, não fosse ele voltar-se, porque o Mesquita, ao telefone, falava com a namorada e não conversava com o meu tio. (73)

A associação subliminal das relações tio-tia-Rodrigues instiga a subconsciência ficcional de Jorge a pensar nos seus próprios sentimentos de amor, e de traição. O novo interesse amoroso de Jorge é Mercedes, introduzida na história entre os últimos pensamentos do narrador antes de cair no sono. O outro interesse de Jorge era Odette, uma meretriz que se oferecia de graça a Jorge, mas que não está na Figueira da Foz no Verão da história porque ficou no Porto à custa de um homem rico. Embora ela seja prostituta, e Jorge sempre a tratou assim, o jovem também se sente um pouco abandonado pela ex-companheira sexual:

> Desconsolado, saí. Mas levava comigo uma pontinha de orgulho: a Odette, que fora "minha" de graça, estava por conta de um ricaço . . . porque ela valia alguma coisa, como eu sempre achara que ela valia. (64)

Pela presença mental destas duas moças, de repente surge no sonho "a Mercedes, vestida como se fosse a Odette, [...] deitada na cama, fumando, e o Puigmal, fardado, [que] debruçava se para ela" (73-74). A participação de Puigmal fardado refere-se ao desejo deste de entrar na Escola do Exército, como Sena indica a partir do segundo capítulo, e também à competição amorosa/sexual que sempre aparece nas conversas dos amigos lisboetas.

Jorge de Sena agora dirige o fluxo dos pensamentos ficcionais para um relacionamento ainda mais pertubador para o Jorge, um indivíduo no ponto sexualmente estratégico que divide um homem de um menino: o fim da adolescência e o começo da vida adulta. A imagem que lhe fica na cabeça é da relação homossexual entre Rodrigues e seu colega Rufininho. Na narrativa, o personagem Rufininho primeiro aparece como uma figura não identificada nas ruas de Figueira da Foz:

> E sempre que cruzava por nós um jovem magrinho e ondulante, que andara no colégio, o Rodrigues perseguia-o um pedaço, com palavrões que o outro, muito empertigado, fingia não ouvir, e voltava afogueado, ajustando, como ele dizia, a "bagagem" dentro das calças, e repetindo ainda os palavrões que soltara. (66)

Depois, a tia de Jorge lhe conta da "má fama" de Rodrigues. As relações homossexuais de Rodrigues entram na história imediatamente antes da cena da visita ao colégio. O narrador explica que a fama de Rodrigues

> não era das melhores. Contava-se, que no colégio, andara envolvido em aventuras suspeitas, era muito requestado pelos pederastas com os quais ia dormir. (65)

Mais adiante, a tia faz a ligação direta entre Rodrigues e Rufininho, logo depois de admitir que ela já sabia da paixão que Rodrigues sentia por ela. Explica que o tio não tem ciúmes das atenções de Rodrigues por causa deste homossexualismo. A tia acaba dizendo:

> Mas dizia-se que ele [Rodrigues] não era expulso do colégio, por causa da paixão que Rufininho [...] e outros tão ricos como o Rufininho, tinham por ele. Se ele fosse expulso, o Rufininho e os outros saíam do colégio. E os pais do Rufininho pagavam tudo e mais alguma coisa que os padres quisessem para terem o Rufininho lá. (69)

No sonho, a aparição de Rufininho começa com um sujeito de óculos, não identificado, chamando pelo Rodrigues — formando um eco do trilho narrativo onde Rufininho primeiro aparece como um sujeito também não identificado, chamado de palavrões pelo Rodrigues. Quando, no sonho, o indivíduo de óculos chega perto da árvore em que havia subido Rodrigues, torna-se reconhecível como Rufininho. Mais tarde no sonho, quando Jorge procura com os olhos a sua tia, vê "o Rufininho agarrado ao Rodrigues, enquanto todos nós rodeávamos a cama" (74). Este fragmento chama a atenção do leitor para o acontecimento narrativo

O PROCESSO SONHADOR EM *SINAIS DE FOGO* 269

que, sem a mínima conexão além de se tratar de Rodrigues, introduzia o sujeito perseguido por Rodrigues, que só depois foi identificado como Rufininho. Esta cena é justamente um paralelo como fragmento sonhado:

> O Rodrigues fazia grandes alardes de virilidade, e um dos seus maiores prazeres era prová-la publicamente, quer exibindo-se (e todos, rindo, concordávamos em que ele tinha com que fascinar pederastas), quer pagando a uma mulher mais caro, para assistirmos. E sempre que cruzava por nós um jovem magrinho [. . .]. (65–66)

Esta associação indireta, esta ligação entre o jovem magrinho e a cena da mulher na cama na frente dos amigos, ou indica um processo de pensamento em que a subconsciência integra imagens aparentemente sem relação, ou uma reprodução deste processo feito pelo autor na mente do narrador Jorge. Segundo Ernst Kris, no seu livro *Psychoanalytic Explorations in Art*:

> O funcionamento de nossa mente em pensamento produtivo não é [. . .] baseado somente em aplicação constante. É mais provavelmente conectado a mudanças de *cathexis* que podem assumir o carácter de processos repentinos, por assim dizer explosivos. (297)[1]

A *cathexis* é a concentração de energia psíquica numa determinada área, às vezes só com um mínimo de conexão com o objeto original desta energia (Harriman 27). A "mente" do narrador Jorge joga as imagens sonhadas, as concentrações de energia psíquica, uma inspirada na outra, numa ordem que reflete as ligações quase invisíveis. Estas ligações só se vêem no texto da narrativa original, o qual constitui a "realidade" de Jorge e a fonte das imagens sonhadas.

Nesta altura do sonho, Sena fecha o círculo de imagens associadas com o narrador dizendo abruptamente:

> Quem, porém, estava debaixo do Rodrigues não era o Rufininho, mas uma mulher que eu nunca vira, muito loura, que me agarrava por um braço e dizia com a voz do Rodrigues: não tenho ninguém, eu não tenho ninguém . . . (74)

De Rufininho agarrando Rodrigues, voltamos a Rodrigues apaixonado pela tia de Jorge, embora o narrador nunca declare que a mulher de baixo de Rodrigues é a tia. O que a mente sonhando anota é a cor do cabelo, muito louro. Ao longo da parte segunda inteira, desde a chegada de Jorge à Figueira, o narrador tem reparado constantemente no cabelo louro da tia.

As palavras ditas pela loura com a voz de Rodrigues vêm diretamente do Capítulo V, onde saem da boca de Rodrigues. Num momento de revelação mais íntima entre os dois amigos, Rodrigues abaixa a fachada híper-masculina e mostra-se um rapaz muito solitário:

À porta, segurou-me um braço:—Desculpa...—levantei os olhos para a cara dele, que, do cimo da figura magra, pendia para mim—Mas eu não tenho ninguém. Não tenho família, não tenho amigos. (67)

Possivelmente, o autor quer mostrar como uma declaração tão aberta e tão sincera, vinda de alguém que normalmente finge controle total das suas circunstâncias, não poderia deixar de ser impressionante para um jovem como Jorge. Também, através deste paralelo entre acontecimento narrativo e imagem sonhada, Jorge de Sena destaca a solidão de quem não ama e não é amado, tanto no caso de Rodrigues quanto no caso da tia.

Dentro do contexto do sonho, antes da ruptura que divide a parte principal do segmento final, Sena coloca mais alguns fragmentos que vêm da narrativa anterior. Um é o ambiente geral do sonho que fortemente parece o casino. O autor aumenta esta sensação quando põe o último fragmento do sonho: "Eu desci ao camarote, onde Puigmal jogava cartas com o meu tio, e perguntei onde era a casa de banho" (74). O narrador descreve o casino um pouco nos meados do Capítulo VI, mas o havia mencionado já no segundo capítulo, quando Jorge, ainda em Lisboa, começa a pensar no Verão e na Figueira da Foz.

Um outro fragmento consiste em

> dois guardas republicanos [que] vinham por entre as mesas, agarrando homens que fugiam para a bilheteira da estação, que estava fechada e era no mirante escuro do jardim. (74)

O papel do mirante já se explicou, e os guardas lembram a Guerra Civil da Espanha, que determina o contexto histórico dos acontecimentos do romance e que serve, ao mesmo tempo, como pano de fundo e tema chave do romance inteiro. Estes dois guardas em particular vêm de um tumulto no Capítulo V, onde Jorge encontra Rodrigues. Quando tudo se acalma, os dois rapazes falam com os guardas que botam a culpa nos "espanhóis comunistas", demonstrando a ligação íntima entre as políticas dos dois países vizinhos:

> Um par de guardas republicanos, gordos e baixotes, vinham a passo na nossa direção. O Rodrigues, quando passaram por nós, perguntou-lhes:—A espanholada foi toda corrida daqui para fora, hein?—Alguns comunistas que estavam a fazer desordem foram presos, sim senhor—respondeu um deles. (67)

O tema dos espanhóis também está diretamente ligado à estação ferroviária, evidente no sonho e detalhada pelo autor no início da parte segunda:

> Quando cheguei à Figueira, a estação era um tumulto de espanhóis aos gritos, com sacos e malas, crianças chorando, senhoras chamando umas pelas outras, homens que brandiam jornais, e uma grande massa de gente comprimindo-se nas bilheteiras. (59)

Sendo uma imagem indubitavelmente marcante na memória de um jovem rapaz da época, Jorge de Sena inclui-a no sonho fabricado.

As últimas linhas, os últimos fragmentos do sonho, cumprem a dupla função de manter o processo associativo em que o autor reconstrói um sonho na mente humana, e, igualmente verossímil, de acordar o sonhador por motivos de necessidades naturais. De repente, a ação sonhada se muda à beira-mar, e em seguida, o narrador joga uma série de imagens marítimas, terminando rapidamente com o fragmento já citado em que Jorge pergunta onde está a casa de banho. As imagens marítimas vêm, em parte, do quinto capítulo onde Jorge conta o hábito da tia ir à praia:

> Certas tardes, ela punha uma trela no grande lobo da Alsácia, e descia até à praia, mas lá para diante, para os lados de Buarcos, onde o vento levantava tenuemente o areal e os barcos dos pescadores, varados à beira de água, pareciam flutuar suspensos, arregalando de pasmo o olho que tinham na proa. (63)

No sonho, de novo se encontra a não identificada, mas facilmente identificável, mulher loura, agora interessada em sair num barco à imensidade do mar. Ela entra na água vestida e calada, tão preocupada com a importância da viagem que descuida os objetos materiais que a ligam à realidade:

> Estávamos à beira de água, para os lados de Buarcos, era de noite, e um grupo de homens saltava para um barco. [...] O paquete desatracou da praia, e afastava-se. Então, a mulher loura apareceu à beira de água, chamou e começou a entrar no mar, vestida e calada. (74)

Esta presença de água em abundância também serve para preparar o leitor, pelo menos psicologicamente, para a declaração tão natural que marca o fim do sonho: "E acordei com uma grande vontade de urinar" (74).

O resultado do sonho construído por Sena acerca-se muito do efeito dos sonhos verdadeiros na vida humana. A mistura aparentemente desordenada de fragmentos, quando analisada em detalhe, mostra o processo pelo qual a subconsciência do ser humano interpreta e reinsere na consciência os estímulos obtidos durante as horas de vigília. Esta livre associação de imagens sempre tem um nexus; há um motivo para a justaposição de todas as imagens, embora talvez não seja imediatamente óbvio para a mente acordada. O psicólogo Carl Jung explicou a relação da subconsciência evidente em sonhos com a consciência do ego da seguinte maneira:

> Somente depois que eu me tinha familiarizado com a alquimia é que eu percebi que a subconsciência é um *processo*, e que o psique é transformado ou desenvolvido pelo relacionamento do ego ao conteúdo da sucbonsciência. Em casos individuais aquela transformação pode ser entendida a partir de sonhos e fantasias. (209)[2]

De forma semelhante, Jorge de Sena monta uma cena sonhada na qual ele cuidadosamente transpõe imagens fragmentadas tiradas do contexto do enredo narrado. Uma observação de Ernst Kris sobre a "construção" da personalidade de Henrique V da Inglaterra na trilogia shakespeareana poderia ser, com pequenas modificações, aplicada à criação seneana da subconsciência do personagem Jorge:

> O plano de Shakespeare [. . .] devia ter sido um dos modos de pensar que, em vários níveis de consciência, o dirigiram ao escrever a trilogia [. . .]. Tal consistência interna [. . .] só podia ter sido concebida por alguém que, ao criar, tinha acesso aos seus próprios impulsos subconscientes. (287)[3]

O produto final, mesmo não sendo cuidadosamente analisado pelo leitor, funciona ao modo de um sonho verdadeiro: influencia a maneira como o leitor percebe os acontecimentos dentro do contexto cronológico da narrativa. O leitor adquire uma maior consciência da importância dos sentimentos de Rodrigues pela tia, da situação frustrante de uma mulher jovem e bonita como a tia presa num casamento pouco agradável, e das sensações amorosas e sexuais do próprio Jorge. No romance, como na realidade, o sonho é uma participação necessária da subconsciência no entendimento da vida consciente.

Notas

1. "The working of our mind in productive thinking is [. . .] not based on steady application only. It is most probably connected with changes of cathexis which may take the character of sudden, as it were eruptive, processes." As traduções são todas minhas, com as formas originais transcritas nas notas.
2. "Only after I had familiarized myself with alchemy did I realize that the unconscious is a *process*, and that the psyche is transformed or developed by the relationship of the ego to the contents of the unconscious. In individual cases that transformation can be read from dreams and fantasies."
3. "Shakespeare's plan [. . .] must have been one of the trends of thought that, on various levels of awareness, directed him in writing the trilogy [. . .]. Such internal consistency [. . .] can only have been conceived by one who in creating had access to his own unconscious impulses."

Apêndice I: As fontes dos fragmentos sonhados

1. A árvore onde subiu Rodrigues (68, cp. 70).
2. Uma pessoa não identificada visitando (?) a tia (72).
3. O mirante do jardim onde a tia costurava com o filho (70).
4. A visita de Jorge ao colégio São José na Figueira da Foz (65).
5. A conversa com os tios na sala de jantar (60–62).
6. Na casa de Puigmal em Lisboa, a mãe servindo o chá (40).
7. Mesquita no telefone (53).
8. Odette (64 e 43); Mercedes (72).
9. Puigmal e a Escola do Exército (34 e 49).

O PROCESSO SONHADOR EM *SINAIS DE FOGO* **273**

10. Rufininho (66 e 69).
11. Os dois guardas republicanos (67).
12. A estação ferroviária (59).
13. Rodrigues dizendo, "Eu não tenho ninguém" (67).
14. Os barcos e a tia na praia (63).
15. O casino (42 e 71).

Apêndice II: Os fragmentos

1. A árvore no corredor.
2. A tia costurando à sombra.
3. As portas de capoeira.
4. Os rapazes lá dentro, como galinhas
5. Rodrigues em cima da árvore ...
6. com fato de banho ...
7. espreitando para baixo.
8. Os rapazes cacarejavam ...
9. dizendo à tia as coisas que o tio dizia.
10. No fundo do corredor era a rua dos cafés.
11. Mesas como na "General".
12. A mãe de Puigmal servia o chá.
13. Jorge, Mesquita e o tio numa mesa.
14. O tio tem as costas para a árvore.
15. Jorge, vendo Rodrigues, tenta distrair o tio.
16. Mesquita, ao telefone, falando com a namorada.
17. Mercedes vestida como Odette.
18. Mercedes na cama fumando.
19. Puigmal fardado ...
20. debruça-se dizendo que o pai tinha encontrado o sujeito.
21. Este, com óculos grossos, chama Rodrigues.
22. Perto da árvore aparece Rufininho.
23. O tio volta-se.
24. Mesquita pousa o telefone.
25. Dois guardas republicanos agarrando homens ...
26. que fugiam para a bilheteira da estação.
27. A estação está fechada e no mirante escuro do jardim.
28. O tio levanta-se e corre muito devagar ...
29. com bengala em punho.
30. Jorge vai atrás dele.
31. O tio em cima da árvore aos gritos.
32. Não a tia mas Mesquita à sombra, nu e agachado.
33. Jorge procura a tia mas não a vê.
34. Vê Rufininho agarrando Rodrigues.
35. Todos rodeam a cama.
36. De baixo de Rodrigues não é Rufininho mas uma loura,
37. que agarra o braço de Jorge e fala com a voz de Rodrigues "Eu não tenho ninguém".
38. Mercedes leva Jorge atrás de um reposteiro ...
39. que era duma janela do casino.
40. Mercedes desabotoa a Jorge.
41. O tio vem com dois senhores desconhecidos.
42. Abrem-se as portas dos galinheiros.
43. Saem bacios de louça.
44. Jorge afaste as mãos de Mercedes com medo de ser visto pelo tio.
45. À beira de água, perto de Buarcos,
46. à noite.
47. Um grupo de homens salta para um barco.
48. Rodrigues vem correndo aos gritos, seguido por guardas e polícia.
49. O paquete desatraca e afasta-se.
50. A loura aparece, chama, e entra na água vestida e calada.
51. Jorge desce ao camarote onde Puigmal joga cartas com o tio.
52. Pergunta onde está a casa de banho.

Obras Citadas

Girard, René. *Mentira Romántica y Verdad Novelesca.* Trad. Guillermo Sucre. Caracas: Ediciones de la Biblioteca de la Universidad Central de Venezuela, 1963.

Harriman, Philip L. *Handbook of Psychological Terms.* Paterson, New Jersey: Littlefield, Adams and Co., 1959.

Jung, C[arl] C. *Memories, Dreams, Reflections.* Recorded, Ed. Aniela Jaff, Trans. from German by Richard and Clara Winston. New York: Vintage Books, Random House, 1961.

Kris, Ernst. *Psychoanalytic Explorations in Art.* International Universities Press, 1952; rpt. New York: Schocken Books, 1964.

Sena, Jorge de. *Sinais de Fogo.* 3ª ed. Lisboa: Edições 70, 1984.

"Os Amantes" as Jorge de Sena's Oration on the Dignity of Man

Francisco Cota Fagundes
University of Massachusetts, Amherst

> In loving, I love myself in another, I locate myself, my essence, not in myself, but in the object that I love. I bind my being to the being of another...
> Ludwig Feuerbach
> *Thoughts on Death and Immortality*

"Os Amantes" is headed by an epigraph that provides one of the two broad contexts within which the story will be discussed: that of Pico della Mirandola's Christian-based concept of the dignity of man as expressed in his *Oration on the Dignity of Man* and further elaborated on his commentary on the first chapter of Genesis, *Heptaplus*. The other context is that of a number of Senian poetical and fictional works where some of the themes related to the overall topic of the dignity of man—love, human freedom within the context of man's relationship to God and to himself, mortality and immortality—are elaborated and bear a marked intertextual relationship to "Os Amantes." One of the theses defended here is that "Os Amantes," like all of Sena's creative works, is best understood when placed within as broad a context as possible of Sena's *oeuvre*—an *oeuvre* whose underlying ideological principles, despite marked and expected variations, present a truly remarkable consistency.

"Os Amantes" (1960), the last short story of *Novas andanças do demónio* (1966), harbors both unique and common features among Sena's poetical and fictional works. The most salient feature it has in common with numerous Senian texts is the theme of love, more specifically a love case as a point of departure for meditation. In this connection, two of Sena's works that come readily to mind are the poems "A Morte de Isolda" of *Arte de música*, a meditation on Wagner's *Liebestod* to which Sena contraposes sexual love conceived in a holistic frame; and the sequence of poems "Sobre esta praia," the expression of a partly pagan-inspired conception of sexual love against the backdrop of what appears to the poet to be an apathetic and puritanical attitude towards sex represented by the three nude bathers on a Santa Barbara beach. One of the unique features "Os Amantes" harbors among Sena's short fiction is that it occupies an intermediary zone between the short story and the essay. For example, verbal dialogue, a key element of the short story according to some theoreticians, is totally absent; and commentary, an element which is for the most part absent from short fiction in general and the short story in particular, comprises one third of "Os Amantes."[1] Indeed, it would not be an exaggeration to state that commentary is the most important element of the text. The first two parts of the story exemplify a strictly showing mode and provide the basis for the third part, a commentarial excursus that constitutes one of Sena's most elaborate fictional statements on the human condition in general and, in particular, an expression of his conception of human dignity. The immediate context for this philosophical commentary is a series of love acts between a heterosexual couple viewed strictly from the viewpoint of the omniscient narrator. The couple has just finished having sexual intercourse. The narrator first focuses his attention on her, and then on him, to give us, from each of their perspectives, this moment of postcoital activity within which are encapsulated—in an experientially densely packed texture—the analeptic review of the history of their encounter, their experiences together, the nature of their relationship. All the while, the lovers carry on an act of communication with each other that is going to culminate in another act of sexual intercourse. Although verbal discourse is totally absent from the story, the lovers do communicate in nonverbal language. Lovers, it has been said, are talkative. Sena's lovers, on the other hand, lend credit to the opinion that the language of lovemaking can be silent, nonverbal. Love—which is viewed in this story essentially as communication—expresses itself in the sensual language of gestures, where the bodies themselves, particularly the eyes and hands, do most of the talking. Love expressed in part as communication in silent body-language also informs "História do Peixe-Pato." The lovers' gestures in "Os Amantes" are minutely described by the narrator, who places himself—as Sena's narrators and poetical personae so often do in his stories and poems—in the position of voyeur (cf. the already alluded to "A Morte de Isolda," "Sobre esta praia," and "História do Peixe-Pato"). The most salient narrative technique used by Sena in the first two parts of the story would be employed, together with several other innovative narrative devices, in *O físico prodigioso* (1966), a novella written six years after "Os Amantes." I am referring to the repetition, with variations, of parts of the text in "her" and "his" accounts of the story. However, as in *O físico*, these repetitions are not gratuitous experimentation but highly functional devices within the context of the story. The repeated phrases for "his" and "her" perspectives—a device which approaches the musical structure of theme and variations—underline an important thematic concern of "Os Amantes": the reciprocal nature of the love depicted. A couple of examples suffice to illustrate the technique:

Her side of the experience:

> Olhou-o docemente, num olhar húmido e quebrado em que as feições dele evoluíam incertas, ao sabor das sombras e do encantamento que ainda perdurava nela ...[2]
> ...
> Sempre a espantava como gostara dele, como se lhe dera, como ele a despertara para um amor em que não havia lugar para mais nada ... (p. 202)

His side of the experience:

> Quando ela o fitava assim com aquele olhar húmido e quebrado, que ao mesmo tempo lhe perscrutava as feições e abstraía delas em transfigurações imaginosas da ternura ... (p. 205)
> ...
> Sempre se espantara de como gostara dela, como ela se lhe dera, como ele a despertara para um amor em que não havia lugar para mais nada ... (p 206)

If the depiction of sexual love in Jorge de Sena's works can be said to assume, with many subvariations, two basic modes—acquisitive and reciprocal—this story exemplifies the latter. In the acquisitive mode, the lover—invariably a male—approaches the female partner as a potential or de facto object of his desires. A case in point, among the dozens that could be cited, is "No Comboio de Edinburgo a Londres" (*Conheço o sal...*), a poem in which a middle-aged man desires a young and beautiful female fellow passenger and expresses that desire in the most graphic and even crude terms. The other love mode—one that also finds expression in several, although fewer, of Sena's poetical and fictional works—is the reciprocal, in which the love partners' mutual consent and satisfaction in the love act is assumed and exemplified. Jorge de Sena provides an explanation of this kind of love in a passage of the novel *Sinais de fogo*, which invokes an epiphanic love moment between the protagonists, Jorge and Mercedes:

> Quando se diz que os amantes se enlaçam, é isto o que a frase significa: uma penetração que é um envolvimento recíproco, um laço que havíamos amarrado com a nossa carne, e não em que um amarrava o outro, mas com que nos tínhamos amarrado um no outro.[3]

Another example of love in a reciprocal mode is exemplified in the poem "A Morte de Isolda," where Sena offers, in opposition to the "copulation in the mind" exemplified by Tristan and Isolde's *modus amandi*, a vision of reciprocal sexual love that Wagner's lovers do not exemplify:

> ... uma paz dos rostos que se pousam,
> enquanto os sexos se demoram penetrados
> no puro e tão tranquilo esgotamento da chegada
> que só ternura torna simultânea.[4]

"Os Amantes" probably illustrates this type of reciprocal love the best in all of Sena's fiction, even though there are other works, besides moments in *Sinais de fogo,* where this type of love is attained. Two cases in point are the love between the young sailor and the prostitute in "A Grã-Canária" and some moments between the man and the duck-fish (a relationship that has clear sexual overtones) in "História do Peixe-Pato." Regarding "Os Amantes," one might wish to claim that, even in this story of reciprocal love, the male partner assumes a traditional role vis-a-vis the woman. As the second pair of quoted passages from the story indicate, she admits that he was the initiator of the love relationship—and she the acquiescent party, the one who was won over by him. The same idea is pointed out in his version of the experience. Still, the itinerary of love in "Os Amantes," from the moment they meet (and their meeting, just as that of the man and the duck-fish, is conceived of as an unplanned "encounter") to their experiences together (they are a mature couple) to this focused moment of lovemaking, is a progression, through sharing of life's good and bad, towards unmistakable reciprocity. It is on a note of reciprocity—with one lover losing and finding himself in the other—that the love episode as such comes to an end:

> E o tronco e o outro braço foram sobre ela, dando-lhe em peso e em sufocação a imobilidade com que tentaria repeli-lo, quando lhe mordesse, como estava mordendo, na fúria com que a língua rebuscando a língua dela se antecipava a penetração em que, fazendo-a possuí-lo até ao âmago, a inundava de uma demora torturada e feroz que era a raiva de um amor que só existia nela, por ela e para ela, cuja posse o projectava ante si próprio, em cada recanto em que, penetrando-a ou mordendo-a ou apertando-a nos braços, *encontrava uma marca de si mesmo.* (p. 210; my italics)

In "Os Amantes," we are not only dealing with as reciprocal an example of sexual love as it is possible to find in Sena's creative works. This love is also holistic. By this I mean a love that is not viewed in exclusively sexual terms—which is often the case in Senian poems and stories, for example "Kama e o Génio"—but sexual love as a metaphor for overall acceptance, mutual respect and sharing between two people. It stands to reason, therefore, that this highly examplary, although not overly idealized, conception of love in a humanistic frame should be utilized as a point of departure for a commentarial excursus on the nature of man or, to use the phrase of Pico's work, on the dignity of man as master and sculptor, with some limitations, of his own nature and destiny.

Written in 1486 but not published in its entirety during Pico's lifetime (1463-1494), the Oration was intended as an introductory speech for a public disputation on Pico's 900 theses which the author planned to hold in Rome. The phrase "on the dignity of man," which was not part of the original work but was added later by editors, is nevertheless appropriate, for Pico begins the *Oration* by taking the dignity of man as his point of departure. As is well known, the dignity of man and its attendant definitions of the nature, condition and destiny of man within and without the framework of Christian faith had long since occupied the minds of patristic, medieval, and early Renaissance minds, including Petrarch's (*The Dignity of Man;* 1357). Pico starts out with a quotation from the Hermetic *Asclepius* in which man is referred to as "a great miracle."[5] Proceeding with the discussion of what man's superiority consists in, Pico rejects the view that assigned to man a fixed position in the overall scheme of the universe. It has been maintained, Pico points out, that "he [man] is the interpreter of nature, set midway between the timeless unchanging and the flux of time; the living union (as Persians say), the very marriage hymn of the world, and, by David's testimony but little lower than the angels" (pp. 3–4). While acknowledging that this is indeed a noble vision of man, Pico's doctrine goes much farther by holding that man has neither a determined nature nor a fixed position in the universal hierarchy. The portion underlined below is the one quoted by Sena. (The author of "Os Amantes" lent Pico's most famous statement such importance that he also paraphrased a portion of it in the poem "Céfalo e Prócris" of *Metamorfoses*.)

> "We have given you, Oh Adam, no visage proper to yourself, nor any endowment properly your own, in order that whatever place, whatever form, whatever gifts you may, with premeditation, select, these same you may have and possess through your own judgment and decision. *The nature of all other creatures is defined and restricted within laws which We have laid down; you, by contrast, impeded by no such restrictions, may, by your own free will, to whose custody We have assigned you, trace for yourself the lineaments of your own nature.* I have placed you at the very center of the world, so that from that vantage point you may with greater ease glance round about you on all that the world contains. *We have made you a creature neither of heaven nor of earth, neither mortal nor immortal, in order that you may, as the free and proud shaper of your own being, fashion yourself in the form you prefer.* (p. 7)

It is important, especially for our discussion later on of the third or commentary part of "Os Amantes," to emphasize the elements Sena includes in his epigraph and those he excludes. Included are the granting by God of free will to man; and, as a result of that free will, the reminder by God that man—unlike the animals, who are mortal, or the heavenly denizens, who are immortal—holds in his hands his own destiny. He can sink to the level of the beasts and be mortal; but he can also rise to the heights of his potential and achieve the maximum: immortality. In this freedom lies, in essence, man's dignity. The passage celebrating man's ability to shape his own nature is what Sena paraphrases in the poem "Céfalo e Prócris": "'nem do céu, nem da terra, nem mortal / nem imortal, mas livre e altivo artista / que o próprio ser esculpe e que o modela / na forma preferida' . . ." (*Poesia-II*, p. 88).

Excluded from Sena's epigraph—and, as we shall see, the exclusions are as important as the inclusions—are the specific context within which God utters those words and, related to that context, Pico's religious conception of man—one which Sena's "Os Amantes" is going to modify considerably.

The humanistic import of that famed and often-quoted passage of the *Oration* has received all the attention it deserves; it has been much paraphrased and interpreted. For example, in his *Eight Philosophers of the Italian Renaissance,* Paul Oskar Kristeller writes that "Pico's song of the dignity of man has been heard over the centuries up to our own time, even by those who have been deaf to the rest of the concert of Renaissance thought."[6] In another study, *Renaissance Thought and Its Sources,* Kristeller, after paraphrasing Pico's words, calls specific attention to the context in which the words occur. The words spoken are those of God to the first man before the Fall. "Pico describes man's dignity before the fall," writes Kristeller, "and somehow leaves it undetermined to what extent this dignity has been affected by the fall and original sin." And he goes on to add: "Nothing in what Pico says excludes the view that man in his present state needs the help of divine grace in order to make the best choice among those that are open to him on account of his nature."[7]

The Renaissance scholar Charles Trinkaus[8] takes the Christian implications of Pico's statement much farther, especially by viewing the latter in connection with the *Heptaplus,* a work which he considers, and with good reason, cognate to the *Oration.* For our purposes, Trinkaus' most important conclusions are these: 1) As the passage from the *Oration* already suggests, man's primeval dignity is lost or removed with the fall. Trinkaus quotes a lengthy passage from the *Heptaplus* which makes Pico's thought quite clear. A portion of this passage reads:

> Man is thus established by nature so that reason might master the senses and arrest with its law all fury and appetite of both anger and lust. But having destroyed the image of God by the blemish of sin, miserable and unhappy, we begin to be slaves of our own beasts and with the Chaldean king to dwell with them, to crawl on the ground, desirous of earthly things, forgetful of the fatherland, forgetful of the Father, forgetful of the kingdom and of our pristine dignity given to us as a privilege. In other words, man, when he was in honour, did not know it but now he has been reduced to the stupid cattle and made similar to them. (apud Trinkaus, p. 517)

2) Man only reconquers his dignity by God's sacrifice, i.e., after the Resurrection, which clearly implies that man alone does not possess the means to sculpt his own dignified nature and destiny, as the decontextualized passage from the *Oration* that Sena utilizes as epigraph would seem to suggest. 3) Summarizing Pico's conception of man and qualifying his humanistic position, Trinkaus states that "Pico's vision of man has far

more in common with the mythological-poetic tradition and with Hebrew, pagan and Christian mysticism than it does with the *vita activa et operosa* of the Renaissance whether manifested by the statesman, the businessman, the craftsman, the lawyer, the physician, the publicly-employed humanist secretary, the astrologer, or the Aristotelian natural-philosoopher" (p. 521). "Of Pico's orthodoxy there can have been doubts," concludes Trinkaus, "but of his Christianity, none" (p. 524).

In his *Princeps Concordiae—Pico della Mirandola and the Scholastic Tradition*, Avery Dulles also calls attention to the Christian versus the strictly humanistic implications of Pico's statement. In his opinion, the latter have been greatly exaggerated—precisely because those words have very often been read out of the context of the Oration itself and of Pico's other works, especially the *Heptaplus*, where his ideas are further elaborated and their Christian implications made absolutely clear. Dulles writes:

> For literary reasons, Pico in the *Oratio* emphasizes man's freedom to the utmost. A careful reading of that work, however, reveals that hardly a phrase even suggests that man is able to achieve felicity—let alone divinity—through his natural powers. Throughout his whole exposition of the benefits of human philosophy, Pico never claims that it can do anything more than *prepare* man for religion. By despising earthly things, he says, man can raise himself to the 'vestibule' of the celestial home. If man is dissatisfied with all created things, he will be 'taken up into the shadowy solitude of the Father.' We must love the cherubim if we wish to be 'raised' to the summits of love. If we prepare a divine home in our souls, 'the king of Glory will descend.'[9]

There can be no doubt that Jorge de Sena's story engages polemically Pico's conception of human dignity: first, by decontextualizing Pico's statement on the dignity of man with the omission of the fact that it was spoken by God before the fall, and by focusing on a detailed description of a love act, thus establishing an intertextual relation with the first story he ever wrote, "Paraíso Perdido," a story in which man rebels against God precisely by exercising his sexual nature and his will (the latter being reemphasized in the second story Sena ever wrote, "Caim"); and second, by glossing Pico's words in the third or commentary part of the story, where some of Pico's concepts are further humanized, or removed from their Christian framework, and made to apply to man conceived on the strictly naturalistic frame—a frame for which other Senian creative works provide extended and extensive support.

A key text in Jorge de Sena's overall conception of love and, by implication, of human dignity, "Paraíso Perdido" not only celebrates the newly found joy of sexual love but does so in opposition to God's command. This story establishes, therefore, a pattern that underlines, at least implicitly, most of Sena's creative texts dealing with the theme of love: love, especially sexual love, celebrated against the backdrop of the religious, particularly Christian, often sex-denying world view. By quoting Pico's famous statement on the dignity of man as epigraph to "Os Amantes" but omitting its context; and, furthermore, by focusing immediately on a love scene as a point of departure for his own subsequent meditation on human dignity, Sena is in a sense reenacting the drama of Eden re-created by him in "Paraíso Perdido." If for Pico, as Charles Trinkaus puts it, man's great dignity rested on his having been made in the image of God and existed only before the Fall and after the Resurrection (op. cit., p. 517), Sena's "Os Amantes" belies this belief. Indeed, starting with its intertextual evocation of "Paraíso Perdido," "Os Amantes" loudly proclaims that man's dignity rests in part on his courage to obey his own biological and emotional nature and on wrestling that right away from God's hands. "Paraíso Perdido" also makes an explicit statement regarding the Resurrection, one which we can assume applies to the overall conception of human dignity in "Os Amantes." At the end of "Paraíso Perdido," and after Eve's seductive powers threaten to compromise Jehovah's own divinity, the narrator is bold enough to suggest that later God becomes man presumably because he envied man's newly acquired possession: sexual love. It is in this broad context of human freedom, a freedom that starts with the acceptance and exercise of our biological nature, that in the second story of *Genesis*, "Caim," the title character, in another act of defiance against God's ethical order, proclaims his moral emancipation and affirms the right to his own will. In a sense, the lovers portrayed in "Os Amantes" are the true descendants of the Edenic pair and of the murderer who, in Sena's conception, was to prove his moral superiority to God. Like their antecedents in Sena's short fiction, and following the import of Pico's *decontextualized* statement, these lovers are the true builders of their Eden and of their city.

As builders of that Eden and of that city, what dignity can they claim? Moreover, how is the love examplified in the first two parts of the story—a love that, as the narrator is going to tell us in the commentary, is condemned to die—an example of that dignity? The third or commentary part of "Os Amantes" performs two different albeit integrated tasks: it constitutes a reading, by glossing the key concepts embodied in the epigraph, of the love depicted in the first two parts of the story, as though Sena were, in effect, interpreting his own (first two parts of the) story; and it is an invitation to the reader for his or her own meditation on the text.

The concepts that Sena comments on in the form of questions and answers in the third part of the story encompass those key ideas contained in the epigraph: mortality and immortality within the framework of human freedom; and, underlining and joining the above, the implicit nature and source of human dignity. This third part of the story opens with three brief questions: who are they? do they know [who they are]? will they become what they were before? The narrator considers these questions futile ("de nada vale," "não adianta"; p. 210). The stated uselessness of providing answers to those types of questions, though, is itself a kind of answer. The narrator is probably implying that those answers would be too limited and limiting; they would appertain to the lovers as individuals. What the narrator is interested in, however, is, on the one hand, the lovers as representative of humanity in general and, on the other and perhaps more important, how they relate to each other and to the rest of humanity. Hence, in part, the omission of their names (they are always referred to as "she" and "he"), and of any other particularities that would identify them as belonging to a given race, religion, nationality, profession, etc. That the narrator's interest encompasses much broader concepts for all of humanity is suggested by the next paragraph:

> Seria um erro, porém, supô-los imortais, fora do tempo e do espaço, vivendo apenas de tortura e de gozo, ou tortura-gozo, em que seriam natureza humana. (p. 210)

The theme of immortality in the third part of "Os Amantes" is approached by the narrator not without ambiguities. On the one hand, the qualifier "fora do tempo e do espaço" points to the ideal of personal immortality as conceived by religious immortalists, i.e., other-worldly immortality. It also may point to that static conception of man Pico evoked and denied, i.e., man "set midway between the timeless unchanging and the flux of time." The concept of immortality is further ambiguified in the next paragraph, where Sena, following the process of theme and variations employed in the first two parts of the story, returns to the idea of immortality and further elaborates on it. This time he writes, "Não são então a natureza humana, livre e responsável, que, mesmo morrendo, ou porque morre, da morte se liberta?" (p. 210). Once again the notion of personal immortality in religious terms, i.e., as the ceasing of corporeal life and the beginning of eternal life, is evoked. However, this reading, which was the one also evoked by the qualifier "fora do tempo e do espaço," is considerably complicated by the association with Camoens' verses, of which this second reference to immortality is a paraphrase. Camoens' famous verses are, of course, the following:

> E aqueles que por obras *valerosas*
> Se vão da morte libertando. (I, 2, 5–6)[10]

Given this new context in which the idea of immortality appears, the concept absorbs the meaning that it had in those lines by Camoens: social or influential immortality, or that species of immortality derived from the lingering effect upon others of our works and deeds. But, however we conceive of immortality as presented in these two paragraphs of "Os Amantes"—either as religious immortality, a species of immortality attained by our occupying an intermediary position between timelessness and flux, or influential immortality—Jorge de Sena denies it. The inference to be derived, therefore, is that the lovers are not immortal in any of those acceptations. What about mortality? Does it follow, then, that they are mortal?

The theme of mortality in "Os Amantes"—and in this story "mortality" is essentially a pretext for meditation on life, not death—is presented less ambiguously than that of immortality. The first time it appears is in the following passage:

> Outro erro, porém, e não menor, seria supô-los mortais, isto é, confinados a si mesmos, entregues a si mesmos. (p. 210)

Mortality is unambiguously defined: "isto é, confinados a si mesmos, entregues a si mesmos." Mortality, in the sense of death of the body and human personality, is taken for granted. There are numerous works in Sena's corpus that clearly point to his belief in the finality of the human body and personality, although none as clearly as the poem "Restos Mortais" (*Exorcismos*). In this third part of "Os Amantes," however, mortality is not defined as the annihilation of the body and personality, as it is explicitly in that poem, but in *existential* terms. Mortality is egotism and egoism, lack of relatedness to others; it is confining ourselves to the "I" who seeks no fulfillment in a "thou" (in Buber's terms), to the "yo fundamental" without the "tú esencial" (in Antonio Machado's terms):

> No es el yo fundamental
> eso que busca el poeta,
> sino el tú esencial.

These lines are quoted by Sena as epigraph to Part III of *Perseguição*; they are lines by which, as Sena also states in an essay on Machado, he was much influenced.[11] When Sena varies this theme of mortality, it is again to uphold human relatedness, even against what is perhaps one of the key principles of humanistic philosophy: the belief in the one-of-a-kind irreplaceability of the individual: "Nem são esse limite, esse confinamento, em que ficará preso e aniquilado o ser admirável que não mais se repete?" (p. 210) Sena's answer is once again negative.

Therefore, while implicitly upholding his lovers' biological mortality and denying their immortality in the possible senses mentioned above, Sena does, however, affirm on their behalf a type of existential immortality exemplified by their *modus amandi*. Herein resides the basis for the dignity Sena confers on his lovers, a dignity that derives from man's ability and willingness to relate to his fellow man, one markedly different from that upheld by Pico della Mirandola—which was based on man's relationship to God, on his alleged freedom within God's order.

As regards the theme of immortality versus mortality, the other Senian text that readily comes to the reader's mind is "A Morte, o Espaço, a Eternidade" of *Metamorfoses*. In this poem, Sena upholds Pico's idea that, as regards mortality, man's condition is different from that of the animals. Indeed, in what is perhaps Sena's most optimistic statement regarding human dignity, Sena envisions the race of man as being immortal. Although he stops short of claiming immortality for the individual human personality, he clings to the possibility—which this poem expresses *as certainty*—that space and eternity are the limit for us. This humanistic hope has also been expressed by, among other humanists, Corliss Lamont: ". . . there is always the possibility of migration by means of rocket ships to some other planet or place in the cosmos where life could go on."[12] Sena concludes the poem "A Morte, o Espaço, a Eternidade," which was partly inspired by Sputnik I, a symbol, for Sena, of man's capabilities, thus:

> . . . O pavor nos traça,
> este destino claramente visto:
> podem os mundos acabar, que a Vida,
> voando nos espaços, outros mundos,
> há-de encontrar em que se continue.
> E, quando o infinito não mais fosse,
> e o encontro houvesse de um limite dele,
> a Vida com seus punhos levá-lo-á na frente,
> para que em Espaço caiba a Eternidade.
> (*Poesia-II*, pp. 137–38)

"Os Amantes" does not reveal this blazing optimism. Man's dignity, "Os Amantes" suggests, stems not only from boundless strengths—as this poem indicates—but also from his weaknesses; and, more important, it derives from what man can achieve right here on earth despite those weaknesses. Emphasizing their *vita activa et operosa*, the narrator calls attention to the fact that

> a probreza os constrangeu, como quereriam ter filhos, querem tê-los, e vão dolorosamente sofrer por esta hora que passou. Como estes instantes [de amor] são raros, mesmo na comunhão em que os repitam muito. As apreeensões, as preocupações, o trabalho, o mundo em que vivem, tudo isso pesa. Mas pesam também essas famílias que os geraram e os criaram; pesam os amigos e os inimigos que lhes revelarão tanta malícia da vida; e pesa sobretudo esta obrigação diurna de viver, em que os braços ficam na curva inútil de um corpo que, mais tarde, não encontrará neles a sua forma em que os modelou (p. 210).

Man's destiny is largely shaped by contingent forces—birth, death, the very forces of history which he shapes but by which he in turn is shaped. As a product of history, man is a product of himself. As a product of contingency, man's capacity to shape his own destiny is limited. Our enemies or the enemies of life are another force in our way to self-fulfillment—another hell in life, as the above passage indicates. But together with these drawbacks to human freedom there weighs upon us the "obrigação diurna de viver," i.e., of making the best of life right here on earth. And the best of life will always stem from our ability and willingness to relate to others and from our courage to seize the rare and transitory opportunities, with which life provides us, of genuinely relating to our fellow creatures. In the poem of *Metamorfoses*, "Carta a Meus Filhos sobre os Fuzilamentos de Goya," written one year before this short story, Sena had stated:

> Acreditai que nenhum mundo, que nada nem ninguém
> vale mais que uma vida ou a alegria de tê-la.
> É isto o que mais importa—essa alegria.
> Acreditai que a dignidade em que hão-de falar-vos tanto
> não é senão essa alegria que vem
> de estar-se vivo e sabendo que nenhuma vez
> alguém está menos vivo ou sofre ou morre
> para que um só de vós resista um pouco mais
> à morte que é de todos e virá. (*Poesia-II*, p. 124)

It is curious that Sena should speak in "Os Amantes" of the "obligation" to live and, in "Carta a Meus Filhos, of the "joy " of life. In a sense, as the end of "Carta" makes abundantly clear, this *joy* brings *obligations* or responsibilities even towards our departed fellow man:

> E, por isso, o mesmo mundo que criemos
> nos cumpre tê-lo com cuidado, como coisa
> que não é nossa, que nos é cedida
> para a guardarmos respeitosamente
> em memória do sangue que nos corre nas veias,
> da nossa carne que foi outra, do amor que
> outros não amaram porque lho roubaram.
> (*Poesia-II*, p. 124)

This obligation to live and this joy of life point to the ultimate foundation of human dignity: our inextricable interrelatedness with others, not in hatred or "unfulfilled being-for-self," which is the worst type of death, but by reaching out and sharing in love. The following statement by Ludwig Feuerbach summarizes very well Jorge de Sena's view of the dignity of man as contained, explicitly and implicitly, in "Os Amantes" (and in many other Senian works):

> All human actions can be derived from love; love can be found and recognized in all of them. It is impossible for the human to exist purely for himself. If the human were able to endure bare, unfulfilled being-for-self, he would be able to endure that which is least endurable, nothingness. You would not be able to distinguish a bare being-for-self from nothingness. Being is abundance that is rich in relations; it is meaningful union, the inexhaustible womb of the most manifold connections. That which exists must exist with, in, and for another. Being is community, while being-for-self is isolation, is inability to share.[13]

The above statement is also exemplified in the short story that, from the viewpoint of human dignity expressed within the context of love, probably bears the closest relationship to "Os Amantes": "História do

Peixe-Pato," where relatedness to the Other (represented by the duck-fish) is life, and unrelatedness in whatever form is death.

It is fitting, therefore, that "Os Amantes" should end on a note of appeal, this time to the reader, for intervention—which is a type of invitation to relatedness, to sharing:

> A sorte deles não pode, por forma alguma, ser-nos indiferente. É fundamental que saibamos avaliá-la, saibamos distingui-la, possamos resumi-la num caso, num problema, numa situação, para intervirmos, ao menos uma vez, a tempo e no lugar mais próprio. (p. 211)

The narrator imagines the lovers as being possibly in danger. Among these dangers are the following two: the danger of being living creatures become characters; the danger of being characters become living creatures. These "dangers" point to the interrelation of life and literature and literature and life. They are certainly important, especially in light of the fact that Sena conceives of literature as bearing witness to life. However, there is an even greater danger for the lovers. That danger resides in our not asking (and hopefully answering) exactly *how* they are characters or living creatures, i.e., how they relate to each other as literary characters; and, more important still—should we choose to view them as living creatures—how they achieve their human potential by relating to each other and to the rest of humanity, not excluding us, the readers.

Notes

1. See Massaud Moisés, "O Conto," in *A criação literária: introdução à problemática da literatura*, 3.ª ed., revista e aumentada (São Paulo: Melhoramentos, 1970).
2. "Os Amantes," in *Antigas e novas andanças do demónio*, 2.ª ed. (Lisboa: Edições 70, 1981), p. 201. Future references will be included in the text.
3. *Sinais de fogo*, 3.ª ed. (Lisboa: Edições 70, 1984), p. 243.
4. *Poesia-II*, 2.ª ed. (Lisboa: Edições 70, 1988), p. 187. Future references, to be included in the text, are to this edition.
5. *Oration on the Dignity of Man*, trans. by A. Robert Caponigri (Chicago: Gateway, 1956), p. 3. Future references will be included in the text.
6. (Stanford: Stanford University Press, 1964), p. 70.
7. Ed. by Michael Mooney (New York: Columbia University Press, 1979), p. 175.
8. *In Our Image and Likeness*, vol. II (London: Constable, 1970), pp. 121–122.
9. (Cambridge: Harvard University Press, 1941), pp. 121–122.
10. *Os Lusíadas*, ed. organizada por Emanuel Paulo Ramos (Porto: Porto Editora, n.d.), p. 53.
11. I discuss those lines by Antonio Machado and Martin Buber's philosophy of dialogue, as expressed in his *I and Thou* and other works, and apply it to "História do Peixe-Pato" in "The Encounter with the Other: Jorge de Sena's 'História do Peixe-Pato,'" *Nova Renascença*, 32-33 (Outono de 1988–Inverno de 1989), pp. 461-78.
12. *The Illusion of Immortality* (New York: The Philosophical Library, 1950), p. 274.
13. *Thoughts on Death and Immortality*, trans., with Introduction and Notes, by James A. Massey (Berkeley: University of California Press, 1980), p. 122.

A Poesia de Maria de Lourdes Belchior

Fernando J.B. Martinho
Universidade de Lisboa

Membro da geração de 50, cujo perfil ajudou a definir com a publicação de importantes trabalhos no domínio da investigação e da crítica literárias,[1] tendo sido um dos introdutores da estilística em Portugal, Maria de Lourdes Belchior não dera até Setembro de 1983, altura em que a revista *Colóquio/Letras* insere alguns poemas da sua autoria, sinais de, a par da escrita ensaística, se dedicar à criação poética. De certo modo aparentado, em termos de revelação tardia, ao de António Gedeão, o seu caso apresenta peculiaridades que é conveniente destacar, já que a vinculação, em *Gramática do Mundo*,[2] a algumas das preocupações da sua geração é pouco mais que superficial e praticamente se esgota na assunção de uma *Weltanschauung* assente no catolicismo. Em termos de geração cultural, é com o grupo que lançou as "folhas de poesia" *Távola Redonda* e, depois, a revista *Graal* (Maria de Lourdes Belchior fez parte do corpo redactorial desta última publicação) que apresenta maiores afinidades, mas torna-se também evidente pela leitura de *Gramática do Mundo* que as suas referências poéticas divergem claramente, por exemplo, das sugestões regianas que marcam a obra de um Sebastião da Gama (autor a que, aliás, tem dedicado especial atenção crítica). Relativamente a outros autores da década em cuja poética a religiosidade católica, de cunho mais ou menos acentuadamente contemplativo ou místico, é vector determinante, um Jorge de Amorim, um Fernando Echevarría, um Cristovam Pavia, um Pedro Tamen, é do dramatismo barroco dos primeiros livros de Echevarría que é lícito aproximá-la, muito embora a *liberdade* discursiva que distingue os poemas de *Gramática do Mundo* se afaste inequivocamente da preocupação *construtivista* que preside aos textos de *Entre Dois Anjos* e *Tréguas para o Amor*. Será, afinal, com o último Ruy Belo—poeta que, apesar de estreado em 1961, recolhe a herança de algumas das linhas definidoras da poesia da década precedente—que o estilo interrogativo e a fé intranquila de Maria de Lourdes Belchior, em *Gramática do Mundo*, tem mais pontos de contracto. Ou com o espírito pós-moderno da geração de 70 (não será por acaso que Joaquim Manuel Magalhães assina o posfácio do livro, "Dezembro com Maria de Lourdes Belchior", um texto poético de rara inteligência crítica, saliente-se), devedora, como é sabido, da lição de Ruy Belo. Uma coisa é certa: revelada como poeta cerca de duas décadas e meia depois de aquela que terá sido a sua geração cultural ou os que de si podem ser aproximados, nos anos 50 e princípios do decénio seguinte, por um comum fundo de religiosidade, terem definido o seu lugar nos quadros da moderna poesia portuguesa, Maria de Lourdes Belchior vem essencialmente a encontrar-se com a prática poética das novas gerações, na errância, na deriva discursivas e na frontalidade com que se não escamoteiam as relações entre o *verso* e a *vida*. E até mesmo as muitas alusões literárias, os temas, os motivos, os *topoi*, que reflectem todo um trato íntimo de muitos anos com o texto literário, e particularmente com os autores maneiristas e barrocos, para além naturalmente da permanente referência ao texto bíblico, não obstruem a urgência comunicativa desta fala, que se alimenta da mais funda carga vivencial do *homo metaphysicus*, na inquieta busca de um sentido para a existência e para o destino humanos, na nunca sofreada interpelação a Deus, que não tem já, todavia, a escorá-la uma fé simplificada ou convencionalmente serena.

O motivo condutor que confere unidade às cinco partes em que *Gramática do Mundo* se divide, é a oposição entre as "palavras ditas / e reditas", presas ao "lastro do uso das nossas falas mortais", e a "Palavra única", entre o "corpo para a morte" e o "corpo glorioso / [. . .] liberto da contingência de ser mortal", quando "no fim dos tempos" chegar a "plenitude". A aspiração à "plenitude", em que "corpo e escrita" sejam, finalmente, "desatados / de toda a servidão", não implica, no entanto, o desconhecimento da humana condição, do corpo assumido integralmente na inquebrantável exigência que nenhum mecanismo de recalque ou repressão tem força suficiente para fazer calar—o corpo que se não sujeita sem repontar ao apagamento, poderoso mistério que "continua / por explicar".[3] É dessa reinvenção do corpo, de modo a não obliterá-lo em nenhuma das suas mais humanas componentes, como lugar da *glória* e da *transfiguração* futuras em que se crê,[4] que trata a 1ª parte, desde a logo desassossegada glosa a um verso de Vítor Matos e Sá a propósito do mistério insondável onde o corpo se abisma ao esperançado vislumbrar do corpo ressurecto. Tal como a crença na ressurreição futura não implica a denegação do corpo na sua totalidade, também, na segunda parte ("Imitação da Natureza"), o dizer-se que "não há hipótese / de passar a natureza para o papel" não pode ser lido no sentido de uma denegação de qualquer relação do poema com o real. As palavras com que no poema o real se representa, não se fecham em si mesmas; a "pseudo-referencialidade" que distingue o texto literário não significa, de modo algum, "uma ruptura semântica total com o mundo empírico", conforme esclarece Vítor Manuel de Aguiar e Silva na sua *Teoria da Literatura*.[5] Transfigurado por um sujeito que não abdica de si próprio, das suas interrogações maiores, das que têm a ver com a sua interioridade, com o constante desafio do divino ou com a "presença" deste no mundo visível, o real (formas, volumes, cores) não deixa de impor a sua evidência, a exigir atenção, *decifração* ou um olhar sempre renovado e fresco, longe da *monotonia* da *repetição*. Se o fim último do homem, na perspectiva do sujeito poético, será a "plenitude do Ser, na visão de Deus", o ascenso a essa "plenitude", a essa "harmonia", a partir do "distúrbio", da "turvação", da "dissonância" aqui em baixo, a 3ª parte do livro ("Recuperação da Infância?"), sob forma dramaticamente interrogativa, aponta para o momento—a infância—em que essa plenitude pôde ser brevemente entrevista e para a dificuldade ou impossibilidade de, por essa via, a recuperar. Não se trata apenas, como o poderia fazer supor a glosa do *topos* que na poesia medieval latina teve grande voga, "Ubi Sunt?",[6] de perguntar, de amarguradamente inquirir onde estão os que povoaram a infância do sujeito e lhe emprestaram o halo mágico de fugaz plenitude, mas também de medir a "distância" que, irremediavelmente, o separa da infância e de, interrogativamente embora, só no "mar de Deus" adivinhar o sentido capaz de preencher essa distância. Se a conturbada interrogação posposta ao título da 3ª parte parece não impedir a crença de que no "mar de Deus" seja possível recuperar o paraíso perdido da infância, em nenhuma outra secção do livro como na quarta, "Oratória"—a mais significativa, e não só em termos quantitativos—, as interrogações atingem tão pungente dramatismo, tão humana ressonância, a busca do "sentido (escondido?)", a "demanda de novo paradigma / para decifrar o enigma da Criação" se torna tão insistente, tudo englobando desde o que nos define (?) a identidade, o "nome", a "profissão" ou o "retrato", ao que, no mais fundo de nós, impacientemente anseia pelo "Ser", pela visão da "face" de Deus. "Oratória"—título que não deve constituir motivo de surpresa em livro de uma autora que é conhecida como especialista da oratória sacra do nosso século XVII— é, das cinco partes em que *Gramática do Mundo* se divide, aquela em que mais visível se torna o *barroquismo* do poeta. E para essa impressão contribui não apenas, de modo mais óbvio, a sequência *paródica* de 3 "Poemas Quase Barrocos",[7] mas também o irónico e desinibido "retrato"[8] (o retrato e o auto-retrato foram amplamente cultivados pelos poetas barrocos) que de si traça o sujeito poético, ou ainda o tema "Da Vida como Teatro" enfastiadamente ("Os temas estavam tão batidos") glosado num poema com esse mesmo título,[9] para não referir o gosto pelas oposições, pelas antinomias, aqui destinado a acentuar a distância entre o "humano", a "condição terrestre", a "geometria pedestre" e a "geometria celeste", o "Espírito", ou ainda o que o anelo pela visão da "glória de Deus", pela renovação que só o "fogo do Espírito" está em condições de proporcionar, pressupõe de consciência da precariedade, da fugacidade da vida. A par dos textos de mais marcada temática religiosa, que são a maioria, cabem também nesta parte do livro, o "divertimento" e o exercício de humor, de observação satírica. Mas mesmo nestes últimos, o sagrado contrastivamente irrompe para forçar as "portas da significação" e, assim, dar um sentido ("cosmos") ao que de outro modo seria apenas a *imperfeição*, a *miséria*, o *irrisório*, o *ridículo*, o "caos" humanos.

Entre as palavras "ditas / e reditas", o esforço de "dizer as coisas, nomeá-las", e a impossibilidade de, com elas, se aproximar o homem do "sopro e espírito incriados", da "Palavra única", se define a última parte de *Gramática do Mundo*, "Arte Poética". Ou entre a "humana palavra, murada / emparedada / nos espaços da comunicação" e a revelação, o desvendamento pleno da linguagem que só a "Palavra incarnada" estará em condições de realizar. Nunca, porém, esta antinomia entre as palavras "enraizadas no terrunho", aspirando à perfeita nomeação (a "revelar e decifrar o verdadeiro nome das coisas") mas incapazes de plenamente a assegurarem, e a "Palavra" que só "no fim dos tempos" poderá ser "decifrada", é pacificamente aceite pelo sujeito. Esta humaníssima perplexidade, este incessante questionar, interrogar, esta dramática intranquilidade no diálogo com o divino, esta fé que se não quer certeza fácil e que se nutre de uma aguda consciência do devir, emprestam ao itinerário poético que podemos seguir em *Gramática do Mundo* uma dignidade e uma grandeza que não são frequentes nas nossas letras.[10]

* * *

Se, como vimos, a temática religiosa ocupava já um lugar muito importante na primeira recolha poética de Maria de Lourdes Belchior, ela vai dominar por completo a sua segunda colectânea, como a simples leitura do título permite, desde logo, verificar, *Cancioneiro para Nossa Senhor * Poemas para uma Via-Sacra*.[11] Este mesmo título, por outro lado, permite também, de imediato, observar que o volume é constituído por dois conjuntos, cada um dos quais vem, de resto, aí incluído pela ordem em que aparece no título. O primeiro colige trinta e três (tantos quantos os anos da vida terrena de Jesus) poemas, consagrados, ofertados pelo poeta a Nossa Senhora, como a preposição presente no título logo dá a entender. O segundo é formado por catorze poemas, correspondentes a cada uma das estações da Via-Sacra, podendo o título, neste caso, ser lido no sentido de representar cada um deles uma *meditação* do poeta sobre as catorze estações da Via-Sacra.

O primeiro conjunto, o mais importante do volume até sob o ponto de vista quantitativo, constitui exactamente — e não se esqueça que, como se faz questão de assinalar na contracapa, o volume vem a lume por ocasião das comemorações do "Ano Mariano de 1987/1988" — o que na Idade Média, a partir do século XI, se chamava *Mariale* ou *Liber Marialis*,[12] ou seja uma recolha de textos consagrados à Virgem Maria. Com efeito, depois de um texto de abertura de índole geral, em que o poeta entra assumidamente em diálogo com um conhecido poema de Cristovam Pavia também consagrado à Virgem, e que desempenha, no conjunto, uma clara função prologal, acompanhamos, nos catorze textos seguintes, o destino terrestre de Maria, em conjugação com as suas festas litúrgicas, até à Assunção e sua coroação como "rainha dos céus", predominando, nos restantes dezoito, aqueles em que Nossa Senhora se multiplica nos "nomes / quase inumeráveis" que a piedade popular, quando não mesmo pessoal, lhe foi emprestando ou emprestou.

A lírica mariana está, desde os seus primórdios, intimamente ligada à oração. Os poetas encontram-se, aliás, entre os primeiros, no domínio da oração privada, a dirigir-se à Virgem para implorar a sua intercessão.[13] Cita-se habitualmente, a este propósito, o nome de Sedulius,[14] no século V, e é também sabido que os hinos marianos latinos, nos seus melhores exemplos, serviram de modelo à lírica mariana em vernáculo, que começou a desenvolver-se a partir do século XII.[15] Elisabeth Frenzel, no seu conhecido dicionário *Stoffe der Weltliteratur*, aponta como temas mais importantes da lírica mariana em língua vulgar, a qual acompanha o florescimento do culto mariano no Ocidente a partir, como vimos, do século XII, o louvor, a súplica, a saudação e o lamento.[16] Louvor à Virgem no *Cancioneiro para Nossa Senhora*, encontramo-lo, por exemplo, em "Senhora do Ó"[17] em que a próprio termo que designa o acto de fala subjacente ao *louvor* se encontra expressamente presente no *explicit* do texto e em que o entusiasmo, a alegria próprios do género se exprimem especialmente através das "exclamações" e das interjeições oh! e ó!, cuja homofonia com o nome da "Senhora" louvada no poema é ludicamente explorada pelo poeta:

> Invocamos-te, Senhora do Ó:
> teu ventre redondo, vaso sagrado,
> contém a salvação do mundo.
> Casa do ser, teu ventre redondo,
> Senhora do Ó, é albergue de Deus.
>
> Oh maravilha única, Senhora da Encarnação.
>
> Oh porta do céu donde nos veio a Redenção.
> Senhora do Ó, a do ventre redondo,
> abrigo de Deus e esperança dos homens.
>
> Todos os ós, Senhora do Ó,
> todos os ohs!, exclamações inúmeras,
> nascidas do espanto e da maravilha
> de seres, Mulher, a Mãe de Deus,
> todos os ohs!, Senhora,
> são escassos e pobres para te louvar.

Súplica, e feita em desinibido, *ousado* estilo coloquial, a que não falta sequer um toque de bem-humorada ironia, é-o o poema "Nossa Senhora da Boa Morte",[18] que, enquanto rogo à "intercessão" da Virgem — interpelada com tocante familiaridade —, toma como modelo o final da "Ave Maria":

> Minha Nossa Senhora
> quando a morte estiver para chegar
> faça favor de se abeirar
> de mim

no fim dos meus dias
na hora da partida desta vida
sede minha guarida.

Minha Nossa Senhora
quando eu estiver para morrer
faça favor de aparecer
à minha beira
e na hora derradeira
sede minha guia
para a vida cimeira.

E se por mal dos meus pecados
tiver de parar no lugar da purificação
por vossa intercessão mandai encurtar
a minha estada naquela morada.

Depois já purificada
minha mão na vossa mão imaculada
levai-me à presença de Deus altíssimo
Minha mão ... não pode ser
que estará a apodrecer
com o resto do corpo mortal.

De qualquer jeito minha Nossa Senhora
resolvei a situação
sede minha advogada e por vossa intercessão
alcançai-me perto de vós o lugar da contemplação.

Ouso de mais minha Nossa Senhora
pedir lugar perto de vós é demasiada ambição?
Fique na vossa mão do caso a solução mas
longe de vós, não.

Saudação, há-a, apesar da ausência da interjecção "ave", em "Senhora do Grande Sim",[19] em sintonia, de resto, com o passo do mistério mariano aí tratado, a Anunciação, muito embora a sucessão de vocativos, reforçada pela acumulação anafórica no começo e no fim do poema, não corresponda menos a uma forma de louvor:

Senhora do grande sim.
Senhora do consentimento fecundo.
Senhora do reconhecimento.
Senhora do grande sinal de paz.
Senhora do acolhimento do Verbo.
Senhora da anunciação. Do Anjo
recebeste o anúncio da salvação:
Ao Anjo respondeste: faça-se,
segundo a vontade de Deus poderoso.
Na hora da incarnação teve começo
a redenção dos homens, Senhora.

> Vislumbraste então a dimensão sem limites
> do teu gesto único, resposta sem par,
> ao desígnio de Deus?
> Senhora do grande sim.
> Senhora do reconhecimento.
> Senhora do consentimento fecundo,
> em ti se acolheu o Verbo de Deus
> e de ti nascido, filho de Deus e teu filho.

Lamentos, são-no, no ciclo de poemas dedicados à vida da Virgem até à sua glorificação nos céus, "Nossa Senhora do Calvário"[20] e "Senhora do Luto".[21] Neste último poema, o estilo interrogativo — que tão claramente goza das preferências do poeta, voz que, sem cessar, se questiona sobre o mistério da existência e, na perspectiva cristã que é a sua, sobre o mistério da Redenção — serve propósitos muito particulares: os de, pelas respostas dadas, pôr em evidência a implicação do género humano no mistério da Paixão como grande beneficiário da obra da Redenção:

> Onde o fruto do vosso ventre Jesus?
> Nossa Senhora de luto?
> Morreu o vosso Filho?
> Levaram-no, Senhora?
> De ciência certa sabeis
> em breve há-de voltar.
> Nossa Senhora de luto?
> Só por nossos pecados
> causa e razão da morte
> do teu filho Jesus Cristo.
> Dias de nojo, por morte
> de quem? do teu filho e Senhor?
> Só se for por nossa causa, Mãe,
> teus filhos também.

Maria é fundamentalmente invocada pelo sujeito poético, de acordo, aliás, com as grandes linhas da tradição católica, como Mediadora, como a Intercessora, a Advogada do género humano junto de Deus (cf. os versos finais de "Sequência": "Roga por nós, Maria, Mãe de Deus e mãe dos homens, pecadores. / / Roga por nós, Senhora agora e na hora da nossa morte amém!"). O poeta dirige-se-Lhe, por outro lado, em consonância também com os três dogmas fundamentais da tradição,[22] como Mãe de Deus, Santa e Virgem (cf. as seguintes passagens de "Mãe": "Apesar das muitas palavras vindas nas muitas páginas / dos dicionários, não encontro palavras para vos louvar, / Virgem Mãe, mãe de Deus e nossa Mãe" e "Senhora da Glória": "Em honra da gloriosa, assunta em corpo / aos céus, entoam-se cantigas de Santa Maria / loas e milagres, contados e ensoados / em seu louvor"). Maria é igualmente invocada em função da sua participação na obra da Salvação[23], como pode ver-se no segundo conjunto do volume, *Poemas para uma Via-Sacra*, em que, apesar de ser, agora, o Filho a concitar primordialmente as atenções do sujeito, Ela nunca sai, a bem dizer, de cena (*cf.* o final da meditação poética sobre a quarta estação da Via-Sacra, "Encontro de Cristo com sua Mãe a caminho do Calvário": "Consentimento cego, abandono inteiro à vontade do Pai, / Maria assumia, ao contemplar o Filho, / homem das dores, desfigurado, sangrado, / a plena dimensão da co-redenção.").

Diziam, em 1958, os organizadores de uma conhecida antologia de poesia religiosa portuguesa, *Na Mão de Deus,* José Régio e Alberto de Serpa, baseando-se para tal no que seria uma característica fundamental da nossa religiosidade,[24] que para "a grande maioria dos nossos poetas—e aqui se aproximam eles da alma do nosso povo—a mão de Deus não é, muitas vezes, concebida senão através das misericordiosas mãos da Virgem Santíssima, tão Mãe de Deus como maternal advogada nossa; ou através das mãozinhas rosadas de Jesus pequenino [. . .]; ou através das mãos penitentes dos seus Santos [. . .]; ou através das mãos cravadas do Crucificado, cuja Paixão desde sempre tocou fundo a sensibilidade e a imaginação dos nossos poetas."[25] Maria de Lourdes Belchior parece, pois, não fugir à regra, pelo menos no lugar que concede à Virgem e à Paixão de Cristo na sua poesia religiosa. No que diz respeito ao papel de Medianeira da Virgem, e ao lugar-chave que Maria ocupa na história da Salvação, o poeta, dentro de um jeito reflexivo, interrogativo muito seu, não deixa, aliás, de se questionar sobre os desvios, os *erros* teológicos a que se encontra sujeito o culto mariano. Ver "Senhora das Graças":[26]

> Inventamos-te ouvidos numerosos em escuta universal
> Imaginamos-te atenta a todas as súplicas
> Abribuimos-te poderes de quase omnisciência.
> Adivinhas nossas angústias conheces a fragilidade
> da nossa vontade doente incapaz de não tergiversar
> quando surge envolvente, insinuante, a tentação do Mal.
>
> Emprestamos-te virtudes quase divinas omnipotentes
> roubamo-las à imagem de Deus: nossa teologia
> errada desenha-te um vulto demasiado semelhante
> ao de Deus todo poderoso, caridade plena a fecundar
> o universo. Desenhamos-te um perfil de quase infinita ternura
> na doçura dos teus gestos maternais de acolhimento
> abrigas o sofrimento do mundo e dás-lhe alívio e sentido.
>
> Donde nasce, minha Senhora, a intuição certa poderosa
> gerada acaso por teologia errada da tua divina intercessão?
> Pôs Deus no coração dos homens reflexos da tua imagem?
> [. . .]

e o seguinte passo de "Mãe de Deus e Mãe dos Homens",[27] com uma referência às *ousadias* teológicas de Vieira, de cujo "Sermão segundo do Rosário" também se reproduz uma significativa passagem na contracapa do livro ["A dignidade da Mãe de Deus é tão soberana, que ainda em respeito do mesmo Deus, como Mãe a Filho, não só pode alcançar quanto pedir, senão mandar o que quiser"]:

> [. . .]. Assumida em Deus, assunta no seio da trindade (Vieira ousou chamar-te de quarta pessoa divina) o teu poder, Mãe, há-de desafiar o poder de Deus? [. . .].

Os catorze poemas que constituem o segundo conjunto do volume, *Poemas para uma Via-Sacra*, assumem-se claramente, conforme vimos, como meditações da Via-Sacra. Como também não deixámos de assinalar, embora a figura de Cristo esteja no centro do relato que acompanhamos ao longo dos catorze poemas-estações, de nenhuma das cenas — inevitavelmente carregadas da memória da abundantíssima iconografia da Paixão — está ausente Maria, como se o poeta nos quisesse permanentemente confrontar com o olhar da Virgem (em cuja dor de Mãe se projecta) sobre o drama de seu Filho. O poeta é, aqui, em conformidade, de resto, com o objecto da sua meditação, fundamentalmente poeta-narrador. E, como tal, tem a preocupação de preencher as *lacunas* do parcimonioso relato evangélico, especialmente no que diz respeito à presença de Maria junto do Filho nos momentos culminantes do seu destino terreno. As interpelações à Virgem, que, às vezes, se repetem de poema para poema (*cf.* "Onde estavas Senhora?", no segundo e no terceiro poemas,[28] e "Estavas perto, Senhora?", no sexto e no sétimo poemas[29]), destinam-se, de alguma forma, a suprir as *lacunas* da discreta narrativa evangélica relativamente ao papel presencial de Maria no drama da Paixão. Mas elas apontam, acima de tudo, e numa obra que, como acentuámos, se inscreve nas comemorações do "Ano Mariano de 1987/88", para a identificação total do sujeito poético com o sofrimento da Mulher que é simultaneamente "Mãe de Deus e Mãe dos Homens". Não será, aliás, por acaso que, num relato frequentemente interrompido pelas interpelações que o poeta-narrador dirige às suas duas personagens principais, as interpelações à Virgem suplantem as que são endereçadas a Jesus. O que poderá também querer dizer que a segunda colectânea poética de Maria de Lourdes Belchior, sem deixar de ser constituída por dois conjuntos, a diversos níveis, conforme sublinhámos, bem diferenciados, acaba por ter no papel atribuído a Nossa Senhora no plano da Salvação um dos fundamentos, quiçá o maior, da sua real unidade.

Notas

1. *Cf.*, entre outros, os seguintes títulos: *Bibliografia de António da Fonseca Soares (Frei António das Chagas)*, Lisboa, 1950; *Frei António das Chagas — Um Homem e um Estilo do Século XVII*, Lisboa, 1953; *Itinerário Poético de Rodrigues Lobo*, Lisboa, 1959; *Sebastião da Gama — Poesia e Vida*, Castelo Branco, 1961; *Os Homens e os Livros (Séculos XVI e XVII)*, Lisboa, 1971; *Os Homens e os Livros II (Séculos XIX e XX)*, Lisboa, 1980.

2. Lisboa, Imprensa Nacional-Casa da Moeda, "Biblioteca de Autores Portugueses", 1985. Posfácio de Joaquim Manuel Magalhães.
3. *Cf.* "O Corpo", *ibid.*, p. 11.
4. *Cf.* "Corpo Glorioso", p. 24.
5. *Cf. Teoria da Literatura*, Vol. I, Coimbra, Livraria Almedina, 4ª ed., 1982, p. 612.
6. *Cf. Gramática do Mundo*, p. 43.
7. *Cf. ibid.*, pp. 89–93.
8. *Cf. ibid.*, pp. 94–95.
9. *Cf. ibid.*, p. 76.
10. Esta primeira parte retoma, refundindo-o, um artigo publicado no nº 181, de 21/XII/1985, do *JL*.
11. S. 1., [Ed. da Autora], 1988.
12. *Cf. Catholicisme Hier Aujourd'hui Demain*, Encyclopédie publiée sous la direction du Centre Interdisciplinaire des Facultés catholiques de Lille, Tome Huitième, Paris, Letouzey et Ané, 1979, co. 521.
13. *Cf. ibid.*, col. 541.
14. *Cf. ibid.*, col. 541.
15. *Cf.* Elisabeth Frenzel, *Diccionario de Argumentos de la Literatura Universal*, Madrid, Editorial Gredos, 1976, p. 304.
16. *Cf. ibid.*, pp. 304–05.
17. *Cancioneiro para Nossa Senhora * Poemas para uma Via-Sacra*, p. 11.
18. *Ibid.*, pp. 39–40.
19. *Ibid.*, p. 10.
20. *Ibid.*, p. 19.
21. *Ibid.*, p. 20.
22. *Cf. Catholicisme Hier Aujourd'hui Demain*, cols. 570–71.
23. *Cf. ibid.*, cols. 580–81.
24. *Cf. Na Mão de Deus — Antologia da Poesia Religiosa Portuguesa*, Lisboa, Portugália Editora, 1958, p. 10.
25. *Cf. ibid.*, pp. 8–9.
26. *Cancioneiro para Nossa Senhora * Poemas para uma Via-Sacra*, pp. 31–32.
27. *Ibid.*, p. 25.
28. *Ibid.*, pp. 52–53.
29. *Ibid.*, pp. 56–57.

As Ilhas de Santa Barbara em Poesia: Sena, Belchior e Picchio

Frederick G. Williams
University of California, Santa Barbara

Neste volume que homenageia Maria de Lourdes Belchior, o meu breve contributo, como o título indica, reunirá poeticamente três amigos, três grandes vultos da literatura portuguesa, que, por sua vez, homenagearam Santa Barbara, e em especial, as ilhas do canal do mesmo nome.
    Os três têm muito em comum além da literatura portuguesa. Jorge de Sena, o primeiro entre eles a vir a Santa Barbara, foi Professor Catedrático de Literatura Luso-Brasileira e de Literatura Comparada na Universidade de California Santa Barbara, de 1970 até a sua morte em 1978. Tanto Maria de Lourdes Belchior como Luciana Stegagno Picchio vieram substitui-lo como Professoras Visitantes na mesma universidade no Departamento de Espanhol e Português, e mais tarde, no caso de Maria de Lourdes Belchior, permanentemente como Professora Catedrática e Directora do Centro de Estudos Portugueses Jorge de Sena.
    Outros pontos em comum entre eles—além de Santa Barbara, a carreira universitária e a amizade de longa data—eram os estreitos contatos que os três mantinham não só com Portugal, mas com o Brasil, e o amor à poesia. Sena, desde sempre, foi um grande poeta; Belchior e Picchio estreiam-se poeticamente em volume praticamente no fim das suas carreiras acadêmicas. Mas os três escreveram poesias inspiradas pela beleza da natureza (terra e mar) à beira do Oceano Pacífico, local do campus de Santa Barbara da Universidade de California, que Picchio chamou edênico e Sena "demitida da Corte Celeste".[1]
    O maior tributo ao mar que beira Santa Barbara está contido no volume *Sobre Esta Praia* (1977) de Jorge de Sena. Picchio escreveu a introdução à tradução italiana do volume e a reproduziu no seu volume, *La Terra dei Lotofagi* (Milano: Vanni Scheiwiller, 1993), onde também aparece o poema "The Lotos-Eaters", uma homenagem a Jorge de Sena que lembra *Sobre Esta Praia*. O poema faz parte duma série de sete poemas com o título "A California diary: 1981–1982." Na suas notas, Picchio indica com quem trabalhou enquanto estava em Santa Barbara, mencionando entre outros, Mécia de Sena (a quem dedica o volume), e Maria de Lourdes Belchior (ver p. 67), e reproduz, nas páginas 53–55, a tradução inglesa que eu fiz deste seu poema-homenagem a Jorge de Sena.[2]
    Mas o poema de Jorge de Sena que consideraremos para esta homenagem encontra-se no volume *Exorcismos* (Lisboa: Moraes Editores,

1972, p. 71) e entitula-se "Duas Paisagens da California" e tem a data de Janeiro de 1971. A primeira "paisagem", "As Ilhas de Santa Barbara", é um poema de uma só estrofe composto de seis linhas, verso branco decassilábico (com exceção do quarto verso que tem doze sílabas):

> As Ilhas de Santa Barbara
>
> Tão lúcidas recorte no horizonte
> a névoa ergue-as do mar em que flutuam
> violáceas quietas pela tarde imóvel
> até nas brandas ondas que esta praia pousam
> recurva apenas de uma luz sem cor
> e do silêncio da distância em ilhas.[3]

Maria de Lourdes Belchior, no seu volume *Gramática do Mundo* (Lisboa: Imprensa Nacional–Casa da Moeda, 1985), inclui uns dez poemas que refletem a sua estadia nos Estados Unidos, principalmente Santa Barbara. "Ilha de Santa Catarina, Ilhas de Santa Barbara", o poema que destacaremos, encontra-se na página 28, na secção II, "Imitação da Natureza". O poema é de nove versos divididos em duas estrofes de quatro e cinco verses respectivos, com uma metrificação que varia de doze a nove sílabas. Contém rima (o único dos três), embora ocasional e, interessantemente, interna, que funciona em *enjambement*; ou seja, a última palavra do verso rima com a primeira palavra do seguinte verso, o que ocorre em quatro ocasiões:

> Ilha de Santa Catarina
> Ilhas de Santa Bárbara
>
> Navio fantasma ilusão nevoenta
> quadrilátero de terra cortado a prumo
> rumo capricho da névoa envolvente
> silente na distância, o perfil da Ilha
>
> Envolta em espuma e névoa subtil
> perfil recortado alçado do Mar
> alonga-se azul no espaço horizonte
> a Ilha fantasma ou terra ou nada
> debruada de sonho e de luz.

Luciana Stegagno Picchio, no seu volume, *La Terra dei Lotofagi*, inclui uns nove poemas que de alguma forma se relacionam com a sua estadia nos Estados Unidos, e também, quase todos relacionados com a California. A primeira secção do volume, como já indicamos, chama-se "A California Diary: 1981–1982". O terceiro poema da série, "Kennst du das Land",[4] aparece primeiro no seu original italiano, e depois, na página 59, em tradução portuguesa de Yvette K. Centeno e Stephen Reckert. O poema, sem nenhuma pontuação, é verso livre e consiste de quinze versos divididos em duas estrofes; uma de doze versos e a outra de três:

Kennst Du Das Land
Havia em Santa Barbara
súbitas explosões de lilás
entre os bosques de eucaliptos
Buganvílias encarnadas sem folhas
ocultavam a madeira discreta das casas
O ar era imóvel
entre a serra e o mar
e não havia nuvens na palidez do céu
Cinzentas as ondas no litoral avaro
roíam ofegantes a barreira
quando no longínquo canal das ilhas
passavam cardumes boquejantes de baleias
Havia silêncio e havia só ausência
E do tédio do éden reencontrado
subia um pranto de inocência mudo

Os três poemas coincidem no uso de quatro palavras: ilha, mar, distância (ou longínquo no caso de Picchio), e silêncio.

Além dessas, existem mais seis palavras em comúm entre Sena e Belchior (horizonte, névoa, luz, recorte, erguer/alçar) e mais duas entre Sena e Picchio (ondas, imóvel). Mas para além das quatro palavras que os três têm em comum, não existem concordâncias exclusivas entre Belchior e Picchio.

Comparando os poemas, vemos que nos três existe a mesma admiração pela beleza das ilhas e o mar em que parecem flutuar, contudo os seus autores apresentam atitudes diversas.

Em Belchior, por exemplo, há um ar de mistério, de movimento lento e distante, a idéia de uma ilha fantástica, ou navio fantástico—ou sonho ou nada, visto que é expressamente descrito como ilusão—cujo rumo está ao capricho da névoa e da espuma que sutilmente a envolvem, mas cujo perfil se recorta no azul do horizonte.

Em Sena, que escreveu o poema mais curto dos três, e cuja linguagem é a mais sintáticamente complexa, as ilhas aparecem nítidas e claras ou—usando as palavra que ele emprega—lúcidas e recortadas no horizonte. Elas flutuam, sim, mas quietas, como que pairando na tarde imóvel sobre a névoa que as erguem do mar, com uma luz sem cor que as destacam na distância e no silêncio. Até as ondas na praia são brandas, pois não há distúrbios nesta calma e tranquila cena.

Como ponto de referência, de fato, há dias em que se vêem as ilhas com uma nitidez espantosa, uma lucidez clara e recortada que é assombroso na sua beleza. Mas na maior parte do tempo, as ilhas estão apenas perfiladas, envoltas em névoa e vagamente discerníveis, como se de fato houvesse alguma coisa misteriosa na distância. Ao que parece, Sena e Belchior, como fotógrafos—captando a cena com palavras—bateram as suas fotos em dias diferentes.

Quanto ao poema de Picchio, o mais extenso de todos, ela parece ter tirado a sua fotografia num dia em que tudo se via da mesma cor—

palidez do céu, cinzentas as ondas—, e em que, como no retrato de Sena, o ar era imóvel. O seu poema retrata também, além das ilhas e o mar, a terra de Santa Barbara, que no poema aparece como o edênico jardim do paraíso terrenal—com as suas explosões de lilás, eucaliptos, e buganvílias —e também alude ao tédio neste éden reencontrado, de onde "subia um pranto de inocência mudo", o que vale como um pensamento ou distúrbio à paz edênica. Além de contrastar terra e mar, a paisagem de Picchio incorpora mais um elemento novo: as baleias que passam no canal entre as ilhas e a costa de Santa Barbara na sua migração anual.

Tanto Belchior como Sena se limitam ao ponto de vista de alguém apreciando a cena do litoral (terra ou praia) olhando para o mar, onde se encontram as ilhas. Em muitos pontos Belchior e Sena coincidem, até na escolha das mesmas nove palavras, como já observamos. Mas Belchior dá um tom de mistério e a inferência de movimento no navio. Sena, que como disse, comparte muitos dos mesmos elementos com Belchior, enfoca, acima de tudo, a nitidez das ilhas (embora distantes), e mais ainda, a ausência de movimento e o silêncio. Picchio dá uma visão mais ampla do local com a referência às montanhas de um lado e o mar do outro, e aponta para a presença vegetal, animal e humana (casas de madeira ocultadas), sugerindo, também, uma contemplação metafísica e filosófica da cena.

Para que conste, os nomes das ilhas, na ordem em que são vistas de Santa Barbara—como um colar estendido no horizonte—, e indo de oeste a leste (ou olhando de direita para esquerda), são: San Miguel, Santa Rosa, Santa Cruz e Anacapa. As distâncias variam entre 30 a 50 milhas da costa. (Se continuássemos na mesma direção leste e sul mais duas horas de carro, chegaríamos a Los Angeles e às duas ilhas à sua frente: as ilhas de Santa Barbara e Santa Catalina.) As serras que rodeiam Santa Barbara em linha paralela com o mar, são as montanhas Santa Ynez, que formam parte do Bosque Nacional Los Padres.

Três poemas modernos de três diferentes autores-professores-amigos, ligados poeticamente ao retratarem, contemplativamente, as mesmas ilhas de Santa Barbara, mas de ângulos diferentes. O primeiro retrata as ilhas nitidamente, com uma lírica sintaticamente complexa e usando a forma do verso branco. O segundo encobre as ilhas de mistério e dinamismo, apelando à imaginação, e lançando mão a uma interessante forma parcialmente rimada. O terceiro abre os parâmetros da paisagem para incluir montanhas, vegetação e a presença de seres vivos.

Como homenagem final, aqui ficam registradas as quatro palavras que os três poemas têm em comúm—símbolos, talvez, das quatro ilhas do Parque Nacional "Channel Islands" em frente de Santa Barbara. A sua disposição na folha sugere o seu arranjo geográfico, tal como aparecem no mapa, aqui em forma de um pequeno quase-poema que exalta a reverência com que se associa este espetáculo da natureza:

              ilha   mar
    distância   silêncio

Notas

1. Ver o fim de "Um centenário lamentavelmente esquecido", de Jorge de Sena, em *O Reino da Estupidez—II* (Lisboa: Moraes Editora, 1978), p. 161.
2. Para demonstrar ainda mais o encruzamento das vidas que aqui se destacam, eu escrevi a respeito de *Sobre Esta Praia* no livro que homenageia Luciana Stegagno Picchio. Ver "Elements for Understanding Jorge de Sena's *Sobre Esta Praia*" em *Estudos Portugueses, Homenagem a Luciana Stegagno Picchio* (Lisboa: Diefel, 1991), pp. 1071–90. Também ajudei na tradução inglesa do mesmo volume na versão de Jonathan Griffin, *Sobre Esta Praia, Eight Meditations on the Coast of the Pacific* (Santa Barbara: Mudborn Press, 1979).
3. Traduzi este poema de Jorge de Sena a pedido de Robert Huttenback, Reitor da Universidade de California, Santa Barbara. Os Huttenbacks usaram minha versão inglesa no cartão de Natal de 1978, que enviaram a parentes, amigos, professores, e membros da comunidade mais chegados.
4. Lê-se, em tradução portuguesa, "Conheces tu o país" (onde os limoeiros florescem . . .), passagem célebre de Goethe, usada como epíteto por Gonçalves Dias no seu famoso poema "Canção do Exílio". Jorge de Sena, de certo modo se sentia no exílio em Santa Barbara.

A distorsão do olhar: denúncia e anúncio n'*A Casa Eterna*, de Hélia Correia[1]

Isabel Allegro de Magalhães
Universidade Nova de Lisboa

1

A "estória" de *A Casa Eterna* poderá brevemente contar-se assim: uma mulher—a narradora—propõe-se fazer uma pesquisa sobre a vida, misteriosa, de um poeta de Lisboa, que morrera há poucos meses. Não se sabe se ele era seu amigo e companheiro nas letras, se fora também seu amante: há sugestões várias, no texto, mas não certezas.

O poeta chama-se Alvaro Roiz e a sua morte ocorrera em circunstâncias obscuras. Obscura era também para a narradora a sua vida, em especial a infância.

Parece ser intenção do romance a procura de entendimento dessa existência, solitária, literária, silenciosa, existência essa ressuscitada no texto e faladora apenas em alguns "flash-back". Trata-se aqui de conhecer, em busca quase policial, as circunstâncias e incidentes dessa vida e, sobretudo, o *sentido* que a terá habitado.

Para isso a narradora segue obstinadamente o "rasto" do poeta, da morte à infância, num percurso feito "à rebours", ao arrepio da corrente do tempo, de forma a encontrar a fonte de onde eventualmente os sentidos emanam.

A Casa Eterna fala-nos, pois, da vida de um homem—poeta com nome já feito—que cedo terá deixado a casa e a aldeia onde nasceu, Amorins, sem nunca delas se ter verdadeiramente separado (p. 153) e que a elas retorna no final da vida para morrer.

Será este o rio narrativo principal. Mas os afluentes desse rio são múltiplos e, afinal, é deles que provém quase toda a água que aqui corre. Não só as opiniões e informações sobre o protagonista —obtidas em geral através de entrevistas feitas pela narradora—constituem fortes caudais de matéria que iluminam e que por vezes também obscurecem esta personagem, como ao longo do texto esses afluentes se tornam desvios importantes. E o torvelinho de ambientes, "estórias", comportamentos, sem relação já com Alvaro Roiz, faz que nos perguntemos se a "biografia" do poeta terá sido quase só pretexto para estas "estórias": pretexto para uma evocação, tão cara a Hélia Correia, da decadência humana visível em ambientes provincianos.

Por um lado, é verdade que a força desses desvios torna a biografia (118) um quase pretexto; mas, por outro lado, não há dúvida de que esse fio principal leva o romance do seu início ao seu termo: é um romance redondo, com uma estrutura aparentemente rigorosa, à volta da vida do poeta.

2

Quanto ao processo de composição do texto e à forma como esses caudais afluentes que referi nele desaguam, apresenta a obra uma grande riqueza e variedade.

O livro começa com umas "falas vestibulares", falas de gente da terra que viu, ou poderia ter visto, Álvaro no momento do seu regresso à aldeia. São testemunhas que aparecem sem introdução no portal do romance, como se de peça de teatro se tratasse—dando-se a "entrada" aos actores/personagens: "Fala de Bento Serras, cobrador de bilhetes [. . .]": ou "Palavras da senhora Rita Chanca, vendedeira [. . .]", seguindo-se então um discurso directo, num socioleto muito bem recriado (nisto lembrando Olga Gonçalves) e registado entre aspas.

Em grande parte do texto, temos a narradora, na primeira pessoa, contando e comentando as informações que vai obtendo e descrevendo os seus percursos de investigação:

> Não possuo a infância de Álvaro Roiz. Tenho de percorrer o sentido contrário ao da memória da senhora Rita.(17) Estou [. . .] procurando-lhe o rasto.(25)

Ou então, imaginando, reconstituindo na fantasia um passado de que poucos dados ainda possui:

> Talvez que [. . .] houvesse um caminho . . . ; Ou, quem sabe, o caminho seria igual . . . [. . . Álvaro Roiz] terá reconhecido [ali] teria o Alvarinho esfregado a cabeça . . . ; [Álvaro] deixaria então os Amorins, caminharia agora em plena estrada (26-27; sublinhados meus).

E, gradualmente, a fantasia vai-se erguendo em realidade palpável, tornando-nos a figura de Álvaro cada vez mais próxima: "Álvaro viu- o"; "Álvaro ouve o rangido dos seus passos" (27-28).

Através de dispositivos simples, como são as locuções modalizantes ou as mudanças de tempos verbais (que vão do imperfeito do conjuntivo e do futuro e do condicional, simples e compostos, ao pretérito perfeito simples e presente do indicativo), a narradora usa de um poder evocativo quase mágico que faz o leitor sobrevoar consigo os diferentes tempos da "realidade" e da fantasia. (28)

Na maioria dos casos, quem detém a palavra são as personagens:

ora autónomas (poucas vezes), ora interrogadas pela narradora, contando o que sabem ou ouviram dizer de Álvaro Roiz.

Enfim, testemunhos múltiplos sobre actos, facetas, segredos, deste homem-escritor, poeta, amante das palavras e nelas fechado, de quem parece que ninguém gostara e que não parece ter amado realmente ninguém. (138, 139, 143, 144).

Noutros casos, a narradora aparece em terceira pessoa, ora omnisciente (38-39) ora—sob o mesmo efeito de surpresa vivido pelo leitor (41)—declarando-se "de fora", confessando que não entende de quem determinada personagem está a falar (43).

Em poucas situações, somos postos em "flash-back" perante falas ou diálogos de Álvaro Roiz.

É esta focalização plural, ou pluralidade de pontos de vista, o que faz do texto um cruzamento de diferentes olhares, olhares quase todos inventados ou distorcidos, como adiante veremos.

Contudo, é a narradora de Hélia Correia—participante activa, sempre interrogando as testemunhas—que se torna a força centrípeta e congregadora de todas as conversas e de todos os olhares. Isto numa atitude por vezes aparentemente fria, de uma crítica impiedosa e implacável e outras vezes atravessada pelo calor de um entusiasmo ou de uma raiva. Nota-se uma calorosa afinidade na relação entre a narradora e seu biografado, podendo facilmente ver-se uma proximidade nas suas atitudes: tanto numa idêntica paixão pelas palavras como na forma em que ambos "usam" do real para a construção da sua ficção. Vejamos alguns exemplos.

> —Álvaro sentia-se penetrar enfim naquele duro território feito de brilho e aço onde costuma trabalhar o romancista: aproveitando, abrindo as criaturas sem que nada lhe cause pavor ou repugnância. [. . .] As pessoas passavam e extinguiam-se como um fulgor, um fogo azul que se ergue e se dissipa sobre o muro do caminho, deixando atrás de si palavras, só palavras que essas, sim, ele escondia e acariciava, dispunha como um ouro de avarento. (117)

Também a narradora diz de uma das personagens que entrevista o seguinte:

> [eu] gastá-lo-ia até que se tornasse transparente e eu entendesse os seus assomos de maldade [. . .]. Usá-lo-ia até que se deitasse, desconsolado já do seu papel, querendo falar [. . .], aceitando passar-se aos poucos para mim. Depois dobrá-lo-ia, metia-o na gaveta de reserva, à mistura com outras personagens. (223)

Álvaro teve de falar, de esvaziar-se, antes de poder morrer:

Ele tentava encontrar o fim da circunferência, o ponto no vazio de onde nascera. Mas, cumprido o trabalho de tirar para fora tudo o que a alma tinha acumulado, tudo estendido ao sol para ser mexido [. . .] ainda assim não podia sossegar porque aparecia gente em toda a parte (211).

E também aqui a narradora afirma precisar do mesmo:

> Preciso de tirar estas pessoas de dentro do meu espírito, trancá-las nas suas próprias vidas, conseguir que aqui fiquem e me deixem partir. (228)

O envolvimento afectivo inteiro da narradora/autora, em parte ligado ao poeta da sua biografia, manifesta-se sobretudo no seu interesse pela construção da ficção e da linguagem, com os múltiplos sentidos que esta pode produzir.

3

O registo de linguagem em que a narrativa se nos mostra é seguramente outro aspecto saliente n'*A Casa Eterna*. Diferente embora de *Montedemo*, estamos também aqui perante a criação de um universo "fantástico", perante uma forma muito própria, muito poderosa, de visionar a realidade, de, pelo poder poético da palavra, estabelecer com as coisas uma relação mágica.

Existe neste romance uma vitalidade, uma expressividade plástica, que perpassam por todo o texto. Por exemplo nas descrições, é posta em alguns elementos uma intensidade reveladora de um inominável mundo interior: personagens definidas com "olhos de animal"(189), olhos de pássaro (54), olhos de peixe (60), "olhos amarelos" (127), "olhos porcinos" (131); "boca de caprino" (116); ou também: "folhagens com mandíbulas" (155), "atitudes como dentadinhas" (177), o que exemplifica uma estética da distorção, portadora, na maior parte dos casos, de um impulso caricatural e crítico ou de um olhar malicioso e preverso.[2] Vê-se uma insistente presença de aspectos grotescos e até sórdidos: palavras como "náusea", "vómitos", "repugnância", atravessam todo o texto (147, 171, 216, 227).

E nestes registos de linguagem, essa mesma "excitação" que Álvaro Roiz "acha[va] nas palavras" torna-se palpável. (143)

Estamos diante dum texto pictórico, sugestivo de imagens, distorcidas e intensas, onde muitas vezes a presença das cores, do azul em especial, e também a de sombras e escuridões, imprime um carácter expressivo e crítico ao real anódino:

> um cão que a noite arroxeou (44); caixão azul-violeta (47); as mulheres azuis de boca entreaberta (88); um fogo azul (117), um gato azul.

É também um texto povoado de ruídos que se escutam como gritos em vários tons; ouvimos constantemente as coisas, as pessoas, a natureza:

rugir, ecoar, estalar, rosnar, bufar, crepitar, roncar, bradar, silvar; ouvimos murmúrios e sussurros.

Além disto, nota-se o uso de sinestesias expressivas, como o de sons produzidos por cores, ou por outros elementos normalmente afónicos.

Ora, tudo isto dá ao texto um tom que evoca as obras expressionistas das primeiras décadas do século. (Sei que com isto corro o risco de usar o termo demasiado extensivamente, no entanto, como disse Kasimir Edschmid, o expressionismo, como também outras correntes, até certo ponto não é datável, na medida em que corresponde a uma exigência essencial do espírito, que é intemporal e universal.) Reflectindo sobre o 'expressionismo literário", de produção escassa fora da Alemanha, mas existente, parece-me legítimo o estabelecimento dessa afinidade: e não apenas nos procedimentos da escrita—e os que mencionei são facilmente aproximáveis da estética expressionista como também nas atitudes que os enformam. Um bom exemplo disso será o da dissociação entre "a consciência de si" e "o olhar dos outros"—conflito algo kafkiano (no Gregor Sansa da *Metamorfose*, por exemplo) e tão presente na corrente artística expressionista[3]— dissociação esta que é muito visível no romance de Hélia Correia, constituindo até, afinal, o cerne do impedimento à plena reconstituição da personagem Álvaro Roiz:

> A personagem de que eles falam, que eles procuram, está longe de ser Álvaro Roiz. Aquilo a que deitaram a mão vivia ali, pronto a recriar aquela confusão para os satisfazer, para os iludir, para divertir as suas atenções. Enquanto o Alvarinho se escapava, como sempre, para a beira da água na represa. (211) [. . .] definitivamente defendido do alcance dos homens, dos seus olhos. (214)

O resultado desta pesquisa biográfica feita através do olhar dos outros é, como se diz no texto, uma visão distorcida. Por isso a narradora é levada a afirmar a quase impossibilidade de recriar a vida de alguém:

> "Transformá-lo agora em personagem é não o encontrar, e tecer uma espécie de glosa à sua volta" (25).

Este romance, predominantemente conduzido pelo "olhar dos outros"— sempre agressor—sobre a identidade de alguém, mostra como, sendo embora esse olhar o único recurso, ele é, como diz a narradora, necessariamente deformante, qual "espelho de feira". E um dos elementos patentes no enviesamento do "retrato" é o facto de as testemunhas/personagens se sentirem "no palco", ou seja, de "criarem os seus próprios efeitos" (102).

Por isso o livro é também, entre muitas outras coisas, uma meditação sobre o logro a que está sujeita toda a investigação biográfica. É um olhar céptico sobre o olhar impiedoso dos outros e um olhar irónico sobre a "encenação" a que qualquer biografia se verga.

4

Será ainda importante reparar no nome do romance—*A Casa Eterna*—porque nos abre múltiplas entradas para uma significação global do livro. O título é retirado do excerto do Eclesiastes usado como epígrafe no átrio do romance. Trata-se de um texto sobre a vida e a morte, que implica o convite a viver "antes que se escureça o sol" "porque o homem vai a sua casa eterna, e os pranteadores"—tal como no romance —"andam rodeando pelas ruas" (9).

Por um lado, e sem tomar em conta esta epígrafe, "a casa eterna" parece ser esse lugar da infância onde sempre se retorna, a paisagem/placenta de onde dificilmente se sai, seguindo a narrativa o percurso psicanalítico do poeta e, por extensão, o de cada ser humano, no seu inescapável retorno às origens, na sua procura primordial da raiz, da matriz, da mãe:

> a infância [. . .] um lugar macabro de onde precisamos de escapar-nos a tempo. (153)
> Via-se bem que o homem teria querido era acabar-se ali. Que tinha vindo sei lá por onde [. . .] como quem quer a própria cama ou a mãe [. . .] para se dar a morrer. Porque o trago da morte é muito azedo e ele entendeu tomá-lo onde nascera. (185)[4]

Por outro lado, e à luz do texto bíblico, a "casa eterna", será também, e sobretudo, tal como no Eclesiastes, metáfora da morte, lugar eterno de chegada, morada definitiva.

A Casa Eterna torna-se assim, *a posteriori*, leitura de uma vida (nas suas dimensões psicológica, ética, metafísica)—a de Álvaro Roiz—e, alegoricamente, a de todas as vidas.

Torna-se denúncia dessa decadência humana—a decadência visível na vida de província—que Hélia Correia insistentemente nos faz considerar, e também aviso quanto à impossibilidade de se ver o real, quer dizer, quanto à ineludível perversidade de todo o olhar. Simultaneamente, volve-se ainda o romance em anúncio implícito de uma outra forma de viver. Hélia Correia, guiada pela estrela do Eclesiastes, faz-nos aqui, com as palavras de Quohelet, o desafio a um outro olhar sobre a vida, ou seja, um convite a viver a vida "antes que venham os dias do mal e cheguem os anos quando digas não tenho neles contentamento"(9).

Assim sendo, existe implícita mas claramente exercida neste texto a dupla missão profética: a de denunciar e anunciar.

A este respeito, curiosa e emblemática é a figura do gato no romance. Um gato em presença do qual abre e fecha o livro e que Álvaro Roiz antes de morrer deixa, como precioso legado, à narradora: um gato azul e selvagem. Azul, como azul é a luz do texto, que nos remete para um universo de melancolia, e selvagem, apelando para a imaginação e a pujança de vida. Gato que, por alguma razão, se chama Zarathustra, evocando assim tanto a figura do "sábio", do iniciado na Sabedoria, conforme a origem persa do nome, como a do profeta de Nietzsche, em *Also sprach Zarathustra*, que é o acusador por excelência da decadência e da mediocridade e, sobretudo, o cantor da vida.[5]

Notas

1. Hélia Correia, *A Casa Eterna*. Lisboa: Publicações Dom Quixote, 1991.
2. Aqui, as palavras, tal como no registo expressionista, adquirem novas potencialidades. "A palavra já não descreve, não narra [. . .] Torna-se seta. Atinge o interior do objecto, e esse interior confere-lhe uma alma"; também o adjectivo "não deve descrever. Deve dizer [. . .] apenas o ser. Mais nada." É o que escreve Kasimir Edschmid, em "Über den dichterischen Expressionismus" in *Théorie des Expressionismus*, hersg. von Otto F. Best (Stuttgart: Reclam, 1978), p. 63. (Traduções minhas.)
3. Sobre esta matéria, ver o estudo de Jean-Michel Gliksohn, *L'Expressionisme littéraire* (Paris: PUF, 1990), sobretudo o cap. IV: "La prose expressioniste", pp. 95–116.
4. Significativo será o facto de, no poeta expressionista Gottfried Benn, se revelar esta mesma busca da "origem". Cfr. "Epilog und lyrisches Ich", in *Theorie des Expressionismus*, p. 182: "Ah! poder sempre voltar a este braseiro! aceder aos espaços de placenta, aos primeiros estádios dos mares da aparição original; tendências regressivas [. . .]."
5. Conhecidas como são as origens nietzschianas do expressionismo, e dado o tom expressionista desta escrita, é curiosa aqui a sugestão de Nietzsche, vinda da escolha do nome dado ao gato.

Memória da Terra[1], de J. Martins Garcia: um romance de bruma e mistério

Maria da Conceição Vilhena

1

Memória da Terra é um romance de pistas: à procura do outro, de outros e de si mesmo. Uma meta que mal se vislumbra, a todo o momento retardada por labirintos, cada vez mais longínqua e incerta. Uma obra de enigmas que se aproxima do romance policial, acrescentada da incomunicação quase babélica.

A ordem, harmonia e gravidade de uma cidadezinha islenha, onde todos se conhecem e sabem tudo o que se passa, ainda torna mais misterioso o evasivo das respostas obtidas. Tudo parece embrenhado em sendas percorridas apenas pela calada da noite.

Romance policial sob a forma de diáro, em que a personagem principal, de nome João Manuel Santos Paiva, improvisado detective, vai anotando, de vez em quando, as suas preocupações, falhas, desconfianças e frustrações. Em tudo um fracassado, um abúlico sem ambições, J.M. (João Manuel) é um complexado perante a superioridade de L.C. (Luís Carlos), seu irmão mais velho, dotado para o triunfo, perito na "pontaria verbal", na arte de convencer por palavras, com razão ou sem razão ou até contra a razão; enfim, o orgulho do pai que sempre viu nele um futuro magistrado. Quanto a J.M., um indolente de "sangue aguado", que se contentou em tirar um curso de Matemática; dizia-lhe o pai, com desdém, que ele viria a ser um *professorzeco* em qualquer cidade da província.

L.C. é "o eloquente, o adestrado em habilidades e subtilezas forenses": "Ele falava como se discursasse, ele discursava como se escrevesse, ele escrevia como quem engraxasse uns sapatos destinados ao rodopio das conquistas, ele trocava qualquer sentido e triunfava". Em contrapartida, J.M. é o "inadequado a qualquer espécie de realidade"; não sabe "escrever decentemente" e tem dificuldade em exprimir "a mistura de riso e lágrima" em que se sente à deriva (p. 7–8). Eis porque J.M. vive perseguido por uma "impressão permanente de ter errado em tudo". Daí a "tristeza nauseada" que o oprime (p. 15).

Igualmente o persegue a palavra *devia*: "*devia ter* estudado Psicologia; *devia ter* estudado Filologia; *devia ter* feito [. . .]". Sempre a consciência de ter seguido um caminho errado. O que ele devia, afinal, era "corrigir permanentemente a sedimentação" que o está a sobrecarregar (p. 40). J.M. é murcho, canhestro, reservado, cobarde, sisudo. Um inútil, em vivo contraste com o irmão, "magistrado de primeiríssima água e de altíssimas relações sociais" (p. 43). De tal modo consciente da sua superioridade, que começou a esticar bem a cabeleira, "pois num juiz o cabelo ondeado denotaria uma concepção curvilínea da justiça" (p. 20).

"Doido" é o qualificativo que J.M. mais se aplica a si próprio (p. 12, 61, 82, 215).

J. Martins Garcia criou, pois, uma personagem que se move conduzida por um impulso interno de inferioridade, por um desejo de libertação e afirmação. Libertação de uma apatia congénita, afirmação de uma personalidade forte que não tem: recuperação e resgate tão almejados quanto frustrados. Porque, sempre hesitante, sempre inseguro, é um destino sádico que o conduz e não ele que escolhe.

João Manuel é o protagonista que se debate contra o seu próprio antagonismo, e para quem todos os outros figuram como antagonistas.

2

Sempre se detestaram, os dois irmãos. Mas L.C. desaparece misteriosamente; e o irmão mais novo, apesar da sua natural apatia, decide armar em detective. Porquê? Nem ele próprio o sabe. O que é certo é que toma o barco e vai investigar naquela cidadezinha sem nome, numa ilha igualmente sem nome. Procura, observa, toma notas, encimadas pela data. No todo, um diário quase policial, de certo modo longo: são uns nove meses de pesquisas e escrita, o tempo suficiente para a gestação de um ser humano, uma nulidade ou um génio. Após uma lacónica viagem, temos uma intrigante estadia, em que J. M. se veste de uma pele que não era a sua. Depois de muito hesitar, o *professorzeco* de Matemática, decide fazer-se passar por um etnólogo que deseja investigar os hábitos, práticas e crenças daquele povo. A sua estadia seria assim justificada e evitaria o levantar de suspeitas...

A pesquisa policial, com todas as suas peripécias, é, pois, o centro da matéria romanesca e o fio condutor da acção.

J.M. quer desvendar o mistério do desaparecimento do irmão, em segredo, como um detective anónimo. Porém, os enigmas complicam-se em cadeia e impregnam o discurso do narrador. Num dado momento, o leitor tem a impressão de estar perante um puzzle, que integra todas as classes sociais.

Confuso, tímido, acanhado, J.M. fixa no papel todas as suas sensações e emoções, todos os seus pensamentos íntimos, num solilóquio feito de desconfiança, raiva e desdém. Tudo para ele é negativo, naquela cidadezinha de princípios mesquinhos e ilógicos. J.M. resume assim a missão de que se encarregou, tornada discurso literário:

> Tentei reduzir a alíneas a matéria referente ao Luís Carlos. Para me estimular, cheguei a imaginar uma conferência. Introdução: o problema dum sumiço. Exposição: em primeiro lugar, as metamorfoses das suas habilitações académicas [. . .]; em segundo lugar, a lista das mulheres com quem conviveu na ilha . . . (p. 106).

Este romance de J. Martins Garcia é a escrita de um acto de sonhar. Não o gesto da evasão, mas o sonho da procura. Sonho frustrado, visto que, em vez da aprendizagem de um mundo belo, em que tudo ou algo vale a pena, esta ilha sem nome ensina a J.M. o sabor do nada, da interrogação sem resposta. João Manuel soçobra naquela sociedade de ritos, puritana e depravada. Céu cinzento, mar de águas revoltas, humidade asfixiante, mexerico e intriga. A ilha é o espaço fechado que lhe resiste e que o ameaça.

Porém, recorda-se que, em casa, L.C. gostava de falar em "crime perfeito", aquele que não deixa o menor traço. Dissertava frequentemente sobre o assunto, declarando que se tratava de algo bem possível.

J.M., o detective amador, investiga e tenta chegar a uma conclusão. Mas as informações que colhe são de tal modo enigmáticas, contraditórias e complexas, que parece estar a pisar sendas labirínticas. Há momentos em que lhe parece estar a seguir os passos que o irmão teria seguido; só que esses passos mudam constantemente de direcção; e quanto mais avança, mais complicado se torna o labirinto: os indícios multiplicam-se, confundindo atrozmente aquele detective sem talento. Aumentam as dúvidas; e J.M. começa a admitir tratar-se de um *crime perfeito*, levado a cabo pelos companheiros de orgia do irmão.

3

Na sua emoção de criador de mundos originais, J. Martins Garcia cria uma personagem que, na vida real é antipática, detestável, mas muito válida literariamente, pela arte com que é traçada, na impotência de se assumir, no esperar de excitações efémeras.

É uma escrita aberta dos pequenos gestos, da hesitação e do silêncio, em que mais se adivinham do que são ditos. Aquilo que, no início do romance, parecia anunciar-se como a história de um crime pressentido, depois anunciado, esbate-se e esgota-se finalmente, mais numa desistência do inquiridor do que na impressão de um engano. J.M. não é mestre em artimanhas, nem descarado nem empreendedor; no entanto lá se vai disfarçando e arriscando nas suas "investidas policiais". Mas os interpelados dão a impressão de querer atormentá-lo, punindo com silêncio a sua curiosidade em desvendar segredos.

A circulação de informações parece fazer-se, na terra, com destreza e eficácia, mas por forma oculta, numa troca de voltas, de modo que, à luz do dia, nada se saiba.

Com minúcia e regularidade, o inquiridor prossegue nas suas investigações, perscrutando aqui e acolá, em idas e vindas, menos ingénuas do que por vezes pareciam. Só que já todos sabem quem ele é e o que procura descobrir.

O irmão de Luís Carlos palmilha ruas, frequenta cafés, tenta convívio; e a todo o momento se sente enredado entre o ser e o parecer, ou impelido por esperanças que rapidamente se tornam desengano.

As suas mal dissimuladas pesquisas envolvem-no numa teia de disfarces e ilusões, que os interpelados lhe vão manhosamente tecendo e de quem nada consegue obter de positivo, para além de novas pistas, sempre mais pistas, que só o confundem e perturbam.

Há naquela cidadezinha o desejo humano sempre apetecido de experimentar o forasteiro. Assim, ao tentar questionar, cai-se num labirinto de perguntas, que o protagonista, subrepticiamente, quer conduzir. O interlocutor fica desorientado e protege-se fazendo apelo ao silêncio. Cala-se. Todos se calam, logo que instados a falar. É, para eles, a sua única saída. Silêncio. Como se todos estivessem mancomunados na guarda de um segredo.

E o irmão do Luís Carlos, desiludido, tinha de procurar nova pista. A história desenrola-se em círculos estreitos, feitos de encontros ora ocasionais ora procurados, de frágeis amizades e amores passageiros, em que tudo se perde na "areia do sonho".

4

J.M. não deseja o envolvimento com relatos locais de proezas amorosas. Só que a fértil floresta de intrigas sobre essas aventuras implica cruzamentos e contaminações com o irmão. É difícil recapitular e organizar as andanças deste, na medida em que invenção e lembrança se confundem. Tudo parece condicionado e as coincidências são bastante estranhas. Querido e reverenciado, L.C. parece ter circulado sem constrangimento no meio feminino local. Paradoxalmente, essas mesmas jovens atraídas pelos dotes do "magistrado" (que aí se faz passar por historiador...) são agora as mesmas que se sentem atraídas pelo irmão.

Umas vezes encadeiam-se as histórias e esboça-se um desfecho; mas logo surgem algumas informações desgarradas que fazem regressar ao princípio. Daí os gestos desesperados de um preguiçoso incorrigível. Para que desejará então deslindar o caso do desaparecimento do irmão? Porque desconfia tratar-se de um crime infame e deseja punir o assassino? Mas porquê, se sempre se detestaram? Pendor sentimentalista? Gosto pela aventura? Mera curiosidade? Tudo é enigma neste romance, do princípio ao fim; o leitor propõe-se hipóteses, mas há uma bruma que tudo oculta. Deste modo, respira-se através de todo o romance uma sensação de vacuidade e de mistério. Tudo parece envolto em neblina, como sucede com as paisagens insulares. E todas as pessoas abordadas respondem pela evasiva: vagas alusões, reticências, um *mas* a pairar no ar... É, no dizer do inquiridor, "uma espécie de nevoeiro colectivo..." (p. 63). Aquilo que a personagem-narrador procura saber é precisamente aquilo que os seus interlocutores tendem a silenciar. Pausas, dúvidas, reticências, numa espécie de crepúsculo provocador.

L.C. terá realmente estado naquela cidade? Mas, aquele Luís Carlos, com quem as pessoas da terra conviveram, era licenciado em História e não juiz! Serão acaso a mesma pessoa? E porquê todo aquele mistério a propósito do seu desaparecimento? "O passado recente de Luís Carlos furtava-se, desviava-se, evaporava-se nas mentes nubladas" dos interlocutores de J.M. (p. 78). Todos falavam dos acontecimentos do "ano passado", do "inverno passado", numa pasmaceira húmida carregada de meias palavras, que terminavam sempre por um enigmático *mas*... ou *todavia*... (p. 77). Respostas evasivas que, naquele *clima pastoso*, aumentavam cada vez mais a abulia do improvisado detective.

5

Ao mesmo tempo que procura o irmão, J.M. vai fazendo observações críticas, que incidem especialmente sobre os mais notáveis tipos sociais da terra. J.M. é um apático; todavia exprime-se com a exuberância de uma linguagem pitoresca, irónica e bem-humorada. Alta sociedade, poetas e artistas, jornalistas, estudantes, etc., etc., desfilam perante o leitor; e sobre eles J.M. vai emitindo reflexões judiciosas que os despem dos seus falsos adornos e os derrubam do pedestal em que se encontravam.

Como já dissemos, J.M. é um descontente de si mesmo, num desajustamento permanente. Sendo licenciado em Matemática, ele tem direito não só ao título de "senhor doutor", como também, e por essa razão, a conviver com a alta sociedade da terra. Eis o que lhe permite analisar a hipocrisia com que encobrem a sua vida sórdida, que decorre paralela com a oral pregação de uma moral exigente. Tanto o ambiente geográfico como o cultural e o económico fazem do habitante aquilo que ele é; e cada um vive irremediavelmente a sua solidão.

Num palmilhar discreto do espaço ilhéu, o falso etnólogo que é J.M., vai-nos assim esboçando o retrato de um desfile de variados tipos humanos, desde o visconde ao chulo, desde o pretenso intelectual ao simples engraxador. Cada um com as suas aspirações, frustrações e taras: é o homossexual, o bígamo, a lésbica, o louco, o hipócrita; enfim um painel que pouco honra o moralismo local. Na focagem de todas estas figuras, algumas são realçadas, como Judite, a enigmática mestiça, a bastarda revoltada, com uma personalidade bem individualizada e uma identidade histórica; preocupações genealógicas, futilidades de sangue azul, aparências da estirpe, com desprezo de tudo isso e sem procurar libertar-se.

Outras são como séries; e representam as típicas categorias *psicológico-morais* da terra: a pianista, a poetisa, o delegado de turismo, o director da biblioteca, o barbeiro, o taxista, o padre... Em comum: todos parecem querer ludibriar.

Os *grandes*, com seus vícios e prosápias, seus mesquinhos interesses e suas vaidades, preocupam-se com a ostentação de uma vasta e vazia erudição: discutem os valores perenes da sua cultura, a integridade da sua fé, a pureza da sua moral. Pluralidade de temas que ocupam as suas conversas e as desviam no sentido da perfídia. J.M., que os ouve em silencioso desdém, vai depois ironizá-los nas páginas do seu diário: no 10 de Junho, o Cine-Teatro ostenta uma "enchente épica" que vai aclamar "aquele microcosmos, frenético de nada". O seu *ser sem meta* não suporta o brilhantismo de tanta mediocridade. Foge, pois, de tão "grotesco orador" e dos declamadores de "bugigangas metrificadas". Refugia-se na Sociedade Cultural onde encontra "as cadeiras grotescas e angustiantes no seu vazio".

J.M. detesta até o "estilhaço fulminante do visconde da Barca", orgulhoso dos seus restos de sangue azul; e anota no seu diário:

> Às vezes, depois de escutar os circunlóquios destes tipos, cedo a miragens como a de mandar imprimir um *Tratado de Nobilitação das Fraquezas Carnais e Outras Artes Regionais* ... e tudo rimado (p. 18).

Quanto ao Miguel Brandão, flamengo de origem nobre, actualmente professor de Matemática no colégio local, a sua "pança acusava já uma razoável curva da prosperidade" (p. 72). O nome Brandão orgulhava-se de guardar a tradição do descobridor, a fidalguia do sangue e do heroísmo, mas descaído devido às mudanças causadas pela primeira e segunda guerras mundiais, que apenas favoreceram a burguesia. A notoriedade da família fora vítima de tais desaforos; e teve então de se dedicar ao comércio. Miguel Brandão, além da docência, pratica também um certo comércio de mulheres; fazia-o, porém, com muita discrição, para que o seu sangue não se manchasse...

6

Há em J.M. a deformação própria do matemático que tudo gostaria de explicar por regras. Por exemplo, saber as razões que levaram a designar as coisas pelos seus nomes. Por isso gostaria que houvesse "uma ciência capaz de fornecer a razão profunda de se impor um nome a uma atitude"

... (p. 41). Porquê chamar *namoro* às relações entre duas pessoas? Porquê dizer *fazer a barba*, quando o que acontece é desfazê-la? Porque não hão-de as pessoas exprimir-se de um modo matematicamente aceitável? (p. 82).

Um outro aspecto linguístico que o intrigava, era o das alcunhas. Naquela cidadezinha de bisbilhotice, todos tinham uma alcunha. E se se dedicasse ao seu estudo? Daria um grande tratado, pois que até ele, ali chegado há pouco tempo, já tinha a sua alcunha: era o Rapa-tachos, por andar de amores com aquelas que já tinham sido do seu irmão ... Seria, pois, uma obra sobre cultura popular e alcunhas turísticas. Etnografia, antropologia, folclore: "Um tratado científico da cultura popular teria de abarcar, a par de pífaros e zabumbas, dancinhas e pé descalço, uma análise das alcunhas e dos efeitos do clima na prosperidade do boato ..." (p. 42).

Como atrás ficou dito, J.M., ao chegar à ilha, tinha-se feito passar por investigador da cultura popular, a fim de que a sua presença não levantasse suspeitas. Porém, detesta tudo o que é popular; repugna-lhe "o foguetório incansável" das festas, ou as bombinhas de carnaval a que chama "peidos engarrafados" (p. 173). À criatividade popular, que tanto encantava os *intelectuais* da terra, chama ele estupidez e maldade. Para estes, o carnaval era prova da espontaneidade e da pujança criadora do povo; para J.M. trata-se apenas de barulho e sujeira (p. 174). O seu trabalho podia, pois, consistir na investigação da origem e evolução do "peido engarrafado", cujo abuso tornava a cultura irrespirável (p. 179).

Embora jovem e pouco conhecedor do que se passa nos bastidores da terra, J.M. possui uma sabedoria e uma profundidade de pensamento que lhe vem de uma mais vasta cultura. Por isso define conceitos, desdenha princípios e elabora juízos, com uma carga de humor extraordinária (aquele humor tão característico da personalidade de J. Martins Garcia). E faz, para os seus interlocutores, um retrato crítico, em que jocoso e sério se confundem: é o ridículo da pretensa superioridade moral daqueles ou do seu pseudo-génio; a mesquinhez dos seus discursos, das suas ambições, da sua falsa honestidade. Ao dar ao seu romance a forma de diário, J. Martins Garcia escolheu aquela forma de escrita que melhor se adequava ao temperamento da sua personagem, tão habilmente criada: um ser abúlico, incapaz de um esforço organizado com uma finalidade bem determinada. Isto porque o diário não implica forçosamente a sua publicação nem tão pouco uma intenção estética; e é precisamente o que J.M. diz ao estudante, a quem entrega o manuscrito: podes retocá-lo, publicá-lo ou queimá-lo (p. 241).

7

Para terminar, e resumindo, diremos que *Memórias da Terra* é um romance de insularidade, com tudo o que isso comporta de solidão, isolamento e angústia. Terra sem nome, numa ilha sem nome, mas que poderá ser identificada com uma das ilhas do arquipélago açoriano, pelo clima e paisagens que lhe adivinhamos. Geografia imaginária, pois, este lugar de estática instabilidade, de vulcões e tempestades, onde J.M. vive uma aventura efémera, falhada, própria de um abúlico de "sangue aguado"; onde Judite, sofisticada desiludida, assiste de olhos abertos ao seu consciente vegetar, prisioneira da sua impotência em olhar a vida com optimismo ou humor.

Memória da Terra é o romance da suspeita, do ludíbrio, da maquinação, do desespero, em que um *eu* frustrado procura, sem sucesso, o rasto de um irmão desaparecido e deseja, ele próprio, desaparecer como se não tivesse existido (p. 242).

Diegese envolta em mistério, como se as personagens se descortinassem em vagos movimentos, diluídos na penumbra de uma atmosfera brumosa, como se todas as horas do dia se confundissem com a obscuridade do anoitecer; como se gestos e vozes se diluíssem na imobilidade e no silêncio. Um romance em que, afinal, não aconteceu nada (p. 232). Como escreve J.M., foi o fazer dum "caminho conducente a parte nenhuma" (p. 215).

Analista profundo da alma humana, J. Martins Garcia traça, envoltos nessa bruma islenha, excelentes retratos das personagens, feitos de acidentes humanos, observados humoristicamente no dia a dia da sua solidão, mas velados por uma dissimulada hipocrisia.

Nota

1. Vega, O Chão da Palavra, Lisboa 1990.

Les voix féminines dans la poésie de Gonçalves Dias

Anne-Marie Quint
Université de Paris

L'oeuvre poétique d'Antônio Gonçalves Dias est à plus d'un titre remarquable au sein du romantisme brésilien. On sait que tous les recueils lyriques publiés du vivant de l'auteur portent le titre de "Chants"[1]. On a beaucoup insisté sur la musicalité de ces chants, sur l'harmonie et la variété de leur versification, sur l'importance qu'y revêt le thème indianiste. Pour notre part, nous avons été frappée par l'aisance avec laquelle le poète y assume une parole autre que la sienne propre. S'efforçant d'exprimer les sentiments des personnages qu'il nous présente comme s'il les éprouvait lui-même, il manifeste à leur égard une profonde sympathie, au sens étymologique du terme, et il sait la faire partager au lecteur. Un des moyens qu'il utilise à cet effet consiste à laisser ses créatures "chanter" elles-mêmes ce qui les préoccupe ou les tourmente, dans des effusions lyriques à la première personne. C'est le cas dans plusieurs poèmes consacrés aux Indiens[2], et aussi dans quelques uns où se font entendre des voix féminines.

Ce sont ces derniers que nous voudrions analyser ici brièvement. Ils ne sont pas très nombreux, mais ils sont présents dans tous les recueils. C'est ainsi qu'on trouve "A Escrava" dans *Primeiros Cantos*[3]; "Sempre ela" et "Queixumes" dans *Segundos Cantos*[4]; "Leito de Folhas Verdes", "Marabá" et "A Concha e a Virgem" dans *Últimos Cantos*[5]; "Não me deixes" et "Rola" dans *Novos Cantos*[6]. Sauf peut-être "Queixumes", ces poèmes sont parmi les plus connus de l'auteur. Notre lecture nous a amenée à nous demander en premier lieu dans quelle mesure cette parole lyrique attribuée à des femmes peut se rattacher à une tradition littéraire en langue portugaise. Nous avons analysé ensuite la façon dont le poète la met en oeuvre et construit ses compositions. Nous avons cherché à comprendre enfin l'intérêt de la perspective féminine adoptée.

On doit observer d'abord qu'en donnant à entendre des voix féminines dans ses poèmes, Gonçalves Dias renoue, consciemment ou non, avec une tradition très ancienne, celle des *Cantigas de Amigo*, ou "Chansons d'Ami". Dans ces chefs-d'oeuvre des troubadours galiciens et portugais des XIIIe et XIVe siècles, conventionnellement, une jeune femme chante ses amours, se réjouit ou se désole, apostrophe son "ami", présent ou absent, ou encore fait part de ses sentiments à ses compagnes, à sa mère, mais aussi aux fleurs, aux bêtes ou aux vagues de la mer. On sait que même si l'influence des voix de femmes de la poésie occitane, dans les "Chansons de toile" ou les "Pastourelles", s'est peut-être exercée sur les "Chansons d'Ami" gallaïco-portugaises, celles-ci ont sans doute une origine péninsulaire et révèlent une inspiration tout à fait originale. Elles ont connu un développement considérable. Leur vogue semble s'être estompée au XVe siècle, et dans le *Cancioneiro Geral* que publie en 1516 Garcia de Resende, elles ne sont plus guère représentées que par les *"Trovas que Garcia de Resende fez à morte de Dona Inês de Castro "*, dans lesquelles Inês est chargée de raconter elle-même ses amours et sa mort cruelle[7]. Il est vrai que quelques dames interviennent personnellement dans les tournois poétiques des poètes courtisans, mais tout d'abord, il ne s'agit plus de fiction: ces dames de la Cour s'expriment sans intermédiaire; et en outre, elles ne produisent que des vers de circonstance, ou leurs sentiments réels ou fictifs n'ont guère de place. En revanche, au cours des années qui suivent, Bernardim Ribeiro prolonge et renouvelle la tradition dans la prose poétique de son *História da Menina e Moça*, où le récit de ses narratrices livre un point de vue qui se veut exclusivement féminin. On peut estimer à la rigueur qu'au début du XVIIe siècle, les bergères des romans pastoraux de Fernão Alvares do Oriente et de Francisco Rodrigues Lobo[8] s'inscrivent dans la lignée des amoureuses médiévales, mais elles se sont bien affadies, et par la suite, ces fictions disparaissent de la poésie baroque et néoclassique. Les Arcadiens adoptent des pseudonymes pastoraux, ont mille choses à dire à leurs Marília et autres Amarílis, mais ne leur laissent pas placer un mot. C'est dans la poésie populaire, où les personnages féminins ont souvent un rôle décisif et prennent volontiers la parole, que survit la tradition, sans accéder à la dignité de l'écrit.

Au XIXe siècle, les romantiques remettent à l'honneur l'Histoire, le Moyen-Age et la littérature populaire. Almeida Garrett est l'un des premiers à recueillir les vieux *romances* dans leurs variantes provinciales, avec l'intention de les éditer en les adaptant. Sa première tentative est la publication à Londres, en 1828, d'une série de *romances* racontant l'histoire d'Adozinda, la princesse qui ne put qu'à grand-peine échapper à la passion incestueuse de son père. Un volume de *Romances da Renascença* va suivre, à Lisbonne, en 1843. Dans *Adozinda* et dans plusieurs autres *romances*, le poète fait parler des femmes, parfois tout au long du poème, comme dans "Noite de São João"[9]. Auparavant, Alexandre Herculano, qui travaille à la rédaction de son *Histoire du Portugal* (dont le premier tome paraît en 1846), et qui est alors directeur de la Bibliothèque d'Ajuda, lui a permis de consulter le superbe "Chansonnier" manuscrit aujourd'hui désigné sous le nom de *Cancioneiro da Ajuda*. Almeida Garrett insiste dans sa préface, en 1843, sur la nécessité de vivifier la poésie moderne grâce à ces sources anciennes, qu'il juge proches de la poésie populaire[10].

Entre 1838 et 1845, le jeune Gonçalves Dias a étudié les humanités puis le droit à Coimbra. A en juger par les épigraphes de ses poèmes, il ne se contente pas de se donner une solide culture portugaise classique et contemporaine, il lit aussi les romantiques français, espagnols, allemands, anglais. Il fréquente dès 1841 le groupe de la *Gazeta Literária* et fait partie du groupe d'étudiants qui fonde en 1842, autour de João de Lemos et autres "médiévistes", la revue de poésie *O Trovador*, au titre significatif. S'il ne publie dans cette revue qu'un seul poème, dont le sujet n'est pas médiéval[11], son intérêt pour le Moyen-Age européen va lui en inspirer plusieurs autres, dont l'un s'intitule précisément "O Trovador"[12]. Sans doute dès cette époque admire-t-il les oeuvres de Garrett et d'Herculano[13]. C'est certainement pendant ces années de formation que le jeune poète se rend compte que pour lui, qui est brésilien, le passé indien de sa patrie est bien autre chose qu'une mine d'exotisme, comme les Natchez par exemple pour un Chateaubriand. Il constitue une source d'inspiration qui équivaut au Moyen-Age européen. Par ses origines et par sa culture, le métis qu'il est se sent héritier des Indiens et des Portugais. Dès ses débuts poétiques, en tout cas, il puise chez les uns et les autres. Il faut dire cependant que s'il a pu lire la littérature portugaise ancienne et les récits de voyages du XVIe siècle, il n'a pu connaître de son vivant les grands "Chansonniers" portugais qui se trouvaient en Italie et qui contenaient les "Chansons d'Ami" portugaises[14]. Aussi, lorsque Manuel Bandeira écrit que "Leito de folhas verdes" est "uma cantiga de amigo indianista", il opère un rapprochement très frappant, mais cela ne veut pas dire qu'il y ait un lien direct entre le genre médiéval et le poème romantique. La rencontre mérite d'autant plus d'être soulignée. Tout se passe comme si Gonçalves Dias, grâce à ses goûts littéraires, à sa culture, à ses affinités, retrouvait spontanément une expression proche d'un genre poétique pressenti mais ignoré par ses contemporains.

Les procédés qu'utilisent aussi bien les "Chansons d'Ami" que les poèmes de Gonçalves Dias dont nous nous occupons ici s'apparentent à l'écriture dramatique. En effet, ce sont des monologues, parfois des dialogues, en tout cas de véritables "scènes" de théâtre que construit le poète. Il n'est pas inutile de rappeler à ce propos les efforts accomplis par les romantiques pour rénover le théâtre. Là encore, Almeida Garrett a joué au Portugal le rôle d'un pionnier, et le jeune Brésilien s'est efforcé de suivre son exemple. En 1843, l'année même où l'auteur de *Frei Luís de Sousa* présentait sa pièce au Conservatoire dramatique de Lisbonne, accompagnée d'un mémoire expliquant sa conception du théâtre national, Gonçalves Dias travaillait à deux drames historiques. Rentré au Brésil, il allait essayer en vain de faire jouer *Beatriz Cenci*, écrire une nouvelle pièce, *Dona Leonor de Mendonça*, acceptée par le Conservatoire dramatique de Rio en 1846, et encore une autre, *Boabdil*, en 1850. Cela prouve à quel point il s'intéressait au théâtre et au texte dramatique, intérêt qui marque fortement son oeuvre poétique.

Dans les huit poèmes qui nous occupent, la structure, l'importance de l'action, le rôle de l'auteur sont très variables. Ainsi, dans "Sempre ela", c'est le poète qui évoque d'abord ses propres sentiments pour la jeune fille aimée; il lui donne un instant la parole, lui faisant exprimer une mélancolie morbide, puis reprend le fil de son évocation et nous révèle que les plaintes de l'aimée étaient un chant de mort, et qu'elle a cessé de vivre en le laissant seul. Dans "Não me deixes" et "A Concha e a Virgem", l'auteur apparaît comme un narrateur qui reste extérieur à l'action: il indique les éléments du décor, très simples dans les deux cas. La belle fleur penchée sur le ruisseau rapide de "Não me deixes" est aussi le personnage principal. La voix du narrateur alterne avec les soupirs de la fleur, souligne le passage du temps, commente la progression du drame. Cependant la fleur, à la fin des quatrains, implore le ruisseau, dans un vers qui, avec quelques variantes, vient conclure l'énoncé grammatical constitué par chaque strophe. On a là un refrain qui prend plus de relief que le récit. Le narrateur est plus discret dans "A Concha e a Virgem"; il se borne à mettre en place, en quatre vers, les deux interlocutrices: le coquillage, au féminin en portugais, dans la mer; la jeune fille sur son rocher; puis le dialogue s'instaure; après deux questions réciproques au début, le coquillage dit ce qu'est sa vie; vient alors un bref commentaire sur la tristesse de la jeune fille, et celle-ci prend la parole pour établir un parallèle entre le destin de l'humble coquillage et le sien.

"A escrava" a une structure plus compliquée: le poème est bâti comme un drame en trois scènes. Dans la première partie, assez brève (cinq quatrains d'heptasyllabes), une voix non identifiée peint, sur le mode nostalgique, le fond du décor: un Congo assez vague, qui représente toute l'Afrique. Il faut noter que le tableau s'ouvre sur une exclamation qui place le Congo "outre-mer", et s'achève sur la reprise de la même exclamation dans le dernier distique, de sorte qu'il est clair que la voix entendue vient de l'autre côté de la mer par rapport au Congo, c'est-à-dire d'Amérique. Le "je" féminin ne se laisse reconnaître qu'à la fin du deuxième quatrain de la deuxième partie (la plus longue: douze quatrains): cette voix situe, puis raconte une gracieuse scène d'amour nocturne où le dialogue remémoré est reproduit au style direct. En fait, c'est à peine un dialogue, la jeune femme se rappelle plutôt les tendres paroles de son amant que les siennes propres, qui occupent un seul vers, alors que le discours de l'aimé s'étend sur cinq quatrains et demi. L'évocation terminée, le poète, sans transition, prend la parole pour décrire, dans des vers aux mètres alternativement longs et brefs, la situation de l'esclave soumise aux ordres brutaux d'un maître. Il y a ellipse totale du passage de la liberté à l'esclavage, ce qui renforce l'impression de violence produite par la situation finale. Cette structure en trois tableaux très distincts, dont chacun se substitue à l'autre, sans transition, est saisissante et fait songer à une succession de séquences cinématographiques.

Les autres poèmes sont des monologues d'où la voix de l'auteur disparaît. Dans "Rola", une amoureuse passionnée proclame ses sentiments et s'offre sans réserve, avec une tranquille impudeur, à l'aimé. La plénitude de la passion est rendue sensible par la reprise, à la fin de la dernière strophe de huit vers, du quatrain qui ouvre le poème: la conclusion répète l'introduction et l'impose ainsi définitivement. Le titre de "Queixumes" pourrait laisser imaginer une effusion mélancolique. En fait, dans ce long poème, l'amoureuse qui parle est aussi ardente que celle de "Rola"; elle se plaint d'abord de l'absence de l'amant parti sur une frégate, et déplore que le navire ne l'ait pas emmenée, puis se rend elle-même jalouse en imaginant les séductions qui pourraient tenter le marin au cours du voyage, et enfin se laisse aller à souhaiter être homme pour jouir elle aussi du plaisir du voyage; le poème se termine sur une fervente protestation d'amour, qui a une structure propre, en quatre strophes, et récapitule toutes les phases de l'ensemble. Comme "Rola", cette conclusion s'ouvre et se ferme par le même groupe de quatre vers, qui acquiert ainsi un relief particulier. L'Indienne de "Leito de folhas verdes" vit un drame à la fois mince et poignant: elle attend son amant auprès de la couche qu'elle a préparée dans la forêt et tandis que la nuit passe, elle évoque son amour au long de huit quatrains de décassyllabes; mais au neuvième, comme le jour se lève, elle comprend que l'aimé ne viendra pas. Dans ces trois poèmes, la structure paraît simple. Elle suit l'expression des sentiments de la femme mais elle est soigneusement organisée. Enfin, dans "Marabá" ce n'est pas une amoureuse qui parle. Marabá est une métisse qui a du sang blanc et que rejettent les guerriers indiens de la tribu où elle vit. Comme "A escrava", le poème a une structure en trois parties: la première strophe, en six vers, donne le thème de la composition; les huit suivantes introduisent dans le monologue le dialogue entre la métisse et les Indiens, dans des combinaisons strophiques alternées: des quatrains pour le portrait que fait d'elle-même la Marabá, des sixains pour les réponses des guerriers; comme dans "Não me deixes", le poète introduit un vers-refrain: c'est le troisième de chaque sixain, qui présente de légères variantes, mais se termine toujours par la phrase de rejet: "És Marabá."; les deux dernières strophes, des quatrains, concluent le poème par la plainte désolée de la jeune fille qui reconnaît: "Que sou Marabá!".

On voit à quel point Gonçalves Dias s'applique à donner à ces séquences que sont les poèmes analysés une structure rigoureuse qui lui permet de camper ses personnages dans un décor précis, et de placer dans leur bouche un discours vraisemblable, sans pour autant nuire au caractère lyrique de leur effusion.

Tâchons maintenant de percevoir ce que ces voix féminines ont de spécifique. Si les femmes sont les inspiratrices privilégiées de toute poésie de thème amoureux, elles sont plus souvent des prétextes aux effusions du poète que des personnages dotés de caractères propres.

Elles sont des muses, plus ou moins mythiques. Mais l'aperçu que nous venons de donner suffit à montrer que tous les personnages féminins choisis par Gonçalves Dias sont nettement individualisés.

Il y a parmi eux de jeunes filles qui ne connaissent pas encore l'amour. Ce sont les "virgens" de "Sempre ela" et de "A Concha e a Virgem". Ces vierges idéalisées sont essentiellement définies par leur tristesse. S'agit-il de cette tristesse sans objet précis, de ce mal de vivre qui tourmente les héros romantiques, instables et se complaisant volontiers dans leur souffrance? On pourrait le croire en première analyse. L'héroïne de "Sempre ela", qui se compare à une fleur fanée, s'écrie:

> Nesse mundo o que sou? [...]
> É sentir e sofrer a minha vida!

Mais la suite du poème nous apprend qu'elle est morte peu après. C'est donc une douleur objective qu'exprimait sa plainte: elle savait qu'elle n'aurait pas la possibilité de vivre. C'est pourquoi elle est émouvante, comme tout être jeune qui se sent condamné et semble victime d'un sort injuste. Quant à la jeune fille de "A Concha e a Virgem", elle paraît beaucoup moins concrète. Elle est présentée d'emblée dans une attitude symbolique: dominant le coquillage dans la mer du haut de son rocher, elle est déjà détachée de la terre. Sa position prépare la gravité de son discours:

> Tu indolente divagas,
> Eu sofro triste a cantar.
> [...] Buscas a vida, — eu a morte;
> Buscas a terra, — eu os céus!

C'est une figure mystique, qui sublime son malaise existentiel en attendant la mort et en se tournant vers Dieu. Il est naturel que le poète incarne cette pureté, à la fois inaccessible et séduisante, si difficile à conquérir, dans un personnage féminin, plus émouvant parce que conventionnellement plus immatériel et plus pur qu'un héros masculin.

La fleur de "Não me deixes", moins immatérielle, a plus de fragilité. Affligée d'une passion fatale pour le ruisseau qui coule à ses pieds, elle le supplie en vain de ne pas l'abandonner, jusqu'au moment où, mourante, elle est emportée par le courant:

> A afundar-se dizia a pobrezinha:
> "Não me deixaste, não!"

La fleur n'aspirait pas à la mort, mais elle y trouve le bonheur dans une illusion suprême, soulignée par la compassion du poète narrateur ("a pobrezinha"). Ce poème est une fable, où la fleur et le ruisseau sont personnifiés. On établit spontanément un parallèle facile entre fleur et femme, ruisseau et amant insensible. Il est certain que l'identification de la fleur et de la femme est un cliché d'une grande banalité, dont Gonçalves Dias ne se fait pas faute d'user[15]. Cependant, il faut sans doute dépasser cette symbolique trop restrictive. Le ruisseau qui coule se laisse en effet moins aisément réduire à l'image d'un bel indifférent. Le courant est impitoyable comme le temps ou la vie, qui passent sans s'inquiéter des voeux de l'homme impuissant. Retenons que la fleur incapable de contenir sa folle passion peut représenter n'importe quelle destinée humaine dominée par une idée fixe et poursuivant une chimère jusqu'à la mort. Si le poète a choisi une image féminine, c'est sans doute à cause du lieu commun qui affirme la faiblesse de la femme face à la passion. Mais cette fleur, même personnifiée, reste une figure désincarnée.

Les autres amoureuses ne sont pas des métaphores. Dans "Rola", la femme qui se compare à une tourterelle privée de son époux n'en a pas la traditionnelle mélancolie. Loin de se contenter d'implorer l'aimé, elle l'appelle, et manifeste ouvertement l'ardeur de son désir:

> Vem, oh! vem, ó meu amante,
> Tua sou e tu és meu! [...]
> Abraso-me quando em ti penso,
> E em fogo voraz, intenso,
> Anseio louca de amor!

Cette violence de la passion sensuelle exprimée avec une telle liberté n'a pas grand-chose à voir avec les euphémismes des chansons médiévales. C'est plutôt dans la Bible, dans le *Cantique des Cantiques* qu'on trouve des cris d'amour comparables. Or le poète avait placé, en l'adaptant un peu, un verset du *Cantique des Cantiques* en épigraphe de "Sempre ela"[16]. Ce n'est donc pas une simple réminiscence si, dans "Rola", il reprend presque littéralement les phrases de l'Epouse du Cantique[17]. Le désir de la Brésilienne, qui cherche son amant nuit et jour et multiplie ses appels semble encore plus exigeant que celui de la Sulamite.

La situation de l'Indienne de "Leito de folhas verdes" est assez proche, en substance, de celle de l'ardente amoureuse de "Rola". Comme celle-ci, elle appelle son amant et laisse parler son désir. Mais les ressemblances s'arrêtent là. L'appel de l'Indienne n'a rien d'impérieux, c'est une interrogation empreinte d'un léger mais doux reproche:

> Porque tardas, Jatir, que tanto a custo
> À voz do meu amor moves teus passos?

Il suffit de très peu de mots pour projeter le lecteur dans un contexte indien: l'apostrophe à "Jatir", l'allusion à l' "arasóia", l'invocation de "Tupa". Si la sensualité est partout présente dans ce poème, c'est d'abord celle de la nature tropicale, suggérée avec une remarquable économie de moyens: trois noms de plantes seulement, "a mangueira", "o tamarindo", "o bogari". Mais la jeune femme s'attarde sur la description de la couche de feuillage préparée sous le manguier, de l'atmosphère feutrée de la nuit, des parfums surtout, qui semblent s'exhaler de toutes les plantes de la forêt:

> Do tamarindo a flor abriu-se, há pouco,
> Já solta o bogari mais doce aroma!
> Como prece de amor, como estas preces,
> No silêncio da noite o bosque exala.

Ce mot de "prece" est significatif. Tout ce qui veille paraît prier en silence. Il s'agit d'une prière aimante d'offrande. Autour de l'Indienne, toute la nature semble près de défaillir d'amour:

> Um quebranto de amor, melhor que a vida!

On a l'impression d'une harmonie parfaite entre la femme et ce qui l'entoure; lorsqu'elle évoque la fleur qui a besoin de soleil pour se ranimer, c'est sans surprise qu'on l'entend s'identifier à cette fleur. Comme l'amoureuse de "Rola", elle s'offre sans réserve à celui qu'elle attend. On retrouve sur ses lèvres la vibrante déclaration du *Cantique*:

> Outro amor nunca tive: és meu, sou tua!

L'amour total et pur se livre avec une innocence comparable à celle de ces parfums qui se donnent à tous dans la nuit:

> Também meu coração, como estas flores,
> Melhor perfume ao pé da noite exala!

Cette expression indirecte des sentiments, cette étroite union de la jeune femme et du cadre où elle vit, persistent au moment où l'attente nocturne se révèle vaine, et où la désolation de l'amante dédaignée n'est indiquée au lecteur que par la dispersion des feuilles sous la brise. C'est donc en nous révélant ce que son héroïne perçoit de la nature que le poète nous fait découvrir la douceur et la sensualité de l'une aussi bien que de l'autre. Il y a là de sa part une extraordinaire réussite: le lecteur ne sait plus ce qui le touche le plus, de la beauté de l'expression, de l'enchantement de la nuit tropicale parfumée, ou de la peine de l'Indienne délaissée.

La belle esseulée de "Queixumes" évoque ses nuits d'amour de façon plus conventionnelle:

> Teu amor me deixaste nos braços,
> Nos teus braços levaste-me a vida!

Et lorsqu'elle essaie de deviner ce qui pourrait retenir loin d'elle son amant, elle révèle une imagination nourrie de tous les clichés d'un exotisme facile. Elle fait défiler devant nous les nymphes de la mer, l'île des amours, le charme des Sévillanes, les odalisques parées des parfums d'Arabie ou portées par des éléphants, les Grecques chantant dans la langue d'Homère. On voit que cette charmante personne connaît aussi bien *Les Lusiades* de Camões que *Les Orientales* de Victor Hugo. Mais elle devient tout à coup plus émouvante lorsqu'elle s'écrie:

> Se eu fosse homem, tão bem desejara
> Percorrer estes campos de prata, [...]
> Ver a vida nesse amplo deserto
> Mais valente, mais forte pular!

Ce voeu échappe aux conventions. Pour la femme, forcée à la sédentarité dans la société que connaît et fréquente le poète, rêver de mener une vie de marin est avant tout une aspiration à la liberté. Celle qui parle ici ne souhaite d'ailleurs cette liberté que pour mieux affirmer sa constance, comme elle le proclame en conclusion:

> Oh ! que o homem fosse eu, mulher tu fosses,
> Ou fosse tempestade ou calmaria,
> Ou fosse mar ou terra, Espanha ou Grécia,
> Só de ti, só de ti me lembraria!

Le poète, qui n'a sans doute aucune intention révolutionnaire, et se plaît à multiplier les allusions littéraires, a cependant su ressentir ce qu'ont d'étouffant et d'injuste les contraintes imposées aux femmes dans une société dominée par les hommes, et a trouvé le moyen d'exprimer cela avec vigueur, en transfigurant les lieux communs par son lyrisme.

"A escrava" pourrait aussi illustrer une aspiration à la liberté. En fait, la triste Alsgá n'a pas l'énergie de l'impatiente rêveuse de "Queixumes". Elle se contente de tromper sa peine en se souvenant des jours heureux du passé. C'est d'abord son pays qu'elle évoque:

> Oh! doce país do Congo!
> Doces terras de além-mar!

ce qui lui permet d'épancher toute sa douleur d'exilée. C'est ensuite le bonheur paisible des rencontres amoureuses dans la nuit africaine:

> Assim praticando amigos
> A aurora nos vinha achar!

Le contraste entre cette paix enfuie et l'injuste réalité présente est indiqué par le poète en personne:

> Do ríspido senhor a voz irada
> Rábida soa,
> Sem o pranto enxugar a triste escrava
> Pávida voa.

L'injustice du sort de l'esclave est d'autant plus révoltante que son innocence est plus flagrante. Le poème a été écrit au Portugal, donc avant 1845, dans une période où les étudiants brésiliens de Coimbra devaient discuter ferme des mesures que prenait le gouvernement de leur pays, sous la pression de l'Angleterre, pour rendre effective l'interdiction de la traite des Noirs[18]. C'est dans ce contexte qu'il faut situer "A Escrava". Le jeune poète n'a pas choisi le ton épique pour dénoncer le scandale de l'esclavage[19]. Il a d'abord voulu émouvoir son lecteur. D'où le choix du personnage féminin. Les séquences successives insistent sur la douceur nostalgique de l'esclave violemment séparée de ce qui était sa vie, dans un évident déni de toute justice. Il est donc logique de passer de la compassion pour la victime à l'indignation envers les responsables de son sort. Dans ce poème, Gonçalves Dias ouvre ainsi la voie à une poésie abolitionniste que Castro Alves illustrera avec vigueur vingt ans plus tard.

La jeune fille qui se plaint dans "Marabá" est elle aussi victime d'une injustice douloureusement ressentie, et liée à sa naissance. Elle ne saurait connaître l'amour car tous ses élans sont repoussés. Etant de sang mêlé, — "marabá" comme disent les Indiens — elle ne peut se faire accepter dans la société où le destin l'a placée. Elle proteste d'emblée contre cette iniquité:

> Acaso feitura
> Não sou de Tupá!

Mais on la voit ensuite tenter de séduire les guerriers de la tribu en faisant valoir tous les traits qui la rapprochent des canons de la beauté la plus conventionnellement admirée dans la société blanche: les yeux bleus, la peau claire, la grâce fragile, les boucles dorées. La réponse des hommes est péremptoire. Ils admirent tout cela, mais préfèrent les yeux noirs, le teint sombre, le port altier, les chevelures lisses des femmes de leur race. Après avoir comparé ses yeux aux saphirs et son visage aux lis, la jeune femme a beau choisir des images dans la nature qui l'environne:

> Meu colo de leve se encurva engraçado
> Como hástea pendente de cactos em flor;
> [. . .] As brisas nos bosques de os ver se enamoram,
> De os ver tão formosos como um beija-flor! —

ses interlocuteurs demeurent insensibles, opposant à la sienne une autre beauté, non moins valable:

> Quero antes uns olhos bem pretos, luzentes, [. . .]
> Quero antes um rosto de jambo corado, [. . .]
> Quero antes o colo da ema orgulhosa, [. . .]
> Quero antes cabelos bem lisos, corridos, [. . .]

Tant et si bien que la revendication d'égalité du début se transforme à la fin chez la malheureuse en un découragement profond et d'autant plus poignant que cette femme est au fond sans défense avec sa tendresse inemployée:

> E as doces palavras que eu tinha cá dentro
> A quem as direi? [. . .]
> Jamais um guerreiro da minha arasoia
> Me desprenderá: [. . .]

La voix féminine et les réponses des guerriers opposent donc deux types de beauté dont l'une est consacrée par la littérature classique, alors que l'autre n'a été qu'exceptionnellement célébrée par les poètes avant l'époque romantique. On peut songer certes à la Sulamite du *Cantique*, ou à la Bárbara de Camões, belles bien que noires. Mais le poème "Marabá" est beaucoup plus ambigu. La beauté classique et la beauté exotique y sont présentées comme équivalentes, et le goût des guerriers indiens pour les femmes à la peau sombre est aussi justifié que la pathétique exaltation du teint clair par la métisse. Mais le personnage émouvant est celui de la femme injustement méprisée parce que blanche et blonde: d'une autre race. Il est tentant de voir dans la Marabá comme un double féminin du poète: elle trop blanche, lui trop brun sont rejetés par ceux qui les entourent; ils sont forcés par ce rejet de prendre conscience d'une différence raciale dont ils ne sont en rien responsables et qui fait d'eux des êtres à part. En fait, la réussite sociale objective de Gonçalves Dias aurait dû compenser l'illégitimité de sa naissance et le fait qu'il était métis. Pourtant, la blessure du refus opposé à son mariage par la famille de la jeune fille qu'il aimait semble bien l'avoir marqué durablement. Peut-être est-ce cette blessure qui s'exprime par la voix de la Marabá. Mais celle-ci va bien au-delà du problème personnel de l'auteur: elle incarne de manière saisissante le drame de la marginalité.

Au terme de cette analyse, c'est sur l'originalité de la démarche du romantique Brésilien que nous insisterons en conclusion. Lorsque le poète donne la parole aux femmes, conférant à leur expression au style direct une intensité remarquable, ce n'est pas seulement parce qu'il trouve des exemples de cette démarche dans la Bible, dans les chansons du Moyen-Age, ou dans la poésie populaire. Ce n'est pas seulement parce que l'amateur de théâtre qu'il est a l'art de choisir des situations dramatiques, de se mettre à la place de ses personnages, d'inventer pour eux des répliques vraisemblables. C'est surtout parce que sa sensibilité d'artiste lui rend perceptibles une foule d'idées et de sentiments qui agitent son époque, et qu'il juge plus propres à toucher ses lecteurs s'ils sont exprimés par des femmes. L'exotisme, lorsqu'il est présent, n'est qu'accessoire dans les poèmes considérés. Ce qui est essentiel, c'est l'angoisse devant la destinée, la puissance de la passion, la sensualité ouvertement dévoilée, l'aspiration à la liberté, l'indignation devant l'injustice. Des thèmes romantiques, sans doute, mais surtout nouveaux dans la littérature brésilienne, et confiés à des voix féminines parce qu'on se laisse prendre à l'apparente spontanéité de leur lyrisme. Avoir perçu cela est un des traits de génie de Gonçalves Dias.

Notes

1. Ces recueils sont: *Primeiros Cantos* (Rio, Laemmert, 1846), *Segundos Cantos* et *Sextilhas de Frei Antão* (Rio, Ferreira Monteiro, 1848), *Últimos Cantos* (Rio, Paula Brito, 1851) et *Novos Cantos*, insérés dans l'édition complète des *Cantos* (Leipzig, Brockaus, 1857). Après la mort du poète en 1864, Antônio Henriques Leal rassembla un nombre important de poèmes inédits ou dispersés dans les tomes 1, 2 et 3 des *Obras Póstumas*, São Luís do Maranhão, B. de Matos, 1868-1869 (6 vol.). Nos références sont tirées de: Gonçalves Dias, *Poesia completa e prosa escolhida*, Rio de Janeiro, Aguilar, 1959.
2. Voir "Canto do Guerreiro" (p. 104), "Canto do Piaga" (p. 106), "Canto do Índio" (p 108) dans Primeiros Cantos, et "Canção do Tamoio" (p. 372) dans *Últimos Cantos*.
3. P. 162.
4. Respectivement p. 217 et 231.
5. Respectivement p. 357, 371 et 417.
6. Respectivement p. 265 et 268.
7. "Trovas que Garcia de Resende fez à morte de Dona Inês de Castro, que el Rei Dom Afonso o Quarto de Portugal matou em Coimbra por o príncipe Dom Pedro seu filho a ter como mulher e polo bem que lhe queria não queria casar, endereçadas às damas", in Garcia de Resende, *Cancioneiro Geral*, edição preparada pelo Dr. A.J. Gonçalves Guimarães, Coimbra, Imprensa da Universidade, 1917, t. 5, p. 357-364.
8. A titre d'exemples, on peut citer les chants de Rosarda et Florisa dans *Lusitânia Transformada* de Fernão Álvares do Oriente (Lisboa, Imprensa Nacional-Casa da Moeda, 1985, Prosa 4ª, p. 62-66. [1ª ed. 1607]); ou la nostalgique élégie d'Althea, dans *Primavera* de Francisco Rodrigues Lobo (Lisboa, Miguel Rodrigues, 1774, Floresta 5ª, p. 181-182. [1ª ed. 1601]).
9. Almeida Garrett, *Romanceiro*, T. 1, *Romances da Renascença*, Porto, Lello & Irmão, 1971, p. 141.
10. Voir id., ibid., Prólogo à segunda edição, p. 17-18.
11. Il s'agit de "Inocência", recueilli ensuite dans *Primeiros Cantos* (p. 127).
12. "O Trovador", publié dans *Primeiros Cantos* (p. 134), fut composé à Caxias, après le retour du poète en 1845, ainsi que "O soldado espanhol" (p. 112) et "O Donzel", exclu des *Cantos* (p. 538). Et c'est à Rio que furent conçues les *Sextilhas de Frei Antão*, inspirées par des épisodes légendaires ou historiques du Moyen-Age.
13. Ce dernier écrira d'ailleurs un article élogieux, intitulé "Futuro literário de Portugal e do Brasil", lors de la parution des *Primeiros Cantos*. Gonçalves Dias, très flatté, le plaça en prologue de la 2ème édition de son livre (p. 96-98).
14. Le seul "Chansonnier" médiéval qui se trouvait au Portugal dans la première moitié du XIXe siècle était le *Cancioneiro do Colégio dos Nobres*, ou *Cancioneiro da Ajuda*. Il ne contient que des *Cantigas de Amor*, sans voix féminines. Sa première édition partielle, à très faible diffusion, date de 1823. La deuxième ne fut publiée qu'en 1849, à Madrid, par les soins du Brésilien Varnhagem. Il faut attendre la fin du siècle pour avoir accès aux éditions italiennes des deux "Chansonniers" les plus complets: le *Cancioneiro da Vaticana* (Halle, 1875) et le *Cancioneiro da Biblioteca Nacional* (Canzionere Colocci-Brancuti, Halle, 1880).
15. Sans multiplier les exemples, on peut citer "A Virgem" (*Segundos Cantos*, p. 213): "Linda virgem semelha a linda rosa [. . .]". Ou encore "Sempre ela" (id., p. 217): "Neste mundo o que sou? — triste clamava [. . .] / flor desbotada em hástea já roída, [. . .]".

16. "*Per noctem quaesivi*, quam *diligit anima mea, et non inveni* illam." (*Cantique*, 3, 1). Le poète a mis au féminin les pronoms masculins dans la Bible, où c'est l'Epouse qui prononce ce verset.

17. Voir par exemple Cantique, 6, 2: "Je suis à mon Bien-aimé, et mon Bien aimé est à moi"; ou encore 7, 12-13: "Viens, mon Bien-aimé, allons aux champs [. . .]. Alors je te ferai le don de mes amours."

18. Un traité entre l'Angleterre et le Brésil avait été signé le 23 novembre 1826. Il prévoyait l'arrêt de la traite trois ans plus tard. En fait, il fallut attendre le "bill Aberdeen" du 8 août 1845, violemment contesté, puis le décret du 4 septembre 1850, pour que cette décision prenne vraiment effet.

19. Peu après son retour au Brésil, dès 1845, Gonçalves Dias commençait un vaste poème en prose rythmée, "Meditação", d'un ton beaucoup plus polémique que "A Escrava". Il n'en publia qu'un fragment dans la revue *Guanabara* en 1849.

Tablero de ajedrez: imágenes del negro heroico en la comedia española y en la literatura e iconografía sacra del Brasil esclavista[1]

Enrique Martínez-López
University of California, Santa Barbara

De 1599, y para Felipe III, y por eso hoy puede verse en Madrid, en el Museo de América, es el retrato que el ecuatoriano Adrián Sánchez hizo en Quito del negro Don Francisco de Arobé y sus dos hijos, mulatos o zambos retintos, Don Pedro y Don Domingo, tres personajes impresionantes, ennoblecidos por el porte, el recalcado "don", la lanza guerrera y el magnífico atuendo, a la vez cortesano y deslumbrantemente indígena, pues que a la capa y golilla españolas se suman las joyas de oro que perforan orejas, narices y labios.[2]

Entre esa fecha y 1603, poco antes del *Othello* (1604) de Shakespeare, pone Lope de Vega (1562–1635) en escena *El negro del mejor amo*,[3] obra a la que añadirá, hacia 1604–07, *El santo negro Rosambuco de la ciudad de Palermo*,[4] para crear un nuevo modo dramático, la comedia de negros heroicos, ya plenamente desarrollada en 1645, cuando se publica como de Lope *El prodigio de Etiopía*, que parece una refundición de otra mano, en la que, sin embargo, confluyen las principales invenciones del "Fénix de los Ingenios" en este género.[5]

La más significativa consistió, esencialmente, en haber hecho posible que el negro se independizara de su imagen tributaria en la fiesta de la Epifanía. Lope lo desquició de la sumisión y tutela devota del portal de Belén para hacerle hablar y pisar fuerte enfrentándolo con el blanco como pirata, bandolero, rey a secas, galán enamorado o bello enamorador de blancas, soldado valiente, y, al fin, santo a pulso, y así transformar el negro comparsa cómico o infantil de letrillas y teatro menor en noble protagonista de obras dramáticas mayores.[6] "Parece que Filipo se ha soltado / del portal de Belén" (p. 197a), se dice con palabras que pueden leerse de dos maneras, del protagonista de *El prodigio de Etiopía*. En efecto, él, igual que Antiobo, *El negro del mejor amo*, se ha soltado de dos esclavitudes para alzarse como

> nuevo Alejandro negro,
> y más fuerte que Alejandro,
> por quien tendrá presto el cielo
> en sus divinos palacios
> famosa correspondencia,
> pues con el negro Rey Mago
> estará otro nuevo rey. (p. 86b)

Este altivo africano de Lope abre sendero a los que de 1612 a 1674 ocupan el centro del escenario en las obras de Andrés de Claramonte, Diego Jiménez de Enciso, Felipe Godínez, el portugués Fray Rodrigo Alvarez Pacheco, Luis Vélez de Guevara, el cripto-judío Fernando de Zárate, pseudónimo de Antonio Enríquez Gómez, y Juan Bautista Diamante, por citar los principales.[7]

Y como iniciamos estas páginas destacando el retrato memorial de los Arobé en 1599, una de las innovaciones nacidas de la experiencia del Nuevo Mundo, ahora parece oportuno considerar, en cuanto al Viejo, que, para 1645, cuando los escenarios de la península están poblados de negros que se han "soltado del portal de Belén", en Sevilla, lugar de muchos negros y mulatos, el pintor Diego Rodríguez de Silva y Velázquez, de ascendencia lusitana por el padre y posiblemente alguna remota sangre judía o miedo de tenerla, ya había realizado una casi paralela metamorfosis del negro como sujeto pictórico.[8]

En efecto, desligándose de la tradición flamenca y peninsular sobre el rey negro en la Epifanía,[9] en 1616 pinta *La cena de Emaús* (National Gallery of Ireland, Dublin), donde quien ocupa el centro físico del cuadro no es Jesús sino una de sus "mínimas hermanas" (San Mateo, 25: 31-46), la sevillana esclava negra en quien evangélicamente está el Redentor de los cautivos (San Lucas 4:18), tan invisible a quien mira este retrato de la sumisión melancólica de un utensilio humano entre los de cocina, como invisible había sido Cristo a sus discípulos en Emaús antes de que repartiese el pan (San Lucas, 24: 13-31). Añadamos que la cuestión planteada aquí por Velázquez, si Cristo habría levantado su voz a favor de la emancipación del esclavo, como podría deducirse de los citados textos de San Lucas, es importante para nuestra indagación en cuanto la respuesta sugerida por el pintor se opone a la que luego daría el Padre Vieira (XII, 347, 349) a los esclavos de Bahía hacia 1682 y anticipa la del abolicionista bahiano Antonio de Castro Alves (p. 584) en *Gonzaga ou a Revolução de Minas* (1867).

Hay más. En 1650 Velázquez va a Roma a retratar a Inocencio X—el pontífice comprador de esclavos turcos que sirviesen en las galeras de la Santa Sede (Maxwell, p. 77)—y, de camino, obtener su apoyo para que en España se le concediese hábito de nobleza. Esto sucede cuatro años después de que los madrileños hubiesen leído, en *El prodigio de Etiopía*,

> A grandes cosas me inclino...
> Soy, aunque negro, un extremo;
> quiero entrar conmigo en cuenta:
> soy esclavo, no es afrenta,
> muchos a lugar supremo
> de esclavitud han subido. (p. 170a)

o "esclavo no me nombres;/ prodigio soy de los hombres" (p.199a). Pues bien, poco antes de pintar al papa, y para mostrar a los artistas de Italia su pericia en el género (Ortega 1954: lxix), Velázquez hizo retrato exento de su esclavo y discípulo, el pintor sevillano Juan de Pareja, en lienzo que hoy está en The Metropolitan Museum of Art, New York. Retrato extraordinario por la dignidad y nobleza desdeñosa que comunica la mirada, un tanto militante, del personaje. Al contemplarlo uno se siente tentado a suponer que bajo la capa señorial de este Juan que posa como quien merece ser llamado Don Juan de Pareja, hay, invisible, una espada de caballero.[10] Este retrato nos confirma de modo indirecto que de los varios tipos de negros ennoblecidos en la comedia el más popular y reiterado fue el del héroe desafiante. Este es el que nos interesa aquí, entre otras razones porque es el que reaparece en la literatura abolicionista brasileña.

Entre los seguidores de Lope quien primero desarrolla este modelo es Andrés de Claramonte (h. 1580–1626), en *El valiente negro en Flandes*, representada en 1612,[11] y en donde el héroe se seculariza y la acrimonia del africano contra el blanco adquiere una violencia comparable a la de nuestros tiempos. Buena ilustración de lo primero es el extremo a que aquí se lleva la imagen del negro de portal de Belén. Cuando se presenta al valiente Juan de Mérida en la Nochebuena diciendo

> Parece que me guía,
> resplandeciente y bella,
> a ser mago de Dios su misma estrella;
> negro del nacimiento
> soy; esta noche santa
> la gloria el ángel canta,
> y yo respondo al son de mi instrumento,
> en ronco y torpe acento,
> canciones de Guinea,
> porque la noche festejada sea. (p. 502c)

Estas palabras, en realidad, subvierten con sarcasmo la estampa coetánea del negro cantando en "guineo" villancicos navideños,[12] porque la acotación indica que Juan, soldado del ejército del duque de Alba contra el levantamiento de los holandeses en 1567-73, entra a escena "con dos pistolas, de daga y máscara". Es decir, sus villancicos serán las puñaladas y tiros con que piensa dar "negras pascuas" (p.503b) al enemigo. Y esa será honrosa acción que lleva a cabo sin que nadie pueda menoscabársela insultándole el color porque Juan de Mérida / Alba, "hombre de dos caras" (p. 496b), ahora muestra la 'blanca', que, paradójicamente, viste cuando oculta la propia bajo una máscara.

Esta obra, sobre un ficticio negro que llega a capitán general de los tercios españoles en Flandes, sin duda tuvo un gran éxito,[13] más que la comedia, de Jiménez de Enciso (h. 1585-1634), *Juan Latino*, que fue un histórico esclavo profesor de latín en Granada (ver Pamp e Ivory). Pero ni el general, ni el humanista, ni tampoco los apacibles santos negros de Claramonte (San Melchor, rey mago en *El mayor rey de los reyes*) o Godínez (Santa Ifigenia y el eunuco de la reina Candaces, "etíopes blancos" en *San Mateo en Etiopía*, 1635), pudieron competir en las tablas con la popularidad del negro bandolero o pirata, que culminará en el torrencial Filipo, desaforada encarnación de San Moisés etíope, que Diamante pone en escena diciendo:

> Yo fui el escándalo, el riesgo
> de Menfis, y en altos montes,
> perdiendo a Dios el respeto
> destinado en mis delitos,
> fui susto del pasajero,
> siendo pasmo, siendo asombro
> de robos y de adulterios.
> No ha habido crueldad ninguna,
> venganza, horror, ni despecho,
> hurto, agravio, tiranía,
> muerte, insulto, sacrilegio,
> que yo no haya cometido,
> bárbaramente violento.[14]

Se entiende que conmoviera a los románticos, sin duda, porque a la mentalidad popular, con frecuencia más justa que la dirigente, parecería menos llamativo ascender a héroe por los cauces prescritos del orden social que desafiándolos, que es lo esperable de quien ya nace condenado a servidumbre por leyes injustas.

Esto es lo que, con variable destaque, se encuentra también en el *Esclavo más dichoso* (1641), de Pacheco, sobre San Antonio de Noto, en *El negro del Serafín* (h. 1643), de Vélez, sobre San Benito de Palermo, y en *Las misas de San Vicente Ferrer* (h. 1657-1661), de Zárate, tres comedias en las que se vuelve al africano forajido de Lope para agravar la hostilidad del negro de Claramonte. Lo hacen poniendo los suyos fuera de la ley de los hombres y así, con la única excepción del Muley de Zárate, llevarlos a los brazos de Dios a través de excesos y prodigios. Teniendo en cuenta que en la hagiografía negra es lugar común ponderar las maravillas que la gracia divina opera en criaturas cuyo color simultáneamente presagiaba y prescribía sólo vileza y "la materia más incapaz" de cualquier bien,[15] no es extraño que el africano resultara personaje adecuado a aquel tipo de comedia de santos como *La fianza satisfecha* (h. 1612-15), de Lope, o *La devoción de la cruz* (1633), de Calderón, obras que escandalizaron a la crítica decimonónica, pero admirables para Albert Camus (1953) y John Osborne (1960), y en las que se hacía dramáticamente evidente la intuición paulina de que "donde abundó el pecado, sobreabundó la gracia" (Romanos 5:20) y que "el amor cubre la muchedumbre de los pecados" (1 San Pedro 4:8).

Estos nuevos negros, pautados por el del Lope refundido, se hunden desaforadamente en las tinieblas del mal, debatiéndose en una peripecia de predestinación por la que todos vislumbran relampagueando el bien y se salvan, menos Muley, quien, porque "dexa a Dios,/ de un abismo en otro abismo / viene a dar" (p. 183a), anticipando así la estampa del esclavo irredento como emblema del desesperado héroe romántico.[16] El nuevo héroe, en fin, es barroco, intenso, sombrío y a la vez con desplantes de jaque que se afirma en solos de "Yo soy", como el del negro de Vélez,

> Yo soy Rosambuco, aquel
> etíope peregrino,
> para bruto aun prodigioso,
> para hombre el mismo prodigio.
> Yo soy el pirata negro
> en ambos mares temido,
> ébano de quien labraron
> cometas y basiliscos
> la Libia ardiente y el fuego,
> donde salamandra he sido
> de pólvora y alquitrán...[17]

que ya merecen ser cantados y que sirven de transición a *Bug-Jargal* (1826), el negro guerrillero en la independencia de Haití, de Víctor Hugo, un esclavo que había sido príncipe de Kakongo, habla francés y sale a la escena novelesca cantando en español el famoso polo de Manuel García

> Yo que soy contrabandista
> y campo por mis respetos,
> a todos los desafío,
> pues a naide tengo miedo.[18]

Esta novela se tradujo al castellano en 1835, cuando el pirata de Espronceda, "alegre en la popa" del *Temido*, cantaba "el yugo / del esclavo, / como bravo / sacudí," identificándose con un desafiante "Que soy el rey del mar, / y mi furia es de temer" en el que resuenan ecos del pirata negro de Zárate o Vélez.[19] *Bug-Jargal* volvió a imprimirse en 1836, cuando Charles Didier, traducido por Larra, decía que España era "una tierra eminentemente democrática" y que en Europa no quedaba otro "verdadero noble" que "la familia democrática",[20] y cuando en la cartelera teatral madrileña se anunciaba *El negro más prodigioso* de Diamante junto a títulos tan sonados de la rebelión romántica como *Hernani*, de Hugo, *Don Alvaro o la fuerza del sino*, del duque de Rivas, *El trovador*, de García Gutiérrez, y *Abén Humeya*, de Martínez de la Rosa.[21] Al año siguiente la novela era considerada lectura imprescindible a todo romántico español[22], y no es cosa de extrañar ya que en ella Hugo recoge los hallazgos del negro de la comedia y otros de *El Abencerraje* (1565)[23] y el romancero de cautivos, les da actualidad internacional, y, con *Les Orientales* (1829), los pone de moda en la propia España. Su impacto fue mayor en el Brasil abolicionista, más de siglo y medio después de que el bahiano Gregorio de Matos Guerra se refiriera a *El valiente negro en Flandes* como a obra bien conocida y a mulatos brasileños representando comedias en lengua castellana.[24]

Cabe preguntarse qué pudo haber dejado en una sociedad como la del Brasil colonial, edificada sobre los hombros del esclavo, y en la que, según un testimonio coetáneo, los actores negros se lucían, inspirados y crecidos, "nos papéis de caráter violento e altivo,"[25] una obra como *El valiente negro en Flandes*, en la que el protagonista, Juan de Mérida, sube a las tablas zarandeando blancos mientras dice:

> Negro soy, que valgo aquí
> más, librando tajos francos,
> que un ejército de blancos,
> si son los blancos así... (p. 492a)

> Negro soy que hago y digo y pongo espanto
> a los que hablan y no hacen, si conviene
> el decir y el hacer en blancos pechos
> hechos de azúcar y de alcorzas hechos. (p. 500bc)

Lo que dejaría sería la conciencia de una posibilidad. La memoria, acaso negada y aun ignorable, de que ciertas nociones, emblemas y gestos contrarios a la ideología dominante, eran concebibles aun en el mundo esclavista, como lo habían sido en otras partes del mundo donde, sin duda porque los esclavos africanos eran minoría, el inventarlos insolentes daba obscura satisfacción a quienes no se atreverían a mencionar comparables cadenas de casta, o soñaban en labradores respetados, como el Lope evocador de Fuenteovejunas de antaño, imposibles en una España refeudalizada. Cuando en 1858 Agrário de Sousa Meneses pone en escena a su mulato *Calabar* acusando con rencor "o dedo cruel que me apontava / A côr do meu destino",[26] hacía una agudeza sobre el color negro sin probablemente imaginar que así ingresaba en zona intertextual y que redescubría ingeniosidades del Vieira de 1633, para quien "a natureza gerou os pretos da mesma cor da sua fortuna" (XI, 315), o que estaba reviviendo experiencias por las que poco antes de 1661 había pasado Fernando de Zárate cuando colocó en el escenario a un negro que también juega con imágenes al decir

> Con nuestra tinta escribimos
> la esclavitud que traemos
> aun antes de haber nacido. [27]

La comedia de negros, pues, corriente en los teatros de Portugal aún después de 1640 y por ello familiar a los ingenios de la América portuguesa, habría dejado entre ellos un semillero de signos latentes en disposición de ser reencontrados según las circunstancias, como se verá al seguirles el rastro en algunos brasileños y portugueses representativos. Son signos que se reactivarán durante los siglos XVII y XVIII, no en el teatro, entonces género bisiesto y más espectáculo importado que escritura propia, sino en los únicos escenarios, por así decirlo, desde los que se podía levantar la voz o el gesto a favor del esclavo: el púlpito, la procesión, la imaginería religiosa y la hagiografía concebidas con teatralidad barroca. Redescubiertos y aumentados luego por los románticos antiesclavistas en Víctor Hugo y Espronceda, cuando ya ni se pensaba en que eran ennegrecida, pero antigua, "prata da casa".

I

Antes de seguir conviene subrayar que este conjunto de signos forma un lenguaje creado con el deliberado propósito[28] de desarticular el fijado por la ideología esclavista, cuya premisa vestibular tenía que ver, claro, con el lenguaje. El asignado literariamente al esclavo en una habla de negro que propiciaba su deshumanización en animal doméstico, metamorfosis ésta que se comunica en una imagen dominante: el esclavo es un perro. La índole implícitamente antiesclavista de la comedia de negros se percibe en cómo mantiene para arruinarlos los signos que combate. Así, conserva el estereotipo del negro con aquella bufa "fala Guiné" en que se expresa el que, enamorado de blanca, entra negro en la *Frágua de Amor* (1525), de Gil Vicente, para salir transformado en "muito gentil homem branco porém a fala de negro não se lhe pode tirar na frágua":

> Já mão minha branco estai,
> e aqui perna branco é,
> mas a mi fala guiné:
> se a mi negro falai,
> a mi branco para qué?
> Se fala meu é negregado,
> e não fala portugás,
> para qué mi martelado? (p. 130)

Pero el negro que habla esa jerga en la comedia seiscentista es el social o moralmente inferior, sólo bueno para gracioso, criado o esclavo de otro, y frente a quien se contrasta en la misma obra un africano transfigurado en nueva fragua.[29] Sigue siendo negro en el color, pero sale blanco en el habla, requisito previo e indispensable para que lo oigamos, en sus propias palabras, hacerse héroe, esto es, y digámoslo con el sarcasmo de Claramonte y Zárate, blanco en las acciones.[30] Esta diferenciación lingüística, que recogería Víctor Hugo, pues en el Haití negro todos chapurrean un "patois créole" lleno de africanismos, excepto Bug-Jargal que habla con "pureté" y "avec facilité le français et l'espagnol" (pp. 58-59, 75), se observa también en los brasileños, aunque no la he visto marcada dentro de la misma obra. Y así, frente a la "fala de Guiné", con ecos esporádicos desde Gregorio de Matos hasta el teatro de Artur de Azevedo (*O Dote*, 1907)[31], o el habla pintoresca y coloquial de "mucamas" y "moleques" realistas, está el lenguaje ennoblecido de los héroes de color: *Calabar*, de Agrário de Meneses, los idealizados esclavos Luis y su hija Carlota—una "heroína de romance"— en el drama de Castro Alves, *Gonzaga ou a Revolução de Minas*,[32] y, sobre todo, "Mauro, o escravo" (1864), de Fagundes Varela, y Lucas, "o escravo trovador," ante cuya fina labia hasta el propio Castro Alves se declara inferior.[33]

Suerte análoga corrió en la comedia la imagen del negro animalizado, de acuerdo con una tipificación característica en los grupos explotadores[34], que en la península se cifró en *perro, galgo, perrengue, cachorro, cão, podengo*. Se la conserva para contraponerle otras según dos tipos. Uno, la del amenazante negro emperrado, rabioso y perro que muerde al blanco, sobresaliente en Claramonte,[35] acogida por Hugo[36] y desarrollada con elocuencia en el "Bandido negro" (h. 1865-70),

> Somos nós, meu senhor, mas não tremas...
> Oh! não tremas, senhor, são teus cães...

> São teus cães, que têm frio e têm fome.
> Que há dez sec'los a sêde consome... (p. 242)

de Castro Alves, quien también la modificó haciendo del negro vengativo perro sabueso (p. 328) y "tigre bravo" (p. 343), encarnación ésta también presente en la novela, como puede verse en *Maurício* (1877), de Guimarães, y que ya habían usado Meneses [37], en el teatro, y Fagundes Varela en la poesía cuando hizo que el esclavo "misero cão" rugiese con el "som tigrino" del odio (I, 194, 203). El otro tipo de imagen es la integradora del negro hecho perro, esclavo fiel de un amo o una causa superior al hombre. En la comedia de santos negros es Dios, el mejor amo.[38] Pero hay también, en el caso de Claramonte, el heroísmo militar, representado por el duque de Alba, y de ahí que el negro de esta comedia se llame a sí mismo el perro de Alba (p. 497c). Por semejantes pasos va Bug-Jargal, especie de Abencerraje negro (*supra* nota 23) cuyo caballeresco Narváez es el blanco capitán Léopold d'Auverney. Ambos, "à la manière des anciens chevaliers", están sometidos al código señorial de "la parole d'honneur" y por cumplirla Bug dice a d'Auverney: "Je suis Rask [un perro] pour toi," "Tu es le maître" (pp. 178, 190). Función también comparable a las de Narváez / d'Auverney respecto a Abencerraje / Bug es la que representan en "Uma história de quilombolas", de Guimarães (*Lendas e Romances*, 1871), el noble mulato Anselmo compitiendo en grandeza moral por sujección a la palabra empeñada con el Zambi Cassange, un gigantesco bandolero negro, que así se aureola honrosamente (caps. XI–XIII). A ninguno de los dos se le podría motejar, como al mulato Mateus, de "perrengue" (pp. 54, 57).

Y si en la comedia el protagonista sin libertad mejora de suerte moral haciéndose esclavo de Dios, en "Calabar" (1850), José Bonifácio "o Moço" defenderá que su héroe mulato se pusiera al servicio de los holandeses enemigos de Portugal por razones análogas:

> Oh! não vendeu-se, não! -Ele era escravo
> Do jugo português. -Quis a vingança;
> Abriu sua alma às ambições de um bravo
> E em nova escravidão bebeu a esp'rança! (p. 160)

Finalmente, en *Gonzaga ou a Revolução de Minas*, Luis, el esclavo del poeta Tomás Antonio Gonzaga, se declarará "seu cão" (p. 583) al servicio de la revolución contra la autoridad esclavista.

Como se ve, son, en última instancia, imágenes de signo inclusivo. En situaciones como la de los sevillanos que, a fines del siglo XVI, "se parecían a los trebejos del ajedrez, tantos pretos como blancos, por los muchos esclavos que hay en la ciudad"[39], situación y partida potencialmente peligrosa en cuanto al blanco corresponde el dominio y al numeroso africano la explotación, lo que conviene, por razones morales y políticas, es asimilar espiritualmente a los marginados cautivos y con ese objetivo se les congregó en hermandades religiosas.[40] En las letras eso se hizo pintando de blanco lo negro, o destacando lo "blanco" que yace desconocido bajo la piel oscura. De este modo se consigue un simbólico tablero de ajedrez más tranquilizante que las estadísticas raciales porque en él blanco y negro son moralmente iguales en importancia. Y tanto que el amor pronto se encargará de anular las restantes diferencias. "Todos somos hijos de Eva;/ los ríos salen del mar" (p. 78c), dice una mulata de Lope a un blanco con quien se casará para hacer ambos de su "sangre ajedrez" (p. 81c).[41] Y las que parecen imágenes disgregativas —desde poner el azabache y el ébano por encima del marfil, como hacen Lope y Claramonte, a contrastar violentamente a las dos razas creando terribles negros que humillan al blanco— en verdad representan violencias metódicas. Son símbolo de un resentimiento que engendra hostilidad poderosa para producir respeto y que concluye en que el blanco acepta que el negro, a estas alturas más o menos "blanqueado", es tan blanco, valioso, como él. Si, al final de su odisea y ya maestre general de los tercios de Flandes, Juan de Mérida o de Alba puede decir que por él "los negros ya / truequen en honra su ultraje" (p. 507a) y ya "comienzan / los negros en mí a ser nobles" (p. 508c), es porque antes había asentado, resumiendo la grandeza y la miseria de su hazaña, que él era "un negro blanco en las obras, / y que a los blancos afrenta" (p. 508b). Es un negro blanco, como lo son los otros negros heroicos en prácticamente todas las obras que hemos visto.

Por eso la imagen más sobresaliente en este juego de ajedrez es la definitivamente integradora del crepúsculo, producto de la unión de la noche y el día. Lope de Vega la presenta ya en *El negro del mejor amo* cuando dice de una negra que se casa con un blanco "¡amaneció tu noche blanca aurora!" (p. 76b)[42] y se repite en *El prodigio de Etiopía*, donde Teodora, una dama blanca, como se le recueste en el regazo su enamorado Filipo, un negro, le dice:

> Causó amor la cortesía,
> y el amor que vas gozando
> es alba que está juntando
> las tinieblas con el día (p. 189a)

De esta y otras agudezas sobre el contraste claro / oscuro se aprovechó para multiplicarles el amaneramiento Giambattista Marino, que las haría internacionales en París.[43] En el ámbito peninsular e iberoamericano prosperaron en Claramonte (1612)[44], Góngora (1618)[45], Quevedo (h. 1636)[46], Vélez (h. 1625-1628), Zárate (h. 1657-1661)[47],

Fray Bernardo de Medina (1663), Diamante (1674)[48], y el Padre Antonio Vieira, hacia 1682, en Bahía. Este, sensible a los juegos barrocos sobre blanco y negro, que en Portugal descuellan en el acabado soneto de Jerónimo Baía (m. 1688) "A uma trança de cabelos negros",

> Diversa em cor, igual em bizarria
> Sois, bela trança, ao lustre de Sofala,
> Luto por negra, por vistosa gala,
> Nas cores noite, na beleza dia.
>
> Negra, porém de amor na monarquia
> Reinais senhora, não servis vassala;
> Sombra, mas toda a luz não vos iguala;
> Tristeza, mas venceis toda a alegria.
>
> Tudo soi, mas eu tenho resoluto
> Que sois só na aparência enganadora
> Negra, noite, tristeza, sombra, luto
>
> Porém na essência, ó doce matadora,
> Quem não dirá que sois, e não diz muito,
> Dia, gala, alegria, luz, senhora? (Pires, p. 210)

traslada la agudeza lúdica a textos sacros para moralizar a los brasileños. Ante público de blancos señores y esclavos negros, predicando igualdad integradora frente a la separación, por un lado, de los mulatos, acogidos a la Irmandade de Nossa Senhora de Guadalupe, con imagen atezada de la Virgen, y por otro, de blancos y negros, ambos en la misma Irmandade de Nossa Senhora do Rosário, con imagen blanca de la Virgen, pero apartados unos de otros, les dice que la Virgen María es, según el Cantar de los Cantares (6:6), sol, luna y aurora. Y eso

> Porque igualmente como Mãe, e como a filhos e irmãos, abraça com seu amor os brancos, os pretos e os pardos, e alumia com sua luz todas estas differenças de côres: como sol aos brancos, que são o dia; como lua aos pretos, que são a noite; e como aurora aos pardos, que são crepusculos.[49]

Color crepuscular pareció también al bahiano João de Brito e Lima que tenía el jinete, quizás *caboclo* o *cafuzo*, de larga cabellera, armado de flechas y coronado de plumas y hojas de caña de azúcar, que representaba a América en cortejo festivo de 1729, pues su rostro

> Do nocturno crepusculo tomava
> a cor adusta, quando à sombra unida
> o resplandor do nitido Faetonte,
> confunde a luz no pallido horizonte.[50]

En 1745 el franciscano Fray Antonio de Santa María Jaboatão incluirá entre esos hombres "crepúsculos" de Vieira, es decir, los pardos o mulatos "que não são noite, nem dia, mas participão do branco e do preto de ambos", a un santo de la India lusitana, el franciscano San Gonçalo García, uno de los 26 mártires del Japón, crucificados en Nagasaki, 1597, y cuya imagen habían puesto en los altares de su cofradía los mulatos de Recife, venerándolo como "santo da sua cor".[51] De añadidura, Jaboatão, que era pernambucano, lleva la comparación más allá del alcance que le diera el portugués Vieira para predicar a sus feligreses mulatos que las palabras de Salomón en el Cantar de los Cantares (6:9) expresan también

> ... a singularidade e primazia da [...] cor parda sobre a branca e a preta; porque, não só poem a aurora primeiro que o sol, e a lua, e a cor parda em primeiro lugar que a preta e a branca [...] mas diz tambem que entre a branca e a preta se levanta a parda com a primazia, que isso quer dizer o *consurgens* [no versiculo *Quae est ista, quae progreditur,*] *quasi aurora consurgens, pulchra ut luna, electa ut Sol?* (p. 46a)

Más de un siglo después otro pernambucano, Tobías Barreto, evocaría en "Que Mimo" (h. 1868) a una mulata

> ... morena e sublime
> Como a hora do sol posto.
> E, no crepusculo eterno
> Que te envolve o lindo rosto
> O céo desfolha canduras
> De alvoradas e jasmins...[52]

Pero ya para entonces la imagen había vuelto a amanecer en "une romance espagnole" que Bug-Jargal canta en esa lengua ("¿Por qué me huyes, María?") a su amada, la blanca María, y que Víctor Hugo transcribe en francés:

> Et pourquoi repousserais-tu mon amour, Maria? Je suis roi, et mon front s'élève au-dessus de tous les fronts humains. Tu est blanche, et je suis noir; mais le jour a besoin de s'unir a la nuit pour enfanter l'aurore et le couchant, qui sont plus beaux que lui! (p. 51)

La canción de Bug-Jargal se populariza en el Brasil gracias a las versiones poéticas de Antonio Gonçalves Dias (pp. 452–54), en 1851, y de Antonio de Castro Alves, quien en 1865 traduce así el final:

> Eu sei que és branca e eu negro, mas precisa
> O dia unir-se à noite feia, escura,
> Para criar as tardes e as auroras,
> Mais belas do que a luz, mais do que as trevas. (p. 249)

Notas

1. Como la extensión de esta monografía sobrepasa en mucho la de los artículos del presente homenaje sólo se publican las páginas iniciales.

2. Sánchez, en alarde manierista, acentúa el fulgor de las joyas sobre el rostro oscuro representándolas con panes de oro pegados al lienzo. Por una inscripción latina en el cuadro éste resulta ser una especie de pintado memorial de servicios al rey, con el cual el Oidor de la Real Audiencia de Quito, quien mandó pintar el retrato, recordaba así al monarca cómo se había pacificado la provincia de las Esmeraldas. Ver Navarro (pp. 160-64), Marco Dorta, en Angulo Iñiguez (pp. 462, 466), y Smith, pp. 145, 291.

3. Ver Morley y Bruerton, pp. 264-65. La comedia, en manuscrito de la Biblioteca Palatina de Parma, la imprimió A. Restori en 1898. Su protagonista, Santo Antiobo de Cerdeña (pp. 97a, 98b), es un ficticio santo negro, cuya vida, sin embargo, se construye en la obra sobre la de personajes históricos, entre otros, San Elesbán, emperador de Etiopía en el siglo VI.

4. Se publicaría en 1611 o 1612, según Morley, p. 393. La comedia se inspira en la vida del negro San Benito de Palermo (1526-1589), fantaseándosela con hechos a su vez novelescos atribuidos al negro, también franciscano, San Antonio de Noto, muerto en 1594, y a quien erróneamente Daza (libro III, 155-68) llamó Antonio de Calatagirona. Cfr. con Beschin (pp. 12, 95-96) y Cascudo, *s.v. Santo Antonio Preto*.

5. En esta obra se cuenta la vida del santo negro Filipo, basada muy libremente en las de los etíopes San Elesbán, ya citado, y San Moisés, eremita y mártir de Egipto a principios del siglo V. También en la del blanco San Malco, monje de Maronia (Siria) en el siglo IV. Aquí la citamos por la reimpresión en BAE 177 de la edición de Menéndez Pelayo, quien la creyó obra "indudablemente" de Lope, aunque, el texto, "tal y como lo poseemos hoy, es una comedia refundida" (p. lviii). De acuerdo con este juicio, Morley y Bruerton la incluyen entre los escritos que no son de Lope (p. 607) porque en la versificación, aunque hay modos suyos de entre 1610-1625, otros usos contradictorios hacen dudosa la autenticidad de varios pasajes (pp.539-40). En *El prodigio*, no obstante, concurren motivos lopescos presentes en *El negro del mejor amo*, *El santo negro Rosambuco* y *Contra valor no hay desdicha* (h. 1620-1625). Esta última también deja marca en *Virtudes vencen señales* (h. 1625-1628), comedia de Vélez que tiene elementos comunes con *El prodigio*. *El negro del Serafín* (h. 1643), de Vélez, es una reelaboración de *El santo negro Rosambuco*, y *El negro más prodigioso* (1647), de Juan Bautista Diamante, recrea igualmente *El prodigio*.

6. Lope también, entre los años 1602-1625, introdujo en la comedia el tipo de la mulata, con frecuencia de origen americano, y que habría conocido en Sevilla, ingeniosa, pizpireta, taimada, y, sobre todo, señuelo erótico del blanco, que luego se encuentra en el estereotipo latinoamericano estudiado en DeCosta 1977 y Brookshaw. Para Lope véanse Weber (pp. 337-59), Sayers (pp. 26-27) y Stegagno (p. 21).

7. Todavía está por hacerse un estudio serio del género. En Simón Díaz (1980, p. 1107, *s. v. negro*) consta la bibliografía básica sobre el asunto. Habría que añadir ahí: a Marquina; el resumen de Sayers, conveniente porque enfoca en su conjunto el tema en Portugal, donde primero florece, y las letras en lengua castellana, tanto en España como América; también DeCosta 1974. Otros títulos útiles se citan en Ivory. El negro fue sujeto importante en la literatura de cordel, como puede verse en Marco (pp. 227-33, 439-42). Véase Sabatelli para datos sobre el franciscano Alvarez Pacheco, lisboeta que residía en Granada donde, llamándose Don Rodrigo Pacheco, caballero lusitano, ultimó en 1642 un manuscrito de sus *Comedias famosas*, inéditas. De ellas nos interesa *El negro del Serafín* (1641), a la que, para evitar confusiones con otra de igual título

publicada por Vélez en 1643, nos referiremos con las tres palabras iniciales del título que se le da al final de la obra, *Esclavo más dichoso y negro del Serafín* (f. 187v). Habiendo mencionado que Enríquez Gómez era judío, es de notar que igual ascendencia tenía Godínez y que lo mismo se decía de Jiménez de Enciso y Vélez de Guevara, según Caro Baroja (1962). Tener que vivir con esta nota infamante podría explicar la comprensión hacia otras víctimas de prejuicios y algún que otro rasgo especial en estas comedias. Véanse Gitliz y las observaciones de Sánchez en su edición de Vélez, pp. 15-20, 57, 98.

8. El hábito de caballero de la Orden de Santiago, honor que entonces valía por certificado oficial de limpieza de sangre, había sido concedido en 1626 al pintor, y aristócrata romano, Giovanni Battista Crescenzi, arquitecto de Felipe IV, pero el Consejo de Ordenes se lo negó a Velázquez declaradamente por falta de nobleza en su genealogía y no porque la pintura fuese, como era, considerada arte mecánica. A pesar de ello, y gracias a intervenciones del papa y del rey, se le autorizó en 1659 a llevar la roja cruz de Santiago, que es protagonista solapada en *Las Meninas*. La Sevilla de Velázquez estaba llena de hombres de negocios portugueses que eran de origen judío o tenían esa entonces deshonrosa reputación. En *El burlador de Sevilla* (h. 1625), de Tirso de Molina, se llamaba "Lisboa" a la calle de la Sierpe, el centro comercial de la ciudad, en donde vivían a quienes tachaban de "lo peor de Portugal / en lo mejor de Sevilla" (vv. 1500-1501). Teniendo esto en cuenta se entiende mejor lo que a Ortega (1950) parecía la "enorme paradoja" de un pintor que "no ha querido nunca ser pintor" (p. 66) porque "lo que quiere es ser noble" (p. 262). Se comprende también que en tiempos en los que se aceptaban opiniones como la de Fray Prudencio de Sandoval, sentenciando que "en los descendientes de judíos permanece y dura la mala inclinación de su antigua ingratitud y mal conocimiento, como en los negros el accidente inseparable de su negrura" (p. 319b), Velázquez, cuya "limpieza" de cualquier pecado original en la casta se sintió obligado a proclamar su suegro, Francisco Pacheco (*Arte de la pintura*, 1638), ennobleciese en sus cuadros a quien era esclavo por haber recibido la negrura de sus antepasados y encima se le pintaba y tallaba en los pasos sevillanos de Semana Santa entre los sayones de Cristo. Por ello igualmente tiene sentido que en tanto lienzo consagrado a los de arriba, diese Velázquez espacio artístico a los monstruos del palacio real, criaturas de Dios maltrechas en el cuerpo o en la mente. Ver el libro de Domínguez Ortiz (1989) y otros (pp. 17, 19, 23, 54). También Gállego 1974 (pp. 15-26) y 1983 (pp. 15-18, 131-40, 147), Brown 1991 (pp.218-21) y 1978 (pp. 103-09), Silverman y Caro Baroja (II, 379-80). Para el negro como sayón de Cristo, Palomero (p. 107; cfr. con 101, 106, 133) y Dévisse & Mollat, pp. 64-67, 203.

9. Ver Dévisse & Mollat, pp. 137-142, 161-64, 176-79, 185-86. Importantes cuadros de la *Adoración de los Magos*, con uno negro, como son los dos de Hans Memling (h. 1464, h. 1470-80) y el de Hieronymus Bosch (h. 1490-1510), entraron en la colección de la casa real con Carlos V y Felipe II. Hoy están en el Prado. El de Juan de Flandes (1497) se hizo en España para los Reyes Católicos. Dentro de esa tradición están los portugueses de Cascais y Lisboa, los dos del siglo XVI, y los españoles del XVII: el del brillante Juan Bautista Maino (1612-1613), con reyes lujosos tocados de plumas y turbantes, y el realista de Velázquez (1619), disidente en cuanto sus reyes magos parecen rudos labriegos (sólo el negro viste fino cuello de Holanda), como la sevillana Virgen, de toscas manazas que sostienen al Niño, espigado. Ambos lienzos están en el Prado.

10. Véanse Pérez Sánchez y Gállego, en Domínguez Ortiz, *Velázquez* (1989), pp. 45-46, 228-35. Y para contraste con el cuadro de Dublín, la otra *Cena en Emaús* (h. 1622-23), guardada en Nueva York, pp. 27-29, 84-87.

11. Se publicó en 1638, y, como al final el autor promete una continuación, se ha supuesto que el actor Manuel Vicente Guerrero, activo hacia 1740-45, escribió una

segunda parte que nadie ha visto. Léase R. Mesonero Romanos en su edición de la comedia en *BAE*, 43 (1857), p. xxxvi. Probablemente Guerrero representaría la comedia de Claramonte, puesta ya en las tablas por otro actor en 1612. Ver Hernández Valcárcel, en su edición de Claramonte (p. 19), y Rodríguez López Vázquez (p. 132).

12. Era corriente en las cofradías de negros (Hoyos, pp. 120-23) y daría pie a los llamados villancicos de negro, género cultivado por Góngora en 1615 y Sor Juana Inés de la Cruz entre 1676-90. Quevedo satirizó la parla negroide de estas composiciones y de la comedia en su *Libro de todas las cosas y otras muchas más*, impreso en *Juguetes de la niñez* (1631), donde explica: "Si escribes comedias y eres poeta, sabrás guineo en volviendo las RR LL, y al contrario: como Francisco *Flancico*; primo, *plimo*" (*Obras completas*, I, 114). Manuel de León Marchante (1631-80), que escribió muchos villancicos, en unos de hacia 1672-76 atacaría también el género: "Los negros...están cansados / de ser, cada Nochebuena, / anís de los villancicos, / porque con frío se beba". Ver Méndez Plancarte en su edición de las obras de Sor Juana (II, 363). También Weber, pp. 341-42, n. 13.

13. A la edición de 1638 se añadieron ocho más durante el siglo XVIII. La popularidad del personaje fue tal que pasó a la literatura de cordel en el *Romance famoso en que se refieren las hazañas del valiente Negro en Flandes, llamado Juan de Alva, y lo mucho que el Rey nuestro señor le premió sus hechos*, pliego de 4 páginas en las que Juan hace relación de los pasajes más notables de la comedia. Marco reproduce una impresión de Barcelona (pp. 439-42). Aguilar Piñal registra otras de Valencia, Málaga, Llerena y Córdoba.

14. *El negro más prodigioso* (1674), p. 301. He corregido el cuarto verso, que reza "destinadas en mis delitos". Es obra que pasó a la literatura de cordel en una *Relación* que reproduce el soliloquio "Mi padre, pues otro ignoro, / fue el Nilo..." (pp. 278-81). Se imprimió en pliegos de Valencia, Sevilla, Córdoba y Madrid durante el siglo XVIII. Ver Aguilar Piñal, números 1919-23. La comedia seguía en los teatros en 1785, según registra Coe, p. 164.

15. Vorágine (h. 1264) pone en boca de San Moisés negro las siguientes palabras: "¿Cómo se me puede ocurrir a mí, que no soy más que un miserable, un trozo de cecina y un montón de sucio hollín, la pretenciosa idea de colocarme entre los hombres?" (p. 784b). Igual mentalidad se observa siglos después en Urreta (p. 688) y en Daza. Este, para explicar cómo llegó a la santidad el negro Antonio de Noto, dice: "Quanto la materia es más vil y de menos estima en los ojos de los hombres, tanto más queda acreditado el primor del artífice que la sabe perficionar y poner en su punto, mostrando en ella los primores de su arte y las ventajas de su ingenio [...], considerando la vileza de la materia queda más acreditado el primor de aquel soberano Artífice que la supo perficionar" (libro III, 155).

16. Acaso por ello Enríquez Gómez / Zárate fue también muy propalado en los pliegos de cordel con uno y otro nombre. Dos soliloquios de *Las misas de San Vicente Ferrer*, "Yaze en la gran Etiopía" (pp. 185b-189b) y "Ya sabes que yo nací" (pp. 175a-177b), se publicaron como relaciones en Córdoba y Málaga, más de una vez, y en otros lugares no especificados. Ver Caro Baroja 1969 (pp. 183-84) y Aguilar Piñal (números 2065-69). En éste (números 1929-1942) se confirma tambien la popularidad del autor bajo el nombre de Enríquez Gómez. Todavía era actual en la primera mitad del siglo XIX, como se ve en Simón Díaz (1962) y en Herrero Salgado.

17. *El negro del Serafín*, erróneamente impreso en 1653 a nombre de Antonio Mira de Amescua, y con el título *El negro del mejor amo*. Cito por la edición de Sánchez, versos 1477-87, donde he corregido el segundo verso ("de Etíope peregrino"). El pasaje recuerda de cerca al de Zárate en el que Muley, "rayo, huracán y prodigio" (p. 188a), se

presenta como "un hombre que ha sido / en los dos mares pirata, / y en sus costas tan temido, / como te ha dicho la fama" (p. 189a). Es un discurso autobiográfico sembrado de imágenes belicosas que tiene su raíz en Lope. Este lo hizo de modo sencillo en *El negro del mejor amo*, donde el héroe, que empuña "una espada que un rayo parecía" (p. 97), dice "Yo soy cristiano, cautivos" (p. 86). Tal economía se mantiene en *El santo negro Rosambuco*, pintado con "este alfanje y brazo fuerte, / en tan furiosos ensayos" (p. 133a) y narrando su vida, "Soy corsario / del turco sultán Celín" (pp.134-35). Pero el discurso se hace grandielocuente en *El prodigio de Etiopía* con "A grandes cosas me inclino" (p. 170). En Claramonte el "soy" del soldado "carbón / que, encendido en la ocasión, / rayos da por chispas" (p. 491b), persiste, reiterado y hostil al blanco (pp. 492a, 500bc, 506a, 507b), como se verá más adelante. En *Esclavo más dichoso*, de Pacheco, el autorretrato de pirata (ff. 171-172r) es retrospectivo: "...aquí naçí, que mis padres / de Guinea o Monicongo / proçedieron y asetaron / la ley que profesa el moro; / trasplantado fuy en Argel / adonde con valor troco / el azero que a mi brazo / glorias dio..." Así es también en Diamante, tanto en el lugar citado como en otro (pp. 278-81: "Mi padre, pues otro ignoro, / fue el Nilo...") que alterna con "[Soy] un borrón / que señaló la fortuna, / un eclipse de luna /y un animado carbón;/ un negro en resolución;/ pero de tanto ardimiento, / de tan generoso aliento, / que nada de mí dudaras, / Leopoldo, si me escucharas" (pp. 277-78).

18. Págs. 69-70, 73. El "Polo del contrabandista", romanza de la ópera *El poeta calculista* (Madrid, 1805), se puede leer en Subirá (II, 435, 438). Cfr. con Morel Fatio, pp. 186-87. Aunque Bug-Jargal no es un bandido vulgar, así ven los blancos a los esclavos insurgentes, a quienes, por sus fechorías y atuendo, llaman "brigands" (p. 165). Esto, su gigantesca estatura y también su respetuoso "amour courtois" hacia la blanca María, emparentan claramente Bug-Jargal con el Filipo de *El prodigio de Etiopía* y *El negro más prodigioso*.

19. "Canción del pirata" (1835), en *Obras completas*, pp. 21-22; en la p. xxiv se precisa que la primera vez que se publicó el poema fue en el periódico *El Artista*.

20. *De 1830 a 1836 o la España desde Fernando VII hasta Mendizábal*, en Larra, *Obras completas*, II, 304b, 345ab.

21. Peers, I, 378-79, 427-28.

22. Mesonero Romanos, en "El romanticismo y los románticos" (septiembre, 1837), artículo recogido luego en *Escenas matritenses (Segunda serie), 1836-1842*. Ver sus *Obras*, II (1925), 122-23.

23 El abencerraje Abindarráez, otro héroe que canta, significa respecto a los moriscos españoles de 1550-60 lo que Bug-Jargal respecto al negro esclavizado en América. Es por eso el moro granadino su antepasado simbólico, como lo es de la pareja de cristianos nuevos *Ozmín y Daraja* en el *Guzmán de Alfarache*, de Alemán (1599), de la familia Ricote en el *Quijote* de 1615 y también del último abencerraje, de Chateaubriand, y el último mohicano, de Cooper, ambos, como *Bug-Jargal*, de 1826.

24. Gregorio de Matos (1663-1696) en sus *Obras completas*, ed. Amado, p. 1092 (vol. V). El título (aquí "um valente negro em Flandres") se utiliza con fines jocosos, como se acostumbraba en los poemas satíricos, de moda entonces, hechos con títulos de comedias en castellano. En las *Obras* de Matos editadas por Peixoto se publicaron tres de estos poemas y en dos de ellos, "Meu principe, desta vez" (V, 106-07) y "De João Gomes as tragédias" (VI, 252-56), reaparece la mención de *El valiente negro en Flandes*. Se ha pensado que estos versos son del portugués Tomás Pinto Brandão (1664-1743), quien, como amigo de Matos, en 1681 le acompañó a Bahía, y quien, como el brasileño, pasaría destierro en Angola por su musa satírica. Sin embargo, entre sus versos, recogidos en *Pinto renascido, empenado e desempenado* (Lisboa, 1732), no

aparecen estos poemas y los que de tal género hay o bien son atribuidos (pp. 96-102) o son ya del siglo XVIII, posteriores a la muerte de Matos. Este es el caso de su "Comedia famosa intitulada La Comedia de comedias", compuesta hacia 1724-1725, y en la que se reiteran muchos títulos que constan en las décimas que en Brasil corrían a nombre de Matos. Sean de él o de su joven amigo, ofrecen claro testimonio de que el público letrado, tanto en Portugal como Brasil, estaba tan familiarizado con las comedias en lengua castellana como para hacer chistes con sus títulos. Que las alusiones no eran sólo retóricas lo prueba el número de representaciones de tales comedias documentadas en el Brasil colonial. Sirva de muestra la referencia de Matos, en las décimas "Já que nas minhas tragédias" (ed. Peixoto, III, 187-88), a *Lo que puede la porfía* (1652), de Antonio Coello y Ochoa, y a *El capitán lusitano Viriato* (1677), de Manuel de Acosta Silva y José Correa de Brito, décimas que deben compararse con otras en que "Descreve outra comedia [sobre Viriato, precisamente] que fizeram na Cidade os pardos na celebridade com que festejaram a Nossa Senhora do Amparo, como costumavão anualmente" (ed. Amado, III, 619-21). A este respecto interesa señalar que en su carta de 16, de 1718, La Barbinais informa que "[p]endant le séjour [largo, y comenzado el 12 de marzo]que je fis à Mataripi [Bahía], on fit plusieurs fêtes, des courses de taureaux, & [et] on représenta des comédies, dont le sujet étoit la vie du Saint dont on célébroit la fête" (III, 176). Es plausible que se refiriera a San Benito de Palermo, cuya fiesta es el 4 de abril. Para el conocimiento real del contenido de las obras aludidas que revelan estos escritos por sus títulos, véase la edición de la "Comedia de comedias" hecha por Reyes y Bolaños, pp. 108-10. Sobre la vigencia de la literatura en lengua castellana, particularmente la dramática, entre portugueses y brasileños, todavía a fines del siglo XVII y bien avanzado el XVIII, es instructivo leer a Marques Pereira (II, 4-5, 51-61, 95-105).

25. Galante de Souza (I,115),refiriéndose a la representación, en Cuiabá, 1790, de *Tamerlão na Pérsia*, probablemente *Gran Tamorlán de Persia o Nueva ira de Dios*, de Vélez de Guevara (1642), o de *Vaquero emperador y Gran Tamerlán de Persia*, de Matos Fragoso, Diamante y Andrés Gil Enríquez (1672), ambas comedias de gran espectáculo y con turcos, moros y negros en el reparto. En el poema citado al final de la nota anterior, Matos, refiriéndose al mulato Sousa, que representó a Viriato, dice: "O Sousa, a puro valor, / e a puro esforço arrojado, / não pode ser imitado / de quem foi imitador" (ed. Amado, III, 619).

26. Citado en Sayers (p. 141).

27. *Las misas de San Vicente Ferrer*, p. 186b. He modernizado la ortografía. El negro Muley expresa así la frustración de Zárate/ Enríquez, sometido a análoga esclavitud por haber nacido con la mancha original de su sangre judía. Como Gitlitz, con buenas razones, propone que "tal vez" Zárate y Enríquez Gómez "son la misma persona" (p. 85), y porque no está tan seguro de ello Oelman (p. 201), conviene notar que Enríquez, hablando como judío declarado en su "Elegía primera" (en *Las academias morales de las Musas*, Bordeaux, 1642), lo hace con nociones y palabras que luego Zárate pone en boca del negro. Compárense, por ejemplo, el pasaje citado con los tercetos 4 y 5 de la "Elegía" (*BAE*, 42: 366b).

28. Y tanto como para que Juan de Mérida, rebautizándose Juan de Alba, diga en *El negro valiente en Flandes* que es "un negro que hace a los blancos / comedidos y compuestos" (p. 506a).

29. En Diamante, cuando el gracioso Grajea (remoquete de negro o mulato, según explica Weber en su nota 36) se dirije a Filipo, héroe africano de la comedia, diciéndole en parla negroide "Que estamo yo acá también, / a sevicio de usancele, / siolo neglo," éste, irónico y amenazador, responde: "Señor blanco, / porque después no se quexe, / le prevengo que no gusto / de bufones dessa suerte;/ con otros pícaros hable

/ como él, que si se atreve / a burlar segunda vez, / por vida de... que le estrelle / contra la pared del cielo" (p. 276). Un fenómenos parecido se puede observar en la pintura. En la *Adoración de los Magos* (Cervera de Pisuerga, iglesia de Santa María), de 1497, pintada por Juan de Flandes en la corte de los Reyes Católicos, contrasta notablemente el idealizado rey negro, de aristocracia aérea, con su paje, chato y bembón. Ver Devisse & Mollat, pp. 177-78.

30. Juan de Mérida se llama "hombre de dos caras" (p. 496b) porque, ya lo vimos, su mérito como negro sólo es reconocido cuando se enmascara de blanco y por eso acepta de sobrenombre el de Alba, que simbólicamente hace sinónimos el color blanco y la suprema nobleza de la casa de Alba. El Muley de Zárate dice lo mismo al revés cuando explica por qué odia su color: "Criéme entre aquellas fieras, / en las costumbres nocivo, / que aunque no se ofende el alma / de aqueste negro vestido, / porque ella se viste siempre / de la color de su juicio, / no sé qué tiene el trage, / pues hasta el blanco más fino, / más sabio, docto y prudente, / si anda pobre y mal vestido, / es fábula [=irrisión] de los necios;/ y aunque mi ingenio era vivo, / y altivos mis pensamientos, / en mirándome teñido / de la color Etiopía, / me aborrecía a mí mismo:/ porque es terrible pensión / (no sé yo por qué delito)/ que al nacer le diesse en rostro / a un hombre todo el abismo" (p. 186a). Compárense estos sentimientos con los del "American existentialist, the hipster", que en la década de 1950 se rebela contra "*l'univers concentrationnaire* or with a slow death by conformity" (p. [4]), y por ello se identifica con el excluído negro, porque, como él, "hated from outside and therefore hating himself", "was forced into the position of exploring all those moral wilderness of civilized life which the Square [= el conservador o "carroza"] automatically condemns as delinquent or evil or immature" (Mailer, pp. [11-12]). De igual índole, claro, son los de Enríquez Gómez, quien, hablando como judío errante, lamenta la "contraria y deslucida nube" o mancha de su origen, por la que, dice, "perdí mi estimación," "gané la noche" y "fábula vengo a ser de los nacidos" (p. 367a). Como el amor allana barreras, no sorprende que uno de los ejemplos más antiguos de "blanqueo" del negro tenga que ver con las relaciones adúlteras de una señora con su esclavo. "Canta, Jorgico, canta," dice ella, "que aunque de color mohino, / la plática tienes blanca". Se puede ver en el *Cancionero de obras de burlas*, p. 263.

31. Véase Sayers, pp. 160-61.

32. Página 619. Cfr. Sayers, pp. 144, 153, 159-62. Estas idealizaciones se deben, como en Hugo, al propósito de combatir el estereotipo del grotesco negro de entremés y no a "falta de penetração no drama humano do negro cativo," como pensó, irritado, Pontes, p. 11.

33. *A Cachoeira de Paulo Afonso* (h. 1870), en *Obra completa*, pp. 321, 324-25.

34. Son aplicables aquí las observaciones de Fanon sobre el discurso colonialista, dirigido a deshumanizar al colonizado y transformarlo en animal: "In fact the terms the settler uses when he mentions the native are zoological terms. He speaks of the yellow man's reptilian motions, of the stink of the native quarter, of breeding swarms, of foulness, of spawn, of gesticulations. When the settler seeks to describe the native fully in exact terms he constantly refers to the bestiary" (p. 42).

35. Juan de Mérida provoca y afrenta a los blancos: "me enojo y me emperro" (p. 499a), "soy perro / y así muerdo con rabia" (p. 500c), "Yo perro seré" (p. 501b). Cuando sienta plaza en los tercios del duque de Alba, hace virtud del baldón: "El perro de Alba seré / de las escuadras flamencas" (p. 497c). La expresión sirve para significar su fidelidad al duque, ferocidad contra el enemigo y otras cosas que luego veremos.

36. El mulato Habibrah se siente como perro con "rabia" (en español, p. 215) de su amo, a quien asesina durante la revolución. Cuando se le echa en cara su ingratitud,

"tu mangeais près de sa table, tu dormais près de son lit", responde: "Comme un chien!... *como un perro!*...Je servais à ses plaisirs...j'avais une place dans son coeur; oui, entre sa guenon et son perroquet. Je m'en suis choisi une autre avec mon poignard!" (p. 214).

37. En la novela, el negro Joaquim, presentado con la sumisión perruna del esclavo "fiel, humilde e trabalhador", harto de las crueldades de un amo que había hecho de sus "lavras um verdadeiro açougue de africanos e indigenas", acaba "convertendo-se em tigre feroz" y mata a su señor (pp. 312–13, 369). En *Calabar* el protagonista dice que ha hecho "Tudo que faz um tigre desesp'rado, / Famelico, voraz, sanguisedento./ ...Em frente dos ferozes hollandezes, / Hei parecido o anjo do exterminio, / Ceifando vidas, espalhando mortes!" (pp. 114–15).

38. En *El negro del mejor amo*: "negro soy de Dios, que soy / el negro del mejor amo" (p. 86b); en *El prodigio de Etiopía*: "y rey seré de mí mismo / siendo esclavo de Dios" (p. 202a); en Pacheco: "cautivo perdí / la libertad y gané / la fee por quien vivo, y vi / la mejora de mi vida, / la gracia de quien huí / siendo bárbaro cosario, / tirano soberbio y vil" (f. 187r); en Vélez: "Ya dio el espíritu a Dios / el negro del mejor amo" (vv. 3597–98).

39. Citado por Domínguez Ortiz (1952, p. 378), subrayando que Sevilla y Lisboa eran las ciudades de la Europa cristiana con mayor número de esclavos africanos. Cfr. N'Damba Kabongo, p. 37.

40. Las hermandades étnicas de Portugal y Andalucía (en donde a las de negros y mulatos se añadieron las de gitanos) intentaron ya antes de 1492 resolver, según nota Moreno, "el problema de integrar en la sociedad global a una etnia dominada" con una política que luego se exportaría a América (p. 194). Y como la dominadora era "una sociedad segregacionista y fuertemente estratificada", el plan asimilador era al mismo tiempo "una estrategia de control real y de integración simbólica del grupo sobreexplotado, potencialmente peligroso. Pero, a la vez que lo anterior, la cofradía étnica, al representar la única organización formal socialmente aceptable de la etnia, se convirtió también pronto en el símbolo sobre el que descansaban la identidad colectiva de ésta, en el eje del sentimiento de dignidad ante sí mismos de sus miembros, despreciados en la sociedad global, pero organizados y con posibilidad incluso de rivalizar, por supuesto, a nivel simbólico, con las respectivas hermandades de sus amos y explotadores" (pp. 195–96). Ver ahí también las pp. 45–51 y cfr. con Bastide (pp. 113–14) y Saunders, p. 151.

41. En *Servir a señor discreto*, comedia compuesta hacia 1611–12 y publicada en 1618. La mulata, Elvira, es hija de un limeño y una africana de Biafara, y cuando el blanco Girón casa con ella, dice: "Si tengo / hijos, ajedrez serán, / pues serán blancos y negros" (p. 91c). Sobre el casamiento, en esta época, entre esclavos y hombres o mujeres libres (incluyendo las blancas), cosa prohibida en América (Palmer, p. 56; Degler, p. 213), pero posible en Sevilla, véase N'Damba Kabongo, pp. 111–12.

42. Es parte del soneto "¡Que aguarda tantos males quien te adora!", con las palabras de Anfino a la negra Sofonisba, y en donde, entre otras agudezas que se harán tópico en la comedia de negros, ya aparecen las remontables a la morena (*melaina*) de la *Antología griega* (V, 210), vista como carbón incandescente que derrite al blanco de cera o de nieve. Cfr. con otros lugares de la comedia (pp. 71a, 92a). Ya antes Sofonisba es "bella Aurora / donde está el sol eclipsado" (p. 70b). El contraste poético blanco/negro, luz/sombra ocurre ya en los relatos más antiguos sobre el negro San Moisés, cuya sombra pesa sobre esta comedia e inspirará otras según veremos. Para esa imagen ver Vorágine (p. 784) y Butler, III, 436.

43. Compárense los pasajes citados de Lope, otros afines en *El negro del mejor amo* (pp. 70–73), donde Sofonisba "aunque negra, es de blancos pensamientos" (p. 76), otros

de *Servir a señor discreto* (pp. 74-75) y también los sonetos 108 y 109 ("De Sofonisba"), en las *Rimas* (1602) de Lope, con los poemas de Marino titulados "Schiava" ("Nera sì, ma se' bella..."), "La bella vedova", ambos de 1614, y "La bruna pastorella," de 1615 y publicada en 1620. Esta pastorcilla, llamada a la vez, "zingaretta leggiadra" (v. 200) y "bella mora" (v. 322), dirá, como Sofonisba, "se di fuor bruna ho la scorza, / dentro son pura e bianca" (v. 230), y sus ojos negros son tan facinerosos (vv. 275-79) como los de la morena del soneto 108 de Lope. En cuanto a las imágenes integradoras, destacan en el soneto a la esclava negra "fosca é l'alba appo te" (v. 3) y el remate, donde la africana es "un sol che nel bel volto / porta la notte, ed ha negli occhi il giorno." Véanse también los vv. 46-52 de "La bella vedova" y vv. 329, 345-46, 354-57 de "La bruna pastorella". Que Marino saqueaba a Lope, Jorge de Montemayor y otros es cosa conocida. Véanse Fucilla y Rozas. Ecos cercanos de las imágenes que nos ocupan hay igualmente entre los imitadores franceses de "Schiava", como François Tristan L'Hermite, Claude de Malleville, y también en un par de sonetos anónimos en los que la hermosa negra es "un accord merveilleux de la nuit et du jour," pues lleva "La nuit sur le visage et le jour dans les yeux." Ver Rousset y, especialmente, las pp. 92-95 de Schmidt, en cuya introducción (p. 26) se rastrea bien el tema entre los marinistas italianos, aunque convendría haber incluído el soneto "Amante bruno alla sua donna" ("Perché nero, mi sdegni?..."), del napolitano Lorenzo Casaburi Urríes (1669). Resonancias de estas agudezas entre los admiradores ingleses de Marino hay en Edward, Lord of Cherbury, quien hacia 1621 canta a la hermosa Phaie (un grecismo que vale por 'parda') porque "the two contraries of Black and White, / In the Brown Phaie are sowell unite" ("The Brown Beauty") y también a la morena Mrs. Diana Cecil, cuya belleza nada debe a la leche o nieve porque consiste en "an illustrious Oriental Bright, / Like to the Diamonds refracted light, / Or early Morning breaking from the Night." A un lector asiduo de Lope y Góngora no le extrañan imágenes de Herbert como "blackness is a spark / of light inaccessible" ("Sonnet of Black Beauty"), "Thou color of the Sun where it doth burn, / And shadow, where it cools" ("Another sonnet to Black it self") o "sullen light", en "To one Blacke, and not very Hansome, who expected commendation".

44. En su citada comedia, el blanco duque de Alba, general del ejército, dice al negro Juan de Mérida cuando lo admite en la tropa: "Pues hoy, Juan, en la milicia / nacéis, vuestro nombre sea / Juan de Alba." El diálogo continúa así: "*Juan* ¿Queréis, señor, / que esta noche amanezca vuestra Alba? / *Duque* Alba os llamad./ *Juan* Basta, gran señor, que sea / crepúsculo de vuestra Alba./ *Duque* El mundo en alba tan negra / ha de venerar el sol, / que ya a ilustraros comienza" (p. 497c). Juegos análogos hay en pp. 492ab, 501c, 506b, 507b.

45. En la jocosa *Fábula de Píramo y Tisbe*, refiriéndose a una tercera mulata, escribe "Familiar tapeteada, / que aun, a pesar de lo adusto, / Alba fue, y Alba a quien debe / tantos solares anuncios" (vv. 141-44). Ya antes, en 1603, y con tono comparable al Lope del soneto 108 y *El negro del mejor amo*, Góngora había compuesto el romance "En dos lucientes estrellas, / y estrellas de rayos negros," sobre los ojos negros de una hermosa cuya mirada hace "no las bellezas oscuras / sino los oscuros bellos," y son ojos "que visten rayos de luto / por cuantas vidas han muerto" (p. 292). Cito por la edición de sus *Romances*.

46. En *La fortuna con seso y la hora de todos* los mulatos son "hombres crepúsculos entre anochece y no anochece", mientras las negras, "contentas con su tez anochecida, saben ser hermosas a escuras, y en sus tinieblas, con la blancura de los dientes, esforzada en lo tenebroso, imitan, centelleando con la risa, las galas de la noche" (p. 263). Cito de su *Obras en prosa*. Aunque aquí, como en el romance "Boda de negros", Quevedo acumula ingeniosidades sobre el color, el pasaje completo (pp. 262-63) sobrepasa el

nivel lúdico en clara condenación de la esclavitud y los prejuicios que la justificaban. Véase Riandère.

47. En *Virtudes vencen señales*, comedia de Vélez, Filipo, rey de Albania y nacido tan oscuro como "nube negra" (v. 2873) de padres blancos, dice a la blanca con quien casará: "Esta sombra no os espante, / que, al lado de vuestro día, / será sol" (vv. 2884–86). En *Las misas de San Vicente Ferrer*, de Zárate, el negro Muley, enamorado de la blanca, y casada, Francisca, su señora, le dice: "pero como mi señor / a la Aurora de su honor / me envía a servir, es clara / consecuencia del Oriente, / que me ennoblece y me guía, / que halle mi noche en su día, / alivio de su accidente. / Y assí no es mucho, señora, / que yo desmienta el color, / si tengo al Sol [= mi señor], / y esclavo soy de la Aurora" (p. 193a).

48. En su *Vida prodigiosa del venerable siervo de Dios Fray Martín de Porras, natural de Lima, de la Tercera orden de nuestro padre Santo Domingo* (Madrid, Domingo García Morrás, 1675), y notando que el santo fue hijo de un blanco español y "una morena libre, criolla de Panamá", añade: "De esta obscura noche nació alba lucida, para crecer sol resplandeciente que alumbrase con el ejemplo a todos y con la enseñanza a muchos" (p. 26). Cito por la reimpresión de 1964 donde se explica que Medina era de Lima y que allí se publicó por primera vez el libro en 1663. El santo (1597–1639) fue beatificado tardíamente en 1832 y canonizado en 1962 (Butler, IV, 269–70). La imagen también reaparece, heredada de las comedias anteriores, en *El negro más prodigioso*, de Diamante, donde son "los pardos abisinios, / de la noche hijos, y el Alua" (p. 283a).

49. *Sermões*, XII, 87. Publicado en 1688, no se conoce la fecha en que se predicó este sermón, el vigésimo de los "Sermões do Rosário". Pero como el 27 de esa serie es plausiblemente de 1683 y se hizo en Bahía a la Irmandade de Nossa Senhora do Rosário con sus hermanos blancos y negros juntos, pues Vieira los ve "hoje ... tão devotos e festivaes diante dos altares da Senhora do Rosário, todos irmãos entre si, como filhos da mesma Senhora" (XII, 335), es de suponer que el vigésimo, contra la división de los cofrades, sea de hacia 1682, poco después del regreso de Vieira a Bahía. Véanse Saraiva (pp. 1294, 1296) y Leite, IX, 193, 224–25, 290.

50. *Poema festivo*, octava 74.

51. Así consta hasta en el título del *Discurso histórico* escrito por Jaboatão. Se ha debatido la raza del santo, nacido en Bassein (Baçaim), cerca de Bombay, en 1557, beatificado en 1627 y hecho santo en 1862. Lo corriente es considerarlo hijo de portugués y nativa de la India (Daza, libro II, 237–305); otros proponen padres hindúes. Ver Butler (I, 259–60) y los artículos de J. Ruiz de Medina y Manuel Teixeira en *Review of Culture*, 17 (Instituto Cultural de Macau, 1993), pp. 143–44, 159–61. Para el pasaje comentado, Sayers, p. 52.

52. En *Dias e Noites*, citado por Sayers, p. 118.

Obras Consultadas

AcN = *Obras de Lope de Vega publicadas por la Real Academia Española, nueva edición*, 13 vols., Madrid, 1916–30.

Aguilar Piñal, Francisco, *Romancero popular del siglo XVIII*, Madrid, CSIC, 1972.

Alves, Antonio F. de Castro, *Obra completa*, ed. E. Gomes, Rio de Janeiro, J. Aguilar, 1960.

Angulo Iñiguez, Diego, *Historia del arte hispanoamericano*, II, Barcelona, Salvat, 1950.

BAE = *Biblioteca de Autores Españoles*, nueva edición desde 1944, Madrid, Atlas.

Barbinais, Le Gentil de la, *Nouveau Voyage autour du monde*, 3 vols., Amsterdam, Pierre Mortier, 1728.

Bastide, Roger, *The African Religions of Brazil: Toward a Sociology of the Interpenetration of Civilizations*, tr. H. Sebba, Baltimore, The John Hopkins University Press, 1978.

Beschin, Ignatio, et al., *Martyrologium Franciscanum*, Vicetiae, Ex Typographia Commerciali, 1939.

Bonifácio [de Andrada e Silva] O Moço, José, *Poesias*, ed. A. Bosi y N. Scalzo, São Paulo, Conselho Estadual de Cultura, 1962.

Brandão, Tomás Pinto, *La comedia de comedias*, ed. Mercedes de los Reyes Peña y Piedad Bolaños Donoso, en *Criticón* (Toulouse), 40 (1987): 81-159.

——, *Pinto renascido, empennado e desempennado: Primeiro voo*, Lisboa Occidental, Officina da Musica, 1732.

Brookshaw, David, *Race and Color in Brazilian Literature*, Metuchen, New Jersey, Scarecrow, 1986.

Brown, Jonathan, *Images and Ideas in Seventeenth-Century Spanish Painting*, Princeton, New Jersey, Princeton University Press, 1978.

——, *The Golden Age of Painting in Spain*, New Haven & London, Yale University Press, 1991.

Butler, Alban, *Butler's Lives of the Saints*, ed. H. J. Thurston, S.J., & D. Attwater, 4 vols., Westminster, Maryland, Christian Classics, 1990.

Cancionero de obras de burlas provocantes a risa (1519), ed. J. A. Bellón y P. Jauralde Pou, Madrid, Akal, 1974.

Caro Baroja, Julio, *Los judíos en la España moderna y contemporánea*, 3 vols., Madrid, Arión, 1962.

——, *Ensayo sobre la literatura de cordel*, Madrid, Revista de Occidente, 1969.

Cascudo, Luis da Câmara, *Dicionário do folclore brasileiro*, Rio de Janeiro, Instituto Nacional do Livro, 1954.

Claramonte, Andrés de, *El valiente negro en Flandes*, BAE, 43 (1857).

——, *Comedias*, ed. María del Carmen Hernández Valcárcel, Murcia, Academia Alfonso X el Sabio, 1983.

Coe, Ada May, *Catálogo bibliográfico y crítico de las comedias anunciadas en los periódicos de Madrid desde 1661 hasta 1819*, Baltimore & London, The John Hopkins University Press, Oxford University Press, 1935.

Cruz, Sor Juana Inés de la, *Obras completas*, ed. A. Méndez Plancarte con Alberto G. Salceda, 4 vols., México, Fondo de Cultura Económica, 1951-1957.

CSIC = Consejo Superior de Investigaciones Científicas

Daza [Daça], Fr. Antonio, *Quarta parte de la Chrónica General de Nuestro Padre San Francisco y su Apostólica Orden*, 4 libros en 1 volumen, Valladolid, Juan Godines de Millis y Diego de Córdoba, 1611.

DeCosta, Miriam, "The Evolution of the Tema Negro in Literature of the Spanish Baroque," *College Language Association Journal*, 17 (1974): 417-30.

——, (ed.), *Blacks in Hispanic Literature: Critical Essays*, Port Washington, New York, Kennikat, 1977.

Degler, Carl N., *Neither Black Nor White: Slavery and Race Relations in Brazil and the United States*, New York, Macmillan, 1971.

Dévisse, Jean, y Michel Mollat, *The Image of the Black in Western Art, II, 2, Africans in the Christian Ordinance of the World (Fourteenth to the Sixteenth Century)*.

Tr. by W. Granger, Publications of Menil Foundation, Lausanne, Switzerland, Office du Livre, 1979.

Diamante, Juan Bautista, *El negro más prodigioso*, en sus *Comedias, Segunda Parte*, Madrid, Roque Rico de Miranda, 1674.

Dias, Antonio Gonçalves, *Poesia completa e prosa escolhida*, ed. Manuel Bandeira & A. Houaiss, Rio de Janeiro, J. Aguilar, 1959.

Domínguez Ortiz, Antonio, "La esclavitud en Castilla durante la Edad Moderna," en C. Viñas y Mey (ed.), *Estudios de historia social de España*, Madrid, CSIC, 1952, III, 369-428.

——, con Alfonso E. Pérez Sánchez y Julián Gállego, *Velázquez*, New York, The Metropolitan Museum of Art, 1989.

Enríquez Gómez, Antonio, "Poesías", en *Poetas líricos de los siglos XVI y XVII*, II, ed. Adolfo de Castro, BAE 42 (1951): 363-391.

Espronceda, José de, *Obras completas*, ed. Jorge Campos, BAE 72 (1954).

Fanon, Frantz, *The Wretched of the Earth*, preface by Jean-Paul Sartre, tr. by C. Farrington, New York, Grove Press, 1968.

Fucilla, Joseph G., *Relaciones hispanoitalianas*, Madrid, CSIC, 1953.

Gállego, Julián, *Velázquez en Sevilla*, Sevilla, Arte Hispalense, 1974.

——, *Velázquez*, Barcelona, Anthropos, 1983.

Gitliz, David M., "La angustia vital de ser negro, tema de un drama de Fernando de Zárate," *Segismundo*, 11 (1975):65-85.

Góngora, Luis de, *Romances*, ed. Antonio Carreño, Madrid, Cátedra, 1982.

Guimarães, Bernardo, *Lendas e Romances*, São Paulo, Livraria Martins, s. a.

——, *Maurício ou Os paulistas em S. João d'El-Rei*, Rio de Janeiro, F. Briguiet & Cia., 1941.

Herbert of Cherbury, Edward Lord, *The poems, English & Latin* [1665], ed. G. C. Moore Smith, Oxford, The Clarendon Press, 1923.

Herrero Salgado, F., *Cartelera teatral madrileña, II: Años 1840- 49*, Madrid, CSIC, 1963.

Hoyos Sáinz, Luis, y Nieves de Hoyos Sancho, *Manual de follklore*, Madrid, Istmo, 1985.

Hugo, Víctor, *Bug-Jargal suivi de Le Dernier Jour d'un Condamné*, ed. R. Borderie, Paris, Le Livre de Poche, 1970.

Ivory, Anette, "Juan Latino: The Struggle of Blacks, Jews, and Moors in Golden Age Spain," *Hispania*, 62 (1979): 613-18.

Jaboatão, Fray Antonio de Santa María, O.F.M., *Discurso Historico, Geographico, Genealogico, Politico, e Encomiastico, recitado Na nova celebridade, que dedicarão os Pardos de Pernambuco, ao Santo da sua cor, O Beato Gonçallo Garcia, Na sua Igreja do Livramento do Reciffe, aos 12. de Setembro do anno de 1745*, Lisboa, Pedro Ferreira, Impressor da...Rainha, 1751.

Larra, Mariano José de, *Obras completas*, II, ed. C. Seco Serrano, BAE 128 (1960).

Leite, Serafim, S.J., *História da Companhia de Jesús no Brasil*, 10 vols., Lisboa, Rio de Janeiro, Portugália, Instituto Nacional do Livro, 1938-1950.

Lima, João de Brito e, *Poema festivo, breve recopilação das solemnes festas que...a Bahia tributou em applauso das...Regias Vodas dos...Principes do Brasil e das Asturias com as...Princezas de Portugal e Castella...*, Lisboa Occidental, Officina da Musica, 1729.

Mailer, Norman, *The White Negro* [1957], San Francisco, City Light Books, 1970.

Marco, Joaquín, *Literatura popular en España en los siglos XVIII y XIX*, 2 vols., Madrid, Taurus, 1977.

Marino, Giambattista, *Opere*, ed. A. Asor Rosa, Milano, Rizzoli, 1967.

Marquina, R., "El negro en el teatro español antes de Lope de Vega," *Ultra*, 1 (1938): 555-68.

Matos, Gregorio de, *Obras*, ed. A. Peixoto, 6 vols., Rio de Janeiro, Academia Brasileira, 1923-1933.

——, *Obras completas*, 7 vols., ed. J. Amado, Salvador, Bahia, Editora Janaína, 1969.

Maxwell, John F., *Slavery and the Catholic Church*, Chichester & London, Barry Rose, 1975.

Medina, Fr. Bernardo de, O.P., *San Martín de Porres: Biografía del siglo XVII* [1663], México, Jus, 1964.

Menezes, Agrário de Souza de, *Calabar: Drama em verso em cinco actos* (1858), Bahia, Typographia do Bazar 65, 1888.

Mesonero Romanos, Ramón, *Obras*, 8 vols., Madrid, Renacimiento, 1924-1926.

Molina, Tirso de, *El burlador de Sevilla*, ed. A. Rodríguez López-Vázquez, Madrid, Cátedra, 1988.

Morel Fatio, A., "L'hispanisme dans Victor Hugo," en *Homenaje ofrecido a Menéndez Pidal*, Madrid, Hernando, 1925, I, 161-213.

Moreno, Isidoro, *Cofradías y hermandades andaluzas: Estructura, simbolismo e identidad*, Sevilla, Editoriales Andaluzas Unidas, 1985.

Morley, S. Griswold, y Courtney Bruerton, *Cronología de las comedias de Lope de Vega*, Madrid, Gredos, 1968.

Navarro, José Gabriel, *Artes plásticas ecuatorianas*, México, Fondo de Cultura Económica, 1945.

N'Damba Kabongo, A., *Les esclaves à Seville au début du XVIIe siècle*, Paris, AUDIR-Hachette / Bibliothèque Nationale, 1976.

Oelman, T., "The Religious Views of Antonio Enríquez Gómez: Profile of a Marrano," *Bulletin of Hispanic Studies*, 61 (1983): 201-09.

Ortega y Gasset, José, *Papeles sobre Velázquez y Goya*, Madrid, Revista de Occidente, 1950.

——, Introducción y textos intercalados a *Velázquez*, ed. Alfred E. Herzer, Madrid, Revista de Occidente, 1954.

Pacheco, Fr. Rodrigo Alvarez, O.F.M., *Esclavo más dichoso y negro del Seraphín (1641)*, en *Comedias famosas compuestas por don Rodrigo Pacheco, lusitano, vecino de la ciudad de Granada (1642)*, ff.167-266v, Ms. 14824, Biblioteca Nacional, Madrid.

Palmer, Colin A., *Slaves of the White God: Blacks in Mexico, 1570-1650*, Cambridge, Cambridge University Press, 1976.

Palomero Páramo, Jesús Miguel, *La imaginería procesional sevillana: Misterios, nazarenos y cristos*, Sevilla, Publicaciones del Ayuntamiento, 1981.

Pamp de Avalle-Arce, Diane, "Juan Latino: A Negro Slave and Humanist in Golden Age Spain", *Varia*, North Carolina Central University, 3 (1970): 23-30.

Peers, E. Allison, *Historia del movimiento romántico español*, 2 vols. Madrid, Gredos, 1954.

Pereira, Nuno Marques, *Compêndio narrativo do peregrino da América* (Lisboa, M. Fernandes da Costa, 1728), Sexta edición, de A. Peixoto y otros, completada con la *Segunda parte*, inédita [1733], 2 vols., Rio de Janeiro, Academia Brasileira, 1939.

Pires, Maria Lucília Gonçalves, *Poetas do Período Barroco*, Lisboa, Editorial Communicação, 1985.

Pontes, Joel, *Castro Alves, variações em torno da poesia d' "Os Escravos,"* Recife, Prefeitura Municipal, Diretoria de Documentação e Cultura, 1948.

Quevedo, Francisco de, *Obras completas*, I, *Obras en prosa*, ed. Felicidad Buendía, Madrid, Aguilar, 1958.

——, *Obras completas, I, Poesía original*, ed. José Manuel Blecua, Barcelona, Planeta, 1963.

Riandère La Roche, Josette, "Quevedo et le problème de l'esclavage des Noirs dans *La hora de todos,*" en Robert Jammes (ed.), *La contestation de la société dans la littérature espagnole du Siècle d'Or*, Toulouse, Université de Toulouse-Le Mirail, 1981, pp. 165–78.

Rodríguez López-Vázquez, Alfredo, "Sobre la argumentación en torno a la autoría de *El burlador,*" *Cuadernos de teatro clásico*, 2 (1988): 97–134.

Rousset, Jean, *Anthologie de la Poésie Baroque Française*, 2 vols., Paris, A. Colin, 1961.

Rozas, Juan Manuel, *Sobre Marino y España*, Madrid, Editora Nacional, 1978.

Sabatelli, Giacomo, O.F.M., "Dodici Commedie agiografiche inedite di Rodrigo Alvarez Pacheco, O.F.M. (sec. XVII)," *Archivum Franciscanum Historicum*, 65 (1972): 225–57.

Sandoval, Fray Prudencio de, *Historia del emperador Carlos V (1604–06)*, vol. III, en BAE, 82 (1956).

Saraiva, Antonio-José, "Le Père Antonio Vieira, S. J., et l'esclavage des Noirs au XVIIe siècle", *Annales (Economies, Sociétés, Civilisations)*, 22, nº 6 (1967): 1289–1309.

Sayers, Raymond S., *The Negro in Brazilian Literature*, New York, Hispanic Institute in the United States, 1956.

Schmidt, Albert-Marie, *L'Amour noir: poèmes baroques*, Paris-Genève, Slaktine, 1982.

Silverman, Joseph H., "Anti-Semitism in Tirso de Molina's *Burlador de Sevilla,*" *Folio*, 10 (1977): 83–92.

Simón Díaz, José, (ed.), *Cartelera teatral madrileña, I: Años 1830–1839*, Madrid, CSIC, 1962.

——, *Manual de bibliografía de la literatura española*, Madrid, Gredos, 1980^3.

Smith, Bradley, *Spain: A History in Art*, New York, Doubleday, [1971].

Saunders, A.C. de C., *A social history of black slaves and freedmen in Portugal, 1441–1555*, Cambridge, Cambridge University Press, 1982.

Souza, J. Galante de, *O teatro no Brasil*, 2 vols., Rio de Janeiro, Instituto Nacional do Livro, 1960.

Stegagno Picchio, Luciana, *La letteratura brasiliana*, Firenze-Milano, Sansoni-Accademia, 1972.

Subirá, José, *Historia de la música*, 2 vols., Barcelona, Salvat, 1951^2.

Urreta, Fr. Luis de, O.P., *Historia moral, ecclesiástica, política y natural de los grandes y remotos reynos de la Etiopía, monarchía del emperador llamado Preste Iuan de las Indias*, Valencia, Pedro Patricio Mey, 1610.

Vega, Lope de, *El negro del mejor amo* (1898), ed. J. García Soriano, *AcN*, XI (1929).

———, *El prodigio de Etiopía* (1645), *BAE*, 177 (1964).

———, *Rimas* (1602), ed. G. Diego, Madrid, Palabra y Tiempo, 1962.

———, *El santo negro Rosambuco de la ciudad de Palermo* (h. 1611–12), *BAE*, 178 (1965).

———, *Servir a señor discreto* (1618), *BAE* 52 (1952).

Vélez de Guevara, Luis, *El negro del Seraphin*, ed. Roberto Sánchez, Ann Arbor, Michigan, University Microfilms International, 1988.

———, *Virtudes vencen señales* (1640), ed. M.G. Profeti, Firenze, Università di Pisa, 1965.

Vicente, Gil, *Farces and Festival Plays*, ed. Thomas R. Hart, Eugene, Oregon, University of Oregon, 1972.

Vieira, Padre Antonio, S.J., *Sermões*, ed. Padre Gonçalo Alves, vols. XI, XII, Porto, Lello & Irmão, 1951.

Vorágine, Jacobo de la, *La leyenda dorada*, trad. Fray José M. Macías, 2 vols., Madrid, Alianza Forma, 1989.

Weber de Kurlat, Frida, "El tipo del negro en el teatro de Lope de Vega: Tradición y creación", *Nueva Revista de Filología Hispánica*, 19 (1970): 337–59.

Zárate, Fernando de, *Las misas de San Vicente Ferrer*, en *Parte veinte y tres de comedias nuevas, escritas por los mejores ingenios de España*, Madrid, J. Fernández de Buendía, 1665.

A Crise da Literatura Brasileira Contemporânea

Fábio Lucas
Universidade de Brasília

1. Crítica e Literatura em Crise

Como tratar dois conceitos em crise, a crítica e a literatura? E o que é mais difícil: essas duas atividades literárias numa cultura periférica?

No fundo, a crítica persegue a inteligibilidade da obra e, por detrás desta, a do mundo. Poderíamos, mediante uma ênfase metafórica, adotar a idéia de que a obra se apresenta como *língua*, enquanto a crítica seria a *fala*.

Nesse contexto, ousaríamos oferecer o deslocamento genético: só uma boa crítica é capaz de sustentar uma notável literatura.

Ou, melhor: o crítico ajuda a prolongar, na sensibilidade do leitor, o choque da obra.

Kritikós quer dizer *juiz de literatura*. Segundo René Welleck, o termo aparece desde o século IV na civilização ocidental.

O crítico literário obteve um importante papel no século XIX, quando se fez mediador entre a obra e o público. Este último, o inseguro público burguês, recém-alfabetizado e novo rico, sentiu necessidade do amparo de um mediador culto e avisado, que ditasse as normas do bom gosto e o orientasse na escolha das obras.

Esse mediador das preferências literárias, árbitro do gosto, da moda culta, foi o crítico, que conquistou os veículos de comunicação de massa e ali plantou a sua trincheira. Em verdade, o rodapé literário servia-lhe de canal para o controle da opinião literária.

Os tempos modernos, com a evolução da cultura de massa, acabaram por modificar aquela mediação exercida pelo crítico. De um lado, a obra foi destituída de sua aura, o escritor e o intelectual entraram no seu período de hibernação, conforme assinala o grupo de Frankfurt, especialmente Adorno.

De outro lado, o crítico perdeu o seu grau de mediação entre a obra e a leitor. Fala-se hoje na relação entre a indústria cultural e o público. O problema, portanto, se desloca para o departamento de comercialização do produto literário.

Surge, então, um determinado tipo de crítica jornalística que usa o veículo de informação para fins publicitários.

Na verdade, essa "critica" entre aspas subordina-se ao *hic et nunc* (ao "aqui e agora") da notícia, sem compromisso com o eixo judicativo que lhe seria inerente.

Hoje em dia, a crítica institucionalizada perdeu o mais importante dos seus redutos, o espaço do rodapé, que inclui também a periodicidade. Esta ritualiza o contato entre o emissor e o receptor do saber literário, normaliza-o.

Deste modo, a crítica, em nossos dias, emerge dos veículos de informação destituída do poder de orientar a opinião, faltando-lhe a condição de árbitro das preferências literárias.

Aparece nas revistas, jornais e outras publicações de forma errática, imprevista, não sacramentada. Portanto, não geradora de expectativas.

A indústria cultural tem estimulado a recensão sem juízo de valor, fugindo ao que I.A. Richards reclama como os pilares da crítica: a explicação do valor e a da comunicação.

No plano literário, vivemos as consequências de um período em que o narcisismo e a fragmentação caracterizam o processo civilizatório, na ausência de referentes coletivos cultivados pela comunidade.

A literatura deixa visivelmente de constituir-se em sistema. Talvez a última corrente, entre nós, que se beneficiou dessa condição tenha sido o Modernismo.

Unia os escritores o sentimento de renovação, a influência das vanguardas europeias, o combate ao academismo esgotado. A variedade de tendências entre os modernistas não foi bastante para dissociá-los da motivação comum.

De lá para cá, o que temos é uma fragmentação quase pulverizadora. Não se identificam correntes e tendências expressivas.

O solipsismo tomou conta de grande parte dos escritores, que vivem uma deplorável fase de isolamento. Poderíamos mencionar um pontilhismo cultural.

No caso brasileiro, é patente o estado narcíseo a que o escritor foi projetado, pois este se sente destituído de uma utopia coletiva que facilite o congraçamento dos intelectuais.

Enquanto na América Latina de fala espanhola, foi possível a um escritor do vulto de Vargas Llosa conceber uma obra sobre a ficção de Gabriel García Márquez, no Brasil é simplesmente impensável que um ficcionista se detenha na análise da obra de um contemporâneo.

É lamentável, entre nós, a falta de curiosidade que os criadores revelam sobre a produção dos confrades. Praticamente, não há poeta, nem contista ou romancista que seja capaz de concentrar-se no trabalho alheio e dar um testemunho crítico e útil sobre qualquer escritor, passado ou presente.

A conspiração do silêncio, somada a uma visão narcisóide ou solipsista do mundo criaram entre nós dificuldades imensas para que a literatura venha novamente a se organizar em sistema e o ambiente cultural seja elevado a um estádio adulto de auto-alimentação, de debate e criatividade.

Falta-nos, portanto, um ambiente ventilado de controvérsias e de discussão produtiva.

Aqui se confirma a idéia de que, sem uma sólida crítica, não se pode formar uma robusta literatura. É que a boa produção literária necessita do estímulo e do controle da "visão armada".

Se compararmos o ambiente intelectual que hoje vivem os portugueses com o que nos governa, teremos explicação para o momentâneo predomínio da ficção lusitana sobre a brasileira.

É que lá o clima de circulação do saber literário está ativado pelo debate, pelas controvérsias e pela crítica. No Brasil, está-se processando perigosamente o hábito de todo escritor se bastar exclusivamente com as matérias promocionais que se articulam em torno do lançamento de cada obra.

A divergência é recebida quase sempre como ofensa, o que reduz a avaliação crítica a insignificância.

A opinião pública normalmente recebe, em nosso âmbito cultural, as seguintes fontes de alimentação:

a) a crítica jornalística, geralmente pontilhada de interesses publicitários, que se manifestam no *press release*.

b) a crítica universitária, que, por sua natureza, não pode ousar na análise e no julgamento de obras contemporâneas, já que mal terá condições de trabalhar com o passado literário. Isto sem considerar o lado caricato de certa crítica universitária, pedante e exibicionista, que não ajuda a circulação e o consumo das obras literárias, nem motiva os leitores potenciais.

c) a informação meramente publicitária que, em muitos casos, se confunde ou tenta confundir-se com a própria crítica. Projeta-se, em algumas vezes, nas chamadas "listas dos mais vendidos".

Mesmo o gênero artístico mais intimista, a poesia, encontra-se em crise. É que a manifestação egotista, transformada em depoimento sentimental, tem-se revelado incapaz de despertar o novo e o inédito. A tônica tem sido a verbalização desgastada e repetitiva.

A reação a isto vem-se demonstrando frutífera. João Cabral de Melo Neto e os poetas concretos, com sua oposição ao subjetivismo desordenado, de certa forma contribuíram para uma preocupação menos discursiva na produção poética.

No plano da ficção, vai-se despedindo da ambição dos escritores o poder de construir multidões e ambientes de larga espacialidade. A experiência do *roman fleuve* ficou com Otávio de Faria e sua *Tragédia Burguesa*, com José Lins do Rego e o *Ciclo da Cana de Açúcar*, ficou com Marques Rebelo, na sua tentativa de uma visão panorâmica da sociedade em *O Espelho Partido*; com Macedo Miranda e a série de romances de *A Pequena Comédia*; e com o próprio Oswald de Andrade e seu malogrado "romance mural", *Marco Zero*.

Salvo, hoje, as situações recorrentes de Autran Dourado e de Lygia Fagundes Telles, ambos a estabelecer cadeias ficcionais numa esfera mítica, os romancistas ora padecem de falta de imaginação criadora, ora demonstram uma atitude acomodatícia na construção do texto. Não ousam a obra de longo fôlego.

Geralmente se fiam da pura temporalidade seqüencial: um episódio cronologicamente ao lado de outro, estabelecendo uma causação mecânica.

A omissão do espaço e o escasso repertório lexical, especialmente quanto aos objetos, tornam as narrativas monótonas e pouco instrutivas. As personagens se realizam num vago universo de sombras, transitando em espaços não declarados.

Vê-se, portanto, um ambiente de crise. Nem a crítica nem a literatura atravessam uma fase fecundante, não criam estímulos recíprocos.

Talvez a consciência de situações como estas que denunciamos ajude-nos a superar o estado letárgico a que estamos sendo conduzidos. A ilusória Nova República parece que somente pode inspirar uma transição no deserto: do árido ao inóspito.

Certa inquietação formal e rearticulação de valores conteudísticos e narrativos se apresentam em ficcionistas do porte de Roberto Drummond (*Hitler manda lembrança, Hilda Furacão*), Rui Mourão (*Boca de Chafariz*), Luiz Giffoni (*O Ovo de Adax*), Paulo de Carvalho-Neto (*Suomi, Praça Mauá*), Lourenço Cazarré (*Obscuros através da noite solitária*), Chico Buarque de Holanda (*Estorvo*) e tantos outros, nos quais se observa a superação do retrato realista do drama histórico e social, assim como a renúncia do ludismo característico da prosa experimental.

Enquanto isso, a poesia se nutre ora de valores metafísicos como em Hilda Hilst, Lenilde Freitas, Elza Beatriz, Nauro Machado, Iacyr Anderson Freitas, ora de descobertas metalinguísticas ou filiações cultas, visíveis em Armando de Freitas Filho, Orides Fontela, Sebastião Nunes e Marcus Accioly. Não obstante, o nó da crise não se desatou.

2. Impasses do Escritor no Brasil Contemporâneo

Algumas particularidades se apresentam ao escritor na situação de impasse do Brasil contemporâneo: as consciências se sentem em atraso com relação às mudanças e, ao mesmo tempo, despojadas de qualquer utopia.

Ambos os fatos geram sentimentos de insegurança, que a eleição do mercado como instância decisória só tende a agravar.

Dá-se o fenômeno do vazio existencial, mais grave ainda do que aquele que ocorreu no pós-guerra, em 1945.

A diferença está em que, no pós-guerra, vicejava enorme utopia no campo da esquerda e o próprio existencialismo, amplamente divulgado, sinal da crise do pensamento, trabalhava com categorias intensificadoras da realidade, além de impregnar-se da noção de compromisso e engajamento.

Na literatura contemporânea, aprofunda-se a intimidade com a ausência, a despeito da aparatosa vertente da modernidade e até mesmo da "pós-modernidade". Nem a ficção científica, nem as expectativas dos avanços tecnológicos foram capazes de remover o homem de seu isolamento.

A idéia de modernidade propagou o gosto da ironia — expressão do dilaceramento do homem contemporâneo — e o modismo da paródia, absorvendo o instinto de rebaixamento ou destruição do outro. A obsessão da metalinguagem tem limitado o poder criador.

Falta ao escritor contemporâneo o interesse pelo estilo elevado, quer no gênero lírico, quer no épico. Prefere-se a obra cáustica, ligada antes ao circunstancial do que ao monumental ou substancial.

A era contemporânea, a este respeito, se credencia como o tempo do pastiche.

Na solidão a que foi lançado o escritor, principalmente por efeito do mercado e de seu agente natural, a mídia, encarregada de excitar as mentes até a loucura, aquele se defende numa espécie de concha espelhada, no interior da qual ele se encolhe e se admira.

Tenho sustentado que no Brasil a literatura perdeu o cunho de sistema. Não há nítidos elos de ligação entre os escritores, quer sob a face de interesses mútuos, quer sob a espécie de associação para objetivos comuns. As forças culturais e ideológicas acham-se abrandadas.

Da mesma forma, o Outro se encontra de tal modo ausente de cada projeção intelectual que não é referido nem para condenação. Predomina a ausência pura e simples do Outro, a indiferença.

Basta que se leiam as entrevistas dos escritores brasileiros. Nelas prevalece uma única personagem: o "eu". As demais não são convocadas, nem para aplauso, nem para análise ou contestação.

O último impasse: o analfabetismo, de natureza estrutural, cada vez mais aprofundado em termos de consumo de obras literárias.

O autor brasileiro dispõe de poucos leitores de modo geral. Quanto aos bons e excelentes escritores, então, nem se falar: os leitores são uma fração inexpressiva. Quando muito logram estimular o sentimento de realização do criador, ávido de reconhecimento, já que o projeto profissional continua postergado em grande parte.

Não é raro que um ou outro escritor excelente, diante da ilusão do mercado, queira ocupar o lugar do escritor de segunda plana.

O mal supremo, a nosso ver, consiste na reclusão do escritor, mergulhado na dimensão narcísea que a indústria cultural impõe. Vê-se ele lançado na trilha do vedetismo.

Desmembrado do seu grupo, atomizado, sofre o magnetismo do êxito mercantil, que se representa pelas colunas de maior vendagem, e não raro se extasia nos reflexos do próprio desempenho.

Sofre, assim, a tentação desqualificadora de seu potencial, ao renunciar a batalha da expressão mais alta ou refinada, para entregar-se à gula do comércio, escrevendo obras para o maior alcance público possível. Dá-se o primado da horizontalidade sobre a verticalidade.

Na hipnose do mercado, alguns escritores têm mudado de credo.

Desta maneira, a literatura sai das catedrais, que são as livrarias, e vai-se recolher aos templos menores das bancas, onde geralmente imperam os confeitos descartáveis da inteligência, o trivial, a guloseima, a panaceia e os efeitos cosméticos.

A literatura que pode desafiar o tempo terá de ser, mais uma vez, aquela de resistência, a que navega contra a corrente, ainda que aparentemente reacionária aos olhos de muitos.

A cota de sacrifício a se reclamar do escritor terá de ser o seu engajamento na trilha da qualidade e na batalha pela democratização do ensino, que abrirá as portas do prazer estético da leitura a todos os brasileiros.

E a expressão poética?

Predomina, na produção contemporânea, certo lirismo sentimental, pois somente um restrito grupo apura-se na escavação do território metafísico.

As formas épicas, de sentido grupal mais abrangente, padecem de reduzido interesse.

As articulações narrativas encontraram outros meios de se manifestar, fora das estruturas melódicas e rítmicas da poesia. O romance, o conto, a biografia e a telenovela absorvem a criação no plano do relato.

No campo do experimentalismo, observa-se nítida propensão à ironia, á paródia e ao pastiche. A metalinguagem é posta a servico da desmontagem da ilusão literária.

Neste caso, privilegia-se o pensamento lógico sobre o pensamento mágico: a racionalidade procura conter os fluxos inconscientes da inspiração e domar a fúria dos sentimentos libertos. O poema adota o perfil de uma máquina produtora de significação.

O Galo de Ouro: Deconstruction of the Male Hero

Joanna Courteau
Iowa State University

Since the appearance of Simone de Beauvoir's book *The Second Sex*, a main preoccupation of the feminist agenda has been the definition of the female identity in life and literary texts.

Simone de Beauvoir's search for an answer to Freud's question "What does a woman want?" was continued by a number of feminists who placed female identity at the center of the feminist agenda. In her brilliant definition of the feminist agenda, Catherine McKinnon describes it in terms of a feminine perspective, "Feminism affirms women's point of view by revealing, criticizing and examining its impossibility," (1986, 51) while Elaine Showalter explains this impossibility as the real concern of feminism. Feminism, according to Showalter, is concerned with articulating a woman's difference, with "what does it mean to write and read as a woman." (1979, 158)

Thus defined the feminist agenda provides a working framework for Joanna Russ's anguished question on the female identity in literary texts "What is a heroine to do?" (1973) This question in itself is indicative of an all-pervasive problem already noted by Carolyn Heilbrun, which is that women writers have difficulty in creating female characters, they lack literary models.

In an earlier study I have shown that Brazilian novelist Rachel de Queiroz does come to terms with the feminist problematology and defines the feminine identity in her novels written between 1930 and 1975. In giving a woman something to do, she defines in metafictional terms "what a heroine can do" in order to stake out a space of her own, that metaphorical room of one's own, and in so doing Rachel de Queiroz carries out the feminist agenda (1985, 123-44).

In the novel *O Quinze*, Rachel grapples with the problem of motherhood, which traditionally had defined a woman's worth. While the heroine, ironically named Conceição, does, by choosing motherhood of sorts, submit to "biology is destiny" mandate, she does so with a twist, for she is able to reject marriage, defying her grandmother's admonition that "mulher que não casa é um aleijão," and remains a whole and admirable human being.

Having demystified the myth of homemaking in *O Quinze* through the heroine's choice of the traditionally abhorred spinsterhood as a viable, productive and fulfilling choice, in *Caminho de Pedras* Rachel demystifies the concept of marital fidelity, albeit with a warning: marriage is marriage, and the choice of a male partner is not as important as the role of the woman within that relationship. Naomi succeeds in breaking the bonds of her first marriage only to enter an equally binding relationship.

Thus the part of the marriage myth left untouched in *O Quinze*, the possibility of salvaging a marriage through the choice of the right man, is blown away in *Caminho de Pedras*. Not even the right man can save it. Yet even in this novel, the heroine's self-worth and fulfillment are reaffirmed through the prospect of motherhood.

Motherhood, at the core of feminine cosmogony, seems to be the hardest to demystify. In *As Tres Marias* the feminine problematology of the 20th century is defined succinctly: "If not mother, then what?" Guta, the heroine of this novel, finds that all choices revolve around "biology is destiny." The only options that she sees available to her stem from her being a woman: she could be a happy wife and mother, she could be a concubine, a prostitute, a repressed unhappy spinster, or simply a lover and mother. When she rejects motherhood at the end of the novel, she feels empty and unfulfilled without knowing what to do with herself, so that the reader knows that eventually she will change her mind in order to fulfill her biological destiny.

As in *Fatal Attraction*, these last two novels frame a heroine's dilemma in terms of two mutually exclusive options: a happy homemaker and mother, or an unhappy, repressed career woman, who is on the verge of a nervous breakdown for failing to fulfill the expected gender role of motherhood. It took 35 years for Rachel de Queiroz to come to terms with the problem of "what is a woman heroine to do" if she is not either wife or mother.

The great merit of her 1975 novel *Dora, Doralina* is that it shows that a woman could find fulfillment by engaging in activities which are neither defined nor limited by gender.

On creating the character of Senhora, Doralina's mother, Rachel shows that a woman can be effective and self-fulfilled doing a man's job. Managing the property left by her deceased husband Senhora is just that: a *senhor-a*. She rejects her role as mother and treats her offspring Dora as part of the property she manages. Whether riding a horse or wrangling with her *capatazes*, Senhora is always in control of herself, the property, her daughter, her employees, etc. As a character, she blows away the stereotype of a meek, helpless widow, totally devoted to motherhood and the happiness of her children. Instead of being defined by her gender, she reverses gender roles by transforming her son-in-law Laurindo into a sexual object and although this event totally shatters her daughter's life, her escapade with her son-in-law has little impact on her own life. As in the life of a typical Brazilian patriarch, it's all a part of a hard day's work. Thus once she assumed the dominant role of a male, Senhora exerts it in all spheres of life. Such a life offers her happiness and fulfillment.

Through Senhora Rachel explores in depth a traditional social fear that if a woman finds fulfillment doing a man's job, she will end up being like a man. This traditional sense of danger, experienced in the search for a female identity not determined by biology, is translated into a fear of loss of gender identity, a fear we see documented in the popular media of our day through such movies as *The Working Woman* and *Fatal Attraction*.

While the novel *Dora, Doralina* shows that a woman always has the option of taking on the role of a man, and be good at it, there is still another option available to her instead of motherhood. And that is that a woman may do what is considered a man's job without losing gender identity. Senhora's daughter, Dora, Doralina is the character through which Rachel shows that it can be done. Dora is not manly like her mother. At first feminine, fragile and dependent on marriage and motherhood, she finds fulfillment as an actress and member of a vaudeville troupe. Later, she gives up her acting career to become a devoted companion of a traditional "macho" male. Yet, this choice, much like the choice of her career, is made by her alone, and not by social or biological definition of her identity.

Her choice of a permanent companion establishes her gender identity without limiting it to confines of marriage and motherhood. Beyond showing the possibility of fulfillment outside of marriage and motherhood, the new path blazed by Dora indicates that the will and ability to choose a man, a career, and to gain control over one's own life need not transform a woman into a man. In other words, Dora does not become a *senhor-a*, even after she takes over the management of the farm. Through Dora Rachel is able to answer the question "if not mother, then what?" by dispelling the underlying fear that "if not mother, certainly a woman would become a man."

Thus in her first four novels Rachel provides a matrix for the working out of the feminist agenda. She articulates the feminine difference by assigning uniquely womanly roles for her female heroines and all the while she liberates them from the traditional feminine stereotypes.

In comparison to these first four novels, Rachel's novel *O Galo de Ouro* (1985) offers the feminist critic a major stumbling block. One might ask "Where is she heading?" with this collection of loosely plotted chapters published in *folhetim* form over a 35-year period, which chronicles life on the Ilha do Governador, a microcosm world, cut off each night from the outside. In those days, before the construction of the bridge, a daily boat offered the only way to communicate with the continent.

I propose that with this work Rachel de Queiroz initiates a search for different models by putting into practice a different feminist program, a program that was almost simultaneously prescribed by Ria Lemaire. In her article "Rethinking Literary History," published in 1987, Ria Lemaire suggests a radical departure from the feminist agenda,

> In order to break open the hermeneutic circle which has so carefully been constructed in the discourse of the humanities, where every element confirms the system and vice versa, we must radically change the concepts and presuppositions of literary history. The deconstruction will proceed along two main lines:
>
> 1. The deconstruction of the male subject himself: the "homo sapiens" of Western cultures as well as the "hero" of literary works.
>
> 2. The deconstruction of his literary genealogy, of the one-literature myth. (186–87)

Ria Lemaire's argument stems from her perception that the crisis in feminist writing is related to a suppression of women's culture which flourished in the Middle Ages and which was disseminated through oral transmission. As the written word became dominant, following Gutenberg's invention, and as men gained control of the written word, women's culture became more and more invisible to a point where now in the 20th century it has become basically non-existent.

In her weekly "folhetim" installments, which constitute this novel, I believe, Rachel de Queiroz restores the lost culture of women by faithfully recording and disseminating in writing the data preserved by the oral tradition, while simultaneously deconstructing the male hero.

The necessity of the deconstruction of the male hero in life and literature for the survival of feminine literature seems patently obvious. Driven by the model of the male hero women have sought heroic roles for female characters. Yet in the literature of the medieval period, when women had a voice, they were just women. They did not have to be heroines. On the island, secluded and cut off from the mainland, oral transmission was a powerful tool not only for preservation of customs, habits, lifestyles and legends experienced by the island's families, but also for the transmittion of news.

Rachel herself describes the novel in the following terms:

> Espécie de crônica da vida na Ilha do Governador, naquele tempo (é o único dos meus romances que não tem como o cenário principal o Ceará) era para mim uma experiência nova: tentar pôr numa novela o tema das crônicas semanais que se publicava na "Ultima Página" da revista. Quer dizer: aquele submundo ilhéu com que convivíamos na nossa rua modesta da Cova da Onça.

DECONSTRUCTION OF THE MALE HERO

The following examples from the novel show Rachel's attempt to capture in writing the many oral histories of the island. Even if totally fictional these oral histories give us an insight into the dynamics of oral transmission of the island's culture. That which was transmitted orally and needed no recorder was the "unofficial history" of the island.

> E a comadre, madrinha de Georgina, teve com ele [Mariano] uma conversa importante. Contou-lhe vários casos de mediunidade recolhida, da obsessão dos espíritos atracados, o risco que um medium corria de ficar louco, se matar ou practicar algum disparate.

Comadre, herself a medium who operated the *tenda espírita*, was an appropriate source of stories never published in the press on frustrated mediums whose activity had been denied.

It is significant then that the deconstruction of the male subject is signalled within the matrix of feminine oral discourse. The comadre's story has a devastating effect on Mariano. This intrusion of the female discourse which included contact with the underworld shook the very foundations of his being. His continued denial of the power of the underworld spirits was contradicted not only by his woman's *ataques* but also by a whole history of such *ataques*. He might have been able to attribute her case to madness or personal idiosyncrasy, but he was powerless in the face of a whole history of "mediunidade."

This union of woman and the forces of the Earth, communicated through female oral discourse, marks the first step in the *deconstruction* of the male hero.

> Se Mariano tinha medo antes, maior se tornou agora o medo dele. Chegou a ter medo até da mulher—sabia lá com quem estaria assim de repente ... E também tinha medo de deixar a filhinha na companhia da mãe. Imagine se se encostava em Percília o tal de coisa ruim—o espírito de um assassino—quem sabe? (17)

Reinforced by the power of telluric forces, Percília was able to persuade Mariano to seek a paradise on earth, a little country place with a garden of their own, near the domain of comadre Loura, the mistress of the spirits. Percília's desires are not heroic, she only wishes for a simple life. Though not a heroine, in a real sense Percília establishes herself as the dominant voice in the couple's domestic idyll and because of this dominance she attains a heroic dimension, and as befits a heroine in this tale of deconstruction of heroes, she perishes, a victim of a car accident, on the threshold of achieving her dream of earthly paradise.

Nazaré, Mariano's second wife, a seemingly anti-herioc figure, without the help of the spirits further erodes the hero status of Mariano, who is now viewed as a victim of her irrational and irascible temper. Even her mother recognizes her temper and sides with Mariano.

> Aquele traste eu conheço bem. Nunca me deu uma hora de descanso. Casou-se ... respirei ... mas agora essa maluca recomeça tudo. (193)

Displaced even further from his hero status by Nazaré, the heroine of the living, than he had been by Percília, the heroine of the dead, Mariano turns to fighting cocks in his desire to regain the hero status, which in his vocabulary translates as "fama e dinheiro," fame and money.

Thus "o galo de ouro," the golden cock, constitutes a basic structuring element in the deconstructing of the male hero. The tone is set in the first scene of the novel, in which Mariano's "prizefighter" is sent scurrying in a mad flight about the house, where he is chased like an ordinary chicken by the family dog. Laura, Mariano's live-in wife, mutters that as a chicken, the cock belongs in the yard, with all the other animals. "Lugar de frango é no terreiro, na rua ou no morro." Thus with one stroke Laura derails the hero aspirations of the man and his rooster calling for a return to the normal order of things, calling for an acceptance of the common ordinary non-heroic status of both man and beast. Once restored this order allows her to be just that: an ordinary woman.

The assault on the male hero, already present in literature since *Don Quijote,* has a special twist in Rachel de Queiroz. On acknowledging his inability to save the world and conquer evil in order to lay it at the feet of his Dulcinea, the hero Don Quijote finds death preferable to a non-heroic existence. In this manner the novel *Don Quijote* deals a death blow to the hero compulsion while simultaneously it glorifies the hero status by showing death to be preferable to an ordinary, non-heroic life. Rachel on the other hand, shows that, free of the hero compulsion, man, both as man and character, can lead a reasonable life. Deprived of a grandiose scheme a man's life is just like a woman's: full of daily struggles, defeats and vicissitudes.

He may hate it, as women often do, but he will survive and out of its multi-faceted fabric he may spin a man's story: a story not of slaying dragons or giants but of surviving day after day.

Mariano's loss of hero status is underscored by his loss of his dominant discourse to the sound of the radio, which, while in itself threatening to both the male and female discourse, nonetheless signals the triumph of oral discourse.

> E o pior de tudo é que o rádio enchia a casa mais que uma banda de música—e as mulheres ... prefeririam mil vezes vê-lo morto ... do que verem o rádio ... vendido ou quebrado. (193)

In this final displacement of the male hero discourse, I see Rachel de Queiroz carrying out the program prescribed by Ria Lemaire. Reduced to "human" proportions the male character can start from ground zero to seek an appropriate voice in literary texts, which would reverse those questions pertinent to women characters in earlier feminist texts, "If not a hero then must a male character be a woman?"

A simple answer to this question may be found in the conclusion to Ria Lemaire's article.

> The rethinking and rewriting of literary history in a feminist perspective ... implies a radical shift in the traditional paradigm of the humanities, a shift which will result from initial discovery that even in the humanities there are no human beings, there is no human existence, except as a woman or as a man. (192)

Framed within the context of this conclusion the demystification of the male hero is necessary not in order to glorify female characters, but to help them cut free of the "heroine compulsion" as they search for their rightful place as women in life and literature.

Bibliography

1935 Queiroz, Rachel de, *O Quinze*. Rio de Janeiro: Editorial José Olympio.
1939 Queiroz, Rachel de, *Caminho de Pedras*. Rio de Janeiro: Editorial José Olympio.
1940 Queiroz, Rachel de, *As Tres Marias*. Rio de Janeiro: Editorial José Olympio.
1953 Beauvoir, Simone, *The Second Sex*. New York: Alfred Knopf.
1973 Russ, Joanna, "What Can a Heroine Do? Or Why Women Can't Write." *Images of Women in Fiction: Feminist Perspectives*. Bowling Green University Press.
1975 Queiroz, Rachel de, *Dora, Doralina*. Rio de Janeiro: Editorial José Olympio.
1979 Rich, Adrienne, *On Lies, Secrets and Silence: Selected Prose 1966-78*. New York: W.W. Norton.
1985 Courteau, Joanna, "The Problematic Heroines in the Novels of Rachel de Queiroz." *Luso-Brazilian Review* XXII, 2 (Winter 1985): 123-44.
1985 Queiroz, Rachel de, *O Galo de Ouro*. Rio de Janeiro: Editorial José Olympio. All quotes are taken from this edition.
1986 Schweickart, Patrocinio, "Toward a Feminist Theory of Reading." *Gender and Reading*, eds. Elizabeth Flynn and Patrocinio Schweickart. Baltimore, Johns Hopkins University Press.
1987 Lemaire, Ria. "Rethinking Literary History." *Historiography of Women's Cultural Traditions*, eds. Maaike Meijer and Letty Schaap. Holland: Foris Publications.
1989 Showalter, Elaine, *Speaking of Gender*. New York: Routledge Publishers.

Algumas reflexões sobre a poesia de Affonso Romano de Sant'Anna —uma poesia saída da "sombra da música popular"?

João Camilo dos Santos
University of California, Santa Barbara

1

No livro *Música Popular e Moderna Poesia Brasileira*, publicado em 1978[1], Affonso Romano de Sant'Anna, professor universitário, poeta e crítico conhecido, assinalava o aparecimento, em 1973, de um "novo estágio da poesia moderna brasileira". Nesse "novo estágio" via o autor de *A Grande Fala do Índio Guarani* (1978) "uma resposta às sem saídas formalistas e à repressão estética dos movimentos de vanguarda que dominaram entre 1956 e 1958". Depois de considerar que o Modernismo de 22 e o Tropicalismo continham já em si os germes desta nova poesia, Affonso Romano de Sant'Anna caracterizava-a deste modo: "A poesia deixa de ser um artefacto erudito e passa a ser uma curtição existencial. Os poetas usam de todas as técnicas sem nenhuma ortodoxia. Retomam a oralidade das frases, a descrição prosaica e irónica do cotidiano. Voltam ao discurso linear e ao humor. A poesia sai da sombra da música popular." (*op. cit.*, p. 113)

O interesse destas constatações reside em primeiro lugar em que Affonso Romano de Sant'Anna é simultaneamente crítico e poeta. A consciência e o conhecimento que o crítico revela dos problemas focados não são certamente alheios à actividade do poeta e à sua experiência. Mas as frases citadas são interessantes ainda por outras razões: por se referirem com clareza à luta e oposição entre uma poesia dita erudita, culta e formalista, e uma poesia que se poderia designar por poesia de circunstância, caracterizada pelo seu prosaísmo e oralidade, pelo carácter linear (fluente) e muitas vezes irónico do seu discurso. Para recusar inteiramente a primeira? Seria pouco inteligente querer negar em bloco a experiência das correntes literárias que nos precederam e Affonso Romano de Sant'Anna sabe-o e sente-o. É por isso que, se assinala a recusa do "artefacto erudito", da poesia de laboratório à maneira de Mallarmé e dos poetas experimentais brasileiros, insiste também em que os poetas usam agora "de todas as técnicas sem nenhuma ortodoxia". A evolução das formas literárias, mesmo se aparentemente e com frequência se processa por oposicões brutais, não se faz nunca realmente por pura exclusão. A literatura, mesmo quando exclui, assimila quase sempre, transformando-a, uma parte daquilo que parece apenas excluir.

As frases que citei condensam em si as intenções e as propostas para uma poética moderna, intenções e propostas já postas em prática quando Affonso Romano de Sant'Anna as regista. O estudo de alguns aspectos de uma obra importante do autor — *Que País é Este?*[2] — permitir-nos-á compreender de maneira mais perfeita como é que Affonso Romano de Sant'Anna entende, na prática e em teoria, esta poesia nascida na "sombra da música popular"; e também quais são os ingredientes desta modernidade que o autor designa como a da post-vanguarda.

2

O título do livro — *Que País é Este?* — contém já em si duas indicações interessantes. Por um lado trata-se de uma interrogação, prova não dissimulada de que a poesia é uma forma de conhecimento. O título pergunta; o livro tenta responder. Por outro deixa entrever como objectivo fundamental uma tentativa de definição do país, da pátria. A leitura da obra revela-nos, porém, que ao interrogar-se sobre o país o poeta se interroga também sobre si mesmo enquanto poeta, enquanto homem, enquanto cidadão.

Recorde-se a este propósito que a poesia enquanto género surge inicialmente em relação com a circunstância colectiva: o trabalho, a festa, a cerimónia religiosa ou desportiva. As odes de Píndaro são ainda inseparáveis dos pretextos colectivos que as vêem nascer, das ocasiões que permitem a reunião de um público disposto a ouvi-la. Mas com Petrarca anuncia-se a preponderância das preocupações subjectivas e mais íntimas sobre os interesses colectivos, que se vêem relegados para o segundo plano. A evolução da poesia processa-se no sentido de uma concentração da poesia sobre si mesma e na consequente perda de importância do acontecimento exterior, da circunstância colectiva, da influência do público ocasional. É deste modo que o género procura alcançar maior pureza e autonomia. O aparecimento da imprensa contribuirá decisivamente para que a poesia se emancipe dessas circunstâncias de ordem diversa que até aí reuniam o público e permitiam ao poeta fazer-se ouvir.[3] "Le poète et ses préoccupations intimes", escreve Predrag Matvejevitch, "passent sinsi au centre de l'intérêt, le *privé* prend le pas sur le *collectif*: nous assistons à une véritable promotion du subjectif et de l'individuel. La renaissance des lettres et de la culture européennes est en pleine gestation."[4]

Cronista ou cantor das realidades do seu tempo, o poeta actual nem por isso deixa de introduzir na sua obra uma subjectividade que filtra essas realidades; a circunstância exterior "quelconque", para retomar os termos com que Auerbach se refere à obra de Virginia Woolf,[5] só é interessante para a poesia e só adquire dimensão poética na medida em que corresponde a uma visão do mundo, em que suscita resposta e reacção do indivíduo ao ambiente que o cerca. Destas características da poesia actual a poesia de Affonso Romano de Sant'Anna é a seu modo um bom exemplo. Escolhendo sem ambiguidade a poesia de circunstância contra a poesia erudita, Affonso Romano de Sant'Anna fala-nos ao mesmo tempo do "país" e do indivíduo que o habita e sobre ele se interroga e escreve.

3

O que é o país? O país é a circunstância, o *aqui*. Um *aqui* duplamente definido: enquanto *aqui* dos outros e enquanto *aqui* do poeta. Um *aqui* brasileiro, mas também sul-americano; um *aqui* que é o lugar onde se vive e onde se nasceu, de nada servindo desejar ter nascido noutro sítio.

As duas definições ou imagens do país, a dos outros e a do poeta, não coincidem. Logo no primeiro poema (o que dá o título ao livro) aparece esboçada a luta entre a verdade dos outros e a verdade própria. E a poesia vai imediatamente assumir-se como forma de conhecimento, de protesto e de denúncia, como procura da verdade, como recusa da mentira. *Que País é Este?* põe em cena o problema do conhecimento sobre o país. E fá-lo polemicamente, com uma rebeldia amarga e alegre ao mesmo tempo, opondo a um pretenso saber alheio, transmitido pela História, pelos detentores do poder e da palavra, consentido pela inércia, ignorância, fraqueza ou letargia do senso comum, a verdade da experiência directa daquele que também está lá, que viu e vê, que viveu e vive e por isso pode falar e se sente obrigado a falar.

Como referir-se ao país, à realidade exterior, à circunstância social, histórica e humana, sem falar de si? Na poesia de Affonso Romano de Sant'Anna um homem interroga-se. Um homem que tem olhos, ouvidos, sexo, cultura, memória, ambições e ideais, e que atingiu a maturidade dolorosa dos quarenta anos. Idade, provavelmente, em que se sente a necessidade de pôr fim ao equívoco. Idade em que, começando o tempo a revelar-se com mais nitidez como contado, se não pode deixar passar a hora de enunciar a própria verdade sobre a vida, sobre o mundo. E o mundo é antes de mais nada o *aqui* e *agora* do país que é o nosso. Brasileiro, sul-americano, poeta, cidadão do mundo, amador e amado, filho, irmão, pai, marido, tudo isso é o *eu* que se exprime na poesia de Affonso Romano de Sant'Anna. E é entre os dois polos da subjectividade e da objectividade—o do *eu* e o do mundo—que se constroem todos os poemas deste livro.

4

Mas sobre o *aqui* e *agora* pesa, como termo de comparação e espaço de fuga possível, a ameaça do *ailleurs* — a existência de outros lugares, o peso de outros tempos, a vaga sombra do futuro, que delimitam a circunstância actual e interferem com o presente. Quando o descontentamento se torna manifesto, dolorosa a convicção dos limites, evidente a imperfeição da vida, o *ailleurs* acena de longe, como miragem possível. A tentação do exílio.

Dualidades, conflitos. Entre a verdade pessoal e a verdade dos outros, difícil de suportar. Entre o *aqui* e o *ailleurs* do espaço e do tempo. O poeta pode aspirar à universalidade (abolição das diferenças que separam fazendo mal? síntese ideal?), imaginando a inexistência das fronteiras. Mas sobre essa ambição ou sonho pesa a própria realidade: "é proibido / não ter um país" (p. 26.).

O descontentamento suscita a crítica — e a palavra poética (veremos mais tarde porquê e como). Condenando o país real, o seu, o poeta pode imaginar-se vivendo noutro ou noutros; neles encontraria talvez um *aqui* e *agora* susceptível de o satisfazer. Mas essa viagem foi feita e a conclusão é clara: este país "não me serve" ... "como não me serviram os outros,/ quando os habitei" (*ibid.*). Sabedoria nascida da experiência, utopia desmentida porque não se pode deixar de pertencer. O que obriga a corrigir os termos do descontentamento: "Este [país] não me serve, assim desta maneira" (ibid.). Mas de outra maneira sim. E está tudo dito.

Clément Rosset ajuda-nos a compreender a atitude existencial e os sentimentos que nestes versos transparecem: "La lassitude à l'égard de l'ici ([...] n'implique ni refus de l'ici en tant que tel, ni amour de l'ailleurs en tant qu'altérité pure, mais le dégoût d'un ici apparaissant comme insatisfaisant: soit, en définitive, un amour de l'ici (moyennant quelques aménagements). Amour deçu, il est vrai, mais amour tout de même. Quant à l'ailleurs, il n'est revendiqué que par dépit, comme ces femmes que l'amant évincé entrepend de courtiser par mesure compensatoire ou vengeresse: objet de nul amour qui feint, figuré à l'image de l'autre amour qui se porte vers un autre objet. Auquel cas les termes du désir romantique doivent être radicalement inversés: il ne vise pas à l'ailleurs mais à l'ici, et songe seulement à substituer un 'bon' ici, désirable, à l'ici actuel, mauvais et indésirable. Le 'mauvais' ici n'a été expédié ailleurs que dans l'attente d'un retour de courrier, qui renverra non pas l'altérité, dont personne ne veut, mais le bon ici, que tout le monde attend."[6] A recusa do *aqui* e *agora* é ainda amor do país e da circunstância pessoal. Senão por que se perderia tempo e energias a escrever o descontentamento? Mas por outro lado esta aspiração romântica ao *ailleurs* aparece também como uma das formas que toma o desejo (tão desculpável, apesar de tudo, e até pelo que tem de ilusório) de plenitude, de perfeição, de um absoluto para que nos projecta a inquietação do espírito.

5

Narcisismo: o amor de si, o amor do país. O amor orgulhoso de si enquanto homem, cidadão e poeta capaz de assumir a sua diferença e de defender os valores que o distinguem da maioria, da verdade errada dos outros. O amor do país que resiste às razões do desamor e que se confunde por um lado com a procura de uma identidade nacional (velho problema de que a história da literatura brasileira ilustra as etapas), por outro com o restabelecimento da verdade e com a proclamação de uma visão do mundo e de um projecto humanista lúcido e moderno de melhoramento da sociedade brasileira. Ser cidadão não é apenas suportar; é também agir. O homem e o poeta agem: o primeiro pela sua maneira de viver; o segundo porque testemunha dessa maneira de viver, da má consciência e da revolta, da ambição de uma sociedade mais justa.

Antes de mais nada fazer coincidir o discurso sobre o país (a imagem do país) com a verdade, com a realidade do país. Daí a crítica e a recusa das imagens passadistas, mais ou menos heróicas, demagógicas, utópicas, senão estúpidas. E depois, enquanto se critica, ir apontando os erros, denunciando os crimes e as vaidades. Acrescente-se a isto que o poeta, consciente das suas próprias contradições—que são, afinal, as do próprio país—não procura dissimulá-las; ao assumir a sua individualidade, assume também os seus defeitos.

Arte social, comprometida? Certamente. Mas não enfeudada às ideologias, a um programa, a um partido. Arte que não é panfleto, mas simples exigência de dignidade.

Um país, lemos no primeiro poema do livro (o que lhe dá o título), não é um "ajuntamento", nem um "regimento", nem um "confinamento", nem um "fingimento", nem um "monumento", nem o "aviltamento" (pp. 9-10). A alusão à demagogia dos ditadores, para quem se desfilou "de ténis" na idade inocente, é clara. O poeta chega a opor a essa visão idílica e de propaganda do país "a merda nacional", recusando ao mesmo tempo os mitos antigos herdados da época colonial ("o Quinto Império [. . .], a viciosa visão do paraíso / que nos impeliu a errar aqui"; p. 10). A vontade de parodiar os discursos demagógicos leva-o a ceder ao prazer formalista—mas não gratuito; o experimentalismo é superado—da rima irónica, à enumeração que imita, subvertendo-os, os discursos estereotipados de todos os poderes e saberes (inclusivamente o dos provérbios, *slogans* e outros lugares comuns), para desta maneira melhor denunciar o absurdo e revelar o imobilismo e a utopia das grandezas:

> Ha 500 anos caçamos índios e operários,
> ha 500 anos queimamos árvores e hereges,
> ha 500 anos estupramos livros e mulheres,
> ha 500 anos sugamos negras e aluguéis.

Ha 500 anos dizemos:
>   que o futuro a Deus pertence,
>   que Deus nasceu na Bahia,
>   que São Jorge é que é guerreiro,
>   que do amanhã ninguém sabe,
>   que connosco ninguém pode,
>   que quem não pode sacode.

Ha 500 anos somos pretos de alma branca,
>   não somos nada violentos,
>   quem espera sempre alcança
>   e quem não chora não mama
>   ou quem tem padrinho vivo
>   não morre nunca pagão.

Ha 500 anos propalamos:
>   este é o país do futuro,
>   antes tarde do que nunca,
>   mais vale quem Deus ajuda
>   e a Europa ainda se curva.

(p. 11)

Recusa do passado. Mas aceitação inevitável do país, apesar de tudo. O país possível. Amor doloroso, mas assumido:

>   Este é o país que pude
>   que me deram
>   e ao que me dei,
>   e é possível que por ele, imerecido,
>   —ainda me morrerei.

(p. 14)

Mas este [país] é o que me deram,
>   e este é o que eu lamento,
>   e é neste que espero
>   —livrar-me do meu tormento.

(p. 17)

A alusão à influência da religião confunde-se ironicamente com a evocação da história de uma geração, a do autor:

Minha geração se fez de terços e rosários:
>   —um terço se exilou
>   —um terço se fuzilou
>   —um terço desesperou
e nessa missa enganosa
>   —houve sangue e desamor.

(pp. 13–14)

O pessimismo transparece ainda quando, constatando a destruição, o poeta desabafa: "Sei que daqui a pouco / não haverá mais país." (p.15) Receio da perda irremediável da identidade nacional? Do país possível e imaginado? É o que parece. O país é uma "loucura" de "generais a cavalo" e o poeta, quanto mais lê, mais descrê. Chega a pensar que não nasceu "no tempo certo" (p.15). À utopia das grandezas opõe o realismo da lucidez, a modéstia de um ideal à medida humana:

> Em vez da epopeia nobre,
> os de meu tempo me legam
> como tema
>   —a farsa
> e o amargo riso plebeu.
>
> (p.16)

Não há país sem povo. Mas o que é o povo? Aparentemente personagem principal dos discursos ideológicos e demagógicos, seja na boca dos que governam ou aspiram a governar, seja na boca daqueles que a eles se atacam. Na realidade tapete que se pisa no caminho que leva ao poder, a todos os poderes e confortos, para dizer as coisas claramente. À demagogia Affonso Romano de Sant'Anna opõe a lucidez corrosiva da verdade. Não há um povo, afinal, mas "povos", isto é, uma sociedade dividida em classes, raças, sexos. E o povo não é apenas bom, não é apenas o detentor miraculoso de todas as qualidades:

> Mas este é um povo bom
>
>   me pedem que repita
>   como um monge cenobita
>   enquanto me dão porrada
>   e me vigiam a escrita.
>
> Sim. Este é um povo bom. Mas isto também diziam
> os faraós
>   enquanto amassavam o barro da carne escrava.
> Isso digo toda noite
>   enquanto me assaltam a casa,
> isso digo
>   aos montes em desalento
> enquanto recolho meu sermão ao vento.
>
> Povo. Como cicatrizar nas faces sua imagem perversa e una?
> Desconfio muito do povo. O povo, com razão,
>   —desconfia muito de mim.
>
> [...]
>
> Quando cruzamos pelas ruas
> não vejo nenhum carinho ou especial predileção nos seus olhos.

Há antes incomôda suspeita. Agarro documentos, embrulhos, família
a prevenir mal-entendidos sangrentos.

(pp. 18-19)

E eis aqui a conclusão que se anunciava:

> povo
>   também são os falsários
>   e não apenas os operários,
> povo
>   também são os sifilíticos
>   não só atletas e políticos,
> povo
>   são as bichas, putas e artistas
>   e não só escoteiros
>   e heróis de falsas lutas

(pp. 19-20)

A mesma preocupacão polémica com a verdade surge noutros poemas. Aludindo à criminalidade, que é corrente e não perturba a polícia que se passeia pela cidade, o poeta escreve em "Crónica Policial" que "há uma batalha em plena rua e o governo não sabe." Porquê? Porque:

> Inaugura estradas, deita fala, sem ver que as rodovias
> estão cheias de eleitores mortos
>   —e seu discurso, crivado de balas.

(p. 45)

Haverá maneira mais clara de criticar a inoperância, a demagogia e a corrupção do poder? O fim deste poema pode parecer surpreendente. O poeta, depois de constatar que não se pode viver tranquilo na cidade porque as agressões são frequentes e não há polícia nem ordem que proteja delas, diz que não vai ficar à espera de que o trucidem a si e à sua família. E é como se ouvíssemos pela sua voz o apelo à auto-defesa e a promessas de vinganças à altura das agressões. Na realidade o que se critica é a desordem, a incapacidade de um poder palavroso. O poema seguinte, em que o poeta nos diz que se passeia desamparado pela cidade vendo "as pessoas se abastardando, / as casas se encolhendo, / a vida se sujeitando " (p. 47), torna mais preciso o sentido da denúncia, da crítica social, e afasta as ambiguidades. Assumindo-se como burguês, o poeta enfurece-se simultaneamente "olhando uma favela" (ibid.). E pergunta-se onde estão os pintores e poetas que falem dessa miséria do povo. Mas começa por acusar-se a si mesmo, pelas suas próprias contradições (o poema intitula-se, sugestivamente, "Má consciência"):

—Onde estamos os poetas desta terra?

>palradores multilingües
>em Mallamargem verbal lavagem
>trapaceando a marginália local
>em sua multinacional vadiagem?

Olho pra favela
—e o livro vanguardista ao lado.
[...]
Ah, nosso festim de linguagens
que nada tem a ver, ou melhor, que tudo tem a ver
com a silenciosa miséria
—que fala sem dicionários.

Pesado foste, poeta formalista conformado,
e na balança achado em falta,
e ainda esta noite pedirão a tua alma.
(p. 48)

A recusa de uma poesia erudita, culta ou de laboratório, aparece assim como imposta pela própria circunstância e pela incapacidade de fechar os olhos diante da realidade desagradável. Esta preocupação moral com a actividade poética, que se confunde com a denúncia do país dividido em ricos e pobres, em poetas de vanguarda faladores e cidadãos miseráveis (criminosos uns, conformados os outros), transparece noutros poemas, como veremos em breve. Mas Affonso Romano de Sant'Anna dá-se conta também de que a sua poesia ignora certos aspectos — aproveitados por outros — da realidade brasileira. E critica-se (ironicamente) por essa falta de "cor local" da sua arte:

Percebo

que não sou um poeta brasileiro. Sequer
um poeta mineiro. Não há fazendas, morros,
casas velhas, barroquismo nos meus versos.
(p.21)

A crítica, porém, tem um alcance maior do que estes últimos versos deixam entrever. A ironia não é exactamente, como parece, auto-ironia, mas maneira subtil de dizer que a poesia e os discursos dos outros ignoram o país real para se deleitar na repetição dos lugares comuns passadistas e demagógicos. Eles não sabem ver.

Em "Rainer Maria Rilke e eu" o conflito entre uma arte pura ou erudita e uma poesia "escrava" da realidade que constitui a circunstância do poeta reaparece em termos que (embora com algum simplismo) ajudam a tornar mais claras as razões da escolha. Nesse poema lemos que Rilke, "quando queria fazer poemas / pedia emprestado um castelo, / tomava da pena de prata ou de pavão" e "dedilhava a solidão / como um delfim / conversando coisas que europeu conversa [. . .] / num geométrico jardim." (p.39) Esta fuga da realidade e o isolamento na torre de marfim não são possíveis ao poeta brasileiro moderno, sempre aterrado por "terreais problemas" e que quando escreve é, "escravo", entre "britadeiras buzinas sequestros salários coquetéis televisão torturas e censuras / e os tiroteios / que cinco vezes ao dia / disparam na favela ao lado" (p. 40).

Alusões claras e repetidas à situação das minorias oprimidas completam esta visão da contraditória, rica, injusta, difícil de entender e de suportar sociedade brasileira: o pobre, o índio, o negro, a mulher, aparecem então como as vítimas mais notórias da opressão. Passeando-se em Amesterdão, o poeta reflecte sobre a condição dos índios e lembra um acontecimento histórico (pp. 66–69). E no Brasil, até quando assiste à morte de uma baleia continua a reflectir sobre a condição humana:

> Baleias são como o povo.
> Esperam o líder-messias
> e o seguem proletárias
> num aquoso comício
> até se jogarem na areia
> > das prisões
> > e calabouços.
>
> Baleias são como o povo.
> Desprotegida alimária
> sem saber qual o salário,
> > qual a força de trabalho,
> > desovando em praça alheia
> > como se o mar fosse seu.
>
> (p.61)

Arte comprometida, arte social? Impossível escapar à sua própria lucidez. A realidade dos outros interfere com a nossa. O Brasil, imenso e rico, é um país cheio de contradições. As diferenças (sociais, raciais, de sexo, intelectuais,etc.), se são factor possível e extraordinário de riqueza, com a proliferação da miséria, do crime e da injustiça tornam difícil a criação de um país coerente, capaz de encontrar o equilíbrio, de concretizar numa síntese as suas contradições. É desse mal-estar, desse fosso que separa as raças as classes, os sexos, que nos fala com veemência a poesia de Affonso Romano de Sant'Anna. Um poema intitula-se "Como amo meu país". Como é, então? O poeta recusa o heroísmo, o espectáculo, a violência, opõe-se ao ideal colectivo e faz o elogio da simplicidade:

> Deveria deixar de amá-lo como sub ser vivo
> > e amá-lo ostensivo
> > > num tropel de bandeiras
> > > num estádio de urros
> > > e canções guerreiras?

Amo este país
        como o hortelão cuida e corta
a praga de sua horta
        e parte com seu cesto a bater de porta em porta,
com a resignação do operário
        abraçado à neblina da marmita,
quando larga os panos e a mulher de madrugada
e sai do café quente de sua casa
e desce nos vagões de medo ao fundo da espúria mina.

(p. 29)

A experiência quotidiana, a denúncia da injustiça e da dor, a lucidez, opostas à demagogia das paixões nacionalistas. O silêncio oposto à algazarra. Subversão evidente, mais evidente ainda quando o poeta proclama "amo este país / como a prostituta ama a estrada." (p. 31) O amor surge aqui como fatalidade, vivo e doloroso apesar das razões do desamor. Este poema, que põe em cena a dificuldade de amar, afirma também que o amor resiste a tudo o que, no objecto, tende a torná-lo impossível. Trata-se portanto de um grande amor. Evocando a dado momento o slogan "Ame-o ou deixe-o" (ao Brasil), o poeta acrescenta: "Deixei-o várias vezes e amei-o/ com ódio ao meio" (p.38). Uma frase do mesmo poema interroga-se: "Somos uma geração com ereção política apagada?" (*ibid.*) Alusão ao cansaço de uma geração que viveu as ilusões e desilusões da agitação política, a esperança e a desesperança de ver as coisas tomar outro rumo. Crítica, também, do desinteresse pelos problemas sociais, da renúncia ao comprometimento. O que é interessante é esta capacidade de Affonso Romano de Sant'Anna de falar do amor ao país em termos semelhantes — ou com termos semelhantes — àqueles com que se falaria do amor às pessoas. A vontade de desmitificar, de reduzir a uma escala à nossa medida humana as relações com o país, tem, pela sua franqueza e sinceridade, qualquer coisa de provocante, de subversivo. Aos amadores de mitos, Affonso Romano de Sant'Anna propõe o retorno ao real.

Resta acrescentar que pela importância que confere à linguagem e à técnica poéticas, pelo talento lúdico e ironia de que dá provas, pelas alusões cheias de humor aos processos da poesia experimental, Affonso Romano de Sant'Anna, embora escreva uma poesia que se pode dizer popular, aparece aos nossos olhos como um poeta culto e burguês. Que confessa amar a vida e não hesita em relatar as suas experiências amorosas, que aspira à felicidade e ao conforto. A infelicidade alheia e a injustiça perturbam-no profundamente. Mas o universo de Affonso Romano de Sant'Anna não se esgota, panfletariamente, nessa infelicidade, nessa má-consciência. Essa hipocrisia, ele recusa-a. Por isso a sua luta prossegue a outros níveis em que continua a ser evidente o desejo de conciliar o direito à tranquilidade e ao bem-estar com a aspiração a uma sociedade mais justa e mais humana.

6

Como já vimos, o poeta afirma-se sempre ao mesmo tempo como homem e como cidadão. A sua qualidade de homem e de cidadão brasileiro condiciona a sua condição de poeta e a forma que toma a sua poesia. A recusa da arte dita erudita, a escolha de uma poesia à escuta do quotidiano, ditada pelo real, inserem-se na atitude global de desmitificação que dá o tom a este livro. À procura de uma nova sinceridade, de uma fidelidade mais perfeita a si mesmo, à realidade, aos valores humanos, o poeta põe em causa todas as ideias feitas e reflecte e obriga-nos a reflectir não só sobre o país (e sobre a sociedade) mas também sobre a poesia, sobre o amor, sobre a condição feminina. A intenção polémica de oposição a outros discursos, a outras visões do mundo, permite-nos afirmar acerca da sua poesia o que Mikhail Bakhtine afirma numa obra consagrada ao estudo do romance: "tout discours concret (énoncé) découvre toujours l'objet de son orientation comme déja spécifié, contesté, évalué, emmitouflé, si l'on peut dire, d'une brume légere qui l'assombrit, ou, au contraire, éclairé par les paroles étrangères à son propos. Il est entortillé, pénétré par les idées générales, les vues, les appréciations, les définitions d'autrui. Orienté sur son objet, il pénètre dans ce milieu de mots étrangers agité de dialogues et tendu de mots, de jugements, d'accents étrangers, se faufile dans leurs interactions compliquées, fusionne avec les uns, se détache des autres, se croise avec les troisièmes. Tout cela peut servir énormément à former le discours, à le décanter dans toutes ses couches sémantiques, à compliquer son expression, à infléchir toute son apparence stylistique. Un énnoncé vivant, significativement surgi à un moment historique et dans un milieu social déterminés, ne peut manquer de toucher à des milliers de fils dialogiques vivants, tissés par la conscience socio-idéologique autour de l'objet de tel énoncé et de participer activement au dialogue social. Du reste, c'est de lui que l'énoncé est issu: il est comme sa continuation, sa réplique, il n'aborde pas l'objet en arrivant d'on ne sait où . . ."[7] É assim, inserida no contexto que a ultrapassa da guerra das linguagens, que a poesia pode afirmar-se como uma arma de combate pela reabilitação e conhecimento do real.

Num poema intitulado "O poeta e a família" Affonso Romano de Sant'Anna denuncia, ironicamente, a distância que separa, na obra de outros autores, o poeta do homem propriamente dito:

—O que houve com a família
                        dos poetas do país?
Leio seus versos:
           não há lar,
           mulher
           e filhos.

> Há noivas. Amantes, muitas.
> Não vejo a cama e a cozinha,
>   a mesa
>   o quintal
>   cristaleira.
>
> A mãe, que é santa
>   —está morta.
> O pai, também morto
>   —era um forte.
> —O que é a casa do poeta?
> Um lugar onde se exila
>   do mundo
>   e da família?
>
> (p.92)

Este poema não só assinala uma contradição (entre o homem e o poeta) como denuncia, sobretudo, o peso das convenções: incapazes de falar da realidade inteira e da realidade verdadeira, os poetas submetem-se às formas já existentes, aos hábitos dominantes, e continuam a produzir uma arte que do real só fala parcelarmente. Ora a missão do poeta não será, pelo contrário, tentar introduzir o máximo de realidade, o mais fielmente possível o real, na poesia? Só nessa luta pela conquista do "real absoluto" a poesia, vencendo os obstáculos, poderá renovar-se e dignificar-se. Essa renovação passa pela linguagem, evidentemente. Só coincidindo enfim com as inquietações da vida a poesia aparecerá como inserida totalmente na sua época. Ao opor às verdades dos outros sobre o país e sobre a vida em geral a sua própria, é nesse sentido que Affonso Romano de Sant'Anna orienta os seus esforços. E é esse projecto que a meu ver confere à sua poesia uma importância e uma frescura particulares.

Os poemas em que o poeta nos fala das suas aventuras amorosas manifestam um mesmo esforço na procura da verdade e uma mesma tentativa de opor às realidades convencionais de outra poesia uma imagem da realidade não convencional e fiel a essa mesma realidade. Podem sentir-se às vezes como nascidos de um surpreendente orgulho viril, de um narcisismo excessivo, poemas e versos como estes:

> Com exceção de uma
> Deus
> tem posto mulheres maravilhosas no meu caminho.
>
> Como não tê-las amado
> a cada uma conforme a beleza que afloravam
> e a carência que eu trazia?
> Nas horas mais estranhas me surgiam
> com pernas e bocas, unhas e espanto
> e tomando-me pelo sexo crivavam-me de mitos
> como se eu, fauno das praias e unicórnio das ruas,
> pudesse dormir num colo virgem eternamente.

Delicadamente
e em desespero celebravam com meu sexo em suas bocas quentes
a ceia inaugural de nosso sangue,
enquanto as línguas em pentecostes com os dentes
sugavam da glande das nuvens copioso mel.
Cercavam-me de mãos e seios, ancas e aflições
alisando-me a alma e o pêlo
enquanto na fúria da posse, possuído
eu as invadia por todas as entradas
num bloqueio de rosas e alaridos.

(pp. 126–127)

Mas do que parece ser orgulho fútil (e o foi talvez) o poeta pune-se e sabe que foi punido mais tarde, reconhecendo a imperfeição com que amou (ou celebrando a impossibilidade de amar?) e mostrando o reverso da medalha:

Não
eu não amei as antigas amadas
como deveria, como poderia, como pretendia.

Em vez de um bárbaro africano
era apenas um tropical e descaído Prometeu
atento apenas à mesquinha luz do orgasmo.

Fui perverso, desatento, fechado demais em meus espelhos.
A rigor,
    conheci também a solidão, o desprazer solitário,
    a indiferença, o riso, a neurose que fere,
    as portas da madrugada, os bares fétidos, escusas
    festas e conspurcados lençóis.

Quantas vezes sobre o corpo virgem
                                e aberto
fechei-me enigmático
arrojando de mim a chave
e o prazer que não doei, porque confuso
caçador entre as presas da floresta
não sabia em que árvore deflorar o meu desejo.

Elas se abriam
e eu me engolia em musgo e pedra.
Elas bramiam
e eu me fechava em crua fala.
Elas despencavam dos táxis e relógios
e eu, solícito e mesquinho
lhes acenava o paraíso
                    —e me exilava.
Como portais de uma cidade mítica
                        —abandonada

estou seguro
que essas mulheres não sabiam do enigma que portavam,
embora se deixassem escavar por mim, falso arqueólogo,
explorador de minas infantis no subsolo.
Também eu não sabia do mistério que em suas carnes tateava.

(pp. 127-128)

A relação amorosa é para Affonso Romano de Sant'Anna (para o *eu* que se exprime na sua poesia) procura inquieta da verdade de si e da verdade do outro, da plenitude do ser. E reconhecimento discreto dos nossos limites, constatação de uma sede de absoluto nunca satisfeita. O possível mal-entendido é definitivamente afastado quando o poeta reflecte sobre a condição da mulher na sociedade moderna (e não apenas brasileira) e protesta, por exemplo:

Estão matando nossas filhas e mulheres
e acompanhamos pasmos o enterro das vizinhas.

Sem contar as que abortam nos subúrbios
e se enterram em ensanguentados panos menstruais,

e as que expulsamos dos porões de nossa honra,
e vão apodrecer varizes no pantanoso orgasmo dos mangues.

(p.112)

A crítica adquire mesmo por vezes uma conotoção de inspiração claramente feminista:

E assassinamos de modo doce e caseiro:

te darei casa e comida,
de filhos te encherei
e viagens quantas querias
na casa em que te ancorei.
Te darei pensão e roupas
e um cinto de castidade
com que te possuirei.

Modernos,
nem sempre as abatemos com bordunas.
Com delicadeza cruel as atraimos à rede e grade
de um fero amor e zoológico sustento.

(pp. 113-14)

Neste mesmo poema, em que se escuta às vezes o ritmo do romanceiro ("te darei casa e comida, / de filhos te encherei", etc.), os versos seguintes manifestam o desejo de desmitificar a mulher, o amor, a poesia:

—Por que negar
           que as mulheres têm vagina
           (a não ser nos consultórios)
           e que ao amar têm babas,
           pêlos,
           orgasmos grandes
           e pequenos lábios,
           mais que vulvas e uivos
           e gozo de santa e puta?

—Por que dizer
           (com o pudor de antologias)
           que a mulher só tem colinas,
                    marés,
                    dunas
                    taças
                            e grutas?

           e ignorar que afloram a fauna
           de pernas e idéias,
           queixas e coxas,
           pentelhos e medos,
           emoção, mais que
           esmaltes e espelhos?

                (pp. 115–16)

Crítica das mentalidades e das convenções poéticas, este poema exprime um desejo polémico de verdade e uma recusa indignada (naturalista pelo seu tom cru) da hipocrisia, do lirismo que mente.

    Como vimos, a luta por uma poesia fiel ao real confunde-se sempre com a defesa dos valores humanos de justiça, de dignidade, de verdade. Recusando uma poesia que considera como erudita ou de laboratório, o poeta abre as portas do poema à realidade exterior. A sua actividade é sempre tentativa de encontrar a forma capaz ao mesmo tempo de renovar a imagem do real na literatura, de alargar a sua presença na poesia e de impor uma visão do mundo pessoal e moderna. Oposta polemicamente à de muitos dos seus contemporâneos e nomeadamente à dos discursos (políticos e literários) no poder.

    Poderíamos evocar outros aspectos da poesia de Affonso Romano de Sant'Anna. Parece-nos, porém, que a relação problemática do poeta com o país e com a sua circunstância pessoal (com a realidade); a consciência que manifesta das diferenças e contradições que separam as classes, as raças, os sexos; a sua preocupação moral e estética com o estatuto do poeta e da poesia; e por fim a importância conferida à relação amorosa e à condição feminina são os temas essenciais a ter em conta. As viagens e estadias no estrangeiro, a evocação da morte, a amizade, as recordações de infância, a consciência do envelhecimento, a alusão precisa a certos acontecimentos mais ou menos recentes da História do Brasil, a sombra da Europa, outros aspectos da vida quotidiana, completam e enriquecem o universo deste livro.

7

Este breve estudo não ficaria completo sem uma referência mais pormenorizada aos processos estilísticos a que recorre o autor para levar a bom termo o seu projecto.

O que imediatamente surpreende é a variedade de ritmos e de estilos que coexistem nesta poesia e lhe conferem, do ponto de vista formal, uma vivacidade e uma complexidade semelhantes à que apresenta a obra quando analisada de uma perspectiva puramente temática.

Já aludi no início deste estudo ao prosaísmo, à linearidade e ao humor que Affonso Romano de Sant'Anna assinala como características da poesia post-vanguardista, surgida da sombra da música popular a partir de 1973. Acrescentarei que a fluência do discurso poético de Affonso Romano de Sant'Anna, próxima na forma como no tom de uma oralidade e de um prosaísmo que lhe permitem privilegiar a realidade e o quotidiano, o distingue de facto da poesia erudita e de laboratório (digamos assim, embora o problema seja complexo), mais preocupada com o peso significante das palavras e com a sua capacidade de aprofundar zonas restritas da vida interior ou das relações do homem com o exterior do que em encontrar um discurso capaz de falar da realidade num sentido mais amplo e menos solene do termo. E o humor, visível nomeadamente na recuperação irónica e facilmente inteligível dos processos da poesia experimental (que teve o mérito de chamar de novo a atenção para a palavra e para a linguagem como materiais específicos da literatura), contribui também para que esta poesia seja acessível a um público mais vasto e não apenas, como volta a acontecer hoje frequentemente com a poesia, a um público de intelectuais ou de especialistas.

Os processos da poesia experimental ao serviço da subversão irónica dos discursos demagógicos, isto é, dos discursos no poder, da ideologia dominante, eis um dos aspectos mais interessantes da poesia de Affonso Romano de Sant'Anna. É dessa maneira que se revelam as contradições, que se desmitifica, chamando a atenção para a realidade da realidade e denunciando a caricatura que por razões ideológicas dela fazem os discursos parodiados.

O uso, também irónico, da rima e de outros processos da poesia tradicional (como o paralelismo, por exemplo) é outro dos aspectos a ter em conta. Às vezes sente-se também a influência do discurso publicitário, com as suas frases curtas e simplistas, martelando o evidente, jogando com as palavras ou propondo mitos. Mas também este tipo de discurso é recuperado e posto ao serviço da denúncia dos lugares comuns demagógicos e simplistas. As próprias variações rítmicas e temáticas—

A POESIA DE AFFONSO ROMANO DE SANT'ANNA   **387**

esta poesia dá um lugar importante ao fragmento e retira parte da sua coerência da imitação dos processos da escrita da corrente de consciência, em que as mudanças de tema são mais facilmente aceites e compreensíveis—podem levar a pensar nos *clips* musicais actuais ou nos *clips* publicitários, rápidos instantâneos, concisos e vivos, de um real em movimento acelerado. Um estilo mais literário (mesmo se ironicamente, porque parodiando outros estilos literários para os subverter) coexiste por outro lado nestes poemas com o prosaísmo e a imitação da oralidade. A poesia de Affonso Romano de Sant'Anna evolui por contrastes e é daí que lhe vem também em grande medida a sua vivacidade e frescura, a impressão de sinceridade.

O início do primeiro poema do livro (intitulado "Que país é este?") dá-nos imediatamente uma ideia do que é a variedade rítmica, estilística e formal a que aludi. E permite-nos também sentir a ironia, a paródia subversiva de outros discursos:

>   Uma coisa é um país,
>   outra um ajuntamento.
>
>   Uma coisa é um país,
>   outra um regimento.
>
>   Uma coisa é um país,
>   outra o confinamento.
>
> Mas já soube datas, guerras, estátuas
> usei caderno 'Avante'
>   —e desfilei de tênis para o ditador.
> Vinha de um 'berço esplêndido' para um 'futuro radioso'
> e éramos maiores em tudo
>   —discursando rios e pretensão.
>
>   Uma coisa é um país,
>   outra um fingimento.
>
>   Uma coisa é um país,
>   outra um monumento.
>
>   Uma coisa é um país,
>   outra o aviltamento.
>
> Deveria derribar aflitos mapas sobre a praça
> em busca da especiosa raiz? ou deveria
> parar de ler jornais
>   e ler anais
>   como anal
>   animal
>   hiena patética
>   na merda nacional?
>
>   (pp. 9–10)

O início do poema (até *confinamento*) utiliza a unidade métrica e a rima ironicamente para parodiar o discurso demagógico dos *slogans* políticos, subvertendo-o e negando-o. Mas simultaneamente imita o paralelismo da poesia medieval galaico-portuguesa (das cantigas de amigo) e a canção popular moderna. Este paralelismo, repetitivo, martela frases quase idênticas tal como o discurso político e de propaganda martela os ouvidos do cidadão com a sua monotonia insignificante e panfletária. É o eco do rufar dos tambores militares, dos excitados gritos das manifestações. Mas depois do início repetitivo, o poeta introduz um discurso linear, versos mais longos e assimétricos, com características do prosaísmo e da oralidade, o que instaura uma certa tranquilidade e nostalgia (de *Mas já soube* até *pretensão*). A oposição rítmica, formal, estilística, corresponde ao nível temático a uma oposição presente/passado, discurso-alheio-demagógico/discurso-da-minha-memória. Mas esta segunda unidade formal do poema pode considerar-se dividida em duas unidades simétricas de três versos. Nestas unidades o primeiro verso é sempre o mais longo e o terceiro destaca-se graficamente, aparecendo como uma constatação mais importante (mais marcada), que depois de uma pausa ou respiração se acrescenta, como crítica e lamento, aos anteriores. O martelar dos tambores da linguagem demagógica e vazia de sentido (mas subvertida pela negação) reaparece em seguida, com três estrofes de dois versos que recordam e repetem, com modificação da palavra final que rima na conclusão de cada verso, o início do poema. Repetido o protesto, o poema retoma (com *Deveria derribar*) a sua fluidez prosaica e oral sob a forma de pergunta retórica, desdobrada aqui em duas frases (em três se se tem em conta a continuação do poema, que não citamos). Mas a partir de *e ler anais* as palavras tornam-se escassas no verso (uma, duas, três quando muito) e o seu suceder pausado (graficamente é como se se descessem os degraus de uma escada) diverte-se por um lado ironicamente com a rima *-al*, por outro parodia um tipo de poesia que pretende dar à palavra isolada no verso uma dimensão de significado mais densa—aqui, em vez de densidade do sentido, temos o carácter poeticamente pouco ortodoxo de palavras como *anal* e *merda nacional*; esta irrupção da vulgaridade é tanto mais subversiva quanto mais se fizer sentir a imitação irónica do mesmo processo na poesia dita erudita, experimental ou à Mallarmé.

Posteriormente, na segunda parte do mesmo poema, assistimos à subversão dos provérbios ou de frases que lhe podem ser assimiladas (da linguagem estereotipada). Um exemplo breve:

> Há 500 anos somos pretos de alma branca,
> não somos nada violentos,
> quem espera sempre alcança
> e quem não chora não mama
> ou quem tem padrinho vivo
> não morre nunca pagão.

(p. 11)

A POESIA DE AFFONSO ROMANO DE SANT'ANNA

Um exemplo extraído de outro poema ilustra esta recusa da pretensa sabedoria dos antigos de que a linguagem proverbial se crê investida:

>Nos tempos de meu avô
>havia assunto de homem
>e cochicho de mulher.
>
>E como homem não chorava
>mulher também não gozava.
>
>E como homem não broxava
>a mulher não reclamava.
>
>Homem sério não falia,
>mulher séria não trepava.
>
>Engolia a raiva à mesa
>e a vomitava na igreja.
>
>Nunca saía sozinha,
>seu lugar era a cozinha.
>
>E quando nua na cama
>tinha inveja da mucama.
>
>O homem trazia a sede
>e a mulher servia o pote.
>
>Ou então:
>—a mulher trazia o dote
>e o homem lhe dava o bote.
>
>(p. 117)

Por vezes o autor tira partido do sentido das palavras tendo em conta a sua assimilação a contextos semânticos e culturais diferentes:

>Minha geração se fez de terços e rosários:
>—um terço se exilou
>—um terço se fuzilou
>—um terço desesperou
>
>(p. 14)

Outras vezes é a palavra que é desconstruída. E separados os elementos que a compõem, a subversão irónica torna-se evidente:

>Deveria deixar de amá-lo [ao país] como sub ser vivo
>e amá-lo ostensivo
>num tropel de bandeiras
>num estádio de urros
>e canções guerreiras?
>
>(p. 29)

Em ver de *subversivo*, *sub ser vivo*. Vivo, mas sem ter a dignidade que a existência deveria conferir.

A subversão da linguagem (e da realidade a que ela se refere) é constante e alcançada por processos diversos e distintos. Não citarei mais exemplos por me parecer desnecessário. Deixarei a outros o cuidado de proceder a um estudo mais completo deste aspecto importante da poesia de Affonso Romano de Sant'Anna. Gostaria no entanto de sublinhar que as alusões repetidas aos processos da poesia experimental, que assim se pretende denunciar como fútil, ridicularizar porque ignorante da realidade, e ultrapassar pela paródia e afirmação de maior lucidez, traem apesar de tudo o peso que a experiência formalista ou experimental teve na poesia brasileira post-modernista. Sente-se que a poesia experimental, formalista, concretista, exerce ainda atracção sobre Affonso Romano de Sant'Anna. Mas por dever cívico talvez, por impossibilidade moral de se refugiar, longe do real (pelo menos do real dos outros), na torre de marfim da arte pura, o poeta acaba por destruir o objecto que sobre ele exerce uma sedução considerada como desproposidada. Mas destrói-o recuperando-o, prestando-lhe a homenagem que consiste em utilizar os seus processos e os seus ensinamentos. E dessa maneira retoma o fio da poesia "de circunstância" interrompido pelo parêntesis do formalismo, mas a que a poesia brasileira modernista e post-modernista tinha conferido uma dignidade estética e uma actualidade que lhe dão um lugar importante na poesia universal deste século.

A recusa da poesia erudita ou de laboratório e a defesa e prática de uma poesia aberta para o exterior e capaz de falar do quotidiano e da realidade imediata fazem de Affonso Romano de Sant'Anna um poeta "de circunstância". Esta designação nada tem de pejorativo, antes pelo contrário. Como o proclama um antigo texto indiano, "celui qui, en créant une oeuvre de circonstance (*arthamatra*) ne détruit pas bassement son inspiration, est le chef de la communauté des poètes, les autres sont ses serviteurs."[8]

Notas

1. Editora Vozes, Lda., Petrópolis, 268 pp.
2. *Que País é Este e outros poemas*, Editora Civilização Brasileira, Rio de Janeiro, 1980. Toda a poesia do autor foi reunida no volume *A Poesia Possível*, Editor Rocco Lda., Rio de Janeiro, 1987, 637 pp.
3. Cf. Predrag Matvejevitch, *Pour une poétique de l'événement*, Paris, Union Générale d'Editions, 1979 (312 pp.), pp. 99–101.
4. *Id.*, p. 96.
5. Erich Auerbach, *Mimésis*, Paris, Gallimard, 1968, 559 pp. Ver o capítulo XX, "Les bas couleur de bruyère".
6. Clément Rosset, *Le Philosophe et les Sortilèges*, Paris, Les Editions de Minuit, 1985, 116 pp. Ver pp. 63–64.

7. Mikhail Bakhtine, *Esthétique et Théorie du Roman*, Paris, Gallimard, 1978, 488 pp. Ver p. 100.

8. *Cf.* Predrag Matvejevitch, *op. cit. supra*, p. 79. Ver na p. 78 uma classificação dos poetas em quatro categorias: "celui qui ne voit pas le soleil, celui qui est assidu, celui qui est ocasionnel et enfin le poète de circonstance." O poeta de circunstância é definido como aquele "qui fait des vers à propos de quelques événements; le temps est pour lui déterminé par la circonstance même". Estes antigos textos indianos foram reunidos por Rajasekhara numa obra intitulada *Kavyamimansa*.

From the devotional image to the anagogic sign: García Jiménez de Cisneros' *Book of Exercises for the Spiritual Life* and Ignatius of Loyola's *Spiritual Exercises*

Arturo Giráldez
University of the Pacific

García Jiménez Cisneros' *The Book of Exercises for the Spiritual Life* and Saint Ignatius of Loyola's *Spiritual Exercises* are two ascetic texts written within very few years of each other.[1] In addition to the chronological proximity of the two works, one must note that during Ignatius's stay in Montserat in 1522 the confessor to the pilgrims, Jean Chanones gave him Cisneros' work to read (Cisneros having been the Benedictine abbot of Montserrat). It is during this period that Ignatius began work on his *Spiritual Exercises*. Cisneros' influence on Loyola's work has, in fact, been widely discussed. According to Henri Watrigant there is a series of elements that Ignatius may have adapted from Cisneros. There is a similarity in title; the "Introductory Observations" (2, 4, 13, 20) at the beginning of Loyola's work somewhat resemble the recommendations given by the abbot in both the *Spiritual Exercises* and the *Directory of Canonic Hours*; the first week's meditations about sin and hell are common to Cisneros and Loyola as are the "Coloquios" with which the meditations conclude (Watrigant 205).[2] Furthermore, both works belong to a religious tradition begun in the Thirteenth Century which places the image at the center of religious life. The maximum development of this tradition was the "Devotio moderna."[3] This spiritual movement was centered in the Low Countries and was supported in associations such as the Brothers of the Common Life and the canons of Windesheim chapter. Pierre Chaunu wrote: "Depuis la devotio moderne la spiritualité a tendance à déborder. Elle accompagne les projects de l'individualisation dans une societé plus complexe" (409). Within this methodology created by the new spirituality are found the works of Cisneros and Loyola. For both it is necessary to constitute a new subjectivity centered on salvation. Both works propose a method whose point of departure is the image taken from Sacred History that seeks to move the emotions of the exerciser. Nonetheless these two works participate in different ideological orders. The "devotional image" of Cisneros' book circumscribes the subject within the medieval cosmology while Ignatius of Loyola's "anagogic image" tries to relate modern subjectivity to Christian transcendence.

Jiménez de Cisneros' *Book of Exercises for the Spiritual Life*

García Jiménez de Cisneros (1456–1510) was a figure of considerable importance in Spain during the reign of the Catholic monarchs.[4] He was a cousin of Cardinal Francisco Jiménez de Cisneros who, from his post as confessor and counselor of Queen Isabella, brought about the reform of the Spanish Church.

In 1474 García Jiménez de Cisneros had entered the monastery of San Benito in Valladolid as a monk of the Benedictine Order. The monastery, which had been founded in 1390 by King Juan I of Castile did not follow strictly the rule of its founder. It was a monastery of perpetual enclosure in which the monks did not work. The canonical hours had been reduced and thus the monks remained with a great deal of time to dedicate to reading and to private prayer. Saint Benedict was the head of the Congregation of Valladolid which included other reformed monasteries called the "Observancia." This congregation collaborated with the reformist measures of Cardinal Cisneros, carrying out substantial changes in the Benedictine Order. García Jiménez de Cisneros played a principal role in this movement. As organizer of the reform, he moved to the monastery at Montserrat near Barcelona in Catalunya where in 1493 he was elected prior and in 1499, abbot.

In 1496 Cisneros traveled to Paris as ambassador to the French king, Charles VII. During this trip he came to know the "devotio moderna" represented in France by Juan Standonck, a former student of the Brothers of the Common Life and rector of the College of Mointaigu. In that same year Juan Monbaer, a well-known writer in the same spiritual current, was also in Paris, though there is no evidence that the Prior of Montserrat might have met him there. What is certain is that he returned to Montserrat with works by the authors of the "devotio moderna," some of which he had published by the monastery's press, such as *De spiritualibus ascensionibus* by Gerardo de Zutphen as well as the *Epistola excitativa ad spirituale profectum* by Tomás Hemerken de Kempen (known in Spanish as Tomás de Kempis and in English as Thomas à Kempis).[5] De Kempen's *Imitation of Christ* had already appeared in Catalan in 1480 and in Castilian in 1490. Even so, it was Cisneros in Montserrat who introduced to Spain the ascetic methods of the new spirituality.

In 1500 Cisneros published the *Directory of Canonic Hours* and the *Book of Exercises*, the first texts reflecting this new spirituality to be written by a Spaniard. The second book is a methodically organized anthology of spiritual writers—"de exercitiis spiritualibus aliquam faceram compilationem" as Cisneros wrote in the "Praefatio"—most of whom belong to the "devotio moderna." Gerardo de Zutphen, Juam Mombaer, Kepis and, above all, Juan Gersón are the authors present in the *Book of Exercises*.[6]

The book was directed to the reformed Benedictine monks. The chapter of the Order in 1503 prescribed that the novices study Cisneros' work, a practice which continued until the dissolution of the Order in the Nineteenth Century. Cisneros refers to these readers explicitly in Chapter 23: "That Thou hast not only drawn me from the world, but hast led me to a house of religion that is reformed and holy and hast kept me from one that is not reformed." The characteristics of Cisneros' public explain the division of the 79 chapters of the book into two parts. The first part, preceded by an introduction in which he explains the advantages of a methodically ordered spiritual life, is divided into three sections which correspond to the purgative, illuminative and unitive ways. In the second part Cisneros expounds the requirements for and the nature of the contemplative life. The themes of the meditations are the various episodes of the life of Christ narrated in moving detail.

The *Book of Exercises* proposes images on which to concentrate attention during the meditations in order to avoid "evil and vain thoughts and harmful affections" (Chapter 3). Once mental concentration is achieved, it is possible to produce habits which lead to religious fervor. The progress of the spiritual life could be measured in accordance with the categories that Cisneros gives at the end of each step. The Abbot of Montserrat also establishes in his text the ranks of the different affective levels that can be reached by the exerciser in his spiritual life. This exhaustive classification of the perfections and affects forms part of the methodology of the religious life that makes up Cisneros' text.

For Cisneros, spiritual progress depends on faithfulness to the method which he proposes: "Even so it is with him who exercises himself diligently in the three ways aforementioned, desiring to rise to the heights of Divine love. With the help of the Lord he will in a brief time reach perfection" (Prologue). This spiritual ascent is summarized in the allegory of the journey from the valley of tears to the high mountain of mystical union.

The three ways correspond to the different steps in the ascending order of spiritual life. The purgative way has as its end the repentance of sin. Through the illuminative way which Cisneros conceives as a transition, the gifts of God are known. In the unitive way the soul reaches union with divinity. One meditates the eternal truths in the first, the gifts which God bestows upon humanity in the second, and divine perfection in the third. Each phase corresponds to different emotions and feelings until one arrives at the final step which one should carry out "with enkindled desires and sighs" (Chapter 27).

Cisneros centers his method on mental prayer, in which different matters are assigned according to the days of the week. At the beginning and end of each exercise, there is a group of prayers to be completed out loud and the text proposes the exterior posture which the exerciser should adopt, the emotions he should feel and the personality which he should assume. For the purgative way, he recommends that "a guilty man, and, with great fear, place himself before God as before a judge that is about to condemn him" (Chapter 12). For the unitive he suggests the "person of a son, or of a spouse" (Chapter 27). He also specifies the time which must be dedicated to each step. For the purgative way, one month and the same period for each of the other ways if the exerciser and his spiritual director believe that he possesses the virtues corresponding to each spiritual level.

The methodical prayer is organized in a drama whose point of departure is the construction of an imaginary place, which is the direct precedent for St. Ignatius "composition of place." In Chapter 14 Cisneros recommends:

> Represent to thyself a terrible abyss, a place beneath the earth, a pit very deep and full of flames.
> Think of a most terrible city, very great and complete darkness, yet afire with flames which are most terrible and dark, from the midst whereof come shrieks and dreadful cries; for all that are therein do cry out by reason of their pains.

The totality of the faculties of the individual participates in these exercises, according to Thomism. The division of each meditation in several points tries to facilitate the retention in the memory; the intellect uses reflection and tries to obtain the assent of the will which then awakens the emotions which correspond to wisdom (sapientia). "Wisdom signifies a science which is of great sweetness (sapida scientia), which sweetness has to do with the affection, desire, appetite and will, wherein consists wisdom" (Chapter 33). This state is the objective of the contemplation and the peak of Christian perfection according to Cisneros.

In the *Book of Exercises* the image organizes the meditations that lead to a relationship with divinity that the individual perceives by means of inexpressible emotions. "And only those who know it for themselves know what this is, even as when one feels sweetness or fullness or taste or melody—feelings which can be explained in no manner at all" (Chapter 65).

The devout image of the *Book of Exercises* methodically organizes the emotions in order to reach the contemplative perfection that Cisneros, following Aristotle and the Scholastics, considers the superior plane of existence. The images produced in the construction of an imaginary place (composition of place) are inserted in a fixed order of meaning which Jean Baudrillard calls the "obliged sign."[7] This sign inserts itself within the medieval hierarchy and in its functions just as the Abbot of Montserrat writes at the end of his treatise: "For as the office of a knight is to defend the oppressed; of a husbandman to labour in the fields; so the office of a religious person is to persist in contemplation and the like" (Chapter 69).

Ignatius of Loyola's *Spiritual Exercises*

Ignatius of Loyola's work continues the methodical use of the devotional images that the "Devotio moderna" had extended throughout Europe and which Loyola had come to know through Cisneros' *Book of Exercises*. Nonetheless the *Spiritual Exercises* have their origin in a different religious experience and were directed to the religious sensitivity that corresponded to the profound social changes of the Sixteenth and Seventeenth Centuries. In this world religion occupied a fundamental place in society and in the consciousness of individuals. This intense religious preoccupation was introduced in a conduct "which in general was undeniably prone to be governed by emotive and irrational forces" (A. Chastel, *The Crisis of the Renaissance*, 11). For the individuals of this period, the security of the medieval world had disappeared. The monastic life was no longer the superior state of the religious life, a fact which posed the uncertainty of seeking other ways to attain salvation. The founder of the Jesuit Order directed his work to the subject who was conscious of his emotive nature and in need of a concrete method of action.

The religious interest and the emotions and feelings were an essential part of the life of Ignatius of Loyola. In Manresa, from whence the fundamental nucleus of the *Exercises* proceeds, Loyola experienced "consolations," "desolations," scruples of conscience and divine illuminations. Also in Manresa, next to the Cardoner River, he had a vision which the Jesuitic tradition calls the "eximia ilustración."[8] From these personal experiences, without the direct intervention of an ecclesiastic institution, comes the method of his work.[9]

Faced with the uncertainty of the modern world, Ignatius proposed a method by which to choose the way of life leading to salvation through the careful analysis of emotions and feelings. The *Spiritual Exercises* originated with a series of notes and observations that Ignatius gradually put together from the time of his stay in Manresa in 1522 until the final version in Paris. He added the rules, notes, additions and schedules that were to be followed so that other people could give them.

The Exercises is not a text to be read but is rather a series of meditations controlled by a spiritual director.[10] This person assigns the contemplations and meditations following the "Introductory Observations" in which the Ignatian method is summarized. The director is in charge of briefly pointing out to the exercitant the points to be considered, without going into detail. "For it is not much knowledge that fills and satisfies the soul, but the intimate understanding and relish of the truth" (*Exercises*, 2). Additionally, the director should carefully monitor the emotional state of the penitent, his "consolations and desolations" and should also take care that the exercitant not make promises or vows in a moment of exaltation.

> Therefore, the director of the *Exercises*, as a balance at equilibrium without leaning to one side or the other, should permit the Creator to deal directly with the creature, and the creature directly with his Creator and Lord (*Exercises*, 15).

The retreat should last approximately four weeks, each of which corresponds to the divisions of the *Exercises*. The first week has, as its center, the meditation of sin. The exercitant should make a general confession, preparing himself by means of a careful general examination; there is also a particular examination that refers to sins or concrete defects that must be corrected. The meditation of sins is preceded by a colloquy that should be carried out imagining Christ on the cross and speaking "exactly as one friend speaks to another, or as a servant speaks to a master" (*Exercises*, 54). Each meditation is organized around the mental representation of place constructed by the exercitant with all of his senses. For example, in the meditation of hell of the first week, the text recommends "with the sense of smell to perceive the smoke, the filth, and corruption" (*Exercises*, 68). The penitent should rouse feelings and emotions according to the meditated episodes that are to be accompanied by appropriate body positions. "Now kneeling, now prostrate upon the ground, now lying face upwards, now seated, now standing, always being intent on seeking what I desire" (*Exercises*, 76). During the first week feelings of joy should be avoided, with thoughts centering on death and the Final Judgment. One is to feel ashamed of one's sins as would a knight in the presence of his lord whom he has deeply offended. The dramatic representation during this period is reinforced by the deprivation of light as is recommended in the "Additional Directions" (*Exercises*, 73–79).

The fundamental moment of the *Exercises* comes during the second week when it is necessary to choose "a way of life." The material to be meditated on is the Life of Christ. In this part Ignatius carefully established the methodology of the election. "A meditation on two standards" serves as preparation for the exercitant before having to choose. The penitent should represent to himself two armies, one commanded by Christ in Jerusalem and the other by Lucifer from Babylon. He then chooses under which standard he wishes to serve. There follow meditations on the "Three classes of men,", the "Three kinds of humility," the "Matters about which a choice should be made" before arriving at the three times of making a choice of a way of life and the "Rules for the Discernment of Spirits." These last two sections constitute the basis of the methodology of choice. The second week with its alternatives of images and consolations constitutes the model for all action in the world and for all visible representation.

With the way of life chosen, the third week centers around the diverse episodes of the Passion up to the burial of Christ. The first contemplation of the fourth week is "The apparition of Christ our Lord to our Lady," followed by the "Contemplation to attain love of God," a methodology of prayer, the mysteries of the life of Christ (*Exercises*, 261–312), the rules for the choice, the rules for the distribution of alms, some observations about scruples, and the "Rules for thinking with the Church." All of these rules, observations and pious practices serve as a framework and complement the rules for the choice of the way of life of the second week. According to Ignatius the choice may be made in accordance with three different emotional situations:

> First Time. When god our Lord so moves and attracts the will that a devout soul without hesitation, or the possibility of hesitation, follows what has been manifested to it.
>
> Second Time. When much light and understanding are derived through experience of desolations and consolations and discernment of diverse spirits.
>
> Third Time. [. . .] I said it is a time of tranquility, that is, a time when the soul is not agitated by different spirits, and has free and peaceful use of its natural powers (*Exercises*, 175–177).

In order to adequately interpret the modes of election, the "Rules for the Discernment of Spirits" are necessary. They appear at the end of the Ignatian text and are a classification of the spiritual states through which the exerciser can pass. These three modes of choice establish at the center of the spiritual drama of the *Exercises* a close relationship between the emotions and the rational discernment of the exerciser. Ignatius bases his *Spiritual Exercises* on a subjectivity, the options of which are determined by feelings and emotions. "For Ignatius takes it for granted that it is normal to be stirred by different spirits" (Karl Rahner, *The Dynamic Element in the Church*, 95).[11] The choice that results from following the Ignatian method makes reference to the fundamental question of the meaning of the story and how to act in reference to that meaning which has been carefully sought (Fessard 1, 101).

The nature of the Exercises supposes an anthropology and an epistemology that radically alter the hierarchy of the Thomist categories.[12] From the Ignatian text one deduces a definition of what is human, the fundamental characteristic of which is the sensitivity which permits a relationship with divinity. Situated between angels and animals, humans participate in both orders through their emotions. There appears in the *Exercises* a new subject whose knowledge is not affected by exterior circumstances and to whom divine will indicates his mission in the world.[13] This relationship implies that the individual has an essence which does not correspond to the medieval hierarchy that Thomism had theorized. The transcendental subjctivity and the mundane activity corresponded to a transformation of the scholastic epistemology implicit in the works of Ignatius of Loyola. For Thomas Aquinas the memory has the function of containing the images from which understanding derives. Nonetheless, the *Exercises* follow the Augustinian idea of considering the memory as a reserve of the sensations. Of the three acts of understanding according to Scholasticism, simple apprehension, reason and judgment, Ignatius put special emphasis on simple apprehension which in Thomism was the first of the three acts of understanding, but which in the *Exercises* is changed into an autonomous faculty, called by Anthony Raspa "complex apprehension" (A. Raspa, *The Emotive Image, Jesuit Poetics in the English Renaissance*, 42 and 67). Knowledge acts by means of "complex apprehension" whose point of departure is an image charged with emotions that lead to a visionary experience to move the will.

> The new experience transcended the acts of the understanding and effectively it was a visionary fourth power of the mind which, coming after the will, might be called a "complex apprehension" (A. Raspa, 42).

The image ceased to be a step in the succession of the acts of knowledge in order to be converted into the point of departure of the emotions that have as their stage the imagination. Imagination and image precede in importance understanding and concept and thus there is produced an inversion of the Thomist epistemological order. The Ignatian meditation goes from the image to the emotion that relates directly with divinity without intermediate steps in such a way that the scene constructed by means of the composition of place takes on the characteristics of the anagogic sign. Of the four senses of the sign according to medieval exegesis (literal, tropological, allegorical and anagogic), the *Exercises* develop the anagogic sign as a means of knowing divine will. According to Henri Lubac "la realité eschatologique ateinte par l'anagogie est la realité eternelle, en laquelle toute autre à sa consomation" (*Exégèse Medievale. Les Quatre Senses de L'Ecriture*, 1, 633).[14]

The anagogic nature of the sign established a fundamental change in aesthetics. Text and image, sensation and emotion are situated on the same plane in such a way that a relationship is established between them. The beauty of any work of art is measured by the emotions that it reflects and by its capacity to elicit feeling.

The *Exercises* had an extraordinary influence during the modern period due to the extension of the Company of Jesus that reorganized learning, provided confessors to the royal families and displayed great splendor in processions, theatrical representations and so forth. Ignatius of Loyola's work determined the art of the period. The treatises of meditation in the Sixteenth and Seventeenth centuries influenced the English metaphysical poets. "The exercitant's topic and the meditative poem conjoining image and emotion provoked a single human experience that pictured microcosmically an eternity filled with universal affections" (Raspa, 37). The visual representations, such as emblematic, painting and architecture, also participated in this new spirit.

The modern artists were formed in accordance with the teachings of the Church by means of sermons, retreats, devotional books, etc. The influence was not only cultural but rather the artist had to create following predetermined iconographic programs (Mâle, 15–16). The church of the Jesuits in Amberes was decorated with sketches by Rubens painted by his disciples exalting the Company of Jesus. Bernini, who did the Exercises, reflects in his sculptures the extremes of the emotionality that the devotion of the moment proposed (Weisbach, 240).

The architectural space in the Jesuit churches was conceived as a stage for the composition of place. The buildings were carefully planned as classrooms of an emotional pedagogy; all the designs of the new churches had to be approved in the Central House of Rome. "In this way an exciting and stimulating rhetoric element is accepted in the Catholicism of the Counterreformation and in its art forms" (Weisbach, 312). This rhetoric of the gaze is closely linked to the sensitivity to which the Spiritual Exercises are directed and which they, in turn, shape.

From the devotional image to the anagogic sign

Cisneros' *Book of Exercises* and Ignatius of Loyola's *Spiritual Exercises* share a spiritual method centered on the image that the "devotio moderna" situated at the center of subjectivity. Nonetheless Cisneros and Loyola adapted the images to different projects. The abbot's book organized its religious project around the three traditional ways of mysticism. The purgative, illuminative and unitative ways were based on a model of spatial origin—beginning, middle, end—compared by Thomas Aquinas with the ages of man: infancy, youth and maturity (Fessard, 1, 33). However the four weeks of the Ignatian method were based on the idea that the individual should confront his own life with the Holy History— meditated from the first sin of the angels to the Ascension—and that he should act in accordance with divine will. Cisneros directed his monks towards mystical union, a state which required neither imaginative representation nor activity. For Ignatius, on the other hand, history was the place of salvation of individuals and this new dimension required that one recur to History of Salvation at all times in order to maintain union with the will of God. The historicity of the self and the will are the characteristics of the subject whose nucleus is not knowledge as maintained by classical philosophy and by Thomism, but rather the emotionality by means of which divine will is manifested. The meditations in both works were originated in images proceeding from the Holy History, but for Cisneros the devotional image inserted itself in the closed order of the monastic life. The spirituality of the *Book of Exercises* corresponded to the reform of the Benedictine Order put forth by the Catholic Monarchy.

The activity of the Jesuits following the foundation of the Company of Jesus was based on a spirituality centered on the anagogic sign of the *Exercises*. Faced with the dissolution of the medieval hierarchical order, Ignatius of Loyola constructed an affective universe, the center of which is the emotion of the subject. The anagogic sign is the link between history and the supernatural world. The characteristics of this sign contributed to the construction of modern subjectivity which has its maximum expression in the Baroque.

Bibliography

Barthes, Roland. *Sade, Fourier, Loyola*. Paris: Editions du Seuil, 1971.

Baudrillard, Jean. *Simulations*. New York: Semiotext (e), 1983.

Colombás, García M. *Un reformador benedictino en tiempos de los Reyes Catolicos. García Jiménez de Cisneros abad de Montserrat*. Montserrat: Scripta et Documenta, 1955.

Castel, André. *The Crisis of the Renaissance*. Geneve: Skira, 1964.

De Guibert, Joseph. *The Jesuits: Their Spiritual Doctrine and Practice*. Chicago: Loyola University Press, 1964.

Leturia, Pedro de. "La 'devotio moderna' en el Montserrat de S. Ignacio" *Razón y Fe*, t.III, 1936, p.371-385.

Loyola, Ignacio de. *Obras Completas*. Madrid: Biblioteca de Autores Cristianos, 1963.

_____. *The Spiritual Exercises*. Chicago: Loyola University Press, 1951.

Chaunu, Pierre. *Le temps des Réformes*. Paris: Fayard, 1975.

De Lubac, Henri. *Exégèse Medievale. Les Quatre Senses de L'Ecriture*. 2 vols. Paris: Aubier, 1959.

Fessard, Gaston. *La Dialectique des Exercices Spirituels*. 2 vols. Paris: Aubier, 1966.

Hamburger, Jeffrey M. "The Visual and the Visionary: The Image in late Medieval Monastic Devotions" *Viator Medieval and Renaissance Studies*. Vol. 20, 1989 (161-81).

Jiménez de Cisneros, García. *Book of Exercises for the Spiritual Life*. Montserrat: Monastery of Montserrat, 1929.

Mâle, Emile. *L'Art Religeux de la fin du XVIIe Siècle*. Paris: Armand Colin, 1951.

Rahner, Karl. *The Dynamic Element in the Church*. New York: Herder and Herder, 1964.

_____. *Theological Investigations*. t.VIII. New York: The Seabury Press, 1979.

Raspa, Anthony. *The Emotive Image. Jesuit Poetics in the English Renaissance.* Texas: Texas Christian University Press, 1983.

Watrigant, Henri. "La Génese des Exercices de Saint Ignace de Loyola" *Etudes.* t. 71 (506–529), t.72 (195–216), t.73 (199–228), 1987.

Weisbach, Werner. *El barroco arte de la Contrarreforma.* Madrid: Espasa-Calpe, 1942.

Notes

1. The *Book of Exercises* by García Jiménez de Cisneros was published in Latin and Castilian in 1500 at the monastery press at Montserrat. Ignatius of Loyola's *Spiritual Exercises* went through various stages before the definitive version was complete. The first known text is the "autógrafo" in Spanish which was translated into Latin in Paris in 1534. This is known as the "versio prima" although it is known that there existed a version in 1522 corresponding to Loyola's stay in Manresa. The definitive work corresponds to the Paris text with some modifications which were done in order to meet with the approval of Paul III in 1548.

2. According to Joseph Guibert in *The Jesuits in Their Spiritual Doctrine and Practice,* "This Ignatian spirituality is in many of its characteristics closely related to the Franciscan current which furnished an important contribution to the New Devotion (Devotio Moderna) (156)."

The author maintains that Cisneros was the transmitter of the Franciscan current to Ignatius of Loyola: "There is a feature common to the *Ejercicatorio* and the *Exercises;* and in regard to it Cisneros seems to have been the principal intermediary who transmitted the influence of the New Devotion to the spirituality of Ignatius (158)."

3. According to Jeffrey M. Hamburger: "Late medieval devotional imagery should be seen as a response to a new set of religious aspirations in which the image plays a central role. These aspirations are manifested in the monastic life as well as in the secular sphere (182)."

4. See García M. Colombas, *Un reformador benedictino en tiempos de los Reyes Católicos, García Jiménez de Cisneros abad de Montserrat.* Montserrat: Scripta et Documenta, 1955.

5. Pedro de Leturia, "La devotio moderna en el Montserrat de San Ignacio," *Razón y Fe* 3 (1936): 371–85.

6. The principal works of the "devotio moderna" present in the *Book of Exercises* are the following: By Juan Mombaer, *El Rosetum exercitorum spiritualium et sacrarum meditationem* from which is taken the plan of the work, by Gerardo Zerbolt de Zutphen, *De spiritualibus ascensionibus* and *De reformatione virium animae,* and by Juan Gersón, *De monte contemplationis.*

7. In *Simulations,* Jean Baudrillard characterizes the relations between the obliged sign and medieval society as follows: "In caste societies, feudal or archaic, cruel societies, the signs are limited in number, and are not widely diffused, each one functions with its full value as interdiction, each is a reciprocal obligation between castes, clans or persons (84).

8. "Y esto fue en tanta manera de quedar con el entendimiento ilustrado, que le parescía como si fuese otro hombre y tuviese otro intelecto que tenía antes" (Ignacio de Loyola, *Autobiografía,* 30).

9. He made note, therefore, from the beginning that the way by which God caused him to advance was a way apart, one in which he was instructed less by men than by the experiences he underwent and the lights he received (De Guibert, 29).

10. The text of the *Exercises* through its organization shows its nature as a practical manual for spiritual life. According to De Guibert: "The form of the book, we must admit, is completely disconcerting—especially to one who has not made the *Exercises*, but who nevertheless, attracted by their reputation undertakes to read them, just as he would read the *Introduction to a Devout Life* of St. Francis de Sales or the *Interior Castle* of St. Theresa (112).

11. There are differing points of view with respect to the characteristics of election in the Ignatian spirituality. According to Rahner in *The Dynamic Element in the Church*, the third mode of choice is based only on reason and is thus a deficient form of the first two modes. For Rahner the consolation without cause (*Exercises*, 330) is the proof that the choice accords with the spirit of the work. "It must quite deffinitely be said that the third method must always be regarded as a deficient modality of the one identical kind of Election, the genuine nature of which appears in its pure and fully developed form in the first two" (105).

Other authors, such as De Guibert in *The Jesuits, Their Spiritual Doctrine and Practice*, maintain that reasoning is present in the three modes of election. "The reasoning power never loses its rights, even while it is yielding the place of the first importance to the divine instincts, the impulses from the Holy Spirit" (537).

12. The epistemology of Ignatius of Loyola is taken from Anthony Raspa, *The Emotive Image, Jesuit Poetics in the English Renaissance*.

13. Karl Rahner affirms in his *Theological Investigations* 8: "The subject must (as solitary individual) experience the rest of the world and the Church as threatened and placed in question by the immediate advent of God and the sovereignty of His will" (141).

14. In *Sade, Fourier Loyola*, Roland Barthes establishes the relation between the different senses of medieval exegesis and the practice of the *Spiritual Exercises*. The literary text is the one corresponding to Ignatius who transmits it to the director; the semantic meaning appears as the director gives the exercises to the exerciser and reveals their meaning; the exerciser recalls the Holy History, attempting an allegorical interpretation of the points which are being meditated: the anagogic sense is the interpretation of the language of divinity in order to decipher divine will (49).

Revista Española de Ambos Mundos

Carlos García Barrón
University of California, Santa Barbara

Este trabajo pretende desenterrar del olvido una importante publicación del siglo XIX español no estudiada hasta ahora.[1] Como se desprende de su título, su intención es emular a la prestigiosa *Revue des Deux Mondes*, revista parisina de singular trascendencia en su tiempo.[2]

La *Revista Española de Ambos Mundos* se puede manejar en la Hemeroteca Municipal de Madrid donde aparece recogida en tres gruesos volúmenes bajo la signatura A. H. 10-4-1992-1994. Se publica de 1853 a 1855, en Madrid, fiel a un ideario editorial que citamos a continuación:

> En religión es católica; en política, liberal; en filosofía, espiritista; en comercio, en industria, en navegación, en economia política, se inclina a la escuela inglesa presidida por Peel;[3] en legislación, ciencias y artes acepta el progreso europeo y busca en las fuentes eternas de lo justo, lo bello y lo bueno, la realización del tipo ideal a que deben encaminarse sus esfuerzos las naciones. (Vol. I, pág.VII)

Más adelante declara abiertamente que "aspira a ser en España y en América con el tiempo lo que es hoy la francesa en Europa" para reiterar que "ha tomado por tipo a la más acreditada revista europea y siguiendo sus huellas en el fondo y en la forma . . ." Finalmente, hace fe de su postura "neutral" en política con la esperanza de dar cabida en sus páginas a todas las "opiniones razonables, aunque opuestas y diversas en el fondo . . ." Si bien no incluye el nombre de su director, sabemos que fue el uruguayo Alejandro Magarinos Cervantes.[4]

La lectura de la *Revista Española de Ambos Mundos* proporciona una visión panorámica del quehacer político, económico y cultural tanto de España como de Europa. Con respecto al continente americano, existe un marcado interés por "estrechar las relaciones entre España y América", refiriéndose principalmente a las ex-provincias españolas en el Nuevo Mundo.

Antes de centrarnos en su faceta literaria, considero oportuno repasar someramente la índole de algunos de los más destacados artículos en las otras áreas mencionadas. Ello servirá de botón de muestra para documentar la alta calidad de la mayoría de sus colaboradores. En el ámbito de la política europea despunta la figura de Pascual de Gayangos[5] dedicado en este caso a reseñar los más recientes libros sobre temas como el de Thomas Carlyle, *Shall Turkey Live or Die?* a propósito de la inminente guerra entre ese país y Rusia. (Vol.II, págs.116-24) Como era de esperar, Gayangos no abandona su interés por la literatura aportando frecuentes rescensiones sobre obras literarias publicadas en países como Italia, Francia e Inglaterra.

En una época de creciente actividad económica, cunde la preocupación por la situación de España vis-à-vis Europa. El rector de la Universidad Central en su discurso de inauguración del año académico, después de defender el progreso material de los países occidentales, afirma, "Concluyamos, pues, proclamando en alta voz... que el progreso moral de las sociedades europeas camina de concierto con el progreso material y científico que ni los mismos encomiadores de los tiempos pasados se atreven a negar." (Vol.I, pág. 26) En otro artículo, de autor anónimo, se insiste en que el negocio capital del siglo presente son los ferrocarriles y la electricidad telegráfica. (Vol. I, págs. 710-24)

El talante un tanto conservador de la dirección de la revista se pone de manifiesto por un colaborador, R.N.B., quien, consciente de las revoluciones de 1848, sostiene, "Nos inquieta el espíritu revolucionario arrastrado por sus triunfos a traspasar los límites de la justicia y de la necesidad y a fundar su imperio en la ruina de los antiguos vínculos sociales." (Vol. III, págs. 254-280) No cabe duda que para los redactores de la *Revista Española de Ambos Mundos*, Inglaterra es el modelo a seguir por España ya que allí "la razón y la experiencia" dictan las normas de conducta política. Europa, visto en su conjunto, parecía contraponer dos fuerzas básicas, según el anónimo autor de estas líneas:

> Dos grandes principios están frente a frente, el despotismo aristocrático que no quiere tomar de la civilización más que los medios de hacer preponderar la fuerza bruta, aumentando sus elementos de dominación, de resistencia y ataque, y la soberanía nacional que marcha de progreso en progreso a la mejora de la condición física, moral e intelectual de las populares. (Vol. I, págs. 517-26)

Como reza el título de la revista, ambos mundos están en la mira de la dirección de esta publicación. De ahí que abunden los artículos sobre América y su relación con España. El propio Magarinos Cervantes en un artículo, "Gloria de España en el Nuevo Mundo", ensalza el papel de aquélla en la gesta de la conquista de América en términos hiperbólicos como cuando aludiendo al pueblo español, declara: "ese pueblo ha hecho más por la civilización y el porvenir de Europa y del mundo que todos los que se han engrandecido con sus despojos, con su oro, con su sangre e inteligencia." (Vol. I, págs. 142-63) En otro momento, al analizar "El sistema colonial", aserta que éste se basó en la fuerza para concluir que dicho sistema "por más que se diga era y no podía menos de ser malo." (Vol. III, págs. 21-48)

El insigne historiador, José Amador de los Ríos, en un excelente ensayo, "Algunas reflexiones sobre la primitiva civilización de América" pone de relieve el escaso conocimiento de los europeos sobre este tema con esta aseveración: "La Europa espera ha largo tiempo, y con sobrado fundamento, la aparición de un libro en el cual pueda contemplar la civilización primitiva del Nuevo Mundo tal como era real y positivamente y no con las preocupaciones o los intereses de otros tiempos." (Vol. I, págs. 537-60) La relación de trabajos sobre América es extensa con títulos como los siguientes: "De la situación actual de las Repúblicas Sur-Americanas" (Vol. I, págs. 29-45) de José Joaquín de Mora; "Cartas inéditas del Primer Virrey de México, Don Antonio de Mendoza y del Primer Cronista de las Indias, Gonzalo Fernández de Oviedo" (Vol. I, págs.47-54) y, "España y las Repúblicas Hispano Americanas" (vol. I, págs. 275-80) de Francisco Muñoz del Monte.

Las traducciones de obras europeas ocupan un lugar importante las páginas de esta revista. El ya citado Pascual de Gayangos, reseña la traducción al español de *Etudes sur la Redaction espagnole* de L'Amadis de Gaule de García Ordóñez de Montalvo por E. Baret (Vol. II, págs. 371-79) así como *Le Comte Lucanor*. Traduit de l'espagnol par M Adolphe Puibusque (Vol. II, págs. 385-402). José Amador de los Rios lamenta que los tres tomos de la obra del Conde Alberto de Circourt, *Mozárabes, mudéjares y moriscos*, publicados en París en 1846, no hubiesen sido traducidos al español (Vol. II, págs 991-1029). Naturalmente, hay también muchas traducciones de obras inglesas, italianas y alemanas.

Mas es en la vertiente literaria donde habremos de encontrar lo más significativo de esta revista. La lista de colaboradores es impresionante: Manuel Bretón de los Herreros; Eugenio de Ochoa; Leopoldo Augusto de Cueto; Antonio Cánovas del Castillo; Angel de Saavedra; Modesto La Fuente; Carolina Coronado; Pascual de Gayangos; Juan Valera; Manuel Cañete; Emilio Castelar; Juan Eugenio Hartzenbush; José Zorrilla y Ramón de Campoamor, en fin, toda una constelación.

El poeta y dramaturgo, Manuel Bretón de los Herreros, da a la luz dos poemas, "El honor" (Vol. I, págs. 56-60) y otra composición inédita, "La desverguenza" (Vol. I, pags. 507-16). Eugenio de Ochoa, uno de los más prolíficos colaboradores, pasa revista al teatro en "Sobre el estado actual de los teatros en España" (Vol. I, págs.61-73); aporta un largo cuento por entregas, "Los guerrilleros" (Vol. III, págs. 76-93; 213-40; 349-78 y 510-21) dedicado a Fernán Caballero y nos presenta un resumen de la actualidad literaria del momento en sus populares "Carta madrileñas" (Vol. III, págs. 100-03; 250-53 y 413-16). Otra figura clave, el respetado crítico Leopoldo Augusto de Cueto, opina sobre la obra teatral de Tamayo y Baus, Virginia:

> En suma, el triunfo teatral de la *Virginia* es uno de los más grandes y legítimos que hemos visto en la escena española. Glorioso y lisonjero es para el señor Tamayo haber logrado avasallar la atención y los sentimientos de un público exigente pero no debe glorificarse de haber dotado a la literatura elevada de su patria de una obra de arte, de conciencia, de inspiración, y sobre todo, de buen gusto, que es, según la expresión afortunada de un gran escritor, la razón del genio." (Vol. I. pags. 365-79)

En otro lugar, Cánovas del Castillo, artífice de la restauración borbónica y hombre de vasta cultura, da su parecer sobre un tema muy alejado de la política nacional al reseñar el ensayo del poeta romántico, José María Heredia, "Estudios sobre la literatura hispano americana" (Vol. I. págs. 303-20; 393-414 y 571-81).

Angel de Saavedra, duque de Rivas, famoso autor de *El Moro Expósito* y *Don Alvaro o la fuerza del sino*, recuerda su estancia en Italia en sendos trabajos, "Un viaje a las ruinas de Pesto" (Vol. I. págs.71-76) y "Un viaje al Vesubio" (Vol. I. págs. 756-66). En el mismo volúmen el mordaz, "Fray Gerundio", Modesto La Fuente, se explaya sobre "La madre de D. Juan de Austria" (Vol. I., pags. 321-33) y la poetisa romántica, Carolina Coronado dedica un poema a su hija, "A mi hija María Carolina" (Vol. I. pág. 762). Más adelante haciendo gala de su profundo catolicismo vierte este sentimiento en "Dios es nuestra esperanza" (Vol. II, págs. 631-34). Pascual de Gayangos, previamente citado, amén de sus frecuentes "Crónicas literarias", aboga por la enseñanza del sánscrito (Vol. III., págs. 529-35), tema éste que va cobrando interés a lo largo del siglo XIX español.

Otro colaborador de peso es Juan Valera. En un excelente artículo sobre el romanticismo español analiza la obra de los tres grandes poetas románticos del "primer romanticismo", o sea, Angel de Saavedra, Zorrilla y Espronceda. Resulta esclarecedor citar algunos de sus mesurados juicios:

> La secta de los románticos, que vino de Francia, como vienen todas las formas, se amoldó perfectamente a nuestras inclinaciones y carácter y se hizo tan española como si hubiese nacido en España; porque si la palabra romántico quiere decir algo, no hay país más romántico que el nuestro ... El romanticismo no se ha de considerar, hoy día, como secta militante sino como cosa pasada y perteneciente a la historia. El romanticismo ha sido una revelación y sólo los efectos de ella podia ser estables. Entre nosotros vino a liberar a los poetas del yugo ridículo de los preceptistas franceses y a superarlos de la imitación superficial y mal entendida de los clásicos y lo consiguió. (Vol. II., págs. 610-33)

Valera, que en calidad de diplomático había estado destacado en el Brasil, aporta otro artículo, "De la poesía del Brasil" (Vol. III., págs. 618-33) en el que estudia la indole de la lírica de aquel país.

Otro nombre prominente que surge en las páginas de esta revista es el de Manuel Cañete, conocido crítico literario, que examina "La Ricahembra", drama histórico en cuatro actos de Aureliano Fernández-Guerra y Manuel Tamayo y Baus, representado por primera vez en el Teatro del Príncipe el 20 de abril de 1854. Después de ponderar la obra manifiesta su sentir, fruto del "justo medio", al declarar, ". . . pero siempre que sea posible encerrar en el fondo de una obra dramática un símbolo moral o filosófico, de enseñanza provechosa, siempre que el arte mire al cielo pensando en que de allí viene la luz y en que allí está la fuente inagotable de toda verdad y belleza, no solo realizará dignamente sus destinos, sino adquirirá lauros que no marchitan los caprichos de la moda, ni la veleidad o tiranía de los Sistemas." (Vol. II, págs. 211-29)

En cuanto a Emilio Castelar, político de primera fila y uno de los máximos oradores de su época, su única entrada es un erudito ensayo, "Helena", para él símbolo del arte clásico. (Vol. III, págs. 309-28). Por su parte el escritor y crítico romántico, Juan Eugenio Hartzenbush, recoge y estudia el poema, "En celebridad de la coronación del gran poeta D. Manuel José Quintana" de Gertrudis Gómez de Avellaneda (Vol. III, págs 536-64).

Para cerrar el apartado estrictamente literario habría que citar "La rosa de Alejandrina", leyenda de José Zorrilla (Vol. II, págs. 355-61) así como "El beso" (Vol. II, págs 230-43) y una de las especiales composiciones poéticas, "Dolora" del inimitable Ramón de Campoamor.

Como era de esperar también los filósofos aparecen en estas páginas. Julián Sanz del Río, faro iluminador del krausismo[6], analiza en un brillante ensayo las diferencias entre Kant y Krause (Vol. II, págs. 5-21 y 129-148). Señala al respecto: "Y en la filosofía fundamental, la luz que Kant anunció, o mejor la cuestión que puso convirtiendo el espíritu de la simple y crédula contemplación del mundo sensible hacia si mismo pero encerrándolo aquí como en un círculo de hierro, lució de lleno Krause, elevándose sobre la opinión irreconciliable del sujeto con el objeto absoluto, en quien tiene su última razón y su solución definitiva la ciencia del hombre y en cuya realidad se une la luz de la ciencia con la de la vida y la de la religión". El segundo de estos pensadores, José Joaquín de Mora, antiguo contrincante de Nicolás Böhl de Faber en la famosa "querella calderoniana"[7], de vuelta a España después de una larga estancia en vaios países hispanoamericanos, reseña "Las lecciones sobre la historia moderna" de Federico Schlegel (Vol. II, págs. 434-65).

Queda así resumido someramente el contenido de la *Revista Española de Ambos Mundos*. Si bien su duración fue un tanto breve, de 1853 a 1855, es evidente que atrajo a la flor y nata de la intelectualidad española de esa época. Desconocemos las razones que llevaron a que cesase su publicación pues no aparece en el último número ninguna explicación o advertencia que arroje luz sobre ello. Lo que sí podemos afirmar es que la revista cumplió un importante papel en la diseminación de ideas e información, fiel al modelo que se impuso, *La Revue des Deux Mondes*.

Notas

1. Curiosamente, no aparece ninguna mención de esta revista en el libro de María Cruz Seoane, *Oratoria y periodismo en la España del siglo XIX*, Madrid, Fundación Juan March, 1977.
2. La prestigiosa *Revue des Deux Mondes* se funda en París en 1829 y, en varias etapas, dura hasta 1929. En el primer número declara su talante abierto a todas las ideas: "L'esprit de parti est une folie de beaucoup d'hommes au profit de quelques-uns." Marcel Bouteron al describir la índole de la revista indica: "Elle s'annonçait comme Revue de grand reportage politique, pratique, réaliste, sagement libérale, indépendante..." *Cent ans de vie Française à la Revue des deux Mondes*, Paris, Hachette, 1929.
3. Se refiere a Robert Peel (1788-1850), político inglés. Fue éste un gran defensor del libre comercio que propuso medidas encaminadas a abolir los aranceles y todas las demás trabas a la libre importación y exportación.
4. Alejandro Magariños Cervantes nació en Montevideo, Uruguay. Fue novelista e historiador. En España vivió muchos años colaborando en varias revistas y periódicos de su época. En París, sostuvo de 1853 a 1855 la *Revista Española de Ambos Mundos*. Enciclopedia universal Espasa-Calpe, Vol. 32, pág. 32.
5. Pascual Gayangos y Arce (1809-1897) fue un sabio orientalista e historiador español. Vivió mucho tiempo en Inglaterra. Sus obras sobre historia y literatura son numerosas.
6. El krausismo es un sistema filosófico basado en el pensamiento de Christian Friedrich Krause y que introduce en España Julián Sanz del Río. De base neokantiana, concibe el "yo" como reflejo o parte de un ser absoluto y pretende encontrar sentido de la vida espiritual en un constante elevarse hasta la participación plena de las esencias de ese absoluto mediante el desarrollo armónico de la personalidad.
7. Ver Camille Pitollet, *La Querelle Calderonienne de Johan Nikolas Böhl von Faber et José Joaquín de Mora reconstituée d'après les documents originaux*, Paris, 1909.

Historia y Ficción en dos Novelas de Eduardo Mendoza

Victor Fuentes
University of California, Santa Barbara

La verdad del caso Savolta se daba a la estampa en 1975, tres meses antes de la muerte del dictador Francisco Franco. Su gran éxito aparece vinculado al contexto histórico-cultural en que se publicó. La novela venía a renovar la narrativa española, en unas fechas en que la sociedad española se libraba, por fin, de la pesada losa histórica de la dictadura franquista. El humor de que hace gala Mendoza, desde su primera novela, tiene un carácter festivo, apropiado a los nuevos aires liberadores que vivificarían a la sociedad española tras el fin de la dictadura. Asimismo, el desenfadado tratamiento de la historia, aboliendo la barrera que separan a la historia y a la ficción, era una especie de antídoto contra la "historia oficial" de la "España eterna" propiciada por el franquismo. Podríamos decir que el escritor catalán, irónicamente, se vale de la novela histórica para exorcizar el "terror de la historia", tan tragicamente vivido en España con la guerra civil y la dictadura franquista.

Con *La verdad sobre el caso Savolta* y *La ciudad de los prodigios*, Mendoza se suma a la cohorte de novelistas americanos y europeos que, en nuestros días, a partir de la década de los 70, en especial, han renovado el género o subgénero de la novela histórica. Como es sabido, ésta tuvo su gran floración a lo largo del siglo XIX, "el siglo de la Historia", para languidecer en el nuestro, relegada, salvo en algún caso excepcional, a la subliteratura, hasta llegar el reflorecimiento actual, donde los "mejores" novelistas han vuelto a cultivar el género sometiéndole a una total reconversión.

Amado Alonso, en su seminal estudio *Ensayo sobre la novela histórica, El modernismo en La gloria de Don Ramiro*, constata que en las fechas en que publica el libro, 1942, el género hace tiempo que vive una mortecina existencia vicaria: desde el Modernismo, donde en la literatura hispánica tuvo su gloria postrera con *La gloria de Don Ramiro*, del argentino Enrique Larreta. A lo largo de las densas páginas de su crítica (llenas de iluminadores análisis sobre los logros y limitaciones, históricas o poéticas, de los grandes cultores del género en el siglo XIX, Walter Scott, Victor Hugo, Cooper, Manzoni, Flaubert), Amado Alonso nos hace el diagnóstico de las contradicciones que llevaba en sí la novela histórica moderna (la del romanticismo y la del posromanticismo) y que, a la postre, semi-acabarían con ella: pues, como resume en una nota al pie de página, en la novela histórica "la utilidad de la historia impide el deleite de la ficción y el deleite de la ficción impide la utilidad de la historia" (87).

La nueva novela histórica de nuestro tiempo—o metaficción historiográfica, en la definición de Linda Hutcheon (1988)— supera las aporías y contradicciones insolubles de la del siglo XIX. Este remozar del género hay que situarlo dentro de la epísteme de la condición o sensibilidad posmoderna de nuestra era actual, en la que se rompen las oposiciones binarias, se hace de la contradicción uno de los cardinales principios de la creación, y se vuelve a revisitar el pasado, pero con ironía. De aquí que caigan las barreras, insalvables para la novela histórica del XIX, entre ficción e historia, presente y pasado y toda una serie de corolarios que se desprenden de estas dos oposiciones cardinales. Veamos, a continuación, como en estas dos obras de Eduardo Mendoza la novela histórica aparece poéticamente remozada por los supuestos posmodernistas.

La verdad sobre el caso Savolta se sitúa en el medio histórico de Barcelona en el período 1917-1919, con el fondo de la primera Guerra Mundial y los violentos enfrentamientos entre obreros (en especial, los anarquistas) y patronos, aunque la reconstrucción del relato se hace desde el presente y en la ciudad de Nueva York: dato este que nos alerta de que en sus novelas—como en tantas obras de nuestra época— el espacio y la geografía van a prevalecer sobre el tiempo y la historia, minando ya desde dentro a la concepción de la canónica "novela histórica." *La ciudad de los prodigios*, situada también en Barcelona, abarca un período histórico más amplio, el de las dos Exposiciones Universales entre 1888 y 1929. Aunque su acción no llega al presente, éste está implícito, no sólo en los anacronismos y sensibilidad actuales que la informan, en cuanto a la temática y las formas de representación, sino también en la relación de aquellos dos fastos universales del pasado con uno de nuestro futuro próximo, ya prefigurado en la novela por aquellos: el de las Olimpíadas del verano de 1992 en Barcelona.

En ambos casos, se rompe aquí con uno de los presupuestos más limitadores de la novela histórica moderna: la de representar un modo de vida pretérito y ofrecerlo como pretérito y concluso. En las dos novelas, se dan la reconstrucción "arqueológica" del medio y la sucesión de acciones "ilustres" (subvertiendo irónica y humorísticamente este término), elementos centrales de la novela histórica moderna, pero con un tratamiento posmoderno, en donde lo heterogéneo suple al asentimiento de lo homogéneo, buscado por la novela del XIX: la nueva novela histórica tiene mucho de bricolage, donde se entremezclan, sin deslindes, historia y ficción, géneros e intertextualidades. En la primera de las dos novelas, la "verdad" del título, ya de por sí lleva un aditamento de metaficción, referido al cómo se escribe la mentira-verdad de la nueva ficción historiográfica, y al escollo en que empantanó la novela histórica clásica al tratar de mantener separadas la "verdad" histórica y la mentira o "verdad poética": también "la verdad sobre el caso Savolta" como sugiere el título, y resalta la pistola de la cubierta, alude a la perspectiva narrativa detectivesca o, mejor, anti-detectivesca presente en la novela asimismo, la pistola también apunta, y dentro de la mezcla de matrices narrativas contenida en la novela, a la perspectiva de ficción histórica-folletinesca de las luchas entre obreros y patrones en la Barcelona del "trienio bolchevique". Toda la novela es una especie de pastiche de formas novelescas y cinematográficas populares y de parodia de las novelas anarquistas sobre el conflicto social.

Lo mismo podríamos decir de *La ciudad de los prodigios*, donde la perspectiva de novela histórica sobre el ascenso de la burguesía catalana en la España de la Restauración—hasta la liquidación de ésta en 1931—, en el contexto de la intensa conflitividad de lucha de clases, está inscrita en un palimpsesto de novela picaresca, de folletín y aventuras, detectivesca y cinematográfica.

En una "Nota" que precede al texto de *La verdad . . .* , Mendoza declara que para la redacción de algunos pasajes ha utilizado fragmentos de algunos libros sobre el terrorismo de la época y sobre los anarquistas. Recurre, pues, a la documentación histórica, propio de la novela del género, aunque, hasta ya en su declaración, socava el uso tradicional. Se limita a decirnos que utiliza el material documental sólo para algunos pasajes, en forma de artículos, cartas o documentos: toda una perspectiva narrativa que, más que para documentar la historia, sirve para resaltar el carácter metanovelesco de su (h)istoria novelesca. También añade que ha utilizado los documentos "convenientemente adaptados", dando así al traste a la "objetividad" del material histórico, otro de los tendones de Aquiles de la novela histórica moderna. Asimismo añade que, "por lo demás", todos los personajes, sucesos y situaciones son imaginarios, aunque nos describe situaciones históricas acaecidas y aparecen personajes históricos reales, como Dato o Maura.

Mendoza documenta *La verdad . . .* , con obras sobre el sangriento enfrentamiento entre los obreros, anarquistas en su mayoría, y los patronos y la represión gubernamental a favor de éstos. Sin embargo, no se sirve de su documentación para darnos "una representación fiel" de aquel pasado de encarnizada agudización de la lucha de clases en la sociedad barcelonesa y, en general, en la española. En su tratamiento, contrario al intento de la novela histórica del XIX, la actitud "poética" prevalece sobre la materia histórica. Se vale de los documentos (a fuer de para deconstruir los procedimientos de la novela histórica moderna) para construir su texto novelesco, dentro de ese imperativo de todo texto literario develado por la crítica posestructuralista, el de la intertextualidad, definida por Julia Kristeva con las siguientes palabras—y traduzco del francés—: "todo texto se construye como un mosaico de citas, todo texto es absorción y transformación de otro texto" (113). La vampirización o canibalización de textos y géneros, propios de la literatura posmoderna, alcanza en *La verdad* . . ., su primera expresión en la narrativa española actual, tan dada a estas actitudes.

Por otra parte, y en sus dos novelas, el narrador catalán escribe sobre la lucha de clases de fines del siglo XIX y del primer tercio del XX, desde una época—la del acceso de España a la sociedad del consumo—, en la que el conflicto clasista, aunque siga existiendo (y prolongado artificialmente como—y con—la vida del dictador), no es el determinante de la sociedad española del momento, y donde también ha quedado destruida la segregación de las culturas de clase, tan vigentes en la época sobre la que escribe, y en mucha de la novelística del XIX. (Recordemos aquel pasaje de *La Regenta* por la barriada obrera de Vetusta, donde usos y modales de la población proletaria se la revelan como algo fundamentalmente ajenos a los suyos, con una mezcla de rechazo y de atracción). De aquí, que a algunos críticos o lectores, no lo suficientemente conscientes de estos cambios socio-políticos y culturales, les pueda resultar "falseada" o insultante la visión "ficticia" y paródica de los anarquistas y su cultura que nos da Mendoza en sus dos novelas.

Para la comprensión creadora de su visión hay que tener en cuenta el valor cognoscitivo, desmitificador de las "verdades históricas", que el anacronismo y el elemento lúdico conllevan en la nueva novela histórica. Los anarquistas de aquel tiempo, vistos desde el nuestro, no están representados como los anarquistas históricos, santos o criminales, en sus dos manifestaciones extremas, aunque—dentro de una estética que afirma el principio de la contradicción—también están vistos así, sino desde una perspectiva en que se diluye la línea divisoria entre el juego de la ficción y el fuego (ya que hablamos de la "Rosa de fuego," nombre dado por los anarquistas de entonces a Barcelona) de la historia. Por otra parte, las personas, ficticias-reales (tales como los representantes del poder burgués, catalán) o reales-ficticias (representantes del poder central, como Alfonso XIII o el dictador Primo de Rivera) aparecen con visos esperpénticos, con mucho de homenaje al "Ruedo ibérico" de Valle-Inclán, pero con un sentido del humor catalán.

En *La ciudad de los prodigios* (y poniéndose en guardia contra uno de los aspectos más vulnerables de la novela histórica moderna, las dudas o acusaciones respecto a su veracidad histórica), ya de entrada, al hacernos el resumen de la llegada del anarquismo en España pone al descubierto lo que hay de mentira histórica en su novela histórica. La llegada de Fanelli, el introductor del anarquismo en España, le da pie para un juego de identidades borgiano. Primero, sustituye el nombre del Fanelli histórico por el de Foscarini, para posteriormente desdoblar en dos a éste, el auténtico Foscarini, detenido en el tren antes de cruzar la frontera y "el ficticio", un policía disfrazado de él, quien es quien entraría en España y al que, el narrador, responsabiliza, al mismo tiempo, de la violencia desatada de los anarquistas y de la feroz represión gubernamental-policíaca contra ellos.

Como sabemos e ilustró ya magistralmente *El Quijote*, la parodia tiene un lado admirativo por aquello que se parodia y esto ocurre con Mendoza y su parodia del anarquismo. Nos lo define "como una posibilidad perdida en el pasado", pero también afirma que "los catalanes somos todos anarquistas" y "que en el fondo somos: libertarios, anarquistas y quemaconventos" (Riera 100). Esta actitud se refleja en la cierta simpatía con que trata a los patéticos anarquistas de *La ciudad de los prodigios* o en la festiva secuencia de "liberación y alegría", que vive Javier Miranda en el campo junto al grupo de mujeres anarquistas, "misioneras del amor libre" (*La verdad* . . . , 381–84). Asimismo, en uno de los grandes ejemplos del uso de la hibridez, característicos del arte posmodernista, Onofre Bouvilla, el protagonista de *La ciudad de los prodigios*, es, a la vez, un prototipo—como pedía Lukacs del héroe de la novela histórica—, aunque irónico, que personifica el irresistible ascenso de la burguesía catalana a la cima del poder económico y político de la sociedad española de la Restauración (tipo ya novelado por Galdós, con respecto a la burguesia centralista en su serie de Torquemada), pero también un personaje con "afinidades electivas" con el anarquismo, lo cual sería increible en el "realista" Torquemada galdosiano. Acentuado dicha dimensión anarquizante, al final de la novela, cuando ha llegado a la cúspide del poder social y económico, Onofre se desprende de éste, y de su carácter de humorístico prototipo del poder burgués, para desaparecer, impulsado por su romántico amor a María, y en compañía de ésta: quizá en busca de aquel camión de las misioneras del amor libre, ya mencionado, de la otra novela.

Es muy significativo, dentro del doble código del relato novelesco posmoderno, el hecho de que en la nueva novela histórica, y particularmente en estas de Eduardo Mendoza, se siga el devenir histórico (aunque, continuamente, como en el caso de estas dos novelas, no se expongan las acciones en sucesión, socavando, así, el orden expositivo de la historia) para al final truncarlo abruptamente; como vemos en el caso de Onofre, negándose, por el amor, a seguir su destino histórico de clase. Este desmarque también se da con la cronología de la historia. *La ciudad de los prodigios* se enmarca entre dos fechas concretas de la historia de Barcelona, 1888 y 1929, las dos fechas de sus Exposiciones Universales. Sin embargo, cuando el narrador y cronista histórico, resumen el ulterior desarrollo de los hechos históricos, tras la desaparición de Onofre, en las fechas que transcribe aparece trastocada la verdad con la mentira. Nos da la fecha histórica de la renuncia de Primo de Rivera, enero de 1930, pero trunca la de su muerte: el 16 de mayo de 1930 y no la del 17 de marzo. Agranda el error—o verdad fictícia—al decirnos que Alfonso XIII abdicaba la Corona de España y partía al exilio cuatro años más tarde, cuando esto sucedió un año después de la muerte del dictador, el 14 de abril de 1931. Aquí podemos ver una revuelta contra las "petites chicanes chronologiques", según ya protestara Victor Hugo, y una burla a la historia basada en la fechas y nombres de "los grandes hombres." Asimismo, podría significar una llamada de atención, por parte del narrador poco fiable, de que el cronista o el historiador también puede ser lo mismo—o menos—de poco fiable.

Liberado de la sujección al "dato" y a "la verdad" histórica, Mendoza, como tantos de los novelistas que hoy cultivan la nueva novela histórica—pensemos en los Roa Bastos, García Márquez, Fuentes y Vargas Llosa—, da rienda suelta a la inventiva y a la imaginación poética. La presentación del material intelectualmente ya sabido, a cuya elaboración se sujetaban en demasía los cultores de la novela histórica moderna, da paso a una recreación libre, a veces disparatada, que, sin embargo, apunta a la doble vertiente del disparate de la ficción, pero también del de la historia.

Pasando al otro elemento fundamental de la novela histórica, el de la arqueología o recreación del medio en donde las acciones transcurren, en Mendoza, como en los otros autores de la nueva novela histórica, la diferencia con los cultores de la novela histórica moderna es tan marcada como con el tratamiento de la materia histórica. Aquellos novelistas, como analizara Amado Alonso, se acercaban a la materia arqueológica con actitud de arqueólogos, interesados en representar objetos y modos de vida ya caducos y justamente en lo que tenían de limitados y perecidos. Esta actitud, concluye Amado Alonso, por exceso del predominio intelectual o crítico, amordaza o mata la creación poética, e impide que en el proceso de la narración madure un modo personal de ver y sentir la vida que se nos sugiera y contagie como universalmente valioso (30–31).

A esto último es a lo que aspiran los novelistas de la nueva novela histórica, dando rienda suelta a la creación poética y proyectando sobre la materia arqueológica técnicas de revivificación desde nuestro presente y desde las inquietudes personales e ideológicas de los autores. Tratada en este sentido, la arquelogía priva, en sus novelas, sobre la historia, ya que al siglo de la Historia le ha sucedido, en el nuestro y empezando ya con la Primera guerra mundial (fechas en que transcurre la *La verdad*...) el terror de la historia o, al menos, la desconfianza hacia ella.

No se trata de reconstruir "el espíritu de una época", intento de la novela histórica moderna, sino de revisitar dicha época con el "espíritu" y la imaginación de la nuestra. Unas palabras de Mendoza sobre la intención que preside su libro ensayístico, *Barcelona modernista*, escrito junto a Cristina Mendoza, y para una colección intitulada "Ciudades en la Historia" resumen tal propósito:

El propósito de este libro, en realidad, es plasmar en imágenes literarias y gráficas la noción que hoy tenemos de aquella Barcelona, en parte aún viva y presente, en parte irremisiblemente perdida. En otras palabras: hemos querido recrear la Barcelona pretérita que la mayoría de los barceloneses guardamos en la imaginación, un poco a la manera de las pantominas que entonces gozaron de tanto predicamento y en las cuales, con un poco de alambre y cartón, se ponía en escena La guerra de África, La feria de Sevilla o Una fiesta nocturna en Pekin (11).

Este propósito se podría extender al modo de recreación historica de sus dos novelas, a las que igualmente correspondería el subtítulo de "Ciudad en la Historia", poniéndose mayor relieve en la ciudad, Barcelona, que en la historia. En ellas, "la ilusión de la realidad", meta de la novela histórica, muy especialmente de la realista, se da en un sentido literal; es decir, el énfasis es en la ilusión y no en lo "real". De aqui que Onofre, en *La ciudad de los prodigios*, en su edad ya madura, concluya: "quizá la pobre Delfina tenía razón en esto: el mundo en realidad es como el cinematógrafo" (390).

Tratar de cómo Eduardo Mendoza (con el alambre y el cartón, de su imaginación, valiéndose de imágenes literarias y gráficas, mediante el pastiche y la intertextualidad con obras documentales, literarias, gráficas y cinematográficas) recrea "la ilusión de la realidad", subrayando lo que la realidad tiene de ilusorio, sería ya tema de otro ensayo: "la representación posmodernista en la narrativa de Eduardo Mendoza," una de las más creadoras y personales de la actual novelística en español. Termino éste, con unos versos de la "Coda" de W. H. Auden a su poema "Archaeology", escrito en agosto de 1973, un mes antes de su muerte, acaecida el 29 de setiembre de 1973; versos en que expresan la desconfianza por la Historia sentida tan dramaticamente en nuestra época, y, muy especialmente, por muchos de los cultores de la nueva novela histórica:

> From Archaeology
> one moral, at least, may be drawn,
> to wit, that all
> our school text-books lie.
> What they call History
> is nothing to vaunt of,
> being made, as it is,
> by the criminal in us:
> goodness is timeless.

Obras Citadas

Alonso, Amado. *Ensayo sobre la novela histórica. El Modernismo en la Gloria de Don Ramiro*. Buenos Aires; Facultad de Filosofía y letras de la universidad de Buenos Aires, 1942.

Auden, W.H. *Selected Poems*. Ed. Edward Mendelson. Vintage International: New York, 1989.

Hutcheon, Linda. *A Poetics of Postmodernism*. Routledge: New York, 1988.

Kristeva, Julia. *Séméotikè: Recherches Pour un sémanalyse*. Paris: Editions du Seuil, 1969.

Mendoza, Eduardo. *La ciudad de los prodigios*. Barcelona: Seix Barral, 1986.

_____. *La verdad sobre el caso Savolta*. Barcelona: Seix Barral, 1975.

_____, y Cristina Mendoza. *Barcelona modernista*. Barcelona: Planeta, 1989.

Europe and America — Myths and Confrontations

Maria Laura Bettencourt Pires
Universidade Aberta

> The first law of history is to dread uttering falsehood; the next not to fear stating the truth.
>
> Pope Leo XIII, 1883

> ... the history of the past ends in the present; and the present is our scene of trial; and to behave ourselves towards its various phenomena duly and religiously, we must understand them, and to understand them, we must have recourse to those past events which led to them. Thus the present is a text, and the past its interpretation.
>
> J.H. Newman, Essays Critical and Historical

All over the world in the year of 1992 we celebrated the Quincentenary of the Discovery of America. It was an anniversary of global significance but, as is well known, there were critical perspectives about the commemorations of what some designate as "imperial articulations of conquest, conversion, territorial appropriation, and enslavement."[1] And the indigenous countries of the American continent, the African-Americans and the Asians, who, as Franklin Knight says, "found themselves outside the narrow consciousness of Columbus"[2] used the quincentennial as an opportunity to write what can be considered as a counter history for they think that the post-Columbus world brought not triumphs but traumas...

Obviously aware of the asymmetrical relations of domination and subordination and of the consequent confrontations, in pondering the true significance of 1992, the *Columbus Quincentenary Jubilee Commission*, in its program, instead of referring to the celebrations of the Discovery, declares that it is commemorating the "Encounter between the Europeans and the inhabitants of the Americas." Related to this watershed historical event—that Todorov, among others, classifies as the beginning of the modern era and as "une rencontre extrême et exemplaire... essencielle pour nous aujourd'hui"[3]—much has been said about the importance of the European cultural heritage in America and about the transformation of the mentalities and the cultural clashes suffered by the peoples of the New World.[4]

In that light, I must mention the legacy of Euro-imperialism and the celebratory narratives of European superiority—the so-called propaganda literature—that symbolically dramatized the exploration and travels and can thus be considered responsible for some of the confrontations. But, in my opinion, the question must also be studied from another perspective. We must be aware of the impact of the New World in Europe and of the contribution of the myth of America for the intellectual and imaginative development of the Old World. Some issues related to the quincentenary can thus be used as a lens through which to examine how the discovery of previously unknown cultures existing in the Americas and their representation in the Old World transformed the way the Europeans saw and understood themselves.

In fact, as a consequence of cross-Atlantic travel and of the discovery of the American, "this new man," Europe stopped mirroring itself only in its Greco-Roman intellectual legacy (which was revalorized) and in its Judeo-Christian religion and developed a reconceptualization of its past and a new consciousness of itself. One of the possible approaches to this complex problem is to consider the importance of the conceptual frameworks and cognitive matrices generated from the images of the Other created by the Europeans from the Renaissance onwards.

A good example of this methodological approach related to the American Myth is the analysis of the evolution of the images of America created in the European literature and art. They are connected to the concept of what is "alien," "different," or "other," and reveal the invention of new identities that the Europeans achieved for themselves in relation to something that was perceived as strange and even threatening.

The impact of the American world on the changing of the European mind is also a vast and passion-arousing subject of research. Only recently are the historians becoming conscious of the effect of the descriptions of the Indian view of life—whose history is still only half written—on some of the most important notions of modern European men with their dreams of socialist and pacifist societies, such as liberty and an ideal commonwealth where property was communal and there was absence of deceit.

The first images of America as personification of one of the four parts of the world can be found in prints, metalwork, paintings, glass, textiles, drawings and ceramics. She appears either as an Indian princess or as America/Columbia. These simple figures meant something else besides themselves. They defined the abstract qualities in which the European men from the Renaissance believed, for most of them had at least some knowledge of classical literature and culture since these were a very important part of the education and cultural background of that time. These qualities were the personified virtues of Independence,

Liberty and Wisdom. When the first settlers came to the American continent they brought in their cultural "luggage" not only the above-mentioned classical traditions but also the Christian ones. Due to these circumstances, along the years, Europe selected the image of America to be adopted. This image was much more conceived according to ideological than ethnic or geographic dimensions. The symbolic representation of America changed as European taste evolved and the conception of the recently discovered New World was also altered.

Due to the fact that Central and South America were the first parts of the hemisphere explored in the sixteenth century, the New World was personified from the outset as a tropical country. America was usually envisioned as a fierce and beautiful young woman scantily dressed. This symbolic image of America changed with time. After this almost savage figure, there was Columbia, a young and beautiful woman with classically perfect forms wearing a short feather skirt and a radial crown, with jewels round her ankles and long dark hair. She was normally represented with her fighting weapons nearby. These were either a club leaning against a tree (which was a characteristic weapon of the Brazilian Indians) or a bow and arrows. Later other attributes were introduced, such as a parrot and an armadillo or an alligator that she would ride.

At the beginning, artists tended to see America as an idealized or distorted image of Europe. European stylistic conventions have inevitably affected the representations of the New World. European iconography, among many other sources, such as written and oral descriptions; drawings made "in loco" or according to the artist's or other person's memory, also used as a source for these first visual images of the Americas, and of the other four continents, Renaissance's characteristic love of parades and theatrical presentations that flourished in the seventeenth century. Triumphal arches adorned with figures of the Parts of the World survived as title pages of atlases and geographical histories.

The vigor of sixteenth century personification of the four continents gradually became subdued. And when the colonization of the New World actually started, what up to then had only existed in human imagination as a desired object began to be seen as a real place. The idea of America was now based on the acquired knowledge and experience and in the consciousness of the redeeming possibilities of the environment in the New World. The symbolic conceptions of the meaning of America and of its impact on the Old World had then their start. Europe had "invented" an America that corresponded to the expectations that Europe itself had previously created. This is obvious in the pictorial representations of the American continent in which America is represented as the land of inexhaustible treasures, holding the horn of plenty, to be seen in the mural paintings of De Vecchio, 1574, or as a female figure naively exposing her nakedness only adorned with feathers. These feathers would later become indispensable decorative elements for all the representations of the inhabitants of the American continent.

By the eighteenth century the active excitement of the discovery had been transfigured into a passive dream of Arcadia. The image of America appeared then as the Garden of the World, the ideal paradise of simplicity, of innocence and of harmony with Nature. The Amazons and almost masculine women with tawny skins that previously represented the Americas were replaced by gentle young women of winsome grace that we can still see delicately modeled in some white German porcelains from Fulda. This pastoral vision was still connected to the classical past and corresponded to the Christian myth of the Millennium, which was also part of the eschatology of the discovery and the conquest of the New World. The famous kingdom of the Millennium corresponded to a sort of fusion of nationalism and universalism that would interpret the discovery of the New World and the events related to the geographic exploration as the realization of Biblical prophecies. This kingdom was also related to the Messianic view of the world and to the hope of converting all the races. The conquest of the Americas was therefore seen as the last crusade. Faith was thus mixed with reality in European ideas about the New World.

Even the most adverse accounts of the following centuries would not succeed in dispelling this vision of the Americas as a continent of green plains, clear rivers, birds of every color and docile natives without guile and treason. Later descriptions, such as Crèvecoeur's for North America and Portuguese *Jesuit Relations* for Brazil, still reveal a New World that is a virgin paradise, where, in contrast with Europe, one could live in a state of moral innocence. In the same way the first descriptions of the Bahamas or of the island of Cuba remind us of the background of Renaissance paintings, such as Botticelli's "Primavera," this myth had connotations with the classical myth of the great kingdom that existed in the West, which dated from Plato and from his well-known references to the island of Atlantis and the Blessed Islands or Hesperides, in *Critias* and *Timaeus*. It was also mentioned in the Homeric poems and in medieval legends about mythic kingdoms, such as the one about St. Brandon's travels, and later in the Icelandic sagas. It corresponds to the initial vision of the western frontier in North America or of the lands the "bandeirantes" cleared in Brazil. It resembled a celestial kingdom on this earth and it was in conformity with the Puritan dream of a redeemed community purified from the sins of the past and with the intention of building "the city upon a hill."

Both the myth of the Indian as a positive symbol due to his qualities and natural virtues (the noble savage) and the vision of the Indian as an obstacle to civilization (the ignoble savage) were also partially derived from the same origin. This ambivalent perspective of the first inhabitants of the American continent had many artistic expressions, not only in the literary field with "Uncas" and "Chingachgook," the last Mohican, "the vanishing American," but also in the religious narratives of Portuguese missionaries or more recently in the novels of José de Alencar in Brazil.

Most of the legends invented about the New World reflect basic aspects of the mythic inheritance the explorers and settlers brought with them, such as El Dorado; the magnificent Sete Cidades of Cibola; the lost cities of Coronado; the Fountain of Youth; the young and beautiful Indian Princess, like Pocahontas who saves the colonist John Rolfe (which episode reminds us of Homer's report about Ulysses and Nausicaa); the myth of the pioneer and the great American or Brazilian empire, and the dream of a great national destiny, the "manifest destiny" of North America.

America has been represented by several means of expression, such as: the famous Statue of Liberty, with its symbolic charge of hope in a better future; Uncle Sam, and figures like the California Girl, Shirley Temple (the Super Child, considered America's greatest unofficial amabassador), and nowadays Madonna. These different images deserve a long and detailed analysis that I obviously cannot do here.

I shall therefore refer only to two of the pictorial representations of America produced in Portugal in the 16th century. One is a painting from around 1505, that can be seen in Viseu, in the North of Portugal, at the Museum Grão Vasco. It is an anonymous panel, but is attributed to one of our most famous painters, known as the Master of Viseu. It is entitled "A Adoração dos Reis Magos" (The Adoration of the Wise Men). In the middle of the painting there is a copper-skinned figure that is probably the first pictorial representation of a native of the American continent (a Brazilian Indian) painted in a European work of art. It must also be one of the only examples of an American presented as one of the Wise Men or Magi and occupying the place traditionally attributed to a Negro. This figure is quite different from the conventional image of the American Indian because it is fully dressed although he is still wearing the inevitable radial headdress or crown made of feathers and is holding a Tupinanba arrow in his hand.

The other representation is a later oil painting dating from around 1550. As was to be expected in Portugal at that time, it is again a religious painting. It is entitled "Inferno" (Hell) and is found in the Museum of Ancient Art in Lisbon. Although like the previous one it is not signed, it is attributed to the Royal Painter, Jorge Afonso.

These two paintings, produced with an interval of only fifty years, are symptomatic of the evolution the image of the Indian suffered in Portugal and also in the rest of Europe. The first impressions that the Portuguese had of the Brazilians were extremely positive, but they were gradually modified by the experience acquired as time went on. In the *Adoration of the Magi* the Indian is presented in the privileged position of a Wise Man who, undoubtedly due to his innocence and kindness, had followed the star and seen the Christ Child at Bethlehem.

On the other hand, in *Inferno*, although still wearing the radial crown and skirt of feathers and having his body fully clad, the Indian personifies the Devil who is presiding over the torments of the sinners condemned to suffer in Hell. The painting presents some conventional elements that characterized the stereotyped representations of the Indians made by most of the European artists, who avoided painting the Indians naked and therefore invented the feather skirts and ornaments. The fact that the Devil is wearing feathers could even be a vague reflex of the subsistent ideas about the Brazilians.

There are still other visual images of the Americas produced in Portugal that could also be considered here but for the space that I have been allotted. Anyhow, considering the above-mentioned references, we can conclude that for the Portuguese, as for the other Europeans, the exploration of the American continent was not only geographical but also psychological.

The brief and superficial analysis of two of the first images of the American continent that I have tried to make about Portugal, if thoroughly made in relation to the recurrent images that the different European countries had, might lead us to the conclusion that, among other aspects that are also to be considered, those first oral or visual representations were decisive for the actions taken during the first encounters between the discoverers and the Indians that, as is common knowledge, had different characteristics according to the country from which the settlers came.

As a conclusion I think that in the spirit of every European displeased with his way of life and anxious for a new world, the image of America was identified with the Unknown, the Unforeseeable and the Otherness. The idea of America of the explorers, artists, and visionaries during the Renaissance and the search for the New World was initiated when this idea was the origin of new speculations about the nature of the Universe. Therefore the significance of the celebrations in 1992 should not lie in the conscious achievement of the discovery of a New World, but in the unconscious restructuring of the universe and all of its inhabitants that took place after 1492.

Notes

1. Mary Louise Pratt, *Imperial Eyes Travel Writing and Transculturation*, London & New York: Routledge, 1992.
2. Franklin W. Knight, "Afro-American Perspectives of the Christopher Columbus Quincentenary," in *The New World: A Smithsonian Quincentenary Publication Dedicated to the Americas*, no. 2, Spring/Summer 1991, p. 1.
3. Tzvetan Todorov, *The Conquest of America: The Question of the Other*, New York: Harper & Row, 1984.
4. H. Koning, *Columbus: His Enterprise*, New York: Monthly Review Press, 1976; "Don't Celebrate 1492, Mourn It" in *The New York Times*, August 14, 1990.

Flandres e África:
a visão de uma guerra distante

Eduardo Mayone Dias
University of California, Los Angeles

Se entendermos por literatura de guerra um *corpus* de obras de imaginação focalizando experiências derivadas de situações bélicas, há que reconhecer que em Portugal, país que durante o seu percurso histórico tantas vezes se viu envolto em lutas por apetência própria ou necessidade premente, esta literatura patenteia um carácter algo tímido, pelo menos até às duas últimas décadas.

    Na realidade é só com o romantismo que se poderia começar a falar com uma certa justificação de literatura de guerra. Os autores da época emergem das contendas civis com vivências de muito perto testemunhadas. Por outro lado introduzem no país o romance moderno, forma sem dúvida ideal para representar a reacção do homem perante as tensões do combate. Durante este processo conseguem actualizar a temática de guerra, trazendo-a da evocação histórica medieval ao passado imediato.

    Daí por diante, até à década de 1970, quase se estancou esta veia. Até então os portugueses viram-se envoltos em campanhas de pacificação, em África, e na Primeira Guerra Mundial. As campanhas africanas nada de valor aportaram à literatura. Quanto à Grande Guerra, torna-se curioso observar como gerou uma abundante literatura de imaginação em vários dos países que nela participaram, como por exemplo a França, a Grã-Bretanha, a Alemanha e os Estados Unidos. Nomes como Henri Barbusse, René Benjamin, Roland Dorgelès, Joseph Kessel, Robert Graves, Siegfried Sassoon, Wyndham Lewis, Ernst Junger, Erich Maria Remarque, Ludwig Renn, Ernst Glaeser, John dos Passos e Ernest Hemingway sobressaem entre autores de ressonância internacional que foram motivados pela sua participação na guerra a traduzir artisticamente as suas impressões do drama que presenciaram.

    Estranhamente, tal não aconteceu em Portugal. No entanto, e no seguimento da criação do serviço militar obrigatório e do curso de oficiais milicianos pela recém proclamada República, a Grande Guerra foi o primeiro conflito em que se empenhou uma larga proporção da juventude de formação universitária, um sector por natureza mais propenso às actividades literárias do que o do militar profissional.[1]

    Assim, a estrutura portuguesa, equalizando educação a estatuto social, conduziu ao resultado de esta literatura ter sido virtualmente produzida só por oficiais, portanto membros das classes média e alta, em cujo testemunho se encontram aliás frequentes alusões a soldados analfabetos ou de escassas letras.[2] Esta situação leva a uma atitude geral algo elitista, já que a perspectiva da guerra é dada de um modo segmental. Por um lado não se revela a plena dimensão das carências a que os soldados estavam sujeitos. Embora tendo também de viver nas trincheiras, anichados em estreitos abrigos, sentando-se sobre caixas, escrevendo à luz de velas e dormindo em camas de rede de arame, os oficiais de linha gozavam de períodos de descanso em aldeias ou pequenas cidades da rectaguarda, aboletados em casas dotadas de pianos e grafonolas, onde eram servidos pelos seus impedidos, repousavam em camas com lençóis limpos, bebiam champanhe e tinham acesso a uma excelente alimentação. Os soldados, pelo contrário, eram instalados em palheiros ou barracas de campanha durante estas rendições, comiam do rancho e não se lhes proporcionava jamais a oportunidade de aliviar a fadiga de longos períodos nos sectores avançados.

Esta óptica selectiva revela-se em franca oposição à da literatura de outros países de maior mobilidade social, onde assoma com clareza a visão do soldado comum, sujeito não só a maiores desconfortos físicos como também a arbitrariedade dos seus superiores. Na literatura portuguesa uma das raras excepções a esta linha é constituída por *As Minhas Recordações da Grande Guerra*[3]. O autor, Pedro de Freitas, foi um ferroviário mobilizado como contramestre de clarins[4] para o Batalhão de Sapadores de Caminhos de Ferro. Mesmo neste caso a sua especialidade e o facto de o batalhão se dedicar em particular à reparação de vias férreas, ainda que por vezes debaixo de fogo, exclui um relato imediato da vida nas trincheiras. A obra oferece contudo, e muito eloquentemente, o perspectivismo do militar não graduado: o ressentimento contra o autoritarismo dos oficiais ou o seu muito mais cómodo estilo de vida, assim como alusões à linguagem solta dos soldados e, o que se revela anómalo neste género de literatura, um tratamento francamente aberto da sexualidade.

Embora alheias a um tratamento essencialmente ficcional, as vivências da Flandres e de África geraram, sim, para além de pelo menos uma meia centena de obras poéticas, uma vastíssima produção de tipo memorialista[5], surgida na sua grande maioria nas duas décadas imediatamente seguintes ao termo da conflagração. São raros os nomes de maior destaque que assomam entre os autores desta produção. Na maioria são oficiais, do quadro ou milicianos, sem anterior actividade literária, que por distintas motivações sentem a necessidade de pôr em letra impressa o seu testemunho da experiência de guerra.

Ainda que obra essencialmente de depoimento, neste acervo afloram contudo facetas narrativas que o poderiam acercar a um nível de metaficção. Está todavia ausente na sua maior parte a estrutura novelística, a agilidade, a plasticicidade e até a oralidade que se observam na literatura de guerra estrangeira. Com ela comparte todavia uma temática comum, a atmosfera da sujeição a constantes bombardeamentos e privações de todo o tipo.

A Grande Guerra, embora no seu cenário europeu tivesse incluído algumas espectaculares batalhas, baseou-se de facto numa estratégia de desgaste, que causou milhões de mortos de ambos os lados.[6] A existência do soldado nas trincheiras marcava-se por algum ocasional recontro na Terra de Ninguém ou *raid* até às linhas inimigas, mas sobretudo pela preocupação de se proteger dos ataques à distância, como os flagelamentos pelo tiro de artilharia, de morteiros e de metralhadoras e o lançamento de gases tóxicos. Era uma guerra impessoal, desumanizada, travada entre inimigos quase invisíveis, em que a tecnologia tomava em vasta medida o lugar da acção individual.

O Corpo Expedicionário Português não teve parte activa em acções importantes, com a parcial excepção da batalha de La Lys, a 9 de Abril de 1918, que completamente destruiu a sua estruturação operacional. Mesmo neste caso, apesar de heróicos episódios de combate directo, a batalha teve sobretudo, da parte portuguesa, o aspecto da resistência a um continuado e intensíssimo fogo alemão sobre as nossas linhas, guarnecidas por tropas que havia muito não eram rendidas e por consequência se encontravam esgotadas pela fadiga, doença, precária alimentação e longa exposição à inclemência dos elementos.

Esta nova dimensão, acentuada pela constante presença da morte e da dor, por vezes traduzida em tonalidades apocalípticas, conferiu à prosa da Grande Guerra uma tónica muito mais passiva do que heróica. A nota anti-épica está lapidarmente explicitada, à base do carácter da contenda, por Augusto Casimiro na sua obra *Nas Trincheiras da Flandres*: "Ninguém procure nela visões teatrais de epopeia. Só as vê quem nunca fez a guerra, esta guerra, senhores!"[7] É em grande parte uma literatura de lamento, de acentuação da amargura sentida pelo combatente. Significativos indicadores desta atitude são os títulos de muitas obras, marcados por termos de forte carga negativista como "calvários", "fantasmas", "morte", "flagelo", "mentira", "ossadas", "drama", "sombras" ou "sangue".[8] Igualmente convincentes são as ilustrações de capa de várias das edições brochadas: cruzeiros, árvores sem folhas, ruínas, expressões de dor ou de solidão nas faces dos soldados, caveiras, mortos e feridos.

Factores históricos podem justificar tal postura de desalento. A este respeito torna-se necessário recordar como evoluiu a política do governo português quanto à participação do país na Grande Guerra dentro da trajectória ideológica percorrida desde os mandatos de gabinetes democráticos até ao sistema presidencialista de Sidónio Pais. Assim, a 29 de Novembro de 1915 sobe ao poder o governo de Afonso Costa, com Norton de Matos na pasta da Guerra. A atitude intervencionista era o cavalo de batalha deste ministério, embora a Inglaterra, como o poderia ter feito ao abrigo da Aliança, não tivesse solicitado a entrada de Portugal na guerra, nem mesmo tivesse parecido desejá-la. Uma actuação quase quixotesca emerge contudo deste governo.[9] O movimento intervencionista avoluma-se e acaba por prevalecer[10], se bem que a facção neutralista se lhe oponha com especial vigor.[11]

Com o advento do governo levado ao poder pela revolução lançada a 8 de Dezembro de 1917 por Sidónio Pais, de decididas tendências germanófilas, o C.E.P. foi virtualmente abandonado à sua sorte. Desde esse momento deixaram de se enviar reforços e os oficiais que vinham a Portugal de licença não regressavam a França. Um pronunciado sentido de insatisfação e revolta alastrava entre os militares do *front*. Dentro deste quadro não é de estranhar a atitude de fundo ressentimento manifestada pelos autores que prestavam serviço nas trincheiras e que por conseguinte mais empatizavam com o sofrimento do soldado, em certa medida por eles compartilhado.

Por outro lado, o trágico descalabro do 9 de Abril levou muitos portugueses aos campos de concentração alemães e a temática do cativeiro surge também nesta literatura como componente significativa do nível anti-heróico.

Carlos Olavo, no seu *Jornal d'um Prisioneiro de Guerra na Alemanha* (1918)[12], acentua a odisseia dos oficiais nos campos de concentração, narrando, como experiência pessoal, uma marcha de catorze horas, o desconforto dos prisioneiros apinhados em exíguas instalações durante a jornada e depois os roubos dos víveres enviados de Portugal e o progressivo debilitamento dos cativos. A sua forte germanofobia transparece em expressões como "cafraria cientificamente organizada" [13] e parece ser só com certa relutância que alude a alguns aspectos mais positivos como o comportamento relativamente correcto dos captores, uma certa cumplicidade dos guardas alsacianos ou o facto de os nossos oficiais terem tido ordenanças de várias nacionalidades e de depois do Armistício terem gozado de um regime de semi-liberdade. Ao mesmo tempo os soldados portugueses feitos prisioneiros eram obrigados a cavar trincheiras ou a transportar munições na frente, depois de lhes terem sido retiradas as máscaras anti-gás.

O Capitão Adelino Delduque, nas suas *Notas do Cativeiro (Memórias d'um Prisioneiro de Guerra na Alemanha)*[14] apresenta uma narrativa linear e despretensiosa em que também, para lá das inevitáveis carências, não se denota um tratamento particularmente severo no campo de concentração. Começa por apresentar o episódio da sua captura como uma quase cavalheiresca cena de guerra: numa atitude a rondar a afabilidade, o graduado que comandava a patrulha que aprisionou o autor e outros camaradas permite-lhes que aguardem a chegada de um oficial para, em termos de igualdade, entregarem as suas armas. Trata-se contudo de uma satisfação passageira. Em breve os oficiais seriam espoliados dos seus objectos pessoais e sujeitos à fome, frio e cansaço de uma longa marcha. A situação melhora todavia quando chegam ao campo de prisioneiros. O autor dá a impressão de um tratamento justo, ainda que subordinado a inevitáveis limitações. A grande queixa é contra a alimentação. Conscientes ou não da enorme escassez de géneros que então afligia a Alemanha, o autor e os outros oficiais lamentam-se de uma magra dieta de caldo, beterraba, nabos e pão, ou ocasionalmente sopa engrossada com cascas de melão ou de abóbora. Por outro lado alude-se também à falta de vestuário adequado e ao aspecto cadavérico e andrajoso apresentado pelos prisioneiros.

A obra compilada pelo Capitão António Braz, *Como os Prisioneiros Portugueses Foram Tratados na Alemanha*[15], consta de relatos de diversos autores, entre eles soldados e sargentos, mais duramente tratados e forçados a trabalhos esgotantes. Nela se narra pois um mais trágico rosário de adversidades. Alude-se de igual modo a humilhações sofridas pelos oficiais, como os banhos colectivos a agulheta depois das desinfecções e mesmo a ocasionais actos de barbárie tais como esbofeteamentos e até o assassinato de um ferido. O polifacetismo da observação, abrangendo os níveis inferiores da hierarquia militar, confere a este livro um carácter mais violento, mas mais representativo da panorâmica global do cativeiro.

As obras sobre a vida nos campos de concentração paralelizam pois as constantes detectáveis em outras que se debruçam sobre o ambiente de trincheira. Também aqui se pode verificar o distanciamento social que conduz a uma mais fácil existência por parte dos oficiais e uma considerável desatenção às privações sofridas pelos seus subordinados.

Poucos são os autores de algum destaque anterior ou posterior à estadia em França ou em África que participam desta produção. Entre eles haveria que assinalar Jaime Cortesão, que chega ao *front* já com credenciais literárias e um somatório de experiências consideravelmente mais extenso do que o da maioria dos seus companheiros de letras, oficiais de carreira ou estudantes e jovens profissionais colhidos nas malhas da mobilização.

Nascido em 1884, Jaime Cortesão matricula-se na Faculdade de Direito da Universidade de Coimbra. Cambiando de rumo, inscreve-se depois nos preparatórios de Medicina. Posteriormente transfere-se para o Porto. Aí inicia a sua carreira literária e milita na actividade republicana. Em 1909 está na Faculdade de Medicina de Lisboa, onde se licencia. Dura contudo pouco tempo a sua carreira de médico. Em 1912 volta para o Porto, onde se faz professor do liceu. Entretanto, em 1910, publica um poema heróico, *A Morte da Águia*. Em 1914-1915 dirige o diário democrático *O Norte*.

Em Junho deste último ano é eleito deputado, batendo-se então pela causa da intervenção de Portugal na Grande Guerra. A pedido do Ministro da Guerra, Norton de Matos, escreve, anonimamente, o folheto

Cartilha do Povo, em que se justificam as razões pelas quais Portugal deveria participar na contenda. Em 1916 publica a obra teatral *O Infante de Sagres*.

Uma vez determinada a intervenção portuguesa no conflito mundial, Jaime Cortesão tinha, como parlamentar, a opção de não ser chamado às fileiras. Oferece-se contudo como voluntário e parte para a Flandres como oficial médico. Colocado numa base da rectaguarda, requere a sua transferência para o *front*, onde vem a ser ferido na ofensiva alemã de Março de 1918 e a sofrer temporariamente de cegueira causada pelos gases asfixiantes.[16] A sua carreira posterior no campo da historiografia e da crítica literária é sobejamente conhecida.

Em 1919 publica *Memórias da Grande Guerra* (1916–1919)[17], uma das obras mais lúcidas e de maior fôlego artístico deste género. O livro foi escrito em França numa primeira forma mas o original perdeu-se durante a batalha de La Lys. As sequelas desta batalha e a prisão de carácter político que o autor sofreu ao regressar a Portugal atrasaram o aparecimento da versão definitiva.

Além das impressões da frente, a obra contém uma análise muito pertinente da situação política portuguesa. Igualmente revela uma notável capacidade de reviver coloridamente cenas e episódios, como o do ambiente do cais quando de um embarque de tropas:

> E junto dos leviatans de ferro, em cujo ventre enorme vão seguir alguns milhares de soldados, agita-se uma vária multidão queimando-se àquela hora no brasido do sol e das paixões. Como as pontes ligam ainda os navios a terra, muitos soldados enxameiam entre as mulheres, os marujos e os carregadores do cais. Há lágrimas, abraços, olhos atados em êxtase e uma alegria doida nos olhos dos que vão. [...] Ao aproximar-se a hora extrema revolve e crispa a multidão. Redobra o falazar das gentes. Apelos, gritos, silvos, pregões e sons metálicos —o brouhaha dos homens e das coisas, tocado de febre e sofrimento, ensurdece e excita. Os soldados, na comunicação violenta dos peitos, abraçam todo o mundo. Olho-os com enternecimento. Não há um único rosto triste. Antes uma alegria generosa e bárbara, que lhes brota da profunda consciência da sua missão, radia das suas faces, enaltecendo-lhes as rústicas figuras de cavões e zagais. Um mais alegre concita o bando dos camaradas a ir até perto beber um gole.[18]

O ar de optimismo com que Jaime Cortesão acentua a alegria dos soldados assenta possivelmente em bases ideológicas, concretamente na sua entusiástica adesão à causa da entrada de Portugal na guerra. Este optimismo é todavia moderado pouco depois por uma nota de tristeza concebivelmente um pouco mais realista:

> No cais as mulheres choram e limpam as lágrimas em silêncio. Só uma delas, mulher do povo, mãe decerto, com a face crispada duma saudade aflita, repete incessantemente, entre soluços, numa voz lancinante este belo grito:
> —Adeus, amor! Adeus, amor![19]

FLANDRES E ÁFRICA

Uma vez no *front* Jaime Cortesão busca, numa ampla dimensão humana, o convívio com os soldados, dá-se conta das suas inquietações, admira o modo como eles confraternizam com os camponeses da região, condói-se com as precaríssimas condições de vida nas trincheiras onde os militares deambulam como "espectros lamacentos"[20] É com vigorosas pinceladas denunciadoras de uma emocionada comiseração pelo sofrimento que ele pinta a mísera situação dos soldados portugueses nas vésperas da batalha de La Lys:

> Pálidos, magros, exaustos, os pulmões roídos dos gases, os pés triturados das marchas, sem esperança nem apoio moral, arrastam-se sob o imenso fogo que tomba do céu, por essas estradas, como uma legião miserável de abandonados.[21]

Como outros autores, regista uma funda impressão das aldeias e cidades devastadas, os cemitérios dilacerados pelas granadas, os Cristos mutilados. E, numa atitude comum a muitos outros oficiais de linha, condena a fria impassibilidade dos altos comandos ante o perigo, a fome e a fadiga a que os soldados estão sujeitos.

A dramática visão do combate está também presente na sua narrativa:

> Nisto um silvo galopante vem de lá, rasa numa lufada horrível as nossas cabeças; um estampido cataclísmico, a terra, os sacos, a madeira, nós mesmos tudo dança projectado; depois uma chuva de pedras, torrões, detritos, cai do alto, bate no capacete, fustiga a carne, graniza à volta, com violência.[22]

Raras vezes se observa nesta literatura um tão vigoroso espectáculo da batalha como nestas linhas. Jaime Cortesão destaca-se indubitavelmente como um autor que sabe dar dramática e realisticamente as proporções da hecatombe.

Também o seu serviço nas ambulâncias à rectaguarda das linhas de combate proporciona uma comovida panorâmica de feridos e moribundos, de gaseados arquejando e vomitando, de corpos esfrangalhados, de vultos pálidos "donde saem sangue e gritos"[23]. Já a presença da morte, contudo, é tratada com um brutal realismo, com tonalidades quase dessacralizantes. Referindo-se a três cadáveres, escreve:

> Do último restava dentro de uma espécie de saco com a forma e o tamanho de um presunto, qualquer coisa lá dentro que deveria ser como as sobras de um banquete de tigre.[24]

Não obstante ligeiríssimos toques de retoricismo, Jaime Cortesão consegue transmitir uma imagem muito poderosa de destruição e horror. São particularmente incisivas, quase dantescas, as suas descrições do posto de socorros a que ele, ainda meio cego, acorre após o 9 de Abril para auxiliar os seus colegas: o chão ensopado em sangue, o cheiro nauseabundo, o coro de uivos e lamentos.

O seu testemunho do combate termina com o 9 de Abril, o "Alcácer-Quibir do C.E.P.", nas palavras que o autor ouve a um camarada. Esta é a cena final, tragicamente apoteótica, do corpo central desta obra: o êxodo dos farrapos de regimentos, juntos com os refugiados civis, numa interminável torrente, como se fossem acossados por um incêndio. Nestas páginas encapsula-se pois todo o trágico quadro que Jaime Cortesão oferece das suas vivências de guerra. De facto é extremamente pessimista e anti-heróica a tónica que destas descrições transparece. Muito possivelmente será a sua condição de médico, sempre cerca da dor e da morte, que em parte condiciona este negativismo. É indubitável que *Memórias da Grande Guerra* constitui uma das mais eloquentes, sentidas e profundas peças deste género.[25]

Augusto Casimiro, nascido em 1889, foi outro dos poucos intervenientes nesta produção que para ela veio com anterior presença no campo das letras. Ainda na sua adolescência publicara um volume de versos intitulado *Para a Vida*, de 1906, seguido por numerosas outras obras poéticas e prosísticas, entre elas *Vitória do Homem*, de 1910, e *Primavera de Deus*, de 1915. Colaborou também nas revistas *A Águia* e *Seara Nova*, assim como no jornal *República*, e integrou-se na política republicana da intervenção. Oficial de carreira, comandou uma companhia de infantaria em França, onde a sua actuação lhe mereceu numerosas condecorações, entre elas a Cruz de Guerra e as Ordens da Torre e Espada, Aviz, Cristo e Santiago, assim como duas condecorações estrangeiras, a Military Cross e a Legião de Honra. Foi demitido do Exército e deportado para Cabo Verde por quatro anos na sequência da revolta da Madeira, em 1931.

Da sua estadia na frente de combate resultaram duas obras, *Nas Trincheiras da Flandres*[26], e *Calvários da Flandres*[27]. Na primeira, produto de notas que Augusto Casimiro escrevia à noite, no seu abrigo, começa por sobrepor a uma intenção factualmente narrativa um discurso interior traduzido em meditações que transcendem a imediata realidade que o circunda. A amargura e a decepção são notas marcantes. No entanto o autor lança-se numa apaixonada defesa da posição intervencionista, como garante dos direitos portugueses no post-guerra, tanto na Europa como em África. É mais uma vez a mensagem programática da gente d'*A Águia*, do idealismo republicano.

Vêm em seguida fragmentos de um relato retrospectivo em que se recordam os dias da instrução do corpo expedicionário em Tancos, a indecisão sobre a data da partida, ainda as polémicas sobre a validade da nossa entrada na guerra. A cada passo a narração se dilui em considerações marginais, em balanços de atitudes e acontecimentos. Chega no entanto o momento da partida, constante ponto alto do ocasional sentimentalismo da literatura de guerra. Augusto Casimiro descreve-o em frases entrecortadas, onde avultam relâmpagos de lirismo e patriótico **entusiasmo**:

Lento, muito lento, o transporte afasta-se da muralha, num grande ruído de vozes, cabrestantes, sereias... fica direito no meio do rio... A multidão estruge em aclamações, choros, acenos... Lenços brancos sobre olhos marejados, braços com bandeiras... Pátria! Pátria![28]

As impressões da chegada a França são também um motivo recorrente nestas obras de guerra. No caso presente, alterna-se a atmosfera de heróica exaltação com o triste constatar do deprimente aspecto dos soldados portugueses que no cais recebem os recém-vindos. Depois a linha narrativa dispersa-se, estilhaça-se em retrospectivas e líricas digressões.

Uma vez nas trincheiras, a visão do autor mantém-se confiante, quase idealista. Há instantâneos de carinho, de nostalgia pelo que ficou atrás, de poetização da dura realidade da guerra. Uma quase romântica imagética ilustra a sua visualização do combate:

> O terreno de Ninguém, agora, é um jardim de ígneos canteiros, cada granada uma papoula ardente cujas pétalas de aço se esfolham em mortes, ceifando, barrando, esmigalhando ao redor..."[29]

No plano pessoal idênticas coordenadas de negação da adversidade se podem observar, como no episódio em que o autor sai com os seus homens para uma patrulha além do parapeito:

> Rastejando... Uma serenidade enorme toma-nos a alma, aos poucos. E não é resignação, abandono, esta serenidade... É feita de confiança e certeza, de resoluta vontade, de orgulhosa aceitação da Morte... Vamos!...[30]

Augusto Casimiro é bem o arquétipo do jovem militar imbuído do sentido de dever, cujo cumprimento confere plenitude à sua vida, mas ao mesmo tempo o soldado-poeta que transmuta a realidade que se lhe depara segundo as vertentes de pureza do seu ideário. "Depois não vale a pena admitir o perigo. Morre-se apenas quando se pensa nele.."[31] A magnitude do massacre chega a minimizar-se na sua óptica quando desvia a atenção para fugidios apontamentos periféricos, quase inconsequentes: a gata que escapou ao bombardeamento, a madressilva que cresce nas trincheiras, a neve cobrindo o campo de batalha na noite de fim de ano. Neste mesmo plano de sentido carinho pelas gentes e pelas coisas é constante a nota de fraternidade para com o soldado, sempre visto sob uma luz positiva, alegre, troçando da metralha, comentando a batalha com os seus ditos pitorescos. Até o adversário é, na medida de realistas possibilidades, incluído neste amplexo de sensibilizada compreensão:

> Saímos às 11 horas da noite, fomos até perto duma partida de trabalhadores inimigos...
> Ouvi o *boche* cantar.
> Voz humana, fraterna, doutra vida...
> Um grande arrepio de emoção passou, cobriu-me...
> Quando regressámos fiz fogo sobre eles...
> Tivemos remorsos...
> Ah! Dormir, dormir![32]...

No meio deste compassivo olhar é todavia surpreendente ver assomar farrapos de inconformidade ante a injustiça dos homens e das circuntâncias ("Augusto Casimiro converte os calvários em tribunas de acusação", escreve Piteira Santos[33], numa alusão ao motivo, tão repetido nesta literatura, dos cruzeiros desfigurados pelas granadas) ou mesmo algum irreverente fogacho de humor, como a referência ao alferes que, no meio de um bombardeamento, "violou as prescrições sanitárias em vigor na linha—tão diurético se revela o morteiro ... "[34]

O estilo é rapido e escorreito, isento do teatralismo patente em tantas obras de camaradas seus, marcado muitas vezes por frases curtas e incisivas:

> As horas que por aqui vivemos!...
> Manhã de aço, violência, agonias, pânicos, domínio, beleza ...[35]

Nas Trincheiras da Flandres é um dos livros mais equilibrados do seu género, apesar de uma relativa dispersão estrutural e de acidentais explosões líricas. Denuncia bem a vitória da verticalidade humana, posta em cheque pelo risco físico, como o demonstra o diálogo entre Quixote e Sancho, que a autor reconstrói, onde o sanchismo é definitivamente afogado pelo ideal.

O enquadramento cronológico de *Calvários da Flandres* situa-se nos princípios de 1918. Era o período em que, devido ao abandono do novo governo português, o C.E.P. se encontrava desfalcado de oficiais e debilitado por um sentimento geral de desmoralização, pelas muitas baixas que sofrera e pela fadiga devida à longa permanência nas linhas. Ao historiar os acontecimentos destes dias a prosa de Augusto Casimiro reveste-se de um tom frio e factual, a sugerir o dos comunicados de guerra ou de um livro de texto de história militar. Só muito de vez em quando se intercala algum apontamento pessoal, alguma nota subjectiva.

Chega por fim a fatídica e nevoenta manhã do 9 de Abril. Com a descrição do ataque o relato dinamiza-se, carrega-se de tons violentos:

> A névoa espessa complica o horror do bombardeamento. Na lividez da manhã dorida as explosões cospem chama, espessam, com o pó das derrocadas, o nevoeiro dilacerado, incendiando, afogando a tragédia. O ar é uma longa vibração, eco ininterrupto doutra, incessante e longínqua, quase sepulta pelo grande gemido desvairado que vai como uma abóbada vibrante, sobre as cabeças, sobre as coisas, pelo ar ...[36]

De *Calvários da Flandres* escreve Hernâni Cidade, ele próprio heróico participante da contenda:

> Il l'écrit d'une plume trempée dans toute l'amertume de l'orgueil national blessé, mais aussi dans toute la chaleur, dans tout l'enthousiasme rayonnant qui, associé à d'autres enthousiasmes, réussit à provoquer l'organisation de battaillons de volontaires pour les derniers combats, et, enfin, pour l'immense joie de la victoire, à laquelle on avait collaboré.[37]

As primeiras palavras de Hernâni Cidade são justas mas não chegam a apontar, em toda a sua amplitude, o carácter de libelo de certas partes da obra. Tal como tantos dos seus camaradas de armas, Augusto Casimiro sentiu-se traído pela deliberada indiferença do sidonismo ante o fado do C.E.P. e embrenha-se em apaixonadas diatribes contra esta política. Daí resultam muito concebivelmente as amargas páginas que escreve sobre a derrota do 9 de Abril e da total derrocada que se lhe seguiu.

Por fim a maré alemã recua. E é com idêntico sentido de compaixão que o autor dá o macabro espectáculo de desolação, destruição e morte que o inimigo em retirada deixa no seu rasto:

> Nas trincheiras dispersas que os cadáveres obstruem, pergaminhadas, disformes caricaturas de humanidade, fardas muito largas sobre os ossos sem músculo, — os guerreiros da Alemanha, com órbitas vazias, olham o céu da Flandres.
>
> Mãos enclavinhadas, erguidas ao alto em gestos ansiados de agonia, — caveiras gastas, jogando largo nos férreos capacetes medievos, a desintegração dos tecidos separando cabeças, os capotes servindo de largas mortalhas em que há lama e sangue ...[38]

Um sopro de entusiasmo começa a notar-se para o fim da obra, quando Augusto Casimiro conta como se arranca de um leito de hospital para colaborar na reorganização das unidades portuguesas que deveriam participar na ofensiva final, numa espécie de gesto de redenção pelo desabar do C.E.P. Depois vem o Armistício e Augusto Casimiro rompe em reflexões um pouco aliteratadas sobre o custo da guerra e a recompensa da vitória.

Tanto *Nas Trincheiras da Flandres* como *Calvários da Flandres* são livros de trajectórias algo tortuosas, com páginas emocionadas, de evidente sinceridade, e outras em que afloram resquícios de romântico sentimentalismo ou arranques de convencional exaltação patriótica. Inegável é, porém, a enorme capacidade de Augusto Casimiro para se identificar com o seu semelhante, seja de que origem nacional ou social for, e de se sensibilizar ante as suas angústias e ansiedades. É esta faceta, aliada ao seu recto idealismo, que de certo modo resgata evidentes deficiências estruturais e estilísticas.

André Brun, nascido em Lisboa em 1881, filho de um luveiro francês, completou o curso de infantaria da Escola do Exército. A sua carreira como humorista e autor de teatro ligeiro, iniciou-se em 1910 com a obra *Dez Contos em Papel*. Em 1915 publicou também *Soldados de Portugal*, que exalta o valor dos militares portugueses nas Guerras Peninsulares e nas campanhas em que tomou parte a legião portuguesa ao serviço de Napoleão. Partindo como voluntário para França, aí prestou serviços brilhantes, que lhe mereceram ser condecorado com a Cruz de Guerra e a Medalha de Valor Militar.

A sua obra *A Malta das Trincheiras* apareceu em 1919.[39] Sobre ela, depois de se referir à condição de militar de carreira de André Brun, escreve António Lopes Ribeiro:

> Todavia, ao descrever os episódios em que participou como combatente, André Brun não podia abdicar da sua condição essencial de humorista, enraizada no seu espírito e sempre patente no seu estilo. De modo que ela transparece viva em toda a narrativa, dando ao livro um lugar único em toda a literatura da Grande Guerra. Estamos longe das descrições tenebrosas d'*O Fogo* de Barbusse, da necrologia macabra d'*As Cruzes de Pau* de Dorgelès, do cepticismo amargo de Remarque em *Nada de Novo na Frente Ocidental*, de Ludwig Berger em *Quatro de Infantaria*, de Arnold Zweig n'*O Caso do Sargento Grischa*.[40]

No entanto, para além das atitudes zombeteiras que perpassam por estas narrativas, não é possivel deixar de notar outras mais sérias. Uma delas é a crítica, compartilhada por muitos outros autores, da atmosfera de ineficiente burocracia que se criou atrás das linhas. A sua análise desta faceta mostra-se deliciosamente acutilante:

> Como se sabe o oficial lusitano foi sempre, em tempos de paz, essencialmente funcionário, e não havia razões aparentes para que deixasse de sê-lo vindo para esta guerra e se as circunstâncias o permitissem. Nesta guerra de trincheiras, de guarnições fixas e de sítios certos, está nas suas sete quintas. Montou muitas repartições, arranjou muitos empregos, criou muitos chefes — distinguem-se pela pala — rodeou-os de muitos adjuntos, deu-lhes muitos amanuenses, e pôs-se a escrever, umas vezes à máquina, outras a lápis, o canto suplementar dos Lusíadas, que viemos compor a França, nos seguintes termos: - "Em referência à nota nº deste C., lembro a V. Ex.ª o disposto na alínea a) da O.S. nº14381 da R.E. do Q.G. do C.E.P. que altera o artigo Y da circular nºZ–O contendo as instruções a que se refere a determinação dos S.A. da 7ª. B.I."[41]

O humor, mesmo um toque de sarcasmo, irrompem de facto a cada passo, pautando os jogos verbais e conceptuais, até nos momentos de maior tensão narrativa, como por exemplo aquele em que se descreve a incursão de uma patrulha portuguesa pela Terra de Ninguém. Uma vez dado o tom do silêncio e do arrepio provocado pelo perigo circundante, Andre Brun não hesita em irreverentemente fracturar a gravidade da cena com um *bon mot* como "é péssimo para a saúde o rebentamento inesperado de uma granada de mão teutónica".[42] Ocasionalmente esta propensão assume um papel eufemístico: as relações dos militares portugueses com as francesas são, nas palavras que o autor ouviu a um camarada, "a desforra de Soror Mariana"[43] e um soldado "atribuía à mãe do Fritz a mais deplorável das condutas".[44] Noutras ocasiões é um humor negro que aflora no discurso narrativo:

> À tarde, em três macas rodadas, vamos levá-los ao cemitério, um daqueles cemitérios de guerra postos à beira das estradas, para que o nosso espírito não se esqueça de que é mais fácil nestas paragens ganhar a cruz de pau do que a cruz de guerra.[45]

Numa veia mais positiva, André Brun partilha com outros autores deste género a sua admiração pelas virtudes do nosso soldado. De igual modo, numa ampla dimensão humana, denota uma considerável simpatia pelos camaradas ingleses com quem convive. Uma nota que, contudo, transcende estas atitudes é o sentido de compreensão que revela ante o sofrimento do inimigo, "ali defronte a patinhar na lama como nós, a dormir em cavernas e em ruínas".[46]

À margem da leveza de expressão há trechos de repousada serenidade, como os que evocam uma manhã de primavera na frente, que descrevem quase com ternura o rude abrigo em que o autor viveu por meses, mobilado com caixotes, velhas tábuas e uma cápsula de granada com flores de trincheira dentro,ou que se inclinam sobre quotidianos esboços da vida da população local. É também com uma notável economia de processos, num andamento rápido e ágil que André Brun narra as cenas da primeira linha, o nervosismo da expectativa do ataque, a azáfama de médicos e maqueiros no posto de socorros, a vista dos corpos destroçados, o quadro, longinquamente vislumbrado da debandada do 9 de Abril.

A vida de trincheira é narrada com singeleza, até com uma certa bonomia. Aqui e além aparece uma imagética linear mas expressiva, às vezes a raiar o pitoresco: "a silva do nosso arame farpado"[47], "uniformes pardos de papel mata-borrão"[48], "esta vida que tem o seu quê de charco de rãs, de buraco de toupeira, de tremor de terra, de queijo amanteigado"[49], "lá muito longe tosse a artilharia o seu catarro crónico"[50].

Também aqui se observa uma completa desmontagem do espírito épico tradicional. Não se enfatizam cenas de combate, apresenta-se um nível de calmo, quase passivo heroísmo, desmitifica-se a hierarquia militar e o dia-a-dia da frente decorre com naturalidade, numa virtual habituação à constante ameaça da morte vinda do outro lado da Terra de Ninguém. Só aqui e ali emergem momentos de mais comovida solenidade, como aqueles em que o autor medita sobre o simbolismo dos cruzeiros à beira da estrada ou se compadece ante a imagem das cidades em ruínas.

Outro nome que apesar da sua hodierna obscuridade conseguiu na época uma relativa repercussão foi o de Pina de Morais, nascido em 1889. Tendo concluído o curso da Escola do Exército, em 1913 é colocado no Regimento de Vila Real. É com esta unidade que parte para a França. Antes, em colaboração jornalística, havia-se também mostrado ardente partidário da causa da intervenção. Em 1917 tinha já publicado *Ânfora Partida*.

A obra que escreveu à base da sua memória das trincheiras, *Ao Parapeito*,[51] obteve enorme êxito nos anos seguintes ao do seu lançamento e foi inclusivamente traduzida para francês. Trata-se de um relato na primeira pessoa, de considerável horizontalidade, que oferece uma realística crónica do percurso de um batalhão desde o quartel ate ao *front*.

No decorrer do relato surgem felizes instantâneos, de forte carga dramática uns, de maior superficialidade outros, num conjunto que aponta para um narrador atento às adequações e inadequações do camponês-guerreiro em terra alheia, numa tónica geral de homenagem às virtudes do humilde "lanzudo".

Marcam a sua presença as tiradas sentimentalistas, retóricas e patrióticas inerentes a muita desta produção. A palavra pode contudo em certos passos ser fácil, o estilo fluido:

> Nas linhas levantou-se um vendaval de fogo, todo alemão. A morteirada ronca pavorosa, abanando a terra centenas e centenas de metros e as metralhadoras estralejam endemoinhadas.[52]

Noutras ocasiões nota-se uma conseguida imagética ("abraços de mármore "[53], "mar de soluços"[54], a "geometria vadia"[55] da trincheira) e um diálogo rápido, oralizante. Não estranha pois que dentro dos parâmetros estéticos de um tempo ainda eivado de ressaibos românticos, em que um patriotismo sonoro, embora teórico, procurava compensar as desditas e carências do dia que passa, esta obra tivesse uma pronta aceitação.

Numerosos são outros autores que trouxeram à luz obras de depoimento sobre a guerra da Flandres. De um modo geral, uma relativa sensação de *dejà vu* emerge da sua continuada leitura. Nota-se uma série de motivos e atitudes repetitivos, um substrato comum de impressões. As imagens das cidades destruídas, da neve sobre as trincheiras, da chuva, do nevoeiro e da lama, dos cruzeiros mutilados, dos cemitérios de guerra reaparecem a cada momento. Há tambem tiradas de patriotismo, a memória de um Portugal liricamente rural, um certo tom de paternalismo ao encarar as virtudes do soldado português, de vez em quando a exaltação de algum lance de heroísmo individual.

Quanto ao andamento da narração, nota-se uma frequente abordagem cronológica, compartimentalizada em segmentos definidos como a partida das tropas, a viagem de barco com os soldados alojados em porões imundos, a estranheza do primeiro contacto com a França, o processo de harmonização aos novos tempos e espaços, depois, nas trincheiras, o constante pesadelo dos bombardeamentos, o macabro espectáculo dos corpos despedaçados, a nota de descalabro do 9 de Abril e o coro de protestos contra a indiferença governamental ante o destino do C.E.P.

Se não nos descansos da rectaguarda, pelo menos nas primeiras linhas a comunhão do perigo e das deficitárias condições de vida aproxima oficiais e soldados e permite aos primeiros, os quase exclusivos autores de obras de guerra, um olhar mais compassivo para os seus subordinados, um interesse mais próximo pelas suas personalidades e as suas emoções. Como corolário deste compartilhar de durezas, surge a hostilidade, muitas vezes veiculada através de uma acerba crítica, contra os "básicos", os que se refugiam na vida cómoda e rotineira das repartições e daí tentam exercer um arbitrário poder sobre o combatente, flagelando-o com insensatas determinações e inúteis tarefas burocráticas.[56] Este posicionamento alinha-se, diga-se de passagem, com uma das mais visíveis constantes da literatura de guerra portuguesa de anos posteriores e mesmo com idênticas literaturas estrangeiras. Muitas vezes a narrativa dá até a impressão de que o oficial superior, o que não comparte com o escritor as adversidades do enfrentamento ao inimigo, é ainda mais abominado do que ele. Como contrapartida, não é aliás infrequente detectar também um quase fraternal acercamento ao inimigo, igualado na desventura da sua condição de soldado.

Uma nítida clivagem se pode observar entre as obras referentes à actuação dos soldados portugueses nas campanhas da Flandres e nas de África. As operações na zona do Niassa, as mais significativas desta fase, foram assinaladas apenas por esporádicas acções militares, que aliás resultaram em lamentáveis desastres. Assim o valor dos expedicionários patenteou-se sobretudo pela sua extraordinária capacidade de suportar um clima brutal, a doença e toda a sorte de indigências e caóticas desorganizações. Contrastando com os escassos momentos de optimismo ou de humor, com ocasionais assomos de patriotismo, até com fugazes lampejos épicos das obras que se referem ao *front*, um ambiente do mais profundo desânimo perpassa pelas que relatam a actuação em África.

Um dos exemplos mais patentes desta vertente é *Tropa d'África*[57], em que insistentemente se bate a tecla da angustiosa gesta do soldado português nas campanhas africanas, ignorado pela Metrópole, privado de recursos e minado pela doença. O seu autor, Carlos Selvagem (pseudónimo de Carlos Tavares de Andrade Afonso dos Santos) nasceu em 1890. Frequentou o Colégio Militar e o curso de cavalaria da Escola do Exército, que terminou em 1912. A sua primeira obra teatral, *Entre Giestas*, apareceu em 1915. Em 1916, com o posto de alferes, partiu para Moçambique, onde participou nas campanhas do norte da colónia, em especial a tomada do forte de Newala. De regresso de África continuou a sua carreira de autor teatral. Em 1945, já com o posto de coronel, foi aposentado compulsivamente por motivos políticos.

O primeiro parágrafo da obra, em todo o seu prosaísmo, representa uma prefiguração do cunho diarístico, anti-épico, que vai percorrer toda a narrativa:

Dia de embarque! . . . .
Dia de lágrimas, dia de balbúrdia, de mil impressões tumultuosas e contrárias, com pragas furiosas sobre os galegos, mil contas que surdem à última hora, uma compra que ia esquecendo, um abraço que esqueceu, e, por fim, um automóvel que nos despeja no cais, com o resto da bagagem, a cabeça esvaída, o boné para a nuca, arrasado de emoções.[58]

Na cena da partida das tropas, ingrediente habitual destes relatos, está igualmente ausente o sentimentalismo. Pelo contrário, acentua-se a algazarra, a bazófia, a efusão quase animalesca do rústico feito soldado:

> Não há lágrimas—há berros estupendos da soldadesca, apinhada em cacho sobre as amuradas, pela cordoalha das enxárcias; há guinchos, risadas, promessas bestiais à conta do boche, a certeza de voltar com uma orelha de sargento alemão, três dentes de capitão prussiano.[59]

Será apenas mais tarde, quando o barco se afasta do cais e inicia a sua longa viagem, que notas de saudade e apreensão se vão imiscuindo na crónica de viagem. Um pesado manto de pessimismo se abate sobre estas páginas. Há amargura nos comentários sobre a impreparação das tropas, a sua falta de brio militar, as enormes deficiências de material, a anárquica pressa com que foi organizada a expedição. As impressões do autor sobre os soldados incidem dicotomicamente sobre o seu desleixo, a imundície que criam, o seu espírito sofredor e submisso. A viagem é uma longa rota de tédio, de desalento, interrompida apenas pelo breve banho de civilização, de efervescência vital na escala do Cabo. Mas logo a seguir vem Lourenço Marques, cidade bisonha, medíocre, provinciana, mais uma etapa de um longo fastio.

A narração atinge níveis nitidamente burlescos quando o autor conta o seu desembarque em Palma, de luvas, espada afivelada e às cavalitas de um latagão negro desde o gasolina ate à praia. Despejado em terra, depara com um ambiente de desolação, de abandono:

> E, lentamente, curvando a cabeça como ao peso de um destino injusto, lá nos encaminhámos ao acaso para a esquerda, sobre a vasa da maré coalhada de limos, de latas de conserva vazias, de peixe podre, de grandes nódoas esverdeadas, de grandes pastas de dejectos, de toda a sordidez e toda a imundície que o ventre e a cloaca duma grande metrópole podem expelir, arrojar descuidosamente às areias virgens duma praia africana, [...]
> E o primeiro aspecto flagrante que também cruamente fixei na retina (e que por si só resume todo um símbolo), é o de um pretalhão agachado de cócoras à beira da água, salutarmente alijando, filosofando.[60]

A nota escatológica marca brutalmente o compasso de toda a tónica que se vai seguir. Daí por diante o autor vê-se envolvido por uma absorvente maré de indiferenças, ineficiências e privações de todo o género. Nada está preparado para a campanha que se vai lançar. Há ordens e contra-ordens. Não existem parques de gado, os solípedes tresmalham-se, servem de pasto aos leões e às panteras. Tudo se tem de improvisar. O ponto alto desta sinfonia do absurdo ocorre quando o autor recebe a ordem de organizar um pelotão de infantaria montada com cavalos que nunca foram montados e infantes que não sabem montar. Os soldados sofrem o peso do calor, das febres, da disenteria. É talvez o intenso repúdio de Carlos Selvagem por tudo o que o cerca o que o leva a estender uma acerba caracterização às populações locais, embora ocasionalmente a suavize com uma idílica concepção da vida indígena ou enlevados encómios à esbelteza das mulheres. Impressiona, contudo, a virulência dos termos que com tanto desprezo utiliza: "fuscos antropóides"[61], "pretalhada"[62], "cérebros broncos e primitivos"[63], "focinhos hediondos talhados a enxó"[64], "infecta canalha monhé"[65].

Quando por fim se inicia a descrição da campanha, *Tropa d'África* assume o perfil de uma verdadeira epopeia de drama e desengano. A incúria e incompetência do comando levara a resultados previsíveis. Os depósitos da rectaguarda abarrotavam de víveres mas nada chegava às tropas que avançavam para o norte, os soldados disputavam raízes de mandioca aos auxiliares negros, arrastavam-se, febris, famélicos, sedentos e andrajosos, arrimados a bordões, pelos trilhos do mato. Quando se pediram carros de água, da rectaguarda só chegou uma nota com patrióticos incitamentos. Travaram-se as primeiras escaramuças, gerou-se o pânico. Na tentativa de assalto ao forte de Newala duas salvas da artilharia alemã quase não provocaram estragos mas semearam o terror, desagregaram a coluna portuguesa. É num gigantesco quadro de derrota que Carlos Selvagem traça os passos da retirada final, em poderosos tons de desilusão e amarga impotência:

> A heteróclita avalanche de soldados europeus, soldados negros, carregadores, moleques, gente de todas as raças e todos os povos da Província, amalgamados, nivelados na fraternidade da catástrofe invadia os postos de étapes, contagiava-os do mesmo pânico absurdo, arrastava na sua onda as escassas guarnições, vencia todas as barreiras, crescia sempre, rolava sempre, através da estrada até Palma, até ao mar.
> O mar! O mar! ...
> Não havia barreiras que opor! Por toda a parte só tropas desmoralizadas, abatidas por todas as vicissitudes, contaminadas do desalento profundo, estragadas pela malária, embrutecidas pela derrota! ...[66]

Nada que se possa comparar a este calamitoso painel de ruína, nem sequer nas mais mordentes peças acusatórias, se encontra na literatura das trincheiras da Flandres. A guerra de África foi um fervilhante caldo de cultura para a expressão literária de um compêndio de amargas decepções, de ácidas denúncias contra toda uma estrutura de incompetências, injustiças e insensibilidades por parte dos chefes.

Duas outras obras de relevo expõem idênticos ressentimentos, de igual modo lançam ao ar um doloroso brado de inculpação. Em *Expedicionários*, de Eduardo de Faria[67], livro constituído por uma série de quadros independentes, mais reflexivo que narrativo, ecoam-se tópicos já tratados em *Tropa d'África*, a desorganização, as aflitivas faltas de equipamento, o "exército de maltrapilhos"[68]. Também o atravessa a mesma nota de solidão e desencantamento, concretizada no quadro do autor passando a noite de Natal de 1918 sozinho na sua palhota, comendo uma lata de atum sentado sobre uma mala.

É em especial nos trechos que pintam a doença que se regista uma maior, mais soturna grandiosidade, que se esbate o ocasional pendor retórico do autor:

> Mas de noite, de noite é que aquele hospital era medonho. Ouviam-se gritos vindos das enfermarias; os feridos não conseguiam suportar as suas dores e desabafavam em altos berros, só mais baixo gemiam também os febris, os inutilizados, delirando e revendo factos que os terrificavam ainda.
> Naqueles catres de lençóis encardidos, cheirando a mofo e a suor, adivinhavam-se figuras de tragédia, perfis de cera com sulcos profundos, cabelos empastados para a testa, deixando só ver o nariz projectando-se para a boca, num sintoma assustador.[69]

Para além disto, encontra-se também aqui uma ardente condenasão da inépcia dos comandantes, da cobardia dos que não quiseram ir à guerra, da fraudulenta ganância dos fornecedores.

Epopeia Maldita (O Drama da Guerra de África), de António de Cértima[70], paraleliza muitos dos episódios e impressões referenciados em *Tropa d'África*. Também aqui não escasseiam os laivos de absurdo: as sentinelas apresentando armas com varapaus, os soldados que tinham que comparecer à formatura em ceroulas ou cobertos com sacos por falta de uniformes, o navio que regressa a Lisboa com o seu carregamento de farinha de trigo por ninguém se ter preocupado em o desembarcar, nas marchas a caminho do Rovuma os carregadores indígenas transportando cadeiras de viagem para os oficiais repousarem durante os altos, o cerrado fogo de artilharia contra o forte de Newala só depois de os alemães o terem abandonado. Mais retórico, mais teatral mas mais agressivo do que as duas obras anteriores, este livro representa um tremendo *j'accuse* contra o desvario dos escalões superiores da hierarquia militar, que lançaram uma campanha que resultou em centenas de mortos e na mais absoluta inutilidade.

A exiguidade do nível ficcional mostra-se evidente na literatura da Grande Guerra. Para além da linha memorialista, pouco se produziu que resulte directamente da experiência bélica. Apenas como exemplos das escassas obras divergentes da orientação testemunhal, apontem-se duas produções que, apesar do seu baixo nível artístico, marcam um lugar à parte nesta produção. Uma delas é *O Amor na Base do C.E.P.*, de Alexandre Malheiro[71], uma obra teatral escrita expressamente para ser representada por oficiais prisioneiros (como o foi a 27 de Outubro de 1918) no campo de concentração de Breesen in Mecklemburg. A acção tem lugar na rectaguarda, durante o verão de 1917 e envolve um muito convencional triângulo amoroso constituído por dois oficiais portugueses e uma actriz. O diálogo é marcado pelo artificialismo, mesmo quando pretende reflectir tonalidades populares nas falas do impedido, e a efabulação revela-se extremamente simplista. Uma modesta virtude da obra emerge na crítica à *dolce vita* que oficiais portugueses de licença levavam nas praias francesas e ao seu despropositado donjuanismo.

A outra, *Marte e Vénus—Novela da Grande Guerra*, de José Brandão (Lisboa, 1934?)[72], apesar de um verosímil enquadramento histórico, não consegue ultrapassar um medíocre nível folhetinesco, só moderado por uma ou outra cena mais habilmente tratada, como aquela em que o protagonista, temporariamente privado da vista, reconstitui o ambiente do hospital pelos ruídos à sua volta.[73]

A obra trata do romance entre um oficial português e uma francesa, interrompido pela ofensiva do 9 de Abril. Ao retirar, o protagonista encontra em ruínas a casa onde vivia com a amante, o que lhe faz pressupor a sua morte. Depois de alguns anos a "desfolhar as flores da saudade"[74] volta a França para tomar parte numa cerimónia militar e aí encontra a antiga amante, com o filho dos dois cuja existência ele desconhecia. Voltam a Portugal, casam e remoçam no cálido ambiente português. A novela denota pois fortes ingredientes românticos, concretizados na sua dimensão de irrealismo e efeitismo.

Num balanço geral a toda esta produção de guerra haveria que assinalar portanto a essencialidade do seu cunho documentalista, que lhe confere um carácter vizinho da crónica e do jornalismo. Desprovidas de formato ficcional, muitas destas obras consistem apenas numa galeria de tipos, episódios e impressões debilmente articuladas.

Não sera igualmente descabido voltar a acentuar a marca de passividade que se reflecte nesta literatura, grandemente isenta de rompantes épicos[75], ainda que aqui e além salpicada de teóricas exaltações do heroísmo dos nossos combatentes. Uma outra faceta emerge a acentuar o anticlimatismo do discurso narrativo. A tradição post-romântica perdura e o discurso torna-se muitas vezes convencionalmente nostálgico, lamentoso e mesmo palavroso.

O toque lírico não significa necessariamente, todavia, tibieza de expressão. Uma nítida e vigorosa tónica de acusação marca a sua presença tanto nas obras inspiradas pela Flandres como por África e constitui uma das mais visíveis constantes do género.

A Grande Guerra não produziu pois obras-chave, que claramente se destacassem dentro da constelação literária da época. A cruel intensidade da experiência bélica nem por isso deixou de ser nelas significativamente expressa. Anti-heróicas na sua maioria, sarcásticas algumas vezes, amarguradas outras, no seu polimorfismo, na extensa gama de reacções, na profundidade da emoção oferecem contudo uma impressionante imagem do comportamento humano na sua confrontação com a iminência da morte.

Notas

1. Contudo, é necessário não esquecer que os oficiais de carreira deram uma importante contribuição à literatura portuguesa da Grande Guerra.
2. Como ilustrativo exemplo, cite-se um fragmento de uma carta enviada por um soldado à sua madrinha de guerra: "... coando ca chigaramos as madamas françesas davãomos a soltavam viva portugais moitas centenas de vezes, nos moitos moito satisfeitos...", in Francisco Keil do Amaral, "Cartas do Front", *Seara Nova*, no. 1470, Abril de 1968, p.117.
3. Pedro de Freitas, *As Minhas Recordações da Grande Guerra*, Lisboa, 1935
4. Mais tarde ascende ao posto de primeiro sargento músico.
5. Aparece também grande número de obras que analisam a guerra sob o aspecto político e de outras que historiam a actuação de uma determinada unidade militar, assim como alocuções patrióticas, alguma epistolografia e colectâneas de crónicas.
6. Na Flandres morreram 14 623 militares portugueses. As estatísticas referentes às campanhas africanas revelam pouca credibilidade, ainda que indiquem um elevado número de baixas, grande parte delas por doença.
7. Capitão Augusto Casimiro, *Nas Trincheiras da Flandres*, Porto, 1919, p.7
8. Há todavia que admitir que alguns outros pretendem fazer ressaltar uma nota de heroísmo: *O Clarão da Epopeia, Soldados Valentes, A Minha Cruz de Guerra*.
9. A este respeito são curiosamente significativas as palavras de Afonso Costa: "Se a Inglaterra persiste na sua atitude [de não invocar a aliança] é este o nosso caminho [tinha antes sugerido a expulsão do ministro da Alemanha em Lisboa e a apropriação dos navios alemães surtos em portos portugueses]. Comete-se um acto de loucura, mas não de loucura criminosa.", citado por Franco Nogueira, *Salazar*, Vol.I, Coimbra, 1977, p.143.
10. "O grupo da *Renascença Portuguesa* [criada em 1912] distinguiu se entre os que propugnaram a intervenção de Portugal na guerra de 1914–18, pelo que não admira que ela viesse a editar os principais livros de memórias dos seus combatentes. Destaquemos entre eles as *Memórias da Grande Guerra*, 1919, de Jaime Cortesão, *Nas Trincheiras da Flandres*, 1918, de Augusto Casimiro, e *Ao Parapeito*, 1919, 3a. ed. 1924, depois traduzida para francês, de Pina de Morais (1889–1953) ...", António José Saraiva e Óscar Lopes, *História da Literatura Portuguesa*. Porto, 5a. ed., s.d., p.1005
11. Estêvão Amarante consubstancia na época essa atitude numa cena de uma revista apresentada no Teatro Eden. Vestido de carroceiro, canta o Fado do Ganga, e após os versos "E quando chegar o dia / Em que a gente for prá guerra" faz uma pausa em que o macho que o acompanha começa a guisalhar. Amarante acrescenta então "Ai! Ó! Sempre estás c'uma pressa!", o que causa grandes risos por parte do público.
12. Carlos Olavo, *Jornal d'um Prisioneiro de Guerra na Alemanha (1918)*, Lisboa, 1919
13. *Ibid.*, p. 24
14. Capitão Adelino Delduque, *Notas do Cativeiro (Memórias d'um Prisioneiro de Guerra na Alemanha)*, Lisboa, 1919
15. Capitão António Braz, *Como os Prisioneiros Portugueses Foram Tratados na Alemanha*, Lisboa, s.d. Aparece depois em Elvas uma segunda edição, datada de 1935.
16. De um louvor de Agosto de 1918 consta o seguinte: "Louvado pela muita coragem e altruísmo que manifestou, tendo durante 8 dias e em circunstâncias difíceis e apesar do seu manifesto mau estado de saúde assegurado sozinho os serviços clínicos do Batalhão de Infantaria nº 23, a que pertencia, e porque tendo na tarde de 21

FLANDRES E ÁFRICA **445**

de Março último sido atingido directamente o seu posto de socorros pelo bombardeamento inimigo, com o maior sangue frio tratou num local próximo vários feridos de gravidade, só baixando a uma ambulância, por intoxicação de gases de gravidade, só terminado o seu serviço." Citado em Ricardo Saraiva, *Jaime Cortesão— Subsídios para a sua Biografia*, Lisboa, 1953, pp. 24–25. Jaime Cortesão recebeu também a Cruz de Guerra.

17. A respeito desta obra escreve Ricardo Saraiva: "... sobre ser uma obra de alto valor literário constitui um documento impressionante acerca daquela conturbada época e um dos testemunhos de maior interesse e de mais profunda seriedade sobre as razões e as condições de participação de Portugal na guerra de 1914-1918." Ricardo Saraiva, *Jaime Cortesão—Subsídios para a sua Biografia*, ob. cit., p. 26

18. Jaime Cortesão, *Memórias da Grande Guerra (1916–1919)*, Porto, 1919, p. 38

19. *Ibid*, p. 40

20. *Idem*, p. 85

21. *Idem*, p. 165

22. *Idem*, pp. 91-92

23. *Idem*, p. 119

24. *Idem*, pp. 139-140

25. O interesse literário destas memórias é destacado por David Mourão-Ferreira em "Da Obra Literária de Jaime Cortesão", in *Homenagem a Jaime Cortesão*, Lisboa, ?1961.

26. Capitão Augusto Casimiro, *Nas Trincheiras da Flandres*, ob. cit.

27. Capitão Augusto Casimiro, *Calvários da Flandres (1918)*, Porto, 1920

28. Capitão Augusto Casimiro, *Nas Trincheiras da Flandres*, ob. cit., p. 32

29. *Ibid*, p. 99

30. *Idem*, p. 215

31. *Idem*, p.105

32. *Idem*, p. 74

33. Fernando Piteira Santos, "Augusto Casimiro, poeta de 'A Águia' e fundador da 'Seara Nova' ", *Jornal de Letras. Artes e Ideias*, nº 390, 26 de Dezembro de 1989–1 de Janeiro de 1990

34. Capitão Augusto Casimiro, *Nas Trincheiras da Flandres*, ob. cit., p. 193

35. *Ibid*, p. 142

36. *Idem*, p. 35.

37. Hernâni Cidade, *Quelques aspects de la littérature portugaise de la Grande Guerre*, Coimbra, 1937, p. 15

38. Capitão Augusto Casimiro, *Calvários da Flandres*, ob. cit., p. 91

39. Para este trabalho foi utilizada uma edição mais recente: André Brun, *A Malta das Trincheiras (Migalhas da Grande Guerra, 1917-1918*, Porto, 1983.

40. António Lopes Ribeiro, "Introdução", in André Brun, *A Malta das Trincheiras*, ob. cit., p. 12

41. André Brun, *A Malta das Trincheiras*, ob. cit., pp. 23-24

42. *Ibid*, p. 63

43. *Idem*, p. 74

44. *Idem*, p. 65

45. *Idem*, p. 77

46. *Idem*, p. 105
47. *Idem*, p. 64
48. *Idem*, p. 95
49. *Idem*, p. 130
50. *Idem*, p. 144
51. Tenente Pina de Morais, *Ao Parapeito*, Porto, 1919
52. *Ibid*, p. 102
53. *Idem*, p. 9
54. *Idem*, p. 10
55. *Idem*, p. 34
56. Uma obra particularmente violenta nesta denúncia é *Na Grande Guerra*, de Américo Olavo (Lisboa, 1919).
57. Carlos Selvagem, *Tropa d'África—Jornal de Campanha de um Voluntário ao Niassa*, Paris-Lisboa, 4a edição, 1935. A primeira edição, da *Renascença Portuguesa*, é de 1919.
58. *Ibid*, p. 19
59. *Idem*
60. *Idem*, p. 63
61. *Idem*, p. 79
62. *Idem*, p. 89
63. *Idem*, p. 93
64. *Idem*, p. 101
64. *Idem*, p. 101
65. *Idem*, p. 88
66. *Idem*, pp. 242-243
67. Eduardo de Faria, *Expedicionários*, Lisboa, 1931
68. *Ibid*, p. 31
69. *Idem*, p. 40
70. António de Cértima, *Epopeia Maldita (O Drama da Guerra de África)*, Lisboa, 1924
71. Tenente-Coronel Alexandre Malheiro, *O Amor na Base do C.E.P.*, Porto, 1919
72. 1934 é a data que figura na capa do livro. Na primeira página aparece contudo uma segunda data, a de 1932. Outra obra que apresenta uma certa ossatura novelística é *9 de Abril*, de J. Rosado e S. Neves (Lisboa, s.d.). *O Rato Cinzento— Contos e Episódios da Grande Guerra*, do Coronel Paes Mamede (Coimbra, 1925), como o subtítulo indica, aproxima-se também da literatura ficcional.
73. A obra *O Mutilado*, de João Grave, considerada o primeiro romance inspirado pela Grande Guerra, não resulta directamente das experiências de combate.
74. José Brandão, *Marte e Vénus— Novela da Grande Guerra*, Lisboa, 1934?, p. 19
75. Nesta faceta a nossa literatura coincide em absoluto com outras literaturas que tratam o mesmo tópico.

Contribuição para o estudo das "formas de tratamento" em Português: uma abordagem da expressão linguística da área nocional de "Proximidade"

Maria Helena de Araújo Carreira
Universidade Paris VIII

Qualquer que seja a perspectiva adoptada para abordar o estudo das formas de tratamento em Português, a obra do Professor Lindley Cintra *Sobre "formas de tratamento" na Língua Portuguesa* é, indubitavelmente, um estudo de referência.

Partindo da estranheza que causa, em falantes de outras línguas, a variedade das formas de tratamento no português actual, o autor analisa essa complexidade de elementos (utilizados em situação de diálogo) em três categorias: 1. "tratamentos pronominais" (tu, você, etc.); 2. "tratamentos nominais" (o senhor, o senhor Dr., etc.); 3. "tratamentos verbais" (queres?, quer?, etc.)[1].

Partilhando a opinião multifacetada de Meier (1951) expressa no seu estudo sobre a "Sintaxe do tratamento"[2] em português, Lindley Cintra não perde de vista: 1. as relações entre a estratificação das formas de tratamento e "um modo de conceber a sociedade, próprio, noutros países, de um número restrito de instituições extremamente tradicionalistas e muitas vezes fossilizadas"[3]; 2. as potencialidades de um sistema complexo de formas de tratamento que pode ser explorado no sentido de permitir ao locutor "sugerir e estabelecer a distância desejada"[4] entre si e o seu interlocutor.

Se reformularmos esta última observação partindo da noção de "contínuo", poderemos dizer que as formas de tratamento se ditribuem ao longo de um eixo nocional que vai da proximidade máxima à distância máxima.

Numa conferência proferida na Sorbonne, em 1979, o Professor Lindley Cintra, referindo-se às "formas de tratamento" e às "formas de cortesia"—que aliás preferiu chamar de "distanciamento"—desenvolveu a sua análise a partir das duas grandes áreas de emprego: a área de intimidade e a área do distanciamento.

As áreas supõem zonas de transição. Trata-se, portanto, de uma perspectiva compatível com a reformulação acima apresentada: a "continuidade" e não a "descontinuidade".

Poderemos estabelecer um confronto entre a distinção de base proposta pelo Professor Cintra—área de intimidade e área de distanciamento—e uma das conclusões avançadas por Brown e Ford (1964), a partir do anterior estudo de Brown e Gilman (1960) sobre formas de tratamento em vinte línguas europeias e asiáticas.

Segundo aqueles autores, a ligação abstracta existente, por um lado, entre as formas de tratamento de "intimidade" e de "condescendência"; por outro lado, entre as formas de tratamento de "distância" e de "deferência", seria um universal linguístico[5]. O facto de a ligação abstracta apontada ocorrer também em línguas não indo-europeias reforçaria aquela interpretação.

Sublinhe-se aqui a concordância quanto a distinções de base: "intimidade" vs. "distância".

No presente trabalho, tentarei uma abordagem do que o Professor Lindley Cintra designa "área de intimidade". As análises que efectuei, de diálogos recolhidos pela Equipa do Português Fundamental, serviram de suporte às reflexões e interpretações que passo a apresentar.

No âmbito da teoria linguística desenvolvida por Pottier, proponho como ponto de partida "uma concepção geral do contacto e da distância", isto é o "noema de distanciamento"[6]. Poderemos visualizá-lo, num primeiro tempo, através do eixo contínuo (v. Figura 1).

+ PROXIMIDADE   + DISTÂNCIA

Figura 1. Noema de distanciamento: eixo contínuo

A zona da "proximidade" e o movimento de aproximação que nela se integra corresponderá ao esquema analítico (v. Figura 2).

N.B. No caso do estudo das "formas de tratamento" em situação interlocutiva, E1 e E2 correspondem às pessoas de interlocução EU, TU.

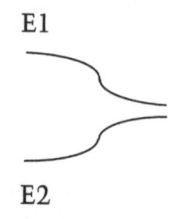

E1

E2

Figura 2. Noema de distanciamento: zona de "proximidade" (movimento de aproximação)
Legenda: E1—entidade 1
　　　　 E2—entidade 2

A ÁREA NOCIONAL DE "PROXIMIDADE" **449**

Por seu turno, a zona de "distância" e o movimento de distanciamento terão a representação inversa (v. Figura 3).

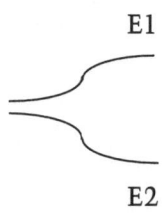

E1

E2

Figura 3. Noema de distanciamento: zona de "distância" (movimento de distanciamento)
Legenda: E1—entidade 1
E2—entidade 2

O esquema analítico global do noema de distanciamento será então o seguinte:

| ÁREA DA DISTÂNCIA | ÁREA DA PROXIMIDADE | ÁREA DA DISTÂNCIA |

+ <—DISTÂNCIA   DISTÂNCIA—> +
        <—PROXIMIDADE—>
        a   b

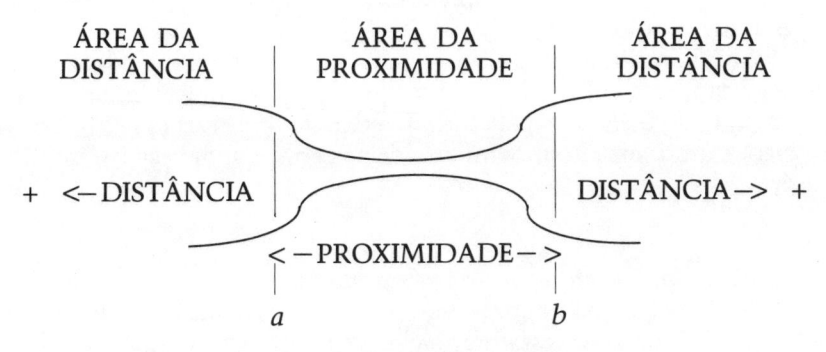

Figura 4. Noema de distanciamento: síntese

Isolando, deste esquema analítico global, a zona que corresponde à área nocional da proximidade, teremos, por conseguinte, a zona central, delimitada pelos eixos verticais *a* e *b*. O eixo *a* situa-se relativamente à dinâmica do movimento de aproximação; o eixo *b*, relativamente ao movimento de distanciamento.

Limitemo-nos ao "espaço"[7] que se situa entre *a* e a proximidade máxima (v. Figura 4). O movimento de aproximação, constitutivo, torna este espaço dinâmico.

As soluções linguísticas para exprimir o esquema analítico do noema de distanciamento em português são múltiplas, mesmo restringindo-nos à parte que isolei.

Não se tratará aqui de um estudo exaustivo, mas de um *enquadramento de algumas possibilidades linguísticas*.

Recorrendo a uma metáfora espacial, poderemos considerar:
A—no *"espaço interlocutivo"*, o EU e o TU situam-se na mesma zona;

B—à "proximidade" no "espaço" interlocutório liga-se uma outra "proximidade": no *espaço de valores*".
Debrucemo-nos agora sobre algumas das soluções linguísticas de A e de B.

A. Partilha do "espaço" interlocutivo

1. *"Formas de tratamento": pontos extremos da zona da "proximidade"*
1.1 As formas ditas de "intimidade"—"tu"—, forma pronominal, forma verbal, nome próprio e suas múliplas variantes—tanto mais quanto maior for a intimidade, como no-lo fazem notar Brown e Ford (1964)[8] — são as que situam o EU e o TU na zona da proximidade máxima[9].

A substituição de construções genéricas por formas de tratamento pronominais ou verbais de 2ª pessoa (tu) é um processo frequente, implicando o alocutário directamente no que é referido pelo discurso do locutor[10]. Um exemplo: "Cada vez que tu modificas a função . . . tu submetes as funções de novo sempre à mesma grelha que é o critério único, e voltas a colocá-las . . ."[11].

1.2 Na zona de transição entre a distância e a proximidade, a substituição da forma nominal "o senhor" (utilizada com insistência na primeira parte do diálogo[12]) pela forma verbal de 3ª pessoa (na 2ª parte do diálogo) é um índice do movimento de aproximação no espaço interlocutório.

2. *Expressão de ordem e "formas de tratamento"*
No que respeita à expressão de ordem não atenuada ou atenuada, observemos formas de tratamento que se situam em pontos diferentes da zona da proximidade.

2.1 *Expressão de ordem não atenuada*: a forma verbal de imperativo de 2ª pessoa exprime uma injunção forte. Pode ser reforçada por uma modalidade apreciativa de tipo constativo, como no enunciado: "repara nisto que é verdade!"[13] (o pai ao filho).

2.2 *Expressão de ordem atenuada*: o locutor diminui o grau de ordem pela utilização de "nós" e "a gente", situando-se a si próprio no mesmo espaço dos seus interlocutores e tornando-se assim objecto da sua própria injunção[14]: "Vamos lá a resolver a coisa da melhor maneira . . . e a gente resolve isso . . ."[15].

De notar a gradação "nós"—"a gente", orientada no sentido da aproximação. Situamo-nos aqui na zona de transição entre a distância e a proximidade.

3. *Fórmulas interlocutórias e "registo" familiar*
As fórmulas interlocutórias[16] exprimindo uma proximidade ou uma tentativa de aproximação combinam-se frequentemente com um registo familiar[17].
3.1 Sem pretender a exaustão, passo a apresentar algumas dessas fórmulas que correspondem a: 1. um apelo de adesão; 2. um assentimento, uma adesão.
• Um apelo de adesão: olha/olhe; diz/diga lá, como é que foi?; (Ah!) sabes!/sabe!; vamos lá; estás/está a ver o que é!; não é/foi?
• Um assentimento, uma adesão; ah, tá bem!; claro; bem, isso também eu [+ verbo]; pois/pois é/pois, pois; (lá) isso é verdade!
3.2 O registo familiar caracteriza-se principalmente pelo emprego de: 1. vocabulário e fraseologia específicos; 2. diminutivos e aumentativos frequentes e morfologicamente variados; 3. simplificação da morfologia verbal (ex. tás [estás]) ou de outras categorias gramaticais (ex. p'ra [para]; que [do que]; que [porque]); 4. incoerências sintácticas, para as quais não faltam justificações semânticas; 5. variados processos de reforço (*cf.* fórmulas interlocutórias, simples repetição, fenómenos de topicalização, anáfora, catáfora, etc.).
A combinação de fórmulas interlocutórias de proximidade e de registo familiar patenteia, assim, uma isossemia discursiva.

B. Proximidade no "espaço" de valores

As análises de diferentes modalidades realizadas em estudos anteriores conduzem ao seguinte resultado: em situação interlocutiva, considerando a área da "proximidade", a modalidade axiológica é a que explicita ou implicitamente enquadra todas as outras.
As modalidades apresentadas por Pottier (1987) como exprimindo "la position de l'énonciateur par rapport à son propos" (p. 92) podem agrupar-se, segundo aquele linguista, em quatro grandes zonas: o "existencial" (modalidades ôntica e alética), o "epistémico", o "factual" e o "axiológico" (p. 92; pp. 201-206).
A modalidade axiológica, expressão de juízos valorativos ou desvalorativos da parte do enunciador, pode ser de diferentes tipos: ética, estética, normativa, veredictiva, prática — se os juízos forem intelectuais; tímica, hedónica, passional — se se tratar de percepções sensíveis (*ibid.* pp. 205-206).
Limitando-nos às análises a que me referi, para a expressão da área da proximidade, retenho, pela sua ocorrência, a modalidade axiológica de tipo ético (bem/mal, virtude/vício), de tipo normativo (correcto/incorrecto; normal/anormal) e de tipo estético (belo/feio).
Nos diálogos analisados, os interlocutores que se situam na "área de proximidade" partilham ou procuram partilhar a mesma área de

valores. Consequentemente, a não partilha desta área liga-se a um movimento de distanciamento[18] no espaço interlocutório.

A análise das modalidades acima referidas tem um suporte discursivo que impossibilita, pela sua extensão, que aqui seja apresentado. Darei, no entanto, um exemplo, ainda que truncando o co-texto (linguístico) e o contexto (situacional): "eu pondo ali o meu [carro] também ficava a impedir, não há dúvida nenhuma"[19].

O grau de hipótese expresso pela primeira parte do enunciado é máximo. Trata-se de uma modalidade ôntica, com valor de irreal. Tem fortes afinidades com a modalidade alética, com valor de inevitável (se A, então B). No entanto, a modalidade epistémica está também fortemente presente, pois não podemos excluir "a referência ao julgamento da enunciação"[20]: imaginemos que [punha o carro] então posso dizer que [impedia o trânsito].

A segunda parte do enunciado "não há dúvida nenhuma", explicitando a modalidade epistémica, com valor de certeza, reforça-a.

A esta imbricação de modalidades, detectáveis ao nível do enunciado isolado, teremos de acrescentar a modalidade axiológica ética com valor positivo que, tendo em conta o desenrolamento do dialógo escolhido, tem como objecto as outras modalidades.

A partilha de juízos valorativos/desvalorativos expressos, a nível discursivo, pela modalidade axiológica, revela-se fundamental na dinâmica do diálogo entre dois interlocutores que situam ou procuram situar as suas produções linguísticas na área nocional da "proximidade".

A perspectiva onomasiológica adoptada ao longo deste trabalho levou-nos, num primeiro tempo, a uma tentativa de organização nocional da "concepção geral do contacto e da distância" (v. figura 4: noema de distanciamento). Escolhida que foi a área nocional da proximidade, submetida à dinâmica do movimento de aproximação, e não sendo possível apresentar um estudo exaustivo da sua expressão linguística, procedi a um enquadramento de algumas possibilidades linguísticas e a uma breve análise.

A distinção: A — Partilha do "espaço" interlocutório
      B — Proximidade na "espaço" de valores
permitiu-nos situar, relacionando:
      A — "formas de tratamento", fórmulas interlocutórias, expressão de ordem, "registo familiar";
      B — modalidades ônticas, aléticas, epistémicas e axiológicas.

Procurei, assim, posicionar o estudo das "formas de tratamento" em português estabelecendo um elo com outras soluções linguísticas (abordadas a nível discursivo) e situando-as relativamente a um enquadramento conceptual que se pretende operatório.

Notas

1. Cintra (1972, pp. 11-12 e pp. 122-25).
2. Meier (1951).
3. Cintra (1972, p. 9).
4. *Ibid.*
5. Brown & Ford (1964): "It may be that the abstract linkage in personal address of intimacy and condescension, distance and deference is a linguistic universal, but we certainly do not know that as yet." (p. 239).
6. Pottier (seminário de 18.2.88).
   Cf. id. (1987): "La noémique est l'étude de l'ensemble des éléments conceptuels et de leurs relations, considérés comme un instrument d'analyse nécessaire et suffisant pour décrire le fonctionnement de base de la sémantique des langues naturelles" (p. 170) (ver também cap. VIII "La noémique", pp. 76-96).
7. *Id.* (1987, p. 82) classe noemática de "Localizações" (Topologia).
8. Brown & Ford (1964): "The proper name constitutes the individual as a unique organism. Beyond the single proper name, however, where interest is still greater, the individual is fragmented into a variety of names. Perhaps this differentiation beyond individuality expresses various manifestations or ways of regarding someone who is close." (p. 239).
9. V. o estudo que Lindley Cintra dedicou a Vitorino Nemésio, intitulado " 'tu' e 'vós', como formas de tratamento de Deus em orações e na poesia em língua portuguesa" in Cintra (1972, pp. 75-122).
10. V. Carreira (1986, pp. 43-44).
11. Inquérito n° 0965 dos Arquivos do "Português Fundamental".
12. V. Inquérito n° 0556.
13. Inquérito n° 0289.
14. V. Carreira (1985).
15. Inquérito n° 0426.
16. V. Maçãs (1976) e Schmidt-Radefeldt (no prelo).
17. V. Carreira (1985; *Santa Barbara Portuguese Studies*, vol. I, UCSB, 1994, pp. 272-290).
18. V. Carreira (1991).
19. Inquérito n° 0401.
20. Pottier (1987, pp. 200-202).

Bibliografia de referência

Brown, R. & Ford, M. (1964) "Address in american english." in D. Hymes (ed.), *Language in culture and society. A reader in linguistics and anthropology.* New York.

Brown, R., & Gilman. (1960). "The pronouns of power and solidarity". In T.A. Sebeok (ed.), *Style in language.* Cambridge: MIT Press.

Carreira, M.H. (1985) "Formulação comunicativa e desenrolamento textual." *Actas do I° Encontro da Associação Portuguesa de Linguística.* Lisboa: Associação Portuguesa de Linguística.

_____. (1986) "Contribuição para uma análise discursiva do 'Distanciamento' e da 'Procura de Adesão' em situação interlocutiva". *Actas do II° Encontro da Associação Portuguesa de Linguística.* Lisboa: Associação Portuguesa de Linguística.

_____. (1991) "De l'intentionnel au linguistique: l'expression du 'Désaccord' en portugais". *Actes du XVIIIe Congrès International de Linguistique et Philologie Romanes* (Trèves, R.F.A., Université de Trèves, 19-24 mai 1986). Trèves, R.F.A.

_____. (1994) "Modalidades discursivas e formas de tratamento: uma abordagem da orientação atenuada do discurso do interlocutor". *Santa Barbara Portuguese Studies*, University of California, Santa Barbara, vol. I, 1994.

_____. (1988). "Subjectividade enunciativa e discurso relatado: contribuição para o desenvolvimento de um método de análise". *Actas do III° Encontro da Associação Portuguesa de Linguística*. Outubro 1987. Lisboa: Associação Portuguesa de Linguística.

Cintra, L.F.L. (1972) *Sobre "Formas de Tratamento" na Língua Portuguesa*. Lisboa: Livros Horizonte.

Maçãs, D. (1976) "Fórmulas interlocutórias do diálogo no português moderno e coloquial". In *Revista Biblos* XLV, 153-226. Faculdade de Letras da Universidade de Coimbra.

Meier, H. (1951) "Die Syntax der Anrede in Portugiesischen". *Romanische Forschungen*, 1951, 63, 95-124.

Pottier, B. (1987). *Théorie et analyse en linguistique*. Paris: Hachette.

_____. (1987/88) Seminário de doutoramento. Université de Paris-Sorbonne (não publicado).

Schmidt-Radefeldt, J. (1993) "Partículas discursivas interaccionais no português e no espanhol em contraste com o alemão". In *Semiótica e linguística portuguesa e românica, Homenagem a Herculano de Carvalho*. Jürgen Schmidt-Radefeldt (org.), Tübingen: Gunther Narr Verlag.

Próclise, Ênclise, e a Posição do Verbo em Português Europeu[*]

Eduardo Paiva Raposo
University of California, Santa Barbara

Introdução

Em trabalhos recentes, Uriagereka (no prelo), Martins (1994) e Raposo (1994) propõem que a ênclise em português europeu (doravante PE) (exemplificada em (1)) constitui o resultado da subida do verbo finito para um núcleo funcional (chamemos-lhe 'F') superior ao núcleo de tipo 'Infl' mais elevado no sentido de Pollock (1989), ao passo que a próclise (exemplificada em (2)) seria a configuração obtida quando o verbo permanece em Infl:[1]

(1) Demos-lhe muitos livros!
(2) Muitos livros lhe demos!

Neste breve trabalho (parte de um estudo mais extenso em elaboração), argumentamos que tal análise não é correcta. Em primeiro lugar, mostramos que a próclise em PE é independente da subida do verbo para F: isto é, aceitando que o verbo finito pode ocupar os dois núcleos funcionais em discussão (F e Infl), mostramos que a próclise é não só possível como necessária em ambos os casos. Consequentemente, a ênclise do PE (em orações finitas) não pode ser uma consequência directa da subida do verbo para o núcleo F.[2]

O trabalho está organizado do seguinte modo: na secção 1, apresentamos os pressupostos teóricos mais importantes de que faremos uso na nossa análise, incluindo uma exposição breve do trabalho de Uriagereka (1992) relativamente ao núcleo F e ao seu estatuto nos dialectos "arcaicos" da Ibéria do Oeste (PE, galego e dialectos leoneses); na secção 2, apresentamos uma resenha rápida dos pontos mais relevantes das análises de Uriagereka (no prelo) e Martins (1994) relativamente à posição dos clíticos em PE (a análise de Raposo (1994) baseia-se em larga medida em Martins (1994)); na secção 3, com base nos resultados de Raposo e Uriagereka (1993) relativamente à posição do sujeito em orações com o morfema se indefinido, mostramos que a próclise é independente da subida do verbo para o núcleo F e assinalamos algumas consequências desse resultado para uma compreensão adequada da cliticização em PE; finalmente, na secção 4, expomos brevemente as linhas mestras da nossa análise da ênclise em PE (que contamos desenvolver em trabalho posterior).

1. Pressupostos Teóricos

Seguindo Pollock (1989), aceitamos que o núcleo Infl de Chomsky (1981) se sub-divide pelo menos em 'T' ('Tempo') e 'AgrS' ("Concordância de Sujeito" —doravante simplesmente 'Agr'), e que T c-comanda Agr.[3] Com Uriagereka (1992), propomos igualmente que as línguas românicas de sujeito nulo possuem um núcleo funcional "extra" realizado na sintaxe, a que chamamos F. A projecção determinada por este núcleo domina TP, e a sua posição spec constitui o local de poiso de QPs de natureza "afectiva" (no sentido de Klima (1964), e a que chamamos aqui de "operadores afectivos"), incluindo constituintes possuindo um valor enfático como em (3), constituintes negativos "deslocados", como em (4), constituintes Wh- como em (5) (relativamente a estes o spec de FP é ponto de passagem no seu deslocamento para o spec de CP, como mostramos em trabalho em preparação), e constituintes com um operador de foco (por ex. só)), como em (6):[4]

(3) a. Muito whisky o capitão bebe!
b. Muito whisky bebe o capitão!
(4) a. Nada de jeito ele viu na sua recente ida a Paris.
b. Nada de jeito viu ele na sua recente ida a Paris.
(5) a. Que pessoas a Maria tinha conhecido em Paris?
b. Que pessoas tinha a Maria conhecido em Paris?
(6) a. Só mais tarde ela percebeu que o namorado a tinha deixado.
b. Só mais tarde percebeu ela que o namorado a tinha deixado.

(Note-se desde já as duas possíveis ordens entre o sujeito e o verbo finito nestas construções —ponto a que voltaremos na secção 3 deste trabalho). Estruturalmente, concebemos pois o "esqueleto funcional" da oração como tendo (simplificadamente —ver a nota 3) a forma apresentada em (7):[5]

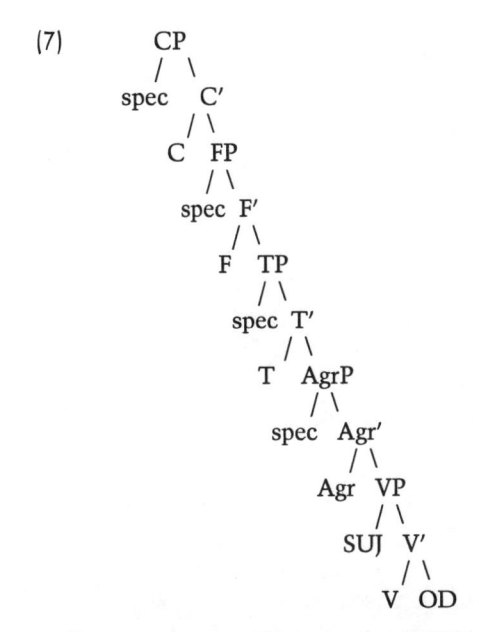

(7)
```
              CP
             /  \
          spec   C'
                /  \
               C    FP
                   /  \
                spec   F'
                      /  \
                     F    TP
                         /  \
                      spec   T'
                            /  \
                           T    AgrP
                               /  \
                            spec   Agr'
                                  /  \
                                Agr   VP
                                     /  \
                                   SUJ   V'
                                        /  \
                                       V    OD
```

De acordo com Uriagereka (1992), propomos que o núcleo funcional F (sintacticamente realizado nas línguas românicas de sujeito nulo) tem também uma realização morfológica abstracta nas línguas "arcaicas" da Ibéria do Oeste —o PE, o galego e os dialectos leoneses em vias de desaparecimento.[6] À realização morfológica de F nestas línguas se devem —segundo a hipótese de Uriagereka— algumas das propriedades sintácticas que diferenciam estes dialectos dos dialectos mais progressivos da România. Uriagereka aponta as propriedades de (8i-vi), às quais podemos talvez acrescentar (8vii) e (8viii):[7]

(8) (i) recomplementação em orações subordinadas completivas na presença de tópicos "sandwich" (cf. (9));
(ii) ênclise em orações de raíz e em certas orações subordinadas (cf. (10a,b));
(iii) mesóclise nos tempos do futuro e do condicional em contextos idênticos aos da ênclise (cf. (11a,b));
(iv) interpolação de diversos elementos (por exemplo, o sujeito) entre o clítico e o verbo (cf. (12));
(v) infinitivos flexionados (cf. (13a,b));
(vi) expletivos visíveis (nos mesmos contextos da ênclise) (cf. (14a,b));
(vii) auxiliar perfectivo **ter** em vez de **haver** (cf. (5));
(viii) possível interpolação do sujeito entre o auxiliar **ter** e o verbo principal no particípio passado (cf. por ex. (5b), não gramatical nas restantes línguas românicas).

(9) Disseram-me que esse livro que o Pedro não tinha lido.
(10) a. A Maria telefonou-lhe.

              b. Dizem que a Maria telefona-lhe amanhã.
(11)   a. A Maria dar-lhe-á o livro certamente.
              b. A Maria dar-lhe-ia o livro se ele fosse menos idiota.
(12)   Moitas cousas lle eu dixera! (Galego)
(13)   a. Disseram-me terem alguns escoceses visto o monstro do Loch Ness.
              b. Será difícil eles assinarem o documento.
(14)   a. Ele acontecem coisas muito estranhas em Goleta!
              b. Dizem que ele vai chover a potes amanhã.

    Não apresentamos aqui uma análise detalhada de como F —com as propriedades que é suposto ter em PE e nos outros dialectos arcaicos— licencia os fenómenos descritos em (8); para isso permitimo-nos remeter os leitores para os trabalhos indicados na nota 7.[8] No ambito deste trabalho, limitamo-nos a apresentar na secção 2 as análises de Uriagereka (1992; no prelo) e de Martins (1994) de como o estatuto morfológico especial de F determina directamente o fenómeno da ênclise vs. próclise nas orações de raíz dos dialectos em questão. Estas análises, por sua vez, constituirão o pano de fundo das críticas e das propostas a introduzir nas secções 3.3. e 4.

2. A Cliticização nas Análises de Martins e Uriagereka

    Como referimos acima, as análises destes dois autores possuem em comum a ideia de que a ênclise resulta directamente da subida do verbo para F na sintaxe visível, sendo a próclise a configuração obtida quando o verbo permanece em T (na sintaxe visível).[9] Para os dois autores, a posição do clítico é a mesma tanto na ênclise como na próclise; o que varia é a posição do verbo.[10] Antes de discutir estas análises mais detalhadamente, no entanto, convem introduzir alguns paradigmas e apresentar a generalização básica sobre a posição dos clíticos em PE, bem como o modo como o estatuto "forte" de F é usado para explicar essa generalização no âmbito das hipóteses — essencialmente as de Uriagereka (1992)— que servem de ponto de partida aos dois autores .

    É sabido que a anteposição de um operador afectivo (como os elementos em itálico de (3) a (6)) determina invariavelmente a próclise em PE:[11]

(15)   a. Muito whisky lhe demos!
              b. *Muito whisky demos-lhe!
(16)   a. Nada de jeito ela me mostrou nessa viagem.
               b. *Nada de jeito ela mostrou-me nessa viagem.
(17)   a. Que pessoas lhe tinha a Maria apresentado em Paris?
               b. *Que pessoas tinha-lhe a Maria apresentado em Paris?

PRÓCLISE, ÊNCLISE, E A POSIÇÃO DO VERBO   459

A ocorrência pré-verbal de um determinado número de advérbios (como, por exemplo, **não, apenas, também,** entre outros) determina igualmente a próclise:

(18) a. Eu não/apenas/também lhe dei um livro.
     b. *Eu não/apenas/também dei-lhe um livro.

A ênclise, por sua vez, resulta quando não existe um operador afectivo anteposto, como em (19)-(20), ou quando os advérbios de (18) estão ausentes ou, estando presentes, seguem o verbo, como em (21):

(19) a. Demos-lhe muito whisky.
     b. *Lhe demos muito whisky.
(20) a. A Maria apresentou-lhe várias pessoas em Paris.
     b. *A Maria lhe apresentou várias pessoas em Paris.
(21) a. Eu dei-lhe (apenas/também) um livro.
     b. *Eu lhe dei (apenas/também) um livro.

Faremos aqui a hipótese de que tanto em (15)-(17) como em (18) a posição de spec de F se encontra preenchida: em (15)-(17) pelo constituinte afectivo, e em (18) pelos advérbios; e que é o preenchimento desta posição (possivelmente por um vestígio, no caso de constituintes Wh-) que é directamente responsável pela próclise.[12] Ou seja, propomos a seguinte generalização:[13]

(22) Em orações de raíz, a próclise manifesta-se sse a posição de spec de FP estiver preenchida. Caso contrário, manifesta-se a ênclise.

Vejamos porquê. Suponhamos que F, na medida em que tem uma realização morfológica em PE, é sempre projectado na sintaxe, quer a sua posição spec seja ou não "activada" por um operador afectivo, como em (3)-(6), ou (15)-(18). Suponhamos igualmente que F, sendo "forte", tem de ser licenciado morfologicamente. Segundo Uriagereka (1992), haveria três modos de obter este licenciamento morfológico:

(23) (i)   por "concordância spec-núcleo";
     (ii) pela subida de F para um núcleo regente (não vazio);
     (iii) pela subida do verbo para F.

Os casos (23i) e (23ii) são, segundo Uriagereka, aqueles em que o licenciamento de F é feito de forma não-marcada, e correspondem, respectivamente, a exemplos em que um operador afectivo ocupa a posição de spec de F ((3)-(6), (15)-(18)), e a exemplos de subordinação como (24), em que o complementador **que** rege F, e F sobe para **que**, com a sub-estrutura representada em (25) (em que t é o vestígio de F):[14]

(24) Dizem [que [a Maria lhe telefonou]].

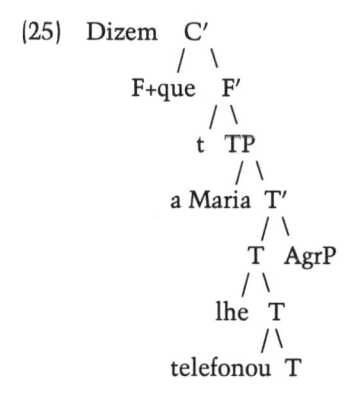

(25) Dizem   C'
              / \
          F+que F'
                / \
               t   TP
                  / \
             a Maria T'
                    / \
                   T AgrP
                      / \
                    lhe T
                        /\
                 telefonou T

Se não há nem um operador afectivo em spec de F (que possa desencadear a concordância spec-núcleo) nem um regente morfológico mais elevado (como nos casos de subordinação), então em última instância o verbo finito sobe para F para efectuar o licenciamento morfológico de F. É este o caso das orações de raíz como (19)-(21). Se houver um clítico na estrutura, este aparecerá então em posição enclítica. Na análise de Martins (1994), isto deve-se a dois factores: (i) o local de poiso dos clíticos, T em PE (mas ver as notas 9 e 10); (ii) a subida do verbo —ou de T contendo o verbo— para F por "excorporação" (ver Roberts (1991)), deixando o clítico "para trás" na sua posição de adjunção a T. A estrutura da parte relevante de (19a), por exemplo, é (muito simplificadamente) a seguinte (t é o vestígio de T contendo o verbo finito):[15]

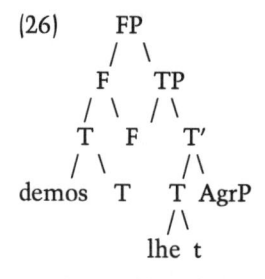

(26)   FP
        / \
       F   TP
      / \ / \
     T   F T'
    / \   /\
 demos T T AgrP
          /\
        lhe t

Na análise de Uriagereka (no prelo), a posição do clítico é de adjunção a F, e não a T. Trata-se no entanto, para Uriagereka, de uma adjunção com propriedades especiais, a que chama de 'funcional', e que se caracteriza por ser à direita da categoria alvo da adjunção, e não à esquerda. A subida do verbo para F, no entanto, é uma adjunção 'lexical', a qual se caracteriza por ser à esquerda; logo, o clítico ocorre necessariamente à direita do verbo (ou seja, numa posição de ênclise), como se mostra em (27):

(27)
```
        FP
       /  \
      F    TP
     / \   / \
    F  lhe  T'
   / \     / \
  T   F   t  AgrP
 / \
demos T
```

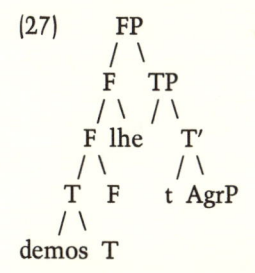

O que nos importa aqui realçar, de qualquer modo, é que nas duas análises é a presença do verbo em F (mais concretamente a subida da flexão T para F) que determina directamente a ênclise. Explicitamos esta propriedade das duas análises em (28):

(28) (i) Na ênclise, T contendo o verbo sobe para F;
(ii) Na próclise, o verbo permanece em T, que não sobe.

3. Subida do Verbo para F e Próclise

3.1. A Posição do DP "Concordante" nas Orações de Se Indefinido. Em Raposo e Uriagereka (1993) (ver também Raposo (1991)), mostra-se que o DP pré-verbal e que determina o acordo nas orações de se indefinido (com concordância) como (29) não é um sujeito gramatical canónico em spec de TP, mas sim um "tópico marcado" ocupando uma posição periférica na oração:[16]

(29) a. Os livros compraram-se ontem na livraria Bertrand.
b. Os presidiários fuzilaram-se ao amanhecer.

Para além disso, mostra-se aí também que essa posição é alcançada pelo DP concordante sem passar pela posição de spec de TP, a qual não lhe é acessível porque se encontra ocupada pelo argumento indefinido correspondendo ao clítico se. Derivacionalmente, portanto, o objecto directo lógico destas orações sai do VP para a posição de spec de AgrP, e daí directamente para uma posição de tópico (quando ocorre pré-verbalmente). Na posição pós-verbal de (30), o DP em questão encontra-se em spec de AgrP, onde determina a concordância verbal (e como o verbo sobe eventualmente até T, precede o DP concordante):[17]

(30) a. Compraram-se alguns livros ontem na livraria Bertrand.
b. Fuzilaram-se alguns presidiários ao amanhecer.

O DP pré-verbal de orações de se indefinido apenas tem em comum com sujeitos canónicos o facto de determinar a concordância verbal e de receber Caso nominativo. Para além disso, o seu comportamento é radicalmente diferente do de um sujeito canónico, o que exemplificamos aqui com dois tipos de orações que pela sua morfologia e pela sua semântica, respectivamente, se aproximam das orações de se indefinido, o que torna o contraste ainda mais marcante. Referimo-nos concretamente às orações reflexivas/recíprocas, como (31), e às orações passivas, como (32):

(31) a. Esses especialistas consultaram-se entre si.
b. Os peregrinos apresentaram-se uns aos outros ao papa.
(32) a. Os livros foram comprados ontem na livraria Bertrand.
b. Os presidiários foram fuzilados ao amanhecer.

Assim, por exemplo, o DP de uma oração de se indefinido não pode ocorrer na posição pré-verbal de uma oração de infinitivo flexionado (cf. (33)); pode ocorrer como um DP "nu" com uma interpretação de tópico marcado (contrariamente a um sujeito normal —cf. (34)); e não pode ocorrer entre um constituinte wh- com um nome lexical e o verbo finito (cf. (35)):[18]

(33) a. *Eu vi [os livros comprarem-se na livraria Bertrand].
b. Eu vi [esses especialistas consultarem-se entre si].
c. Eu vi [os livros serem comprados na livraria Bertrand].
(34) a. Livros [,] compraram-se ontem na livraria Bertrand.
b. *Especialistas [,] consultaram-se ontem entre si antes da operação.
c. *Livros [,] foram comprados ontem na livraria Bertrand.
(35) a. *Em que livraria [os livros se compraram t]?
b. Antes de que operação [esses especialistas se consultaram t]?
c. Em que livraria [os livros foram comprados t]?

A diferença estrutural relevante entre (29) e (31)-(32) pode ser ilustrada através dos diagramas seguintes ((36a) para (29) e (36b) para (31)-(32)):[19]

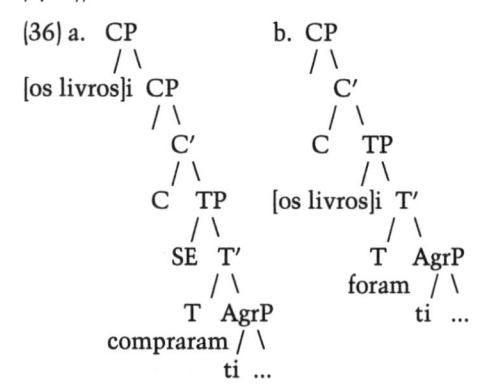

(36) a.
```
        CP
       /  \
[os livros]i  CP
            /  \
           C'
          /  \
         C    TP
             /  \
            SE   T'
                /  \
               T   AgrP
        compraram  /  \
                  ti ...
```
b.
```
        CP
       /  \
      C'
     /  \
    C    TP
        /  \
 [os livros]i T'
            /  \
           T   AgrP
         foram /  \
              ti ...
```

Assim, por exemplo, (35a) não é gramatical porque o DP **os livros** ocupa uma posição que linearmente só pode ser a de spec de TP (entre o constituinte *Wh-* em spec de CP e o verbo adjunto a T), a qual por hipótese não lhe é acessível, visto que se encontra ocupada pelo argumento indefinido que corresponde ao clítico **se**.[20] Em (35b,c), nada impede que os DPs **os especialistas** e **os livros**, respectivamente, possam ocorrer nesta posição. Se o DP **os livros** de (35a) ocorrer em posição pós-verbal (por hipótese em spec de AgrP) ou à esquerda do constituinte *Wh-* (a posição de tópico), as expressões resultantes são gramaticais:

(37) a. Em que livraria [se compraram os livros t]?
b. [Os livros]i, [em que livraria]k [se compraram ti tk]?

Algumas expressões com o clítico **se** e com o DP "concordante" em posição pré-verbal são ambíguas entre um sentido indefinido e um sentido reflexivo (ou recíproco):

(38) a. Esses especialistas consultaram-se antes da operação.
b. Os peregrinos apresentaram-se ao papa.

Ou seja, as expressões de (38) têm as duas significações seguintes: (i) alguém (indefinido) consultou os especialistas antes da operação; alguém apresentou os peregrinos ao papa (leitura indefinida); (ii) os especialistas consultaram-se uns aos outros (entre si); os peregrinos apresentaram-se uns aos outros ao papa (leitura reflexiva/recíproca). Quando estas expressões ocorrem entre um constituinte *Wh-* e o verbo, no entanto, o sentido indefinido perde-se, e apenas o sentido reflexivo (ou recíproco) se mantem:

(39) a. Antes de que operação esses especialistas se consultaram?
b. A que papa os peregrinos se apresentaram?

Na perspectiva da análise de Raposo e Uriagereka (op. cit) este resultado é inteiramente esperado, sendo paralelo à não gramaticalidade de (35a). Linearmente, a posição ocupada pelos DPs concordantes em (39) só pode ser a de spec de TP (entre o constituinte interrogativo em spec de CP e o verbo em T). Logo, as expressões de (39) não podem corresponder a estruturas indefinidas, dado que nestas, a posição de spec de TP não é acessível ao DP concordante. Em contrapartida, a leitura reflexiva (ou recíproca) é permitida porque nessas orações o DP concordante é um sujeito canónico em spec de TP. Do mesmo modo que em (35a), se os DPs ocorrerem em posição pós-verbal ou antes do constituinte *Wh-* a leitura indefinida reaparece:[21]

(40) a. Antes de que operação se consultaram esses especialistas?
b. A que papa se apresentaram os peregrinos?
(41) a. Esses especialistas, antes de que operação se consultaram?
b. Os peregrinos, a que papa se apresentaram?

3.2. A Ordem Sujeito-Verbo Finito nas Orações com Operadores Afectivos. Como notámos na secção 1, ambas as ordens sujeito-verbo finito e verbo finito-sujeito são possíveis em PE nas construções com operadores afectivos; e em particular, o sujeito pode intervir entre o auxiliar **ter** e o verbo principal no particípio passado, como em (5b) (repetimos aqui os paradigmas (3)-(6)):[22]

(3)   a. Muito whisky o capitão bebe!
       b. Muito whisky bebe o capitão!
(4)   a. Nada de jeito ele viu na sua recente ida a Paris.
       b. Nada de jeito viu ele na sua recente ida a Paris.
(5)   a. Que pessoas a Maria tinha conhecido em Paris?
       b. Que pessoas tinha a Maria conhecido em Paris?
(6)   a. Só mais tarde ela percebeu que o namorado a tinha deixado.
       b. Só mais tarde percebeu ela que o namorado a tinha deixado.

A questão que queremos discutir é a seguinte: qual é a posição ocupada pelo sujeito nas expressões (b) destes paradigmas, isto é, na ordem invertida verbo finito-sujeito? Partindo da hipótese (nula, a nosso ver) de que o sujeito nas expressões de tipo (a) ocupa a posição de spec de TP (a projecção Pollockiana de tipo Infl mais elevada no nosso sistema), entre o operador afectivo em spec de FP e o verbo finito adjunto a T (cf. a estrutura (7)), parecem haver então duas possibilidades: (i) subida do verbo para F, com o sujeito em spec de TP; (ii) o verbo em T, com o sujeito em spec de AgrP.[23] Esquematicamente, estas situações podem ser ilustradas através dos seguintes diagramas (em (42c) damos o diagrama correspondente à ordem directa, para efeitos de comparação):[24]

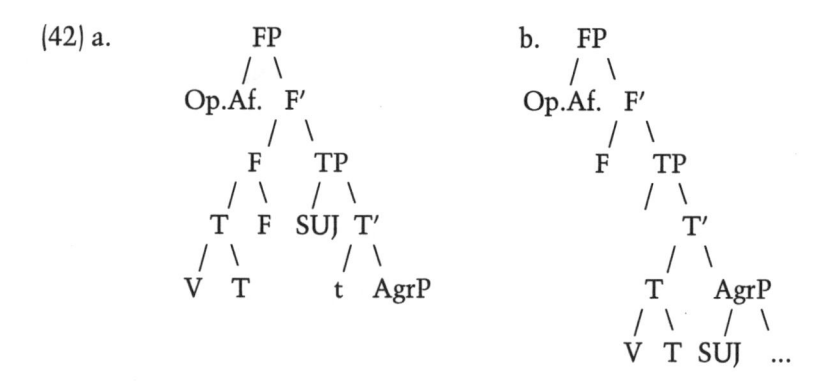

(42) a.
```
            FP
           /  \
        Op.Af. F'
              /  \
             F    TP
            / \   / \
           T  F SUJ T'
          / \      / \
         V   T    t  AgrP
```

b.
```
            FP
           /  \
        Op.Af. F'
              /  \
             F    TP
                  / \
                     T'
                    / \
                   T  AgrP
                  / \ / \
                 V  T SUJ ...
```

c.
```
         FP
        /  \
    Op.Af.  F'
           /  \
          F   TP
             /  \
           SUJ   T'
                /  \
               T   AgrP
              / \
             V   T
```

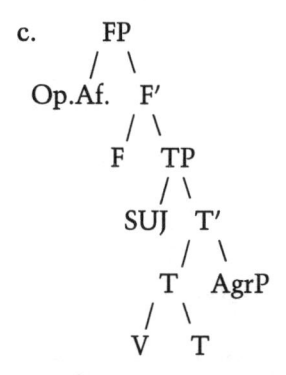

Os resultados da secção 3.1. permitem-nos construir um teste simples para decidir entre as duas estruturas de (42a) e (42b). Consideremos em primeiro lugar expressões como as de (5), com o auxiliar **ter** e o verbo principal no particípio passado:

(43) a. *Essas fotografias* a pouca gente se tinham mostrado!
b. *A pouca gente* se tinham mostrado essas fotografias!

Os exemplos de (43) ilustram orações de **se** indefinido contendo um operador afectivo (em itálico) em spec de FP e com o DP concordante em posição de tópico e em posição pós-verbal (em spec de AgrP), respectivamente. Pelos resultados da secção 3.1., esperamos que a ocorrência deste DP na posição de spec de TP (linearmente entre o operador afectivo em spec de FP e o verbo em T, ver (42c)) não seja possível, o que é confirmado:

(44) *A pouca gente essas fotografias se tinham mostrado!

Em questão está agora o estatuto da expressão em que o DP *essas fotografias* ocorre entre o auxiliar e o verbo no particípio passado:

(45) *A pouca gente se tinham essas fotografias mostrado!

A expressão (45) não é gramatical, alinhando assim com (44), e não com (43), mostrando que a posição linear entre o auxiliar e o particípio passado em (45) é tão inacessível ao DP concordante de uma oração de **se** indefinido como a posição linear entre o operador afectivo e o verbo auxiliar em (44). Olhando de novo para os diagramas de (42) (nomeadamente comparando (42c) com as duas outras estruturas) podemos verificar que esta situação só é compatível com o diagrama (42a), em que as duas posições lineares correspondem à mesma posição estrutural, a de spec de TP. Mas isso por sua vez significa que o verbo em (45) se encontra necessariamente elevado para F, como em (42a).

O comportamento de expressões potencialmente ambíguas entre uma leitura reflexiva e uma leitura indefinida aponta na mesma direcção. Consideremos os seguintes exemplos:

(46) a. Poucas vezes se têem consultado os especialistas neste hospital.
b. Só mais tarde se tinham apresentado os peregrinos ao papa.
(47) a. Os especialistas poucas vezes se têem consultado neste hospital.
b. Os peregrinos só mais tarde se tinham apresentado ao papa.

A leitura indefinida é possível tanto em (46) como em (47). O mesmo se passa com a leitura reflexiva/recíproca.[25]

Como é de esperar, a leitura indefinida perde-se se os DPs **os especialistas** e **os peregrinos** ocorrerem entre o operador afectivo e o verbo (a posição de spec de TP):

(48) a. Poucas vezes os especialistas se têem consultado neste hospital.
b. Só mais tarde os peregrinos se tinham apresentado ao papa.

A leitura indefinida perde-se igualmente quando os DPs em questão ocorrem entre o verbo auxiliar e o particípio passado:

(49) a. Poucas vezes se têem os especialistas consultado neste hospital.
b. Só mais tarde se tinham os peregrinos apresentado ao papa.

Em (49), tal como em (48), só a leitura reflexiva/recíproca é possível. Logo, a posição dos DPs concordantes em (49) não é a de spec de AgrP, visto que esta, por hipótese, permite a leitura indefinida. Este resultado, por sua vez, sugere de novo que a derivação da ordem em (49) se deve à subida do verbo auxiliar finito para F, com o sujeito em spec de TP, posição essa onde a leitura reflexiva/recíproca é licenciada, mas não a leitura indefinida. Ou seja, a análise aponta para a correcção da estrutura (42a), contra a estrutura (42b).

Um contraste secundário mas igualmente relevante para este resultado é aquele que existe entre (48)-(49), por um lado, e (46) (que repetimos aqui), na leitura reflexiva/recíproca destes exemplos:

(46) a. Poucas vezes se têem consultado os especialistas neste hospital.
b. Só mais tarde se tinham apresentado os peregrinos ao papa.

As expressões de (48) e (49) são inteiramente aceitáveis nesta leitura (aliás a sua única interpretação), ao passo que as de (46) são de certo modo marginais. Podemos especular que, talvez por motivos que tenham a ver com o c-comando, o sujeito de uma oração reflexiva/recíproca tem de alcançar a posição de spec de TP, o que por hipótese acontece em (48) e (49), mas não em (46). Mas para isso teremos de assumir de novo que o verbo auxiliar em (49) se encontra num núcleo mais elevado que T, ou seja F.[26]

Considerando agora orações sem verbo auxiliar, há dois casos a distinguir: orações com se indefinido, como (50), e os restantes casos:

(50) Poucas vezes se vêem esses filmes!
(51) a. Poucas vezes se consultam os especialistas entre si.
b. Muito whisky bebe o capitão!
c. A pouca gente atribuiu o presidente a Cruz de Malta este ano!

Em (50), o DP **esse filmes** ocupa a posição de spec de AgrP (ver a nota 17), o que é linearmente compatível com o verbo em T ou em F. Nos casos de (51), não podemos construir um argumento directo relativamente à posição ocupada pelo DP sujeito, visto que a leitura indefinida não está aí em causa. No entanto, o facto de (51a) ser tão aceitável quanto (52a), e de (52b) ser relativamente marginal sugere que a posição do DP em (51a) é a mesma que ocupa em (52a), ou seja a de spec de TP, com o verbo então necessariamente em F —cf. a discussão acima sobre os paradigmas (48)-(49) vs. (46):

(52) a. Poucas vezes os especialistas se consultam entre si!
b. ??Poucas vezes se tinham consultado os especialistas entre si!

A distribuição dos pronomes pessoais sugere igualmente que as posições lineares pré-verbo finito e pós-verbo finito correspondem à mesma posição estrutural —a de spec de TP. Consideremos o seguinte paradigma:

(53) a. Muito whisky nós temos bebido ultimamente!
b. ?*Nós muito whisky temos bebido ultimamente!
c. ??Muito whisky temos bebido nós ultimamente!
d. *Muito whisky temos bebido ultimamente nós!

Uma maneira simples de dar conta deste paradigma consiste em dizer que a posição canónica de um pronome pessoal (referencial) é a de spec de TP, e que qualquer outra posição (tópico, spec de AgrP, inversão livre) não é gramatical (em maior ou menor grau) para estes elementos (ver a nota 26 sobre a maior aceitabilidade de (53c); e Ambar (1992) sobre a distribuição comparada de DPs e pronomes pessoais em estruturas de inversão). Dada a análise proposta acima, não é então surpresa que (54) seja possível, visto que segundo a nossa hipótese o pronome ocupa a mesma posição estrutural que em (53a) — a de spec de TP, com o verbo em F:

(54) Muito whisky temos nós bebido ultimamente!

Por sua vez, a gramaticalidade de (55) sugere que o pronome se encontra aí também em spec de TP e o verbo em F:

(55) a. Muito whisky bebemos nós!
b. A pouca gente atribuiu ele a Cruz de Malta este ano!

Concluímos assim que a ordem do PE operador afectivo-verbo finito-sujeito (manifestada nas expressões (b) dos paradigmas (3)-(6)) é o resultado da elevação do verbo finito para F, com o sujeito na posição de spec de TP —a estrutura representada em (42a).

3.3. *A Posição dos Clíticos relativamente à Posição do Verbo.* Na posse de um diagnóstico que nos permite identificar a posição do verbo finito em T ou em F, podemos agora observar o comportamento dos clíticos nos dois casos. O leitor atento já terá notado que, pelo menos no caso do clítico **se**, a posição deste relativamente ao verbo finito é sempre a mesma —nos dois casos obtemos próclise, e não ênclise (repetimos aqui os paradigmas (48) e (49)):

(48) a. Poucas vezes os especialistas se têem consultado neste hospital.
b. Só mais tarde os peregrinos se tinham apresentado ao papa.
(49) a. Poucas vezes se têem os especialistas consultado neste hospital.
b. Só mais tarde se tinham os peregrinos apresentado ao papa.
(56) a. *Poucas vezes os especialistas têem-se consultado neste hospital.
b. *Só mais tarde os peregrinos tinham-se apresentado ao papa.
(57) a. *Poucas vezes têem-se os especialistas consultado neste hospital.
b. *Só mais tarde tinham-se os peregrinos apresentado ao papa.

Obtem-se os mesmos resultados com os restantes pronomes clíticos:[27]

(58) a. Só depois a Maria te tinha beijado.
b. Só depois a Maria lhe tinha sorrido.
(59) a. Só depois te tinha a Maria beijado.
b. Só depois lhe tinha a Maria sorrido.
(60) a. *Só depois a Maria tinha-te beijado.
b. *Só depois a Maria tinha-lhe sorrido.
(61) a. *Só depois tinha-te a Maria beijado.
b. *Só depois tinha-lhe a Maria sorrido.

O padrão é o mesmo se não houver verbo auxiliar (de novo independentemente do clítico):

(62) a. Só depois ela te beijou.
b. *Só depois ela beijou-te.
(63) a. Só depois te beijou ela.
b. *Só depois beijou-te ela.

Em (48), (58) e (62a), o sujeito está em spec de TP, o verbo está em T, e o clítico encontra-se adjunto ao núcleo T finito que contem o verbo. Em (49), (59) e (63a), o sujeito está em spec de TP, o verbo está em F, e o clítico encontra-se adjunto ao núcleo F para o qual subiu a flexão T.[28] Nos dois casos, como se verifica, o clítico é proclítico, e não enclítico. Mais do que isso, o clítico é necessariamente proclítico nos dois casos, como se verifica pela não gramaticalidade de (56), (57), (60), (61), (62b) e (63b). Este resultado, por suas vez, traz um apoio considerável à ideia de Kayne (1991) de que a adjunção de um clítico a uma categoria funcional X⁰ é invariavelmente adjunção-à-esquerda (pace Uriagereka (no prelo)).

4. A Ênclise em PE

4.1. A Proposta. As conclusões da secção anterior deixam-nos com um resultado essencialmente negativo quanto à natureza da ênclise no PE: a saber, que esta não resulta da subida do verbo para o núcleo F (deixando o clítico em T, ou com o clítico numa configuração de adjunção-à-direita em F).[29]

Mas o que é então a ênclise? A solução que vamos defender tem em comum com Uriagereka (1992) e Martins (1994) a ideia (originalmente de Kayne (1991)) de que em configurações de ênclise é o verbo que se desloca para a esquerda da posição estrutural em que se encontra o clítico. No entanto, contrariamente a Martins (1994), propomos que este movimento não é para um núcleo funcional exterior ao núcleo (ou à projecção funcional) onde se encontra o clítico (por exemplo de T para F deixando o clítico em T), mas sim interno à própria projecção que contem o clítico. Concretamente, defendemos que a ênclise resulta da subida do verbo (ou de T contendo o verbo) para a posição de spec de FP, passando "por cima" do clítico numa posição de adjunção a F.[30]

Relembremos aqui a generalização (22) sobre a colocação dos clíticos apresentada na secção 2:

(22) Em orações de raíz, a próclise manifesta-se sse a posição de spec de FP estiver preenchida. Caso contrário, manifesta-se a ênclise.

Esta generalização é exemplificada na sua forma mais simples pelos seguintes paradigmas (em que o operador afectivo se encontra em itálico):

(64) a. *Muito vinho* nós lhe demos, ontem.
b. *Muito vinho* lhe demos nós, ontem.
c. *Muito vinho (nós) demos-lhe (nós), ontem.
(65) a. Nós demos-lhe muito vinho, ontem.
b. Demos-lhe nós muito vinho, ontem.
c. *(Nós) lhe demos (nós) muito vinho, ontem.

Segundo a análise que propomos agora, a posição de spec de FP não se encontra vazia em (65a,b), estando na realidade preenchida pelo verbo, ou melhor por T (contendo o verbo), elevado directamente para essa posição passando sobre o clítico **lhe** em F (recorde-se que em (65a) o sujeito **nós** encontra-se numa posição de tópico marcado, ver a nota 15).

Propomos agora que esta análise da ênclise se baseia, por sua vez, nas duas seguintes propriedades do PE e do galego: (i) o núcleo F (morfológico, recorde-se) destes dialectos é sempre projectado e a sua posição de spec é obrigatoriamente preenchida na sintaxe visível por um elemento semanticamente "afectivo"; (ii) o núcleo T (contendo o verbo) pode desempenhar o papel de "operador afectivo" nestes dialectos, o que lhe permite satisfazer a propriedade do spec de FP mencionada em (i).[31] Descritivamente, obtemos então a seguinte situação: se o operador afectivo em spec de FP fôr um QP (ou um constituinte Wh-), obtemos próclise, quer com o verbo em T, como em (64a), quer com o verbo em F, como em (64b) (ver a secção 3); se o operador afectivo em spec de FP fôr T contendo o verbo, obtemos ênclise, como em (65a,b), porque spec de FP encontra-se obviamente à esquerda de F contendo o clítico. Repare-se finalmente que nesta análise a subida do verbo (ou de T) para spec de FP quando não existe um operador afectivo QP é independente da presença de um clítico, ou seja, a estrutura de **demos muito vinho ao João, ontem** é a mesma de (65a,b), mutatis mutandis a presença do clítico em F.

Esta proposta levanta um problema teórico grave, concretamente quanto à ideia de que um elemento de natureza X^0 (como é T) se move para uma posição spec, normalmente restrita a projecções máximas. Como veremos a seguir, este problema desaparece se tomarmos em linha de conta algumas das ideias inovadoras de Chomsky (1994) relativamente a uma 'teoria sintagmática mínima'. Dedicamos então o resto deste artigo a introduzir alguns aspectos do programa minimalista de Chomsky (1993; 1994) que permitem enquadrar a análise desta secção num âmbito teórico mais geral.

4.2. F Contem um Traço 'Spec' Forte. A proposta de que a posição de spec de FP é obrigatoriamente preenchida por um operador afectivo é facilmente integrável no âmbito da 'teoria da checagem' do programa minimalista de Chomsky (1993; 1994). Esta teoria mantem, em primeiro lugar, que os elementos sintácticos (projecções mínimas X^0 ou projecções máximas XP) se movem para satisfazer determinadas propriedades sintácticas ou semântico/formais (Caso, acordo, natureza "operatória", etc.), codificadas em termos de traços sintácticos ([+nom], [+1 pes.], [+sg.], [+Wh], [+Af(ectivo)], etc.); e em segundo lugar, que esse movimento se efectua para o domínio de checagem de uma categoria funcional apropriada (Agr, T, F, C, etc.) contendo traços equivalentes aos da categoria que é checada. Este domínio de checagem de um núcleo funcional é constituído no essencial por duas posições: a posição spec (para as projecções máximas) e a posição de adjunção ao próprio núcleo (para os elementos X^0). Esquematicamente:

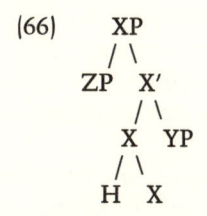

(66)
```
        XP
       /  \
      ZP   X'
          /  \
         X    YP
        / \
       H   X
```

Em (66), ZP encontra-se elevado para a posição de spec de XP, e efectua aí a checagem de algum traço junto ao traço correspondente do núcleo funcional X; por sua vez, H, elevado por adjunção para X, efectua igualmente nesse domínio a checagem de um dos seus traços junto ao traço correspondente de X. Com Chomsky (1993), dizemos então que um núcleo funcional X possui (pode possuir) 'traços spec'— que efectuam a checagem de constituintes na sua posição spec, como ZP em (66)— e 'traços nucleares' —que efectuam a checagem de elementos adjuntos ao próprio núcleo X, como H em (66).

Chomsky (1993) sugere em seguida que os traços —de spec ou de núcleo— de uma dada categoria funcional podem ser "fracos" ou "fortes". No primeiro caso, a subida do elemento a ser checado dá-se apenas na Forma Lógica (pelo Princípio da Procrastinação); no segundo caso, a subida do elemento a ser checado dá-se obrigatoriamente na sintaxe visível.[32]

Sugerimos então que a categoria funcional F nos dialectos da Ibéria do Oeste possui um traço spec forte de natureza operatória ([+af]), o qual obriga à subida de um operador afectivo para a sua posição spec na sintaxe visível—incluindo possivelmente T, um dos elementos que pode funcionar como operador afectivo nestes dialectos.[33]

4.3. Um Núcleo numa Posição Spec. Como assinalámos acima, a nossa proposta vai contra o pressuposto usualmente aceite entre os generativistas de que um núcleo não pode ser movido para uma posição spec. Esse pressuposto é derivado por Chomsky (1994) com base nos princípios da teoria sintagmática mínima proposta nesse trabalho. Em particular, Chomsky demonstra dois teoremas sobre a estrutura sintagmática das orações que tinham sido praticamente estipulados em trabalhos anteriores: em primeiro lugar, que apenas projecções máximas (e não projecções mínimas X^0) podem ser elevadas por substituição para uma posição spec; e em segundo lugar, que apenas núcleos X⁰ (e não projecções máximas) podem ser adjuntos a núcleos na sintaxe visível (ver Chomsky (1994: 16-25) para mais pormenores). Estes resultados permitem, por exemplo, que a teoria da checagem não tenha que interferir sobre a natureza X-barra teorética máxima ou mínima dos elementos que são checados em qualquer das posições do domínio de checagem de uma categoria funcional. O facto de serem projecções máximas que são checadas na posição spec, e núcleos em posição de adjunção nuclear, é uma consequência directa da teoria sintagmática mínima. Estas conclusões teóricas de Chomsky (1994), no entanto, não nos ajudam muito relativamente ao impasse colocado pela nossa análise.

Nesse trabalho, Chomsky propõe igualmente que o estatuto X-barra teorético de um elemento como projecção máxima/mínima não é absoluto, mas sim uma propriedade relacional, determinável apenas a partir da estrutura em que o elemento se encontra. Assim, uma categoria é máxima se não projecta (mais), e é mínima se não fôr o resultado de nenhuma projecção. Uma das consequências desta concepção da estrutura sintagmática é a seguinte: no caso de uma categoria constituída unicamente por um terminal simples, esse terminal é simultaneamente uma projecção mínima X⁰ (visto que não é o resultado de nenhuma projecção), e uma projecção máxima XP (visto que não projecta). De acordo com esta ambiguidade X-barra teorética, tais elementos poderão eventualmente ter um comportamento sintáctico duplo, quer como elementos X⁰, quer como elementos XP.

É este o caso dos clíticos (nas línguas românicas), se forem analisados como terminais únicos e núcleos de uma categoria DP (ver a este propósito Postal (1966), Raposo (1973), Uriagereka (1988), entre outros). Assim, um clítico pode mover-se como projecção máxima, para uma posição spec ou adjuntando-se a uma projecção não-mínima; ou como uma projecção mínima, adjuntando-se a um núcleo X⁰ (propostas neste sentido podem ser encontradas em Uriagereka (1988; no prelo), Barbosa (1993) e Chomsky (1994), entre outros).

Logicamente, parece plausível aceitar a situação inversa (como o próprio Chomsky sugere em (1994: 45, nota 23)): a adjunção a uma categoria α que seja simultaneamente X⁰ e XP. Se α fôr uma categoria nula e ocupar uma posição spec, essa situação permitiria que um dado núcleo X⁰ pudesse adjuntar-se a α dando a impressão (falsa) de que X⁰ se teria movido indevidamente por substituição para uma posição spec.

Gostaríamos de sugerir que essa é precisamente a situação que se obtem no caso da ênclise em PE (e nos restantes dialectos românicos onde a ênclise é possível).[34]

Podemos comparar (com as devidas diferenças) a configuração que temos em mente àquilo que se passa em orações existenciais com o morfema **there** em inglês:

(67) There is a woman in the room.
Expl. é uma mulher no quarto
'Está/há uma mulher no quarto'

Pelo menos desde Chomsky (1986) (cf. também Chomsky (1993; 1994)), a análise destas construções envolve a 'substituição do expletivo' **there** em spec de IP pelo argumento associado **a woman** na componente Forma Lógica. Essa operação é concebida nos trabalhos mais recentes como adjunção a **there**, e não como substituição. Assim, a Forma Lógica (simplificada) de (67), de acordo com esta análise, é a seguinte (t é o vestígio do argumento **a woman** movido):[35]

(68) [There-a woman] is t in the room

A nossa proposta relativamente a FP é então a seguinte: a posição spec desta projecção pode conter igualmente um elemento expletivo, o qual é nulo no dialecto standard do PE, mas pode ter uma realização fonológica em dialectos não standard do PE e em galego:[36]

(69) a. Ele acontecem coisas extraordinárias nesta universidade!
b. Ele há muita bruxa em Montevideo!
c. Ele tinha o Juan acabado de pegar o touro quando este o arremessou pelo ar com uma cornada violenta!

A localização do expletivo **ele** na posição de spec de FP (por oposição, por exemplo, à posição de spec de TP) tem a apoiá-la a ordem de palavras de (69c), em que o DP **o Juan**, intervindo entre o auxiliar **ter** e o verbo principal no particípio passado, se encontra, segundo a proposta da secção 3, na posição de spec de TP, não podendo portanto esta ser ocupada pelo expletivo. O seguinte paradigma sugere a mesma conclusão:

(70) a. ele acontece muita coisa nesta universidade!
b. *muita coisa acontece ele nesta universidade!
c. *muita coisa ele acontece nesta universidade!
d. *ele muita coisa acontece nesta universidade!

Em (70c,d), com um QP operador afectivo ocupando a posição de spec de FP, o expletivo realizado não é gramatical seguindo ou precedendo imediatamente o operador (referimo-nos evidentemente aos dialectos que admitem o expletivo realizado em (69)). Isso é facilmente explicado se ambos os elementos estiverem em concorrência para uma mesma posição, nomeadamente a de spec de FP. Alternativamente, estas expressões não são gramaticais porque a adjunção de uma projecção máxima a um elemento de natureza X^0 não pode ser feita na sintaxe visível.[37] A não gramaticalidade de (70b), por outro lado, pode ser explicada pela impossibilidade de o expletivo ocorrer em spec de TP, o que seria a unica estrutura atribuível a essa expressão dada a ordem de palavras que aí encontramos (operador afectivo em spec de FP, verbo em F e o expletivo em spec de TP).

Fazemos agora a hipótese de que a subida do verbo (ou de T contendo V) para a posição de spec de FP não é mais do que uma adjunção de T a este expletivo na sua qualidade de projecção mínima, e não uma operação de substituição tendo como alvo directamente a posição spec em si.[38] Assim, a estrutura de uma expressão como (71) (com ou sem o clítico) é aquela dada (simplificadamente) em (72):

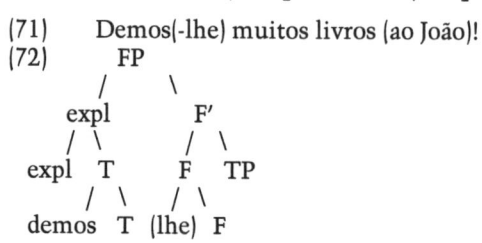

(71) Demos(-lhe) muitos livros (ao João)!
(72)
```
            FP
           /  \
        expl    F'
       /  \    /  \
    expl   T  F    TP
    / \   / \
 demos T (lhe) F
```

Uma consequência directa desta análise é que, em (69) e (70a), o verbo se encontra também aí em spec de FP, em adjunção ao expletivo fonológico. Esperamos então que estes casos manifestem ênclise, e não próclise, o que se confirma:

(73) a. Ele demos-lhe muito vinho, ontem à noite!
b. Ele chegaram-me vários tintins da Belgica.
c. Ele vieram-me lágrimas aos olhos quando descobri a solução deste problema.
(74) a. *Ele lhe demos muito vinho, ontem à noite!
b. *Ele me chegaram vários tintins da Belgica.
c. *Ele me vieram lágrimas aos olhos quando...

5. *Conclusão.* Vimos que a ênclise em PE é o resultado da subida do verbo para uma posição à esquerda daquela que contem o clítico, como é proposto em várias análises na literatura recente sobre este tópico. Essa subida, no entanto, não é para uma posição nuclear (contendo o clítico ou acima da posição nuclear que contem o clítico), mas sim para a posição spec do núcleo que contem o clítico, nomeadamente, a posição de spec do núcleo F. Dado que a posição de spec de FP (ou de qualquer projecção) ocorre à esquerda do seu núcleo, e que o clítico se encontra adjunto ao núcleo, a ênclise é a única ordem possível nessa situação. Caso contrário, quando tanto o verbo como o clítico ocorrem em adjunção ao mesmo núcleo funcional, a próclise parece ser a única configuração possível (de acordo com Kayne (1991, 1994)).[39] Concluimos também —contrariamente à análise de Martins (1994)—que em PE contemporâneo e dialectos relacionados, a adjunção dos clíticos é possível tanto a T como a F (Σ na análise de Martins), o que por sua vez implica que a natureza da mudança ocorrida no português pós-clássico não pode ser atribuída à perda de F como

local de adjunção dos clíticos. Deixamos este assunto para trabalho futuro.

Finalmente, gostaríamos de terminar com uma referência breve a outro problema que não abordámos aqui, e ao qual voltaremos na extensão deste trabalho a elaborar futuramente: a saber a questão da possível violação da HMC ("Head Movement Contraint"—"Restrição Sobre os Movimentos Nucleares") pelo movimento do verbo para spec de FP, ao passar sobre o núcleo F (contendo ou não um clítico). A solução que propomos é a seguinte: a HMC não é um princípio primitivo da gramática, mas deriva plausivelmente da "condição do elo mínimo" proposta em Chomsky (1993; 1994). Esta condição, por sua vez, especifica que qualquer movimento tem de ser efectuado para o "alvo mais próximo". Se a noção de "alvo mais próximo" especificar que duas posições dentro do mesmo domínio mínimo são equidistantes enquanto alvo de um movimento —cf. o princípio da equidistância de Chomsky (1993)— então a subida de T para spec de FP passando sobre o núcleo F não se encontra em violação da condição do elo mínimo (e da HMC, se esta deriva daquela), visto que F e spec de FP se encontram obviamente dentro do mesmo domínio mínimo.

Notas

* Dedico este artigo à Professora Maria de Lourdes Belchior, professora, amiga e colega nos dois lados do oceano. O material que se trabalha aqui foi apresentado em colóquios na Universidade de Maryland e na Universidade Estadual de Campinas; e, sob forma bastante diferente, no 24th Linguistic Symposium on Romance Languages, UCLA/USC e no I Encontro Internacional Sobre o Português, Universidade de Lisboa. Agradeço a estas audiências os comentários e sugestões feitos. Gostaria de agradecer em particular à Mary Kato, à Ana Maria Martins e ao Juan Uriagereka toda a ajuda prestada. Embora parte deste artigo seja dedicado a argumentar contra algumas das propostas de Martins e de Uriagereka, espero que o texto torne evidente o meu reconhecimento de que, sem os trabalhos destes dois linguistas, os nossos conhecimentos sobre a cliticização em português estariam ainda a anos-luz de distância no futuro.

1. Seguindo Laka (1990), Martins considera que esse nucleo é Σ, e que F é uma instanciação (marcada) de Σ. Pensamos que esta dualidade é terminológica, e que não há motivo para propôr uma categoria adicional, ou uma categoria com duas instanciações diversas. Contamos voltar a este ponto em trabalho em preparação. Quanto à divisão de Infl em núcleos diversificados, ver a secção 1. Para uma introdução à teoria geral dos "princípios e parâmetros", ver, entre outros, Raposo (1992).

2. Este trabalho apenas se ocupa da próclise e da ênclise em orações finitas de raíz. Contamos ocupar-nos das orações finitas subordinadas e das orações infinitivas (flexionadas e não flexionadas) em trabalho posterior. Limitamo-nos igualmente no âmbito deste trabalho a discutir as propostas de Uriagereka e Martins, devido a constituirem de modo mais óbvio o pano de fundo das nossas próprias ideias sobre a cliticização. Isso não significa que ignoramos outras análises recentes, incluindo as de Barbosa (1993), Galves (1992), Madeira (1993) e Rouveret (1992), as quais pretendemos discutir em trabalho em preparação.

3. Contrariamente a Belletti (1990) e Chomsky (1993; 1994) (trabalhos onde se propõe que AgrS c-comanda T), e por razões devidamente explicitadas em Raposo e Urigereka (1993). Em trabalhos recentes, Chomsky (1993; 1994) propõe igualmente a existência de uma projecção de AgrO, que ignoramos aqui por não ser relevante. Ver igualmente Raposo e Uriagereka (op. cit.) para uma exposição mais detalhada do "esqueleto funcional" da oração.
4. Sobre o estatuto universal de F, ver Uriagereka (1992). Em francês (língua românica não pro-drop), aceitamos com Uriagereka que F existe, mas apenas na Forma Lógica (LF), e não na sintaxe "visível". Sobre a distinção entre "sintaxe visível" e "sintaxe encoberta", ou "invisível" (devida em grande parte aos trabalhos de Huang (1982a; 1982b)), ver, entre outros, Chomsky (1981; 1986; 1993; 1994). Sobre a ordem de palavras entre o sujeito e o verbo finito em (5), ver também Ambar (1986; 1992).
5. Em (7), SUJ=sujeito e OD=objecto directo. Aceitamos igualmente a hipótese do sujeito interno ao VP na estrutura oracional pré-movimento (ver, entre outros, Sportiche (1988)).
6. Morfologicamente, é possível que F tenha características próximas das de um clítico, ideia proposta em Uriagereka (1992) e que contamos desenvolver em trabalho posterior.
7. Para além do texto citado de Uriagereka, ver igualmente Martins (1994), Raposo (1994; em preparação), Raposo e Uriagereka (1993; em preparação), Uriagereka (no prelo). Sobre a mesóclise nos dialectos ibéricos arcaicos, ver Lema e Rivero (1991), Roberts (1994) e Raposo (em preparação).
8. Ver também Raposo e Uriagereka (em preparação), para um estudo compreensivo das propriedades tipológicas determinadas pelo estatuto "forte" do núcleo F nas línguas da Ibéria Ocidental, bem como uma análise explícita de como estas propriedades podem ser derivadas a partir de alguns pressupostos quanto à natureza precisa desse estatuto.
9. Para Martins, quando o verbo permanece em AgrS, que c-comanda T na sua análise. Esta diferença não afecta a nossa caracterização da sua análise. Uriagereka (no prelo) não diferencia Infl.
10. Para Martins (1994), os clíticos encontram-se invariavelmente adjuntos a AgrS (T na nossa caracterização da sua análise, ver a nota anterior); para Uriagereka (no prelo), os clíticos são adjuntos a F. Ver o texto, mais adiante.
11. Este facto tem-se revelado fundamental para as várias análises da cliticização em PE propostas nos últimos anos. Para além dos textos em discussão, ver os trabalhos citados na nota 2.
12. Ou seja, fazemos a hipótese de que os advérbios que determinam a próclise em posição pré-verbal são igualmente "operadores afectivos" que ocorrem em spec de F. Se estes advérbios puderem ser analisados como projecções máximas, a sua presença na posição de spec de F não levanta problemas (como, por ex., no caso de **muito raramente lhe fazemos propostas desse tipo**). Mas mesmo em caso contrário continuamos a manter que se encontram na posição de spec de F. Ver a secção 4.3.
13. Esta generalização (sobretudo com o bi-condicional sse) não seria provavelmente subscrita por nenhum dos dois autores discutidos. No entanto, ela não afecta o ponto essencial das suas análises que discutimos aqui, nomeadamente que a ênclise/próclise se encontram associadas respectivamente à subida do verbo para F/permanência do verbo em T.
14. Não nos ocupamos aqui da posição dos clíticos em estruturas de subordinação. Contamos abordar estas construções em Raposo (em preparação).
15. Esta análise levanta evidentemente a questão de qual a posição do DP sujeito pré-

verbal em orações com enclíticos. Adoptamos aqui a análise de Barbosa (1993) em que o sujeito se encontra numa posição de tópico, possivelmente adjunto a CP. Ver também Benincà (s.d.).

16. O DP em questão é o objecto directo lógico das orações de se indefinido. Chamaremos a este DP tanto em (29) como em (30) de DP "concordante", por ser ele a determinar o acordo verbal, ainda que não seja o sujeito gramatical da oração.

17. Alternativamente, o DP pós-verbal em (30) poderá estar dentro do VP na sintaxe visível, elevando-se para a posição de spec de AgrS apenas em LF (pace Raposo e Uriagereka (1993)). Contamos voltar a este ponto (que tem a ver com o estatuto "forte" ou "fraco" de AgrS em PE e em geral nas línguas românicas de sujeito nulo) em trabalho posterior.

18. Sobre a ordem de palavras nas orações interrogativas, ver Ambar (1992). Em Raposo e Uriagereka (1993) apresentam-se vários outros fenómenos que apontam para a conclusão de que o DP concordante pré-verbal das orações de se indefinido não é um sujeito canónico, contrariamente ao DP concordante de uma oração passiva ou reflexiva/recíproca. Em (35), t é o vestígio do constituinte Wh-, e [,] em (34) representa uma pausa, necessária para certos falantes.

19. (36) ilustra apenas a posição dos argumentos. Nos dois casos o verbo encontra-se em T, para onde subiu passando pela posição Agr. Ignoramos a projecção FP, o estatuto de se como clítico, e a posição do argumento associado a se nas orações reflexivas; e assumimos que a posição de tópico em orações de raíz consiste numa adjunção a CP — cf. Duarte (1987). Em (30), o DP chega à posição de spec de AgrP, mas não é topicalizado (ver no entanto a nota 17).

20. Linearmente, o DP **os livros** poderia igualmente ocupar a posição de spec de FP entre a projeção CP e a projeção TP; mas esta posição em PE é compatível apenas com "operadores afectivos", e não com DPs referenciais.

21. Note-se que a leitura reflexiva (recíproca) é igualmente possível em (40) e (41), facto que será relevante mais adiante.

22. Alguns falantes consideram uma destas variantes como mais marcada, sem que haja sistematicidade na variante preferida. Ana Maria Martins (comunicação pessoal) assinalou-me que a versão com ordem invertida implica uma significação de foco contrastivo no constituinte enfático. A aparente opcionalidade da ordem directa e da ordem invertida levanta problemas para a 'teoria minimalista' de Chomsky (1993; 1994), com os quais não me preocuparei neste trabalho.

23. Existe uma terceira possibilidade, com o verbo em F e o sujeito em spec de AgrP. Como veremos, os argumentos apresentados contra a estrutura (42a) são igualmente válidos contra esta hipótese.

24. Assumimos que numa estrutura em que o verbo está em F é T contendo V que na realidade sobe para F. Ignoramos a estrutura mais complexa de T contendo Agr para simplificar os diagramas. Relativamente a (42b), ver a nota 17.

25. Embora, a nosso ver, esta seja marginal em (46), com o DP sujeito seguindo-se ao particípio passado. Ver o texto a seguir.

26. A possibilidade, embora marcada, da leitura reflexiva em (46) sugere alternativamente que o DP sujeito está em spec de TP, o verbo finito está em F, e o particípio passado se encontra adjunto ao verbo finito em F. A natureza marcada da leitura reflexiva/recíproca dever-se-ia neste caso ao carácter possivelmente marcado da incorporação do particípio passado ao verbo (em F). Isso por sua vez implica que em (48) o particípio passado não se encontra incorporado ao verbo finito, ocupando uma posição nuclear mais baixa (a mesma que presesumivelmente ocupa em (49)). Note-se que a

leitura reflexiva/recíproca é de novo possível com o DP sujeito na posição de "inversão livre", isto é, totalmente na periferia direita da oração, sugerindo que esta posição é pelo menos tão elevada (para efeitos de c-comando) quanto a de sujeito (spec de TP) pré-verbal:

(i)   a. Poucas vezes se têem consultado neste hospital os especialistas.
      b. Só mais tarde se tinham apresentado ao papa os peregrinos.

27. O que mostra que o clítico **se**, pelo menos neste aspecto, tem um comportamento idêntico ao dos restantes clíticos.

28. Contrariamente ao que assumimos no texto (em que a adjunção do clítico a F e de T a F são duas operações independentes), é possível que o clítico seja adjunto primeiro a T (contendo V) sendo T (contendo o clítico e o verbo) seguidamente elevado para F. Embora em PE standard o clítico e o verbo tendam a ocorrer na mesma projecção funcional —ambos em TP ou ambos em FP, a possibilidade (ainda que marginal) de interpolação do sujeito entre o clítico e o verbo (cf. (i)) mostra que a adjunção independente do clítico a F é possível:

(i) Muita felicidade lhe Deus trouxe!

Em (i), o clítico está adjunto a F, mas o verbo (ou T) não se elevou para F. Sobre a interpolação e a sua ocorrência em dialectos anteriores do PE, cf. sobretudo Martins (1994).

Outra questão (que não abordamos aqui mas à qual tencionamos voltar em futuro trabalho) é a do estatuto do clítico no momento de poiso: enquanto projecção mínima (adjunto a um núcleo, T ou F) ou enquanto projecção máxima, adjunto talvez à projecção X' (T' ou F'). Neste texto assumimos uniformemente que o clítico "poisa" como categoria X⁰ em adjunção a um núcleo. A discussão na secção 4.3. tem relevância para este tópico.

29. Stricto sensu, a secção 3 apenas permite concluir que quando o verbo e o clítico se encontram ambos em F, a configuração é necessariamente de próclise.

Poder-se-ia então enfraquecer a análise de Martins (1994) e continuar a manter que a ênclise é o resultado da subida do verbo (ou T) para F, em contextos em que o clítico permanece em T (nomeadamente quando a posição de spec de F se encontra vazia, cf. a generalização (22) e o texto a seguir). Para além de levantar um problema adicional (por que é que o clítico não acompanha o verbo quando a posição de spec de FP está vazia?), esta hipótese perde a simplicidade e o atractivo teórico da hipótese original de Martins (1994) —de que a ênclise é o resultado inequívoco da subida do verbo para F (Σ). Para além disso, a ausência em PE (em qualquer dos seus dialectos, históricos ou sincrónicos, tanto quanto sabemos) de fenómenos de interpolação com o verbo mais alto do que o clítico (como em (i)) levanta problemas para esta hipótese (cf. o exemplo (i) da nota anterior):

(i)   a. *Muita felicidade trouxe Deus lhe!
      b. *Trouxe Deus lhe muita felicidade!

Em (i), o verbo poderia estar em F, o sujeito em spec de TP e o clítico adjunto a T. Não temos explicação para a impossibilidade destas estruturas, mas a sua não existência sugere que mesmo uma hipótese enfraquecida sobre a ênclise como a considerada nesta nota não parece ser correcta. Repare-se também que a não gramaticalidade de (i) parece levantar problemas para as teorias que explicam a ênclise pela hipotética necessidade que os clíticos teriam de um apoio fonológico à sua esquerda.

30. A nossa análise está assim mais perto da de Kayne (1991), que propõe para a ênclise

nas orações infinitivas de várias línguas românicas o movimento do verbo para uma posição de adjunção a Infl', deixando o clítico adjunto ao núcleo infinitivo Infl.

31. O estatuto de T como operador não nos parece problemático, se o seu conteúdo semantico exprime "temporalidade", como usualmente se propõe, ou se fôr o locus de um operador eventivo (ideia desenvolvida em Herburger (1995)).

32. Ver Chomsky (1993) para uma exposição mais detalhada da mecânica e das motivações de uma tal teoria.

33. Continuamos a restringir o nosso estudo às orações de raíz. O problema de saber se as orações subordinadas (finitas ou infinitivas) obedecem igualmente a esta caracterização será abordado em trabalho posterior.

34. E possivelmente nas orações imperativas das línguas românicas em geral, bem como no fenómeno de Anteposição Estilística ("Stylistic Fronting") do Islandês.

35. Repare-se que there é o terminal único da sua categoria, ao mesmo tempo X^0 e XP. Se pudéssemos construir a adjunção do argumento associado inequivocamente como uma adjunção a there enquanto X^0, poderíamos explicar o motivo pelo qual essa operação não é realizada na sintaxe visível (ou seja, o motivo pelo qual a expressão (68) não é uma expressão gramatical): isso dever-se-ia à proibição de adjunção de uma projecção máxima a um núcleo na sintaxe visível (ver Chomsky (1994:17 e segs.)).

36. Este expletivo é o pronome masculino singular nominativo, e a sua existência nestes dialectos (quer na sua forma realizada quer como pro) deve-se plausivelmente à capacidade que tem a categoria F de atribuir Caso nominativo (ver, a este respeito, Uriagereka (1992), Raposo e Uriagereka (1993; em preparação).

37. No pressuposto de que a adjunção ao expletivo é feita inequivocamente na sua qualidade de X^0 (ver a nota 35). Note-se que (se aceitarmos este pressuposto) a presença do expletivo em spec de FP (nulo ou realizado) não pode ser obrigatória, de outro modo a subida de uma projecção máxima (QP) para spec de FP na sintaxe visível seria sempre proibida, visto que teria que ser construída como adjunção —com o problema notado aqui—, e não como substituição.

38. Temos igualmente de dizer que o expletivo em spec de FP (nulo ou fonológico) não tem a "força operatória" necessária para satisfazer o traço spec forte de F (de natureza operatória, ver a secção 4.2.). Consequentemente, a subida do verbo na sintaxe é obrigatória.

39. Note-se no entanto que fomos obrigados a construir a adjunção de T (contendo V) ao expletivo na posição de spec de FP como uma adjunção à direita (contra Kayne (1994)), porque a linearização de (69) e (70a) a isso nos obriga. Deixamos este ponto como um problema em aberto.

Referências

Ambar, M. (1986) "Inversion, Auxiliaries and the Barrierhood Status of IP", manuscrito, Universidade de Lisboa.

Ambar, M. (1992) *Para uma Sintaxe da Inversão Sujeito-Verbo em Português*, Edições Colibri, Lisboa

Barbosa, P. (1993) "Clitic Placement in Old Romance and European Portuguese and the Null Subject Parameter", manuscrito, MIT.

Belletti, A. (1990) *Generalized Verb Movement: Aspects of Verb Syntax*, Rosenberg e Sellier, Torino.

Benincà (s.d.) "Complement Clitics in Medieval Romance: the Tobler-Mussafia Law", manuscrito, Universidade de Pádua.

Chomsky, N. (1981) *Lectures on Government and Binding*, Foris, Dordrecht.

Chomsky, N. (1986) *Knowledge of Language: Its Nature, Origin and Use*, Praeger, New York.

Chomsky, N. (1993) "A Minimalist Program for Linguistic Theory", em K. Hale e S.J. Keyser (eds.) *The View from Building 20: Essays in Linguistics in Honor of Sylvain Bromberger*, 1-52, MIT Press, Cambridge, Mass.

Chomsky, N. (1994) "Bare Phrase Structure", em *Occasional Papers in Linguistics* 5, MIT.

Duarte, M.-I. (1987) "A Construção de Topicalização na Gramática do Português: Regência, Ligação e Condições sobre Movimento", Dissertação de Doutoramento, Universidade de Lisboa.

Galves, Ch. (1992) "Clitic Placement in European Portuguese: Evidence for a Non-Homogeneous Theory of Enclisis", manuscrito, Unicamp.

Herburger, Elena (1995), "Focus and Quantification Over Events", Dissertação de PhD, University of Southern California.

Huang, C. T. J. (1982a) "Logical Relations in Chinese and the Theory of Grammar", Dissertação de PhD, MIT.

Huang, C. T. J. (1982b) "Move WH in a Language without WH Movement", *The Linguistic Review* 1, 369–416.

Klima, E. (1964) "Negation in English", em J. Fodor e J. Katz (eds.) *The Structure of Language: Readings in the Philosophy of Language*, 246–323, Prentice-Hall, Englewood Cliffs, New Jersey.

Kayne, R. (1991) "Romance Clitics, Verb Movement and PRO", *Linguistic Inquiry* 22, 647–686.

Kayne, R. (1994) *The Antisymmetry of Syntax*, MIT Press, Cambridge, Mass.

Laka, M.-I. (1990) "Negation in Syntax: on the Nature of Functional Categories and Projections", Dissertação de PhD, MIT.

Lema, J. e M.-L. Rivero (1991) "Types of Verbal Movement in Old Spanish: Modals, Futures and Perfects", *Probus* 3, 237-278.

Madeira, A.-M. (1993) "Clitic-Second in European Portuguese", *Probus* 5, 155-174.

Martins, A.-M. (1994) "Clíticos na História do Português", Dissertação de Doutoramento, Universidade de Lisboa.

Pollock, J.-Y. (1989) "Verb Movement, Universal Grammar, and the Structure of IP", *Linguistic Inquiry* 20, 365-424.

Raposo, E. (1991), "Uma Análise da Concordância nas Orações de Se Impessoal: Evidência para uma Projecção Acordo Independente de Flexão", em *Actas do I Workshop de Gramática Generativa*, Associação Portuguesa de Linguística, Lisboa, Portugal.

Raposo, E. (1992) *Teoria da Gramática: a Faculdade da Linguagem*, Caminho, Lisboa.

Raposo, E. (1994) "Affective Operators and Clausal Structure in European Portuguese and European Spanish", comunicação apresentada no 24th Linguistic Symposium on Romance Languages, UCLA/USC; e no I Encontro Internacional sobre o Português, Universidade de Lisboa; manuscrito, UCSB.

Raposo, E. (em preparação) "The Syntax of Clitic Placement in European Portuguese".

Raposo, E. e J. Uriagereka (1993) "Indefinite SE", manuscrito, UCSB e Universidade de Maryland.

Raposo, E. e J. Uriagereka (em preparação) "On the Properties of Western Iberian Dialects".

Roberts, I. (1991) "Excorporation and Minimality", *Linguistic Inquiry* 22, 209-18.

Roberts, I. (1994) "Two Types of Head Movement in Romance", em D. Lightfoot e N. Hornstein (eds.) *Verb Movement*, 207-42, Cambridge University Press, Cambridge, Inglaterra.

Rouveret, A. (1992) "Clitic Placement, Focus and the Wackernagel Position in European Portuguese", manuscrito, Université de Paris-8.

Sportiche, D. (1988) "A Theory of Floating Quantifiers and Its Corollaries for Constituent Structure", *Linguistic Inquiry* 19, 425-50.

Uriagereka, J. (1988) "On Government", Dissertação de PhD, Universidade de Connecticut.

Uriagereka, J. (1992) "A Focus Position in Western Romance", comunicação apresentada no GLOW de 1992, Universidade de Lisboa; a publicar em K. É. Kiss (ed.) *Discourse Configurational Languages*, Oxford University Press, Oxford.

Uriagereka, J. (no prelo) "Some Issues on Clitic Placement in Western Romance", *Linguistic Inquiry*.

Poems

Eugénio Lisboa

Medalha

Turvo rio de perdida memória
estrepitoso buscar de ignoto canto
festejado exaltar de ausente glória
duvidosa noite que é nosso manto

buscar incerto de prazer que mente
no leito que acolhe a ínvia perfídia
esforçado tentar viver docemente
no mundo que espreita a solene insídia

esforço e rigor que levam a nada
lento amor, paixão, que o tumulto alui,
serenidade em fúria transformada

eis o cenário em que, perdido, fui,
na pátria, sem raízes, emigrada:
assim a vida mente e nos dilui.

Londres, 19.7.91

Emblema

Rio de fumo e de incontido cio,
barco à deriva, em meio do escuro,
corpo a apodrecer, antes tão macio,
alma tão gentil, sem haver futuro

Ratos nos porões, sexuado rio,
grito ao deus-dará, estupro contra o muro,
brando e doce olhar, dentro tanto frio,
doce caminhar, frágil, não seguro

Tanto bem sonhado, tudo tão vazio,
noiva que sorri, luto prematuro,
planos a fazer, vidas por um fio

sonho a apodrecer, só porque foi puro,
tanto caminhar, onde é só desvio,
tanto sol a arder, tudo tão obscuro

Eram bons tempos os que passei outrora, na sua companhia

Gerald M. Moser
Pennsylvania State University

Maria de Lourdes Belchior Pontes surge de várias páginas nos diários que desde meio século se substituem à minha memória infiel. E cada aparição dela é como se espalhasse uma aura de calor humano, de nobreza de carácter e de inteligência superior manifestada com singeleza.

1

Conheci-a num colóquio internacional de estudos luso-brasileiros que se reuniu em Lisboa. Foi secretariado pelo dr. Luís Filipe Lindley Cintra, nome que se tornou quase inseparável do dela dentro da Universidade e os Altos Estudos. Ao folhear as páginas em que consignei tudo o que então vi e ouvi, naquele verão de 1957, dei com a primeira menção:

> *Sábado, 14 de Setembro de 1957, dia final do Colóquio*
> A excursão dos congressistas a Seteais, a bela propriedade dada pelo rei D. João VI ao Marquês de Marialva, começou cedo, às 14:30. A maior parte do tempo acompanhei um grande amigo, o dr. Jacinto do Prado Coelho, o qual olhava resignado e de longe a praia do Estoril. Passeamos logo pelo parque de Monserrate, onde se nos juntou o historiador norteamericano Alexandre Marchant, revelando espantosos conhecimentos de botânica. Em Sintra guiou-nos pelos paços e as suas divisões diminutas outro especialista, o dr. Manoel Cardozo, açoreano americanizado. Já se estava a pôr um sol auri-róseo e o admirávamos desde o terraço de Seteais, quando nos serviram um lauto jantar à americana. Foi lá que conheci Maria de Lourdes. Apresentou-me a ela o meu primeiro mestre de português, Orlando Ribeiro, o Geógrafo, ainda hoje o meu amigo mais fiel entre os Portugueses.

2

No inverno de 1962–63 e a primavera seguinte gozei uma bolsa Fulbright que me permitiu empreender pesquisas histórico-literárias em Portugal e Espanha. Muitos leitores lembrar-se-ão dos choques gravíssimos ocorridos naquela época dentro da Universidade de Lisboa. Dois lentes, o dr. Lindley Cintra e a dra. Belchior Pontes, ganharam então o respeito dos estudantes em revolta, por tomar a defesa deles, apesar de correrem o risco de desagradar às autoridades salazaristas. ("Por justiça e amor aos estudantes, duas vezes foi o dr. Cintra espancado pela Polícia de Choque — em Junho de 1962, na Faculdade de Medicina; em 1973, no bar de Letras" — assinalou Rogério Rodrigues em *O Jornal* de Lisboa, a 8-4-82. Cintra acabava de ser instalado como professor catedrático pouco antes, em Março.)

Desse respeito por ambos, melhor dito, dessa veneração, dei-me conta cabal mais de uma vez. Eis a primeira:

20 de Dezembro de 1962
Ontem à tarde fui ver Jacinto (do Prado Coelho). Ele levou-me consigo a uma festa de Natal arranjada por estudantes de Letras. Maria de Lourdes e vários alunos recitaram poemas portugueses alusivos ao Natal. Chegámos tarde demais para assistir ao espectáculo anterior: uma paródia de exame onde os estudantes funcionavam como examinadores e os lentes como as vítimas. A paródia tinha concluído com uma guitarrada.

3

Fui testemunha dessa admiração estudantil noutra ocasião. Durante a primavera, Maria de Lourdes colaborou com o dr. Cintra na organização duma das excursões daquele ano escolar para os alunos de filologia românica. A excursão saiu de Lisboa para a vila de Azeitão, o porto de Setúbal e, meta principal, a Serra da Arrábida:

Lisboa, Domingo, 19 de Maio de 1963
Tenho ao meu lado umas hastes frescas ainda que secas de rosmaninho e esteva. Estão a perfumar-me o quarto. Colhi-as no decurso da lindíssima excursão de ontem, à Arrábida. Entre oitenta e noventa alunos se juntaram aos seus professores Cintra e Belchior. Tôda a Serra estava coberta de arbustos odoríferos, de duas espécies de ciprestes e de carvalhos cerquinhos, muitos deles em flor. Penetrei na Arrábida já no ano longínquo de 1937, na minha primeira visita a Portugal, quando ma revelou Orlando Ribeiro. Tínhamos então subido a pé ao cume dela desde Azeitão, através da mata de velhos medronheiros, para depois descer ao convento seiscentista dos ermitãos franciscanos e à praia do Portinho.

Desta vez a juventude viajava preguiçosamente em dois autocarros, na ausência do Geógrafo da Arrábida, embora nos fosse lida a sua clássica descripção da "mata mediterrânea primitiva".

As leituras principais foram as líricas. Maria de Lourdes era a pessoa indicada para a recitação de poemas de Frei Agostinho da Cruz, o ermitão mais notável da Serra. Fê-lo nos próprios sítios descritos por ele: as ermidas grudadas às ladeiras íngremes e a gruta de Santa Margarida, frente ao golfo cintilante, verde-azul.

    Aqui sobolo mar dependurado
    Um penedo sobre outro me ameaça
    Das importunas ondas solapado.

> Duvido poder ser que se desfaça
> Com água clara, e branda, a pedra dura
> Com quem assi se beija, assi se abraça.

Muito antes, na estrada entre Azeitão e Setúbal, ao avistarmos a Arrábida de perto, Cintra leu-nos no autocarro uma das cartas exuberantes que lhe mandara Sebastião da Gama na década de 40, quando ambos estudavam Letras em Lisboa. Nela insistiu em que o amigo o visitasse a ele e à Poesia na Serra, e fugisse da Cidade, onde se preparava para o exame de filologia. Ali Cintra sussurrou o palavrão usado pelo Poeta, "m... da filologia!" Aquela carta fora escrita numa "prè-primavera cheia de SOL".

Mais além, já dentro do Convento da Arrábida, Cintra nos fez a leitura de outra carta. Nesta o Poeta tinha mandado "Alegoria", poema oferecido ao filho primogénito dos Cintra para o seu primeiro aniversário. Em "Alegoria", Gama parece adivinhar a sua morte precoce:

> Junto do Mar canta a Cigarra,
> Canta, p'ra iludir
> A fome e a solidão;
> . . . .
> Como há-de ela dormir, se a vida é curta?

Gama morreu de uma meningite tubercular aos 28 anos, pouco depois de casar-se, quando vendia saúde—na aparência. Lembravam-no Maria de Lourdes e Cintra como sendo um rapaz alegre, tão alegre que sempre, ao aparecer na Faculdade, o que era uma vez por semana ao máximo, criava ao seu redor um ambiente de animação turbulenta. Aos colegas punha o braço à roda dos ombros, às meninas dava abraços apertados.

Formava uma pequena turma com uns poucos, Maria de Lourdes Belchior e Luís Filipe entre eles. Costumavam dar passeios na *sua* Serra que acabavam no Portinho onde os pais dele tinham uma estalagem. Ainda a têm.

Ontem, depois de refrescar-nos nas águas frias da prainha paramos na Gruta para ouvir mais poesia, sobretudo o soneto dirigido à Virgem por Antero de Quental. Recitou-o um dos alunos, o jovem Frei Amadeo, postado no alto do púlpito de pedra.

Mais uma vez, a última, nos detivemos no Convento, cujo guarda, o senhor António, contou-nos uma série de estórias relativas ao lugar e seus fundadores espanhóis. Soubemos que tinha conhecido, também ele, o jovem Poeta. Recitou-nos de cor os versos ingénuos da "Visita dos Reis Magos".

Cansados e satisfeitos regressámos à capital quando o sol descia dum céu côr de pêssego para submergir-se nas verdes ondas do Tejo.

Ficou-me a lembrança dessa excursão àquele paraíso serrano, "à beira-mar plantado", emoldurada pela evocação duma geração de outros jovens, à qual tinham pertencido Maria de Lourdes Belchior e os seus dois companheiros da Faculdade de Letras, Sebastião da Gama e Luís Filipe Lindley Cintra: alegres todos os três na aparência, mas seriíssimos no fundo. "Chamavam-nos a família românica," recordou ela.

Eram bons tempos os que passei na sua companhia.

Bibliografia de Maria de Lourdes Belchior

compiled by
Ernesto Rodrigues and
Serafina Martins

1946

1. "Da Poesia de Frei Agostinho da Cruz—Tentativa de Análise Estilística" [Tese dactilografada]. Lisboa: Faculdade de Letras, 1946. 124pp. A4

1950

2. *Bibliografia de António da Fonseca Soares (Frei António das Chagas)*. Lisboa: Centro de Estudos Filológicos, 1950. 125pp.

1951

3. "As glosas do salmo 136 e a saudade portuguesa". *Bulletin of Hispanic Studies* (University of Liverpool), vol. XXVIII, nº 109, Jan.–March, 1951: 42–48.
4. "Estilística e ciência da literatura: a propósito do recente livro do Prof. Dámaso Alonso *Poesía Española—ensayo de métodos y limites estilísticos*". *Revista da Faculdade de Letras* (Lisboa), 2ª série, t. XVII, 1951: 112–27.
5. "H. Hatzfeld, *Two types of mystical poetry illustrated by St. Teresa and St. John of the Cross (vivo sin vivir en mi)*". *Revista Portuguesa de Filologia* (Coimbra), vol. IV, t. II, 1951: 450–56.

1953

6. "Alvaro Galmés e Diego Catalán, El tema de la boda estorbada. Processo de tradicionalización de un romance juglaresco". *Boletim de Filologia* (Lisboa), vol. XIV, 1953: 365–72.
7. *Frei António das Chagas—Um Homem e um Estilo do Século XVII*. Lisboa: Centro de Estudos Filológicos, 1953. XX + 501pp.

1954/55

8. "Helmut Hatzfeld, *A critical Bibliography of the New Stylistics applied to Romance Literatures*". *Boletim de Filologia*, vol. XV, fasc. 1 e 2, 1954/55: 198–201.

9. "Pierre Guiraud, *La Stylistique*". *Id.*, *Ibid.*, 202–04.
10. "J. Mattoso Câmara Jr., *Contribuição à estilística portuguesa*". *Id.*, *ibid.*, 204–07.
11. "António de Melo, *Libro de varios sonetos, romances, cartas y décimas (con los proverbios de Barros)*". *Id.*, *ibid.*, 366–67.

1955

12. "Claudel e a *Poesia Perene*". *Diário de Notícias* [sup. Artes e Letras (Lisboa)], 3-1955.

1956

13. "A *Asia Extrema* do P. António Gouveia. Relato seiscentista da evangelização da China nos séculos XVI e XVII". *Revista da Faculdade de Letras*, 2ª serie, t. XXII, nº 1, 1956: 271–86.
14. "Sobre romances e romancistas católicos" [Crónica]. *Encontro*—orgão dos Universitários Católicos, ano 1, nº 2, Fevereiro de 1956.
15. "Herculano, Trovador do Exílio". *Graal* (Lisboa), nº 1, Abril–Maio de 1956: 66–72.
16. "David Mourão-Ferreira. *Tempestade de Verão*". *Id.*, nº 2, Junho–Julho de 1956: 210–12.
17. "Tempo e Escatologia na Poesia de Afonso Duarte". *Diário de Notícias* [Sup. Artes e Letras], 21-6-1956.
18. "Um prosador da Idade Barroca: Frei Luís de Sousa, biógrafo de Frei Bartolomeu dos Mártires". *Graal*, nº 3, Outubro–Novembro de 1956: 221–31.
19. *Historiadores do Portugal Antigo*. Lisboa: Campanha Nacional de Educação de Adultos, 1956.

1956/57

20. "J. Ares Montes, *Góngora y la poesia portuguesa del siglo XVII*". *Boletim de Filologia*, vol. XVI, 1956/57: 151–56.

1957

21. "7 parágrafos sobre crítica literária". *Rumo* (Lisboa), nº 1, Março de 1957: 89–92.
22. José Maria Valverde, *História da Literatura Espanhola*. Tradução, prefácio e notas de ———. Lisboa: Estúdios Cor, 1957.
23. "Bibliografia do Prof. Hernâni Cidade". *Revista da Faculdade de Letras*, 3ª série, vol. 1, 1957: XXI–XXXV; *Miscelânea de Estudos em Honra do Prof. Hernâni Cidade*. Publicações da Faculdade de Letras da Universidade de Lisboa, 1957: XXI–XXXV.

1958

24. "Pesadumbre y esperanza in *Hijos de la ira*". *Insula* (Madrid), nº 138/139, Maio–Junho de 1958.
25. *No Centenário das Aparições de Nossa Senhora de Lourdes*. [Trad. francesa: *A l'Occasion des Apparitions de Notre-Dame de Lourdes*] Braga, 1958.

1959

26. "Roteiro de 'Poesia—58' ". *Colóquio—Revista de Artes e Letras* (Lisboa), nº 3, Maio de 1959: 59–61.
27. *Itinerário Poético de Rodrigues Lobo*. Publicações da Faculdade de Letras da Universidade de Lisboa, 1959. Reedição fac-similada, com novo prefácio, Lx: IN-CM, 1985. XI + 355pp.

1960

28. "Leonardo Mathias. *Sonho da Passagem*". *Colóquio—Revista de Artes e Letras*, nº 7, Fevereiro de 1960: 267.
29. "Carta do Brasil". *Id.*, nº 10, Outubro de 1960: 41–42.
30. "Nótula sobre a lira usada por poetas portugueses dos séculos XVI e XVII". *Studia Philologica. Homenage ofrecido a Dámaso Alonso...*, I, Madrid: Gredos, 1960: 237–45.
31. "Barroco. Na literatura portuguesa". Jacinto do Prado Coelho (dir.), *Dicionário das Literaturas Galega, Brasileira e Portuguesa*, Porto: Figueirinhas, 1960. 3ª ed., *Dicionário de Literatura*, 1º vol., 1973: 90–93. [O 1º fascículo desta obra saiu em Agosto de 1956.]
32. "Bernardes, P. Manuel". *Id., ibid.*, 98–99.
33. "Bíblia. Influência na Literatura Portuguesa". *Id., ibid.*, 99–101.
34. "Bibliotecas e Arquivos. Em Portugal". *Id., ibid.*, 105–07.
35. "Céu, Soror Maria do (1658–1753)". *Id., ibid.*, 176.
36. "Chagas, Frei António das (1631–1682)". *Id., ibid.*, 176–77.
37. "Cruz, Fr. Agostinho da (1544–1619)". *Id., ibid.*, 242–43.
38. "Desengano. Na Literatura Portuguesa". *Id., ibid.*, 252–53.
39. "Fénix Renascida ou Obras poéticas dos melhores engenhos portugueses". *Id.*, 2º vol., 329–31./
40. "Gouveia, P. António de". *Id., ibid.*, 375.
41. "Harpa (A) do Crente". *Id., ibid.*, 385–86.
42. "Lobo, Francisco Rodrigues". *Id., ibid.*, 571–72.
43. "Melo, D. Francisco Manuel de". *Id., ibid.*,619–23.
44. "Mística, Literatura. Em Portugal". *Id., ibid.*, 645–50.
45. "Mitologia. Na Literatura Portuguesa". *Id., ibid.*, 651–53.
46. "Monstruosidades do Tempo e da Fortuna". *Id., ibid.*, 663.
47. "A oratória sacra em Portugal no século XVII, segundo o manuscrito 362 da Biblioteca Nacional de Lisboa". *Arquivo de Bibliografia Portuguesa* (Coimbra), nº 23/24, Julho–Dezembro de 1960: 107–13.

1961

48. "Evocação de Claudel". *Encontro* [Jornal de Universitários Católicos (Lisboa)], nº 33, Março–Abril de 1961.
49. *Sebastião da Gama: Poesia e Vida*. Castelo Branco, 1961. [Conferência proferida no Liceu Nun'Álvares em 26-11-1960, a convite da Biblioteca Municipal de C. B.]; cf. *Humboldt* (Hamburgo), I, nº 2, 1961: 47–52; Sebastião da Gama, *Campo*

Aberto, 2ª ed., Lisboa: Ática, 1962; *Livros de Portugal*, nº 98, Fevereiro de 1967: 2–10.
50. António Ribeiro Chiado, *Prática de Oito Figuras*. [Edição fac-similada] Nota preambular de ——. Lisboa: O Mundo do Livro, 1961.

1962

51. "Helena Cidade Moura. *O Tempo e a Esperança*". *Colóquio—Revista de Artes e Letras*, nº 19, Julho do 1962: 63–64.
52. "*Tempo Espanhol* (de Murillo Mendes]. Um abecedário poético de Espanha". *Jornal de Letras e Artes* (Lisboa), nº 64, 19-12-1962.
53. " 'Humanismo' —Nova Dimensão da Poesia? A propósito de *Poesia* (1925–1940) de Vitorino Nemésio". *Colóquio—Revista de Artes e Letras*, nº 17, Fevereiro de 1962: 62–64.
54. "Frei António das Chagas". Hernâni Cidade (org.), *Os Grandes Portugueses*, II, Lisboa: Arcádia, s/d [1962]: 103–08.
55. "A poesia neo-realista". *Palestra* (Lisboa), nº 14, Abril de 1962: 75–88.
56. "Da Estética de Fialho". Costa Barreto (org.), *Estrada Larga* 3, Porto: Porto Editora, s/d [1962?]: 184–87.

1963

57. " 'Um Adeus aos Deuses' de Ruben A." [O Livro da Semana, sup. Artes e Letras]. *Diário de Notícias*, 25-7-1963.
58. "Poesia portuguesa contemporânea: a 'geração de 40'. I—*Novo Cancioneiro* e *Poesia Nova*". *Brotéria* (Lisboa), vol. LXXVI, nº 6, Junho de 1963: 649–61.
59. " 'Poesia portuguesa contemporânea: a 'geração de 40'. II—*Cadernos de Poesia*". *Id.*, vol. LXXVII, nº 1, Julho de 1963: 23–24.
60. "Alarcón (Juan Ruiz de)". *Verbo—Enciclopédia Luso-Brasileira de Cultura*. Lisboa: Editorial Verbo, vol. 1, 1963: 839–40.
61. "Alarcón (Pedro Antonio de)". *Id., ibid.*, 840–41.
62. "Alas (Leopoldo)". *Id., ibid.*, 844.
63. "Alberti (Rafael)". *Id., ibid.*, 874–75.

1964

64. "Do romance espanhol contemporâneo". *Romance contemporâneo*, Lisboa: Sociedade Portuguesa de Escritores, 1964: 51–70. [Excerto sob o título "O romance contemporâneo espanhol..." saiu em *Vida literária*, nº 91, suplemento do *Diário de Lisboa*, 21-4-1960.]
65. "Poesia e mística: Frei Agostinho da Cruz". *Aufsätze zur Portugiesischen Kulturgeschichte* (Münster Westfalen), 4. Band, 1964: 138–58.
66. "Antíteses, oposições e contrastes na poesia de Frei Agostinho da Cruz". *Crítica e História Literária* [Anais do I Congresso Brasileiro, Univ. do Recife], Rio de Janeiro: Tempo Brasileiro, 1964: 123–40.

1965

67. "The Literary Baroque in the Iberian Peninsula". *Literary History and Literary Criticism*, New York University Press, 1965.

1966

68. "Góngora e os cultos, segundo a retórica conceptista de Francisco Leitão Ferreira Nova Arte de Conceitos". *V Colóquio Internacional de Estudos Luso-Brasileiros* [1963], Actas, vol. III, Coimbra, 1966: 437-48.

1967

69. "O III Congresso Mundial para o Apostolado dos Leigos. Factos e perspectivas". *Brotéria*, vol. LXXXV, nº 12, Dezembro de 1967: 702-11.
70. "Meditação sobre a cultura". *Colóquio—Revista de Artes e Letras*, nº 43, Abril de 1967: 51-53.
71. "Fernando Pessoa. *Poesie*". *Id.*, nº 44, Junho de 1967: 70.

1968

72. "Basta de Camões!". *Id.*, nº 47, Fevereiro de 1968: 68-69.
73. "Estruturalismo—Um Anti-Humanismo?". *Brotéria*, vol. LXXXVI, nº 4, Abril de 1968: 489-99.
74. "Crítica Literária e Estruturalismo". *Id.*, nº 6, Junho de 1968: 790-805.
75. "A crise do Ensino Superior: relações com o Ensino Secundário". *Análise Social*, vol. VI, nº 20/21, 1968: 147-62.

1969

76. "História literária e história das ideias estéticas—A teorização do barroco na Península Ibérica. Gracián impugnado por F. Leitão Ferreira". *Philologische Studien für Joseph M. Piel*, Heidelberg: Car Winter Universitattsverlag, 1969: 172-76.
77. "A teorização do barroco na península ibérica". *Universitas* [Revista de Cultura da Universidade Federal da Bahia (Salvador da)], nº 2, janeiro-abril de 1969: 5-11.
78. "Túlio Ramires Ferro. *Tradição e modernidade em Camilo (A Queda dum Anjo)*". *Colóquio—Revista de Artes e Letras*, nº 52, Fevereiro de 1969: 82.
79. "Isabel de Almeida. *Ressurreição do Sal*". *Id.*, 82-83.
80. "F. Gama Caeiro. *Santo António de Lisboa. Vol. I. Introdução ao Estudo da Obra Antoniana*". *Id.*, 83.
81. *Curriculum vitae*. Faculdade de Letras da Universidade de Lisboa, 1969.
82. "Futurismo" [na História da Lit. Port.]. *Verbo—Enciclopédia Luso-Brasileira de Cultura*, vol. 8, 1969: 1840-41.
83. "Gracián y Morales (Baltasar)". *Id.*, vol. 9, 1969: 869.
84. "Guillén (Jorge)". *Id.*, *ibid.*, 1325-26.

1970

85. "Verlaine e o simbolismo em Portugal". Brotéria, vol. XC, nº 3, Março de 1970: 305–19.
86. "Uma tarde em Portalegre" [Crónica em página de homenagem a Régio, sup. Artes e Letras]. *Diário de Notícias*, 14-5-1970.
87. "Nota preliminar". Camilo Castelo Branco, *Noites de Lamego*, 6ª ed., Lisboa: Parceria A. M. Pereira, 1970.
88. "Requiem para Cecília Meireles, Manuel Bandeira e outros mais". Sérgio Telles (dir.), *Encontro*, Lisboa: Centro do Livro Brasileiro, 1970: 169–74.

1971

89. "Poesia e Realidade". *Revista da Faculdade de Letras*, 3ª série, nº 13, 1971: 47–59; *Miscelânea de Estudos em Honra do Prof. Vitorino Nemésio*. Publicações da Faculdade de Letras da Universidade de Lisboa, 1971: 47–59.
90. *Os Homens e os Livros—Séculos XVI e XVII*. Lisboa: Editorial Verbo, 1971. 240pp.
91. "Conceptismo". Joel Serrão (dir.), *Dicionário de História de Portugal*, vol. I, Lisboa: Iniciativas Editoriais, 1971: 654.
92. "Cultismo, ou Culteranismo". *Id., ibid.*, 766–67.
93. "Filologia e Filólogos". *Id.*, vol. II, 1971: 239–42.
94. "Seiscentismo". *Id.*, vol. III, 1971: 827–30.
95. "Lobo (Francisco Rodrigues)". *Verbo—Enciclopédia Luso-Brasiliera de Cultura*, vol. 12, 1971: 400–01.

1972

96. "Apresentação". *Cancioneiro de Luís Franco Corrêa—1557–1589*. Lisboa: Comissão Executiva do IV Centenário da Publicação de *Os Lusíadas*, 1972.

1973

97. "Análise vocabular e sentido do homem em *Os Lusíadas*". *Homenaje a Luís de Camoens*. Madrid: Real Academia Española, 1973: 17–23.
98. "A literatura e a cultura portuguesa na viragem do século XIX para o século XX". *Revista da Faculdade de Letras da Universidade do Porto*, Série Filologia, vol. I, 1973: 11–30. [A separata traz 1974]

1974

99. "Maria de Lourdes Belchior ao 'D. N.': // Estimular sem dirigismos todas as iniciativas válidas // —declaração de princípios da Secretária de Estado dos Assuntos Culturais" [Entrevista de Esteves Pereira]. *Diário de Notícias*, 30-10-1974.

1975

100. "Homenagem a Hernâni Cidade". *Colóquio/Letras* (Lisboa), nº 24, Março de 1975: 11–13.

1976

101. "A escola privada não pode ser o refúgio da liberdade e do pluralismo pedagógico" [O ensino debatido em mesa-redonda (conclusão), com, ainda, Mário Pinto e Sottomayor Cardia]. *A Luta* (Lisboa), 22-4-1976.
102. " 'Ano novo vida nova' significa recomeçar". *Nova Terra* (Lisboa), 5-1-1977.
103. "Direitos! e deveres?". *Id.*, 26-1-1977.
104. "Problema de solidariedade e de comunhão". *Id.*, 9-2-1977.
105. "A mulher de sempre". *Id.*, 16-2-1977.
106. "Que jornal queremos? Que jornal merecemos?". *Id.*, 23-2-1977. [Com Fernando Cristóvão, director-adjunto deste semanário nascido em 15-5-1975.]
107. "Cultura contemporânea (1927–1971)". *Etudes Portugaises et Brésiliennes*, nouvelle série, vol. XV, Rennes: Université de Haute-Bretagne, 1977: 81–96.
108. "*Afonso o Africano* (poema)". João José Cochofel (dir.), *Grande Dicionário da Literatura Portuguesa e de Teoria Literária*, vol. I, Lisboa: Iniciativas Editoriais, 1977: 67.
109. "Agudeza". *Id., ibid.*, 86–87.

1978

110. "Evocação de Vitorino Nemésio". *O Jornal* (Lisboa), 24-2-1978.
111. "Prof. Dr. Hernâni Cidade (1887–1975)". *Revista Portuguesa de Filologia*, vol. XVII, t. I e II, 1975–1978: 1175–76.

1979

112. "Portugal: O Labirinto da Saudade". *Revista de História Económica e Social* (Lisboa), 4, Julho–Dezembro de 1979: 1–14.
113. "O espaço ascético-místico na poesia de Vitorino Nemésio". *Brotéria*, vol. 108, nº 2, Fevereiro de 1979: 135–62.

1980

114. "*A História da Inteligência Brasileira* de Wilson Martins". *Colóquio/Letras*, nº 53, Janeiro de 1980: 59–61.
115. "João David Pinto Correia. *Luz e Calor* do Padre Manuel Bernardes. Estrutura e discurso". *Id., ibid.*, 85–86.
116. "A propósito do dia da Igreja diocesana de Lisboa/Uma reflexão necessária". *O Jornal*, 23-5-1980.
117. *Os Homens e os Livros II—Séculos XIX e XX*. Lisboa: Editorial Verbo, 1980, 250 pp.
118. "Da Poesia de Manuel da Fonseca ou a demanda do Paraíso". M. de L. B., Maria Isabel Rocheta, Maria Alzira Seixo, *Três Ensaios sobre a Obra de Manuel da Fonseca: A Poesia, O Fogo e as Cinzas, Seara de Vento*. Lisboa: Seara Nova/Editorial Comunicação, 1980: 11–49.
119. "Cristo e a poesia portuguesa contemporânea". *Reflexão Cristã* (Lisboa), nº 24, Setembro–Outubro de 1980: 11–22.
120. "Lucília Gonçalves Pires (org.), *Imagens da obra do Padre Manuel Bernardes*". *Colóquio/Letras*, nº 55, Maio de 1980: 86–87.

1981

121. "Grave degradação da língua portuguesa" [Entrevista]. *Diário de Notícias*, 16-2-1981.
122. "Os Açores na Poesia de V. Nemésio". *Brotéria*, vol. 112, nº 3, Março de 1981: 306–14.
123. "Fernando Pessoa e Luís de Camões: heróis e mitos n'*Os Lusíadas* e na *Mensagem*". *Persona* (Porto), nº 5, Abril de 1981: 3–8.
124. "*Festa Redonda* e *Sapateia Açoriana*—Testemunhos da Tradição". *Revista Lusitana* (Lisboa), nova série, nº 1, 1981: 19–26.
125. "O mar na poesia de Jorge de Sena". Harvey L. Sharrer and Frederick G. Williams (eds.), *Studies on Jorge de Sena*, Santa Barbara: UCSB Jorge de Sena Center and Bandanna Books, 1981: 15–23.
126. "O mundo à procura de Ruben A.". In *Memoriam Ruben Andresen Leitão*, I, Lisboa: IN-CM, 1981: 117–19.

1982

127. "Sobre o carácter nacional ou para uma 'explicação' de Portugal". *Nação e Defesa* (Lisboa), nº 21, Janeiro–Março de 1982: 13–31.
128. "Sebastião da Gama—poeta e pedagogo". *JL—Jornal de Letras, Artes e Ideias* (Lisboa), nº 30, 13-4-1982.
129. "Experiência de operário/Karol Wojtyla: operário e intelectual". *O País* (Lisboa), 13-5-1982.
130. "Um santo para os nossos dias: S. Francisco de Assis". *Francisco de Assis 1182–1982: testemunhos contemporâneos das letras portuguesas*, Lisboa: IN-CM, 1982: 297–301.

1983

131. "O Dia da Paz". *A Capital* (Lisboa), 11-2-1983.
132. "Fernando Pessoa e o Carácter Nacional". *Id.*, 18-2-1983.
133. "Imagens do Homem Português". *Id.*, 25-2-1983.
134. "*A Castro—Um Mito Nacional*". Id., 4-3-1983.
135. "Como Subsistir como Povo Autónomo?". *Id.*, 11-3-1983.
136. "Consciência de Crise e Demana de Identidade". *Id.*, 18-3-1983.
137. "25 de Março Festa de Maria". *Id.*, 25-3-1983.
138. "A Paixão e a Palavra". *Id.*, 2-4-1983.
139. "Portugal: o Labirinto da Saudade". *Id.*, 8-4-1983.
140. "Repensar Portugal". *Id.*, 15-4-1983.
141. "Cultura Portuguesa nos E.U.A.—I". *Id.*, 29-4-1983.
142. "Cultura Portuguesa nos E.U.A.—II". *Id.*, 6-5-1983.
143. "Os Descobrimentos Portugueses e a Europa do Renascimento". *Id.*, 13-5-1983.
144. "O Brasil Revisitado". *Id.*, 20-5-1983.
145. "Raízes Profundas da Cultura Brasileira". *Id.*, 27-5-1983.
146. "A Literatura Portuguesa no Brasil". *Id.*, 3-6-1983.
147. "Camões e o Brasil". *Id.*, 9-6-1983.

148. "O Brasil visto por Alexandre Herculano". *Id.*, 17-6-1983.
149. "Sobre a Situação Actual da Língua Portuguesa no Mundo—I". *Id.*, 1-7-1983.
150. "Sobre a Situação Actual da Língua Portuguesa no Mundo—II". *Id.*, 8-7-1983.
151. "Sobre a Situação Actual da Língua Portuguesa no Mundo—III". *Id.*, 15-7-1983.
152. "O Anúncio Feito a Maria de Paul Claudel". *Id.*, 22-7-1983.
153. "Em Memória de Ruy Belo". *Id.*, 12-8-1983.
154. "A Obra Poética de Ruy Belo". *Id.*, 19-8-1983.
155. "Um Livro de Jean Giraudoux sobre Portugal". *Id.*, 26-8-1983.
156. "A Solidão de Kafka". *Id.*, 2-9-1983.
157. "Ilhas Desconhecidas—A Ilha de Porto Santo". *Id.*, 9-9-1983.
158. "Lembrança de Ortega em Portugal". *JL—Jornal de Letras, Artes e Ideias*, nº 59, 24-5-1983.
159. "Os Descobrimentos Portugueses: do Império Colonial ao Quinto Império". *Id.*, nº 60, 7-6-1983.
160. "É preciso despertar o amor pelo Português" [Entrevista de Carlos Oliveira Santos]. *Id.*, nº 63, 19-7-1983.
161. "Gosto apaixonadamente do meu ofício de professor" [Entrevista]. *A Tarde* (Lisboa), 21-7-1983.
162. "Problemática religiosa na poesia de Jorge de Sena". *Quaderni Portoghesi* (Pisa), nº 13/14, Primavera–Autumno, 1983 [1985]: 53–75.
163. "João Palma-Ferreira, *Academias Literárias dos Séculos XVII e XVIII*". *Colóquio/Letras*, nº 73, Maio de 1983: 93–95.
164. "Gramática do mundo" [Três poemas]. *Id.*, nº 75, Setembro de 1983: 69–70.
165. "Problemática religiosa na lírica de Camões". *Revista da Faculdade de Letras*, [Cinquentenário da ——], Dezembro de 1983: 85–99. *Cf.* M. de L. B. and Enrique Martínez-López (eds.), *Camoniana Californiana* [Commemorating the Quadricentennial of the Death of Luís Vaz de Camões], Santa Barbara/Lisboa: UCSB Jorge de Sena Center/ICALP, 1985: 40–55.

1984

166. "A evolução dos estudos literários na Secção de Filologia Românica da Faculdade de Letras (1890–1980)" [Com Jacinto do Prado Coelho]. *Revista da Faculdade de Letras*, 5ª série, nº 1, Abril de 1984: 15–23.
167. "Homenagem a Jacinto do Prado Coelho". *Colóquio/Letras*, nº 80, Julho de 1984: 16–18.
168. "A educação do sentimento poético ou a utopia da formação do gosto?". *Afecto às Letras*—Homenagem da Literatura Portuguesa Contemporânea a Jacinto do Prado Coelho. Lisboa: IN-CM, 1984: 499–505.
169. "Santa Teresa 'vista' por poetas populares e poetas cultos de expressão portuguesa". *Boletim de Filologia* [Homenagem a Manuel Rodrigues Lapa, vol. II], tomo XXIX, fasc. 1–4, 1984: 273–79.

1985

170. "Um perfil/ Um testemunho" [Na morte do Padre Manuel Antunes]. *Semanário* (Lisboa), 26-1-1985.

171. "Evocação do Padre Manuel Antunes". *Diário Popular* (Lisboa), 4-2-1985.
172. "Evocação de Jacinto do Prado Coelho". *JL—Jornal de Letras, Artes e Ideias*, nº 150, 21-5-1985.
173. "Nótula sobre o poema XIX de Alberto Caeiro e a problemática da heteronímia". *Colóquio/Letras*, nº 88, Novembro de 1985: 61–65.
174. "Os clássicos redivivos" [*Dossier* "O prazer dos clássicos", com apresentação de M. de L. B.] *JL—Jornal de Letras, Artes e Ideias*, nº 178, 3-12-1985.
175. "*Ode Marítima*: a 'construção' do poema". *Persona*, nº 11/12, Dezembro de 1985: 6–13.
176. [Portugal—Spiritualité] "B. 16e–18e siècles" [Com José Adriano de Carvalho]. *Dictionnaire de Spiritualité Ascétique et Mystique*, Fascicules LXXX–LXXXI–LXXXII, Paris: Beauchesne, 1985: 1958–73.
177. *Ciência e Poesia*. Lisboa: Universidade Nova/Faculdade de Ciências e Tecnologia, 1985.
178. *Gramática do Mundo*. Lisboa: IN-CM, 1985.
179. "Documentação e informação sobre a língua portuguesa: intercâmbio" [Mesa-redonda moderada por M. de L. B.]. *Congresso sobre a Situação Actual da Língua Portuguesa no Mundo* [Lisboa, 21983], Actas, I, Lisboa: ICALP, 1985-1987: 491–528.

1986

180. "Dr. Jacinto do Prado Coelho (1920–1984)". *Revista Portuguesa de Filologia*, vol. XVIII, 1980–1986: 1186–90.
181. "Itinerário poético de Sophia". *Colóquio/Letras*, nº 89, Janeiro de 1986: 36–42.
182. "Lourdes Belchior: 'A poesia, a vida e a fé'" [Entrevista de João Gonçalves] *Semanário* (Lisboa), 8-2-1986.
183. "Para uma reflexão sobre as comemorações do cinquentenário da morte de Fernando Pessoa" [Com Fernando J. B. Martinho]. *Revista da Faculdade de Letras*, 5ª série, nº 5, Abril 309 1986: 7–21.
184. "Três antologias da poesia de Jorge de Sena". *Colóquio/Letras*, nº 91, Maio de 1986: 59–63.
185. "Marinhas", "Sodoma e Gomorra", "Exercício de linguística". *Reflexão Cristã*, nº 50, Julho–Setembro de 1986: 44–47. [Três poemas precedidos de "Maria de Lourdes Belchior. Uma experiência de Deus", por José Leitão, 42–43.]

1987

186. "As grandes linhas de uma Obra" [No centenário de Hernâni Cidade]. *Colóquio/Letras*, nº 96, Março–Abril de 1987: 10–14.
187. "José Bento. *Antologia da Poesia Espanhola Contemporânea*". *Id., ibid.*, 113–14.
188. "*Uma leitura do* Diário" [Homenagem a Miguel Torga]. *Colóquio/Letras*, nº 98, Julho–Agosto de 1987: 22–24.

1988

189. "Prefácio". Thomé Pinheiro da Veiga (Turpin), *Fastigimia*, Lisboa: IN-CM, 1988.
190. *Cancioneiro para Nossa Senhora—Poemas para uma Via-Sacra*. 1988.

1989

191. "Prefácio". *Arquivos do Centro Cultural Português* (Lisboa-Paris), vol. XXVI, 1989: vii–viii.
192. "Ai do escritor que só é adulado" [Declaração enquanto jurada do Prémio Camões]. *JL—Jornal de Letras, Artes e Ideias*, nº 361, 6-6-1989.
193. "Maria de Lourdes Belchior, a palavra de Portugal na Europa" [Entrevista de Custódia Domingues]. *Id.*, nº 364, 27-6-1989.
194. "Jorge de Sena em Santa Bárbara". *Nova Renascença* (Porto), vol. VIII, nº 32/33, Outono de 1988–Inverno de 1989: 351–53.

1990

195. "Nos Vinte e Cinco Anos do Centre Culturel Portugais". *Arquivos do Centro Cultural Português* (Paris-Lisboa), vol. XXVII, 1990: xi–xvi.
196. "Prefácio"; "Homenagem a Fernando Namora"; "Evocação de Ruy Belo"; António Ramos Rosa—Prémio Fernando Pessoa" [Quatro brevíssimas apresentações]. *Id.*, vol. XXVIII, 1990: vii–xi; 5; 55; 85.
197. "Apresentação". Paul Teyssier, *Etudes de littérature et de linguistique*, Paris: Centro Cultural Português, 1990: ix–xi.
198. "Postfácio". Merícia de Lemos, *12 Poemas*. Lisboa: IN-CM, 1990: 43–47.

1991

199. "Memórias do Brasil, dos EUA e de França". *JL—Jornal de Letras, Artes e Ideias*, nº 461, 7-5-1991.
200. "Há ainda muito a fazer pela Cultura Portuguesa" [Entrevista de C.C.L. (Carlos Câmara Leme)]. *Público* (Lisboa), 13-6-1991.
201. "Raízes culturais portuguesas despertam jovens em França" [Entrevista de Álvaro Morna]. *Diário de Notícias*, 14-6-1991.
202. "Nótula sobre as traduções portuguesas e francesas da canção *En una noche oscura* de São João da Cruz". *Nova Renascença*, nº 42/43, Verão–Outono de 1991: 253–55.
203. "Prefácio"; "Hommage à Baltasar Lopes"; "Guerra Colonial e Ficção Portuguesa"; "Commémoration du Centenaire de la mort de Camilo Castelo Branco (1825–1890)" [Brevíssimas introduções]. *Arquivos do Centro Cultural Português*, vol. XXIX, 1991: vii–viii; 5–6; 37; 51.

1992

204. "Os livros de uma vida". [Resposta a inquérito] *JL—Jornal de Letras, Artes e Ideias*, nº 531, 8 de Setembro de 1992.
205. "Carta de Camilo Castelo Branco [inédita] a José de Andrade Corvo". Apresentação de————. *Colóquio/Letras* nº 125/126 Julho–Dezembro de 1992: 33.
206. "Jorge de Sena: Ética e poesia". Fagundes, F. C. e Ornelas, J. N. (eds.), *Jorge de Sena: O Homem Que Sempre Foi.* [...], Lisboa: ICALP, 1992: 99–105.
207. "Alexandre Herculano e o Brasil" in *Temas Portugueses e Brasileiros*, Lisboa, ICALP, 1992, 357–66.

208. Apresentação ──── *Antero de Quental et l'Europe*, Paris, Fondation Calouste Gulbenkian/Centre Culturel Portugais, 1993, 9–10.
209. "Prefácio", *Cartas de Sebastião da Gama*, Lisboa, Ática, 1994, prefácio 9–21pp.

Tabula Gratulatoria

Individuals

Adrien Roig
Affonso Romano de Sant'Anna
Albert-Alain Bourdon
Alexandre Pinheiro Torres
Almeida Faria
Almir de Campos Bruneti
Ana Maria Ygualt
Ana Paula Ferreira
Aníbal Pinto de Castro
Anne Carey
Anne-Marie Quint
Anne Sletsjøe
Armando Marques Guedes
Carlos Almeida
Carlos García Barrón
Carlos Maciel
Carlos Reis
Carmen Benito & Gary Vessels
Cleonice Berardinelli
David Frier
David Mourão Fereira
Douglas Wheeler
Eduardo Lourenço
Eduardo Paiva Raposo
Eduardo Prado Coelho
Enrique Martínez-López
Eugénia Vasques
Eugenio Asensio
Fábio Lucas
Fátima Freitas Morna
Fátima Marinho & Arnaldo Saraiva
Fernanda Silva Brummel
Fernando J.B. Martinho
Fernando Venâncio
Francisco Cota Fagundes

Francisco Mendes da Luz
Françoise & Jean-Michel Massa
Frank F. Sousa
Frederick G. Williams
George Monteiro
Georges Boisvert
Gilda da Conceição Santos
Graça Almeida Rodrigues
Graciela Ascarrunz-Gilman
Harvey Sharrer
Heitor Gomes Teixeira
Helder Godinho
Helder Macedo
Iêda Sequeira Wiarda
Ikunori Sumida
Isabel de Sena
Isabel Pires de Lima
Isaura de Oliveira
Jürgen Schmidt-Radefeldt
Jacqueline Penjon
João Camilo dos Santos
João Nuno Morais Alçada
João Pedro Garcia
Joel Serrão
Jorge Dias
Jorge Fazenda Lourenço
José Augusto Seabra
José Blanco
José de Azevedo Ferreira
José Manuel da Costa Esteves
José Miguel Martínez Torrejón
José Neves Ornelas
José V. de Pina Martins
Juan-Bautista Avalle-Arce
Kåre Nilsson

Laura Areias
Leonel Melo Rosa
Leonor Perdigão
Liberto Cruz
Luciana Stegagno Picchio
Luciano Caetano da Rosa
Luís dos Santos Ferro
Luís Sousa Lobo
Luiz Fagundes Duarte
Luzia Helena Wittmann
Manuel Alvar
Manuel G. Simões
Maria Alzira Seixo
Maria Bernadette Capelo Pereira
Maria da Conceição Vilhena
Maria de Jesus Matias
Maria Helena Araújo Carreira
Maria Laura Casa Nova
Maria Leonor Machado de Sousa
Maria Lucília Gonçalves Pires

Maria Teresa Leal
Mariana Saragoça
Maryvonne Boudoy
Mécia de Sena
Nancy Posner
Nelly Novaes Coelho
Onésimo Teotónio Almeida
Óscar Lopes
Osório Mateus
Paul Teyssier
Perfecto-E. Cuadrado Fernández
Rebecca Catz
Richard Charbonneau
Rui Chancerelle de Machete
Solange Parvaux
Susan & Arturo Giraldez
Teresa Rita Lopes
Vasco Graça Moura
Victor Fuentes
Vilma Arêas

Institutions

Département d'Etudes Lusophones, Université Stendhal-Grenoble III
Department of Modern Languages, SCU Stanislaus
Department of Portuguese and Brazilian Studies, Brown University
Department of Spanish and Portuguese, UCSB
Ecole Supérieure de Télécommunications de Brest
Fundação Calouste Gulbenkian, Lisboa
Fundação Luso-Americana para o Desenvolvimento, Lisboa
Instituto Camões, Lisboa
International Conference Group on Portugal, New Hampshire
Junta Nacional de Investigação Científica e Tecnológica, Lisboa
Library of Congress, Washington, D.C.
Orfeu Livraria Portuguesa, Bruxelas
União Portuguesa do Estado da Califórnia (UPEC)
Universidade Nova de Lisboa
University of Wisconsin-Madison, Portuguese Program